U0837495

河海大学“211工程”三期资助研究生系列教材

邢鸿飞 王春业 韩轶 吴志红 | 著

行政法专论

Administrative Law Monograph

法律出版社
LAW PRESS · CHINA

作者简介

邢鸿飞 1963年生，江苏南京人。河海大学教授、博士生导师，主要研究方向为行政法学，旁及环境与资源保护法学、法律社会学等。1984年毕业于华东政法学院（现华东政法大学），获法学学士学位；2007年获河海大学管理学博士学位。1984年至1997年，南京大学任教，曾任南京大学法学院法律系系主任。1997年迄今，河海大学任教。1999年，晋升教授。历任河海大学法律系系主任、法学院院长，现任河海大学校长法律事务助理。代表性著作有：《官僚与官僚制——中国传统管制的精神及表现》（独著，宁夏人民出版社1993年版）、《行政法学》（独著，南京大学出版社1997年版）、《公用事业法原论》（合著，中国方正出版社2009年版）等，发表论文百余篇。

王春业 1970年生，安徽明光人。法学博士（后），河海大学法学院教授，主要研究方向为行政法学、立法学。2001年获复旦大学法学硕士学位，2008年获中南财经政法大学宪法与行政法学博士学位，2011年浙江大学法学博士后出站。曾任中国矿业大学经济法研究所所长、淮北师范大学政法学院副院长。2014年作为引进人才加盟河海大学法学院。代表性著作有：《法律文件审查的公民启动研究》（独著，法律出版社2011年版）、《行政公务员全员聘任制改革研究》（独著，人民出版社2013年版）、《区域合作背景下地方联合立法研究》（独著，中国经济出版社2014年版）等，发表学术论文150多篇。

吴志红 1974年生，江苏南京人。河海大学法学院副教授、硕士生导师，主要研究方向为行政法学，旁及立法学。2012年获苏州大学法学博士学位。2000年至今于河海大学任教。代表性著作有：《公用事业规制法研究》（独著，中国政法大学出版社2013年版），发表论文数十篇。

韩　轶 1983年生，江苏南京人。河海大学法学院讲师，主要研究方向为宪法学与行政法学。2005年毕业于南京师范大学法学院，获法学学士学位；2007年获武汉大学宪法学与行政法学硕士学位，2010年获武汉大学宪法与行政法学博士学位。2010年至今于河海大学任教。发表论文十余篇，代表性论文有：《从民族认同到宪法认同——立宪主义视角下民族与国家关系之反思与重构》、《重申历史唯物主义的方法论价值——对宪法学方法论研究热的柔性反思》等。

目　　录

第一编　总　　论

第二编　主　体　论

第三编 行 为 论

第四编 救 济 论

第一编　总　　论

第一章　行政法总论

第一节　行政与行政权

简单而通俗地说,行政法是有关行政的法,而行政的核心是行政权。所以,要弄清什么是行政法,首先得弄清什么是行政?什么是行政权?

一、行政

(一)行政法意义上的“行政”

“行政”一词,英文为 Administration,源自拉丁文 Administrare。既有管理、经营之意,又有行政、行政机关以及执行、施行之意,可见,英文中的行政与管理是同一词。在我国,《现代汉语词典》将“行政”解释为:“行使国家权力的(活动);机关、企业、团体等内部的管理工作。”可见,尽管汉语具有复杂性和特殊性,但行政与管理本质上也是同义词。需要明确的是,行政法意义上的“行政”,并不直接等同于《现代汉语词典》所给的解释,它是类别化了的“行政”,是广义行政概念中的一种特殊形式。它与一般管理存在差异:首先,从存在时间上讲,一般管理的历史较之行政更为悠久。行政和一般管理都是一种古老而长期的社会活动(社会现象),但一般管理随人类社会的产生、消亡而产生、消亡,行政则随国家的产生、消亡而产生、消亡。其次,从存在范围讲,管理的范围较之行政更为广泛。管理和行政都是一种普遍、广泛的社会活动(社会现象),但行政仅为管理的一种特殊形式。由于行政的国家属性,其存在范围要比管理窄一些。对词典上的广义行政作适当划分,并与其相关概念作异同比较划分,对于我们更加深刻理解行政法意义的“行政”的含义及特点大有裨益。

1. 公共行政与私人行政

公共行政与私人行政是诸多学者在界分“行政”一词时经常采用的一种方式,主要是从不同主体管理社会事务的角度所进行的一种划分,与《现代汉语词典》的解释相契合。可以明确的是,现代行政法意义上“行政”是指“公共行政”,而非“私人行政”。两者之间主要存在以下不同:第一,主体不同。公共行政是国家行政主体的活动,公共行政的主体是公法上的主体。国家行政主体是指依法代表国家,并以自己的名义实施国家行政管理的组织,原则上指特定的国家机关,但由于行政内容复杂、管理形式多样，往往还包括法律法规授权的享有行政职权的其他社会组织。而私人行政的主体是私法上的主体，往往依据公司法等而加以组织，具有私法属性。第二，性质不同。公共行政是一种国家职能活动，其本质是对具有公共性质的事务的组织与管理，具有鲜明的公共属性。而私人行政并不履行国家职能，更多的是对私人事务或团体自身事务的管理。第三，目的不同。人类的活动受一定的目的支配。公共行政的目的在于实现公共利益的维护，这种公共利益与私人利益相对。而私人行政主要以追求私人利益为目的。第四，手段不同。公共行政的行政主体在执行公务之时享有诸多特权，可依据单方意志管理行政相对人，不受相对人意思表示左右，在手段上可采取强制措施。而私人行政，私人之间在法律上处于平等地位，管理者不可将自身意志强加于他人之上，其意愿原则上只能通过对方认可的方式来实现。

2. 公共行政与国家行政

行政法意义上的"行政"是一个不断发展中的概念，国家行政与公共行政的本质差别在于行使行政权主体的范围不同，应当说，公共行政是国家行政发展到一定阶段的产物。

现代行政法研究的公共行政已经不限于国家行政，即由国家行政机关实施的组织与管理活动。就范围而言，国家行政属于公共行政，但公共行政除包括国家行政之外，还包括公共行政组织实施的行政。[1]

承担行政职能的组织呈现多样化，国家行政发展至公共行政，是行政法发展的重要趋势，其主要原因在于行政内容日渐复杂化、管理形式日渐多样化等。诸如法国，承认"国家、地方团体、公务法人"三类公法人可以作为公共行政的主体，创设了"公务法人制度"。[2] 诸如英国，设立"公法人制度"，意指在具有一般职权范围的中央行政机关和地方行政机关以外，享有一定的独立性和单独存在的法律人格并从事某种特定的公共事务的行政机构。[3] 我国也非例外，虽然在很长一段时间内，公共行政直接等同于国家行政，这种状况直至 1990 年《行政诉讼法》的实施才得以打破。该《行政诉讼法》第 25 条第 4 款前半部分规定"由法律、法规授权的组织所作的具体行政行为，该组织是被告"，至此，"法律、法规授权的组织"的被诉主体资格得以明确。在行政法学界，较早对公共行政与国家行政加以明确区分的是 1999 年姜明安主编的《行政法与行政诉讼法》一书，其认为："公共行政除了国家行政以外，还包括其他非国家的公共组织的行政，如公共社团（律师协会、医生协会等）的行政以及公共企事业单位（国有企业、公立学校、研究院所等）的

---

〔1〕 应松年：《行政法与行政诉讼法》，中国政法大学出版社 2011 年版，第 4 页。

〔2〕 王名扬：《法国行政法》，北京大学出版社 2007 年版，第 2、100 ~ 104 页。

〔3〕 王名扬：《英国行政法》，北京大学出版社 2007 年版，第 67 ~ 75 页。

行政。"[4]行政法在中国发展至现在，学界、实务界已形成对公共行政的统一承认，需要说明的是，行政法意义上的"行政"不同于一般管理、不同于广义行政、不同于国家行政。鉴于在中国行政法理论研究以及实践中，"行政"一词一般专指公共行政，即以政府为主体加之法律法规授权的行政主体的行政，因此，在本书下文论述中，我们将直接以"行政"来指称行政法意义上的"行政"，不再另行划分。

（二）行政的含义

"不同的时代，政府有不同的管理职能。行政的范围是变化着的和发展着的。不同的国家，不同的地区，政府主管事务的多寡和干预领域的广窄会有很大的不同。"[5]尽管行政作为一种不断发展中的社会现象，但其本身却一直带有管理、经营及执行、施行之意，围绕这一思想，西方国家的行政学家和政治学家曾给行政下过许多定义，这些形形色色的定义乃至由此形成的各种流派表明，学术界对"行政"一词并无统一见解。下面我们对几种代表性界定方式、几种代表性观点作一简单介绍。

1. 消极定义说

消极说界定的方式，在理论上又被称为"排除说"、"扣除说"、"控除说"、"蒸馏说"，其认为行政是除立法和司法活动以外的一切国家活动。消极说是建立在近代国家"三权分立"理论基础上，认为国家活动可以分为立法、司法和行政三部分，认为行政是国家职能的一种，区别于立法和司法活动。这种从三权分立角度的理解方式亦被认为是对行政"最为狭义"的理解。同时，消极说认为行政具有多样性，难以明确界定，避免了正面对行政加以定义。绝大多数资产阶级法学家都用这种方法解释行政，对行政的概念作如此表述，突出强调行政与立法、司法间的界限。但"除外说"在表述方式上有很大缺陷：第一，它并未给出行政的定义。第二，立法和司法本身也存在界定问题，这种循环论证并未能反映行政的本质。道理很简单，既然可以说"行政是除立法、司法以外的一切活动"，那么我们同样可以说，"立法是除行政、司法以外的一切活动"，或者说"司法是除立法、行政以外的一切活动"。第三，"三权分立"理论原始意义逐步丧失，难以做到行政与立法、司法之间的相互

〔4〕 姜明安：《行政法与行政诉讼法》，北京大学出版社、高等教育出版社1999年版，第2页。

〔5〕 姜明安："行政的'疆域'与行政法的功能"，载《求是学刊》2002年第2期。

独立,国家权力之间的相互重叠的灰色区域无法解释。[6]

2. 积极定义说

积极界定的方式,主张直接积极地对行政的概念加以定义,摒弃顾左右而言他思维方式。在积极定义里面,关于行政的定义百家争鸣。比较有代表性的观点主要有以下几种:

(1)对行政的"狭义"理解。认为国家活动由两部分构成:一部分是国家意志的表达,另一部分是国家意志的执行;前者谓之政治,后者才是行政,因此,行政是国家职能中与政治相对应而非政治的那部分职能。以美国学者古德诺为代表的"国家意志执行说"是这一观点的典型。古德诺认为:"在所有的政府体制中都存在两种主要的或基本的政府功能,即国家意志的表达与国家意志的执行……这些功能分别就是:政治与行政。"[7]这种观点首先对国家活动作了分类,并将行政限于一定的范围,有了很大的进步,曾在理论界风行一时。但从严格意义上讲,"政治"意味着"政"落实到"治",既包括表达国家意志(制定政策、法律),也包括执行国家意志(实施政策、法律),有政而无治的政治是空洞的政治,离开行政而存在的政治也必定是孤立的政治。从另一方面看,行政本身也包含诸多政治的要素,在行政内部,行政决策、行政立法也应当被认为是意志的表达。所以将政治与行政作上述划分过于绝对化,强调行政仅是国家意志的执行并不能确切地揭示行政的含义,只是为我们从新的角度阐述问题提供了一些方便。

(2)对行政的"广义"理解。认为行政是国家的一切活动和作用,旨在实现国家政治目的的一切活动都是行政。如德国学者马叶尔・乃班德为代表提出的"行

---

〔6〕 随着社会的发展,特别是资本主义进入垄断时期,行政权日益加强并迅速膨胀,立法和司法权相应削弱并减少,传统意义上的"三权分立"理论在国家的实际政治生活中已经受到广泛而猛烈的冲击。尽管其宪法仍然保持并标榜分权与制衡原则,资产阶级的法学家、政治学家也大声疾呼,企图维持分权与制衡的局面,但事实上行政权的膨胀对三权鼎立局面的破坏已不可避免。例如,美国联邦政府中除了"部"这一主要的行政机关以外,还存在大量的其他类型的行政机关,它们存在于"部"以外,或者虽然存在于"部"内,但在活动上具有很大的独立性,受部长控制较少,所以称之为独立的行政机构。独立机构的作用,大都是为了控制某一方面的经济活动或社会活动,需要执行公平的政策,不受政治的影响,所以法律赋予它们一定的独立地位,并规定了由其行使的特殊权力。由于控制任务的需要,这些独立机构常常同时拥有立法权、行政权和司法权,它们不但能制定行政法规或一些普遍性标准(准立法或委任立法);而且能将抽象的规则适用于具体事件,实施具体行政行为(传统行政职能);对其管辖的对象是否违反法律,还有追诉乃至裁决的权力(准司法或行政司法)。这些独立机构及其地位和职能的特殊性已清楚地说明了这样一个事实:随着"三权分立"理论原始意义的逐步丧失,行政与立法、司法之间的相互独立已经很难做到。独立机构的存在,不但使这三者间在形式上的完全独立成为不可能,而且在实质上三者间也互相渗透,界限已越来越不明确。

〔7〕 [美]弗兰克・古德诺:《政治与行政——政府之研究》,丰俊功译,北京大学出版社2012年版,第18页。

政是实现国家目的的作用”,即“目的实现说”。又如,日本学者盐野宏对行政下过这样的定义:“在法之下、受法的规制的同时,现实中具体为积极实现国家目的而进行的、整体上具有统一性的、连续的形成性国家活动。”〔8〕这种以实现国家目的来界定行政的观点,简单地将行政与国家活动等同起来,使得行政的范围过于宽泛。第一,实现国家目的的方式本身多样,行政、立法、司法都是在积极实现国家目的,没有加以区分;第二,并未体现行政的任何特征,抽象用语尚未实现对行政清楚、积极的定义。

(3)对行政的“形式意义上”理解。认为行政即是行政机关的活动,又被称为“机关意义的行政”。形式意义与实质意义相对,前者着眼于行使国家职能的机关,后者着眼于行政职能本身(如前述几种理解)。国家的机关可以分为立法机关、行政机关和司法机关,立法职能是立法机关的活动,司法职能是司法机关的活动,行政职能是行政机关的活动。不论活动本身的性质如何,一律根据机关的性质区别国家的职能。〔9〕形式意义上的行政界定一般以宪法规定的行政权范围为准,并被广泛运用于行政法监督行政活动领域,其标准简单、明确,也适时地区分了行政与立法、司法。但是,其依然存在相当多的问题:一是对行政机关界定需要加以明晰;二是忽视了非行政机关实行的实质行政行为的可能性;三是未顾及行政机关可能实施非行政性质的私法行为的可能性。因此,尽管从形式意义上界定行政的优越性显而易见,但仍需“实质意义”的行政加以补充。

(4)对行政“组织意义上”理解。其重心在于享有行政职能的组织。例如,“就组织意义而言,行政系指行政主体、行政机关以及其他行政机构所构成之行政组织整体”。〔10〕此种界定将行政定义为组织,并没有揭示行政本身的特征及内涵,相较之前几种界定方式,意义不大。

3. 特征描述说

德国学者福斯多夫曾言,“行政只能加以描述,而无法予以定义”。特征描述的方式,认为应以描述行政特征的方式取代直接或间接对行政加以定义,被德国、日本以及我国台湾地区的很多学者采用。

如德国学者毛雷尔提出以典型特征明确行政的本质,即“行政是社会塑造活动”、“行政的出发点是公共利益”、“行政是积极的、针对将来的塑造活动”、“行政是为处理事件而采取的具体措施或者执行特定计划的行动”。〔11〕又如,章剑生认为“在行政法上,一个放之四海而皆准的行政概念可能并不存在”,并提出从八个

〔8〕［日］盐野宏:《行政法总论》,杨建顺译,北京大学出版社2008年版,第2页。

〔9〕王名扬:《法国行政法》,北京大学出版社2007年版,第6页。

〔10〕陈敏:《行政法总论》,新学林出版有限公司2011年版,第1页。

〔11〕［德］Hartmut Maurer:《行政法学总论》,高家伟译,元照出版有限公司2002年版,第6~7页。

方面对行政加以描述,即“行政是国家活动的中心:行政国家”、“行政的多元性:执行兼及立法、司法”、“行政的形成性:社会秩序的整合”、“行政强制性的弱化:沟通协商”、“行政主动性的强化:生存照顾”、“行政的公益性:公共利益”、“行政的多样性:应对复杂的现代社会”、“行政的科技性:行政手段的科技化”。[12]

特征描述相较于前两种界定方式,试图从行政本身出发对行政进行实质性研究,可以实现对行政较为完整的认知。

在以上三种界定方式的基础上,目前国内主流的行政法学教材开始普遍采用一种“直接界定+特征描述”的综合方法来定义行政。如认为行政法学研究的行政是为实现国家目的,执行国家法律及立法机关意志的活动。它不同于一般意义上的“管理”,更有别于企事业单位内部的“行政”,它是对国家事务与公共事务的特殊管理活动。

我们认为,对行政含义不同的界定方式、多样的学说体现出行政随着时代发展而不断变迁的过程,就目前而言,采用“直接界定+特征描述”的方法,从行政基本特征入手,强调行政与立法及司法的区别来给行政下定义,更能揭示行政的本质特征,比较科学。我们赞同将形式意义上的行政与实质意义上的行政相统一,并将实质意义上的行政作形式意义上行政的补充。为进一步深入理解行政的内涵,将在下一部分着重描述行政之特征。

(三)行政的特征

在不同的政权组织形式下,行政所具有的内容和特征是不同的。西方国家基本上以“三权分立”作为其国家机构的组织活动原则。在理论上,行政是与立法、司法相独立的国家活动,行政与立法、司法之间虽然存在一种制约与平衡关系,但三者的独立地位及互不隶属的基本格局决定了行政这一国家职能的相对独立性。我国不搞“三权分立”,国家机构的组织活动原则是“议行合一”,据此,立法权由国家的权力机关行使,行政、审判、检察权由其他相应的国家机关行使,以立法权为一切权力的中心。具体来说,我国的人民代表大会是国家权力机关,负责行使立法权,在人民代表大会之下设立行政、审判、检察机关,这些机关均受权力机关监督,向权力机关负责并报告工作。因此,在“议行合一”原则之下,行政作为一种国家的组织活动,必须服从国家的立法活动,在国家的审判、检察活动之间,也具有不可替代性。行政与立法、审判、检察等国家活动或国家职能之间的这种关系,不同于西方“三权分立”原则下行政与立法、司法的相互关系,这也是我国政治制度的一大特点。同时,行政与一般管理虽同属管理的范畴,但其主体、目的、内容、活动方式等方面,均有一定的差异。因此,对行政特征的阐述,既要立足于行政与其他国家活动的区别,又要立足于行政与一般管理活动的区别。基于上述认识,行政主要有下述特征:

---

〔12〕 章剑生:《行政法与行政诉讼法》,北京大学出版社2014年版,第1~6页。

1. 行政主体的特定性。行政这一国家职能只能由特定主体——主要是国家设立的各级各类行政机关行使。此外，行政的主体还包括其他公共行政组织，主要指法律、法规授权行使国家职能的社会组织。[13] 根据国家机关分工负责的原则，无论是资本主义国家还是社会主义国家，在理论上，除国家行政机关外，其他国家机关一般不行使这种国家职能，国家行政机关以外的社会组织更不能行使这一职能。当然，其他公共行政组织因授权而实施行政职权的情况比较特殊，但这一情况的存在，并未改变行政主体的特定性。因为，这类组织之所以能行使行政职能，也无非是由于它们受法律、法规授权所产生的特定性，否则，一般的社会组织是根本不可能有这种职能的。

2. 行政的目的公益性。公共行政有别于私人行政，公共行政管理的是公共事务而非私人事务，行政的目的旨在维护、实现公共利益。一般而言，所有的国家职能都以维护公共利益为目的，在这一点上他们目标一致，“国家及其他公权力主体的行为，不论是以公法或私法的形式为之，均应维护公共利益，始具有正当性和合法性”，[14] 只不过不同国家职能实现这一目的的途径不一。行政主要通过积极的、创造性的活动（如执行方针政策、组织社会生活、提供有效服务等）来维护、实现公共利益；而司法或审判、检察主要是通过追究和惩罚犯罪、解决各类纠纷（被动而消极），从另一侧面保障国家目的的实现。

3. 行政内容的法定性。行政的内容是由国家的宪法和法律加以明确规定的。行政的内容以国家行政机关职权范围内的各种国家事务为限，不得超出这一范围。“依法行政”作为当代行政法的原则和核心，要求一切行政都必须遵循法定的内容和标准，符合法定的实质要件，否则，就属违法行政。违法行政自然也是无效行政，不具有法律效力。同时，由于现代行政领域广泛，技术性、专业性不断加强，立法固有的滞后性和模糊性难以对社会繁多事务面面俱到。因此，立法往往有针对性地赋予行政主体一定的自由裁量权，当然，自由裁量权的行使以必要为限，且自由裁量仍须符合法律精神，不能凌驾于法律之上。

4. 行政方式的多样性。行政是执行、指挥、组织、监督等要素的统一体，行政职能是通过以上方式实现的。“执行”即对国家法律、政策，权力机关的决议、命令的贯彻实施；“指挥”即发布命令，支配人们的行动；“组织”即设立机关、任命干部、协调人们的行动；“监督”即检查、督促本身及其所属机关、公职人员、企事业单位、社

---

[13] 行政主体主要是行政机关和法律法规授权的社会组织，但在现实生活中，行使行政权的主体还包括行政机关委托的组织。那么，受行政机关委托行使行政职能的组织能否成为独立的行政主体呢？回答是否定的。因为，受行政机关委托行使行政职能的组织不能以自己的名义行使行政职能，也不以自己的名义承受法律后果，其受行政机关委托行使行政职能所发生的一切法律责任均由委托的行政机关承担。所以，它不具有独立的法律人格，也不能成为行政诉讼的被告。

[14] 翁岳生：《行政法》（下），中国法制出版社 2002 年版，第 163 页。

会组织和全体公民遵纪守法。若从行政行为的具体分类看,行政的方式还有其他很多情形,如行政立法、行政处罚、行政强制、行政许可、行政规划、行政决策、行政检查、行政合同、行政复议等,可见,其行为方式较之其他国家职能要丰富得多。

5. 行政具有执行性。根据我国《宪法》第 85 条〔15〕和第 105 条〔16〕的规定,从中央到地方的各级人民政府均为国家行政机关,都是本级权力机关的执行机关,它们由国家权力机关产生,向国家权力机关负责并报告工作;对国家权力机关以法律、法规等形式表现出来的意志,具有执行的义务。因此,行政实质上是行政机关执行权力机关意志的活动,即使是那些借助立法和司法形式的行政(如行政立法、行政司法),也同样具有执行性。

6. 行政具有强制性。行政是由特定主体行使国家权力的活动,代表了国家意志。行政固有的国家意志性和执行性,使得行政自然具有强制性。道理很简单,既然行政旨在实现国家意志,那么国家政权便是行政的坚强后盾;既然行政以实施和执行国家政策法律为己任,那么国家强制力便是行政的有力保障。为了维护行政的威望和尊严,确保行政的严肃性和权威性,对那些违反行政义务或不履行行政义务的相对人,有关行政主体可以借助法律手段予以惩处或者依法强制其履行义务。

(四)行政的类型

1. 权力行政与非权力行政

根据行政方式是否带有强制性的支配力量,可以将行政划分为权力行政与非权力行政。所谓权力行政,即是指可以通过强制性的支配力量实现行政目的的行政类型,在大多数情形下,行政机关的行政活动属于权力行政,诸如拆除违建、交通违章罚款等行为。所谓非权力行政,即是指通过非强制性的方式实现行政目的的行政类型,这种方式主要包括劝告、建议、指导、契约等,诸如行政指导、行政合同等。

2. 秩序行政与给付行政

根据行政性质的不同,可以将行政划分为秩序行政与给付行政。所谓秩序行政,即是指通过有关限制规范相对人的权利、自由的方式达到维护公共秩序与安全的行政类型。秩序行政是较为典型的行政行为,又称“干预行政”、“干涉行政”、“规制行政”等,诸如交通管制、环境污染监督等均属于秩序行政。所谓给付行政,即是指通过给予相对人利益和便利的方式实现行政目的的行政类型,给付行政又可分为供给行政、社会保障行政、助益行政三类。随着公共行政的扩大化,服务行

---

〔15〕 2004 年《宪法》第 85 条规定:“中华人民共和国国务院,即中央人民政府,是最高国家权力机关的执行机关,是最高国家行政机关。”

〔16〕 2004 年《宪法》第 105 条第 1 款规定:“地方各级人民政府是地方各级国家权力机关的执行机关,是地方各级国家行政机关。”

政理念加强，当今行政不再局限于秩序行政，给付行政体现在社会生活的方方面面，诸如社会福利、架桥修路等都属于给付行政。

3. 负担行政与授益行政

根据行政主体与相对人之间权利义务关系的不同，可以将行政行为划分为负担行政与授益行政。所谓负担行政，是指侵入相对人权利领域并限制其自由或财产，或者给相对人施加义务或负担的行政类型，又称"侵害行政"、"不利行政"等，诸如行政处罚、行政强制等。所谓授益行政，即是指行政主体给予行政相对人某种权益的行政类型，诸如行政许可、提供社会救助等。

4. 羁束行政与裁量行政

根据行政受到法律拘束的强弱，可以将行政划分为羁束行政与裁量行政。所谓羁束行政，是指行政主体的行为严格被法律规范限定在极小的范围之内，行政主体自主决定的空间狭隘，一般而言，法律规范都是通过具体详尽的方式对行政行为的要件、行使方式以及形式效果等进行规定。诸如关于个人所得税的征收，不仅新《立法法》明确通过"税收法定"限定行政主体立法权限，更是在《个人所得税法》〔17〕第2条、第3条明确规定了个人所得税征收的范围、征收的税率等，行政主体不可擅自变更。所谓裁量行政，是指行政主体的行为受法律约束的程度相对于羁束行为要弱，行政主体按照实际情况有一定的自主决定空间。依判断方式不同，裁量行为一般划分为要件裁量和行为（效果）裁量。前者是指行政主体在设定要件方面可以自主裁量判断，后者是指行政主体在行为选择或行为效果选择方面可以自主裁量。诸如，行政处罚行为大都属于典型的裁量行政，行政主体可以在一定的处罚类型和幅度内自主决定。

（五）行政与法

有国家就有行政，有行政就有行政法，但有了行政法，并不等于国家的一切管理活动都要依赖行政法。从行政发展的历史轨迹来看，最初意义上的行政，起决定作用的是人，不是法。随着资产阶级政权的建立，依法行政口号的提出，特别是"法治"理论的深入人心，行政对法的依赖性越来越明显，法在行政领域的普遍适用性也表现得越来越突出。因此，行政与法的广泛融合并不是一蹴而就的。在由人治走向法治的历史进程中，行政与法的融合程度成了评判一个国家法治水平的重要标准。当然，法不是万能的，即使在一个法制化程度很高的社会，我们也不可能将所有行政全都纳入法制轨道，进而实现过于理想化的、纯粹意义上所谓"依法行政"。所以，行政依赖于法，特别在当今社会，这种依赖性更强，但法永远取代不了行政。事实上，一旦所有的行政都穿上了法的外衣，那么行政所固有的快捷简便、灵活果断的特点必将丧失殆尽。很难想象，一切以法为准绳而没有丝毫自由裁

---

〔17〕 参见2011年6月30日第五次修改的《个人所得税法》。

量余地的行政将会成为什么样子。那到底应如何理解行政与法的关系呢？我们不妨从以下两方面加以分析：

1. 行政对法具有依赖性。现代社会，法治行政已成为民主国家普遍推崇的治国原则，面临这一形势，行政对法的依赖性比以往任何时期都要突出，行政与法的相互关系也比以往任何时候更为密切。其具体表现是：第一，行政以执法为己任。法只是抽象而普遍地规定了人们的权利和义务，行政正是使这些权利义务由抽象到具体、由普遍到特定的主要手段。因此，行政若不以执法为己任，行政便丧失了自身存在的价值和必要。第二，行政权作为行政的核心，有赖于法的设定，行政主体行使的行政权，只能是法定范围内的行政权，由法设定的行政权对行政起着巨大的羁束作用。行政主体一旦逾越了行政权的法定范围，造成越权行政的事实，则等待它的将是越权无效的法律后果，越权行政自始无效。第三，行政程序作为行政的形式，同样有赖于法的规定。行政主体开展行政活动，不但要合乎实质要件，遵守"越权无效"原则，而且要合乎形式要件，遵循程序合法原则。因为良好而正常的行政程序是行政权得以充分、有效行使的有力保证，所以违反法定程序的行政同样属于违法行政，同样归于无效。第四，行政以法为自我优化的推进器。行政对法的依赖一方面表现为行政不得不以法为自我评判的标准，另一方面还表现为行政以法为自我优化的推进器。法在行政领域的普遍存在，不仅为行政活动的合法化提供了有力的保证，进而对行政法治化的进程起巨大的推动作用，而且对提高行政效率、促进行政革新也大有益处。

2. 行政对法具有相对的独立性。行政与法是两个独立而互不包容的范畴，在现代社会行政离不开法，但并不等于行政的每一个环节都离不开法。事实上，行政对法的依赖是从宏观角度而言的；在微观领域，行政对法的确存在相对的独立性，这一相对的独立性，最集中地表现为行政对自由裁量权的有效运用。

二、行政权

（一）行政权与分权理论

行政权是行政的内容和核心，也是行政法学理论的基础和中心范畴。正如学者们早就指出的那样，"行政法学中的每条原理几乎都可以在行政权上找到它的起因和归宿。例如，行政主体其实就是实施行政权的组织；实施行政权的行为便构成行政行为；行政法律关系实际上就是行政权的运行所引起的关系，等等"。[18] 所以，不讲行政权，就无法真正理解行政，也无法真正理解行政法。

行政权概念的出现与分权学说有着天然的联系。古希腊思想家亚里士多德最早提出分权理论，他在《政治学》一书中率先提出了国家行政机能的问题："一切政体都有三个要素，作为构成的基础……三者之一为有关城邦一般公务的议事机能

---

〔18〕 张焕光、胡建淼：《行政法学原理》，劳动人事出版社1989年版，第17页。

（部分）；其二为行政机能部分——行政机能有哪些职司，所主管的是哪些事，以及他们怎样选任，这些问题都须一一论及；其三为审判（司法）机能。”[19] 但亚氏所谓的“行政机能”与我们现在所说的行政权还不是一回事。英国的启蒙思想家洛克在《政府论》一书中提出了立法权、执行权和对外权三权分立的理论。此处的执行权又译行政权，它是“负责执行被制定和继续有效的法律”的“一个经常存在的权力”。[20] 在这里，洛克将行政权界定为“执行法律的权力”，相对于亚里士多德的分权理论，这是一个历史的进步。但洛克所谓的“行政权”，是包括司法权在内的行政权，而理应属于行政权范畴的对外权（即外交权）则成了与行政权并行的权力，这是洛氏分权理论的不足之处。法国的启蒙思想家孟德斯鸠在《论法的精神》一书中对“三权分立”的理论作了进一步完善：“每一个国家有三种权力：（一）立法权力；（二）有关国际法事项的行政权力；（三）有关民政法规事项的行政权力。”[21] 按照孟氏的解释，上述第二种、第三种权力分别简称为国家的行政权力和司法权力。从此，在理论上，行政权成了国家行政部门专有的、与立法权和司法权并行的法定权力，分权学说也成了西方国家神圣不可侵犯的理论。

（二）行政权的含义

行政权又叫行政权力或行政权能，在现代社会行政权是与立法权、司法权相互独立、彼此制约的一项国家权力。行政权是一个不断发展的概念，关于这一权力的含义，从理论到实践，从历史到现实，经历了一个不断演变的过程。因此，对行政权含义的理解，应持发展的眼光。

1. 传统意义的行政权

根据传统的“三权分立”理论，行政权是国家行政机关执行国家法律、管理国家事务的权力。这一定义比较适合自由资本主义时期国家权力的运作规则，因为，那个时代的资产阶级政府，大都推行“自由放任”政策，主张“管事最少的政府就是最好的政府”，所以，行政机关并没有太多、太杂的管理事务，其他机关也有充足的时间和精力去实现其各自的职能，无须行政机关插手。可见，那时的行政权是一种非常单一的国家权力，它与立法权、司法权的界限也是不难划清的。

但随着自由资本主义向垄断资本主义的过渡，特别是20世纪以来，西方国家政府的施政政策发生了重大改革，由“自由放任”变为“积极干预”，面对日益纷繁的社会、政治、经济问题，政府不再袖手旁观，而是运用国家权力予以频繁干预。这样一来，行政权与立法权、司法权的平衡局面被破坏了，行政权的含义也因此而发生了很大的变化。

---

〔19〕［古希腊］亚里士多德：《政治学》，商务印书馆1965年版，第215页。

〔20〕［英］洛克：《政府论》（下），商务印书馆1964年版，第90页。

〔21〕［法］孟德斯鸠：《论法的精神》（上），商务印书馆1961年版，第155页。

2. 现代意义的行政权

现代意义的行政权，含义已很难从实质意义上加以认定。因为，随着行政权的膨胀，不但行政权的实质内容发生了深刻变化，除传统意义的行政权外，又出现了类似于立法、司法职能的行政权；而且行政权的实施主体也呈现出多样化的特点，除传统意义上的国家行政机关外，大量的法律、法规授权的组织和行政机关委托的组织也在频频行使行政权。[22] 所以，一方面行政权膨胀了，一部分本来应由立法机关和司法机关行使的权力，行政机关也在行使；另一方面行政权又被瓜分了，那些本来专属于行政机关的权力，行政机关以外的组织同样在行使。

可见，对现代意义上行政权的理解，既要看其实质，又要看其形式，还要看法律的规定。首先，从行政权的实施主体看。既有传统意义上的国家行政机关，又有像美国那样的独立管理机构，[23] 还有行政机关以外的其他组织。这与传统意义的行政权的实施主体已大不一样。其次，从行政权的基本内容看。行政权成了传统意义上立法权、司法权和行政权的混合物。尽管从理论上讲，现代国家立法机关行使的仍然是立法权，司法机关行使的也仍然是司法权，但行政机关及有权主体所行使的行政权已远远超越了传统意义行政权的范围，成了三种权力中最为庞大的一种权力。最后，从行政权的来源看。现代各国对行政法治原则都倍加推崇，对行政权的法定性也非常强调，因此，行政权只能由行政机关行使，不能由行政机关创制，行政权源于法律，尤其源于宪法，这是现代法治国家的基本要求。

3. 我国的行政权

我国各界对行政权的称谓不一，不同的阶层、不同的文件对此有不同的称呼：有的称“行政权”，有的称“行政权力”，有的称“行政管理权”。这几种提法虽没有质的区别，但我们认为行政权的提法更为规范，最为妥当。在此基础上，我们可以对行政权的含义作如下表述：行政权是国家行政机关及有关社会组织运用多种形式执行国家法律、管理国家事务和社会事务的权力，是国家政权的重要组成部分。

（三）行政权的相关概念

在学习中，弄清行政权的含义固然重要，但在此基础上进一步弄清行政权与各相关概念的联系和区别同样重要。在一定意义上，前者是后者的基础，后者是前者的补充。下面我们围绕几组概念作一简单分析。

---

〔22〕 如前所述，法律、法规授权的组织和行政机关委托的组织行使行政权的法律后果不一样。前者是以自己的名义行使行政权，后者是以委托的行政机关的名义行使行政权，所以，前者是独立的行政主体，后者不是独立的行政主体。

〔23〕 部分美国学者将这些同时拥有行政、立法、司法职能的机构称为“第四政府部门”，它所拥有的这种带有混合色彩的权力也相应地称为“第四种权力”。

1. 行政权与政权

政权是国家的统治权,其完整性和独立性又意味着国家的主权。政权的主体是国家、人民,统一而不可分。行政权是国家政权的重要表现形式,它与立法权、司法权共同构成国家权力或国家主权,是国家权力中由政府行使的那部分权力,所以,行政权的主体是政府或行政机关。相对而言,政权比较抽象,行政权更加具体。一个国家的政权,正是通过行政权、立法权、司法权等形式表现出来的,从这一意义上讲,行政权是政权的一项重要内容。

2. 行政权与权力、权利

行政权是权力而不是权利,因此行政法上的行政权与行政权力是同义词。为了进一步弄清行政权的权力属性,有必要对法理学中容易混淆的权力与权利作一比较。权力是特定主体或个人依法具有的支配力;权利则是一切主体或个人依法可以作为或不作为,并要求他人相应的作为或不作为的法律上的资格。权力与权利有如下区别:第一,权力只能由特定的国家机关、社会组织及依法担任国家公职从而具有特定身份的自然人行使,因而权力的主体是国家机关及其特定的组织或个人。权利既然是法律资格,对其主体的要求则是不特定的,一切法人和自然人、国家机关和社会组织均可成为权利主体。可见,权力的主体具有待定性,权利的主体具有不待定性。第二,权力是法律确认的职能和支配力,行使权力的行为是以强制力为表现的权力主体的单方面行为,因此,权力的实现取决于权力主体的单方意志,不以相对人的意志为转移。权利是法律所赋予的自由和利益,享有权利的行为虽然也是以国家强制力为保证的,但权利主体对其权利的实现,既取决于自身的行为,又取决于义务人的相应行为,因而不具有单方面性。第三,权力具有公法属性,对权力的行使是一种积极的作为。权利具有私法属性,对权利的享有既是一种积极的作为,又可表现为消极的不作为;既可以是权利主体自身的作为或不作为,又可以是权利主体要求他人相应的作为或不作为。所以,权力的行使始终以而且只能以积极的作为形式存在,如果权力主体以消极的、不作为的方式来对待权力,就意味着失职。第四,由于权力的归属主体具有特定性,某些权力只能归属于某些主体才合乎法律,因而权力主体不能任意转让或放弃自己的权力。权利对其归属主体并无特定要求,任何机关、组织、个人都可成为权利主体,因而权利主体可以相对自由地转让或放弃权利。第五,按照汉语的表述习惯,对权力的实施,我们谓之"行使权力",对权利的实现,我们谓之"享有权利"。

3. 行政权与行政职权

行政权是国家行政机关对国家事务的管理权,行政权内容广泛而复杂,需要通过设置各种机关和组织予以实施。当这种管理权具体定位到一定的职务,并由具体的行政部门或公务人员行使时,行政权就具体化为行政职权。因此,行政职权是行政权的具体配置和转化形式,是被具体定位到职务或职位上的行政权。由行政权至行政职权的过程，是一个由一般到特殊、由抽象到具体的过程。与此相契合，行政权是与立法权、司法权相对应的国家权力，在宏观、抽象意义上使用居多；行政职权则一般属于行政过程中具体的微观层面上使用的概念，行政权不同于行政职权。

4. 行政权与执行权

行政权与执行权是两个既有联系又有区别的概念，我们不能因为行政权是行政机关拥有的权力，行政机关又是国家法律的执行机关，从而得出行政权就是执行权的结论。事实上，行政权与执行权的区别是非常明显的。就执行权之范围言，执行权的归属主体并不以行政机关为限，司法机关行使的权力同样是一种执行权，它与行政机关一样，都是执行国家法律的机关。只不过为了更好地区分司法机关的执行权和行政机关的执行权，我们习惯上将前者称之为“司法权”，而将后者称之为“行政权”。就行政权之范围而言，行政权包括对行政事项的设定权（准立法权）、执行权和裁判权（准司法权）等。可见，可以这样来理解行政权与执行权的关系：从行政权的内涵及表现形式而言，执行权是行政权的应有之义；从国家法律的实施角度来看，行政权又是执行权的一种方式。

5. 行政权与行政权限

有人将行政权解释为权限，这种理解是不全面的。行政权与行政权限确实密切相关，不可分割，但不能等同。因为行政权有权力主体、权力内容和权力范围三要素，其中的权力范围就是权限。可见，行政权限仅为行政权的一个构成要素，行政权包含行政权限。任何行政权都是有一定限度的，无限的行政权不但在理论上不能成立，在实践中也极为有害，“行政越权”不断被批驳即是体现。

（四）行政权的内容

行政事务纷繁复杂，行政权的内容和形式也多种多样，目前法学界对行政权内容的归纳并不一致。如章志远主编的《行政法总论》一书提出：“行政权的内容包括行政事权、行政财权和组织人事权三个部分”，并提出从行政权的运作实践来看，行政规范制定权、行政命令权、行政处理权、行政处罚权、行政裁决权、行政许可权、行政强制权、行政确认权、行政征收权、行政调查权、行政奖励权、行政裁决权、行政计划权、行政合同权、行政指导权、行政复议权等都是常见的行政权形式。〔24〕又如，应松年主编的《行政法与行政诉讼法》一书提出：“一般意义而言，行政权包括以下内容：行政立法权、行政规范制定权、行政检查监督权、行政指导权、行政决定权、行政执行权、行政裁决权、行政复议权等。”〔25〕我们认为，行政权内容之间存在一定关联，根据行政权内容功能的不同，从如下三方面分析行政权的内容，更有

---

〔24〕 章志远：《行政法总论》，北京大学出版社 2014 年版，第 14 页。

〔25〕 应松年：《行政法与行政诉讼法》，中国政法大学出版社 2011 年版，第 12 页。

助于对这一问题的理解。

1. 立法性质的行政权(行政立法权)

传统的宪法理论认为,立法是创设规定公民权利和义务的法律规范的国家活动。根据"三权分立"理论,立法权由立法机关行使,行政机关无权立法。在我国,根据"议行合一"理论,立法权的行使由各级权力机关行使,行政机关同样无权行使立法权。但随着社会的发展,行政机关的行政职能也发生了重大变化,在行使传统行政权的同时,部分行政机关根据宪法规定或者立法机关的授权等,也像立法机关一样,行使着一定的立法权。在我国行政法学界,行政立法和行政立法权是约定俗成的概念。为了将行政机关的这一权力与立法机关的立法权区别开来,理论上往往称之为"准立法权",其准确含义主要是指特定的国家行政机关依法制定、发布规范性文件的权力。在我国目前宪法规定的框架性制度中,行政立法权主要指的是制定行政法规和行政规章。至于制定行政规定(其他规范性文件)是否属于行政立法,目前既没有制定法上的依据,学理上也是争论不休的。但在实务中,行政规定却有事实上的法律规范效力,并获得法院的认可。[26] 我国实践中,行政机关准立法权主要通过三种方式获得合法性基础:一是宪法与有关的组织法直接规定,即所谓的职权立法权;二是其他法律授予(全国人民代表大会及其常委会通过决定授予),即所谓的授权立法权;三是最高权力机关特别授予(全国人民代表大会及其常委会将自己职权范围内的立法事项授予国务院或国务院提请授予的下级人民政府或地方权力机关),即所谓的特别授权立法。[27]

在我国,有关立法问题,《宪法》及有关法律对立法权限、立法程序、法律解释等做了原则性规定,2000 年生效的《立法法》则对法律、行政法规、地方性法规、规章的制定作出了具体、统一的规定。2015 年 3 月 15 日,第十二届全国人民代表大会第三次会议对《立法法》作了修订,这是《立法法》实施 15 年来的首次修改,值得注意的是,修改后《立法法》就行政立法权作了新的规定,即"在对地方立法'放权'的同时,新《立法法》对行政性立法也给出了更为严格的规定",[28] 其主要表现在以下几个方面:

第一,就行使行政立法权机关而言,赋予设区的市地方立法权,规定设区的市人民政府可以相应制定地方政府规章,拥有行政立法权的地方政府明显扩容。新《立法法》第 82 条规定:"省、自治区、直辖市和设区的市、自治州的人民政府,可以根据法律、行政法规和本省、自治区、直辖市的地方性法规,制定规章。"

---

〔26〕 章剑生:《行政法与行政诉讼法》,北京大学出版社 2014 年版,第 12 页。

〔27〕 宋超:《现代行政法学》,首都经济贸易大学出版社 2014 年版,第 9 页。

〔28〕 "新《立法法》让地方政府不再'任性'",载《中国青年报》,http://gov.163.com/15/0317/09/AKT9TUE000234IJO.html,2015 年 3 月 17 日。

第二，就相关重要立法事项而言，落实税收法定原则。新《立法法》第 8 条规定，下列事项只能制定法律：……（六）税种的设立、税率的确定和税收征收管理等税收基本制度。这项规定直接限制了行政法规、行政规章对税收方面的行政立法权，有利于税收政策的统一化、合理化。

第三，就授权立法而言，进一步规制授权程序。新《立法法》第 10 条规定："授权决定应当明确授权的目的、事项、范围、期限以及被授权机关实施授权决定应当遵循的原则等。授权的期限不得超过五年，但是授权决定另有规定的除外。被授权机关应当在授权期限届满的六个月以前，向授权机关报告授权决定实施的情况，并提出是否需要制定有关法律的意见；需要继续授权的，可以提出相关意见，由全国人民代表大会及其常务委员会决定。"

第四，就行政法规而言，进一步完善制定行政法规的程序。一是新《立法法》第 66 条规定："国务院法制机构应当根据国家总体工作部署拟订国务院年度立法计划，报国务院审批。国务院年度立法计划中的法律项目应当与全国人民代表大会常务委员会的立法规划和年度立法计划相衔接。国务院法制机构应当及时跟踪了解国务院各部门落实立法计划的情况，加强组织协调和督促指导。国务院有关部门认为需要制定行政法规的，应当向国务院报请立项。"二是对行政法规的起草提出要求，新《立法法》第 67 条规定："行政法规由国务院有关部门或者国务院法制机构具体负责起草，重要行政管理的法律、行政法规草案由国务院法制机构组织起草。行政法规在起草过程中，应当广泛听取有关机关、组织、人民代表大会代表和社会公众的意见。听取意见可以采取座谈会、论证会、听证会等多种形式。行政法规草案应当向社会公布，征求意见，但是经国务院决定不公布的除外。"

第五，就行政规章而言，进一步规范部门规章和地方政府规章权限。一是制定部门规章，新《立法法》第 80 条第 2 款后半部分规定："没有法律或者国务院的行政法规、决定、命令的依据，部门规章不得设定减损公民、法人和其他组织权利或者增加其义务的规范，不得增加本部门的权力或者减少本部门的法定职责。"二是制定地方政府规章，新《立法法》第 82 条第 4、5、6 款规定："除省、自治区的人民政府所在地的市，经济特区所在地的市和国务院已经批准的较大的市以外，其他设区的市、自治州的人民政府开始制定规章的时间，与本省、自治区人民代表大会常务委员会确定的本市、自治州开始制定地方性法规的时间同步。应当制定地方性法规但条件尚不成熟的，因行政管理迫切需要，可以先制定地方政府规章。规章实施满两年需要继续实施规章所规定的行政措施的，应当提请本级人民代表大会或者其常务委员会制定地方性法规。没有法律、行政法规、地方性法规的依据，地方政府规章不得设定减损公民、法人和其他组织权利或者增加其义务的规范。"

第六，就其他规范性文件而言，要求进一步加强规范性文件的备案审查。一是新《立法法》第 99 条第 3 款规定："有关的专门委员会和常务委员会工作机构可以对报送备案的规范性文件进行主动审查。”二是新《立法法》第101条规定：“全国人民代表大会有关的专门委员会和常务委员会工作机构应当按照规定要求，将审查、研究情况向提出审查建议的国家机关、社会团体、企业事业组织以及公民反馈，并可以向社会公开。”

2. 行政性质的司法权（行政司法权）

司法是指法院在个案中适用法律规定并作出裁判的一种国家审判活动，从“三权分立”的初衷来看，司法权概由司法机关行使，行政机关不能行使司法权。但从当前世界各国的情况看，这一规则并未得到全部遵守。如美国的独立管理机构、英国的行政裁判所均不同程度地行使着一定的司法权，由于这些机构不具有司法机关的性质，它们所行使的类似于传统司法权的权力，在理论上谓之“准司法权”。我国虽不承认“三权分立”原则，但在实践中同样面临行政权与司法权交融的问题。在我国，各类纠纷的最终处理权仍属法院（法律另有规定的除外），与此同时，法律又赋予部分行政机关对各类纠纷拥有复议、裁决、调解、仲裁的权力。从实际运作的情况看，这类权力的使用频率高，使用范围广，除刑事案件的裁决权只能归属于人民法院外，其他各类纠纷，行政机关似乎都能调处。所以，行政机关经常充当有关纠纷的调解人、仲裁人、复议人或裁决人。而且，除了这些权力的行使程序比普通司法程序更为简便、更为灵活外，行政司法权与传统的司法裁判权并无多大差别，同样应当遵循司法裁判的一些原则性规定，如管辖规定、回避规定、证据审查、听取当事人意见等。

3. 行政性质的执行权（行政执法权）

行政执法权属传统行政权的基本范畴，在行政立法权和行政司法权出现以前，行政权的内容仅表现为行政执法权，即将行政法规范和行政政策适用于具体被管理人的权力。这也是行政权的主体内容，是最能体现行政权的本质和作用的权力。如《宪法》第85条规定：“中华人民共和国国务院，即中央人民政府，是最高国家权力机关的执行机关，是最高国家行政机关。”实践中，绝大部分行政执法权不是表现为对相对人权利的赋予或剥夺，就是表现为对相对人义务的科处或免除，因此行政执法权主要表现为行政检查权、行政奖励权、行政处罚权、行政强制权、行政许可权、行政征收权、行政监督权等。当然，行政权的具体内容在不同的历史时期、不同的环境条件下，表现也有所不同。例如，在非常时期（战时或重大自然灾害发生时），为应付紧急而危险的局势，宪法和法律往往规定或者最高国家权力机关往往授予最高国家行政机关依照法定范围和程序采取紧急对抗措施，以迅速恢复正常法律秩序，最大限度地减少人民生命财产损失的特别权力。行政机关在非常时期所行使的行政权，显然比平时的行政权来得灵活，自由裁量度也更大。非常时期的行政权作为平时行政权的特殊形态，两者在权力行使的表现形式上有许多共同点，但它们毕竟是两种状态下的权力，不能混同。不过，有一点必须指出，不管是平时行政权还是非常时期行政权，均应纳入法治范畴，即非常时期行政权的行使同样要遵循法治原则，不得随意，更不得滥用。

（五）行政权的特征

行政权是权力不是权利，行政权始终具有权力属性，因而具有权力的共性。但行政权是一项特殊权力，它又有一般权力所不具有的特点。

1. 行政权与其他权力的共性

行政权与其他权力所共有的特征主要表现为法定性和强制性。所谓权力的法定性，是指只有法律设定或授予的权力才是合法、有效的权力，“权自法出”。在有关机关现实行使的权力中，并不是所有的权力均具有法定性，有些违法行使或非法行使的权力是不合法的，也是无效的。行政权只能由法律设定或认可，只能由法律规定的机关和组织行使，行使的内容必须符合法律的规定，行使程序必须符合法律规定的程序。所谓权力的强制性，是指所有的国家权力都是受国家强制力保障实施的。国家权力作为阶级统治权或国家主权的具体表现，是国家生活中必须实现的权力，任何受这种权力作用的相对人均有服从的义务，有关组织或个人也有协助的责任，否则就可能受到法律制裁或承担相应的法律后果。权力的强制性源自权力的法定性。行政权的实施以国家强制力作为最终保障是毋庸置疑的，权力对象须服从行政管理，有关组织与个人有协助的义务。

2. 行政权的特殊性

第一，行政权的执行性。行政权是一种执行权，是执行法律或权力机关意志的权力，尽管其执行方式多种多样，但不管采用哪种执行方式，行政权的实施主体都必须服从于它所执行的国家意志，对权力机关负责。需要说明的是，随着委任立法产生，行政立法权的行使在社会各领域铺陈开来，行政权的实施主体所执行的内容，已不仅局限于权力机关制定的法律，行政机关根据授权或依委托所制定的行政法规、规章等也成为行政权的执行内容。但追本溯源，行政机关根据授权或依委托制定相关规范性文件本身即是对法律或权力机关意志的执行。

第二，行政权的优益性。国家除了以强制力来保证行政权的行使，往往还赋予行政主体许多职务上或物质上的优益条件，我们在理论上称之为行政优益权。行政优益权由行政优先权和行政受益权构成，前者是职务上的优益条件，后者是物质上的优益条件。

行政优先权是行政主体在行使行政权时依法所享有的种种优惠条件。可见，行政优先权只适用于行使行政权的行政主体，不适用于权力相对人；而且行政主体只有在行使职权、从事公务时才能享受优先权，所以，行政优先又叫“公务优先”；同时，所享受的优先条件还必须是法律所特许的，从这一意义上讲，行政优先权是一种法律规定的“行政特权”。行政优先权包括先行处置权、获得协助权和推定有效权。先行处置权指行政主体行使行政权时，若遇紧急情况，可以打破一般的法律程序，先行处置，如即时强制，先行扣留。获得协助权指行政主体从事紧急公务时，有关机关、组织和个人均有协助的义务。这种协助,不同于一般意义上社会组织和个人对行政机关行政行为的协助,它是以特殊条件下的公务(即紧急公务)作为适用条件的。例如,根据有关规定,正在执行公务的各种警车,可以使用特殊音响的警报器和红色回转的警灯,对使用此类警报器和警灯的警车,其他车辆应当避让;赶赴火场的消防队及其消防车、消防器材和装备,需要铁路运输和轮渡时,铁路和航运部门应当优先免费抢运。推定有效权指行政决定一经作出就推定为有效,可立即执行,一般情况下,不因复议或诉讼而中止其执行。

行政受益权是行政主体从国家获取旨在保证其行政权行使的物质条件或物质能力的资格。它是行政主体从国家获取的物质权益,旨在更好地执行公务或行使权力,其内容表现为国家向行政主体提供行政经费、办公条件、交通工具等。由于它直接取自国家,不取自相对人,因此,行政受益权与相对人无直接关系,这一点与行政优先权不同。

第三,行政权的不可处分性。行政主体有权实施行政权,却无权自由处分行政权。这主要包括三方面的内容:一是行政主体不得转让行政权,除非符合法定条件并经法定程序;〔29〕二是行政主体不得放弃行政权;三是自由裁量权也要受到法律制约。行政权行使奉行"权责统一"原则,就行政主体而言,实施行政权既是其权力,又是其责任,行政权是权力与责任的结合体。行政主体没有行使行政权或未能很好行使行政权,都意味着失职,也均需承担行政责任。为保证行政主体充分、有效地行使行政权,法律要求行政主体以及负责实施某项行政职权的行政人不得越权自由处分行政权,否则,行政权的严肃性、权威性和专属性就会丧失,国家的行政管理秩序就要发生混乱。

第二节　行政法与行政法学

行政法与行政法学关系密切。行政法是行政法学的基础,没有行政法,行政法学就没有研究对象;反之,行政法学研究的深入又推动了行政法的发展,行政法的研究和普及工作对行政立法、行政司法、行政执法及行政守法均有巨大的促进作用。但行政法与行政法学有着本质区别。行政法是行政法学的研究对象,前者属法律范围,是法律体系中的一个独立的法律部门;后者属法学范畴,是与其他部门法学并列的一门独立的法律学科。本章所讨论的行政法的含义及特征、行政法的

〔29〕这里所谓的行政主体不得转让行政权,是指行政权归属主体不能由行政机关转移至非行政机关,至于行政机关委托社会组织代行行政权的情形不属于这一情况,也不受此限。

内容及分类、行政法的地位及作用等问题,恰恰是行政法学所关注的行政法的基本范畴。

一、行政法的含义及特征

(一)行政法定义之争

各国行政法学者给行政法下的定义,不下五六十种,从我国行政法学界对行政法的定义来看,也几乎是有一本书就有一种定义。由于观察问题的角度和定义的方式不同,理论上出现这一局面是完全正常的,加上处在时代变革中的行政法学理论本身也在不断革新和发展,诸多理论尚不成熟,出现定义众多的情况并不奇怪。为使读者对这一问题有一全面认识,我们下面对国内外行政法的各种定义作一主要介绍。

1. 大陆法系行政法定义

在大陆法系国家,行政法是伴随着法国等国家建立起行政法院、开启行政诉讼以及行政赔偿制度等而产生、发展的。作为行政法的母国,“行政法”一词最早在法国出现,并逐渐传播开来,学界于此开始乐此不疲地对行政法含义展开界定。大陆法系的各国行政法学者虽给行政法下过这样那样的定义,但其中心思想可以概括成一句话:行政法是有关行政权的组织及作用的国内公法的总称。这一定义包括以下要点:

第一,行政法是国内法。行政法以本国领域为其适用范围,它是规定一国内部关系的法,并不涉及一国的外部关系。所以行政法是国内法,而非国际法。但是,随着交通、信息事业的发展,国家间政治、经济、文化交流的加强,国与国之间的距离日渐缩小,国内法与国际法的界限已远不如过去分明,现代行政法有国际化的趋势。各国政府之间签订的政府协定及国家之间订立的国际条约,有不少具有行政法内容,行政法的发展呈国际化趋向,所以现在大陆法系的学者已不十分强调行政法是国内法了。

第二,行政法是公法。将法律划分成公法与私法是西方学者常用的法律分类方法。所谓公法,是规定国家与国家、国家与公共团体、国家与私人间公权力关系的法,如宪法、刑法、行政法等。但私法人或私人有时也可能处于与国家机关相同的法律地位,这时,他们与相对人发生的法律关系同样适用公法规则。所谓私法,是规定私人与私人间私权利关系的法,如民法、商法等。但国家政府机关有时也可能处于与私人相同的法律地位,由此发生的权利义务关系仍适用私法规则。可见,行政法属公法范畴,在形式和内容上均不同于私法。

第三,行政法是有关行政权之法。行政法是用以规范行政权的组织及其作用的,它不同于以立法权、司法权为对象的立法法和司法法。尽管有的行政法也或多或少涉及一些立法和司法内容,但就行政法的本质属性而言,行政法是在宪法基础上,围绕行政权的组织及其作用作明确规定的法。

第四,行政法是有关行政法规范的总称。行政法没有统一法典,行政法在整体上形成了一个具有共同指导原则的特殊的法律体系。所以行政法是一切行政法规范的概括名称,而非个别行政法规范的具体名称,没有任何行政法规范的具体名称叫“行政法”,但行政法成千上万。

大陆法系行政法的概念,对旧中国行政法的影响很深,法国、德国、日本作为大陆法系的代表,特别是日本作为中国一衣带水的邻邦,对旧中国行政法学影响是很大的。从中国台湾地区行政法学者给行政法所下的各种定义中,我们不难发现这种影响。

2. 英美法系行政法定义

英美法系的行政法学理论不如大陆法系成熟,对行政法所下的定义也没有大陆法系的行政法定义完整。在由自由资本主义向垄断资本主义发展的历史进程中,英美法系行政法的定义曾发生如下变化:

第一,研究角度、强调重点的变化。自由资本主义时期,法学家主要立足于三权分立,从行政权与立法权、司法权相对应的角度给行政法下定义。垄断资本主义时期,法学家主要针对行政权膨胀的现象,从控制政府权力、保护个人利益免受行政侵害的角度给行政法下定义。前者强调政府的行政职能或组织、管理职能,后者则强调对行政权的控制或对行政行为的司法审查。如美国学者古德诺在他1893年出版的《比较行政法》一书中对行政法定义作了这样的表述:“故所谓行政法者,为公法之一部分而规定行政官吏之组织及其能力;且指定权利侵害之时,而以救济之道予个人者也。”〔30〕而现代的许多美国行政法学者对行政法定义的表达则发生了很大变化,伯纳德·施瓦茨认为:“我们所说的行政法是管理行政机关的法,而不是由行政机关制定的法。”〔31〕弗雷银德在《行政法判例》一书中认为:“行政法——这是监督行政机关的法律,而不是建立行政机关的法律。”〔32〕他们的观点反映了美国当代有关行政法定义的普遍观点。

第二,对行政主体范围的认识变化。早期法学家认为行政主体仅限于行政机关,而现在则倾向于在行政机关中专门从事公共管理活动的所谓管理机构;早先非行政机关一概不成为行政主体,而现在行政机关以外的组织经授权也能成为行政主体。

第三,行政程序成了行政法的主要调整对象。早期行政法强调公共管理和社会服务,但忽略了行政程序和司法审查,而在当今的美国,行政程序在行政法中的地位越来越突出,并将行政程序作为首要的调整对象。因为美国学界普遍认为,避

〔30〕 [美]古德诺:《比较行政法》,白作霖译,中国政法大学出版社2005年版,第6页。

〔31〕 [美]施瓦茨:《行政法》,群众出版社1986年版,第3页。

〔32〕 转引自姜明安:《行政法学》,山西人民出版社1985年版,第11页。

免行政侵权的关键在于严格健全行政程序，所以不少人甚至认为，行政法就是行政程序法。

总而言之，英美法系行政法定义在发展过程中主要形成了以下要点：行政法是控权法；行政法是程序法；行政法主要对行政行为进行审查。

3. 大陆法系与英美法系行政法定义的区别

第一，理论基础不同。大陆法系往往侧重于国家管理的角度，即从国家如何实现其管理职能的角度来分析问题。英美法系则倾向于站在私有者个人的角度，即从如何控制行政权膨胀、保护私有者权益的角度，来研究行政法的概念、作用。因此，大陆法系习惯上视行政法为"管理法"，英美法系习惯上视行政法为"控权法"。

第二，审判体制不同。大陆法系国家一般采取二元制的司法体制，即国家设普通法院和行政法院两个互不隶属的审判系统，民、刑案件由普通法院受理，行政案件由行政法院受理，普通法院和行政法院各自专辖，互不干涉。英美法系国家一般采取一元制的司法体制，即国家只设普通法院，不专设行政法院，所有诉讼案件，包括行政案件，均由普通法院审理。英国、美国是这种司法体制的代表。

第三，内容、范围不同。大陆法系行政法比起英美法系行政法，内容更多、范围更广。具体来说，大陆法系行政法不仅包括行政权及其行使的程序和原则，公民在受到行政行为侵害时的救济措施，还包括行政机关的组织形式、行政机关颁布规章的权力及程序、文官制度、政府对财产的征用和管理、公共事业、行政责任等。而在英美法系国家，诸如行政机关的组织及作用、行政规章制定权的行使和限制、公务员法、行政财产的取得和管理、公共事务和行政责任等大陆法系广泛讨论的问题，一概视为公共行政问题，主要由政治学而不由行政法学研究。英美法系行政法从传统的控权理念出发，更多将行政法理解为控制政府权力的法律，在内容上似乎仅限于行政行为的运作及程序，范围很窄。

4. 中国学者的行政法定义。

第一，有人从调整对象给行政法下定义。如"所谓行政法，是指调整行政关系的、规范和控制行政权的法律规范系统。"〔33〕又如，"行政法是国家重要的部门法之一，是调整行政关系以及在此基础上产生的监督行政关系的法律规范和原则的总称，或者说是调整因行政主体行使其职权而发生的各种社会关系的法律规范和原则的总称。"〔34〕

第二，有人从行政法与行政管理的关系角度给行政法下定义。如"行政法，是现代国家据以进行各个方面国家行政管理工作的全部行政管理法规的总称。"〔35〕

---

〔33〕 姜明安：《行政法与行政诉讼法》，北京大学出版社 2011 年版，第 18 页。

〔34〕 罗豪才、湛中乐：《行政法学》，北京大学出版社 2012 年版，第 7 页。

〔35〕 张尚鷟：《行政法基本知识讲话》，群众出版社 1986 年版，第 1 页。

第三,有人从内容角度给行政法下定义。如"行政法是关于行政权力的授予、行使以及对行政权力进行监督和对其后果予以补救的法律规范的总称,用以调整在行政权力的授予、行使和监督过程中的发生的各类社会关系。"[36] 又如,"行政法是有关于行政主体的组织、活动及行政救济的法律规范系统。行政法包括关于行政主体的机关设置、权限以及各个机关间相互关系的法(行政组织法),关于行政主体和相对人之间的法(行政活动法),关于行政活动侵害个人权利时予以救济的法(行政救济法)。"[37]

第四,有人则从调整对象、内容、目的等不同角度综合起来给行政法下定义,目前,这种定义方式比较普遍,也比较有代表性。例如,司法部法学教材编辑部组织编写的第一部行政法教材《行政法概要》认为:"行政法,是一切行政管理法规的总称。行政法是规定国家行政机关的组织、职责、权限、活动原则、管理制度和工作程序的,用以调整各种国家行政机关之间,以及国家行政机关同其他国家机关、企业事业单位、社会团体和公民之间行政法律关系的各种法律规范的总和。"[38] 又如,张树义所著的《行政法与行政法学》认为:"行政法是调整行政活动的法律规范的总称,它主要规范国家权力的组织,行政权力的活动以及对行使权力后果如何补救,其目的在于实现依法行政确认或建立行政法律秩序。"[39] 再如胡建森所著的《行政法学》认为:"所谓行政法,是指有关国家行政管理的各种法律规范的总和,是以行政关系为调整对象的一个仅次于宪法的独立法律部门,其目的在于保障国家行政权运行的合法性和合理性。"[40]

随着行政法、行政法学在我国的蓬勃发展,学界对行政法的认识和理解也愈加深入,也正因为此,对于行政法的定义才会出现不断修正、总说纷纭的局面。上述观点分别从不同的侧面揭示了行政法的含义,我们认为,行政法的定义应当全面揭示行政法的内涵、外延、目的、地位,否则难以完整界定。基于这一认识,我们可以对行政法的定义作如下表述:行政法是一个仅次于宪法的独立的法律部门,它是规定国家行政权的组织、作用及程序的,用以调整行政主体在行使行政权力、实施行政行为过程中所发生的各种社会关系(即行政关系)的法律规范的总称,其目的在于保障国家行政权运作的科学性、合法性和民主性。

(二)行政法的特征

行政法的特征即行政法不同于其他部门法的地方,是行政法借以区别于其他

---

[36] 应松年:《行政法》,北京大学出版社 2010 年版,第 7 页。

[37] 周佑勇:《行政法专论》,中国人民大学出版社 2010 年版,第 8 页。

[38] 王珉灿:《行政法概要》,中国政法大学版社 1989 年版,第 1 页。

[39] 张树义:《行政法与行政诉讼法学》(第二版),高等教育出版社 2007 年版,第 19 页。

[40] 胡建淼:《行政法学》(第三版),法律出版社 2010 年版,第 7 页。

法律部门的个性。行政法的特征主要表现在如下方面。

1. 行政法在内容上的特征

第一，对象的确定性。尽管行政法内容广泛、复杂，但其对象始终是确定的，即行政法以行政法律关系为调整对象，也正因为行政法有如此确定的调整对象，行政法才能成为一个独立的法律部门。从法律关系的主体角度入手，行政法律关系主要包含三类主体间的关系：一是行政主体与行政相对人（公民、法人、其他社会组织）之间的外部行政法律关系；二是行政主体与内部工作人员之间的内部行政法律关系；三是行政主体与行政主体之间的行政法律关系。从行政法实践来看，行政法主要的规范对象是行政主体与行政相对人之间的外部行政关系。

第二，范围的广泛性。行政法是有关国家行政管理的法，而国家行政管理的范围非常广泛，涉及国家、社会管理的各个方面，有关国家政治、经济、科技、文化及公安、民政、军事、外交、司法等领域的管理，都离不开行政法。传统意义上的"警察国家"、"守夜人政府"已经一去不复返，行政机关职能的显现、行政权的膨胀进一步拓展了行政权对社会的全方位管理。所以，国家行政管理的广泛性，决定了行政法范围的广泛性。

第三，内容的易变性。实现国家行政职能是行政法的最终目的，为此，行政法必然根据国家行政变化频繁、发展迅速的特点，对国家行政中已经变化或正在变化的客观形势作出迅速反映，以保证国家行政职能的充分实现。所以，易变性是行政法基于其最终目的所产生的一大显著特点。当然，行政法的易变性是以法律的相对稳定性为前提的。因为，任何法律规范均具有相对的稳定性，这种相对的稳定性在一定程度上又体现了法律的严肃性和权威性。所以，行政法的易变性不等于朝令夕改，它只是相对于民法、刑法等部门法而言的。一般来说，民法、刑法等部门法规范一经制定，便在较长时期内发生法律效力，变化较小；而行政法规范，特别是那些政府制定的规章，制定颁布后，在其实施过程中随时都可能根据国家行政的实际需要，作出某些补充和修改，变化较大。

由于行政法的上述特点，行政法规范的数量远远超过其他部门法规范，行政法的贯彻实施也往往难于其他部门法，这就给我国众多的行政执法人员提出了不少难题，也给人民法院的行政审判带来了不少麻烦。

2. 行政法在形式上的特征

第一，形式的多样性。与民事、刑事立法主体的单一性不同，行政性立法的主体呈多元性特点，门类及层级较多，不仅最高国家权力机关和最高国家行政机关，而且设区的地方各级国家权力机关和国家行政机关，均有权制定行政性的法律、法规、规章，这些法律规范的形式多样、名目繁多、种类不一、效力各异。加之行政管理范围的广泛性和复杂性，各领域都需要行政法调整，都存在相应立法，由此造成行政法规范数量庞大，赖以存在的法律文件居各部门法之首。截至 2014 年 9 月底,中国已经制定现行有效的行政法规737件,国务院部门规章2856件,地方政府规章8909件。

第二,难以法典化。由于行政法形式多样、数量庞大、变动频繁等客观因素,行政法不可能像民法、刑法等部门法那样,有一部系统、完整、统一的行政法法典,它只能是大量纷繁复杂、分散零碎的行政法规范的总和。当然,这里的行政法典是针对实体行政法而言的。从世界各国的立法实践看,实体行政法虽然难以统一,程序行政法却是可以统一的。所以,不少国家已经制定或正在制定行政程序法典,以保证行政程序的制度化、法律化。美国、西班牙、奥地利、意大利、日本等国,均制定了自己的行政程序法,其中,奥地利是世界上最早在一个国家内完成行政程序法典化的国家,而美国1946年的《联邦行政程序法》则是现代各国行政程序法的杰出代表。还有很多国家,制定了《行政诉讼法》,行政诉讼法作为与行政程序法相呼应的程序行政法的重要表现形式,是程序行政法法典化的应有之义。

此外,实体行政法虽然难以统一,但是并不是完全不可能制定出统一的法典,诸如荷兰在20世纪90年代就制定了《行政法通则》,率先实现了行政法总则的法典化。[41] 尽管这种法典化只是将一国行政法的一般原则和基本规范编纂在一起,尚未实现将一国所有的行政法规范汇集于一册。

还有不少国家,针对行政法不可能制定实体法典的这一特征,纷纷编辑出版法规汇编,制定配套法律体系。因为,没有统一法典,并不等于杂乱无章,行政法的法规体系还是有一定规律可循的。据此,不少国家在法规的整理与编纂方面做了大量工作,有的还采用了先进的现代化技术,以便于对法规的查找和增删。同时,还按不同的管理部门,分门别类,发现并填补某些立法空白,逐步形成一个以基本法律为主的配套法律体系。通过以上工作,行政法在形式上将更为完备。

3. 行政法在效力上的特征

行政法的效力具有多元性。由于行政法制定主体的多层次性、规范形式上的多样性,必然导致其效力的多元性。不同的行政法规范,立法宗旨、制定及施行的地点和时间、有效期限等,都是不完全一样的。有的时间效力长,有的时间效力短;有的在全国范围内普遍生效,有的仅在特定的行政区域内生效;有的对这部分人生效,有的则对那部分人生效。所以,不同的行政法规范,其时间效力、空间效力和对人效力都可能不一致,从而使得行政法的效力呈多元性特征。

二、行政法的内容及分类

(一)行政法的内容

行政法内容十分广泛,可以说包罗万象。具体内容究竟有哪些,不同法系、不

---

〔41〕 [荷]勒内·J. G. H. 西尔登等编:《欧美比较行政法》,伏创宇等译,中国人民大学出版社2013年版,第160页。

同国家理解不一,即便同一国家,理论界观点也不一致。

从整体上说,大陆法系行政法的内容要比英美法系广泛。如法国作为大陆法系的代表,其行政法是规范公共行政之法,是一个几乎包罗万象的公法部门,其内容相当庞杂,包括:行政主体、行政机关组织、行政行为原理(如行政法规、行政措施、行政契约、法治原则、行为效力等)、公务员制度、公产和公共工程、警察行政一般原则、行政诉讼等。而英美法系国家,行政法内容要比大陆法系狭窄。如英国行政法着重规定行政机关权力的来源及保护公民不受行政机关侵害的问题,其具体内容包括:委任立法、行政裁判、司法审查、行政责任、议会行政专员等。美国行政法的内容与英国十分接近,又略有区别。美国行政法十分注重行政程序,甚至有人说美国行政法就是行政程序法。

我国学者对行政法具体内容的概括,由于标准不同,观点也不同。理论界有关行政法内容的争议主要围绕下列问题进行:

第一,行政法是用以规范行政机关的行政活动的,那么对行政机关以外的其他国家机关、企事业单位、社会团体和公民个人的相关活动,行政法规不规范?有人认为,行政法是以行政活动为规范对象的,由于行政活动不同于其他社会活动,对行政活动需采用特殊的活动规则,行政法正是这一特殊规则。也有人认为,行政法以行政管理为对象,行政管理涉及管理者和被管理者双方,他们都要受行政法所规范,因而行政法是有关管理者和被管理者的法律。

第二,行政法是否包括程序法?在强调行政权行使的程序法控制的今天,那种认为行政法是规定实体权利义务而不涉及程序内容的法律规范的观点已经不占主流,多数人认为,行政法不仅包括实体法规范,也包括程序法规范,从某种意义上说,行政程序法在整个行政法体系中还占有非常重要的地位,只是各国行政程序法的立法模式及立法态势各不相同而已。

第三,行政法是否包括行政诉讼法?多数人认为行政诉讼法是行政法的一项重要内容,是行政法不可分割的组成部分。但也有人认为,行政诉讼法不应作为行政法的内容,而应单独成为一个法律部门。因为,行政法与行政诉讼法有着不同的调整对象,一个是关于实体问题的,另一个是关于诉讼程序问题的,性质不同不能混同。何况在我国,民法与民事诉讼法、刑法与刑事诉讼法都是分别作为独立的法律部门的,行政法与行政诉讼法也应适应这一现状,相互独立开来。

我们认为,行政法是用以规范行政权的组织和作用的法律规范,因此凡与行政权实施有关的法律规范均应视为行政法的内容,具体有:(1)行政主体与行政人是行政权的实施者,有关他们法律地位、职责权限等方面的法律规范,应属行政法的内容。(2)相对人是行政权的作用对象,有关其法律地位、权利义务等方面的法律规范,也应属行政法的内容。(3)行政行为是行政权的实现手段,有关行政行为内容、形式、方法、程序等方面的法律规范,是行政法的主体内容。(4)行政诉讼是行政权正确行使的司法保障,有关行政诉讼的程序法规范,也应成为行政法的内容。(5)行政责任是违反行政权行使规则所应承担的法律责任,有关这方面的法律规范同样是行政法的内容。

(二)行政法的分类

行政法内容庞杂,数量众多,若不加以分类、混沌一块,是无法开展研究的。根据不同标准,行政法可作如下分类。

1. 行政组织法、行政行为法与行政监督法

这是以行政法的作用为标准来分类的。行政组织法涉及行政主体和行政人,前者主要表现为行政机关组织法,包括行政机关的设置、编制、职责权限、活动方式及活动程序方面的规范;后者主要表现为公务员法,包括公务员的录用、考核、奖惩、升降、调配、工资、辞职、辞退、退休、退职等方面权利义务的规范。行政行为法是有关行政主体和行政人实施行政行为的原则、要求、方法、程序等的法律规范,这类规范数量最多、涉及面最广,情况也最复杂。行政监督法是监督主体对行政主体、行政人及其行政行为实施监督的法律规范,包括行政机关内部自身监督的法律规范,如行政监察法、行政复议法,也包括外部主体实施监督的法律规范,如行政诉讼法。

2. 一般行政法与特别行政法

这是以行政法调整对象的范围为标准来分类的。一般行政法是对一般行政关系加以调整的法律规范的总称,如行政机关组织法、公务员法、行政程序法、行政诉讼法。特别行政法是针对特别行政关系加以调整的法律规范的总称,如经济行政法、公安行政法、教育行政法、军事行政法、外交行政法、民政行政法等。在行政法学上,一般行政法多就行政关系中具有共性的问题加以规范,所涉及的是一些概括性和普遍性问题,因而一般行政法往往由行政法学总论加以研究。特别行政法仅对某一方面的问题作规范,也有人将它称为部门行政法,一般由行政法学分论加以研究。

3. 实体行政法与程序行政法

这是以行政法规范的性质为标准来分类的。实体行政法是规范当事人权利、义务实体内容的行政法规范的总称。程序行政法是规范行政权的行使及对行政权行使进行监督过程中的程序性问题的法律规范总称,它由一般行政程序法和行政诉讼法两部分组成。

实体行政法是规定权利义务实体内容的,程序行政法是规定这些权利义务内容的实现途径的。没有实体法的程序法是空洞的,没有实际内容的,因而也是毫无意义的;没有程序法的实体法是没有实施保障的,结果是沦为一纸空文。从法律的适用和实施看,程序法是统一完整的法律规范不可缺少的组成部分。

实体法与程序法在行政法上的表现形式一般有两种:第一,独立、单行的程序

法适用于许多行政实体法。如国外许多国家制定了专门的行政程序法法典,适用于一般的行政管理活动。我国行政程序立法采取单行行政程序立法先行的立法模式,已经先后制定了《行政处罚法》、《行政复议法》、《行政许可法》、《行政强制法》等规范各类具体行政行为的程序法;我国还制定了《行政诉讼法》法典,专门适用于行政诉讼活动。第二,实体法与程序法融合于某一单行的行政法规范之中。如《治安管理处罚法》、《森林法》、《食品卫生法》、《文物保护法》等,既是行政实体法,但其中又有不少程序法内容。在我国尚未制定《行政程序法》法典之前,这种实体法与程序法的混杂现象将构成我国行政法的一大特点。

在此,必须防止一种错误观念,不能将行政程序法与行政诉讼法等同起来。行政程序法和行政诉讼法虽同为程序法,但性质完全不同,前者规范行政机关行政行为的具体程序,具有行政属性;后者规范司法机关审判活动的具体程序,具有司法属性。

4. 国内行政法与国际行政法

这是以行政法的适用范围为标准来分类的。行政法大部分属于国内法,调整的也是国内当事人间的行政关系。但随着国际交往的增加,一些国际条约、政府协定也涉及我国公民或组织的权利义务;同样,我国立法机关制定的法律及我国政府制定的规范性文件,也有不少直接作用于外国的公民或组织。因此,我国政府加入、批准或签署的国际条约和政府协定,对中国公民和组织具有同中国国内法一样的拘束力,因而也成了行政法的一个组成部分。从各国行政法构成的实际情况看,国际行政法有逐步增多的趋势。

按照上述类似标准,行政法还可分为中央行政法与地方行政法、城市行政法与农村行政法。

5. 平时行政法与战时行政法

这是以行政法适用的不同时期为标准来分类的。平时行政法是指适用于和平时期的行政法;战时行政法是适用于战争时期的行政法。

6. 积极行政法与消极行政法

这是以行政法的作用为标准来分类的。积极行政法是有关行政主体积极行使行政权的法律规范,又叫政府管理法;消极行政法是对行政主体行使行政权进行监督的法律规范,又叫控权法。

此外,根据其他标准,行政法还可分为古代行政法与近现代行政法、内部行政法与外部行政法、国家行政法与自治行政法等。

三、行政法的地位及作用

(一)行政法在法律体系中的地位

行政法在法律体系中的地位,主要指行政法在法律体系中担任何种角色以及行政法与其他部门法的关系。这一问题在英美法系国家的行政法学中显得毫无意义，只有大陆法系国家才有严谨分明的法律体系，行政法在法律体系中的地位如何才显得十分重要。

我国虽不属大陆法系，但法律体系的基本格局和内容受大陆法系影响较深。学界对行政法在法律体系中的地位问题，认识比较一致，普遍认为“行政法是仅次于宪法的独立的法律部门”。这一认识包含两层意思：第一，行政法仅次于宪法。行政法与宪法的关系较其他部门法更亲、更近。第二，行政法是独立的部门法。行政法的调整对象具有独立性，行政法作为部门法之一种也具有独立性，它不依附于其他部门法，也不包含其他部门法。

但法律体系中各个部门法之间是互为补充的有机整体，行政法与其他部门法之间的相互关系，也在某种程度上反映出行政法在法律体系中的地位，认清这些关系更有助于我们了解行政法的特点。

1. 行政法与宪法

行政法与宪法相对于行政法与其他部门法关系更为密切，甚至有人认为宪法是“静态的行政法”或者“大行政法”，行政法则是“动态的宪法”或者“小宪法”。我们认为，不管行政法与宪法关系如何密切，宪法与行政法毕竟是两个不同的法律部门，前者是根本法、母法，其核心内容在于对国家权力的实现方式及其运作进行规范，后者是部门法、子法，其更关心行政权的存在及其行使的合法性；前者效力高于后者，后者不得与前者相抵触。但行政法与宪法又在很多方面存在非常密切的关系：第一，从属关系。行政法从属于宪法，是宪法原则的具体化，是执行宪法的部门法，行政法的制定与实施均不得违背宪法的原则和精神，否则将归于无效。只有这样，才能保证宪法的最高权威性和行政法的合宪性。第二，部分重合关系。宪法的许多条款本身就是行政法规范，而且是行政法的根本法源。如日本宪法中有关内阁、地方自治、国民基本人权的规定等，从宪法角度看，属于宪法，但从行政法角度看，又属于行政法。第三，补充、发展关系。行政法是对宪法的必要补充。“宪法并不是法律汇编。宪法是根本法，而且仅仅是根本法。宪法并不排除将来立法机关的日常立法工作……宪法给这种机关将来的立法工作以法律基础。”[42]因此，对宪法基本精神的把握，一方面包括严格遵守宪法，另一方面还包括使宪法精髓具有更广泛、更充分的适应性。可见，宪法并不是一些死板的法律条文的堆砌，在不违反宪法基本精神、符合实际需要的前提下，宪法本身也的确需要行政法来补充并发展它。实践中，行政法并非简单、被动表述和物化宪法，其具有能动性，对宪法起着补充、发展的作用。

2. 行政法与民法

行政法与民法分别调整社会的纵向关系和横向关系，两者间的区别比较明显：

---

〔42〕《斯大林选集》（下），人民出版社 1979 年版，第 409～410 页。

第一，调整对象不同。民法调整民事关系，即一定范围的财产关系和人身非财产关系，由于这种关系当事人间法律地位的平等性，因而又叫"横向关系"。行政法调整行政关系，即国家行政管理关系，这种关系虽然也包含财产和身份因素，但其双方当事人的法律地位具有不平等性，其财产关系无不包含行政管理内容，其身份关系也往往与职务或职位相关，因而这类关系又叫"纵向关系"。第二，调整手段不同。民事法律关系在平等主体间产生，以等价、有偿为特征；行政法律关系的主体双方在地位上是不平等的，往往以"命令—服从"为特征。因此，二者在调整方法与手段上各不相同。例如，民事争议按民事诉讼法规定的程序处理，行政争议有相当一部分在行政诉讼程序之前，已经历过行政复议程序了。

3. 行政法与刑法

行政法与刑法是同级的部门法，关系邻近。中国古代法制中，诸法合一，刑法渗透一切，所以刑、民不分，行、刑混杂的情况十分严重。在当代，行政法与刑法的关系已不像古代那么混乱，但在具体适用时往往难以把握二者的"临界点"，或者"度"。例如，同一种违法行为，有时适用行政法（主要是治安管理处罚条例），有时适用刑法，在什么情况下给予行政处罚，什么情况下施以刑罚，法律规范中常用"情节轻重"作为区分标准。但在具体认识上，何为情节轻微，何为情节严重，弹性太大，太过灵活，实践中难以把握。因此，对行政法与刑法的区别，首先要对二者的某些"临界点"进行深入研究，在此基础上，应特别注意如下三个界限：第一，违法与犯罪。这里的违法又称一般违法，泛指一切违反法律、法规的行为。这里的犯罪又称严重违法，它已严重危及社会利益。对违法行为一般适用行政法，而对犯罪行为则适用刑法。第二，行政处罚与刑事处分。行政处罚是对违反行政法规范，尚不构成犯罪的人（包括自然人和法人）所给予的法律制裁。刑事处分又叫刑罚，是对犯罪分子（包括自然人和法人，主要针对自然人）所给予的法律惩处。后者比前者，无论在性质上还是强度上，都要严重得多。第三，行政程序与司法程序。行政法（实体法部分）的适用，依行政程序，对行政违法行为由特定的行政部门依据行政法规范的有关规定，按照行政程序的要求作出处理。刑法的适用依司法程序，对犯罪行为，则由司法机关（人民法院）按照司法程序的要求进行处理。

4. 行政法与环境法

环境保护法是规定国家机关、企业事业单位、团体和公民在环境保护方面的行为准则和违法责任的法律，其与行政法都是宪法之下的基本法律部门，但两者调整对象、调整方法、基本原则、立法体系等方面存在诸多区别。近年来，环境问题愈加严峻，环境保护法的重要性越发得到关注，2015 年实施的新《环境保护法》对于行政机关的相关规定亦是特别突出。当下，环境保护法已经发展成集行政法、刑法、民法等法律规范于一体的综合法律部门，环境管理、环境纠纷及环境诉讼所涉及的法律问题往往涵盖行政、刑事和民事等交叉领域，很难运用简单的部门法知识予以处理。

(二)行政法的作用

随着改革开放的进一步深入,社会主义民主法制的进一步加强,行政法在国家生活中的地位和作用越来越被众多有识之士所公认,但围绕行政法的具体作用问题,理论界观点不一。有人强调行政法的控权作用和监督作用,有人则强调行政法的维护作用和保障作用;有人从政府怎样有效行使行政权角度理解行政法的作用,有人则从相对人如何维护自己的合法权益角度理解行政法的作用。我们认为,行政法在一个法治国家或者正在向法治目标迈进的国家,作用非同小可,但若仅从一个侧面理解其作用,非但不能解决问题,反而会形成理论混乱。因此,应从整体上、多方位地全面阐述行政法的作用,基于这一考虑,行政法的作用起码有以下方面。

1.统一、确认作用

所谓统一、确认作用体现在以下两方面:一是通过统一、协调的行政法体系,保证国家行政管理的科学化、一体化,保证国家行政管理的完整性、统一性。二是通过行政法,确认各类各级行政机关及其工作人员在国家行政管理中的地位和职权,便于他们依法开展行政管理活动。国家行政管理涉及全国不同的地区和不同的部门,在实施过程中,既要协调好中央与地方的关系,又要协调好部门与部门的关系,还要协调好上级与下级、组织与个人、多数与少数的关系。为达到预期的行政管理效果,提高行政工作效率,必须运用行政法制手段,一方面对各类行政主体及行政人的地位、职权作出明确规定,使他们严格按照各自应有的权力实施行政管理;另一方面对各类逾越权力范围从事行政管理,从而违反国家行政管理的统一性和完整性的组织和个人,依法进行处理。只有这样,中央政府的法律和政策才能得到切实执行,有关国家行政管理的基本原则和规范才能得到一体遵守,国家行政管理“全国一盘棋”的局面才会形成。

2.维护、保障作用

所谓维护、保障作用,是指行政法在维护行政主体权威,保障行政权行使方面的作用。行政主体及其行政人作为法定的行政权的实施者,他们依法实施的各类行政行为,都是代表国家进行的,具有国家意志性,因此,对行政主体的地位和权威,必须运用行政法制手段予以维护。在此基础上,对行政主体依法行使的行政权,同样必须采用行政法制手段加以保障,只有行政权得到了有效行使,国家政治、经济的稳定和发展才能得到有效的保障。事实上,行政法一开始主要是作为保障行政权的工具出现的,控权职能则是其发展的产物,从这一意义上讲,行政法所具有的维护、保障作用,是其原始职能的重要体现。所以,行政法首先是“政府管理法”。

3.规范、保护作用

所谓规范、保护作用,是指行政法在规范相对人行为,保护相对人权益方面的作用。行政法一方面要对行政主体及行政人的地位、职权加以明确规定，另一方面也要对相对人的权利、义务作具体要求。在此基础上，相对人可以做什么、不可以做什么、可以通过什么途径保护自己的合法权益免受不法侵害等问题才得以明确。因此，行政法不但要将相对人的基本权利与义务具体化，而且要规定实现这些权利和义务的条件、程序、途径、方法，譬如，具体规定相对人对行政主体及其行政人的违法、侵权行为不服，进而提出申诉、控告、检举乃至提起诉讼、请求赔偿的程序。只有这样，相对人的合法权益才能免受不法侵害，即使遭受了不法侵害，也能及时得到救济。当然，对相对人合法权益的保护，不能降低、取代甚至否认对相对人基本义务或责任的要求。行政法一方面要保护公民、法人或其他组织（相对人）的合法权益，另一方面要规范相对人的言行，使他们在法律规定的幅度内措其手足，这是同一问题的两个方面，二者相辅相成，不可或缺。

4. 控制、监督作用

所谓控制、监督作用，是指行政法在监督行政主体依法行政，并对其行政权的行使作有效控制方面的作用。行政法既是“保权法”，又是“控权法”，它一方面要维护和保障政府权力的有效行使，另一方面又要对政府行使权力的行为进行必要的控制和监督。孟德斯鸠有一句名言：“要防止滥用权力，就必须以权力约束权力。”[43]从某种意义上讲，行政法就是一种用来约束行政权的“权力”。从行政法治的基本精神和内容看，有关约束、控制行政权正确行使的法律规范很多，对行政机关实施行政权进行监督的主体也非常广泛，有关控制、监督的办法、途径更是形形色色，有立法监督、司法监督，也有党的监督和人民群众的监督，还有行政机关自身的监督。通过上述各种各样的监督，对政府权力进行必要控制，目的仍然是保证行政权的有效行使，进而维护行政机关的尊严，维护政府形象。

5. 促进、改善作用

所谓促进、改善作用，是指行政法在促进行政体制改革，改善行政工作作风方面的作用。行政体制改革的成就需要行政法记载并巩固，行政体制改革的进程更需要行政法推动并促进，在改革过程中，一些新思想、新观念的形成和发展，一些旧风俗、旧习惯的摒弃和消除，均离不开法制的权威。行政法不是行政体制改革的消极的“传声筒”或“应声虫”，它更是行政体制改革的推进器或兴奋剂，对行政体制改革，它主要起积极的促进作用。与此同时，行政法对行政工作方法的改善作用也比较突出。例如，有关行政机关的组织、编制等方面的规定，有助于防止机构臃肿、人浮于事现象的发生；有关行政主体职责权限及行政程序的规定，有利于防止和消除互相推诿、彼此扯皮、公文旅行、手续繁杂等现象的发生；有关国家公务员责任和纪律的规定，对不正之风、腐败行为的发生更具有良好的揭露、制止、追究乃至预防

---

〔43〕［法］孟德斯鸠：《论法的精神》（上），商务印书馆1961年版，第154页。

作用。因此，行政法对行政工作作风的改善作用，还进一步加快了我国廉政建设的步伐，对广大公务员依法行政、廉洁从政产生了有益的影响。特别值得一提的是，有些国家和地区还制定了这方面的专门法律，如美国的《从政道德法》、英国的《防止腐化法》和《荣誉法典》等。上述立法经验，对我国的反腐败国家立法不无借鉴。

第三节　行政法的理论基础

行政法的理论基础是决定行政法的存在价值与发展方向的根本问题，也是行政法学体系的出发点和核心内容。不同的国家，行政法学理论基础的基本观念及其基本内涵各不相同，而各国行政法学理论基础的差异，又最集中地反映出各国行政法学的基本特点，进而决定了各国行政法学在阶级性质、框架结构、基本原理、发展方向等方面存在的诸多差异。需要说明的是，从修辞的角度来看，“行政法”与“行政法学”显然是两个有着不同指称的概念，“行政法理论基础”和“行政法学理论基础”似乎也应该是有所区别的。不过，由于历史上的学术讨论，已将二者混为一谈，在此也就迁就历史原貌，无意再纠缠二者内涵的不同，统一以“行政法理论基础”指称下文研究的对象。[44]

一、国外行政法的理论基础

中国的行政法学，从开创之初发展至今，一直深受国外行政法学的影响。在学习中国行政法之时，了解国外代表性的行政法学发展的基本情况实有必要。

（一）法国行政法的理论基础

法国行政法学理论较为成熟，有关行政法理论基础的讨论较有代表性。法国存在明确的公、私法之分，行政法属公法范畴，有关行政法的诉讼由行政法院管辖，而有关私法的诉讼则由普通法院管辖。因此，如何区别公法与私法、如何划分行政法院与普通法院的管辖权，成了法国行政法学的基本问题，而其划分标准也成了法国行政法的理论基础。但由于公法与私法的区别在法国找不到明确的成文法依据，有关行政案件与民事案件管辖权的区别也只能由行政法院和权限争议法庭通过判例方式形成，所以，法国行政法的理论基础，实际上是结合行政判例对公、私法划分标准的理论化、系统化。

19世纪，法国行政法的理论基础是公共权力，即以公共权力作为公法与私法的划分标准。具体来说，行政机关行使公共权力的行为属行政行为，由此所致的社会关系为行政关系，由此引发的争议属行政争议，而此类争议概由行政法院管辖。

---

〔44〕 沈岿：“行政法理论基础回眸——一个整体观的变迁”，载《中国政法大学学报》2008年第6期。

否则,那些与公共权力的行使和作用无关的行为及关系,均不属公法范畴,由此引发的案件也只能由普通法院管辖。这种学说,人们谓之"公共权力说",其主要代表人物是弗拉里耶尔。

19 世纪末,行政机关的活动范围逐渐扩大,除继续行使传统的公共权力以外,行政机关在教育、卫生、救济、交通、公用事业等领域,为满足某些公共利益的需要,还提供了大量的服务。这些活动本来均不属于行使公共权力,但由于它们旨在公共利益,又不同于纯粹的私人行为,不受私法规则调整。为解决这一矛盾,"公务说"应运而生,"公务"理论逐渐取代"公共权力"理论,上升为法国行政法的理论基础。最早在理论上对"公务说"作系统说明的是波尔多大学教授狄骥,所以赞成这种理论的学派被称为波尔多学派。尽管当时有些权威法学家反对这种理论,仍坚持"公共权力说",但是"公务说"更能说明当时法国行政法的实质,也更能适应当时法国社会的实际,因而,"公务说"在 20 世纪 50 年代以前,一直作为法国行政法的理论基础。按照"公务说",行政机关实施的旨在满足公共利益需要的一切行为均受行政法调整,由此所致的诉讼也都由行政法院管辖。

但第二次世界大战以后,法国行政机关的活动又有了新变化,出现了新情况,"公务说"因此而动摇。例如,行政机关的公务活动,有不少已纳入私法调整范畴;有些私人活动(如公益活动)本不具公务属性,却在行政法上取得了一定的位置;政府(行政机关)本应属地地道道的国家事务的管理者,它主要管理经济活动而不直接从事经济活动,但随着政府职能的膨胀,政府已日益频繁地直接从事经济活动或干脆将私人企业国有化。面对这些新情况,"公务说"难以为继,行政机关是否执行"公务"已不再能充分解释行政法的性质,也不再能完全用以决定行政法院的管辖权,"公务说"超越了行政法的范围,行政法的适用也打破了公务的界限。总之,公务理论不再能成为居于垄断地位的行政法的理论基础了。

当然,尽管法国行政法学界对行政法的理论基础问题观点不一,众说纷纭,但是,在新的、统一的、权威性的理论形成之前,法国行政法学中一度处于主宰地位的公务理论仍占据着重要的位置,其学术影响及实践指导作用将永远存在。

(二)英国行政法的理论基础

英国的行政法学起步较晚,也不发达,其原因是多方面的。首先,"在英国,公法和私法的区别只是法律所规定的对象不同,不是法律所适用的规则不同。行政法原则上适用一般的法律规则"。[45] 行政诉讼和民事诉讼、刑事诉讼一样由普通法院管辖,没有独立的行政法院系统。也正因为如此,行政法体系并不独立,法学界自然不会将它作为独立的研究对象。其次,由于 A. V. 戴西的影响,很多英国法学家都认为英国没有行政法,也不应有行政法,因为"行政法是保护官吏特权的法

---

〔45〕 王名扬:《英国行政法》,中国政法大学出版社 1987 年版,第 4 页。

国制度，和英国的法治原则不相容”。[46]

所以，长期以来，英国行政法学在理论的系统性和内容的广泛性方面都落后于法国，法学界对行政法的理论基础问题，也没有法国学者那样浓厚的兴趣。

但是，进入20世纪以后，英国行政机关的权力不断扩大，行政职务的内容也持续增加，客观形势迫使英国法学界重视行政法学研究，有关行政法的理论基础问题自然就不能回避了。那么，英国行政法的理论基础到底是什么呢？我们必须先了解一下英国行政法的宪法背景。英国是一个不成文宪法国家，宪法和行政法的界限难以划分，因而英国宪法中的“法治原则”和“议会主权原则”对行政法的支配作用表现非常突出，它们共同构成了英国行政法的基础，并由此产生了英国行政法的一个中心原则——越权无效。诚如英国法学家H. 韦德所云：“公共权力机构的活动不能超过权限（越权），这句简单的陈述也许可以称为行政法的核心原则。”[47]而这个核心原则恰恰是法治原则和议会主权原则的直接后果，它自然要求英国的行政法及普通法院对行政诉讼的管辖均得以控制行政主体超越法定权限为己任。这样一来，如何控制行政权的扩大和滥用便成了英国行政法的理论基础，简称“控权说”。

（三）美国行政法的理论基础

美国原来是英国的殖民地，英国的法律传统对美国法律体系的基本结构和概念影响很深，行政法及其行政法学的理论研究也不例外。虽然行政法的名称在美国出现很晚，行政法学的发展起先曾受到一定阻碍，法学界对行政法概念的理解也很不一致，但对行政法的基本目的和作用问题，很多美国学者的认识是互不矛盾的。

他们普遍认为，行政法的目的主要是约束行政权力，保障私人权利，实现公平、正确和效率。可见，美国行政法的理论基础和英国一样，都是为了控制行政权的扩张，防止行政权的滥用。

不过，美国行政法上的“控权”与英国的“控权”在具体内容和要求上存在差异，从美国联邦行政法的发展轨迹，我们可以看出美国不同时期行政法的特点，这些特点在一定程度上反映了美国行政法的控权精神。1789年到1886年间，自由放任主义是当时的主导思想，政府对经济活动和社会活动采取不干预政策，行政机关的地位和作用便不十分突出，所谓“控权”也就没有必要了。1887年到1932年间，联邦政府开始对私人经济活动实行必要的控制，州际商业委员会等独立管制机构相继建立。这些独立管制机构自创设之日起就受到了反对，批评者认为这些机构违背宪法的分权原则。为了适应批评者的反对，法院对独立管制机构巨大权力

[46] 王名扬：《英国行政法》，中国政法大学出版社1987年版，第6页。
[47] 王名扬：《英国行政法》，中国政法大学出版社1987年版，第14页。

的行使，采取严格的审查态度，以防止它们侵害私人的权利。因为独立管制机构的存在虽然是合法的，但它们滥用手中权力的危险时刻存在，“一切权力都能滥用，权力越大滥用的危险也越大”。[48] 为此，有必要通过法院对其权力行使实行司法审查。1933 年到 1946 年间，美国政府的行政权力迅速扩张，美国的行政法也在行政权的迅速扩张之中得到了长足发展。行政权力的扩张必然遭到来自各方面的反对和抵制，不但法院，就连企业界、律师界乃至国会，均对行政权的迅速扩张持反对态度，要求实现行政程序标准化、正规化，要求加强司法审查的呼声越来越高。1946 年的《联邦行政程序法》和《联邦侵权赔偿法》就是在这一形势下制定出台的。《联邦行政程序法》制定以后的 20 年间，美国行政法没有重大的发展，有关行政程序的立法出现了暂时的平静，从这一意义上看，《联邦行政程序法》得到了暂时的巩固。但 1966 年后，美国行政法又进入了新的发展时期，1946 年的《联邦行政程序法》在这段时间经过了几次修改，其主要宗旨是实现行政公开原则。“公众认识到过去从程序上和司法审查上限制行政机关的权力，只能保障个人的利益不受行政机关侵犯，不能保证行政机关的活动符合公共利益，也不能保证行政机关能为公众提供更多的福利和服务。为了加强对行政活动的监督，必须实行行政公开原则，以补充程序限制和司法审查的不足。”[49] 1966 年的《情报自由法》、1976 年的《阳光中的政府法》、1974 年的《隐私权法》、1972 年的《联邦咨询委员会法》均对行政公开问题作了程序性的规定。1978 年，国会还对 1949 年《联邦行政程序法》中关于司法审查的规定作了修改，规定国家在司法审查中可以作为被告，放弃了司法审查中的主权豁免原则，扩大了司法审查的领域。当代行政法的上述发展，同时也引起行政法作用的改变，美国行政法已从以控制为中心逐步转向以提供福利和服务为中心，法院也逐步扩张了宪法正当法律程序的适用范围。

总之，美国的行政法学与英国一样，均十分注重行政法的控权作用，但随着美国行政法的发展，在不同的历史时期，行政法学的研究对象各有侧重：第一阶段着重研究宪法的分权原则和行政权力；第二阶段着重研究司法审查；第三阶段着重研究行政程序。而通过正当的法律程序来规范和限制行政权力则成了美国当代行政法的主旋律。因此，从控权角度而言，英美行政法的理论基础是一致的，但从控权的具体方法、手段及内容而言，英美行政法的理论基础又有一些差异。为了体现这些差异，也为了避免表述上的重复，我们将美国行政法的理论基础概括为“正当的法律程序说”，这样既揭示了美国行政法及其行政法学的特点，又反映了美国行政法上的控权思想。

---

[48]　王名扬：《美国行政法》，中国法制出版社 1995 年版，第 51 页。

[49]　王名扬：《美国行政法》，中国法制出版社 1995 年版，第 57 页。

二、中国行政法的理论基础

中国当代的行政法学研究肇始于20世纪80年代初,国内学者出于对学科自身发展命运的关怀,开始不遗余力地探讨行政法的理论基础问题。就此问题,20世纪我国行政法学界曾出现过"管理论"、"控权论"、"平衡论"、"服务论"、"公共利益本位论"、"公共权力论"和"政府法治论"等学说,这些学说各有特色和贡献,[50]法学界百家争鸣,观点不一。时至今日,学界对此讨论仍然乐此不疲,我们择其要者介绍相应的学说以便更好理解中国当代行政法的理论基础。

(一)服务论

"服务论"是最早有关行政法理论基础的理论,其认为我国行政法的理论基础是为人民服务。早在1983年,应松年、方彦、朱维究等撰写的"行政法学理论基础问题初探"[51]一文就提出了"为人民服务"的基本观念,接着在应松年与朱维究合著的《行政法学总论》一书中,这一观点得到了进一步阐述。他们认为:"我国社会主义行政法学的理论基础不可能是研究什么控制权力。只有在人民与政府处于对立的状态下,才需要控制政府的权力,以防止其损害人民利益。我们的政府是执行人民意志的,它在根本上与人民的利益一致,人民不可能自己控制自己的权力;我国社会主义行政法学的理论基础也不可能是研究什么公共权力或公务。因为我国行政法学的任务是研究行政机关如何为人民服务得更好。而不是停留在研究公权力与私权力、公务与私务的划分。"[52]从当时直至现在,"为人民服务"被认为是一个普遍的政治原则,难以成为行政法学科特有的理论基础,因此,服务论并没有得到学界的普遍认可。

(二)政府法治论

"政府法治论"论述行政法理论基础以政府为切入点、以行政权为核心,该理论历经多年发展得到系统阐发。继"服务论"之后,杨海坤1989年发表了"论我国行政法学的理论基础"一文,以此为基础,政府法治论的观点逐渐发展成形。政府法治论主要体现在将政府与人民的关系引申到政府与法的关系上,将行政法的理论基础归纳为:政府由法律产生、政府依法律管理、政府由法律控制、政府对法律负责、政府与公民(人民)法律地位平等这几个方面。2004年杨海坤、章志远合著的《中国行政法基本理论研究》继续对政府法治论作了进一步、相对完整的阐发,将原先主张的五个基本原理相应地转化为"民主型政府"、"有限型政府"、"治理型政

[50] 杨海坤:"'平衡论'与'政府法治论'的同构性——以政府与人民法律地位平等的视角",载《法学家》2013年第4期。

[51] 应松年、方彦、朱维究:"行政法学理论基础理论问题初探",载《中国政法大学学报》1983年第2期。

[52] 应松年、朱维究:《行政法学总论》,工人出版社1985年版,第103页。

府”、“责任型政府”、“平权型政府”。[53]

(三)平衡论

撇开“主权在人民”的视角,“平衡论”作为一种新的看法,认为我国行政法的理论基础是行政机关与相对一方的权利义务平衡,其产生以1993年罗豪才、袁曙宏、李文栋等撰写的“现代行政法的理论基础——论行政机关与相对人一方的权利义务平衡”[54]一文为标志。他们认为,古代行政法本质上是“管理法”,近代行政法总体上是“控权法”,现代行政法实质上是“平衡法”。“行政法的全部发展过程就是行政机关与相对一方的权利义务从不平衡到平衡的过程。现代行政法不应是管理法、控权法,而应是平衡法,其存在的理论基础则应当是平衡论,即在行政机关与相对一方的权利义务关系中,权利与义务在总体上应当平衡。它既表现为行政机关与相对一方的权利和义务分别平衡,也表现为行政机关与相对一方各自权利义务的自我平衡。”平衡论是一种关于中国当代行政法应诉诸何种价值导向和制度选择的规范性理论,以此为契机,法学界掀起了关于行政法理论基础研究的高潮。多年来,平衡论在主动构建和回应质疑中不断修正、补充、完善自身的理论,逐渐发展成为一个具有鲜明特色和理论深度的学说体系。

(四)控权论

“控权论”是除平衡论之外另一较有影响力的学说,主张我国行政法的理论基础是对行政权力的控制。首先,控权论强调,行政机关拥有管理权是一个事实而非法律问题。授予行政机关以权力不是行政法所能决定的。行政法所能规范的是权力行使的后果,即由于拥有权力、运用权力所带来的法律问题。其次,行政权的行使,无须法律的保障,行政法是对行政权力进行控制而非保障的法律。应当说,控权论较多地受到英美法系国家“红灯”理论的影响,强调保障公民自由与权利,提倡对政府权力进行必要的控制和限束,这对中国现代行政法的起步意义深远。孙笑侠曾在《法律对行政的控制——现代行政法的法理阐释》[55]一书中多方面论证“现代行政法是综合控权法”、“综合控权观是现代行政法的理论基础”等观点,被认为是控权论的集大成之作。

追根溯源,“控权论”深深扎根于整个自由主义政治哲学的土壤里,具有较强说服力,被诸多学者奉为主流学说,这一点,从各种行政法学教材和行政法学论文可见一斑。甚至有学者提出,关于行政法基础理论之争本无意思,“因为这场大战中,最初作为各家学说主攻的对象‘控权论’并未被彻底驳倒,‘这些学说更多地还

[53] 杨海坤、章志远:《中国行政法基本理论研究》,北京大学出版社2004年版,第86~89页。

[54] 罗豪才、袁曙宏、李文栋:“现代行政法的理论基础——论行政机关与行对人一方的权力义务平衡”,载《中国法学》1993年第1期。

[55] 孙笑侠:《法律对行政的控制——现代行政法的法理阐释》,山东人民出版社1999年版。

处于构造基本观念的初级阶段，缺乏系统化的论证，尚未形成足够的影响力，各家的系统化的论证尚未导致主流学说的危机'，甚至最后大家发现参战的各家学说其实都分享了与'控权说'相同的核心价值观：行政法学的基本价值目标是保障公民的权利"。[56]

（五）管理论

"管理论"，主张行政法就是管理行政机关和公务员的法律，也是行政机关对社会进行管理的法律。这一理论在早期的大陆法系国家以及前苏联较为流行，而在中国只是学者们对早期行政法运行状态的一种归纳。由于其过分强调行政权对社会的控制，带有浓厚的计划经济的色彩，在现阶段已经逐渐退出了主流理论行列，当前主张管理论的学者已经少之又少。

（六）公共利益本位论

"公共利益本位论"，认为行政法是以一定层次的公共利益与个人利益为基础和调整对象的基本部门法。1995 年叶必丰已在"公共利益本位论与行政诉讼"一文中提出，"法决定于利益关系，权利来源于法，是实现利益的手段；公共利益和个人利益是一组对立统一的矛盾，而公共利益是该矛盾体的主要方面，决定着该矛盾的性质、内容和发展方向，行政法所体现和调整的正是以公共利益为本位的利益关系"。[57] 此后，叶必丰继续发表相关论文阐述其对公共利益本位论的进一步理解，诸如其 1999 年出版的《行政法的人文精神》一书，以利益分析法解剖行政法的社会基础，以"一定层次的公共利益和个人利益关系"为分析工具阐述行政法的内涵和外延、性质和特点以及产生和发展，以保护公共利益和个人利益一致作为行政法的目标，以现代集体主义人文精神强调服务与合作、信任与沟通，作为现代公共利益和个人利益关系即行政主体和相对人关系的应有之义。[58]

必须承认，行政法理论基础研究在世纪相交前后大约盛行了十余年之久，一时成为学界热点。进入 21 世纪，本主题研究的热度有了略微的下落。不过，近年来，有一种学术现象值得关注。它虽然并不直接属于本主题范畴之内，但却是息息相

〔56〕 王学辉、张治宇："国家治理价值体系现代化与行政法学理论基础的重构——以'诸神之争'为背景的分析"，载《行政法学研究》2014 年第 4 期。

〔57〕 叶必丰："公共利益本位论与行政诉讼"，载《中央政法管理干部学院学报》1995 年第 6 期。

〔58〕 叶必丰：《行政法的人文精神》，湖北人民出版社 1999 年版。

关的。当"统一公法学"[59]命题出现,当"软法"[60]和"公共治理"[61]被纳入公法研究的视野,本主题的研究又似乎随着这些新的学术视窗的打开,而有了新的着眼点和知识源泉。尽管这种课题不是新的行政法理论基础学说,但这个课题至今获致的学术成就,已经充分展示出,在开放、互动、平面的公共治理网络中,协商(协调)机制、软法(柔性规则)机制、共赢机制,同前文所提的激励、制约机制一起存在,使得平衡论所希望的行政主体与行政相对方的平衡,更有可能通过各种方式和形式实现。打通应然平衡与实然平衡之间的渠道,显得更为充足。[62]

我们认为,从世界各代表性国家的情况看,行政法的理论基础始终与一国的国情及历史发展相联系,我国行政法的理论基础不能脱离中国国情。从我国当前政府法制或行政法制的现状看,一方面,政府权力太大,并不时被滥用,对这种膨胀和滥用的权力,完全有必要加以有效的控制;另一方面,政府职能在很多领域、很多部门又显得过于软弱,政府的执法方式或手段也呈疲软迹象,为此,必须适度强化政府职能。因此,仅仅从控权或保权角度来理解行政法的理论基础起码是不全面的,因为我们很难作出现代行政法就是"控权法"或者现代行政法就是"保权法"的结论。

针对这一现实,应松年、罗豪才、杨海坤等几位先生才另辟蹊径,从政府与人民的关系角度来理解我国行政法的理论基础。这几位教授的观点从本质上讲是一致的,只不过其侧重点和表述方式存在差异而已。

我们认为,我国行政法的理论基础应是"人民主权论"。早在18世纪,法国的启蒙思想家卢梭就已提出"人民主权"思想。他认为,一个国家绝对的、至高无上的、神圣不可侵犯的主权,只能属于人民,而不属于所谓"君权神授"的国君。那么,人民如何实现只属于自己的主权呢?卢梭认为,由人民订立契约并以人民为主体的国家,其一切行为的动力离不开两种原因,"一种是精神原因,亦即决定这种

---

〔59〕 统一公法学,在袁曙宏2003年发表的"论建立统一的公法学"一文中首先发表,其核心观点是统一公法学各学科,建立一门介于法学与部门公法学之间的中观层次的统一公法学,来研究公法与私法之间的相互交融和渗透等。参见袁曙宏:"论建立统一的公法学",载《中国法学》2003年第5期。

〔60〕 软法,是指那些不能运用国家强制力保证实施的法规范。软法是相对于硬法而言的,后者是指那些能够依靠国家强制力保证实施的法规范。参见罗豪才:《软法与公共治理》,北京大学出版社2006年版。

〔61〕 公共治理,其核心观点在于建立一种开放的公共管理与广泛的公共参与这两种基本元素综合而成的公共治理模式,典型特征在于开放性和双向性,这种治理模式更加强调参与、协作治理等。参见罗豪才、宋功德:"公域之治的转型——对公共治理与公法互动关系的一种透视",载《中国法学》2005年第5期。

〔62〕 沈岿:"行政法理论基础回眸——一个整体观的变迁",载《中国政法大学学报》2008年第6期。

行动的意志；另一种是物质原因，亦即执行这种行动的力量”。[63] 前者叫立法权力；后者叫行政权力；其中的“立法权力是属于人民的；而且只能是属于人民的”。[64] 然而“行政权力并不能具有像立法者或主权者那样的普遍性”；[65] 它只包括个别行动，人民作为一个集合体，自然不能直接掌握行政权力并亲自采取这些个别的行动来实施自己创制的法律；他们只能找出一个能够“按照公意的指示而活动”的“适当的代理人”来掌握行政权力，实施国家法律，这个“代理人”就是政府。因此政府作为“主权者的执行人”，是介于臣民与主权者之间的一个“中间体”，其目的是“执行法律并维持社会的以及政治的自由”，[66] 其成员就叫作行政官或者君主。但作为行政权力受任者的行政宫或君主，“绝不是人民的主人，而只是人民的官吏；只要人民愿意就可以委任他们，也可撤换他们。对于这些官吏来说，绝不是什么订约的问题，而只是服从的问题；而且在承担国家所赋予他们的职务时，他们只不过是在履行自己的公民义务，而并没有以任何方式来争论条件的权利”。[67] 可是拥有行政权力的政府和官吏，往往不会自觉地接受这一约束，随着政府权力的不断扩大，他们滥用职权甚至篡夺权力的欲望也在逐步膨胀，他们由人民的仆役僭越为人民主人的情况就不是不可能的了。为了防止主权权力被篡夺，除了允许人民利用自己的集会来讨论国家大事，实现自己的主权权力外，很有必要创立一套特殊的行政机构，这一行政机构包括作为立法权的守护者和行政权的调节者的“保民官制”，也包括宣告公共判断和防范公意腐化的“监察官制”。若通过上述办法仍未能阻止政府篡权悲剧的发生，人民主权被篡夺并被用来压迫和奴役人民时，则人民有权起义，夺回失去的主权，重建社会秩序，并委托新的政府和官吏来掌握行政权力。

卢梭的人民主权思想是建立在社会契约论的基础之上的，与马克思恩格斯的国家学说存在本质区别。但其国家主权属于人民，政府只是代表人民行使行政权力的代理人的基本思想还是正确的，因此，卢梭的“人民主权”学说对我们正确揭示政府与人民的相互关系，还是有帮助的。

基于这一认识，作为行政法学理论基础的“人民主权论”主要包括下述内容：政府由人民产生，政府受人民监督，政府为人民服务，政府对人民负责，政府与人民间实现权利义务关系的平衡。

---

〔63〕［法］卢梭：《社会契约论》，商务印书馆 1980 年版，第 75 页。

〔64〕［法］卢梭：《社会契约论》，商务印书馆 1980 年版，第 75～76 页。

〔65〕［法］卢梭：《社会契约论》，商务印书馆 1980 年版，第 76 页。

〔66〕［法］卢梭：《社会契约论》，商务印书馆 1980 年版，第 76 页。

〔67〕［法］卢梭：《社会契约论》，商务印书馆 1980 年版，第 132 页。

第四节 行政关系与行政法律关系

法律是社会关系的调节器,任何部门法都以一定的社会关系为调整对象,行政法也不例外。受行政法调整的这部分社会关系,我们称之为行政关系,行政关系一经行政法调整,具备一定权利义务内容后,便成为行政法律关系。

一、行政关系的概念及类型

(一)行政关系的概念

行政法以行政关系为调整对象。所谓行政关系,是指行政主体及行政人(主要是国家行政机关及国家公务员),在实现国家行政职能的过程中,与各相关主体所发生的社会关系。它既可以在各级、各类行政机关之间产生,也可以在某一行政机关内部各组成部分或整体与部分之间产生,还可以在行政机关与其他国家机关、社会组织、普通公民之间产生。

(二)行政关系的类型

按不同标准,可对行政关系作如下分类:

1. 以行政关系的当事人为标准,行政关系有如下几种:

(1)行政主体之间的关系。行政主体之间既可以建立起上下级之间的命令服从关系以及业务指导关系,又可以建立起平行主体之间的分工合作关系,前者谓之纵向关系,后者谓之横向关系。

(2)行政主体与行政人之间的关系。行政主体的职能由行政人具体实施,行政主体的意志由行政人负责实现,离开行政人,行政主体便无法实施行政行为。因此,行政权的运作,离不开行政主体和行政人的相互配合,行政主体也必然与行政人之间产生一系列行政关系,例如,行政机关对国家公务员的录用、考核、调配等所引发的关系。

(3)行政主体与相对人之间的关系。行政主体(通过行政人)行使权力,对社会各类事务进行管理时,相对人处于被管理的地位。从国家行政管理的实际情况看,国家机关(包括行政机关)、企事业单位、社会组织、人民团体、公民个人及外国的组织和个人,都可以成为管理相对人,当他们以相对人身份出现时,则当然与以管理者身份出现的行政主体发生行政关系。

2. 以行政关系的存在范围为标准,行政关系有如下几种:

(1)内部行政关系。双方当事人均属国家行政系统,如行政主体之间、行政主体与行政人之间的关系,它反映了政府内部的自身管理。

(2)外部行政关系。一方当事人(行政管理的相对人)不属于国家行政系统,如行政主体与相对人之间的关系,它体现了政府对社会的管理。

3. 以行政关系的目的为标准,行政关系有如下几种:

(1)积极关系。行政主体为完成某项国家任务,兴办或改进某种公务而积极行使职权,从而与有关当事人发生的关系。例如,工商部门接受企业申请,发给其营业执照,准许该企业生产经营,由此而产生的行政关系便是积极关系。

(2)消极关系。行政主体为实现法律尊严,维护法律秩序,制止并消除行政违法行为而行使职权,从而与有关相对人发生关系。例如,工商部门对违法从事生产经营的企业进行查处,由此产生的行政关系便是消极关系。

4. 以行政关系的内容为标准,行政关系有如下几种:

(1)财产性质的关系。这种行政关系的内容,主要表现为当事人财产权益的增减得失。例如,因税务机关征税、工商部门罚款所致的行政关系。

(2)非财产性质的关系。这种行政关系的内容,主要表现为当事人身份、职务或人身自由等非财产性权益的增减得失。例如,因公安机关拘留、行政部门任免所致的行政关系。

二、行政法律关系的概念及特征

(一)行政法律关系的概念

行政法律关系作为行政法学的一个基本概念,历来为我国行政法学者重视。但是关于这一概念的认识,理论界一直存在分歧。20 世纪 80 年代初,就有学者提出"行政法调整的对象,是国家行政机关在行政活动过程中所发生的各种社会关系,这种社会关系被称为行政法上的法律关系,也称行政法律关系"。[68] 随着行政法学研究的深入发展,这一将行政法律关系等同于"行政法的调整对象"的观点,逐渐被学界摒弃。尽管如此,因考虑角度不同,学界关于行政法律关系的内涵和外延仍然观点多样。近年来,多数学者以"主体限定"或"行政权的创设、行使与监督"等为基点来界定行政法律关系的范围。诸如周佑勇认为"所谓行政法律关系,是指行政法规范在对行政权力行使中产生或引发的各种社会关系加以调整后所形成的一种行政法上的权力义务关系"。[69] 又如伊强认为"行政法律关系就是由行政法律规范所调整的行政主体之间,行政主体与相对人之间的关系"。[70] 在本书中,如前所述,行政法以行政关系为调整对象,行政关系经行政法调整,具有了明确的权利义务,行政关系便上升为行政法律关系。基于这一认识,我们不妨给行政法律关系作如下定义:

行政法律关系是经行政法调整的,因国家行政权的组织及作用而发生的行政

〔68〕 王珉灿主编:《行政法概要》,法律出版社 1983 年版,第 2 ~ 3 页。

〔69〕 周佑勇主编:《行政法专论》,中国人民大学出版社 2010 年版,第 28 页。

〔70〕 伊强:《行政法学》,知识产权出版社 2013 年版,第 7 页。

主体之间、行政主体与行政人之间、行政主体与相对人之间的权利义务关系。

政府或行政机关在实施行政权的过程中，必然在其内部及其与相对人之间构成一系列管理关系，即行政关系，在行政法规范对它作调整之前，这种关系是盲目的、不规范的。一旦行政法对这种关系进行了规范和调整，则它所涉及的权利和义务就明确化、规范化了，由此而形成的权利义务关系便成了行政法律关系。

因此，行政法律关系以行政关系为基础，行政法律关系是经行政法调整后的行政关系。所有的行政法律关系，在未经行政法调整以前，都是行政关系；而行政关系，只有经行政法调整，才能上升为行政法律关系，那些未经行政法调整的行政关系，是不能成为行政法律关系的。可见，行政关系不同于行政法律关系，若将二者等同起来，则在理论上是错误的。

行政关系与行政法律关系的区别主要表现在如下方面：第一，与行政法规范的关系不同。行政关系是行政法规范的调整对象，行政法律关系是行政法规范的调整结果。第二，内容范围不同。行政关系与行政法律关系的内容和范围基本一致，但由于行政法调整对象是特定的，行政法只能就部分行政关系作法律调整。所以在现实生活中，尚有不少行政关系缺乏法律调整，因而不成为行政法律关系。可见，行政法律关系的范围比行政关系窄，而其内容层次则比行政关系高。

（二）行政法律关系的特征

经行政法调整的行政关系，是“法化”了的行政关系，因而与行政关系的特征紧密相连。同时，作为法律关系的一种，与其他法律关系相比具有一定的特殊性。这种特殊性，在行政法律关系与民事法律关系之间表现得尤为突出。

1. 对法律关系主体的要求比较特殊

行政法律关系的主体，在一般情况下，必有一方是行政主体，即必有一方是国家行政机关，起码也应是法律、法规授权的组织。否则，就不属于行政法律关系。学者们将这一特征称之为行政法律关系中行政主体的不可或缺性。

因为，行政法律关系是在行政主体实施行政管理活动的过程中形成的，其设立、变更和终止原则上离不开行政主体的活动，所以，这种法律关系对其主体的要求往往较为特定，它不像民事法律关系那样。通常情况下，普通公民之间、普通社会组织之间、普通公民与普通社会组织之间不可能产生行政法律关系。

当然，由于我国行政管理活动的特殊性，行政行为的实施主体除国家行政机关外，也有可能是依法拥有行政职能的有关组织，如法律、法规授权的组织，这类组织依法实施行政管理活动所形成的法律关系，也应视为行政法律关系。

前苏联的行政法学著作，有的将国有企业和事业单位的行政机构看作整个苏维埃国家管理机关体系中的一个环节，据此推断，企业事业单位的行政机构也可与其职工或成员发生行政法律关系。我们认为，企业事业单位的行政机构的确是一种管理机关，但是否是国家管理机关呢？不是，尤其在进行体制改革、充分确立企业自主权的今天,更不宜将它列入国家管理机关的范畴。因此,随着经济体制改革和政治体制改革所带来的行政法律关系的深刻变化,一方面要建立和完善充分发挥行政机关管理职能的新型行政法律关系观,另一方面又要避免和防止将行政法律关系的范围划得过宽过滥。例如,对上面提及的企事业单位内部的管理关系,应作具体分析。虽然在宏观上,这些管理关系受到了行政法律关系的指导和影响,作为管理关系一方主体的单位内部的管理机构,有时也的确是根据有关法律、法规的规定在行使职权,并与其职工或成员之间形成了一定的权利义务,但这种管理关系与行政法律关系不同,我们不妨将它划入劳动人事法律关系的范畴。

总之,某种法律关系是否为行政法律关系,不能拘泥于这种法律关系的主体是否为国家行政机关。一方面,行政机关以外的组织经法律、法规的授权,也能与相对人发生行政法律关系;另一方面,即使有的法律关系的主体中,有一方甚至双方都是国家行政机关,我们也不能因此而认定这种法律关系就一定是行政法律关系,如国家行政机关之间、国家行政机关与公民及社会组织之间根据民事法律规范,因买卖、租赁、借贷、建筑承揽等发生的法律关系就不是行政法律关系。因此,某种法律关系是否为行政法律关系,除了看法律关系主体的外在特征,还要结合其他因素进行综合分析。

2. 法律关系主体各方所处的地位和所起的作用比较特殊

一般情况下,在民事法律关系中主体各方所处的地位是平等的,所起的作用也是相当的。而在行政法律关系中,其双方主体的权利、义务具有法定性和确定性,不能自由约定或自由选择。在绝大多数情况下,行政主体与相对人之间的行政法律关系是以“命令—服从”为基本特征的,行政主体始终处于主导地位,享有很大的优益权,从而使行政法律关系体现出明显的不对等性。

第一,法律地位不对等。行政主体在行政法律关系中处于主导地位。行政主体实施公务的活动是以国家名义进行的,因而具有国家强制性,当相对人不履行法定义务时,行政主体可以视本身的职权情况直接强制其履行或申请法院强制执行;对违反法定义务的相对人,部分行政主体甚至拥有了行政处罚的权能。这与建立在双方合意基础上的民事法律关系不同,当民事主体中的一方违反义务或不履行义务时,相对人除诉诸法院请求审判机关司法保护外,别无他法。

当然,不能因为这种法律地位的不对等而彻底抹杀相对人在行政法律关系中的应有地位和作用。在法制健全的前提下,行政主体只能依照法律规定代表国家实施行政管理,行政法律关系中各方主体的行为都对国家负责、对法律负责。因此,行政主体与相对人在法律面前是平等的,他们平等地受法律保护,也平等地受法律约束。行政主体对相对人采取的强制措施或处罚手段,只能依法进行,不能强加义务,也不能滥用权力。

第二,意思表示不一致。行政法律关系的产生大都是行政主体单方意思表示的结果,不以当事人双方的合意为必要条件,具体来说,行政主体履行职能、行使权力,无须征得相对人的同意。虽然有时行政主体也征询或依法应征询相对人的意见,但相对人的意见对行政主体行使行政职权并不起决定作用,行政主体所实施的行政行为,并不因为相对人的异议而不生效或不执行。

当然,意思表示的单方面性并不等于行政主体在实施行政行为时可以专横跋扈,肆意妄为。事实上,行政法律关系中行政主体意思表示的单方面性,是建立在人民管理国家、人民当家做主的基础上的,行政法律关系也应建立在充分发扬民主及相互信任、相互理解的基础之上。一方面,我国的行政立法要充分发扬民主,走群众路线,征求广大群众的意见,以使行政机关制定的行政法规范最大限度地体现民意。另一方面,我国的行政执法也应依靠说服教育手段,尽可能使广大相对人能自觉遵守行政法规范,自觉维护行政执法主体的威望和尊严,只有迫不得已时,才依法采取必要的强制和处罚措施。最后,任何具体的行政法律关系,其实现都离不开主体双方的行为,仅有行政主体的单方意志和单方行为,是不能构成实际的行政法律关系的。因为,任何一种法律关系的产生都离不开主体双方,它起码是在两个主体间产生的,所以,仅有行政主体的行为而没有相对主体的相应行为,行政法律关系是无法产生的。

同时,由于行政法律关系的多样性,行政法律关系双方主体地位的不对等性并不是绝对的,有时,它也与民事法律关系相类似,其主体各方处于同等地位,形成一种相互协商、平等一致的关系。法国行政法中因行政契约而成立的行政法律关系,便是以双方意思表示的一致性为基础的。在我国,这种因双方或多方意思表示一致而构成的行政法律关系也有增多的趋势。随着我国经济体制、政治体制改革的深入,行政合同作为政府实施管理职能的重要手段,必然导致行政管理领域出现众多以双方合意为前提的行政法律关系。

甚至,在有的行政法律关系中,行政主体非但不处于主导地位,反而处于“被动地位”。例如,其他国家机关、企业事业单位、社会团体和公民对行政主体及行政人的全部行为依法实行广泛的监督,由此引起的行政法律关系,作为被监督方,其法律地位恐怕不能与行使职权过程中的行政主体相提并论。

可见,在大量的行政法律关系中,行政主体一方是处于主导地位、起决定作用的;而在有的行政法律关系中,行政主体则与相对主体地位同等、作用相当;甚至在有的行政法律关系中,行政主体还处于被动地位,这与民事法律关系中一般情况下主体各方地位平等、作用相当有显著区别。

3. 法律关系的内容比较特殊

在民事法律关系中,各方主体的法律地位是平等的,相互间不存在隶属和权力服从关系,因而双方权利和义务的对等性十分显著,一方享有权利、他方即负有义务,一方之所得即为他方之所失,除因赠与所引发的少量民事关系外,多数民事法律关系是等价有偿的关系。而且民事法律关系中,权利主体对自己享有的权利,既可以转让,也可以放弃,因为民事法律关系大都因任意性民事法律规范所形成,其民事权利仅涉及权利主体的个人或局部利益,其行使与否并不妨碍社会公共利益,可由权利主体自行决定如何行使。除继承权等少数权利,其归属主体具有特定性和专属性外,民事权利原则上可以转移。

而行政法律关系的内容,表现为行政法上的权利与义务,这种权利与义务的不对等性和相互渗透性十分显著。其不对等性意味着行政法律关系双方主体之间大都不是等价有偿的关系,因而也不存在讨价还价的余地。其相互渗透性意味着权利与义务间的相通性或同一性,权利中含有义务,义务中含有权利,其权利不一定仅为权利主体的利益,其义务也不一定仅为义务主体的损失。例如,行政主体在行政法上的权力称为行政职权,它是权力和责任的结合体。一方面,行政主体代表国家行使行政职权时,相对主体不能以等价有偿为理由提出各种条件,有时法律甚至要求相对主体无条件服从。另一方面,行政主体依法行使职权既是其权力,又是其责任,不能转让,更不能放弃,否则就是失职。因为行政法律关系中的权利和义务,大都涉及社会公共利益,权利主体不能任意处置,特别是行政主体不能任意放弃和转移自己的管理权,相对人也不能轻易放弃自己的参与权和监督权,这同民事法律关系中各方主体对其权利的处置情况有所不同。一句话,行政法律关系中的权利与义务是不对等的、相互渗透的、不可任意处置的。

4. 因法律关系所致争议的解决途径比较特殊

行政法律关系引起的争议称之为行政争议。此类争议,有不少是由行政机关依照行政程序解决的。有的行政争议,甚至以行政机关的先行处理作为向法院提起行政诉讼的前置条件,若相对人未经行政机关先行处理而直接诉诸法院,法院是不会受理的;还有的行政争议,只能由行政机关按行政程序最终处理,根本不能提起行政诉讼。

而民事争议,并不以行政机关的先行处理为必经或最终的解决途径,从民事争议的解决途径看,虽然政府有时也调处一些民事争议,但这一渠道并不是解决民事争议所必经的,其处理决定也不具有终局的法律效力,当事人不服,仍可提起民事诉讼,请求人民法院司法保护。

三、行政法律关系的构成要素

(一)行政法律关系的主体

行政法律关系的主体又称行政法主体,或称行政法律关系的当事人,即行政法律关系中享有权利、承担义务的人。[71]

与其他法律关系一样,行政法律关系起码是在双方主体间产生的。没有主体,没有权利义务的承担者,法律关系便不存在;只有一方主体,而没有相应的另一方主体,法律关系同样不存在。进一步说,在行政法律关系中,行政主体处于更为重要的地位,因为任何一种行政法律关系都是在国家的行政管理活动中产生的,其主体一方必定是国家行政机关,起码也应是法律、法规授权的组织。

同时,在行政法律关系中与行政主体相对应的当事人(相对人),在我国可以是国家机关、企业事业单位、社会团体、公民及在我国境内的外国组织、外国人及无国籍人。这些相对人参加行政法律关系,虽不像行政主体那样受各自的行政职权所限制,但也要受各自在行政法上的权利能力的限制,即必须享有行政法上的权利、承担行政法上的义务,否则,就无法成为行政法律关系的相应主体。例如,被剥夺政治权利的人,就不能出任公务员,不能依法服兵役,他们不能成为公务员法律关系及兵役关系的主体。又如,当个人作为行政法律关系的主体时,有时还有年龄等限制,有些行政法律关系对未成年人及精神病患者就不适用。

需要补充说明的是,行政主体与行政相对人之间的身份划分并不是绝对的、一成不变的,在此种行政法律关系中属于行政主体的组织,在另一种行政法律关系中或许即属于行政相对人。

(二)行政法律关系的客体

行政法律关系的客体,即行政法律关系中权利与义务所指向的对象,也即权利与义务的媒介。

行政法律关系客体的范围有哪些,理论界观点不一,比较一致的观点是,行政法律关系的客体包括人身、行为和财物。

1. 人身

人身不等于人的身体,作为行政法律关系客体的人身,主要指人身自由及人的身份。当行政主体的行政行为直接作用于人身自由时,因此而产生的行政法律关系的客体就是人身(人身自由),如行政拘留、临时羁押。当行政主体的行政行为直接作用于人的身份时,由此而来的行政法律关系的客体也是人身(人的身份),

---

〔71〕 有学者认为,行政法主体与行政法律关系主体是两个不同概念,前者是指行政领域的法律关系中权利的享有者和义务的承担者,除了行政主体和相对方以外,还包括监督行政法律关系中的监督主体,如立法机关、其他行政机关、司法机关等;后者是指行政法律关系中权利的享有者和义务的承担者,包括行政主体和行政相对方。参见罗豪才、湛中乐主编:《行政法学》(第二版),北京大学出版社 2010 年版,第 13 ~ 14 页。也有学者认为,行政法律关系一般只有双方当事人,即行政主体和行政相对人,但有时还会存在第三人,即与行政行为仅具有间接利害关系的自然人(公民)、法人或其他组织。参见周佑勇主编:《行政法专论》,中国人民大学出版社 2010 年版,第 32 页。

如居民身份证管理、职务任免等。可见，与人身相联系的一定的职位或职务，也能成为行政法律关系的客体。

2. 行为

行为是指行政法律关系主体基于一定的目标所作的有意识的活动。行为包括作为和不作为，既包括行政主体的行政行为，也包括相对人的相应行为。行政主体的行政行为如行政处罚、行政强制等；相对人的相应行为如纳税、交通肇事、打架斗殴等。当然，并不是所有的行为都可以成为行政法律关系的客体，只有那些具有法律意义的行为或经行政法规范的行为，才能成为行政法律关系的客体。

3. 财物

财物是指一定的物质财富和精神财富。作为行政法律关系客体的财物，主要以物质财富的形式表现出来，它可以是自然资源（如土地、森林、河流），也可以是生产资料（如交通工具、生产设备）；可以物的形式存在（如房屋、违禁品），也可以货币形式存在（如罚款、税款）。同时，以一定形式的智力成果为表现的精神财富（如著作权、专利权、商标权、发现权以及不属于专利权范围的其他权利等），虽然经常转换成一定形式的物质财富，但在法律上它仍不失为一种独立的法律关系的客体，对这类精神财富，行政法同样予以保护。此外，在一定条件下，公民的名誉权等与人身相联系的非物质财富，也是行政法律关系的客体。

（三）行政法律关系的内容

行政法律关系的内容是行政法律关系的核心。行政法律关系的内容即行政法律关系的主体所享受的权利和所承担的义务，内容随之表现为行政主体的职权和职责以及行政相对人的权利和义务。当然，行政法律关系的内容，并不限于权利和义务，它还包括引起法律关系变动的原因和事实，但核心部分是权利和义务。

由于行政法律关系的主体极为复杂，不同的行政法律关系主体，其行政法上的权利和义务也有所不同，因此，对这些权利、义务作详尽罗列是不可能的。我们只能根据不同类别的行政法律关系主体的共性特征，分门别类作一般性的概括。即便如此，学术界的见解也不可能是一致的。

通常情况下，行政主体的权力表现为行政职权，行政人的权力源自行政职权，相对人的义务则是行政职权的必然要求。因此，有关行政法律关系的内容，我们将在第二编中详述。

四、行政法律关系的产生、变更和消灭

（一）行政法律关系产生、变更和消灭的条件及原因

任何法律关系的产生、变更和消灭，均离不开一定的条件和原因，行政法律关系也不例外。一般来说，行政法律关系产生、变更和消灭的前提条件是存在相应的行政法规范，而引起行政法律关系产生、变更和消灭的直接原因我们通常谓之法律事实。某一行政法规范的存在，只是为相应行政法律关系的产生、变更和消灭提供

了可能，只有出现了相应的法律事实，行政法律关系的产生、变更和消灭才有可能变为现实。因此，仅有行政法规范而没有相应的法律事实，行政法律关系的产生、变更和消灭是无法实现的。

所谓法律事实，即能够引起行政法律关系产生、变更和消灭的客观事实。法律事实可以分为法律事件和法律行为；前者不以人的主观意志为转移，后者受人的主观意志所支配。而且，作为法律事实的行为，可以是作为，也可以是不作为；可以是合法行为，也可以是违法行为。但无论何种法律事实，它对行政法律关系产生、变更和消灭所产生的影响，均应符合行政法规范的有关规定，即行政法律关系的产生、变更和消灭是依法进行的。

可见，行政法律关系产生、变更和消灭的条件与原因，二者不可或缺，行政法规范是条件，相应的法律事实便是原因。例如，根据《行政处罚法》之规定："公民、法人或者其他组织违反行政管理秩序的行为，应当给予行政处罚的，依照本法由法律、法规或者规章规定，并由行政机关依照本法规定的程序实施。"这表明《行政处罚法》及有关法律、法规或规章仅为行政处罚关系的存在提供了条件，而具体的行政处罚关系产生还离不开一定的法律事实原因，即相对人实施了违反行政管理秩序的行为。

（二）行政法律关系的产生

行政法律关系的产生指行政法律关系的主体依法取得某项行政法上的权利或承担某项行政法上的义务，它意味着一种原始的、独立的、新的法律关系的形成。

行政法律关系的产生离不开一定的原因：

1. 法律事件。例如，根据《国籍法》及有关户口管理方面的法律规定，父母双方均为中华人民共和国公民，其子女一出生便当然取得中华人民共和国国籍，其父母也必须在一定期限内向婴儿常住地户口登记机关进行出生登记。在此，子女出生这一自然现象，便是引起这类法律关系产生的法律事实或原因。

2. 法律行为。例如，因国家税务机关依法征税的行为与有关公民依法纳税的行为，产生税收法律关系；因公民违反交通规则的行为与交通警对其进行行政处罚的行为，构成交通行政处罚关系。

（三）行政法律关系的变更

行政法律关系的变更指行政法律关系产生之后、消灭之前，其主体或内容发生了某些变化。随着客观形势的改变，行政法律关系出现相应的变更，是非常正常的。它的变更同样基于一定的法律事实，通常有两种情形。

1. 主体变更

行政法律关系的内容不变，但其承受人（主体）发生了变化，即行政法律关系从原来的主体之间转移到新的主体之间。例如，随着某行政主体的合并或分立，它与相对人之间的权利义务关系仍然有效，只不过其主体形式略有变动而已。但必须指出,倘若行政法律关系的双方主体均同时变换了,那么,即便其权利义务内容不变,也不属于行政法律关系的变更,而属行政法律关系的消灭。因此,行政法律关系的主体变更,只能理解成一方主体的变更,或者是行政主体变更了,或者是相对人变更了。前者如人事部与劳动和社会保障部整合为人力资源和社会保障部;后者如原房产纳税人将房产卖给他人,由他人纳税。一旦双方主体均变更了,原行政法律关系便归于消灭,随之而来的应是一种新的行政法律关系。

2. 内容变更

行政法律关系的主体不变,内容发生了部分变化。此种变更可以是量变,也可以是质变。

(1)数量变更。权利义务的基本属性不变,只是其数量发生改变。例如,税务机关对纳税人实行减税,税收法律关系便因此而发生了量变。

(2)性质变更。权利义务的基本属性发生了变化。例如,行政机关命令违法搭建者拆除违法建筑,因违法相对人拒不履行此项义务,行政机关即派施工队代履行,再由义务人支付所需费用。在此种情形下,行政法律关系因代履行的发生而增加了新的给付内容,权利义务的性质也出现了变化。

(四)行政法律关系的消灭

行政法律关系的消灭指行政法律关系中原有的权利和义务与其主体相分离。行政法律关系,有时或因主体的不存在而使权利和义务失去依附,有时或因权利和义务的不存在而使其主体形同虚设。因此,行政法律关系的消灭也有两种情形。

1. 主体消灭

行政法律关系的一方或各方主体因符合法律规定的原因而消失,从而使原行政法律关系失去依附而归于消灭。

例如,某国家公务员死亡,他与国家之间的行政职务关系自然消失;某行政机关在机构改革中被撤销,它与原相对人之间的一系列行政法律关系也自然消失。

2. 内容消灭

行政法律关系中的权利与义务内容因符合法律规定的原因而全部消灭。应该注意到,行政法律关系的内容消灭,是指其权利义务的全部消灭,如果是部分消灭,就不引起行政法律关系的消灭,只引起行政法律关系的变更。

行政法律关系的内容消灭,分为两种情况:

(1)行政法律关系的内容因行政主体的单方行为而消灭。例如,因行政主体收回授权、取消委托、撤销职务、撤销处罚或处分、免除义务等,行政主体与相对人之间的行政法律关系便不复存在了。

(2)行政法律关系的内容因相对人享受了权利或履行了义务而消灭。例如,有关相对人已从民政部门按时领取了足额抚恤金;公民依法服兵役,因期限届满而转业或退伍;被处以罚款的公民,已按规定如数缴纳了罚款等。一旦上述法律事实发生,原行政法律关系自然不复存在。

当然,某一行政法律关系消灭了,随之而来的可能是另一新的行政法律关系的产生,即同一法律事实,一方面引起了行政法律关系的消灭,另一方面又可能引发新的行政法律关系。例如,某国家公务员死亡了,他与国家之间的行政职务关系及户籍管理关系自然消灭了,但同时,殡葬管理关系、其家属与国家的抚恤关系也随之产生。

第五节 行政法规范与行政法渊源

行政法规范是法律规范的一种,是由有权机关制定和认可的有关国家行政管理的行为规则。

由于行政法没有统一的实体法典,因而行政法是行政法规范的总称,行政法规范则是行政法的基本构成细胞。行政法规范的表现形式很多,可以单行行政法规范的形式存在(集中式),也可以散见于其他法律规范之中(分散式);从法律渊源角度而言,行政法的渊源,即行政法的具体表现形式,既可表现为宪法、法律,也可表现为法规、规章及其他。因此,任何行政法规范,都能在行政法的渊源之中找到自己的归宿。

一、行政法规范

(一)行政法规范的表现形式

对行政法规范,可以理解成规范性法律文件,也可以理解成规范性法律条款。当行政法规范以规范性法律文件的形式存在时,它就表现为单行的、法典式法规;当行政法规范以规范性法律条款的形式存在时,它就成了其他法律规范中的特别条款。前者谓之集中式或法典式,后者谓之分散式。

1. 集中式。也称法典式,即行政法规范以单行的、法典式法规的形式而存在,这是行政法规范最为典型的表现形式,我们对行政法规范的研究和介绍,主要围绕这一形式展开。

这类行政法规范,往往相对集中、系统地规定了某一方面的行政事项,实际上是法典化的单行行政法规范,其内容集中、统一、协调,查找也很方便,因而采用这种方式比较科学。

2. 分散式。即有关国家行政管理的规范性条款散见于其他法律规范之中。因为,在现实生活中,并不是所有的行政管理事项都能制定成单行的法规加以规范,单行的行政法规范也难以囊括国家行政管理中的全部法律问题。因此,在其他法律规范之中出现行政法的规范性条款是完全可能,也是完全必要的。例如,《婚姻法》中的婚姻登记条款、《专利法》中的专利审批条款等，均属行政法规范的范畴。同理，在单行的行政法规范中，也有可能出现其他法律规范的条款。

（二）行政法规范的种类

行政法规范面广量大、形式多样、发展迅速、变化频繁，要研究行政法规范，不对其加以系统分类是不行的。根据不同标准，我们可对行政法规范作如下分类：

1. 以发布机关为标准，行政法规范可分为：立法机关制定的行政法规范和行政机关制定的行政法规范。

2. 以效力范围为标准，行政法规范可分为：全国性行政法规范，由全国人大及其常委会、国务院及各部委制定，效力及于全国。地方性行政法规范，由地方各级人大及其常委会、地方各级人民政府制定，效力限于地方，即在一定的行政区域内生效。

3. 以制定目的为标准，行政法规范可分为：执行性行政法规范，旨在执行国家法律或效力等级较高的法律规范，即使国家法律或效力等级较高的法律规范，在各种具体场合下得以正确适用，其名称通常为"实施办法"、"施行细则"、"执行措施"等。补充性行政法规范，旨在补充国家法律或效力等级较高的法律规范，以使它们更加切合当地的实际情况，但此类补充，须以原法律或原法律规范的授权为前提，其名称通常为"补充规定"、"补充规则"、"补充办法"等。自主性行政法规范，旨在履行法律赋予自己的职权，是根据宪法和有关组织法的规定而制定的，它在整个行政法规范体系中，数量最多、范围最广，其名称通常为"条例"、"规定"、"办法"、"细则"、"通则"、"规则"等。

以上三种行政法规范的最大区别在于：执行性行政法规范只是将原法律或原法律规范适用于具体场合，其本身并不创造新的法律规则；补充性行政法规范，针对原法律或原法律规范对某些情况不能事先预见或不宜详细规定的特点，根据原法律或原法律规范的授权或规定，为切合时宜，对原法律或原法律规范加补充，这种补充可以而且必须创造部分新的法律规范；自主性行政法规范既不是为实施某项国家法律或效力等级较高的法律规范，也不是为补充某项国家法律或效力等级较高的法律规范，而是对国家法律或其他法律规范所没有规定的事项加以规定，它能创造一种全新的法律规范。

4. 以适用部门为标准，行政法规范可分为：军事行政法规范、外事行政法规范、人事行政法规范、民政行政法规范、公安行政法规范、司法行政法规范、经济行政法规范、教育行政法规范、科技行政法规范、文化行政法规范、卫生行政法规范、体育行政法规范等。在现代社会，经济、科技方面的行政法规范数量较多。

5. 以适用对象为标准，行政法规范可分为：国内行政法规范，在一国的主权范围内生效，适用于该国的各级各类国家机关、企事业单位、社会团体及公民个人。涉外行政法规范，有两种情况：一种情况是，行政法规范不但在一国的主权范围内生效，而且在他国的主权范围内生效，这类行政法规范通常指两国或数国之间签订的具有行政性质的条约或协定；另一种情况是，行政法规范仅在本国领域内生效，但它不仅适用于本国的机关、单位、团体和公民，而且适用于在本国领域内的其他国家的有关组织和公民，甚至只适用于有关的外国组织和公民，如全国人大常委会通过的《外国人入境出境管理法》。〔72〕 随着国际交往的日益频繁，涉外行政法规范在整个行政法规范中的比重将越来越大，这也是行政法规范的一个发展趋势。

6. 以规范内容为标准，行政法规范可分为：实体性行政法规范，具体规定人们在国家行政管理过程中所享有的权利、所承担的义务。程序性行政法规范，规定实现实体性行政法规范中的权利和义务所应遵循的程序或手续。

（三）行政法规范的内容

一般来说，行政法规范应对下列内容作出明确规定：

1. 立法目的和立法依据。立法目的，即制定行政法规范所要达到的目标，它同时反映行政法规范的作用、意义及任务。立法依据，即制定行政法规范的法律根据，它是防止立法权滥用的保证，是维护社会主义法制统一的前提。任何行政法规范的制定，不但有明确的目的，而且有合法的依据，所以，立法依据与立法目的，通常在行政法规范的第1条就加以规定，其书写格式一般是“为××××，根据××××，制定本法（条例、规定、办法等）”。有时，行政法规范往往只写明其立法目的而不规定其立法依据，或者只有立法依据而没有立法目的。这类行政法规范，从严格意义上说，其体系和结构是不规范、不健全的，应予避免。

2. 法律原则。即行政法规范的总的指导思想。它是贯彻行政法规范始终或主要环节，反映行政法规范的中心内容，并为行政法规范的适用对象广泛遵循的行为准则。法律原则虽为行政法规范的重要内容，但并非行政法规范的必要内容，多数行政法规范往往不规定法律原则，只有那些内容复杂、地位突出、效力等级较高、适用范围较广的行政法规范才规定法律原则。

3. 法律责任。即违反行政法规范的法律后果。法律责任是行政法规范得以贯彻实施的法律保证，是行政法规范拘束力和强制力的具体表现，离开了法律责任，行政法规范的内容就不可能完整，其实施也得不到保障。法律责任通常与行政处罚、行政处分相联系，广义的法律责任，往往涉及奖励和申诉。

4. 法律效力。即行政法规范在一定时间、一定地域内对一定对象所产生的法律约束力。因此，行政法规范的法律效力是由关于时间的效力、地域的效力、人的效力三方面组成的。对这一问题，我们将在下面作专门论述。

---

〔72〕 2012年6月30日第十一届全国人民代表大会常务委员会第二十七次会议通过了《出境入境管理法》，该法自2013年7月1日起施行，同时废止《外国人入境出境管理法》和《公民出境入境管理法》。

5. 发布、解释机关。发布机关，即有权公布行政法规范、使之付诸实施的机关。一般来说，行政法规范由哪个机关负责制定，就由哪个机关负责发布，发布机关应在法规标题下用“（　）”注明。解释机关，即有权对公布实施后的行政法规范的内容加以分析阐述，使之更为明确、具体的机关。对行政法规范的解释，有利于弥补其自身内容的局限性，适应其实施环境的差异性和变化发展的规律性，从而实现其条文理解的统一性及其实施结果的准确性。行政法规范的解释机关，有时就是其发布机关，有时则是其主管部门；主管部门是两个或两个以上的，则由它们联合解释。解释机关，往往在行政法规范的最后条款中注明，其表现形式可以是“本法（条例、规定、办法等）的解释权，属于××××”，也可以是“本法（条例、规定、办法等）由××××负责解释”。

上述内容是一般行政法规范所包含的共性内容。结合具体的行政法规范，其核心条款应围绕权利义务设定、管理行为方式等展开；有些特殊的行政法规范，除了上述内容外还可能包含其他一些内容。例如，有关国家行政机关组织的行政法规范，除了上述内容外还包括机构性质、机构设置、隶属关系、职责权限、任职期限等。因此，不同的行政法规范，内容也各不相同，不可能千篇一律。行政法规范的上述内容，只是反映了行政法规范内容的共性特征，并未包揽全部内容。

（四）行政法规范的法律效力

1. 行政法规范的生效要件

行政法规范的生效要件，即行政法规范发生法律效力所必须具备的条件。包括实质要件和形式要件两个方面。

（1）行政法规范生效的实质要件。即行政法规范必须由有权机关在其职权范围内依法制定。具体来说，无立法权的社会组织、企事业单位等非国家机关，以及国家机关中的临时机构、咨询机构，无权制定行政法规范；即便是享有立法权的国家机关所制定的行政法规范，也应有一定的法律依据，不能超越其法定的职权范围，也不能与宪法、法律和上级行政法规范相抵触；有些根据授权制定的行政法规范，如最高国家权力机关授权国务院制定的行政法规，除了必须以宪法和相应的法律为依据外，还不能超越授权范围，否则，一律无效。可见，行政法规范生效的实质要件，主要是就立法主体和立法权限而言的。

（2）行政法规范生效的形式要件。即行政法规范必须采取法定形式、依法定程序制定。行政法规范的制定是一种典型的要式行为，对其制定程序和表现形式，均应有严格要求，只有这样才能有效防止法律规范体系的混乱和立法权的滥用。

2. 行政法规范的效力范围

行政法规范的效力范围即行政法规范在什么范围内发生法律效力，它包括时间范围、地域范围和对象范围。

(1)法律效力的时间范围

即行政法规范自何时生效、至何时失效。行政法规范的生效时间,一般以公布时间为其生效时间。但有的行政法规范,在公布之日难以下达到有关的单位和个人,并为他们所知晓;有的行政法规范,在执行前还需要做一些宣传、解释工作或其他准备工作;还有的行政法规范,本身就有实施细则的属性。这类行政法规范,就不宜从公布之日起生效,而是根据具体情况,另行处理。例如,另行规定生效日期;规定以另一法律规范的生效日期为生效日期;规定生效日期另由有关法规规定等。行政法规范的生效时间,一般应明文规定,若行政法规范对其生效时间未作明文规定的,一般可理解为自公布之日起施行。

行政法规范的失效时间,一般有如下几种情况:一是少量的行政法规范,本身具有期限规定,时限届满又无延期规定者,按时失效。这类行政法规范,实践中并不多见。二是随着新行政法规范的颁布施行,旧的相应规范便失去效力。三是行政法规范因实现其预定的目的、收到其预定的效果、完成其预定的任务而自然失效。如适用于特定灾难的"救灾办法"一类行政法规范,随救灾工作的结束而失效。

此外,关于行政法规范的时间效力,还涉及行政法规范有无溯及力的问题。从法律适用角度看,一般来说,行政法规范的效力只能作用于它施行之后所发生的行为,对其施行前所发生的行为,则不能适用,即不溯及既往。但若行政法规范明文规定了溯及既往,或者从有关条款中能够看出溯及既往的精神,则应溯及既往。

(2)法律效力的地域范围

即行政法规范在什么地域范围内生效。行政法规范的法律效力的地域范围,大都取决于制定、发布行政法规范的国家机关的级别、权限。它有如下几种情况:一是行政法规范在全国范围内生效,即在国家主权管辖的全部领域内有效。凡中央国家机关制定的行政法规范,除特殊规定者外,均属此类。二是行政法规范在局部地区生效。一般情况下,凡地方国家机关制定发布的行政法规范,其效力只能限于相应的地域管辖范围。三是行政法规范不但在国内有效,在一定条件下还可以超出国境。这类行政法规范,大都是一些国家或政府间的条约、协定。

有时,行政法规范的法律效力的地域范围,还取决于该规范的内容。若某一行政法规范的内容仅就某一地区的问题作出专门规定,则即使该规范是由中央国家机关制定的,其效力仍然限于这一规定地区,而不及于该地区以外的其他地区或全国范围。

(3)法律效力的对象范围

即行政法规范对什么人生效。行政法规范的效力直接作用于人,因此,所谓行政法规范效力的对象范围,实际上便是其作用所及的人的范围。这里的"人",不仅指作为自然人的公民,而且指非自然人的国家机关、社会团体、企事业单位。它有如下情况:一是对一定地域内的所有中国公民、国家机关、社会团体、企事业单位均有效。大多数行政法规范具有这种效力。二是对一定地域内的部分中国公民、国家机关、社会团体、企事业单位有效。三是不仅对一定地域内的中国公民、国家机关、社会团体、企事业单位有效,而且对中国境内其他国家的有关组织和公民有效。

3. 行政法规范的效力等级

行政法规范因立法依据、立法主体、规范内容和地域效力的不同,所产生的法律效力的"等级"差异,谓之行政法规范的效力等级。行政法规范的效力,以立法主体的法律地位为标准,可以分为如下几个等级:(1)全国人大及其常委会制定的行政性法律;(2)国务院制定的行政法规;(3)地方人大及其常委会制定的地方行政性法规;(4)国务院各部、委制定的部门规章;(5)地方人民政府制定的地方规章。

对行政法规范的效力等级划分,要求在立法时,应注意法律规范之间的配套,从而从中央到地方形成一个由不同效力等级的行政法规范组成的结构合理、内容完备的法律规范系统。在这一系统中,效力等级较低的行政法规范不得与效力等级较高的行政法规范相抵触,否则,该行政法规范归于无效。只有这样,行政法规范体系的整体效能才能得到充分发挥,也才能更有效地防止立法权的滥用。

二、行政法渊源

法之渊源,简称"法源",尽管含义丰富,但我国学界主流观点认为法的渊源指的是"法的形式渊源",即法的效力的来源,包括法的创制方式和法律规范的外部表现形式。我国是成文法国家,我们按照我国行政法规范的制定主体、效力层次、制定程序的差别,将行政法的一般渊源分为下述几种形式。

(一)宪法

宪法是国家的根本大法,是其他所有法律规范的立法基础和立法依据。但它同时也是我国行政法的一种渊源,是行政法规范的一种表现形式。我国现行宪法所包含的行政法规范主要有:

1. 关于国家行政管理基本原则的规范。如民主集中制原则、人民群众参加国家管理原则、行政首长负责制原则等。

2. 关于国家行政机关组织和职权的规范。如宪法中有关国务院和地方各级人民政府的规定。

3. 关于公民行政法上的权利和义务的规范。如有关公民申诉、控告、检举权的规范,有关公民纳税义务的规范,有关夫妻计划生育义务的规范等。

与其他行政法规范相比,宪法中的行政法规范具有最高的法律效力,尽管它比较原则,但在所有行政法规范中,它起统率作用。

(二)法律

法律的概念在这里是特定的,它特指最高国家权力机关所制定的规范性文件,包括基本法律和其他法律两种。

1. 基本法律

基本法律,即由全国人民代表大会制定和修改的有关法律,如《国务院组织法》、《地方各级人民代表大会和地方各级人民政府组织法》、《立法法》、《行政诉讼法》、《行政处罚法》、《行政强制法》等。

2. 其他法律

其他法律,或称一般法律、非基本法律,即由全国人民代表大会常务委员会制定和修改的除应由全国人大制定的基本法律以外的其他法律。如《治安管理处罚法》、《土地管理法》、《海关法》、《居民身份证法》等。

法律中的行政法规范,地位仅次于宪法中的行政法规范。某些法律,在整体上具有行政法规范的属性,如上述举例;还有些法律,在整体上虽不具有行政法规范的属性,但其中的个别条文乃至部分条款,却符合行政法规范的基本特征,如《担保法》中有关办理抵押物登记的条款。

(三)行政法规

行政法规是由国务院制定、颁布的行政法规范。行政法规内容广泛,数量众多,涉及人事、军事、外事、民政、公安、司法、经济、文化、教育、科技、卫生、体育等国家行政管理的各个环节,是行政法最主要的渊源。根据国务院2002年1月1日起施行的《行政法规制定程序条例》的规定,制定行政法规,应当遵循《立法法》确定的立法原则,符合宪法和法律的规定。行政法规的名称一般称"条例",也可以称"规定"、"办法"等。条例往往是国务院对某一方面的行政工作做比较全面、系统规定的行政法规;规定是国务院对某一方面的行政工作做部分规定的行政法规;办法是国务院对某项行政工作做比较具体规定的行政法规。国务院根据全国人民代表大会及其常务委员会的授权决定制定的行政法规,称"暂行条例"或者"暂行规定"。国务院各部门和地方人民政府制定的规章不得称"条例"。因此,在政府系列的行政法规范中,条例是国务院行政法规名称的专用词,其他行政机关制定的行政法规范不能用条例这一名称。

(四)地方法规

地方法规是由有关地方国家权力机关,在不同宪法、法律、行政法规相抵触的前提下所制定的规范性文件。包括地方性法规和自治条例、单行条例两种。

1. 地方性法规

地方性法规是一定级别的地方人民代表大会及其常委会根据本行政区域的具体情况和实际需要,在和国家宪法、法律、政策、法令、政令不抵触的前提下制定和颁布的规范性文件。如江苏省人大常委会于2002年施行、2014年修正的《江苏省人口与计划生育条例》。

2. 自治条例和单行条例

自治条例和单行条例是民族自治地方的人民代表大会，依照当地民族的政治、经济和文化特点，制定的规范性文件。如内蒙古自治区人民代表大会制定的《内蒙古自治区各级人民代表大会和各级人民委员会组织条例》、《湘西苗族自治州人民委员会组织条例》等。

地方性法规和自治条例、单行条例，涉及地方政治、经济、社会、文化等各个领域，其中很大一部分与地方国家行政机关的职权和活动方式有关，这些地方性的法律规范，也是我国行政法的重要渊源。

但地方性法规与自治条例、单行条例在立法主体、立法程序方面，存在明显区别：

（1）立法主体不同。地方性法规由一定级别的地方人大及其常委会制定。根据宪法及新《立法法》的规定，省、自治区、直辖市的人民代表大会及其常务委员会，以及经济特区所在地的市、国务院批准的较大的市、设区的市的人民代表大会及其常务委员会，根据本行政区域的具体情况和实际需要，可以制定地方性法规。自治条例和单行条例由民族自治地方的人民代表大会制定。即只有自治区、自治州、自治县的人民代表大会才有权制定自治条例和单行条例，其他地方的人民代表大会无权制定，民族自治地方的人大常委会也无权制定。

（2）立法程序不同。一般来说，自治条例和单行条例的立法程序比起地方性法规，要求更严。例如，省、自治区、直辖市的地方性法规要报全国人大常委会和国务院备案；自治区的自治条例和单行条例要报全国人大常委会批准。

（五）行政规章

行政规章简称规章，它是由国务院以外的其他有关国家行政机关制定的行政法规范，有部门规章和地方规章两种。

1. 部门规章

部门规章是国务院各部、各委员会根据国家法律、行政法规，在本部门权限内制定的行政法规范，如教育部制定的《学生伤害事故处理办法》等。

2. 地方规章

地方规章是有关地方人民政府，依据法定权限，为管理本行政区域内的行政工作所制定的行政法规范。根据我国宪法及有关组织法的规定，各省、自治区、直辖市人民政府，设区的市、自治州的人民政府和省、自治区的人民政府所在地的市、经济特区所在地的市、国务院批准的较大的市的人民政府，有权制定地方规章。行政规章是行政法的重要渊源之一。当然，它与行政法规相比，无论其规范性程度还是效力等级方面，均存在差异：（1）立法主体不同。行政法规由国务院制定；行政规章由国务院各部、委及一定级别的地方人民政府制定。（2）规范性程度不同。行政法规更具规范性。例如，行政法规对名称的规范化要求更高。行政法规的名称有条例、规定、办法，行政规章的名称有决定、规定、办法、规则、细则、通知等，但行政规章不能称条例,只有行政法规才能称条例。(3)效力等级、效力范围不同。行政法规的效力等级高于行政规章,效力范围也广于行政规章。行政规章的内容不能与行政法规相抵触,否则,行政规章归于无效。

(六)法律解释

法律解释是指由一定的国家机关、组织和个人,为适用和遵守法律,对法律规范的具体内容、含义及所使用的概念、术语、定义所作的必要的说明。法律解释可分为有权解释和无权解释。无权解释(即学理解释或非正式解释)没有法律效力,因而不是行政法的渊源。作为行政法渊源的法律解释应指有权解释或正式解释。中国现行法律解释制度主要存在于现行《宪法》、2015 年《立法法》以及 1981 年全国人大常委会通过的《关于加强法律解释工作的决议》(以下简称《决议》)等文件之中。1981 年的《决议》将我国目前正式、有效的法律解释(有权解释)划分为立法解释、司法解释、行政解释和地方解释四种,《宪法》与《立法法》中的法律解释一直被认为是有权解释中的立法解释。值得关注的是,《决议》目前仍然有效,只不过在与新《立法法》冲突时,应当适用新《立法法》。

1. 立法解释

凡法律的规定需要进一步明确具体含义,以及法律制定后出现新的情况,需要明确适用法律依据的,由全国人大常委会进行解释。

2. 司法解释

凡属于法院审判工作、检察院检察工作中具体应用法律、法令的问题,由最高人民法院、最高人民检察院分别解释;它们的解释若有原则性分歧的,报请全国人大常委会解释或决定。

3. 行政解释

不属于审判和检察工作中的其他法律、法令如何具体应用的问题,由国务院及主管部门进行解释。

4. 地方解释

凡属于地方性法规条文本身需要进一步明确界限或作补充规定的,由制定法规的省、自治区、直辖市人大常委会进行解释或作出规定。凡属于地方性法规如何具体应用的问题,由省、自治区、直辖市人民政府主管部门进行解释。

(七)条约

条约是国家及其他国际法主体间所缔结的、以国际法为准则并确定其相互关系中的权利和义务的一种国际书面协议。我国与其他国家或政府之间,经常就政治、经济、贸易、法律、文化、军事等问题签订条约,其中有不少涉及国家行政管理,这类条约自然也是我国行政法的渊源。

随着世界各国经济、文化、政治方面的交往日益频繁,我国与世界各国的关系也越来越密切,因此,对我国签订、承认、加入的条约,凡涉及我国公民或组织行政法上的权利和义务的,应承认其对我国公民或组织的法律拘束力。事实上,我国许多国内法均有类似规定:国内法有关规定同中国缔结或参加的国际条约不一致的,适用国际条约的规定,我国声明保留的条款除外。

由于我国政治、法律制度的特殊性,行政机关往往与政党组织、群众团体联合发布某些行政法规、行政规章及其他规范性文件。有时,发布规范性文件的行政机关和群众团体竟多达十几个,这些都成了我国行政法的渊源。但必须明确指出,党政联合发文或政府与群众团体联合发文的做法是在特定情况下才有的,随着政治体制改革的进一步深入,今后这类规范性文件应少发或不发。

此外,在西方国家,习惯法、判例和法理有时也作为行政法的渊源,我国行政法对此应持何种态度,学术界观点不一。有人认为,我国行政法的渊源包括成文法渊源和不成文法渊源,不成文法渊源是由习惯、判例、行政先例、一般原则等作为法的表现形式的,因此,有的学者就明确提出,“行政法渊源包括习惯法、成文法和法律原则与法律解释三种形式”。上述观点在行政法学界虽不占主流,但它带给人们以思考和启迪。我们认为,关于行政法的不成文法渊源问题,起码是一个值得讨论的问题。

第六节 行政法的基本原则

行政法的基本原则问题,在行政法学中占举足轻重的地位,它贯穿于整个行政法学的始终。行政法基本原则作为行政法领域的“元范畴”问题,在我国行政法学界一直是一个争论不休的问题,分歧也一直存在。例如,行政法有没有基本原则、有哪些基本原则、每项基本原则包含哪些基本内容、基本原则有什么功能和特点等,对上述问题,仁者见仁,智者见智,观点很不一致。我们认为,行政法虽然没有一部统一的法典,但它绝不是法律规范的简单堆砌。作为一个独立的法律部门,它是一个有机联系的统一的整体,因此,必然存在反映其根本价值和作用的基本原则。

一、行政法基本原则概述

(一)行政法基本原则的含义

关于行政法基本原则的含义,有人将学术界存在的观点概括为四种:(1)行政法的基本原则是指贯穿于行政法之中,指导行政法的制定和实现的基本准则。(2)行政法的基本原则是指贯穿于全部行政法之中,任何行政法规范都必须遵循和贯彻的,调整并决定一切行政法律主体所有行为的指导思想和基本准则。(3)行政法的基本原则是指贯穿于行政法律关系之中,作为行政法的精髓,指导行政法的制定、修改、废除并指导行政法实施的基本准则或原理。(4)行政法的基本原则是学者们对行政法规范所体现的共同原则的总结和概括,强调行政法基本原则是人们的一种认识成果。

我们认为,前三种观点基本上揭示了行政法基本原则的共同属性,即行政法基本原则是贯穿行政法制定、修改、实施过程始终的准则;第四种观点则明确指出了行政法基本原则的学理性。对行政法基本原则含义的理解,离不开上述两方面。若将上述观点综合起来,就能更正确、更客观地揭示行政法基本原则的含义。基于这一认识,我们对行政法基本原则的含义作如下表述:

行政法的基本原则是一个学理概念,它是学界对行政法规范所体现的本质内容和基本精神的高度概括,是效力作用于行政法制定、实施的全部环节和国家行政管理的所有领域的根本准则。

(二)行政法基本原则的特征

行政法的基本原则源自行政法规范,又不同于行政法规范。行政法基本原则,并非由条文明确规定,而是存在于条文"背后",由学者挖掘出来的,因此它具有浓厚的学理色彩。但行政法基本原则,又是对行政法基本精神和本质内容的高度提炼,它对所有行政法规范或行政法条文,都有直接的规范和指导意义,其效力层次也高于具体的行政法规范。一旦某一具体的行政法规范内容与行政法基本原则相抵触或不一致,必须修改行政法规范。与行政法规范或行政法条文相比,行政法基本原则具有下列特征:

1. 表现形式的学理性或非法定性。无论是国外还是国内,行政法基本原则并不直接来自条文的规定,而是来自理论的探讨。如法国的"公务原则"、日本的"法治主义原则"等,均反映了这一特点,我国也不例外。由于行政法的非法典化,我国行政法的基本原则在表现形式上往往不同于其他部门法的基本原则。如果说其他部门法的基本原则在表现形式上具有法定性(如我国民法的基本原则由《民法通则》用具体条文加以确立),那么行政法的基本原则必须由学者透过行政法规范体系作全方位的审视和概括。行政法基本原则的这一非法定性,在很大程度上是由行政法的非法典化所决定的。也正因为这样,我国学者对行政法基本原则的看法便很不一致。

2. 法律效力的一贯性和普遍性。行政法的基本原则应该贯穿于行政法规范制定、实施的全过程,适用于国家行政管理的所有领域。因此,那些只适用于国家行政管理部分领域或个别环节的原则,就不能成为行政法的基本原则。如行政首长负责制原则、行政机构精简原则就只能作为行政机关的组织原则。

但是,我们不能将这种一贯性和普遍性要求绝对化。因为行政法基本原则的普遍适用性,不等于它在每一行政法条文中都有所表现,也不等于它在每一行政个案中都能发生相同的效力。

3. 内容的科学性和表述的规范性。行政法基本原则的内容必须合乎客观规律,具备科学精神,否则,就不称其为基本原则。例如,"人治与法治相结合"就不宜作为行政法的基本原则,因为在现代社会,尽管存在某些"人治"现象,但这是不正常的,是违背社会发展的基本规律的。我们应加强法制建设,使社会逐步走上依法治国的"法治"轨道,"法治"才是一国法制建设的根本目标,绝不能因为某些"人治"现象的存在而提倡什么"人治与法治相结合",这是很不科学的。

行政法的基本原则,不但内容要具有科学性,而且表述也要具有规范性。当然,法律规范或法律条文都应具有规范性,而作为行政法的基本原则,其规范性更强。所以,行政法的基本原则,光有科学性还不够,与此同时仍应具有规范性。例如,类似"维护社会主义法制的统一和尊严,坚持依法办事"的提法就不够规范。虽然它符合一般法律条文的规范性要求,内容也具备科学性,但作为一项基本原则,在表述上要更加规范,更加精练。因此,若用"依法行政"、"法治行政"、"行政法治"来替代,似乎更合适。

(三)行政法基本原则的作用

行政法的基本原则虽然是学界结合行政法规范的本质内容和基本精神所作的理论概括,但行政法基本原则具有高于一般行政法规范的法律效力,其法律意义是不可否认的。行政法基本原则的作用、功能或意义也是由其法律意义而自然延伸的。

1. 行政法基本原则是行政立法的基本指导。由于行政法基本原则有高于一般行政法规范的效力,因此,与行政法基本原则相抵触或矛盾的行政法规范必须修改或撤销。也正因为行政法基本原则对行政立法的纲领性作用,立法者在制定行政法规范并确定基本的价值目标时,均离不开行政法基本原则的引导,否则,不但行政立法会出现无方向性,而且具体的行政法规范之间也会产生无序现象,规范之间的矛盾和冲突也在所难免。

2. 行政法基本原则是行政执法的基本依据。既然行政法规范是在行政法基本原则的指导下制定的,那么正确实施行政法规范同样离不开把握和领会行政法基本原则。

由于行政法不像民法、刑法那样有一部完整的实体法典,因而"依法行政"中的法不能局限于行政法典,也不能局限于具体的成文法条文。由于行政现象的广泛性和多变性,行政执法中也常常遇到非常事件或意外情况,既成的行政法规范难以尽善尽美地解决这些问题,在这种情况下,行政法的基本原则就能充分发挥其适应性强的优点,以弥补成文法的某些空白或漏洞。行政法基本原则的这一特长,在行政法制不够健全、行政法条文不够完备,而有些行政事务又确实需要行政法调整的情况下,将发挥不可替代的作用。

3. 行政法基本原则是行政守法的基本要求。行政守法是指行政法主体依照行政法办事，严格遵守行政法。由于行政法基本原则是行政法不可或缺的组成部分，反映了行政法的本质内容和基本精神，因而它也是衡量行政法主体守法与否的实质性标准。

一般来说，行政法主体，不管是行政主体还是相对人，要他们掌握或熟悉所有行政法规范是很困难的，也是不切实际的，但要求他们理解并掌握行政法的基本原则，并不十分困难。只要他们理解并掌握了行政法的基本原则，就有助于他们掌握行政法的精髓，也有助于他们增强行政守法观念和行政法律意识，为行政法得到普遍而顺利的遵守奠定良好的基础。

4. 行政法基本原则是行政法学理论得以成熟的基本标志。由于行政法基本原则在行政法学理论中的重要地位，各国行政法学界均十分重视对它的探索和挖掘，这一研究工作实际上成了行政法学研究的基础性工作。因此，行政法的基本原则，本身就是一个理论性很强的问题，虽然在我国的整个法律体系中，理论尚不称其为一种法律渊源，但由于行政法学的特殊性，行政法基本原则等理论命题有着重要的法律意义，它是隐藏在行政法规范背后的一种看不见的“精神内核”。如果有朝一日，行政法的基本原则真的成了主宰行政法规范的原理，行政法学理论也就真正成熟并完备起来了。

（四）行政法基本原则的内容

各部门法原则泛滥状况普遍存在，不同于民法学领域直接将原则列入法典之中，由于我国目前行政法没有统一的实体法典，基本原则更是停留在学理研究阶段。这种非法定化状态表现之一，即是在行政法学领域，有关原则的著述蔚为壮观，不同学者观点之间差异迥然，具体表述鲜有同者，有学者甚至直接采用“发展中的行政法基本原则”、“行政法基本原则的演进”等予以概括。鉴于此，实有必要就学界常见的几种说法做一简单介绍。

我国对行政法基本原则的研究可分为两个阶段：从提法上看，1986 年以前，以提国家行政管理的基本原则为主，1986 年以后，以提行政法的基本原则为主；从内容上看，1990 年以前，行政法基本原则相对分散、混杂，1990 年以后，行政法基本原则就相对集中，并且以“行政合法性”与“行政合理性”为主要内容。[73] 具体来说，在研究早期，学界大多是将宪法的基本原则或行政管理的基本原则直接视为行政法的基本原则，其研究基点主要在于认为“行政法是有关行政管理的法”。诸如 1983 年王珉灿主编的《行政法概要》在论及基本原则时，将其称为“国家行政管理的指导思想和基本原则”并提出“在党的统一领导下实行党政分开和党企分开原则”、“广泛吸收人民群众参加国家行政管理”、“贯彻民主集中制原则”、“实行精简原则”、“坚持各民族一律平等的原则”、“按照客观规律办事、实行有效的行政管

〔73〕 胡建淼主编：《行政法学》，法律出版社 2010 年版，第 36～37 页。

理原则”、“维护社会主义法制的统一和尊严、坚持依法办事原则”七项原则。[74] 又如张焕光等主编的《行政法基本知识》提出，国家行政管理应遵循“坚持四项基本原则”、“为人民服务原则”、“民主集中制原则”、“民族平等、团结和互助原则”、“效率原则”、“法制原则”六项原则。[75] 20世纪80年代末开始，学界开始从独立部门法应有独立基本原则角度研究，更为理性地探讨基本原则。诸如1988年罗豪才主编的《行政法论》提出“行政法的基本原则是指贯彻于行政法中，指导行政法的制定和实现的基本原则，具体包括行政法治原则和民主与效率相协调的原则”。[76] 后期经过发展，又提出行政法的基本原则应为“行政法治原则”，具体可分解为“合法性原则”和“合理性原则”。直至现在，罗豪才在《行政法学》一书中仍然坚持“行政法治原则”，并在“合法性原则”、“合理性原则”之上增加“应急性原则”，强调“从广义上讲，应急性原则是合法性原则、合理性原则的非常原则。应急性原则并没有脱离行政法治原则，而是行政法治原则特殊的重要的内容”。[77] 一般认为，对于行政法基本原则，学界目前的主流观点以“合法性原则”和“合理性原则”为核心。不置可否，诸多学者对此通说亦是质疑颇多，并因此对行政法基本原则作出了新的概括理解。

诸如，应松年认为行政法基本原则是依法行政原则，“依法行政在内涵上包括行政合法性原则、行政合理性原则、行政应急性原则、正当程序原则、诚实守信原则、行政效率原则、责任行政原则”。[78] 又如，张树义认为行政法基本原则应当包括依法行政原则、行政合理性原则、信赖保护原则、正当程序原则、责任行政原则五项。[79] 再如，李升元将行政法应当遵循的原则分为政治原则、基本原则和具体原则，认为行政法基本原则是行政法治，主要包括了依法行政、公民守法、监督行政三项内容。[80] 除此之外，还有人认为，行政法基本原则包括行政法制原则、行政适当原则、行政统　原则、行政公开原则、行政时效原则五项。也有人认为，行政法基本原则可初步归纳为行政法社会政治基本原则和行政法专门基本原则，前者包括社会主义原则、党的领导原则、民主集中制原则、保障人民权利原则、社会主义法治原则和民族平等原则六项；后者包括行政法治原则、监督行政原则、行政公正原则、行政公开原则、行政合理原则、行政效能原则等。

如前所述，我们赞同目前学界的通说，即行政法基本原则可以归结为一条，即

---

〔74〕 王珉灿主编：《行政法概要》，法律出版社1983年版，第43页。

〔75〕 张焕光主编：《行政法基本知识》，山西人民出版社1986年版，第1～6页。

〔76〕 罗豪才主编：《行政法论》，光明日报出版社1988年版，第25～35页。

〔77〕 罗豪才主编：《行政法学》（第二版），北京大学出版社2010年版，第27～30页。

〔78〕 应松年主编：《行政法学》，北京大学出版社2010年版，第14～20页。

〔79〕 张树义主编：《行政法学》（第二版），北京大学出版社2012年版，第19～46页。

〔80〕 李升元编著：《中国行政法学导论》，中国人民公安大学出版社2014年版，第77～89页。

行政法治原则或法治行政原则。

行政法治原则实际上是所有法治国家共同认可的行政法基本原则,作为法治原则在行政法上的反映,行政法治原则所涵盖的内容和思想非常丰富。由于历史的原因和现实的需要,加之强调角度和表述方法的不同,这一原则常常被分解开来,呈多样化特点;而且,人们在谈及行政法治原则时,也常常更强调它对行政主体的要求,而忽略了它对相对人的要求。殊不知,行政法治是一国行政法制或政府法制工作的中心,它集中反映了行政法的核心内容和基本精神,行政法制领域内的一切工作均得围绕"行政法治"而展开。尽管在具体表述上,行政法治可被分解成多层含义、多种表述,但其中心思想是恒定的、不变的。而且,行政法治原则是对一国行政法制建设的整体要求,它具有普遍意义,不但是对行政主体的基本要求,事实上,"公民必须守法"、"依法监督国家行政"等也是行政法治原则的内在要求。

讲行政法治原则,首先要区分行政法治和行政法制两个不同的概念。行政法制又称政府法制,通俗地讲就是有关国家行政或政府管理的法律和制度,在不同的社会制度中,行政法制的性质也有所不同。行政法治则是一个更高层次的概念,它不但要求有一套完整、健全的行政法律制度,而且要求摒弃一切与专制、任性、随意相联系的"人治"因素,实现真正的依法行政、公正行政、合理行政、民主行政等。行政法治不仅是对法律、制度的基本要求,而且在一定程度上,它更是法律意识、法律思想、民主精神的具体体现。

当然,行政法治也有鲜明的阶级性和时代特点,由于各国国情、社会制度和文化背景的差异,加之对待变迁所致的社会环境的变化,行政法治原则的内容有所不同,我国学者对行政法治原则的阐述也存在差别。我们认为,行政法治原则是我国行政法的中心原则,它具体可分解为行政合法性原则和行政合理性原则。由行政法治原则分解出来的行政合法性原则和行政合理性原则,构成了我国行政法的基本原则。

二、行政合法性原则

(一)行政合法性原则的含义

行政合法性原则是指行政权的存在和运作或行政行为的实施必须依据法律、符合法律,不得与法律相抵触,否则,权力主体或行为人就得承担相应的法律后果。结合这一概念,有必要对相关问题做一解释。

这里的行政权即行政职权,既包括实体意义上的行政权,也包括程序意义上的行政权,因此,任何行政权的存在和运作,既要符合实体法,又要符合程序法。

这里的权力主体,即行政主体,包括行政机关和法律、法规授权的组织;这里的行为人,即行政人。

这里的法律应作广义理解,它并不特指最高国家权力机关制定的规范性文件,而是包括宪法、法律、行政法规、地方法规、行政规章在内的具有法律属性的所有规范性文件。

这里的法律后果即因违法行政所应承担的法律责任。行政法上的法律责任，主要表现为行政责任，但在一定条件下也包括民事责任和刑事责任。

(二)行政合法性原则的基本要求

由于各国行政制度和法律制度的内容不同，行政合法性原则的具体要求也不同，考虑到行政合法性原则的共性内容，其基本要求通常如下。

1. 行政权应合法存在

行政合法性原则首先要求行政权或行政职权的存在应合乎法律规定。行政权存在的合法与否，取决于行政权来源的合法与否。大多数情况下，行政权源自法律规定，也只有法律才能设定行政权，因此，任何没有法律根据的行政职权都是不应存在的。例如，工商部门对公民进行拘留、公安部门吊销企业的营业执照等，均违反行政合法性原则。

当然，由法律设定行政权，即由法律明文规定的行政机关行使法定的行政职权，是行政合法性原则的通常要求。但由于社会事务的复杂性和行政管理的特殊性，有时，由行政机关以外的社会组织行使某项或某些行政职权，进而代为执行法律，可以更好地处理一些技术性问题，减轻行政机关的负担，节约行政经费，在这种情况下，法律、法规往往授权某些组织行使部分行政权。甚至，法律有时还允许行政机关将本属于自己的一些行政职权委托给其他组织或个人行使。这是法律设定行政权的特殊情形，在理论上和实践中都是认可的。但上述授权或委托，仍需要法律依据，仍应按法定程序进行，不得违反法的基本精神，否则，同样违反行政合法性原则。

2. 行政权应依法行使

行政主体及行政人必须严格执行行政法规范，依法实施行政行为。为此，应注意如下问题：

(1)个人利益应服从公共利益。不管是行政人还是相对人，他们在行使行政权和服从行政权的过程中，均涉及如何摆正个人利益与公共利益的关系问题。特别是行政人，不能凭借手中掌握的行政权谋取个人利益，更不能将行政权作为一种特权，置法律、公正于不顾。同样，相对人在谋求个人利益时，也不得违反或损害公共利益。行政主体及行政人应依法担负起监督和保证相对人守法的职责，及时指导、帮助、鼓励、保护相对人依法谋求个人利益，对那些为谋求个人利益而侵犯、损害公共利益的相对人，依法予以打击和惩处。

(2)立法意志应高于行政意志。根据我国的政治体制，行政机关由立法机关(权力机关，即人民代表大会)产生，行政机关对立法机关负责并报告工作，与此相适应，行政意志也应受立法意志的支配。由于行政行为是行政主体意思表示的结果，行政行为必然体现行政意志，它应受立法意志(即法律)的支配。虽然有时行政主体也能像立法机关那样制定一些规范性文件(行政立法)，但这种行政立法权及因此产生的行政法规范均源自宪法及有关法律，其程序和内容均应符合宪法和法律的规定，不得与它们相抵触，否则，凡与宪法、法律相抵触的行政法规和规章都不能产生预期的法律效力。而且，那些合法、有效的行政法规和规章，效力等级也低于法律，行政主体和行政人在实施行政行为时，应优先适用法律，只有在法律没有规定或规定不明时，才适用行政法规和规章。

(3)行政意志不等于长官意志。由于行政机关实行行政首长负责制，因此，行政首长的主观态度对行政行为的实施有着特殊的影响，在这种影响下，行政权将何去何从呢？我们认为，行政首长的主观意志对行政行为的影响是客观的，也是应该的，这是由行政机关的工作特点及行政权的基本属性所决定的。但行政首长的主观意志并不是不受任何约束的，它理所当然要受到法律的制约，而且，行政首长的个人意志也要受到行政意志的制约。行政意志高于个人意志，长官意志更不能取代行政意志，应坚决杜绝行政权行使过程中的“以言代法”、依“长官意志”办事的现象。

(4)行政法规范的立法本意与字面含义是一致的。依法行使行政权要求行政主体及行政人在实施行政行为时，既要遵循行政法规范的字面含义，又要符合行政法规范的立法宗旨或立法本意。那种以合乎行政法规范的字面含义为借口而违背行政法规范的立法本意的做法，不但规避了法律，而且破坏了法治，同样违反行政合法性原则。

3. 违法行政应依法追究

合法性是行政权或行政行为的本质要求，行政主体及行政人一旦违法行使行政权或违法实施行政行为，则势必产生相应的法律后果。

(1)行政行为一旦违法，则将导致被撤销或宣布无效的后果。那些违法程度显著轻微或只有部分违法或对相对人合法权益无甚影响的行政行为，虽不会被全部撤销或宣布无效，但对其作适当或部分修正是不可避免的。行政行为一经撤销或宣布无效，其效力便自动丧失。

(2)行政行为一旦违法，则实施该行为的行政主体及行政人就应承担相应的法律责任。任何一部完整的行政法规范，在规定行政主体及行政人职权的同时，还应规定他们所承担的责任。因为权与责是相对应的，拥有多大的职权，就应担负多大的责任，一旦职权行使产生违法，相应的法律责任就从文字规定变为现实。

(3)法律责任的表现形式具有多样性。根据行政主体及行政人违法情节的轻重及违法性质的差异，他们所承担的法律责任也不一样，比较常见的法律责任表现为行政责任，此外，还有民事责任和刑事责任。

(三)行政合法性原则的特殊内容

严格意义上的行政合法，要求行政权的存在及运作均不得与法律相抵触。但在某些特殊的紧急情况下，出于国家安全、社会秩序或公共利益的需要，行政主体往往可以采取一些没有法律依据或与法律不一致的措施，有人谓之行政应急性或行政应变性,它是行政合法性原则的特殊内容。

如果说行政合法性原则是以法律为依托的话,作为其特殊内容的行政应变性则主要以公共利益、国家利益为依归。因为,在国家和社会生活中,难免发生诸如战争、动乱、自然灾害等紧急情况,这些情况的发生,可能威胁国家的安全和独立,破坏社会秩序,严重损害公共利益。这时,如果仍然运用正常状态下的法律手段行使行政权,非但不能实现预期的法律效果,反而会导致行政失控,甚至会引发更为严重的社会危机。所以,赋予行政主体在紧急状态下的应急权,[81]是非常必要的。

当然,行政应变性作为行政合法性原则的特殊内容,并不排斥法律的必要控制,不受任何限制的行政应急权同样是行政法治所不允许的。为了严防行政主体利用行政应急权专横跋扈、践踏法制,行政应急权的行使应符合如下条件:

1. 前提条件。行政应急权行使的前提条件是的确出现了法律规定的紧急状态。这就要求在立法上对可以适用行政应急权的紧急状态作出明确规定,以避免行政主体对所谓的紧急状态做任意解释。

2. 目的条件。行政应急权的行使应符合公共利益,同时也不违背原行政法规范的立法本意或立法宗旨。一般情况下,行政法规范的立法本意或立法宗旨与公共利益是不矛盾的,因此,随着客观形势的变化,虽然行政法规范的有些条文已不适时或暂时难以适用,但行政法规范的基本精神或立法目的还是符合公共利益的,否则,该行政法规范就不是暂时不适用的问题了,而是应予废除。

3. 程序条件。行政应急权主要表现为行政主体对行政权的灵活处置,这种行政权可能是实体方面的,也可能是程序方面的。但是,行政应急权的行使,不能排斥法律的程序控制,即法律应对行政应急权的行使程序作明确规定,如实施前的申报、审批程序,实施过程中的指导、监督程序,实施后的审查、追认程序等,以防行政主体滥用行政应急权。关于这类程序,我国目前法律规定不明,有必要加以完善。

三、行政合理性原则

(一)行政合理性原则的含义

行政合理性原则是指行政权的行使或行政行为的实施应客观、公正,合乎理性。

行政合理性原则产生的主要原因是行政自由裁量权的存在。行政自由裁量权或裁量权是指行政主体及行政人在行政法规范明示或默示的范围内,基于行政目的,根据合理判断,自由斟酌,决定作为或不作为,以及如何作为的权力。行政自由

---

[81] 我国《宪法》以及《紧急状态法》都对行政主体紧急状态下的应急权作出了一定规定,《紧急状态法》更是设"应急处置与救援"一章。关于应急权,诸如《紧急状态法》第51条规定:"发生突发事件,严重影响国民经济正常运行时,国务院或者国务院授权的有关主管部门可以采取保障、控制等必要的应急措施,保障人民群众的基本生活需要,最大限度地减轻突发事件的影响。"

裁量权不同于行政应急权:行政自由裁量权是行政合理性原则的基本内容,行政应急权则是行政合法性原则的特殊内容,是行政合法性原则的重要补充;行政自由裁量权是法律规定的范围、幅度内的自由裁量,行政应急权是缺乏法律依据或与法律规定相悖的灵活处置;行政自由裁量权不以紧急状态为前提,行政应急权以法律规定的紧急状态的出现为必要条件。总之,行政自由裁量权表现为法定范围内的灵活性,行政应急权则表现为法定情形外的自主性。当然,也有的著作将行政应急权作为行政自由裁量权的特殊情形,我们认为,这是对行政自由裁量权的曲解。

行政合理性原则与行政合法性原则既有联系又有区别,它们作为行政法治的两个方面,从不同角度反映了行政法治的基本要求。一般而言,行政合法性原则适用于行政法制的全部领域和所有环节,而行政合理性原则主要适用于自由裁量领域;行政合法性高于行政合理性,行政合理性服从于行政合法性。例如,倘若某一行政行为违反了合法性原则,则该行为肯定是错误的,对其合理性问题,就不予考虑了。而某一自由裁量行为,虽符合合法性原则的要求,但对其合理性问题,仍需加以分析,进而才能得出该行为是否正确的结论。当然,合法性与合理性的界限,有时很难划清,有人认为,合法就是合理,合理也必然合法;也有人认为合法不一定合理,合理也未必合法。我们认为,法本身就具有理性,法乃"大理"也,因此,合法与合理是不矛盾的,是相辅相成的。作为行政法治的两大要素,行政合法性和行政合理性从不同侧面反映了行政法治的本质要求。而且,随着社会的发展,立法的完备,本属合理性原则调整的内容,可能上升到合法性高度,进而成为合法性原则调整的对象。必须指出,行政合理性原则是独立于行政合法性原则之外的,它不是行政合法性原则的补充,而是行政法治原则提出的更高要求。

(二)行政合理性原则的基本要求

行政合理性原则要求行政主体及行政人在行使自由裁量权时应保持相当的理性,但对合理性的标准问题,不同国家、不同学者有不同看法。我们认为,行政合理性主要指行政行为在内容和形式上的公正性,它有如下具体要求:

1. 行政行为应符合法律的基本精神,符合立法宗旨或立法目的。在这一点上,合理性与应变性的基本要求是一致的。因此,当法律对某些问题规定不明或未作规定时,行政主体及行政人实施的行政行为,应合乎法律的基本精神,合乎有关行政法规范的立法目的和立法宗旨。

2. 行政行为的实施者要有合理的行为动机。动机合理与否,在一定程度上直接影响着行政行为的正确性。动机不合理,行政行为的内容便不可能合理,例如,行为人与相对人存在个人恩怨,行为人基于报复动机,有意对相对人从重处罚。

3. 行政行为应建立在正当考虑的基础之上,不应主观臆断,考虑不相关因素或不考虑相关因素。相关因素本应考虑而不考虑,不相关因素不应考虑而考虑,均可能构成行政行为的不合理或不公正。当然,有时考虑不相关因素或不考虑相关因素的行为结果与正当考虑基础上的行为结果是一致的，即不合理的考虑并未导致不合理的结果，在这种情形下，行政合理性原则该如何适用呢？我们认为，人的主观思维是看不见摸不着的，行为人在实施行政行为时到底应考虑哪些因素、不应考虑哪些因素，有时显得很模糊，给人们正确评判有没有“正当考虑”带来了麻烦，特别是在行为结果正确、合理的情形下，更是如此。因此，法律应对必须考虑的事项或无须考虑的事项作明确规定或作暗示，只有在行政主体及行政人考虑了行政法规范明示或默示不予考虑的因素，或没有考虑行政法规范明示或默示应予考虑的因素时，他们所作的行政行为方属滥用职权，才是不合理的。

4. 行政行为不应反复无常。行政主体及行政人实施行政行为，应有统一、确定、公正的标准，同一职权的行使，不能因时间、地点和对象的不同而反复无常，即同等情况应同等对待，不同等情况则应不同等对待。这种同等对待，既包括不同时间的同等对待，又包括不同地点（场合）的同等对待，还包括不同对象的同等对待，这是行政合理性原则的基本要求。

5. 行政行为不应畸轻畸重。就行政行为的结果而言，行政行为是建立在正常人的正常思维或判断的基础上的，行为人只要处于神志正常或清楚的状态下，其意思表示就是真实而可信的。因此，行政行为的内容应合乎正常人的一般判断，符合最起码的推理和常识，否则，行政行为在涉及制裁或惩罚的内容时，难免偏轻或偏重，这同样违反行政合理性要求。

6. 行政行为应合乎自然规律。自然规律是客观存在的、不以人的主观意志为转移的，人们只能认识它、利用它，不能改变它、违反它。因此，行政行为应合乎自然规律，否则，就要受到自然规律的惩罚。例如，法律规定应“合理采伐森林”、“合理利用土地”，此处的“合理”，就是合乎自然规律的意思。现实生活中的政府批准乱砍滥伐林木、围湖造田、在良田上建小砖窑等行为，都是违背自然规律的，因而也是不合理的。

7. 行政行为应符合社会道德准则。道德不是法律，没有法律效力，当道德与法律不一致时，应优先适用法律。但当法律对某一问题未作规定时，人们对这一问题的道德评价就显得非常重要。因此，在对行政行为的合理性作评价时，道德标准有时会起到法律标准所难以起到的作用，那些违背职业道德、社会公德所实施的行政行为，同样是不合理的。

第二编　主　体　论

第二章 行政主体

第一节 行政主体的概念与特征

一、行政主体的概念辨析

行政主体,是能以自己的名义对外行使行政职权,并能独立承担因此而产生的法律责任的组织。对于这一含义,目前多少存在一些混乱之处,我们不妨进行一些深入讨论。

(一)行政主体的起源

行政主体是一个起源于西方的概念,在不同语境中,它所表达的意涵略有不同。在大陆法系行政法学中,行政主体的含义与我国大致相同,但是,在如何理解"以自己名义"行使职权和"独立承担法律责任"时则大相径庭。按照大陆法系国家对于行政主体的理解,行政主体的独立行动和独立承担责任,必须是绝对的独立,也就是说,其行使职权的意志是自发形成的,而其承担责任的方式则以自己的法人地位为依托,换言之,即必须具有独立的财政地位。[1] 这种行政主体,在公法上一般被称为公法人。[2] 在法国行政法中,行政主体主要包括国家、地方团体和公务法人。[3] 日本行政法中的行政主体包括国家和公共团体,公共团体则包括地方自治组织、公共组合及行政法人。[4] 总体来说,行政主体的权力与其公法人地位相辅相成,二者难以截然分开。一般来说,由于国家是最为重要的公法人,所以大陆法系各国行政法中最主要的行政主体也是国家。实际上,随着社会的发展,在社会中能够承担公共行政职能的机构越来越多,比之以前单一化的国家更加复杂,行政主体概念才应运而生。它的目的在于从法律上确认行政权在国家与社会组织

---

〔1〕[日]室井力:《日本现代行政法》,吴微译,中国政法大学出版社1995年版,第27页。

〔2〕随着社会的发展,一些私法人也逐渐成为行政主体,但对此仍存争议。德国行政法学家哈特穆特·毛雷尔认为,"它取决于人们是将行政主体的概念仅限于根据公法设立的组织和主体(主权主体),还是扩展到一切法律上独立的,经授权执行行政任务的组织和主体"。参见[德]哈特穆特·毛雷尔:《行政法学总论》,高家伟译,法律出版社2000年版,第503页。

〔3〕王名扬:《法国行政法》,中国政法大学出版社1988年版,第39~41页。

〔4〕[日]南博方:《行政法》,杨建顺译,北京大学出版社2009年版,第11页。

之间分立的事实，并赋予这些组织与国家并列的法律地位，行政权的分立乃是行政主体概念出现的先决条件之一。

（二）我国行政主体概念的特殊性

在我国，行政主体与上述理解具有明显的不同之处。第一，由于我国并未使用公法人概念，故而我国的行政主体并不必然具备公法人资格；第二，我国并不承认国家是行政主体，而将国家进行分解，从而将各级政府及其组成部门视为行政主体；第三，除此之外，我国还存在一些根据法律授权行使行政权的行政主体，这些主体也并不一定具备公法人资格。如果说西方大陆法系各国行政主体概念的初衷是为了将国家和其他享有公共行政职能的机构区分开来，以示国家与这些其他组织之间的利益有所区别的话，我国的行政主体概念实际上是将国家进行分解，在此基础上兼顾其他组织的一种重新建构的理论方案，其意图不在于保障行政权的分立和社会中的多元利益，而在于明确国家内部的责任分担问题。[5]

我国行政法学对行政主体的这种理解，是有原因的。一方面，我国不承认公法人概念，并未将国家视为公法人，也就无法将公法人地位视为行政主体的基本前提；另一方面，我国有权行使行政权力的机构十分庞杂，而这些机构名目繁多，既包括各级政府及其部门，也包括其内部机构、派出机构，还包括不少被授权机构等。为方便确定行政诉讼的被告，利于整合行政法学的内部体系，我国学者实际上对行政主体概念进行了重新定义和解读。这种做法自然是对现实状况的一种妥协，实属无奈之举，它也导致了一系列难以克服的理论与现实问题。例如，根据我国的行政主体概念，政府组成部门可以作为行政主体，自然可以独立承担法律责任，但是，在许多情况下，承担法律责任的并不是这些政府组成部门，而可能是政府，例如，政府组成部门因行政违法而须进行国家赔偿，国家是名义上的赔偿主体，但实际承担赔偿责任的则既不是国家，也不是该政府部门，而是该级政府。这实际上导致了权力与责任的分离，不利于在法律上理清行政主体与行政责任之间的逻辑联系。这种状况有赖于理论的进一步发展，本书目前采取通说对其进行界定。

（三）行政法主体与行政主体

目前，学界还有一些学者使用行政法主体这一概念。所谓行政法主体，按照一些学者的解释，是行政法所调整的各种行政关系的参加人——组织和个人。[6] 行政法主体的概念与行政法律关系息息相关。行政法律关系，即经由行政法所调整的各类行政关系，包括行政管理法律关系、行政监督法律关系等，而在行政法律关系中享有行政法上的权利、承担行政法上义务的主体，即为行政法主体。换句话

---

〔5〕 薛刚凌：《行政主体的理论与实践——以公共行政改革为视角》，中国方正出版社2009年版，第5页。

〔6〕 姜明安：《行政法与行政诉讼法》，北京大学出版社、高等教育出版社2011年版，第83页。

说，在社会生活中，只要某组织和个人与经由法律调整的行政事务有所关联，都是行政法主体。这一概念将行政法律关系中的参加人进行了系统化的概括。但众所周知，法律关系这一术语原本来源于市民法，其他各部门法在借鉴这一概念时多少有些偏离法律关系的原本含义。一些行政法学者在未对行政法律关系进行讨论的情况下，轻率使用行政法主体术语，未免有些不合适。其实，行政法主体就是能够与行政法中的权利、义务产生直接联系的组织或个人，并不需要对其进行过度抽象化。

按照行政法主体理论，行政主体也是行政法主体，而且是其中最重要的一类主体。行政法律关系是依托于公共行政的，有权力行使行政职权的主体是各种行政法律关系中必不可少的要素。

（四）行政机关与行政主体

行政机关，是指依据宪法或行政组织法的规定而设置的行使国家行政职能的国家机关。按照我国对于行政主体的定义，行政机关自然是行政主体。在某些特定情况下，人们还会将行政机关等同于行政主体，如我国《行政诉讼法》、《行政许可法》、《行政复议法》等法律中所使用的“行政机关”，实际上包括法律、法规授权行使行政职权的组织。[7] 也正是由于法律、法规乃至一些约定俗成的说法时常将行政机关与行政主体画等号，从而使得行政主体的概念出现一定的含糊之处。其实，行政机关是行政主体中数量最多、最为重要的组成部分，但并不是全部。我国的行政主体，除了行政机关，还包括法律、法规授权的组织。关于此项内容，容后详述。

二、行政主体的基本特征

按照上文关于我国行政主体的定义，行政主体有如下显著特征：

1. 行政主体是组织而非个人。行政主体是具有行政职能的组织，个人不能成为行政主体。严格来说，行政主体是由法律创设的，它具有法律所确认的虚拟人格，即法人资格，因而不可能是自然人。我国行政主体概念虽未以公法人制度为基础，但也认为行政主体只能是组织，它具有法律所创设的权利和义务，其主体地位系后天所赋予，并非如自然人一般系先天所赋。在实践中，个人的意志可能在行政行为中发挥重要作用，尤其是在法治尚未健全的当代中国，这种情况更为普遍，但这并不意味着个人成为行政主体，仅仅意味着个人操纵行政主体。

2. 行政主体是行政权的归属者和行使者。行政主体享有行政权，可以依据法律行使行政权，是行政权的归属者和行使者。但是，行政主体所享有的行政权，并非其固有，而是由宪法和法律授予的。根据人民主权理论，人民通过宪法将其享有的部分权利授予国家，由国家行使公共权力；根据权力分立理论，国家权力分为立

[7] 姜明安：《行政法与行政诉讼法》，北京大学出版社、高等教育出版社 2011 年版。

法、行政、司法三部分，这三种权力分别由宪法授予不同的主体，行政主体即是行使国家行政权的主体。随着社会的发展，一部分公共行政职能从国家中分离出去，而由特定的社会组织行使，当这些组织基于法律法规授权而行使行政权时，同样享有法律所授予和认可的行政权，故而也属于行政主体。

3. 行政主体以依法实施公务为前提。行政主体的地位来源于行政主体对其行政权的积极行使，以其依法实施公务为前提。因此，在特定条件下，即便某行政机关享有行政权，但在其未依法实施公务时，并不是行政主体，反而可能是行政相对人。需要指出的是，这里所谓的依法实施公务，系指行政主体在实施公务时，具有相应的法律依据，但并不意味着行政主体的所有行政行为都是合法的。事实上，行政主体完全可能根据正确的法律依据作出违法行为，如根据行政处罚法之授权，对公民实施错误的罚款行为。

4. 行政主体能以自己名义实施公务。享有行政权的组织在实施公务时，必须以自己的名义作出公务行为时才可能成为行政主体，否则不属于行政主体。某些行政机关的内设机构、派出机构虽享有行政权，但其不能以独立名义实施公务，因而不属于行政主体。除此之外，一些经由行政主体授权的社会组织也依据授权享有行政职能，在它能以自己名义实施公务时，可以认定为行政主体，否则不属之。

5. 行政主体能独立承担法律后果。在我国行政法中，行政主体独立承担法律后果主要指的是能够独立作为行政诉讼的被告，也包括作为行政复议的被申请人。实际上，我国的行政主体理论是与行政诉讼被告资格密切相关的，甚至可以说，在我国，认定一个组织是不是行政主体，最重要的标准就是是否能够成为行政诉讼的被告。因此，是否能够独立承担法律后果，是认定行政主体的首要标准。但实际上，这里所说的法律后果是片面的。在我国，行政主体承担法律后果的方式主要是作为行政诉讼的被告和行政复议的被申请人，承担因败诉而需要承担的法律责任，如撤销、重做行政行为等，这种法律后果是形式上的。如前文所述，在西方各国，行政主体具有法人资格，其独立承担法律后果的最重要标志是以其独立财产承担实质责任，而我国的多数行政主体并不具备实在法意义上的法人资格，从而导致特定行政主体承担部分法律后果、国家或各级政府承担部分法律后果（主要体现为国家赔偿）的情况。换句话说，我国的大部分行政主体事实上无须独立承担全部法律后果，这也是我国行政主体理论所面临的理论困境之一。

第二节　行政主体的权能

行政主体权能是国家通过法律对行政主体的行政职权、行政职责及行政权限进行设定的结果,它是对行政主体实力的综合评价。按其性质来说,行政主体的权能主要包括三个方面。

一、行政职权

行政职权是行政主体所享有的公共事务管理权,是行政主体实施国家行政管理活动的资格和能力。行政职权是国家行政权的细化。概言之,在经典的三权分立学说中,行政权是国家权力中与公民生活联系最为密切的权力,在现实政治生活和社会生活中,这种权力被各个具体的行政主体所分化,由此形成各种独特的行政职权。行政权力是一种综合性的、由作为整体的政府所享有和行使的直接对行政相对人产生权利、义务影响的权力,它是行政职权的基础;行政职权则是行政权力的具体化,它的行使主体、性质、范围等较为单一。[8]

(一)行政职权的特征

行政职权具有若干十分明显的特征,其中包括法定性、公益性、优利性、强制性、专属性、单方性、不可自由处分性等。由于行政职权是行政权力的具体化,因而包括强制性、不可自由处分性等特征与行政权相互一致。上述特征中,有如下两点需要特别指出。

1. 法定性

行政权法定是一项重要的宪法原则,[9]在多部法律中都有明确规定。在行政法学中,行政职权法定具有多种解读方式,如可解释为越权无效原则的子原则,[10]或法律保留原则的子原则,[11]也有学者将其界定为独立的行政法原则。[12]

2. 优益性

为了实现特定的公共利益,法律赋予行政主体以特定的优先权和受益权,这两种权利可并称为行政优益权。[13]

行政优先权,是指法律为保障行政主体有效行使职权而赋予行政主体在职务上的优先条件。当行政主体行使其行政职权时,如果与行政相对人的某些权利产生一定的冲突,可优先实现行政职权的特权。一般来说,行政优先权包括两个方

---

〔8〕 高家伟:“论行政职权”,载《行政法学研究》1996年第3期。

〔9〕 我国《宪法》第107条明确规定:“县级以上地方各级人民政府依照法律规定的权限,管理本行政区域内的经济、教育、科学、文化、卫生、体育事业、城乡建设事业和财政、民政、公安、民族事务、司法行政、监察、计划生育等行政工作,发布决定和命令,任免、培训、考核和奖惩行政工作人员。乡、民族乡、镇的人民政府执行本级人民代表大会的决议和上级国家行政机关的决定和命令,管理本行政区域内的行政工作。”

〔10〕 姜明安:《行政法与行政诉讼法》,北京大学出版社、高等教育出版社2005年版,第68页。

〔11〕 应松年:《当代中国行政法》(上卷),中国方正出版社2005年版,第87~90页。

〔12〕 周佑勇:《行政法基本原则研究》,武汉大学出版社2005年版,第166~173页。

〔13〕 周佑勇:《行政法原论》,中国方正出版社2000年版,第121页。

面,即先行处置权和社会协助权。[14] 行政受益权,指的是行政主体在行使其职权时可从国家获得物质利益的权利。

行政优益权是行政主体有效行使其职权的保障条件。

(二)行政职权的分类

1.固有职权和授予职权

这是根据权力来源的不同所做的分类。行政固有职权,是法律所赋予特定行政主体的、按其性质应当由该行政主体行使的职权。固有职权一般规定在宪法和特定的组织法中,它因行政主体的设立而产生,也因行政主体的消灭而消灭。固有职权一般由宪法和组织法赋予特定的国家行政机关。如我国《宪法》第 107 条规定,"县级以上地方各级人民政府依照法律规定的权限,管理本行政区域内的经济、教育、科学、文化、卫生、体育事业、城乡建设事业和财政、民政、公安、民族事务、司法行政、监察、计划生育等行政工作,发布决定和命令,任免、培训、考核和奖惩行政工作人员。"其中列举了各级人民政府的行政职权,在现实的权力运作过程中,这些职权一般由政府各部门单独或共同行使。

行政授予职权,是法律法规将某些原本不属于特定主体所享有和行使的行政职权交由该行政主体行使,这些行政职权即为行政授予职权。对于这种行政职权,有必要进行详细讨论。

(1)授予职权的性质

授予职权是法律、法规所特别授予特定主体的职权,这些法律、法规一般被称为授权法。授予职权具有如下较为明显的特征:第一,授予职权是依据法律、法规所授予的,具有法定来源,因而符合行政职权的一般特征,是行政职权的不可或缺的一部分。第二,授予职权代表了行政职权在某种意义上的分立。如我们所知,在任何一个时代,国家都不可能包办所有公共管理事务,但在某些特定时期,国家机关的职权范围是较为广泛的。随着时代的发展和社会的日益复杂化,国家在公共管理方面的职能日益捉襟见肘。在这种背景下,某些原本应当由国家机关所行使的职权开始向社会转移,从而使得一部分非国家机关或国家机关的某些特定机构依法承担了部分行政职权,从而在国家和社会之间形成行政权的分立。法律、法规对非行政机关的特定授权,代表了国家与社会的有限分权,一方面可以减轻国家的负担,降低国家运转的成本;另一方面也可以对社会自治和公民社会的发展起到一定的推动作用,因而在可预见的将来,授予职权将会越来越常见。

(2)授权行政主体

根据法律、法规的特别授权而行使行政职权的行政主体在行政法理论中被称为授权行政主体。授权行政主体具有如下特征:第一,授权行政主体是组织而非个

---

〔14〕 周佑勇:《行政法原论》,中国方正出版社 2000 年版,第 121 页。

人；第二，授权行政主体因法律、法规的授权而取得行政主体资格；第三，授权行政主体只能在被授权范围内行使行政职权；第四，授权行政主体以自己的名义作出行政行为，且独立承担法律后果。

授权行政主体具有严格的限制性条件，在我国，能够成为授权行政主体的组织包括如下几类：

第一，行政机构。行政机构是行政机关因行政管理的需要而设置的，具体处理和承办特殊行政事务的内部机构、派出机构和临时机构。[15] 这三类机构原则上并不具备行政职权，因而不能成为行政主体。但法律、法规在特定事务上对这三类机构予以授权，使之取得行政主体资格。内部机构，是行政机关所内设的处理专门事项的机构，其典型如国家工商行政管理总局内设的商标局、县级以上公安机关内设的交通警察队等，在法律法规授权的情况下可成为独立的行政主体。派出机构，是政府职能部门在特定区域设置的、代表职能部门管理某项行政事务的派出工作机构，如公安派出所、税务所等。临时机构是国家机关设立的协助其处理临时性行政工作的组织，这类组织十分庞杂，它既包括设置于某单一行政机关内部的临时性机构，如全国爱国卫生运动委员会（具体工作由卫生部承办）等，也包括专门负责协调若干职能部门之间工作的议事协调机构，如国家国防动员委员会（具体工作由国家发展和改革委员会、总参谋部、总政治部、总后勤部承担）。在国务院，目前此类临时性机构尚保留 29 个，其中国务院南水北调工程建设委员会将于工程完成后撤销。[16] 在地方上，此类机构更为庞杂。一般来说，这种临时性机构因其设置、职权、权力运行程序等大多没有严格的法律依据，故而不应该成为行政主体，但目前不少此类机构根据法律、法规之授权而取得行政主体资格。

第二，企业单位。一般来说，企业单位是市场经济的参加者，因而其地位不应当具有特别之处，也就是说，严格来说，企业单位不应当成为授权行政主体，否则可能会对平等竞争关系产生冲击。但是，由于某些特定行业具有一定的特殊性，如自然垄断性，因而可能会被法律、法规授予行政主体资格。在我国，由于要保障国有经济对经济命脉的掌控力，有若干特殊企业依法享有特定的行政职权。概言之，能够成为授权行政主体的企业主要包括：[17] 一是公用企业。这类企业多具有自然垄断性，因而可以被授予行政职权，如“国家铁路运输企业行使法律、行政法规授予的行政管理职能”。[18] 二是金融企业，包括商业银行、保险公司等。在我国，这类能够行使特定行政职权的金融企业一般是国有金融企业，因其特殊地位而享有部

---

〔15〕 周佑勇：《行政法原论》，中国方正出版社 2000 年版，第 112 ~ 114 页。

〔16〕 《国务院关于议事协调机构设置的通知》（国发〔2008〕13 号）。

〔17〕 周佑勇：《行政法原论》，中国方正出版社 2000 年版，第 115 页。

〔18〕 《铁路法》第 3 条第 2 款。

分行政职权。三是专业公司,是指以公司的构成要件而成立,主要从事经济活动,同时又承担某一方面行政职能的组织。这类企业一般是由在计划经济到市场经济的发展转变过程中,某些承担着执行经济计划的行政机关转化而来的,如中国船舶总公司等。

第三,事业单位。国家为了社会公益目的,由国家机关举办或者其他组织利用国有资产举办的,从事教育、科技、文化、卫生等活动的社会服务组织。〔19〕目前,明确享有行政职权的事业单位主要包括教学科研机构和从事检验、鉴定等技术活动的专门机构。

第四,基层群众自治性组织。我国目前的基层群众自治性组织主要包括村民委员会和居民委员会,根据法律的授权,这类群众自治性组织在特定条件下可成为授权行政主体。如《村民委员会组织法》规定村民委员会有权办理本村的公共事务和公益事业,〔20〕依照法律规定管理本村集体土地和其他集体财产;〔21〕《城市居民委员会组织法》规定居民委员会办理本居住地的公共事务和公益事业等。〔22〕

第五,社会团体。社会团体是指中国公民自愿组成,为实现会员共同意愿,按照其章程开展活动的非营利性社会组织。〔23〕社会团体的类别较为复杂,能够被授予行政职权的主要为两类社会团体:一是为促进社会公益而组建的社会团体,如消费者协会;二是特定的行业自律协会,如律师协会。社会团体被授予的行政职权原本应当由政府行使,随着社会的发展逐步转移到社会团体中去,这是国家与社会分权的最为典型的表现之一。

(3)授权与委托

在行政主体行使行政权的时候,行政委托行为也经常出现在人们的视野中。授权与委托具有一定的相似性,例如:第一,被委托和被授权的主体原本都不具备某项行政职权;第二,被委托和被授权主体因委托或授权行为而行使某项行政职权;第三,在委托和授权过程中都发生了行政职权的转移。但是,授权和委托具有本质上的区别。

首先,从行为模式来看,行政授权是通过法律、法规的形式加以实现的,只有在有明确法律、法规依据的情况下,行政授权才可能成立,因此,被授权主体的权力来源是法律、法规。而行政委托则是行政主体通过公务委托合同的形式将其一部分行政职权交由被委托主体行使,被委托主体所行使的行政职权的权限、期间等均由

〔19〕《事业单位登记管理暂行条例》。

〔20〕《村民委员会组织法》第2条第2款。

〔21〕《村民委员会组织法》第8条第2款。

〔22〕《城市居民委员会组织法》第3条第2项。

〔23〕《社会团体登记管理条例》。

委托合同加以确定。

其次,从行为后果来看,行政授权实现了行政权主体的转换,亦即使得原本并不具备特定事项之行政主体资格的组织成为该特定事项的行政主体,从而使得行政主体在法律上发生了变化。正因为如此,被授权的组织也依照法律、法规的规定而成为独立的行政主体。相反,行政委托仅仅是行政主体将其一部分职权委托给被委托主体代为行使,在这一过程中,转移的仅仅是部分行政职权,而非行政主体的资格。因此,在法律后果上,两者是截然不同的。被授权组织因明确的法律规定,可以依照自己的名义直接作出行政行为,同时可以独立承担行为的法律后果,即可以作为行政诉讼的被告和行政复议的被申请人;而被委托组织只是代为行使行政职权,只能以委托行政机关的名义行使行政职权,且不能独立承担法律后果,不能作为行政诉讼的被告和行政复议的被申请人,其法律责任应由委托行政机关承担。

最后,行政授权的对象只能是组织,个人不能作为被授权方。行政委托的对象则既可以是组织,也可以是个人。

2. 羁束职权和裁量职权

这是根据行政职权所受限制程度所做的分类。所谓羁束职权,是指受到法律、法规严格限制,没有充分的选择余地,只能依法行使的行政职权。例如,"违法行为构成犯罪的,行政机关必须将案件移送司法机关,依法追究刑事责任"。〔24〕按照此规定,如果违法行为构成犯罪,行政机关除了移送司法机关外,不可有讨价还价的余地。

当然,由于行政职权往往具有一定的专门性、职业性甚至技术性,法律法规在授予行政主体以职权时,虽然需要对其进行宏观上的严格控制——如规定职权的行使目标、行使范围,但在细节问题上,如行使方式、幅度、标准等,往往留有较为充裕的余地。这种职权称为裁量职权。裁量是行政法中的一个重要概念,需要加以注意。

(1)裁量的合理性与必要性

依法行政是一项基本的行政法原则,然而,行政主体究竟通过何种方式行政,并不是简单依靠法律就能解决的问题。虽然有学者,例如戴雪,曾经强烈主张在严格的法治条件下,政府不应享有自由裁量权,〔25〕但实际上,裁量不仅处处存在,而

---

〔24〕《行政处罚法》第22条。

〔25〕 A. V. Dicey, Introduction to the Study of the Law of the Constitution, London: Macmillan Education Ltd. 1959, pp. 202 - 203.

且“行政法被裁量的术语统治着”。[26] 在行政法学中，裁量问题由来已久，目前对于裁量的基本定义是：裁量是行政主体根据授权在法律容许的限度内，基于法定行政目的，自由斟酌选择自己认为正确、恰当的行为的权力。[27]

裁量之所以合理和必要，至少有如下方面的原因：第一，由于法律本身存在粗线条的毛病，它不可能将现实生活中的所有权力运行态势事无巨细地加以描摹，因此，总存在某些没有明确法律规定可资依循的情况；第二，法律也具有滞后性和过于刚性的特点，因而无法全面地反映和规制社会现实；第三，随着社会的日益复杂，某些专业领域的问题，并不适合由法律加以规定。在这种情况下，法律为行政主体行使其职权留下充足的裁量余地，便在情理之中。

(2)裁量并不“自由”

尽管行政主体无可避免地享有裁量权，但是，这种裁量权并不是没有限制的。

首先，行政主体在行使裁量权时，即便无须遵循严格的规范依据，也必须符合法律的目的和基本原则。在一般情况下，行政主体行使裁量职权既必须经受住合法性的考验，也必须能够在合理性上站住脚，否则，这种裁量就会违背法治的基本原则。因此，裁量权并不是“专断”的。

其次，行政主体行使裁量权的行为并没有游离在法律之外，也就是说，大部分裁量行为是可以进行司法审查的。对此，周佑勇教授将裁量分为决定裁量和选择裁量，选择裁量又分为法规裁量和便宜裁量，其中，只有便宜裁量可以不受司法审查。[28]

最后，裁量权固然具有一定的可供自由选择的空间，但是，在特定的行政法原则——如信赖保护、比例原则——影响之下，行政主体在行使裁量权时，往往会自行确定裁量基准。所谓裁量基准，是指行政机关在法律规定的裁量空间内，依据立法者意图以及比例原则等的要求并结合执法经验的总结，按照裁量涉及的各种不同事实情节，将法律规范预先规定的裁量范围加以细化，并设以相对固定的具体判断标准。[29] 这实际上意味着行政主体对其裁量权进行自我限制和自我约束。

因此，尽管在行政法学中，一些学者习惯性沿用“自由裁量权”这一术语，但裁量权其实并不是自由的。

(3)裁量的程度

根据行政主体裁量行政时所能掌握的余地大小，裁量也分为不同的类型。一

---

[26] Charles H. Koch, “Judicial Review of Administrative Discretion”, in George Washington Law Review, May, 1986.

[27] 李登喜：“论行政裁量权行使的原则”，载《河北法学》2011年第7期。

[28] 周佑勇、邓小兵：“行政裁量概念的比较观察”，载《环球法律评论》2006年第4期。

[29] 周佑勇：“裁量基准的正当性问题研究”，载《中国法学》2007年第6期。

般而言,裁量从严到宽依次可以概括为如下三种情形:第一,根据法律的明确规定或其目的、原则,裁量为或不为某种行为。例如,根据《行政处罚法》第30条之规定,“公民、法人或者其他组织违反行政管理秩序的行为,依法应当给予行政处罚的,行政机关必须查明事实;违法事实不清的,不得给予行政处罚”。某行政主体在调查事实之后,决定给予行政处罚。第二,根据法律所规定的裁量空间,如行为的方式、力度、期限等,在此空间内进行选择。例如,根据《治安管理处罚法》第29条之规定,“有下列行为之一的,处五日以下拘留;情节较重的,处五日以上十日以下拘留”。某行政主体给予行政相对人7天的行政拘留。第三,在法律未予明确规定的情况下,根据法律的精神和原则、行政主体的职权状况以及需要裁量事项的性质,自行决定行政行为的内容和方式。

3. 行政立法权、行政处罚权、行政强制权等

这是根据职权的内容所做的分类。这种划分是行政法律规范中的通行分类方式,在以后各章中会详细加以讨论。

二、行政职责

行政职责是行政主体在行使其职权、实施行政行为过程中必须承担的法律义务。行政职权与行政职责相伴而生,正如公民的权利与义务存在对立统一关系一样。一般来说,行政主体最主要的行政职责是依法行政,当然,依法行政不仅是依据法律、法规的明确规定行政,同时也意味着行政行为必须依循法律的精神和原则。因此,依法行政既包括合法性的要求,也包括合理性的要求。概言之,行政主体的行政职责主要包括如下内容:第一,依法履行职务,不失职。不履行法定义务的行为构成行政不作为。第二,遵守法定权限,不越权。第三,遵守法定程序,不出现程序瑕疵。上述三点构成行政职责的合法性要求。第四,合乎法定目的,不滥用职权。第五,遵守客观规律,不失当。后两条构成行政职责的合理性要求。

三、行政权限

行政权限是对行政主体的行政职权所作的范围上的限定,即法律规定行政主体行使职权所不能逾越的界限或范围。简言之,行政权限就是行政职权的限度。

行政权限包括三个方面的内容:

1. 基于法理和行政权本质而形成的权限。行政权是国家行政机关的重要权力,它在社会生活中得到广泛运用。但是,行政权是有限的、法定的,它在法理上不可能是没有边际的。就其本质而言,行政权是为公民服务的公共权力,它的运用必须符合公共利益的目的。因此,从法理和行政权的本质来说,行政权限主要体现为符合行政目的、尊重和保障公民权利、比例原则等行政法的基本原则对行政权的限制。

2. 基于授权而形成的权限。对于授权行政主体而言,其行政权限主要体现为授权法的明确规定,授权行政主体不能在法律授权的范围之外实施行政行为。

3. 基于行政管辖权而形成的权限。行政管辖权是行政主体(主要是行政机关)之间就某一特定行政事务的首次处置权所做的权限划分。[30]

(一)行政管辖权的特征

行政管辖权具有如下特征:[31]

1. 内部性。它是指行政管辖权的法律效力范围限于行政机关系统之内,不涉及行政相对人的实体权力。行政管辖权的内部性的基本含义是:第一,行政管辖权是行政机关系统内行政事务处理的一种权限划分;第二,行政相对人之间或行政机关和行政相对人之间不得通过协议约定或变更行政管辖权;第三,行政相对人可以对行政管辖权提出异议,但行政机关对管辖权所作出的裁定不可申请复议,也不可提起诉讼。

2. 排他性。它是指任何一项行政事务职能由一个行政机关行使管辖权。其基本含义包括:第一,行政机关对某一行政事务行使管辖权之后,就排除了其他机关对该行政事务同时行使管辖权;第二,如行政机关受理了不属于自己管辖的行政事务,应及时移交到有管辖权的行政机关;第三,行政机关不得对同一行政事务行使两次以上的管辖权,这意味着同一行政机关对同一行政事务不得行使两次以上的管辖权,也意味着不同的行政机关对同一行政事务不得行使两次以上的管辖权。在行政处罚法中,“一事不再罚”原则是行政管辖权排他性的延伸。

3. 程序性。它是指行政管辖权只解决某一行政事务应当由哪一级中的哪一个行政机关处理的问题,因此,行政管辖权本质上是行政机关的程序性权力,不涉及行政相对人的实体权利。

(二)行政管辖权的分类

1. 事务管辖权

事务管辖权即行政主体对行政事务的主管权,它是由行政整体的性质及行政权作用对象的属性决定的。行政事务管辖权所要解决的问题包括两个方面:

第一,事务管辖权决定了哪些事项应当由国家行政机关管辖,哪些事项应当由其他国家机关管辖。哪些事项可以由行政机关以立法形式加以规定,哪些事项应当由法律加以规定,涉及国家行政机关和立法机关之间的权限划分;哪些事项可以由行政机关裁决,哪些事项由司法机关裁决,则涉及国家行政机关与司法机关之间的权限划分。

第二,事务管辖权决定了某一特定事项应该由哪一个职能部门管辖。在各级政府中,职能部门之间各有权限分工,各司其职,各自管理其权限范围内的具体行政事务。但在某些情况下,这种事务管辖权也可能产生争议,此时须通过有权机关

---

[30] 章剑生:《现代行政法基本理论》,法律出版社 2008 年版,第 336 页。

[31] 章剑生:《现代行政法基本理论》,法律出版社 2008 年版,第 336~338 页。

进行裁决的方式确定哪一个部门享有对该行政事务的管辖权。

2. 级别管辖权

级别管辖权是指有隶属关系的上下级行政主体之间处理某一行政事务的权限划分。行政法规范在确定级别管辖权时，主要考虑如下几个标准：[32]第一，行政相对人的法律地位或级别，若行政相对人的法律地位较高，如中央企业，由相对较高的行政主体管辖，反之则由相对较低的行政主体管辖；第二，对公共利益的影响程度，对公共利益影响较大的行政事务由较高层级的行政主体管辖，反之则由较低层级的行政主体管辖；第三，对相对人权利义务的影响程度，影响较大的由较高层级的行政主体管辖，影响较小的由较低层级的行政主体管辖；第四，标的物价值，标的物价值较大的，由较高层级的行政主体管辖，较小的由较低层级的行政主体管辖；第五，涉外因素，一般具有涉外因素的行政事务应当由较高层级的行政主体管辖。

由上文可以看出，上述标准其实并不完全精确，毕竟，行政相对人的法律地位、公共利益等考虑因素并不确定，因而在现实中往往表现得比较混乱。据此，章剑生教授指出，应当按照如下原则确定级别管辖：首先，所有的行政事务应当由县、市级行政机关处理，以实现行政执法的重心下移；其次，省级以上行政机关进行业务政策领导，而不必介入具体行政事务的处理；最后，例外情况应当由法律、法规加以明确规定。[33]

3. 地域管辖权

地域管辖权是指在行政机关系统内确定同级同种行政机关之间处理某一行政事务的权限划分。目前，法律、法规对地域管辖权的规定多有不同，例如有的法律法规以行为发生地确定地域管辖权，有的则以相对人所在地确定地域管辖权等。章剑生教授认为确定地域管辖权应依循如下原则：首先，行政机关独占行使管辖权，避免出现多个行政机关共同管辖的情形；其次，行政机关便利行使管辖权；最后，行政机关有效行使管辖权。[34]

4. 特别管辖权

在某些特殊情况下，严格按照事务管辖、级别管辖或地域管辖可能无法解决一些特殊的行政事务，由此产生一些较为特别的管辖权。这些特别管辖权主要包括如下几类：

第一，共同管辖。尽管按照严格的依法行政原则和责任政府原则，同一行政事务应当由某一个行政机关处置，但某些行政事务确实涉及多种性质的事项，乃至牵涉多个地域，因此，可能会产生数个行政主体共同管辖某一特殊行政事务的现象。

---

〔32〕 叶必丰：《行政法学》，武汉大学出版社 1996 年版，第 90 页。

〔33〕 章剑生：《现代行政法基本理论》，法律出版社 2008 年版，第 340 ~ 341 页。

〔34〕 章剑生：《现代行政法基本理论》，法律出版社 2008 年版，第 342 页。

第二，移送管辖。对某行政事务并无管辖权的行政主体在受理了该行政事务之后，应依法律、法规的规定，将该事务移送有管辖权的行政主体管辖。

第三，指定管辖。在若干个行政主体对某一行政事务的管辖权产生争议时，可以由产生争议的行政主体的共同上级指定一个行政主体加以管辖。

第四，移转管辖。上级行政主体可以决定将原本属于自己管辖的行政事务交由下级行政主体管辖，也可决定或同意将原本属于下级行政主体管辖的行政事务交由自己管辖。移转管辖与移送管辖具有明显的差别，前者是管辖权的转移，而后者仅仅是行政事务的转移。

第三章　行　政　人

第一节　行政人的概念、特征与法律地位

行政人是指依法代表国家，并以行政主体的名义，实施行政行为，其行为效果归属于行政主体的个人。

一、国家机关工作人员、公务员与行政人

我国行政法学界对行政人有过不同的称呼。在没有严格的法律理论支持的时代，许多行政人被笼统地称为国家工作人员或国家机关工作人员。这种说法其实主要是为了方便起见而提出的，但在内涵和外延上均有一定的模糊之处。如我国刑法在规定职务犯罪时，使用的就是“国家工作人员”。国家工作人员的范围较广，除了包括国家立法、行政、司法机关的工作人员之外，还包括政党、政协和国有企业等非国家机关的工作人员，因而在外延上并不明晰。这种不精确的约定俗成的说法很难成为行政法学中的基本概念。

随着我国法制建设的发展，公务员这一概念逐步得到人们的认可。如前面所言，国家机关工作人员、国家工作人员等概念具有不确定性，而从一开始，公务员这一术语就与行政机关有着密切的联系。公务员的原意是“文职人员”，指的是在行政机关中从事行政管理职能的文职官员。1993 年，国务院颁布的《国家公务员暂行条例》将公务员界定为“各级国家行政机关中除工勤人员以外的工作人员”，这一规定无疑将公务员局限在行政机关之内。2005 年，《中华人民共和国公务员法》颁布，并于次年实施。该法对公务员进行了权威性解释，规定公务员“是指依法履行公职、纳入国家行政编制、由国家财政负担工资福利的工作人员”。然而，按照这一规定，公务员不再仅仅是行政机关内的工作人员，而是涵盖了各级人大、司法机关、行政机关和政党组织内的众多工作人员，从而将公务员的范围进行了无限扩大。在我国现行公务员法的影响之下，不仅行政机关内的工作人员可以是公务员，连各级法官、检察官都被纳入公务员序列中，公务员概念与行政法学之间的联系由此被切断。因此，在行政法学研究中继续沿用公务员这一术语，可能与现行法律产生一定的冲突，从而导致理解上的混乱。

严格来说，将公务员扩大到包括法官、检察官、各政党内从事公务的人员，并不

符合公务员制度的初衷。众所周知,在法治国家,立法、行政、司法应保持适度的分离,即便并不用遵行严格意义上的三权分立。[1] 立法、行政、司法三个机关所执行的功能是不同的:立法机关负责国家意志的表达,它所实现的主要是政治功能;行政机关负责国家意志的执行,它所实现的主要是行政功能;[2]司法机关则独立于两者之外,依据法律维护社会秩序,也在某些特殊情形下,如在行政诉讼、违宪审查中,对立法和行政机关进行监督和制约。国家公务员的职能是负责执行国家意志,他们既不能表达国家意志,也不能对国家意志的表达和执行作出超脱于自身身份之外的理性裁断,因此国家公务员只能是从事行政公务活动的人员,议员、代表以及法官、检察官均不属之。将国家公务员等同于纳入国家行政编制、由国家财政负担工资福利的工作人员,既不利于维系立法机关和司法机关相对于行政机关的独立性,也不利于对公务员进行科学有效管理。但是,由于我国公务员法已经对此作出了权威性规定,在法律未予修改的情况下,公务员这一称谓概念的确已不再专指行政机关内的工作人员。

因此,要将行政机关与公务员相联系,使用行政人这一概念或许就更为恰当。

事实上,行政人概念具有更为深厚的学理基础,即便依据传统的理解,将公务员界定为国家行政机关内从事公务活动的工作人员,[3]行政人概念仍优于公务员概念。

首先,公务员是一种静态的表达身份的概念。换句话说,当某一位公民取得了公务员身份之后,在未经法定程序消灭其公务员身份的情况下,他的这一身份是固定不变的,即便他参与了与行政无关的活动,如民事活动。但是,从学理上,我们无法从"公务员"这一概念中看出从事行政管理活动与从事民事活动之间的身份区别。有鉴于此,我们可以从动态的角度而非静态的角度来看待公务员,将代表行政主体实施了行政行为的公务员称之为行政人。换句话说,只有当公务员从事了行政行为时,他才是行政人。如果说公务员是以身份标准界定了某一类人,那么,行政人则是以行为标准界定了某一类从事行政活动的人。在公务员从事其他活动时,其尽管仍具备公务员身份,但并不是行政人。从这个意义上说,公务员身份可以拆分为三种表现形式:一为行政人,二为自然人或公民,三为行政相对人。显然,行政人概念比公务员更能准确地说明"人"与"行政"之间的密切关联。

其次,如前文所述,随着社会的发展,国家越来越多地将其职能转化到社会中去,从而形成了众多非国家机关的行政主体。不少企事业单位、社会组织因法律、法规的授权而成为行政主体,但其内部从事公务活动的工作人员并没有因授权而

---

[1] [英]M. J. C. 维尔:《宪政与分权》,生活·读书·新知三联书店1997年版,第12页。

[2] [美]F. J. 古德诺:《政治与行政》,王元译,华夏出版社1987年版,第12~13页。

[3] 为论述方便,本书遵从传统,将公务员的范围局限在行政机关之内。

获得国家公务员的身份。但这一部分工作人员也可以依法代表授权行政主体实施行政行为,因此,他们也可以成为行政人。换句话说,行政人可以是公务员,也可以不是公务员。在研究行政法时,必须将这一部分不属于公务员的人员纳入研究视域。

可见,公务员尽管是一个约定俗成的说法,也是法律用语,但并不是一个内涵、外延均十分明确的法学用语。行政人概念则是内涵、外延均较为清晰的科学术语。

二、行政人的特征

根据上述认识,可以总结出行政人有如下特征:

首先,行政人是自然人,而不是组织。依法行使行政职权的组织是行政主体,而以行政主体的名义作出行政行为的自然人才是行政人。关于行政人与行政主体之间的关系,容后详述。

其次,行政人以依法实施行政行为为前提,这意味着:一方面,行政人因与行政主体具有密切的关联而取得实施行政行为的资格和权利;另一方面,行政人实施的行为必须具有明确的法律依据,也就是说,行政人的行为在表现形式上与法律的规定具有一致性。当然,依法实施行政行为并不意味着行政人的所有行为都是合法的,行政人既可能超越法定权限,也可能错误实施某一行为,但即便具有违法情形,他仍然是行政人。但在某些情况下,行政机关的公务员也可能实施了与行政职权无关的行为,此时,他并不是以行政人的身份实施了此项行为。如何确定行政机关公务人员的行为是不是行政行为,是一个较为复杂的问题。

再次,行政人在其权限范围内以行政主体的名义作出行政行为。行政人不能以自己名义作出行政行为。

最后,行政人所实施的行政行为的法律后果由其所代表的行政主体承担,行政人本身不能对外承担行为的法律后果。即便行政人的过错行为导致行政相对人的权利受损,行政相对人也不能对行政人提起诉讼或赔偿请求,但行政主体在承担相应的法律后果之后,得向行政人进行追偿。

三、行政人的法律地位

行政人的法律地位,主要体现为行政人与行政主体之间的权利义务关系。与行政主体的职权类似,行政人的法律地位也是基于职权和授权而产生。一般来说,行政人与行政主体之间的关系表现为两方面。

(一)行政主体的权力义务

行政人是行政主体的组成人员,行政主体对行政人享有特定的权力:第一,行政主体有权对行政人发布命令,要求行政人以行政主体的名义作出行政行为,按照行政主体的意志行事。第二,行政主体有权对行政人的权限和职责进行重新分配。第三,相应地,行政主体需要承担行政人所做行政行为的法律后果。

(二)行政人的权利与义务

由于行政人代表行政主体行使行政职权,故而行政人也享有法律规定的权利,承担法律规定的义务:第一,行政主体的职权、职责和权限,溯及行政人。易言之,行政人的权能是由行政主体所决定的。第二,隶属于同一行政主体的行政人之间存在权限、职责划分,行政人不得逾越自己的权限而处置其他行政人权限范围内的事项。第三,行政人只能以行政主体的名义行使职权。第四,行政人在行使职权过程中如有过错行为,应向行政主体承担责任。

第二节 行政人的双重身份、双重行为及其认定

如前所述,公务员的身份包含三种情形:其一为行政人;其二为自然人或公民;其三则是行政相对人。其中,第三种情形是第二种情形的特例。不仅公务员如此,授权行政主体内的非国家公务员也有类似的双重身份,即作为行使职权者的行政人身份和普通公民身份。在未行使行政职权时,公务员是普通公民,享有公民权利,承担公民义务;而在公务员依法行使职权时,则形成行政人身份,承担相应的权利义务。

一、双重身份的错位与矛盾

由于公务员所具有的行政人与公民的双重身份在性质上截然不同,当两者发生错位时,即可能形成一定的矛盾。

一方面,行政人享有公民所不享有的权利,承担公民所无须承担的义务,因此,在对待这些权利义务时,行政人身份与公民身份存在一定的矛盾。

首先,行政人依法行使行政职权。行政职权是国家公器,是为公共利益服务的,而不是为个人利益服务的。因此,如果行政人在履行职权时以其职权为便利条件而为个人谋取不正当利益,则属于滥用职权,严重的会构成包括贪污、受贿等刑事犯罪。在理性官僚制下,法律会要求行政人摒弃自己的情感要素,而服从统一的工具理性,具有典型的技术化特征。理想状态的行政人在执行公务时,具有鲜明的非人格性特征,也就是说,行政人与其说是一个正常的人,倒不如说是行政机器的一个零部件,行政人除了执行法律和行政主体的意志之外,不应该有基于个人身份而产生的意志。如韦伯所言,“理想的官员要以严格排除私人感情的精神去处理公务,没有憎恨和热爱,也因此不受感情的影响”。[4] 韦伯所言的理性官僚制显然是一种理想类型,行政人在执行公务时不受个人利益影响是可以实现的,但让行政

---

〔4〕 [德]马克斯·韦伯:《支配社会学》,康乐、简惠美译,广西师范大学出版社2004年版,第25页。

人完全摒除情感因素则是不可能的。

如果说行政人为自己谋取利益是行政人作为“经济人”的一种本能的话，那么，在中国当下，行政人所要考虑的因素则更为复杂。第一，行政人并不完全尊奉国家法律和行政主体的意志，还需要在很大程度上执行执政党的意志。这是我国“权力双轨制”[5]下的必然现象。第二，在中国这个特别强调伦理秩序的国度，行政人不仅可能为个人牟取利益，也可能并非出于利己的目的而为自己的上司、亲属、朋友等其他人牟取不正当利益。中国传统伦理秩序虽然在一定程度上已经崩解，但包括“差序格局”[6]在内的传统因素仍有重大影响，行政人为亲属、朋友谋取利益几乎是一项不可推翻的道德要求。行政人在执掌和行使行政职权的过程中，一方面固然应该尊重法律和公共利益，另一方面也受制于伦理秩序的约束而使“公器私用”。这也是同时身为社会人的行政人难以克服的现实困境之一。解决这一问题的关键并不在于如何提高行政人的伦理素质或政治修养，而在于如何在传统伦理秩序和法治秩序之间达成某种平衡。这一目的的实现有赖于政治实践的逐步探索。

其次，行政人既有权行使特定的行政职权，同时也需承担相应的行政职责，但这种职责有可能与其公民身份产生一定的冲突。例如，某公务员受命对某小区实行强制拆迁，而该公务员恰巧居住在该小区内，这也就导致了作为行政人的职责与作为公民的权利之间的冲突。在这种情况下，自然应以行政职责为优先，嗣后再解决权利救济问题。行政人的职责不仅可能与其个人的公民身份相关，也可能与其作为公民所身处的社会关系相关。如果行政人基于这种社会关系而在行使职权过程中产生偏差，势必影响行政行为的公信力。为此，行政法中专门设置了回避制度（包括任职回避、公务回避和地域回避），以免除情感因素对行政人的影响，维持行政行为的程序正义。

最后，行政人也享有特定的优益权。行政人享有优益权是其身份决定的，由于优益权是其行使职权的必要保障，因而是合理的。但是，在行政人未实施行政行为时，其作为公民的权利与其他公民的权利应当是平等的，如果因公务员身份而取得额外的收益、福利，必然与平等原则相悖。遗憾的是，在我国，各种社会保障制度往往具有明显的等级特征，例如，包括住房、医疗在内的福利主要为包括公务员在内的强势群体服务，而并未普及于普通民众和社会弱势群体；即便在公务员系统内部，福利政策也因公务员等级之不同而具有显著的差别。这一现象，被秦晖教授称

〔5〕 周叶中、江国华：“82宪法与中国宪政——写在82宪法颁布实施二十周年之际”，载《法学评论》2002年第6期。

〔6〕 费孝通：《乡土中国生育制度》，北京大学出版社1998年版，第26页。

为"负福利"。[7] 显然,这种现象是不正常的,它的最终解决有赖于我国政治体制改革的深入。

另一方面,由于与行政主体和国家存在密切的关联,行政人的部分权利也受到限制。一般来说,相对于普通公民,行政人受到限制的权利主要是各种政治权利。这在西方各国也是通行做法。例如,有不少国家规定公务员不得参与党派政治,不得组织和参加罢工等。[8] 我国公务员的权利也受到限制。当公务员以公民身份行使其权利时,就有可能因触及对其行政人身份的权利限制而引发矛盾,也构成对公务员纪律的违反。如2007年国务院颁布的《行政机关公务员处分条例》明确限制了行政人参与集会、游行、示威、罢工的政治权利,如果行政人行使了这些权利,可能会受到行政处分。

值得注意的是,由于行政人与行政主体之间存在复杂的关联,行政人的救济权利也受到一定的限制,在我国,行政人的救济途径只能是在行政机关内部进行申诉,而不能诉求司法救济。这种做法实际上是受到了大陆法系国家"特别权力关系"理论的影响。[9] 所谓特别权力关系,是"国家或公共团体等行政主体,基于特别之法律原因,在一定范围内,对相对人有概括的命令强制之权利,而另一方面相对人却负有服从义务者"。[10] 根据特别权力关系,行政人与行政主体发生权利纠纷时,不能提起行政诉讼。这也是行政人权利受到限制的另一个表现。目前,"特别权力关系"理论已饱受攻讦,我国公务员权利保障是否应该司法化以及如何司法化的问题已被学者们广泛讨论。

二、双重行为及其认定

公务员具有行政人和公民的双重身份,因此,其行为也具有双重性,即公务行为和个人行为。公务行为是公务员以行政主体的名义所作出的、执行行政主体意志的行为,而个人行为是公务员根据自己意志所作出的行为。在大多数情况下,两者是比较容易区别的,但由于公务员的行政人身份和公民身份的共存,这两种行为在一些特殊情形下难以准确界分。一般来说,区别两种行为应依循如下标准。

(一)形式要件

形式要件是公务行为在外在表现形式及程序上的构成要件,它包括如下内容:

1.公务标志。公务标志是用来表明行政人身份,以便社会或相对人识别的外形标记。公务标志通常由公务员佩戴或由执行公务的车、船等器具使用,它只能在

---

〔7〕 秦晖:"中国模式特点是官自由和穷人负福利",载 http://finance.ifeng.com/opinion/zjgc/20100926/2653236.shtml,2012年12月20日访问。

〔8〕 徐银华等:《公务员法要论》,北京大学出版社2003年版,第16页。

〔9〕 胡建淼:"'特别权力关系'理论与中国的行政立法",载《中国法学》2005年第5期。

〔10〕 翁岳生:《行政法与现代法治国家》,台湾大学法学丛书编辑委员会1990年版,第131页。

执行公务时佩戴或使用,不得用于非公务目的。

2. 公务名义。公务员的公务行为是以实施公务的名义进行的。对此有两方面的理解:一方面,公务员的公务行为必须以所在行政主体的名义实施,不能以个人名义实施;另一方面,公务员在实施公务行为时必须明确表示其行政人身份,要让相对人明确认识到该公务员正在实施公务。

上述两种形式要件是区分公务行为与个人行为的基本条件,但实际上,仅凭形式要件并不能完全判定某一行为是不是公务行为。如公务员可以佩戴公务标志、以执行公务名义牟取私人利益;在某些特殊情况下,公务员也可在不表明执行公务目的的情况下实施公务行为。因此,要明确区分公务行为和个人行为,还需要其他要件。

(二)实质要件

实质要件即公务行为在主体、目的和职权方面的构成要件,它包括如下内容:

1. 公务主体。绝大多数情况下,公务主体只能是行政机关,公务行为的具体实施者也只能是行政机关的公务员。但在特殊情况下,行政机关或其他行政主体往往委托公务员以外的普通公民代为行使职权,实施公务行为。

2. 公务目的。公务行为是行为人以执行公务为目的实施的,它与自然人利用行政人身份为谋取私人利益所实施的表面公务行为,有本质的区别。

3. 公务权限。公务员实施与其职权无关的行为不属于公务行为,但公务员实施职权行为时,因主观过错或行政主体的指令而越权,其越权实施的职权行为,仍属公务行为。

4. 公务时限。绝大多数情况下,公务时限,即公务行为的正常、有效实施时间,以正常办公和法定上班时间为宜。但在某些特殊情况下,由于行政主体进行国家行政管理活动的连续性、紧迫性,对某些承担特殊义务、履行特殊公务的公务员来说,其公务时限往往延长至下班以后的一定期间甚至所有期间,对此类公务的认定,往往不存在上班与下班之分。

5. 公务地域。一般来说,公务员的公务行为应在自己的职权辖区内进行,超越其职权辖区的行为便是越权行为,越权行为能否构成公务行为,其判断规则可参照"公务权限"的有关内容。

第三节　公务员制度的发展历程

如前所述,行政人并不一定是公务员,但公务员毫无疑问是最重要的行政人,因此,公务员制度也是行政人理论所必须研究的主要内容。现代公务员制度脱胎于西方的文官制度,回顾文官制度的发展,有助于理解我国的公务员制度。

一、“官”与“吏”

中国古代的官僚制度是一项非常有意思的制度，西方的文官制度实际上是来源于中国的传统官僚制。如我们所知，传统中国的官僚制度是以科举制为基础的，也就是说，大部分做官的人都是通过科举考试的知识分子。当然，科举考试也存在不少例外，如推荐、恩荫等，严重影响科举制度的平等性。[11] 但从总体上来说，科举考试是知识分子入仕的必经环节，因而从一定程度上说，中国的官僚政治具有某种意义上的平等性。中国自隋唐以降，各朝代多以科举作为选拔任用官僚的基本手段，从而构成了别具中国特色的官僚政治。

尽管自科举制大兴以来，儒家知识分子多以“学而优则仕”为基本出路，但一个政府的运行，并不能完全依靠这些通过科举的人。一般来说，从中央到地方官署，多有“官”与“吏”的分别。官，是通过科举考试而被中央委任的行政长官；吏，则是未经过科举考试而在各种行政部门充当具体办事人员的行政人员。除了是否通过科举考试外，官与吏的区别还有很多，如官通常是外调的，而吏一般来说是当地人；官是有任期的，而吏则没有任期限制；依据儒家思想，官通常具有特定的政治理念，而吏负责承办具体行政事务，并不需要抱持某种政治理念。

中国官僚制度在很大程度上即是处理官与君、官与吏之间关系的制度体系。因以科举为基础，与西方封建时期的“恩赐官职制”相比，中国官僚制度的平等性和进步性是显而易见的：“其(科举选官)产生乃中国古代传统管制的一项伟大改革，是人才主义在传统官制中的实际运用。它无论在形式上还是内容上，较之察举和九品中正，都更完备、更进步，也更有生命力。实行此制给人以置身仕途的平等机会，有利于国尽其才，人尽其能，使察举和九品中正所致的诸多弊病得以救治。”[12] 当然，中国官僚制度也存在众多难以克服的痼疾，如制度性腐败，等等。[13]

二、西方文官制度的发展

西方文官制度最早起源于英国。在摆脱封建时代的“恩赐官职制”之后，英国曾经在一段时期内实行“政党分赃制”。所谓政党分赃制，即获得执政地位的政党将各种官职分派给自己的党员的一种制度。政党分赃制的缺陷是显而易见的，一方面，政党分赃容易造成腐败；另一方面，政府工作人员的时时更替也影响政府的稳定性和行政效率。由于这些缺陷的存在，英国政府开始考虑转换人事制度。1854 年，英国财政部官员查理斯·屈威廉和斯坦福·诺斯科特提出《关于建立英国常任文官制度的报告》，该报告针对文官制度提出了四项建议：(1)初任文官通过考试任用；(2)文官的提升根据功绩制原则；(3)各部人员统一管理；(4)区别智

---

〔11〕 王亚南：《中国官僚政治研究》，中国社会科学出版社 1981 年版，第 93 页。

〔12〕 邢鸿飞：《官僚与官僚制——中国传统官制的精神及表现》，宁夏人民出版社 1993 年版，第 68 页。

〔13〕 王亚南：《中国官僚政治研究》，中国社会科学出版社 1981 年版。

力工作和例行的机械性工作，前者由大学毕业生担任，后者由受过普通教育的人担任。该报告成为英国现代常任文官制度形成的基础。1855 年和 1870 年政府先后颁布了两个枢密院令，规定了公开竞争考试，择优录用文官的原则。这两个枢密院令标志着西方第一个公务员法规的诞生，也标志着西方第一个公务员制度的正式确立。[14] 自此之后，西方资本主义各国开始逐步确立现代公务员制度。

尽管各国文官制度都有各自的特点，但也有不少共通点：(1) 区分政务官和事务官。政务官是在政府中负责领导决策的官员，事务官则是负责事务执行的官员。西方各国在走出政党分赃制之后，先后意识到政府稳定的重要性。但执政党经由民主程序产生，政府主要官员的流动性是不可避免的，因此，必须保证政府内部负责事务执行的人员的相对稳定性。在西方各国，政务官主要经由民主选举产生，而事务官多经过考试选拔任用。这种两分法一方面有利于消除政党分赃制的不利影响，另一方面也维系着政府的稳定。显然，文官制度中的此项做法与我国的"官"、"吏"二分法有近似之处。按照政务官和事务官的性质，政务官不能适用公务员法中的大部分规则，因此，西方的公务员通常仅在狭义上指称事务官。(2) 事务官政治中立。由于政务官经常由不同党派的党员担任，如果事务官存在既定的党派性，势必造成政务官与事务官之间的分歧，因此，西方各国文官制度通常规定事务官在政治上保持中立，有些国家还对事务官的政治权利进行了严格限制。(3) 依据事务官的性质，设定了不少行之有效的制度，其中包括：职务常任制；考试任用制；功绩制和注重实绩的考评制度；等等。[15]

随着社会的发展，各国传统文官制度也受到一定的冲击。政务官与事务官的两分法，固然有利于消除政党分赃制的不利影响，但也随之产生了新的问题。例如：(1) 尽管现代文官制度具有效率极高等显而易见的优点，但以科层制为基础的文官制度也在一定程度上带来了不利的后果。马克斯·韦伯曾经不无忧虑地指出，"过去那种有助于赋予生活以目的和意义的个人之间忠诚的联系被科层制的非私人关系破坏了。对自发情感的满足和欢乐被合理而系统地服从于科层制机构的狭窄的专业要求所淹没。总之，效率的逻辑残酷地而且系统地破坏了人的感情和情绪，使人们沦为庞大的科层制机器中附属的而又不可缺少的零件"。[16] 现代文官制度在一定程度上抹杀了文官的个性、创造性，也造成了文官集体普遍的惰性，反而降低了行政效率。(2) 政务官与事务官的划分，将事务官置于远离政治的境地之中，但事实上，事务官的专业化水平及其娴熟的行政技艺是有利于行政决策的。在现代各国，对事务官的政治性要求也越来越宽松。在当代各国，传统公务员

---

〔14〕 徐银华等：《公务员法要论》，北京大学出版社 2003 年版，第 13 页。

〔15〕 徐银华等：《公务员法要论》，北京大学出版社 2003 年版，第 16 页。

〔16〕［美］D. P. 约翰逊：《社会学理论》，南开大学社会系译，国际文化出版公司 1998 年版，第 292 页。

制度的弊端日渐凸显，各国纷纷开始改革传统公务员制度，如大量裁员、推行合同制、聘用临时人员等，以期缓解文官常任制所带来的种种问题。[17]

三、我国公务员制度与西方文官制度的差异性

我国公务员制度与西方现代公务员制度在某些做法上具有相似之处，如考试制度、考评制度等，也有着明显的不同。其中最重要的一点是，我国公务员制度并不区分政务官和事务官，这是由我国的政治体制所决定的。

政务官和事务官两分法的前提是多党执政，在没有多党轮流上台的前提下，事务官与政务官之间的潜在矛盾不可能出现，也就没有必要要求事务官在政治上的中立。事实上，由于我国的法定执政党是中国共产党，而“党管干部”原则在我国公务员任用制度中具有重要的地位，因而，我国的全体公务员都需要接受党的领导和监督，都需要接受党的政治教育和政治影响。在这种情况下，不仅事务官和政务官的区分不具有可行性，事务官政治中立的原则在我国也是不可能存在的。由于中国共产党对国家行政机关存在极其深刻的影响，我国的公务员制度也与党的制度存在十分密切的关联。

当然，在任何一个政府中，总存在主要负责决策和主要负责执行的公务员，在我国公务员法中，这两类公务员被分别称之为领导职务公务员和非领导职务公务员。

---

〔17〕 徐银华等：《公务员法要论》，北京大学出版社 2003 年版，第 17～18 页。

第四章　行政相对人

第一节　行政相对人的概念与特征

一、行政相对人的概念

在西方国家，行政相对人并不是一个十分严格的概念。当然，作为相对于行政主体的一方，行政相对人毕竟是存在的，不过在称谓上并不完全一致，如"行政行为的受领人"、[1]相对人、利害关系人、当事人、私方当事人、私人等。[2]在学理上，之所以对于行政相对人概念未形成相对稳定的、约定俗成的术语，是有原因的。如我们所知，尽管大陆法系国家与英美法系国家对于法律的理解不一致，但对于行政法是控制行政权的法这一点却有着共识。这意味着，行政法的任务是确定行政主体的法律地位、行政权的运作及其法律后果，依据法律判断行政权运行的合法性与合理性。在这种理论进路之中，行政相对人是一个相对并不那么重要的概念。这倒不是说西方学界不重视行政相对人的权利与义务问题，而是因为，西方行政法学界对于下述事实有着心照不宣的共识：行政相对人的权利受到宪法保护；行政相对人在行政事务上的义务由行政主体依法确定；行政法则是规制行政主体以防止其肆意侵害公民权利的法。这样，行政法所关注的重点就是法律与行政主体、司法机关与行政主体之间的关系，而非行政主体与行政相对人之间的关系。在这种共识的影响之下，即便为方便称呼行政相对人而提出各不相同的称谓，这些称谓本身的意义并不大。

但在我国，情况则有些特殊。我国行政法以前学习苏联模式，偏重强调行政法中行政管理法的特征，换句话说，我国行政法并不是规制行政权的法，从某种意义上说是授权行政主体管理公民的法。在这种法律定位之下，我国行政法也并没有将研究重点完全放在如何控制行政权上，而往往倾向于强调行政权的效率、权威与行政相对人的服从义务等。因此，我国传统行政法对行政主体和行政相对人的关系特别关注，而对行政行为的司法审查等控权要素关注略有不足，便在情理之中。

---

[1]　[德]平特纳：《德国普通行政法》，朱林译，中国政法大学出版社1999年版，第122页。

[2]　方世荣：《论行政相对人》，中国政法大学出版社2000年版，第1～4页。

但随着社会的发展和法治理念的深入人心，传统行政法的管理论色彩开始退却，而控权论色彩逐渐浓厚，且伴随着公民社会的发展，当代行政法不仅开始重视保障行政相对人的权利，也意识到行政相对人在行政过程中的主动地位，行政相对人的概念才因此显得愈发重要。简言之，我国行政法学界目前对行政相对人概念的关注，一方面在于补上一个前现代的课程——行政法的根本目的在于通过控制行政权来保障公民权利，另一方面也在前瞻性地解决一个后现代问题——公民在行政过程中应当扮演什么样的角色。这也是行政相对人概念何以在我国行政法学界引起重视的原因。

所谓行政相对人，是指参与行政法律关系，对行政主体享有权利或承担义务的公民、法人或其他组织。[3]

二、行政相对人的特征

其基本特征可概括如下：

首先，行政相对人这一概念是与行政主体相对应的另一方当事人。行政相对人因行政主体行使行政职权而产生，是行政权所作用的对象。因此，从一般意义上说，行政相对人是独立于行政主体的。

其次，行政相对人之所以能够与行政主体相对应，是因为行政相对人与行政主体之间形成了行政法律关系，享有行政法上的权利、承担行政法上的义务。

最后，行政相对人可以是公民、法人和其他组织，这些主体并不具有行政职权或并不行使行政职权。在一般情况下，国家行政机关以行政主体的角色出现，但在特定情况下也可以作为行政相对人。

第二节　行政相对人的形成

根据行政相对人的概念，公民、法人和其他组织之所以成为行政相对人，需要具备一定的前提条件。

一、行政相对人的资格

如前所述，行政相对人是对行政主体享有权利或承担义务的公民、法人或其他组织，因此，公民、法人或其他组织需要具备两个基本条件——权利能力和行为能力方有可能成为行政相对人。方世荣教授认为，行政相对人的权利能力，是指“行政法赋予公民享有行政法上的权利和承担行政法上的义务的资格”。[4] 其实，严

---

〔3〕 方世荣：《论行政相对人》，中国政法大学出版社2000年版，第16页。

〔4〕 方世荣：《论行政相对人》，中国政法大学出版社2000年版，第28页。

格来说，方教授的定义并不准确。这是因为：首先，行政相对人的权利并不是由行政法所赋予的，而是与生俱来的。对于公民而言，自其出生开始，就享有与所有其他公民平等的权利能力，当然，在某些特殊情况下，某些权利能力可能被限制甚至剥夺，但无论如何，人的权利并不是由法律所赋予。法人和其他组织的权利能力较为特殊，但也并不是行政法所赋予。其次，行政相对人承担行政法上的义务并不需要资格限制，事实上，行政相对人的义务主要是由行政主体所确定的，至于行政相对人是否有资格承担行政机关所确定的义务，则是行为能力问题，而非权利能力问题。

行政相对人的行为能力，是指"公民、法人和其他组织以自己的行为行使行政法上的权利、履行行政法上的义务，并对自己的违法行为承担法律责任的资格"。[5] 行政相对人所具备的行为能力，与民事法律中的行为能力大体相同，除非法律、法规另有规定。

方世荣教授认为行政法学并未对行政相对人的权利能力和行为能力进行深入研究，其实，行政相对人的权利能力、行为能力与一般意义上的权利能力和行为能力并无太多不同。

二、行政法律关系的产生

行政法律关系，是指受法律规范调控的因行政权的行使而形成（或引发）的权利义务（权力与责任）关系。[6] 行政法律关系因一定的法律事实而产生。法律事实可分为法律事件和法律行为，在行政法上，法律事件和法律行为都可能引发行政法律关系的产生，从而使行政相对人得以形成。

（一）行政法律事件

行政法律事件，是指能够引起行政法律关系产生、变更和消灭，而不以人的主观意志为转移的客观事件，如地震、台风、洪水等自然灾害和战争动乱、流行病暴发、人的出生或死亡等事件。[7] 行政法律事件并不必然导致行政法律关系的产生，也并不必然导致行政相对人形成，[8] 但某些法律事件可以达成这一效果。如人的年龄增长可导致社会保障法律关系的产生，从而使该个人成为行政相对人。

（二）行政法律行为

行政法律行为，是指能够引起行政法律关系的产生、变更和消灭的，行政法主体有意志的行为。这里的行政法主体既包括行政主体，也包括行政相对人。总体来说，能够导致行政相对人形成的行政法律行为包括如下几种类型：

---

[5] 方世荣：《论行政相对人》，中国政法大学出版社 2000 年版，第 28 页。
[6] 杨解君：《行政法学》，中国方正出版社 2002 年版，第 18 页。
[7] 周佑勇：《行政法原论》，中国方正出版社 2000 年版，第 35 页。
[8] 方世荣：《论行政相对人》，中国政法大学出版社 2000 年版，第 34 页。

1. 行政主体主动行使其行政职权，从而对公民、法人或其他组织的权利产生影响。在这种情况下，行政主体具有主动性，公民、法人或其他组织因行政主体的主动行为而成为行政相对人。这也是现实生活中最为常见的行政法律行为。其典型如行政处罚行为。

2. 公民、法人或其他组织积极向行政主体主张权利，参与形成行政法律关系，从而成为行政主体的行政相对人。[9] 在这种情况下，公民、法人或其他组织的法律行为是行政法律关系形成的前提性条件，行政主体行使职权则构成行政法律关系的另一方面内容。其典型是行政许可行为。值得注意的是，由于公民、法人或其他组织积极行使权利的行为已经使行政法律关系产生，行政主体的积极行为——如许可和不许可，以及行政主体的消极不作为，都对公民、法人或其他组织的权利、义务产生了影响。

3. 公民、法人或其他组织积极向行政主体履行义务，从而使自己成为行政相对人，如公民、法人或其他组织积极向税务机关申报纳税。

第三节 行政相对人的分类

根据不同的分类标准，可将行政相对人分为不同的类别。

一、内部相对人与外部相对人

内部相对人与外部相对人的划分依据为行政行为是内部行政行为还是外部行政行为。内部行政行为的相对人是内部相对人，外部行政行为的相对人是外部相对人。这种分类方法与行政行为学说直接相关，详情请参阅行政行为专题。

二、特定相对人与不特定相对人

以行政主体行政行为的对象是否确定为标准，可以将行政相对人分为特定相对人和不特定相对人。特定相对人是可确定的对象，不特定相对人则在范围上比较广泛，且无法确定明确的指向对象。特定相对人可称之为某一个相对人，而不特定的相对人则可称之为某一类相对人。例如，年满 16 周岁的公民需办理身份证，年满 16 周岁公民就是不确定的相对人。

三、明示相对人、暗示相对人；直接相对人、间接相对人；行政行为明指的相对人、受行政行为结果影响的相对人；行政对象人、行政相关人

此类分类方式看起来十分复杂，措辞各有不同，但实际上所表述的意思是相同的，即以行政行为对相对人的权利、义务关系的影响程度为标准，将相对人作此类

[9] 方世荣：《论行政相对人》，中国政法大学出版社 2000 年版，第 21 页。

二分法。

根据叶必丰教授的观点,“在行政法律关系中,相对人又有狭义和广义之分。狭义的相对人仅仅指行政法律关系中行政决定受领人,或者说行政决定所针对的特定公民、法人或者其他组织。但广义的相对人,除了狭义的相对人之外还包括第三人,即在行政法律关系中与行政决定有法律上利害关系的一方主体”。[10] 按照此种学说,相对人又可分为直接相对人和间接相对人:“直接相对人是行政主体行政行为的直接对象,其权益受到行政行为的直接影响,如行政许可、行政给付的申请人,行政征收的被征收人,行政处罚的被处罚人等;间接相对人是行政主体行政行为的间接对象,其权益受到行政行为的间接影响,如治安处罚关系中的受到被处罚人行为侵害的人、行政许可关系中其权益可能受到许可行为不利影响的与申请人有利害关系的人(公平竞争人或相邻人)、行政给付关系中依靠给付对象抚养或扶养的直系亲属等。”[11]

章剑生教授亦持此说,但他采用了胡建淼教授所提的行政对象人的概念。所谓行政对象人,“是行政主体行政行为在形式上所针对的组织和个人,如行政命令中的被命令人、行政通知中的被通知人、行政处罚中的被处罚人等;而行政相对人则是在行政法律关系中处于被管理地位,且直接承受行政行为法律效果的当事人。在大多数情况下,行政相对人与行政对象人是同一的,如在行政处罚中,被处罚人既是行政相对人(因为它承受了行政处罚的后果),又是行政对象人(因为它是行政处罚行为所直接针对的对象)。但是,正如所有权人可以与使用权人分离一样,行政相对人也会与行政对象人发生分离”。胡建淼教授认为行政对象人是与行政相对人并列的概念。章剑生教授则进行了转化,将行政对象人置于行政相对人概念之下,认为行政相对人可分为两类:第一,行政对象人。行政对象人是行政行为所直接指向的行政相对人,如行政处罚决定中的受处罚人,在法律程序上也可称为“当事人”。第二,行政相关人。行政相关人即行政行为效力所波及的行政相对人,如行政处罚中的受害人,在法律程序上也可称为利害关系人。[12] 实际上仍沿用直接相对人与间接相对人的二分法。

方世荣教授则用较为冗长的“行政行为明指的相对人和受行政行为结果影响的相对人”这两个术语来表达相近的意思。在行政法学研究中,这一分类方式对于认定行政相对人、理清行政法律关系中的权利、义务具有十分重要的意义。目前,对此分类方式并未达成共识,仍有赖于学术界的深入探讨。

---

〔10〕 叶必丰:《行政法学》,武汉大学出版社 2003 年版,第 154 ~ 155 页。

〔11〕 姜明安:《行政法与行政诉讼法》,北京大学出版社、高等教育出版社 2007 年版,第 163 页。

〔12〕 章剑:《现代行政法基本理论》,法律出版社 2008 年版,第 85 ~ 86 页。

第四节 行政相对人的法律地位

行政相对人的法律地位表现为行政相对人在行政法律关系中的权利与义务。

一、行政相对人的权利

相比于义务，行政相对人的权利更值得关注。行政相对人概念的提出，本身即意味着行政法学研究对行政相对人权利与法律地位的关注。从国家和公民关系角度来说，国家的存在本身就是为了公民服务的，行政机关的首要目的，不是对公民进行管理，而是服务于公民。在当代中国，服务型政府这一理念已日渐为人们所重视，政府角色的转换，使得行政相对人的权利进一步凸显。

行政相对人的权利主要由三部分组成。

(一)防御权

耶林内克曾经将公民相对于国家的地位进行划分，包括：消极地位的自由权；积极地位的受益权；能动地位的参政权。[13] 行政相对人所享有的权利类型与此大体类似。有所不同的是，公民、法人和其他组织在成为行政相对人时，其权利已经受到了行政主体的行政职权的深刻影响，在这种情形之下，原本代表了公民消极地位的自由权已不再体现为逃离公权力约束的自由，而演变成为防御公权力侵害的防御权。

在资本主义社会发展之初，公民所享有的权利主要是自由权，自由是免予公权力的任意干预，其经典的表述方式是"风能进，雨能进，国王不能进"。随着社会的发展，国家的角色不再是单纯地维持秩序和保障自由。国家不仅有义务通过消极的不干预来保障公民权利，也有义务通过积极的作为来促进公民权利和福祉的实现，这也是福利国家的基本特征之一。尽管福利国家一直遭到传统自由主义观点的抨击，如哈耶克和诺奇克就对此持批判态度，但是，福利国家的特征已在相当多的国家逐步显现。国家既然对公民负有积极作为的义务，也就因此具有了限制公民自由和权利的权力。自1919年魏玛宪法颁布以来，传统理论中被认为神圣不可侵犯的诸多公民权利，如财产权，不再完全不受侵犯。国家可以基于公共利益的需要对公民权利进行限制，已成为当代社会中的一种非常普遍的现象，这也为国家机关滥用权力埋下了一定的隐患。作为负责执行国家意志的行政主体，便可能打着公共利益的旗号，在实施行政行为时对公民权利进行肆意侵犯。由于在行政法律关系中，行政相对人与行政主体的地位并不对等，从表现形式来看，行政主体积极

---

〔13〕 罗豪才、吴撷英：《资本主义国家的宪法和政治制度》，北京大学出版社1983年版，第94页。

影响公民权利,而行政相对人则防御行政主体对自己权利的过度侵害,从而形成攻与守的动态平衡。行政相对人所拥有的抵制所有人干预的自由权转化为防御行政主体侵害的防御权。

行政相对人的防御权包括如下几类:

1. 行政相对人最为重要的防御权为抵制违法行政行为的权利。行政行为具有公定力、确定力、强制力和执行力,通常的行政行为在作出时一般应推定为合法,行政相对人对其可以提起行政复议和行政诉讼,但复议和诉讼不停止原行政行为的执行。但是,某些行政行为的违法特征十分明显,具有重大瑕疵,在这种情况下,行政相对人有权对该违法行政行为进行抵制。这种抵制违法行政行为的权利是公民反抗权的延伸和表现形式,在公民抵制强制拆迁等事件层出不穷的今天,有必要重新审视行政相对人抵制违法行政行为权利的价值。

2. 知情权。行政相对人在行政法律关系中,有权了解自己的权利、义务的各个方面,以及其权利、义务何以表现出其所享有的和承担的权利、义务的样态。例如,在行政处罚案件中,被处罚人有权知晓相应的法律规定、自己的违法情形的证据以及行政处罚的具体形式等。知情权是行政相对人借以保障自身权益的一种有效方式,因此也可归属于防御权。

3. 抗辩权。在行政主体实施行政行为的过程中,行政相对人有权对行政行为提出质疑,并陈述自己的抗辩理由。在行政程序中,行政相对人还享有一些与抗辩权相关的程序性权利,如管辖权异议、申请回避等。

(二)请求权

行政相对人不仅可以消极防御行政主体对其权利的侵害,也可积极请求行政主体保障其合法权利。行政相对人的请求权大体可以分为三类:

1. 申请权。一般来说,依申请行为的作出须以行政相对人提出申请为前提,行政相对人可根据法律,享有对某些资格的申请权。行政相对人申请权的一个突出例证即是在行政许可中的申请权。

2. 救济权。行政相对人的权利在受到行政主体侵害之后,可以请求有权机关为自己提供权利救济。行政相对人的救济权包括申诉权、提起行政复议权、提起行政诉讼权和要求国家赔偿权。

3. 受益权。在社会保障制度日渐发展的时代,行政相对人可向有权行政主体提出申请,要求国家为自己提供合适的生活保障和其他福利,其中包括基本生活水平的受保障权、特定群体福利优待的受保障权等。[14] 一般情况下,行政相对人享有此种受益权是以相对人向行政机关提出申请为前提的,故应视为请求权。

---

〔14〕 方世荣:《论行政相对人》,中国政法大学出版社 2000 年版,第 91 ~ 92 页。

（三）参与权

除了防御公权力肆意干预、向行政主体提出权利请求之外，行政相对人还可以积极参与到行政过程之中去，从而实现其接近国家权力的自由。行政相对人的参与权直接体现为各种行政过程中的政治权利，如参与行政决策权、听证权、批评建议权、检举控告权等。

传统行政法学侧重于保障相对人相对于行政主体的防御权和救济权，对行政相对人的参与权着墨不多。但在西方各国，随着公民社会的日渐兴起和传统代议制政府的固有弊端的日益凸显，科层制所带来的效率低下、与社会发展部分脱节的弊病也逐渐显露，使得公民对作为整体的国家机构产生了信任危机。在这种情况下，立法机关的审慎立法都可能受到公民的广泛质疑，行政机关关起门来决策的传统做法自然也免不了成为公民们攻击的对象。为此，西方各国政府也逐步将公民吸纳到政府决策和执行的过程中来，以便提升政府的合法性基础。

在我国，行政相对人参与行政的事例也越来越多。概括来说，行政相对人参与行政可以在两个相辅相成的方面产生积极影响：一方面，行政相对人是行政主体的矛盾对立面，行政相对人在行政过程中的广泛参与，既维护了行政相对人和未成为行政相对人的公民、法人和其他组织的权利，同时也对行政权产生强有力的制衡作用；另一方面，行政相对人对行政过程的广泛参与，有助于提升行政主体和政府的民主性、决策的科学性，从而巩固行政主体和政府的合法性基础。

在未来一段历史时期内，行政相对人将越来越多地参与到行政过程中去，这种参与将会对我国行政法的发展和行政法学研究的深入产生十分积极的影响。

二、行政相对人的义务

在行政法律关系中，行政相对人的主要角色是被动的，因此，行政相对人的义务也往往带有被动性特征，换言之，即是在行政主体的要求之下履行义务。当然，在特殊情况下，行政相对人也有可能积极地履行法定义务，如主动缴纳税款，但即使在这种情形下，行政相对人相对于行政主体而言仍然是被动地服从，而不能积极地改变其与行政主体之间的权利义务关系。一般来说，行政相对人的义务包括如下内容：(1)服从行政管理；(2)协助公务；(3)维护公益；(4)接受行政监督；(5)提供真实信息；(6)遵守法定程序。

第三编　行　为　论

第五章　行政行为和行政程序概述

第一节　行 政 行 为

行政行为是大陆法系行政法学的重要课题，在我国的行政法学体系中，行政行为是一个"枢纽型、基础性的重要概念，它是联结行政主体与行政相对人的纽带与桥梁，也是检验行政主体存在合法性与要求行政主体承担法律责任的基础"。[1]因此，几乎每个版本的行政法学教材都将行政行为作为知识体系的重要组成部分。但与此同时，我国行政法学界对行政行为的研究还不够深入，在许多重要问题上的论述或语焉不详，或相互矛盾，相关争论也尚未达成共识，可以说，行政行为仍然是目前我国行政法学研究中一个比较混乱的领域。目前学界有关行政行为的讨论主要集中在行政行为的概念、分类及类型化、效力三个重要问题上。

一、行政行为的概念

（一）域外行政行为的概念[2]

1. 法国

法国是现代行政法的母国，有关行政行为的概念也是最早产生于法国。在法国大革命之后，由于实行三权分立，因此学者们使用"Acte Administratif"一词来说明行政机关在管理活动中针对具体事项作出的相应的处理决定，该决定对行政相对人具有法律上的约束力，与司法行为并行。自1810年起，该概念被法国学者所普遍接受，并视为与法院判决具有同等地位。

在法国，行政行为是学术上使用的名词，主要用于说明行政机关进行活动的法律手段。对于行政行为的意义，由于使用的标准不同，有三种不同的理解：

（1）以采取行为的机关为标准，行政行为是行政机关所采取的全部行为，以区

---

〔1〕 应松年：《当代中国行政法》（上卷），中国方正出版社2005年版，第502页。

〔2〕 应松年：《当代中国行政法》（上卷），中国方正出版社2005年版，第502～506页；章志远：《行政行为效力论》，中国人事出版社2003年版，第3～5页；王名扬：《法国行政法》，中国政法大学出版社1988年版，第134～137页；应松年：《行政法与行政诉讼法》（上册），中国法制出版社2010年版，第258～263页。

别于立法行为和司法行为,这种意义称为形式意义或机关意义的行政行为。

(2)以行为本身的性质和内容为标准,行政行为是适用普遍性的规则于具体事件的行为,制定普遍性的规则的行为是立法行为,适用法律解决争端的行为是司法行为。这种意义称为实质意义的行政行为。

(3)以行为的作用为标准,行政行为是指行政机关用以产生行政法上效果的法律行为,以及私人由于法律或者行政机关授权执行公务时所采取的某些行为。这种意义称为功能意义的行政行为,主要是根据行政法院的判例而产生的理论。该种意义的行政行为主要包括三项内容:第一,行政行为是行政机关的一种法律行为。即根据行政机关的意思直接发生法律效果的行为,而不直接发生法律效果的行为是行政机关的事实行为。法律行为与事实行为只是在行政法学中的研究重点不同,但同样都要受行政法的规定。由于法律行为直接发生法律效果,因此行政法学主要研究其效力问题;而事实行为与法律行为的产生过程和实施过程具有重要关系,主要在行政程序法中研究,也会产生行政主体与行政工作人员的责任问题。第二,行政行为是发生行政法效果的法律行为。法国明确划分公法与私法,行政法是公法的一部分,是适用于行政机关之间,以及行政机关和人民之间的关系的法律,受行政法院管辖,这种产生行政法效果的行为称为公法管理关系,与私法管理相区别。第三,行政行为可以包括行政机关以外的某些行为。除行政机关实施公务外,其他团体和私人也可以根据法律的直接规定或者行政机关根据法律的授权实施公务,如果这是其他团体和私人采取私法以外的手段,这种行为就是功能意义上的行政行为。

2. 德国

德国行政行为的概念是借鉴法国的 Acte Administratif 而来,并形成了 Verwaltungsakt 的概念,最早是指公共行政机关依据公法或私法所采取的一切行政措施。1895 年,德国的"行政法之父"奥托·迈耶(Otto Mayer)在其《德国行政法》一书中对行政行为进行了具有深远影响的定义:行政行为是行政机关依法针对个别事件所作出的对人民具有公权力之宣示。该定义为行政法院所接受,但是该定义也具有并不明确的缺点,因此引起了其后行政法学者的争论。如学者俄曼起初将行政行为定义为国家机关或公共团体的所有行为,后来受民法理论的影响,他将司法行为、事实行为及准法律行为排除出去,而仅以具有意思表示即法效意思作为行政行为的固有特质。这一观点曾一度成为德国传统行政法学的主流观点。魏玛宪法时代,著名学者叶立尼克提出行政行为定义的新观点,认为行政行为是指行政机关针对特定人所为,他还对借民法理论说明公法行为提出了质疑。

德国有关行政行为概念的争论因为 1976 年通过的《联邦德国行政程序法》对行政行为进行了明确界定而归于一致,根据该法第 35 条的规定,行政行为是指行政机关为规范公法领域的个别情况采取的具有直接对外效力的处分、决定或其他官方措施。这一定义得到了学界的普遍认可。根据该定义,行政行为是指外部的具体的具有行政法效果的行为。

当然,随着行政的发展,也有学者对该定义提出了批评,如学者巴杜拉等认为,德国传统行政行为概念仅用公权力、强制性和单方性作为标准来界定行政行为,会将许多不具有上述特征的行政活动方式排除在外。

3. 日本

日本于明治维新时期引入德国的 Verwaltungsakt 概念,后来演化为最广义、广义、狭义和最狭义四种行政行为概念。最广义说认为,行政行为包括行政厅所作出的一切行为,这是 19 世纪初期行政行为刚刚在日本得到承认时的观点;广义说认为,行政行为是指行政厅所实施的所有公法行为,即排除私法行为和事实行为,这是早期及“二战”之后一段时期的通说;狭义说认为,行政行为是指行政厅就具体事件所作出的公法行为,不包括行政厅的事实行为、私法行为和立法行为;最狭义说认为,行政行为是行政厅针对具体事项,行使公权力所为的公法上的单方行政行为。其中,由于最狭义说把握了德国 Verwaltungsakt 的原初意义,因而逐渐成为日本的通说,如日本著名行政法学者田中二郎就认为,行政行为是指行政机关就具体事项作公法上单方行为,将行政立法、公法契约等行为排除在外。现行日本《行政程序法》中所规定的行政处分也采用了最狭义行政行为的概念。值得注意的是,日本的行政行为并不是一个法律概念,而只是一个学术用语。

4. 我国台湾地区

我国台湾地区的行政行为概念承袭了日本的译法,并且也形成了最广义说、广义说、狭义说和最狭义说四种观点。最广义说认为,行政机关的一切行为均属行政行为;广义说认为,行政行为是行政机关所做的法律行为,包括公法行为和私法行为,但不包括事实行为;狭义说认为,行政行为是指行政机关所作的发生公法上效果的行为,不包括私法行为,也不包括事实行为;最狭义说认为,行政行为是指行政机关的单方的意思表示而发生的公法上效果的行为,包括抽象性行为,也包括具体性行为,至于公法上的契约行为则不包括在内。其中,广义的行政行为在台湾地区已成为一个特定的概念,根据台湾地区“行政程序法”的规定,行政行为包括行政立法行为的行政命令、行政个案决定的行政处分、行政契约、行政计划、行政指导等多种行为,而其中行政处分又是与人民联系最多的一种行为,因此台湾地区“行政程序法”特别针对行政处分的定义进行了规定,即“本法所称行政处分,系指行政机关就公法上具体事项所为之决定或其他公权力措施而对外直接发生法律效果之单方行政行为”。可见,我国台湾地区与德、日的行政行为的内涵不尽一致,德、日的行政行为概念相当于台湾地区立法上的行政处分,而台湾地区的行政行为概念则是德、日行政行为和台湾地区行政处分的上位概念。

由于行政行为概念的不确定性和行政行为形式的多变性,台湾地区有些学者干脆放弃使用行政行为这一概念，而代之以行政作用，[3]或者虽然使用行政行为的概念，而直接针对其中包含的行为形式进行讨论，对行政行为本身的概念避而不谈。[4]

5. 英美法系国家

英美法系国家由于没有公私法的划分，因此行政法独立地位的确立相对较晚，行政行为作为独立的概念最早出现在有关公共行政的另一门学科——行政学中。美国学者赫伯特 · A. 西蒙（Herbert A. Simon）首创了行政行为的概念，开拓了运用行为科学方法探讨公共行政的决策、组织、执行机制及其效果，以促进行政效率的崭新研究领域。行政学上的行政行为就是行政管理。

在英美法系国家同样存在行政行为理论所要解决的问题，只是解决问题的思路和方法不同。英国学者将行政活动大致分为两类：一类是行为，主要是指一种状态或结果，包括正式决定命令以外的所有行政权实施方式，特别是事实行为；另一类是决定命令，是指法定行为，即以正式文书形式作出的意思表示行为。“英国大部分行政法学著作一般对行政机关行使权力的程序和权力范围比较注意，对行使权力的方式问题很少讨论。”[5]美国《联邦行政程序法》对行政行为（机关行为）进行了定义：“机关行为包括行政机关的法规、裁定、许可、制裁、救济或其相等的行为；以及对它们的拒绝或不行为的全部或一部分。”但是美国行政法学者对行政行为的概念也同样是很少论及，判断一个行为是否构成行政行为主要出于司法审查的需要。可见，英美法系对行政行为有关论题的探讨实用主义倾向十分明显。

（二）中国大陆行政行为的概念

1. 行政行为概念的提出

新中国成立后，中国大陆学界首次提出行政行为这一概念的是20世纪80年代第一部行政法学教科书《行政法概要》，该书对行政行为所下定义为：“行政行为是国家行政机关实施行政管理活动的总称。”[6]1989年制定颁布的《行政诉讼法》首次将具体行政行为吸纳为法律用语；1991年的最高人民法院《关于贯彻执行〈中华人民共和国行政诉讼法〉若干问题的意见（试行）》第1条进一步对具体行政行为的内涵进行了界定。该规定引起了学界关于行政行为与具体行政行为的划分标准的广泛讨论，对该定义本身也提出了很多意见。2000年3月发布的最高人民法院《关于执行〈中华人民共和国行政诉讼法〉若干问题的解释》（以下简称《若干解释》）第1条放弃了对具体行政行为的解释，而是笼统地使用了行政行为的概念，

---

〔3〕 吴庚：《行政法之理论与实用》（增订十版），三民书局2009年版，第285～628页。

〔4〕 陈敏：《行政法》，新学林出版有限公司2009年版，第299～769页。

〔5〕 王名扬：《英国行政法》，中国政法大学出版社1987年版，第105页。

〔6〕 王珉灿：《行政法概要》，法律出版社1983年版，第97页。

从而使行政行为正式成为法律概念，但是何为行政行为？至今并没有明确的法律条文加以界定。

中国大陆行政法学界对行政行为的概念曾经形成过五种主要观点：(1)行政行为是指一切与国家行政管理有关的行为，包括行政主体的行为，也包括行政相对人的行为，还包括行政诉讼中的行为等，意在与民事行为相对应而存在；(2)行政行为是指行政机关所做的一切行为，意在从机关角度来划分行政行为不同于其他国家机关的行为；(3)行政行为是指行政机关进行行政管理活动的总称，排除了行政机关非行政方面的行为；(4)行政行为是指行政机关在行政管理活动中所作的具有法律意义的行为；(5)行政行为是指行政机关针对特定人或事件所采取的具体行政措施的行为，即实际上的具体行政行为。[7]

2. 对通说的挑战和质疑

20 世纪 90 年代以后，第四种学说逐渐得到了多数学者的认可，成为中国大陆学界的通说。但是随着时间的推移，这一定义也受到了挑战和质疑。

首先，在司法实务界，虽然相关法律规范和司法解释并没有明确行政行为的定义，但是《若干解释》采纳了“行政行为”的概念后，时任最高人民法院行政审判庭庭长的江必新先生解释说，从第 1 条第 2 款所排除的情形来看，行政行为应该指“具有国家行政职权的机关、组织及其工作人员，与行使国家职权有关的，对公民、法人或其他组织的权益产生实际影响的行为以及相应的不作为”。[8] 这一理解介于上述第三种观点和第四种观点之间，不仅包括法律行为，也包括事实行为；不仅包括单方行为，也包括双方行为。这一解释反映了司法实务界对行政行为内涵和外延进行扩展的趋势。

其次，学界也有学者针对作为通说的第四种观点提出了质疑，认为该学说自身面临着许多困境，至少有以下可质疑之处：[9]

第一，功能的迷失。国内的行政行为概念同时被赋予了学术与实践双重使命：既要为行政诉讼受案范围提供指导，又要涵盖行政主体所有的行政活动方式；既能解决现实问题，又要以开放的姿态适应未来的发展。但是这种过高的期望值和负担却严重地损伤了行政行为概念的固有价值，作为法律概念的行政行为无明确法律定义，司法的可操作性无从谈起；作为学术概念的行政行为无法为司法实务提供切实的理论支撑。

第二，概念的空洞。行政行为的概念体系中，除了定义之外，还应包括基本特征、内容、类型、效力等组成部分，但学界对行政行为基本原理的论述却普遍缺乏普适

---

〔7〕 罗豪才、湛中乐：《行政法学》(第二版)，北京大学出版社 2006 年版，第 107 页。

〔8〕 最高人民法院行政审判庭：《行政执法与行政审判参考》，法律出版社 2000 年版，第 185～186 页。

〔9〕 章志远：《行政行为效力论》，中国人事出版社 2003 年版，第 6～7 页。

性,大多数论述的对象局限于具体行政行为,使得基本原理的论述与定义不一致。

第三,体系的紊乱。行政行为应当包括很多子概念,这涉及行政行为的分类,但是我国学界对行政行为的分类自相矛盾之处甚多,概念与分类的矛盾是通说的又一致命缺陷。

3. 行政行为概念之重构

针对行政行为概念的困扰,学界对行政行为的界定提出了不同的研究路径。[10]

第一种路径是坚持最狭义的行政行为概念,借鉴德日行政行为的概念,将行政行为局限于具体行政行为,与行政合同、行政指导等新型行政行为并列,并将其上位概念称为“行政活动”或者“行政作用”。

第二种路径是扩大行政行为的概念外延,将行政行为定义为:行政行为是行政主体为达到行政目的、行使行政权力而实施的一切具有公法意义的行为,既包括内部行政行为,也包括外部行政行为;既包括直接产生法律效果的行为(法律行为),也包括间接产生法律效果的行为(准法律行为、事实行为);既包括具体行政行为,也包括抽象行政行为;既包括合法行政行为,也包括违法、不当行政行为;既包括单方行政行为,也包括双方行政行为。

目前的主流观点支持第二种路径,即对行政行为作宽泛主义的解释,恢复到20世纪80年代初老一辈行政法学者所提出的行政行为体系。其主要理由是:第一,司法审判实践中行政诉讼受案范围被屡屡突破,具体行政行为的内涵本身也在不断受到挑战。第二,随着国家公共职能的扩大,行政行为的内涵和外延也将随之发展,为了使行政行为理论能与时俱进,以开放姿态应对未来,采取宽泛解释更合适。第三,行政行为是一个客观存在,不仅仅存在于行政法学中,在政治学和行政学中,行政行为都起着统率的作用,在语义上应该具有最广泛的涵盖力。

二、行政行为的分类和类型化

(一)行政行为的分类

1. 行政行为的现有分类

行政行为的分类是我国行政法学关于行政行为基础理论的重要课题,因此成为各种行政法学教材中行政行为概述部分的必要组成部分,但是由于分类方法和标准不同,在不同时期,中国大陆学者对行政行为所进行的分类并不完全相同。如在20世纪行政法学初创时期到90年代初期,学者们对行政行为的分类有二十余种;随着研究的不断深入,至今,得到学界普遍认同的分类主要有以下几种:[11](1)抽象行政行为与具体行政行为;(2)内部行政行为与外部行政行为;(3)行政立

---

〔10〕 应松年:《当代中国行政法》(上卷),中国方正出版社2005年版,第513~515页;应松年:《行政法与行政诉讼法》(上册),中国法制出版社2010年版,第265~267页。

〔11〕 应松年:《当代中国行政法》(上卷),中国方正出版社2005年版,第523~525页。

法行为、行政执法行为与行政司法行为;(4)行政实体行为与行政程序行为;(5)羁束行政行为与自由裁量行政行为。

2. 对抽象行政行为和具体行政行为的划分的争论

目前这些分类中,争议最大的莫过于对抽象行政行为和具体行政行为划分。这种分类是我国行政法学研究建立初期,引入法国的“普遍性的行为”和“具体的行为”所建立的分类方式,目前,抽象行政行为和具体行政行为的划分不仅是我国行政法学界的分类,也是为我国立法所确定的分类方式,我国目前的行政诉讼制度和行政复议制度都是建立于该种分类的基础之上。但是自2000年以后,对此种分类的质疑之声开始不断出现,主要的质疑理由有:[12]第一,抽象行政行为与具体行政行为的划分标准模糊,给司法实践带来诸多负面效应。第二,抽象行政行为在客观上为行政机关逃避司法审查、滥用行政权力制造了合法借口,使行政法治的基本原则无法落实。

但是也有学者在承认该分类存在问题的基础上仍然对该种分类持支持立场。如有学者认为,虽然抽象行政行为与具体行政行为在语言上存在量的模糊性,但可以发挥主观能动性,主动地设定分界点,从而使得因语言的量的模糊性而导致的概念区分的困难得以克服。[13] 有的学者认为具体行政行为与抽象行政行为在实践中确实有模糊性,但是不能完全取消这两种行为的界限,两种行为在适用对象、适用次数、使用效果等方面都存在区别,因此该种划分还是具有一定合理性的。[14] 有学者认为抽象行政行为与具体行政行为划分的基本意义不仅在于确定行政复议和行政诉讼的受案范围,而且在于这一区分解释了法治行政所要求的“规范行政”的模式,即在通常情况下,应以抽象行政行为作为具体行政行为的标准和依据,以具体行政行为贯彻落实抽象行政行为,从而实现对行政自由裁量权的适当规制,使行政达到规范有序状态。[15]

我们认为,目前学界对抽象行政行为与具体行政行为划分的主要质疑一个是学术性的,另一个是现实性的,这两种质疑观点都值得商榷。

首先,学术性的质疑即划分标准模糊,这是客观存在的,但能否因为该缺陷就全面推翻这种分类呢?显然不能。因为学术界将行政行为进行这种划分的基础原因在于两者确实存在诸多本质上的区别,在行政管理活动中的作用和地位也有所不同,如果因为少数领域两者划分的模糊性而否定两者全部的区别,显然是因噎废食,学界应该努力的方向是不断深入和细化二者的区分标准,尽可能为实践提供具

---

〔12〕 杨海坤、章志远:《中国行政法原论》,中国人民大学出版社2007年版,第185页。

〔13〕 胡建淼:《行政行为基本范畴研究》,浙江大学出版社2005年版,第17页。

〔14〕 应松年:《当代中国行政法》(上卷),中国方正出版社2005年版,第529页。

〔15〕 姜明安:《行政法与行政诉讼法》(第二版),法律出版社2006年版,第122页。

有实际意义的指导。

其次，质疑该种分类的现实性观点是认为该种分类限制了行政复议和行政诉讼的受案范围，这种指责有本末倒置之嫌。决定我国行政复议和行政诉讼受案范围的因素有很多，其中具有决定性的影响要素是我国的行政法治状况和人民法院与行政机关的关系，法治程度越发达，对公民权利越重视，受案范围就会越大，反之则越小；人民法院在国家机关中越有权威，对行政机关的监督范围和力度就会越大，反之则越小。是我国确立行政复议制度和行政诉讼制度的历史背景和法治状况决定了这两种制度的受案范围，而将受案范围局限于具体行政行为只是当时法治状况在这两种制度中的反映而已，随着我国法治的进步，近年来行政诉讼受案范围屡屡有所突破就是有力的证明。因此，我国行政复议和行政诉讼受案范围的大小并不取决于抽象行政行为和具体行政行为的划分，反过来，取消该种分类在客观上也不能立马使得受案范围有突破性的进展。当下扩展受案范围的可行性做法是将抽象行政行为的种类进行细化，进一步划分为行政立法行为和规章以下的其他抽象行政行为（行政规范），并将后者纳入行政复议和行政诉讼的受案范围。

（二）行政行为的类型化

虽然对行政行为进行分类有利于从不同角度对行政行为进行阐释，是深入研究行政行为的重要课题，但是行政行为的分类往往容易过于注重微观而失去普遍性和涵盖性，出现各种争论和自相矛盾之处，因此，近年来，越来越多的学者开始关注行政行为类型化的研究。类型化是对行政行为体系进一步的概括和抽象，可以“为立法者在规范行政行为时建立符合各自特点的制度，为行政主体在实施行政行为和司法机关审查行政行为时掌握客观规律提供了可能；是人们认识行政行为现象的开始，是对各类行政行为规律认识的记载；类型化是有关原理和制度得以构筑的基础”。[16]

目前学界所构筑的比较完整的类型化模型主要有三个。

1.六层级说[17]

行政行为一共分为六个层级，第一层级是“行政行为”。第二层级将行政行为分为“外部行政行为”和“内部行政行为”。第三层级将外部行政行为划分为“具体行政行为”和“抽象行政行为”。第四层级将具体行政行为划分为“行政法律行为”和“行政事实行为”。第五层级将行政法律行为划分为“行政决定”、“准行政决定”、“行政合同”和“其他行政法律行为”；将行政事实行为划分为“行政指导”和“其他行政事实行为”。第六层级将行政决定划分为“行政许可”、“行政命令”、“行政奖励”、“行政处罚”、“行政强制”和“其他行政决定”。

---

〔16〕 叶必丰：“行政行为的分类：概念重构抑或正本清源”，载《政法论坛》2005年第5期。

〔17〕 江必新、李春燕：“统一行政行为概念的必要性及其路径选择”，载《法律适用》2006年第1期。

2. 五层级说[18]

第一层级是“行政行为”。第二层级将行政行为划分为行政法律行为与行政事实行为。第三层级将行政法律行为划分为“单方行政行为”和“双方行政行为”；将行政事实行为划分为“行政调查”、“行政指导”和“其他未被类型化的事实行为”。第四层级将单方行政行为分为“抽象行政行为”和“具体行政行为(行政决定)”；将双方行政行为分为“行政合同”和“行政协议”。第五层级将抽象行政行为分为“行政立法行为”和“行政创制性文件”、“行政解释性文件”；将具体行政行为划分为“行政征收、征用”、“行政给付”、“行政裁决”、“行政奖励”、“行政许可”、“行政处罚”、“行政强制”等。

3. 参照民法理论的类型化模型[19]

有学者从法律上的行为理论出发，充分挖掘公私法行为理论，得出了和民法理论差不多的类型化模型：第一层级仍为“行政行为”(授权调整或法定调整)。第二层级将行政行为划分为“法律行为”(请求、容忍权或支配权)和“事实行为”(适法或违法)。第三层级将法律行为分为“狭义法律行为”和“执行行为”(产生支配权)；将事实行为分为“狭义事实行为”(可产生相对人请求权)和“侵权行为”(产生救济权)。第四层级将狭义法律行为分为“产生请求权行为”和“产生容忍权行为”(准法律行为)。

对行政行为类型化的研究目前仍处于初级阶段，在学者们提出各种类型化模型的同时，批评之声不绝于耳，颇受诟病：[20]第一，学术研究过于表面化，没有解决现有行政法学体系存在的危机；第二，私法上的法律行为研究与公法衔接程度低下，学术代沟明显分层。

三、行政行为的效力

行政行为的效力是行政行为基础理论的核心课题。2000 年以后，国内学者对该问题的研究逐渐升温，但是同时也存在不少争论，其中最主要的争论集中在行政行为效力的内容上。

(一)域外行政行为效力的内容

1. 日本

日本现代行政法学将行政行为的效力内容认定为拘束力、公定力、执行力、不可争力(形式确定力)和不可变更力(实质确定力)五种。[21] 这种学说被认为是行

---

〔18〕 叶必丰：“行政行为的分类：概念重构抑或正本清源”，载《政法论坛》2005 年第 5 期。

〔19〕 王正斌：“行政行为类型化研究”，中国政法大学博士学位论文。

〔20〕 黄学贤：《中国行政法学专题研究述评(2000—2010)》，苏州大学出版社 2010 年版，第 133 页。

〔21〕 [日]盐野宏：《行政法》，杨建顺译，法律出版社 1999 年版，第 100 ~ 112 页。

政行为效力内容的传统学说。[22]

2. 德国

德国行政法学者通常将行政行为的效力归结为存续力、构成要件效力、确认效力及执行力四种。其中存续力相当于日本行政法上的确定力,包括形式存续力和实质存续力,其适用范围仅适用于原行政机关、相对人或有利害关系的第三人;构成要件效力指行政行为应当受到其他国家机关的尊重,在其行为或做成决定时,应该以该行政行为的存在或内容为构成实施的基础;确认效力指行政行为中的事实认定或法律评价即理由部分在法定情况下也对其他国家机关产生约束。构成要件效力和确认效力的约束对象都是原行政机关以外的其他行政机关和法院。[23] 这是行政行为效力内容的新说。[24]

3. 法国

在法国,行政处理的效力是指行政处理在法律上所发生的效果,主要特征在于它是行政机关单方面的行为,是行政主体的一种特权。行政处理的特权主要包括效力先定特权和强制执行特权。效力先定特权是指行政机关的决定一经作出,就假定符合法律的规定,对行政机关本身和当事人以及其他国家机关具有拘束力量。强制执行特权是指行政处理的当事人不履行行政处理所规定的义务时,行政机关在必要时可依职权强制执行,无须请求法院强制执行。[25] 可见法国行政处理效力的特权内容相当于日本行政行为内容的公定力和执行力。

4. 我国台湾地区

我国台湾地区早期有关行政行为效力的学说承袭日本,将行政处分效力的内容归结为公定力、确定力、拘束力和执行力,[26]这种传统的四效力说在当今台湾地区行政法学界仍占有重要地位。

20 世纪 90 年代以后,部分台湾地区学者受德奥等国行政法学说的影响,从人权、法治的角度出发,对代表国家强权的公定力提出了质疑,主张不再援用公定力,而将行政处分效力的内容归纳为存续力、构成要件效力、确认力及执行力。[27] 这是我国台湾地区行政处分效力的新四效力说。

目前,传统四效力说与新四效力说在我国台湾地区仍处于并存的局面。

---

〔22〕 应松年:《当代中国行政法》(上卷),中国方正出版社 2005 年版,第 534 页。

〔23〕 参见[德]哈特穆特·毛雷尔:《行政法学总论》,高家伟译,法律出版社 2000 年版,第 266 ~ 269 页;翁岳生:《法治国家之行政法与司法》,约旦出版股份有限公司 1994 年版,第 19 ~ 21 页。

〔24〕 应松年:《当代中国行政法》(上卷),中国方正出版社 2005 年版,第 534 页。

〔25〕 王名扬:《法国行政法》,中国政法大学出版社 1988 年版,第 164 ~ 165 页。

〔26〕 管欧:《行政法概要》,三民书局 1996 年版,第 193 ~ 194 页。

〔27〕 吴庚:《行政法之理论与实用》(增订十版),三民书局 2009 年版,第 378 ~ 392 页。

(二)中国大陆有关行政行为效力内容的观点

我国行政法学界对行政行为效力内容进行的归纳主要可分为三效力说、四效力说、五效力说和新四效力说。[28]

1. 三效力说。这是我国早期行政法学界的通说,认为行政行为的效力内容包括确定力、拘束力和执行力。

2. 四效力说。该说认为行政行为的效力内容包括公定力、确定力、拘束力和执行力四项。这是目前我国行政法学的通说,可见于各种版本的行政法学教科书之中。

3. 五效力说。该学说认为行政行为的效力内容包括先定力、公定力、确定力、拘束力和执行力。先定力是指行政行为做出受行政主体单方面意思表示决定的效力,它是对于行政相对人而言的,表现为行政行为的单方面性。

4. 新四效力说。该说认为行政行为的效力内容包括公定力、确定力、执行力和不可争力。不可争力是指行政相对人针对行政行为行使救济权利时所受到的一种法律约束力。

(三)有关争论

1. 是否应该承认和保留公定力

域外行政行为效力的理论可以分为日本传统效力学说和德奥的效力新说,法国的行政处理的特权效力内容可以认为也属于传统效力学说,而这两种学说的冲突在我国台湾地区表现得尤为明显,近年来国内也有学者开始关注公定力的存废问题。

(1)质疑公定力的观点

台湾地区学者质疑公定力的观点主要有:

第一,公定力隐含着强迫行政相对人或利害关系人承认行政行为效力的意思为不合时宜,有过分偏重行政权利益之嫌。[29]

第二,公定力的提出“深受 Otto Mayer 影响,均属官宪国家的产物,虽然提出行政处分之自我确认,作为支持行政处分效力优越之说辞,但本质上仍系以行政处分乃国家权威的作为之故。以权威或势力充当行政行为合法及有效之基础,自与民主主义的法治国理念不符。是故在魏玛时代即已认为,行政处分所以先认定有效,再事后审查,实在是基于交易安全之顾虑,不欲任何官署或个人皆可无视此种国家行为之存在。时至今日,行政处分受合法推定早已被多数学者所抛弃,既是行政处分仅受有效推定,亦不为部分学者所接受,从而公定力之概念似不宜再继续引用”。[30]

---

〔28〕 应松年:《当代中国行政法》(上卷),中国方正出版社 2005 年版,第 534 ~ 535 页。

〔29〕 林腾鹞:《行政法总论》,三民书局 1999 年版,第 457 页。

〔30〕 吴庚:《行政法之理论与实用》(增订十版),三民书局 2009 年版,第 378 ~ 379 页。

第三,“……以权威作为行政处分合法性或效力根据之见解,并不符合民主法治国家之宪法精神。行政处分所以不受瑕疵之影响,而具有效力,实系基于法律安定之要求。至于行政处分受合法推定之见解亦非妥当。盖违法行政处分之有效,系实体法之要求,而非证据法则或法律之拟制……行政处分公定力之概念,不仅概念之内容不明,其原来之理论基础亦不符时代潮流,以不再援用为宜”。[31]

大陆学者质疑公定力的观点:

第一,首先,因为政府有权威就推定其行为是合法的,这种观点在现代社会已经基本上丧失了说服力;其次,一旦行政相对人起诉而进入行政诉讼程序,其效力就进入休眠状态,公定力自然没有发挥的余地;最后,在行政诉讼程序中,行政行为不但不受合法之推定,相反应受违法之推定。[32]

第二,公定力与现代行政法理念相悖,对我国无效行政行为防卫制度的设立构成了障碍,公定力退出行政行为领域的理由有:一是公定力的存在缺乏实定法支持;二是缺乏合理性;三是缺乏固定性;四是行政行为的其他效力不需要公定力的支持;五是公定力违反了公平正义理念。[33]

(2)支持公定力的观点

公定力是行政行为效力内容传统学说的重要理论支点,最早源于奥托·迈耶(Otto Mayer)所主张的“行政处分自我确认说”,该主张在德国也有很大影响,例如20世纪的著名行政法学者福斯多夫(Ernst Forsthoff)也持类似观点,认为行政处分系国家权威之表现,无论是否合于规定,有无瑕疵,皆应予以尊重。后此学说为日本学者所承袭,成为日本行政法的通说,并影响至今。

尽管公定力理论在“二战”后随着人权、法治理念的张扬,屡受质疑与批判,但是其核心理念——国家行为体现有效推定、不容随意挑战的精神至今仍具有重要意义。学界支持公定力的理由主要有:[34]第一,从行政法学术史上看,公定力概念沿用近百年,对于这样一个具有特定内涵的范畴不宜简单予以否定;第二,从语义上看,公定力用语表达了公权力行为的特质——推定有效;第三,从法律地位上看,公定力自身就是一个基本的行政法学范畴,许多行政法的制度都需要借助公定力理论获得合理解释;第四,从整个行政行为效力体系来看,即便公定力理论存在某种特殊的价值偏好,其他的相关理论也能发挥纠偏作用,从而在总体上维系行政权与行政相对人权利之间的平衡;第五,公定力理论本身也经历了两个转变:一是由抽象的实体法“合法性推定”向直观的“临时有效推定”的转变;二是由先验的“超实定法效力”向现

[31] 陈敏:《行政法》,新学林出版有限公司2009年版,第399~400页。

[32] 刘东亮:“行政行为公定力理论之检讨”,载《行政法学研究》2001年第2期。

[33] 柳砚涛:“行政行为公定力质疑”,载《山东大学学报》2003年第5期。

[34] 应松年:《当代中国行政法》(上卷),中国方正出版社2005年版,第535~536页。

实的“实定法特别承认效力”的转变。这些转变体现了学界重新解释公定力理论以适应现实挑战的努力。

2. 对新效力内容说的批评

新效力内容的学说以存续力为核心，意在淡化行政权的特权色彩，提升行政相对人在行政法律关系中的地位，这种价值取向具有进步意义；另一方面，新学说中各种具体效力的适用对象更加确定，形式排列似乎更加合理。但是仍有学者针对新学说提出了批评意见。

（1）对存续力的批评〔35〕

存续力作为新学说的核心概念，有学者指出其具有以下缺陷：第一，名称使用混乱，除存续力之外，学界使用的名称还有：持续力、继续力，实定法中也有此现象；第二，对存续力的内涵解释不一，如在台湾地区，翁岳生以其取代公定力，而吴庚则将之取代确定力，李震山则认为它是公定力和确定力的折中；第三，存续力的内容论述与传统学说相比并无实质性突破；第四，存续力难以像公定力那样传递行政行为效力的形式性、特定性等特点，很难与其他类型的效力保持和谐。

（2）对构成要件效力和确认力之间的关系的争论

有学者认为，“构成要件效力实际上已经涵括确认效力，单独提出确认效力只是徒增混淆，实益不大”；〔36〕有的学者认为构成要件效力和确认效力实际是“行政行为的规制内容及作为其基础实施与法律认定对其他国家机关的拘束”的一致表述，就是公定力的内在要求之一。〔37〕

第二节　行政程序

一、行政程序概述

（一）行政程序的概念

对于行政程序的概念，参考国外的学说与制度，我国学界曾经形成过最广义、广义、狭义和最狭义四种概念。最广义的概念将行政程序理解为与行政有关的所有行为或者措施的所有步骤、方法和方式；广义的概念将行政程序理解为有关行政行为的所有程序，既包括作出行政行为的程序，也包括对行政行为进行监督的程序；狭义的概念将行政行为理解为有关行政行为的事前和事中程序，是由作出行政

〔35〕 应松年：《当代中国行政法》（上卷），中国方正出版社2005年版，第536～537页。

〔36〕 应松年：《行政程序法立法研究》，中国法制出版社2003年版，第353页。

〔37〕 章志远：《行政行为效力论》，中国人事出版社2003年版，第51页。

行为的步骤、方法和方式所构成的行政行为的过程；最狭义的概念将行政程序理解为作出具体行政行为之前所履行的听证等事前程序。[38] 近年来，狭义的概念逐渐得到学界的普遍承认，成为通说并为国内权威行政法学教材所采纳，如"所谓行政程序，是指行政主体作出行政行为的过程中所遵循的步骤、顺序、方法以及时限的总和"。[39] 这一概念也为目前我国几个权威版本的《行政程序法（试拟稿）》所吸收，如姜明安教授主持的试拟稿第3条规定："行政程序是指行政行为的过程、步骤、顺序、方式、形式和时限"；应松年教授所主持的试拟稿在第2条规定了行政程序法的适用范围，规定："行政机关作出行政决定，制定行政规范，确定行政规划，缔结、变更或解除行政合同，实施行政指导等行为所应遵循的步骤、方式、形式、顺序和时间，适用本法。"

根据狭义的概念，学界普遍认同的行政程序的特征有：[40] 第一，行政程序是法律程序的一种。根据约束对象不同，可以将法律程序分为立法程序、司法程序、行政程序和公众必须遵守的程序；第二，行政程序的构成要素包括行为的步骤、方式、顺序和时限；第三，行政程序的一方当事人必然是行政主体，行政主体是行政程序的主体。

（二）现代行政程序与传统程序的区别

现代行政程序是现代公法程序的重要组成部分。因为公法所调整的法律关系具有政治性，因此公法必须借助外部力量才能得以实现，这样公法就很容易沦为解释政治合法性的工具，而现代程序是保证公法自治的重要内容，程序越完善，公法的自治功能越强。现代公法程序（包括现代行政程序）与传统的专制制度下的公权力运行程序相比，有以下差异：[41]

第一，传统程序重视内部吏治而忽视外部民权保护。传统程序主要是表现在吏治方面，即内部管理，控制模式是传统程序的共同选择；而现代公法程序在近代民主政治的基础上产生，不再是统治权的附庸，其功能是通过对公权的制约、对民权的保护来达到公正与效率、私人利益与公共利益的平衡、统一。

第二，传统程序基本上是自上而下的。传统程序基本上是听命于上，为上是从，具有自上而下的单向性；现代公法程序具有双向性，强调相对人的程序性权利。

第三，传统程序因随意性而缺乏应有的权威。传统程序主要是基于最高统治者的意志而规定的，往往随意性很大，这也造成了传统公权力的重实体轻程序；现

---

〔38〕 罗豪才、湛中乐：《行政法学》（第二版），北京大学出版社2006年版，第302页。

〔39〕 罗豪才、湛中乐：《行政法学》（第二版），北京大学出版社2006年版，第303页。

〔40〕 黄学贤：《中国行政程序法的理论与实践——专题研究述评》，中国政法大学出版社2007年版，第4页。

〔41〕 黄学贤：《中国行政程序法的理论与实践——专题研究述评》，中国政法大学出版社2007年版，第7~8页。

代公法程序以法律的形式将程序予以严格规定，遵守程序规定是公权力行为合法有效的要件之一。

第四，传统程序往往设置大量程序壁垒以限制当事人的运动空间。由于古代没有公民及其权利的观念，因此传统程序设置的目的不可能是保护当事人的权利，而只是维护统治权，有时当事人被赋予的一点机会也会因大量的程序壁垒而被宰割；现代公法程序不仅赋予当事人程序性的权利，而且尽可能以较少的消耗和简洁的程序来保证当事人实体上的权利得以实现。

第五，传统程序缺乏必要的法律救济。传统程序的宗旨是其忽视甚至根本不考虑救济机制，当事人的利益无法实现或者在遭到侵犯时得不到必要的救济；现代公法程序将救济作为其重要内容和必要环节，救济程序成为整个程序的重要组成部分。

二、行政程序法概述

（一）行政程序法的含义[42]

我国对行政程序法含义的认识与对行政程序的认识相联系，经历了一个渐进的发展过程。较早的法学词典认为行政程序法就是行政诉讼法；稍后认为行政程序法既包括行政活动的程序法规范，也包括行政诉讼的程序法规范，是调整所有涉及行政主体主动行为及被动行为的程序总和；再后来认为行政程序法是规定行政主体、行政人与行政相对人参与行政过程应遵守的方法、步骤、顺序和时限的法律规范，即“行政程序法是为实现公共职能为目的而设立的规范行政法律关系主体在行政活动中程序法律规范的总和”。[43]

行政程序法的概念涉及以下两层含义：第一，行政程序法的调整对象。行政程序法的调整对象是行政权力，排除了立法权和司法权，因此行政诉讼法不属于行政程序法。第二，行政程序法的调整范围。行政程序法的调整范围即行政程序法的适用主体和适用活动。行政程序法的适用主体不仅应包括行政主体，还应包括行政相对人；行政程序法在规范行政主体行政行为的同时，还应规范行政相对人参与行政程序的行为。

行政程序法还有实质意义的行政程序法和形式意义的行政程序法之分。实质意义的行政程序法是指所有有关行政程序的法律规范，既包括独立的、统一的行政程序法典，也包括规定在其他各种法律规范中的行政程序法律规范；形式意义的行政程序法仅指统一的行政程序法典。我国目前尚未出台统一的行政程序法典，但是在某些省份已经出台了统一的地方性行政程序法规范，2008 年 4 月 9 日出台的

---

〔42〕 黄学贤：《中国行政程序法的理论与实践——专题研究述评》，中国政法大学出版社 2007 年版，第 6～7 页。

〔43〕 杨海坤、黄学贤：《中国行政程序法典化——从比较法角度研究》，法律出版社 1999 年版，第 6 页。

《湖南省行政程序规定》是我国首个地方性行政程序法规范，另外的有关行政程序的法律规范散见于《行政处罚法》、《行政许可法》、《行政强制法》等法律规范之中。

（二）行政程序法的功能〔44〕

行政程序法的功能是行政程序法通过其所确认的基本原则、基本制度以及步骤、方式、顺序、时效等程序要素所要发挥的功能。尽管学界对行政程序法功能的论述不尽一致，但是对其中的一些基本功能已达成共识。行政程序法的功能主要有：

1. 规范、制约、监督、促进行政权的合理行使。(1)规范、制约行政行为，保障行政权的合法、合理行使。行政程序法在保障行政权不侵害相对人权益和社会公共利益的前提下，使行政权在一个相对确定的轨道上运行，有效防止了行政权运行的恣意。(2)监督行政主体公平、公正地实施行政职权。行政程序是法律确定的程序，行政主体必须严格遵守。行政程序法将有关行政活动程序的法律规定公之于众，给行政相对人同等充分的机会了解情况、陈述理由和要求，而且明确告知行政相对人有关活动程序、行政相对人的程序权利、义务以及程序终结后的法律后果，保证行政主体公平、公正地行使行政权的同时，也有利于行政相对人监督行政主体实施行政职权。从这个意义来说，行政程序法可以说是自律法，在实施的过程中就完成了对行政主体的监督任务。(3)促进行政权的合理行使。行政程序法依法定的方式将行政主体的行政活动分为若干过程，设置相关环节，行政主体的行为要遵循设置的环节，这样要比行政主体随意进行行政活动更加科学、合理。

2. 保护行政相对人的合法权益及规范相对人的行为。(1)现代行政程序法的功能不再仅仅限于"控权"的范围，它积极主动地将行政相对人的保护作为其所承担的重要功能。现代行政程序法通过规定行政公开、回避、听证、说明理由等制度，使行政相对人有充分机会参与行政程序的运行，对行政机关的行政活动发挥了有效的影响和作用，体现了对行政相对人人格尊严的尊重，体现了程序的民主与公正。(2)有助于实现程序的公正、公平价值，保障相对人权益。仅从形式上看，有时如果没有法定程序的限制，行政主体也许能够更快地作出决定并付诸行动，但这种没有程序规范的行政行为往往会背离行政目的，大大减损行政效能。行政程序法兼顾了行政公正和行政效率，要求行政机关遵守行政程序有利于实现公正，保护公民合法权益，实现行政目的。(3)规范行政相对人的行为。行政程序的顺利进行需要行政机关和行政相对人的共同参与和配合，因此对于参与其中的行政相对人的权利也要在行政程序法中予以具体化，使其具有可操作性。(4)提高行政活

〔44〕 黄学贤：《中国行政程序法的理论与实践——专题研究述评》，中国政法大学出版社 2007 年版，第 10～14 页。

动的民主性。行政程序法关注于政府与民间互动关系的改变,兼顾了人民权益与行政效率,致力于构建行政主体与行政相对人之间的合作模式,意味着行政活动民主性的大大提高,行政相对人参与国家管理实务,是行政民主化的表现。

3. 提高行政活动的效率。(1)统一程序规定,协调程序衔接。如果数量众多的程序性规定之间缺乏衔接和协调,行政主体就会各自为政,随意选择适用程序规定,引发行政纠纷。行政程序法的功能之一就是能够吸收科学、合理的行政程序规则,消除程序规则之间的抵触和矛盾,统一程序规定,协调程序衔接。(2)沟通协调行政主体与行政相对人的关系,缓解当事人的对抗情绪,增加行政行为的安定性。行政主体在作出影响公民合法权益的决定时,如果能履行必要的程序义务,就能缓解当事人的不满情绪,换得行政相对人的认同,促使其自愿接受行政决定;这又使得整个行政活动程序更为顺畅,提高了行政效率,并且使行政活动的安定性大大提高,行政相对人提起行政救济的可能性得以降低。(3)统一规范行政主体和行政相对人的行为,促进行政效率的提高。行政行为非程序化以及行政相对人行为的非程序化是影响行政效率的重要因素之一,行政程序法使合理、简明的行政程序有法可依,可以保障行政程序的统一性,从而避免了因随意采取的行政程序抵消行政效率的不良现象;同时,对行政程序法的遵守有利于减少消极行政,保证了行政目的的实现。

三、行政程序法的基本原则

基本原则是行政程序法的重要内容,而行政程序法应该包括哪些基本原则,也是目前我国行政法学界有关行政程序法研究仍然存在争论的主要领域,争论的主要表现就是我国三部具有代表性的《行政程序法(试拟稿)》对行政程序法的基本原则的规定并不一致。姜明安教授主持的试拟稿中规定的基本原则有:(1)依法行政原则;(2)平衡原则;(3)参与原则;(4)公开原则;(5)平等原则;(6)诚信及信赖保护原则;(7)比例原则;(8)效率原则;(9)救济原则。马怀德教授主持的试拟稿所规定的基本原则有:(1)程序合法原则;(2)程序公开原则;(3)参与原则;(4)公正原则;(5)正当原则;(6)效率原则;(7)比例原则;(8)诚信原则。应松年教授所主持的试拟稿所规定的基本原则包括:(1)程序合法性原则;(2)程序公开原则;(3)参与原则;(4)公正原则;(5)正当原则(另一方案为理性原则);(6)效率原则;(7)比例原则(另一方案为合理或适当原则);(8)诚信原则。

我们认为,行政程序的基本原则既要反映其基本性,又要反映其特殊性。所谓基本性,是指该原则应该能够贯穿行政程序的始终,而不是仅仅适用于行政程序的某个环节或者阶段;不仅规范行政主体,也规范参与行政程序的行政相对人。所谓特殊性,是指该原则是适用于行政程序这一领域的原则,而不是可以适用于行政法所有领域的原则。基于这两个标准,我们认为我国行政程序法最起码应该确立的原则有:行政公正原则、行政公开原则。[45]

（一）行政公正原则

行政公正原则的基本内容包括:

1. 行政行为的正当性。指行政行为能够被与该行为无利害关系的人所认可而形成的一种社会态度。行政行为的正当性应当包括如下内容:(1)解释正当。行政主体的法律解释权有两种:一种是行政主体对个案中适用法律依据的解释权,另一种是法律赋予行政主体对整个法律条文在具体适用中的问题的解释权。后者的正当性有时值得怀疑。(2)裁量正当。裁量正当包括两项内容:一是应当考虑的裁量因素必须加以考虑;二是不应当考虑的裁量因素不能加以考虑。(3)目的正当。目的正当具有两项内容:一是行政主体行使行政权不得以增加本部门利益为目的;二是行政主体行使行政权不得以保护本部门不当利益为目的。

2. 行政行为的衡平性。主要体现在行政主体基于公平观念而行使行政权所产生的,可以为一般人所接受的结果。行政行为的衡平性包括如下内容:(1)遵守惯例。惯例是行政主体以前对相同的案件进行处理所形成的一种习惯性做法,行政主体引用惯例处理行政管理事务,对行政相对人来说具有难以抗辩的力量。(2)平等对待。平等对待是行政主体在处理行政管理事务时对相同的情况应当相同对待,不同情况应当区别对待。它是宪法上法律面前人人平等原则在行政程序法中的具体体现。(3)始终如一。始终如一意味着行政主体应当以诚信原则为行使行政权的基本准则,言而有信,不反复无常。

3. 行政行为的说理性。指行政主体能够就其作出的行政行为向行政相对人说明理由,这对行政主体理性行使职权、排除和减少行政专断和恣意,表现行政主体对公民基本人权的尊重具有重要意义。行政主体宜说明的理由具有以下内容:(1)事实理由。事实理由是用于支持行政行为所依赖的事实的各种证据,是行政主体通过法定程序收集的。(2)依据理由。依据理由是用于支持行政行为的国家机关制定的各种规范性文件。(3)裁量理由。裁量理由是用于支持行政主体在行使行政自由裁量权时所考虑的各种因素。由于裁量理由不具有法定性,因此裁量理由正当与否直接影响到行政行为的公正性。

（二）行政公开原则

行政公开原则的基本内容包括:

1. 事前公开职权依据。指行政主体应当将作为行使行政权的依据在没有实施行政权或者作出最终行政决定之前,向社会或行政相对人公开展示,使其知晓。行政职权的依据分为一般性职权依据和个别性决定依据。前者指由法定的国家机关

[45] 有关行政公正原则和行政公开原则的论述系参考应松年:《当代中国行政法》(下卷),中国方正出版社 2005 年版,第 1303 ~ 1305、1316 ~ 1320 页。

制定、发布的不具有直接执行性的规范性文件；后者指行政主体在对个案作出最终行政决定之前，应当向行政相对人公开这一最终决定的依据，包括事实根据、法律依据和裁量依据。

2. 事中公开决定过程。指行政主体应当将与行政决定的形成过程有关的事项向行政相对人和社会公开，主要包括两方面内容：(1)行政听证，行政听证是各国行政程序法所普遍确立的制度，已经成为行政程序法的核心。(2)资讯公开，行政主体应当主动或根据行政相对人的申请，及时、准确地提供其所制作或掌握的行政资讯，除非法律规定禁止公开。

3. 事后公开决定结论。行政主体在将行政决定向行政相对人公开之后，认为有必要的，可以将行政决定向社会公开。

四、行政程序法的基本制度

行政程序法基本制度是行政程序法基本原则的具体体现，比基本原则更加具有规范性。国内学者对行政程序法应该包括哪些原则在认识上还存在较大差异，这些差异主要是基于对行政程序法基本制度的不同认识和不同的界定方法、角度而形成的，其中不乏共通之处。另外，我国虽然至今没有出台《行政程序法》，但是从已经公布的几个专家试拟稿可以总结出达成共识的行政程序法的基本制度。目前在学界达成共识的行政程序法基本制度有：信息公开制度、行政证据制度、教示制度、行政听证制度、说明理由制度和行政回避制度。

(一)信息公开制度

信息公开制度是行政公开原则的体现，是指行政机关与其他行使行政职权的机构主动或应自然人、法人或其他组织的申请，向社会或申请人公开其在管理或提供公共服务过程中制作、获得的有关行政信息的制度。[46]

信息公开在不同国家和地区有不同称呼，如我国将美国相关法律译为《情报自由法》；日本称为情报公开，在我国台湾地区则称为资讯公开。我国有关信息公开的立法是地方先行于中央一步，2002 年 10 月 30 日颁布了《广州市政府信息公开规定》，这是我国第一部规范政府信息公开制度的地方政府规章，随后，全国 31 个省、市和国务院部门都制定了政务公开的规定。由国务院制定的《政府信息公开条例》也已于 2007 年 1 月 17 日经国务院第 165 次常务会议通过，并于 2008 年 5 月 1 日起实施。

在三个权威的《行政程序法(试拟稿)》中都对信息公开进行了规定，而且内容明确、具体，具有很强的可操作性。

政府信息公开制度建立以来，在促进行政公开、公正方面起到了不可忽视的作

---

〔46〕 黄学贤：《中国行政程序法的理论与实践——专题研究述评》，中国政法大学出版社 2007 年版，第 151 页。

用,但是在实施的过程中也暴露出了一些问题:[47]第一,一些行政机关及其工作人员对政府信息公开的性质和重要性认识不足,在一定程度上阻碍了信息公开制度的顺利推行。第二,政府信息公开制度本身不够健全,如未能处理好与其他已有相关规定(保密法、档案法等)的关系、条例本身规定较为粗疏等。第三,政府信息公开的内容比较狭窄,对不公开的例外情况缺乏明确的限制。第四,政府信息公开方式不健全,对依申请的公开的信息范围、条件、救济等都缺乏明确规定。第五,政府信息公开的程序不规范,缺乏必要的救济手段。

(二)行政证据制度

1. 行政证据的定义[48]

行政证据有广义和狭义之分,广义的行政证据是指在行政程序中可用来证明案件事实的材料;狭义的行政证据是指定案证据,即只有用来定案的有关事实材料才是证据。大陆法系国家多采用广义说,英美法系国家则多采用狭义说,根据我国现行有关法律规范的规定,我国采用的是广义说。

2. 行政证据制度的意义[49]

(1)行政证据制度是行政程序制度的核心,证据制度的运用结果是决定行政行为内容的主要因素。(2)行政证据制度是行政程序参与人权利与义务平衡的有效机制,尤其是行政程序的举证责任的设置。(3)行政证据制度是规范行政权行使的有效手段。(4)行政证据制度是维护公共利益,保护相对人合法权益的重要保障。

3. 行政证据制度的内容[50]

(1)调查取证采用职权主义。即强调行政机关在调查取证的范围、种类和方式上都享有主动决定权。大陆法系国家和受大陆法系行政法影响的国家和地区,如德国、奥地利、我国台湾地区都是采取的这种规定,我国在立法中已经有所体现,如国家物价局发布的《关于价格违法案件审理工作的规定》(试行)第6条规定:"由承办人对案件进行全面调查,对主要事实、情节和证据进行查对核实,取得必要的证据材料,并查证有关法律、政策等规范性文件,写出调查报告。"

(2)取证方式。目前我国已有的法律规定对调查方式大都规定了应当由两名

---

〔47〕 黄学贤:《中国行政程序法的理论与实践——专题研究述评》,中国政法大学出版社2007年版,第156~157页。

〔48〕 黄学贤:《中国行政程序法的理论与实践——专题研究述评》,中国政法大学出版社2007年版,第176页。

〔49〕 黄学贤:《中国行政程序法的理论与实践——专题研究述评》,中国政法大学出版社2007年版,第179页。

〔50〕 应松年:《当代中国行政法》(下卷),中国方正出版社2005年版,第1369页;黄学贤:《中国行政程序法的理论与实践——专题研究述评》,中国政法大学出版社2007年版,第178、189~190页。

以上的承办人参加，并向被调查人出示有关证件，对证人证言应当制作笔录，经其阅读或向其朗读后确认无误签名。《行政处罚法》第37条第2款规定："行政机关在收集证据时，可以采取抽样取证的方法；在证据可能灭失或者以后难以取得的情况下，经行政机关负责人批准，可以先行登记保存，并应当在七日内及时作出处理决定，在此期间，当事人或者有关人员不得销毁或者转移证据。"

(3)证明要求和证据种类。证明要求在现行法律规范中表述为"确实、充分"，也有学者认为可以借鉴民事诉讼有关证明标准的规定，采取"优势证据标准"。但是也有学者对该标准提出疑问，认为行政程序中的证明标准和民事诉讼中的证明标准有一致的时候，也有不一致的时候，因为某些情况下行政权利义务事关公共利益，必须证据确凿。

关于证据种类，目前主流观点认为可以借鉴行政诉讼的证据种类，将行政证据分为书证、物证、视听资料、证人证言、当事人陈述、鉴定结论、勘验笔录和现场笔录七种。但也有学者提出不同意见，认为我国原《行政诉讼法》所规定的行政诉讼的证据种类本身并不科学，因此对行政程序中的证据可以先不划分明确种类，而是采用准用性条款规定行政证据适用行政诉讼的证据种类，待将来行政诉讼法修改后再规定行政证据的种类。2014年11月1日第十二届全国人民代表大会常务委员会第十一次会议通过的《行政诉讼法》(修正案)第33条规定："证据包括：(一)书证；(二)物证；(三)视听资料；(四)电子数据；(五)证人证言；(六)当事人的陈述；(七)鉴定意见；(八)勘验笔录、现场笔录。以上证据经法庭审查属实，才能作为认定案件事实的根据。"《行政诉讼法》(修正案)在原有规定的基础之上进行了证据种类的更新和完善，可以为行政证据的种类提供划分基础。

除了以上内容以外，我国目前还缺少行政证据制度中的一些重要内容，如对违法证据性质的认定、举证责任、证人资格问题等。

(三)教示制度〔51〕

1. 教示制度的概念

教示制度是指行政主体在进行某项行政行为时，从事前、事中以及救济途径的启动，对行政相对人享有哪些权利、承担哪些义务，如何行使有关权利、履行有关义务以及其他有关事项，负有以书面或口头形式告知相对人并加以指导的义务，若行政主体未履行该项义务而导致行政相对人丧失权利或未履行有关义务而遭受损害，则应承担相应的法律责任的程序制度。

2. 教示制度的意义

教示制度作为指导行政相对人行使权利的一项法律制度，其法律意义主要包

---

〔51〕 黄学贤：《中国行政程序法的理论与实践——专题研究述评》，中国政法大学出版社2007年版，第199～209页。

括以下三个方面:(1)确保行政相对人实现法律知情权。通过向行政相对人说明法定权利、义务的内容、行使或承担方式,为行政相对人充分行使权利或者及时正确地履行义务创造了条件。(2)确保更加高效地实现行政目的。通过告知行政相相对人在行政程序中的要求,可以减少行政机关与行政相对人之间的摩擦,提高行政效率。(3)有益于培养责任行政的法治观念。行政机关不履行教示义务将承担法律责任,这有利于督促行政机关在行政决定过程中严守职责,有助于责任政府的构建。

3. 教示制度的主要内容

教示的主要方式是告知,告知的内容主要有:(1)行政事项的告知。须告知的行政事项包括:拟制行政行为的依据;陈述意见的机会;行政救济的途径和期限。(2)行政行为的告知。行政主体作出行政行为后,只有通过告知才能产生对行政相对人的法律效力,因此行政行为的告知是行政行为生效的必要条件。行政行为的告知有两种方式:一是实际告知,即行政主体当面将作出的行政行为告知行政相对人;二是推定告知,指在行政主体无法当面将行政行为告知行政相对人时,只能通过法定的其他方式实施告知。推定告知的法理基础是行政运作效率的需要。

(四)行政听证制度

1. 行政听证的概念

听证是各国行政程序法的一项核心制度,但是各国在使用该词时,所指的范围有所不同,由此,行政听证的概念可以有广义和狭义两种。广义的行政听证泛指行政主体听取相对人意见的程序,如美国;狭义的行政听证特指行政主体以听证会的形式听取相对人意见的程序,是一种正式听取相对人意见的形式,相当于美国的正式听证,也称审判型听证。我国目前的立法采用的是狭义的行政听证的概念。

2. 我国建立行政听证制度的领域

行政听证在我国并非普遍适用的制度,各领域的行政听证制度是根据单行法的规定确立的,目前确立行政听证制度的领域主要有:(1)行政处罚;(2)行政许可;(3)城市规划;(4)政府价格决策;(5)其他事项:如产业损害调查、保障措施调查、反倾销与反补贴调查、医疗事故技术鉴定等。

3. 我国行政听证制度存在的问题及立法层面的完善设想[52]

(1)存在的问题

我国行政听证制度存在的问题可从两个方面予以分析:第一,形式分析。其一,行政听证制度缺乏统一的立法规定。分散规定势必造成立法资源的浪费,同时造成立法空白与听证规则的不统一。其二,上位阶法律的规定过于原则、抽象,需

---

[52] 应松年:《当代中国行政法》(下卷),中国方正出版社 2005 年版,第 1422 ~ 1424 页。

要下位法律予以具体细化。既造成立法资源的浪费,又造成不同部门、同一部门不同地区对同一事项适用不同的听证规则。第二,制度分析。正式行政听证制度是参照私法诉讼程序设计的行政程序制度,其目的是通过借鉴司法程序构造有利于正确认定事实、保护当事人权利的机制,保障对公民与组织权利有重大影响的决策与决定得以公正作出。因此,行政听证制度必须具备一些基本要素,如听证主持人的中立性、听证代表的遴选机制、听证规则的设计等,否则行政听证制度只是徒具公正程序的外衣而实质流于形式。

(2)立法层面的完善设想

借鉴外国已有的立法经验,对行政听证予以立法层面完善的制度安排是出台统一的行政程序法典,并在其中对正式行政听证作出统一规定,而适用的情形则交由单行法律规定。统一规定的行政听证可以具体分为两种:第一,决定类事项的听证规则。这是针对特定人作出行政决定适用的行政听证,规定应具体,具有可操作性。第二,决策类事项的听证规则。即行政主体制定行政规范所适用的行政听证规则。

(五)说明理由制度

1. 说明理由制度的概念

说明理由制度是指行政主体在作出对行政相对人合法权益产生不利影响的行政行为时,除法律有特别规定外,必须向行政相对人说明其作出该行政行为的事实因素、法律依据以及进行自由裁量时所考虑的政策、公益等因素。[53]

2. 说明理由制度的特征

说明理由制度主要有以下六个的特征:[54](1)附属性。即行政行为说明理由是附带在一个法律上已经成立的行政行为之中的,行政行为是否说明理由不影响该行政行为的成立,但是涉及该行政行为是否有效。(2)伦理性。即行政行为说明理由是行政主体出于法律概念不确定性与案件事实不存在同一性的现实考虑,而就作出行政行为的依据所进行的一种主观法理上的论证,从而充分体现现代行政法治下行政行为以理服人的特点,提高行政相对人对行政行为的可接受度。(3)明确性。即行政主体就行政行为所作出的说明理由在内容上必须明确、清楚,避免行政相对人对理由理解上的歧义。(4)特定性。即只有作出具体行政行为时,对象是特定行政相对人,尤其是不利处分的时候才有必要实施这一制度。(5)程序性。即说明理由是对行政行为的程序性要求,违反说明理由的要求即构成程序违法。(6)法定性。即说明理由制度由法律直接规定。

---

〔53〕 应松年:《当代中国行政法》(下卷),中国方正出版社 2005 年版,第 1385 页。

〔54〕 黄学贤:《中国行政程序法的理论与实践——专题研究述评》,中国政法大学出版社 2007 年版,第 247 页。

3. 说明理由制度的功能〔55〕

根据对现有学者观点的归纳，说明理由制度具有以下功能：(1)有利于提高行政行为的质量，促使行政主体作出决定时慎重考虑行政决定的事实依据和法律依据，减少行政决定的错误。(2)有利于公众了解行政主体对特定事务在事实和法律上的见解和态度，提高其对行政行为预测的可能性。(3)有利于减少行政相对人的对抗情绪，改善其与行政主体的关系，避免对立，提高行政效能。(4)有利于保护相对人的合法权益。(5)有利于复议机关和人民法院从说明的理由中直接查明行政主体作出行政决定的考虑和根据。(6)有利于降低行政成本，节约行政资源。(7)有利于人民法院对以后发生的同类案件有依据可循，促成平等保护。(8)有利于在行政主体采取积极干预过程中，弥补行政裁量权合法性的不足，增进民主正当性，提高行政权威。

（六）行政回避制度

目前我国的行政回避制度散见于多部法律、法规规定之中，如《国家公务员法》、《行政处罚法》、《行政诉讼法》、《国家公务员任职回避和公务回避暂行办法》等。

1. 行政回避制度的概念

行政回避是指行政机关工作人员在行使职权过程中，因其与所处理的事务有利害关系，为保证实体处理结果和程序进展的公正性，根据当事人的申请或行政机关工作人员的请求，有权机关依法终止其职务的行使并由他人代理的一种法律制度。〔56〕

2. 行政回避的理由

从各国行政程序法的规定来看，行政回避的缘由主要有：〔57〕(1)偏见。偏见形成于行政机关工作人员在未了解全部案情之前，或者因其民族、种族、性别等非人为因素而对某些事情形成的看法。(2)利害关系。利害关系是指案件处理的结果影响到负责处理案件的行政机关工作人员的金钱、名誉、友情、亲情等增加或减损。利害关系具体可分为：罚没款与行政机关的收入关系；师生关系、同(学)籍关系以及曾经为同事、上下级关系等。

我国现有法律规定的行政回避理由有：(1)涉及本人利害关系的；(2)涉及本人亲属关系人员的利害关系的；(3)其他可能影响公正执行公务的。

---

〔55〕 黄学贤：《中国行政程序法的理论与实践——专题研究述评》，中国政法大学出版社 2007 年版，第 248 页。

〔56〕 应松年：《当代中国行政法》（下卷），中国方正出版社 2005 年版，第 1351 页。

〔57〕 应松年：《当代中国行政法》（下卷），中国方正出版社 2005 年版，第 1353 ~ 1355 页。

3. 回避范围[58]

回避范围是指那些与行政机关工作人员有利害关系的人作为案件当事人时,行政机关工作人员应当回避。回避范围一般包括:(1)当事人中有其亲属的。对亲属的范围,各国的规定不尽一致,如奥地利《行政程序法》将配偶、血亲、姻亲之尊卑亲属侄(甥),或其他更近之血亲或同等之姻亲列为亲属;我国台湾地区的"行政程序法"规定的亲属包括:其配偶、前配偶、四亲等内之血亲或三亲等内之姻亲。我国《公务员法》第68条第1款规定的亲属关系是指:夫妻关系、直系血亲关系、三代以内旁系血亲关系以及近姻亲关系。(2)与当事人的代理人有亲属关系的。(3)在与本案有关的程序中担任过证人、鉴定人的。(4)与当事人之间有监护关系的。(5)当事人为社团法人、行政机关工作人员作为其成员之一的。(6)与当事人有公开敌意或亲密友谊的。(7)其他有充分证据可以证明行政机关工作人员不能公正处理案件的。

4. 回避程序

回避程序各国一般都分为自行回避和申请回避。自行回避的程序包括:请求;审查;决定。申请回避的程序包括:申请;审查;决定。

5. 我国行政回避制度的缺陷[59]

总的来说,我国行政回避制度相较于西方法治发达国家还比较落后,主要体现为:(1)相关回避规定空置化。如在行政执法实践中,自行回避很少发生,申请回避也经常被行政主体以各种理由予以拒绝。(2)违反回避义务的法律后果不明确。(3)浓厚的伦理人情传统对行政回避构成了挑战。

---

〔58〕 应松年:《当代中国行政法》(下卷),中国方正出版社2005年版,第1355~1357页。

〔59〕 黄学贤:《中国行政程序法的理论与实践——专题研究述评》,中国政法大学出版社2007年版,第270页。

第六章　抽象行政行为:行政立法与行政规范

第一节　行 政 立 法

一、行政立法的概念

(一)行政立法的含义

1. 我国行政立法的含义

行政立法是具有中国特色的概念,学界关于行政立法的含义可以分为实质意义的理解和形式意义的理解。实质意义的理解又分为广义和狭义两种。广义的行政立法是指有权机关制定的有关行政管理的规范性文件的活动;[1] 狭义的行政立法将行政立法区别于抽象行政行为,认为行政立法是指有关国家机关制定行政法律规范的立法行为。[2] 形式意义上的行政立法是指特定的国家行政机关从事立法的活动,在我国就是指国家行政机关依照法律规定的权限和程序,制定行政法规和行政规章的活动。[3]

目前,形式意义上的行政立法是我国学界的通说,本书也采用此观点。需要说明的是,作为行政行为的行政立法,我国行政法学界所给出的含义多是动词意义上的,即"活动说",但是在论述相关问题时,也会在名词的意义上使用该概念,即"结果说",以行政立法来指代行政法规和行政规章。本书主要在动词意义上使用行政立法。

2. 国外有关行政立法的概念

(1)英国

英国由行政机关制定成文法律文件的行为称为委任立法,也可译为代理立法,意为由行政机关接受议会的委托进行立法的活动,这是英国奉行议会至上原则的结果。其实,在英国,委任立法不仅包含行政立法,也包括由议会下院单独授权进

---

〔1〕 王周户等:《行政法》,法律出版社 2007 年版,第 188 页。

〔2〕 胡建淼:《行政法学》(第二版),法律出版社 2003 年版,第 227 页。

〔3〕 罗豪才、湛中乐:《行政法学》(第二版),北京大学出版社 2006 年版,第 143 页。

行的委任立法[4]和权力下放地区的委任立法，同时，很多情况下，行政方面所实施的立法活动也并没有明确的委任或者授权。另外，英国的委任立法也并不完全是行政机关的立法，“因为行政机关制定的成文法律文件最终命运不掌握在政府手里，就像政府向议会提出的法律草案的命运至少在形式上看最终不掌握在政府手中一样”。[5] 英国的委任立法与议会立法虽然同属成文法，但是在法律效力上却属于次级立法，要接受普通法院的司法审查。

(2)美国

《美国联邦程序法》第551节将行政行为分为两大类，即法规(rule)和裁决(adjudication)，行政程序法中关于法规的定义是在参考传统理论的基础上确定的，其第551节第4款规定：“法规是指行政机关为了执行、解释或者规定法律或者政策，或者为了规定机关的组织、程序或者活动的规则而颁布的具有普遍适用性或特殊适用性而且对未来有拘束力的文件或一部分……”由于分权原则是美国宪法的核心原则，因此美国将行政机关制定法规的行为称为委任立法，意指行政机关的立法权来自于国会的授权和委托。[6]

(3)法国

法国行政机关制定的法律规范包括条例和法令。条例是指具有普遍约束力的命令和规定，命令是由总统和总理制定的规则；规定则是指其他行政机关所制定的规则。法令是法律特别授权时所指定的特别条例，或者总统在紧急情况时所制定的某些紧急条理，也是行政机关所制定的普遍性规则。在法国，条例的制定主体由宪法和法律规定，包括：总统、总理、部长、省长、市长和地方议会、其他独立存在的行政机关和公务法人、负有执行公务使命的私人团体。[7]

(4)德国

在德国，由行政机关发布的法律规范称为法规命令。另外，公法人为了管理自己的事务而制定的法律规范称为规章。法规命令与规章都是德国的法律渊源，它们与议会立法的区别仅仅是立法主体的不同。由于行政机关制定法规命令涉及分权原则，为了不破坏该原则，行政机关制定法规命令必须根据正式法律的授权。《基本法》第80条第1款要求根据范围、目的和内容来确定法律授权，但是仍然需

---

[4] 英国的委任立法通常是指有英国议会委托出的主权立法权力，议会是指女王及上下两院共同组成的三位一体的立法主体和批准程序，因此由议会下院委托出的权力是委托权力，与议会的委任立法不同。具体说明参见张越编著：《英国行政法》，中国政法大学出版社2004年版，第551~552页。

[5] 张越：《英国行政法》，中国政法大学出版社2004年版，第553页。

[6] 王名扬：《美国行政法》，中国法制出版社1995年版，第347~351页。

[7] 王名扬：《法国行政法》，中国政法大学出版社1988年版，第139~149页。

要议会对重要问题作出决定，明示制定法规命令的范围和方向。[8]

(5)我国台湾地区

在台湾地区的学理上，将行政机关或基于法律授权，或基于职权，就一般性事项所订定发布的抽象性规范成为行政命令。受德国行政法的影响，学说上逐渐将行政命令按效力的范围分为法规命令和行政规则，前者指基于法律授权，具有对外法律效力者；后者指行政机关依权限订定，并不具有对外法律效力仅具有对内效力者。[9] 可见，我国台湾地区对外发生法律效力的法规命令与中国内地的行政立法相近。

(二)行政立法的特征

行政与立法的双重属性是行政立法最突出的特征。

1.行政立法的行政属性

行政立法的行政性主要表现为：(1)行政立法的主体是行政主体，特别是在我国现阶段，行政立法的主体还只限于行政机关，这是行政立法形式上的特征。(2)行政立法的内容是行政管理事项。行政立法的内容与行政主体的行政职权密切相关，行政立法是行政主体行使行政职权的手段。(3)行政立法的目的是实现行政管理。

2.行政立法的立法属性

(1)行政立法是行政主体创制具有普遍约束力行为规则的行为。行政立法是行政主体以国家名义为社会主体创制行为规则的行为，具有权威性和严肃性，这与行政主体执行法律规定，处理行政事务的具体行政行为不同。(2)行政立法所创制的规范性文件属于法律的范畴。行政立法所创制的行政法规、行政规章具有普遍性、规范性和强制性，符合法律的特征，为我国《立法法》所承认，属于我国法律体系的组成部分。(3)行政立法所遵循的程序是立法程序。行政立法所遵循的程序以《立法法》为依据，由专门的法律规范予以规定，如《行政法规制定程序条例》和《规章制定程序条例》，这些法律规范所规定的程序属于立法程序，与规范一般行政行为的行政程序不同。

二、行政立法的分类

(一)职权行政立法与授权行政立法

这是根据行政立法权的来源进行的分类。职权行政立法是行政主体直接根据宪法和组织法规定的职权所进行的行政立法。如我国《宪法》第89条第1项规定："国务院行使下列职权：(一)根据宪法和法律，规定行政措施，制定行政法规，发布

---

[8] [德]哈特穆特·毛雷尔：《行政法学总论》，高家伟译，法律出版社2000年版，第58～62页。

[9] 参见叶俊荣："行政命令"，载翁岳生主编：《行政法(2000)》(上册)，中国法制出版社2002年版，第525、533页。

决定和命令";第 90 条第 2 款规定:"各部、各委员会根据法律和国务院的行政法规、决定、命令,在本部门的权限内,发布命令、指示和规章。"授权行政立法又分为普通授权行政立法和特别授权行政立法。普通授权立法是指行政主体根据宪法、组织法以外的法律、法规的授权所进行的行政立法。如我国《水污染防治法》第 61 条规定:"国务院环境保护部门根据本法制定实施细则,报国务院批准后施行。"特别授权行政立法是指行政主体根据最高国家权力机关的特别授权而进行的行政立法。例如,1983 年 9 月全国人大常委会通过的《关于授权国务院对职工退休退职办法进行部分修改和补充的决定》;1985 年 4 月第六届全国人大第三次会议通过的《关于授权国务院改革工商税制和发布试行有关税收条例(草案)的决定》。

我国有学者并不同意将行政立法分为职权立法和授权立法,认为行政立法只能是授权立法,并不存在职权立法。其理由是,根据传统宪法原理,行政机关并没有固定的立法权,根据宪法、组织法、立法法的规定,也不能推论出行政立法行为,而只能说明国务院、国务院各部委及有权地方人民政府在其权限内有权制定行政法规或行政规章,国务院制定行政法规还是必须根据宪法和法律;其他行政立法主体制定行政规章还是必须根据法律和行政法规。没有"根据",没有上位法和特别授权,就不能进行行政立法活动,因此所有行政立法都是授权立法。该观点进而将行政立法区分为一般授权行政立法和特别授权行政立法,这里所谓的一般授权行政立法是指国家行政机关直接依据宪法和有关组织法规定的职权制定行政法规和行政规章的活动。特别授权行政立法是指依据特定法律、法规授权或者依据国家权力机关或上级国家行政机关通过专门决议的委托,制定规范性文件的行为。[10]

有学者认为,上述两种观点实际上体现了不同的宪法解释,都反映了中国法制实践的需要。肯定职权行政立法的观点看到了中国行政管理存在大量法律空白的现实,而坐等人大立法或人大授权又无法满足实践中行政管理的需要;否定职权行政立法的观点担忧的是其可能给公民权利和自由带来危害。但是两种观点所指向的行政立法的实践范围并无实质区别,对实际的行政立法过程来说也没有多大的指导作用,所以应该搁置这种观点上的争议,着眼于完善行政立法的制定程序和监督机制。[11]

从国外有关行政立法的分类来看,也并不都是一味否认职权行政立法的,是否承认职权行政立法与国家的宪法原则息息相关。议会至上是英国宪法的核心原则,因此除政府根据英王特权所制定的极小范围事项外,行政机关的立法绝大多数都要通过议会的授权,并且要经过议会的批准,同时还要接受普通法院的司法审查。美国奉行权力分立,"联邦宪法规定全部立法权力属于国会,行政机关通过制

---

〔10〕 罗豪才、湛中乐:《行政法学》(第二版),北京大学出版社 2006 年版,第 145 ~ 147 页。

〔11〕 应松年:《行政法与行政诉讼法学》(上),中国法制出版社 2009 年版,第 292 页。

定法规决定公民的权利和义务,是行使立法权力,这种权力只能由国会委任。因此美国行政机关所制定的具有拘束力的法规,几乎全是委任立法”。[12] 法国宪法对国会和行政机关的立法权限有明确的划分,《宪法》第 34 条规定了国会的立法事项;同时第 37 条规定,凡是第 34 条列举范围以外的事项都属于行政机关制定条例的事项,这属于行政机关制定的自主条例;法国政府还可以根据《宪法》第 21 条制定确保法律执行的执行性条例、根据《宪法》第 16 条制定紧急条例。德国的行政立法分为法规命令和规章,“行政机关制定法规命令不是根据自己的权利,而是根据正式法律的授权,也就是说根据议会的授权。并且以立法的方式进行”,[13] 可见德国法规命令属于职权立法;规章是公法人为了管理自己的事务而制定的法律规范,制定主体包括乡镇、县、市等地方自治政府以及其他的自治公法人,规章“……与法规命令的不同之处在于——规章的制定不需要法律的特别授权”。[14]

(二)中央行政立法和地方行政立法

根据行使行政立法权的主体不同,可分为中央行政立法和地方行政立法。这也是现在主流行政法学教材所承认的分类之一。中央行政立法是指中央行政机关进行行政立法的活动,包括国务院制定行政法规的活动和国务院所属的各部、委、直属机构制定行政规章的活动。地方行政立法是指地方行政机关进行行政立法的活动,包括省级人民政府和设区的市级、自治州人民政府制定行政规章的活动。这种分类的意义在于明确中央行政立法与地方行政立法的效力范围不同。

(三)执行性行政立法、补充性行政立法和自主性行政立法

这是根据行政立法的目的和内容所进行的分类,也是对我国立法分类方法进行的借鉴。执行性行政立法是指行政主体为了执行特定法律、法规或上级的规范性文件而进行的行政立法;补充性行政立法是指行政主体为了补充特定法律、法规或上级的规范性文件而进行的行政立法;自主性行政立法是指行政主体为了履行其职责和出于实际需要而进行的、独立自主的行政立法。

也有学者将补充性立法和自主性立法统一到“创制性行政立法”中,与执行性行政立法并列。[15]

三、行政立法体制

行政立法体制是指国家行政立法主体的结构体系及立法权限的划分。

(一)行政立法主体

根据《宪法》、相关组织法和《立法法》的有关规定,我国现有的职权行政立法

---

〔12〕 王名扬:《美国行政法》,中国法制出版社 1995 年版,第 352 ~ 353 页。

〔13〕 [德]哈特穆特·毛雷尔:《行政法学总论》,高家伟译,法律出版社 2000 年版,第 59 页。

〔14〕 [德]哈特穆特·毛雷尔:《行政法学总论》,高家伟译,法律出版社 2000 年版,第 61 页。

〔15〕 应松年:《行政法与行政诉讼法学》,法律出版社 2005 年版,第 132 页。

主体按照级别可以分为中央行政立法机关和地方行政立法机关两种。

1. 中央行政立法机关

(1)国务院。国务院是我国最高行政机关,《宪法》第89条第1项规定:"国务院行使下列职权:(一)根据宪法和法律,规定行政措施,制定行政法规,发布决定和命令";《国务院组织法》第3条规定:"国务院行使宪法第八十九条规定的职权";《立法法》第65条第1款规定:"国务院根据宪法和法律,制定行政法规"。因此,国务院享有根据宪法和法律制定行政法规的权力。并且,根据《立法法》第88条第2款的规定,行政法规的效力高于地方性法规、规章,在行政立法的效力位阶中处于最高的位置。

(2)国务院各部、委员会、具有行政管理职能的直属机构。国务院各部、委员会、具有行政管理职能的直属机构是中央行政机关。《宪法》第90条第2款规定:"各部、各委员会根据法律和国务院的行政法规、决定、命令,在本部门的权限内,发布命令、指示和规章";《国务院组织法》第10条规定:"……根据法律和国务院的决定,主管部、委员会可以在本部门的权限内发布命令、指示和规章";《立法法》第80条第1款规定:"国务院各部、委员会、中国人民银行、审计署和具有行政管理职能的直属机构,可以根据法律和国务院的行政法规、决定、命令,在本部门的权限范围内,制定规章。"这种规章又称为部门规章。

2. 地方行政立法机关

(1)省、自治区、直辖市人民政府。我国《地方各级人民代表大会和地方各级人民政府组织法》(第三次修正)(以下简称《地方组织法》)第60条第1款规定:"省、自治区、直辖市的人民政府可以根据法律、行政法规和本省、自治区、直辖市的地方性法规,制定规章,报国务院和本级人民代表大会常务委员会备案……";《立法法》第82条第1款规定:"省、自治区、直辖市和设区的市、自治州的人民政府,可以根据法律、行政法规和本省、自治区、直辖市的地方性法规,制定规章。"根据《立法法》第91条的规定,部门规章具有同等效力,在各自的权限范围内施行。

(2)设区的市的人民政府。《地方组织法》第60条第1款规定:"……省、自治区的人民政府所在地的市和经国务院批准的较大的市的人民政府,可以根据法律、行政法规和本省、自治区的地方性法规,制定规章,报国务院和省、自治区的人民代表大会常务委员会、人民政府以及本级人民代表大会常务委员会备案。"《立法法》第82条第1款规定:"省、自治区、直辖市和设区的市、自治州的人民政府,可以根据法律、行政法规和本省、自治区、直辖市的地方性法规,制定规章。"地方行政立法主体,即省、自治区和直辖市人民政府、设区的市的人民政府以及不设区的广东省东莞市和中山市、甘肃省嘉峪关市、海南省三沙市人民政府,其所制定的法律规范性文件称为地方政府规章。根据《立法法》第89条第2款和第91条的规定,省、自治区的地方政府规章的效力高于本行政区内的设区的市、自治州的地方政府规章；部门规章与地方政府规章之间具有同等效力，在各自的权限范围内施行。

（二）行政立法权限划分

1. 法律保留和法律优先

法律保留和法律优先是法治国家的重要原则。法律保留原则“亦即积极意义之依法行政原则，系指行政权之行动，仅于法律有授权之情形，始得为之，换言之，行政欲为之特定行为，必须有法律之授权依据”；而法律优先原则也称法律优越原则，“亦即消极意义之依法行政原则，系指一切行政权之行使，不问其为权力的或非权力的作用，均应受现行法律之约束，不得有违反法律之处置而言”。〔16〕一般认为，法律保留原则与法律优先原则共同构成依法行政原则，但是法律保留原则要求比法律优先原则要更加严格，“优先原则只是（消极地）禁止违反法律，而保留原则是（积极地）要求行政活动具有法律依据。在法律出现缺位时，优先原则并不禁止行政活动，而保留原则排除任何行政活动”。〔17〕

我国的行政立法理应适用这两个原则，这两个原则同时体现了法律与其他法律规范，包括行政立法的立法权限划分。我国《立法法》对这两个原则都有所规定。

（1）法律保留。根据《立法法》第 8 条的规定，下列事项只能制定法律：国家主权事项；各级人民代表大会、人民政府、人民法院和人民检察院的产生、组织和职权；民族区域自治制度、特别行政区制度、基层群众自治制度；犯罪和刑罚；对公民政治权利的剥夺、限制人身自由的强制措施和处罚；税种的设立、税率的确定和税收征收管理等税收基本制度；对非国有财产的征收、征用；民事基本制度；基本经济制度以及财政、海关、金融和外贸的基本制度；诉讼和仲裁制度；必须由全国人民大表大会及其常务委员会制定法律的其他事项。同时《立法法》第 9 条还规定了授权行政立法的保留事项，即“本法第八条规定的事项尚未制定法律的，全国人民大表大会及其常务委员会有权作出决定，授权国务院可以根据实际需要，对其中的部分事项先制定行政法规，但是有关犯罪和刑罚、对公民政治权利的剥夺和限制人身自由的强制措施和处罚、司法制度等事项除外”。

（2）法律优先。我国《立法法》第 87 条规定：“宪法具有最高的法律效力，一切法律、行政法规、地方性法规、自治条例和单行条例、规章都不得同宪法相抵触”；第 88 条第 1 款规定：“法律的效力高于行政法规、地方性法规、规章。”可见，在我国法律体系中，宪法具有最高的法律效力，全国人大和全国人大常委会制定的法律的效力位阶仅次于宪法，高于行政法规和规章，在适用上行政法规和行政规章不得与

---

〔16〕 法律保留原则与法律优先原则之定义均系转引自陈清秀：“依法行政与法律适用”，载翁岳生：《行政法（2000）》，中国法制出版社 2002 年版，第 172 页。

〔17〕 ［德］哈特穆特·毛雷尔：《行政法学总论》，高家伟译，法律出版社 2000 年版，第 104 页。

法律相抵触。

综上,可以将我国法律与行政立法的权限划分原则总结为:在法律保留的事项范围内,适用法律保留原则,行政立法只能根据法律的规定而制定,法律没有规定时,除非授权,否则不得进行行政立法;在法律保留的事项范围外,适用法律优先原则,法律没有规定的,行政立法可以进行规定,法律有规定的,行政立法不得与法律规定相抵触,以前法律没有规定而后出台相关规定的,行政立法必须根据新规定进行修改或者废止。

2. 行政法规与地方性法规的立法权限划分

行政法规与地方性法规的立法权限划分实际上是中央行政机关与地方权力机关立法限权的划分,而其划分的前提是中央与地方的分权。由于我国是单一制国家,除了民族区域自治地方和特别行政区外,并不承认一般地方行政区域与中央的分权,因此行政法规与地方性法规的立法权限划分并不清晰。从《立法法》的规定来看,该法第 65 条第 2 款规定:“行政法规可以就下列事项作出规定:(一)为执行法律的规定需要制定行政法规的事项;(二)宪法第八十九条规定的国务院行政管理职权的事项”;该法第 73 条规定:“地方性法规可以就下列事项作出规定:(一)为执行法律、行政法规的规定,需要根据本行政区域的实际情况作具体规定的事项;(二)属于地方性事务需要制定地方性法规的事项。”可见,从立法种类来看,目前行政法规和地方性法规都可以分为执行性立法和自主性立法两种,而在执行性立法中,行政法规可以成为地方性法规的立法根据;在法律、行政法规没有规定的情况下。地方性法规可以对属于地方性的事务进行规定。

其实,在实行地方分权的国家,中央与地方分权的最主要表现形式就是赋予地方充分的立法自主权,而划分中央与地方立法权限的标准并不是根据立法事项的重要性,而是根据立法事项所涉及的范围。凡属于全国性事务或者事项范围超出地方行政区域的,就属于中央立法事项;如果立法事项没有超过地方行政区域的范围,就由地方行使立法权。划分中央与地方立法权的立法技术可以借鉴法律保留和法律优先原则,明确规定中央专有立法事项,在专有事项范围内,非经授权,地方不得立法;在专有立法事项范围之外,中央立法优先。

3. 行政法规与规章的立法权限划分

(1)行政法规与部门规章

行政法规的制定主体(国务院)是部门规章制定主体(国务院各部门、委员会、直属机构)的上级行政机关,国务院是综合性行政机关,各部门、委员会和直属机构是专职性行政机关。因此,行政法规与部门规章的立法权限划分相对比较容易。《立法法》第 80 条第 2 款规定:“部门规章规定的事项应当属于执行法律或者国务院的行政法规、决定、命令的事项。没有法律或者国务院的行政法规、决定、命令的依据,部门规章不得设定减损公民、法人和其他组织权利或者增加其义务的规范,不得增加本部门的权力或者减少本部门的法定职责。”该法第 81 条规定:“涉及两个以上国务院部门职权范围的事项,应当提请国务院制定行政法规或者由国务院有关部门联合制定规章。”可见,制定部门规章只能是执行性行政立法,并且以自己的职权范围为限,超出自己部门职权范围的事项应该制定行政法规或者由有关国务院部门联合制定规章。

(2)行政法规与地方政府规章

国务院是中央人民政府,是地方政府规章制定主体的最高行政领导,划分行政法规和地方政府规章的立法权限也涉及中央与地方的立法分权。《立法法》第 82 条第 2 款规定:“地方政府规章可以就下列事项作出规定:(一)为执行法律、行政法规、地方性法规的规定需要制定规章的事项;(二)属于本行政区域的具体行政管理事项。”可见,对于行政法规和地方政府规章来说,行政立法的权限都包括两类:执行性立法和自主性立法,除了在执行性立法事项中,地方政府规章应该是以行政法规为依据以外,对地方本行政区域内的行政管理学事项,由相应地方政府制定自主性的地方政府规章。

《立法法》第 82 条第 3 款规定:设区的市、自治州的人民政府在上述立法权限范围内制定地方政府规章,限于城乡建设与管理、环境保护、历史文化保护等方面的事项。而以往拥有立法权的较大的市人民政府已经制定的地方政府规章,涉及上述事项范围以外的,继续有效。《立法法》第 82 条第 6 款规定,“没有法律、行政法规、地方性法规的依据,地方政府规章不得设定减损公民、法人和其他组织权利或者增加其义务的规范”。

4. 部门规章与地方政府规章的立法权限划分

部门规章的制定主体是中央的专职性行政机关,地方政府规章的制定主体是特定级别的地方人民政府,是地方综合性行政机关,两者的立法权限划分与两者的行政管理权限息息相关,既有分工又有交叉。分工在于国务院各部门、委员会和直属机构负责特定行业的全国的行政管理,而地方人民政府负责地方综合性的行政管理事务;交叉在于地方人民政府在进行地方综合性行政管理事务时,必然会涉及相关专业性的行业管理,因此也可能出台地方政府规章从而与部门规章形成交叉和重合,这时就会涉及两者的冲突与解决。《立法法》第 91 条规定:“部门规章之间、部门规章与地方政府规章之间具有同等效力,在各自的权限范围内施行”;第 95 条第 1 款第 3 项规定:“部门规章之间、部门规章与地方政府规章之间对同一事项规定不一致时,由国务院裁决。”

值得注意的是,根据《立法法》对部门规章和地方政府规章立法权限的规定,部门规章只有执行性立法,而地方政府规章既包括执行性立法,也包括自主性立法,因此地方政府规章的立法权限比部门规章的立法权限更加宽泛。

5. 部门规章与地方性法规的立法权限划分

部门规章的立法主体是中央的专职性行政机关,地方性法规的立法主体是特定级别的地方人大及其常委会,两者的性质不同,立法权限也就有所不同。相比较而言,部门规章的立法权限受到比较大的限制,在种类上只能进行执行性立法,而且一定是全国性的特定行业的行政管理事项;而地方性法规既有执行性立法也有自主性立法,且一定是地方性事务,也不一定是行政管理事务,可能也会涉及地方其他性质的事务。

四、行政立法的程序

关于行政立法的程序,我国已经出台了《行政法规制定程序条例》、《规章制定程序条例》和《法规规章备案条例》,学者将这些规范所规定的行政立法程序总结为以下步骤。[18]

(一)立项

立项就是行政立法机关将需要起草的行政法规和规章确定为本年度的行政立法项目。立项要经过三个步骤:

1. 报送立项申请。国务院有关部门向国务院报送行政法规立项申请;国务院内设机构或其他机构向所在部门报送部门规章立项申请;省、自治区、直辖市和设区的市、自治州人民政府所属工作部门向省、自治区、直辖市和设区的市、自治州的人民政府报送地方政府规章立项申请。报送立项申请的时间是在每年年初编制立法工作规划之前,报送的要求是在申请中说明立法项目所要解决的问题、依据的方针政策和拟确立的主要制度。

2. 拟订年度立法工作计划。行政立法机关的法制机构对立项申请进行汇总并拟订年度立法工作计划。

3. 行政立法机关审核批准。

(二)起草

1. 组织起草。行政法规由国务院的一个或几个部门具体负责起草,也可以由国务院法制工作机构起草或组织起草;部门规章由一个或几个内设机构具体负责起草,也可以由其法制工作机构起草或组织起草;地方政府规章可以由一个或者几个部门具体负责起草,也可以由政府法制工作机构起草或组织起草。部门规章或地方政府规章的起草可以邀请有关专家、组织参加,也可以委托有关专家、组织起草。

2. 调查、听取意见。行政立法应该进行调查研究,也应该广泛听取有关机关、组织、专家和公众的意见。听取意见的方式有召开座谈会、论证会、听证会等。如

---

〔18〕 董皞:"行政立法",载应松年主编:《当代中国行政法》(上卷),中国方正出版社2005年版,第579~581页。

果起草的规章直接涉及公民、法人或其他组织的切身利益，有关机关、组织或者公民有重大意见分歧的，还应当向社会公布，征求社会各界的意见；也可以举行听证会，听证会应当制作笔录，在报送草案送审稿时，应当说明对听证会意见的处理情况和理由。

3. 协商。行政立法涉及其他主管部门的业务或与其他部门关系密切，应当与有关部门进行协商，经协商不能达成一致意见的，应当在报送草案送审稿时说明情况和理由。

（三）审查

由行政立法机关的法制工作机构负责送审稿的审查工作。审查的步骤有：

1. 审查送审稿。审查的内容包括：（1）是否符合宪法、法律和上位法的规定；（2）是否体现切实保障公民、法人和其他组织合法权益的精神；（3）是否体现科学规范行政行为、促进政府职能转变的改革精神；（4）是否与有关的行政法规或规章协调；（5）是否正确处理有关机关、组织和公民对送审稿主要问题的意见；（6）是否符合立法技术要求。

有下列情形的，可以缓办或退回起草单位：（1）制定条件不成熟的；（2）有关部门或机构对送审稿的主要制度存在较大争议，起草单位未与之进行协商的；（3）送审稿没有起草单位负责人签名，或者所附材料不符合要求的。

2. 书面征求意见。法制机构应当就送审稿涉及的主要问题发送有关机关、组织和专家征求意见。

3. 实地调研。法制机构应深入基层实地调研，听取基层有关机关、组织和公民的意见。

4. 研究论证。对送审稿所涉及的重大疑难问题，应该召开座谈会、论证会。

5. 举行听证会。直接涉及公民、法人或其他组织的切身利益，有关机关、组织或者公民有重大意见分歧，且起草单位未举行听证会的，法制工作机构应举行听证会。

6. 协调。有关部门或机构对送审稿涉及的主要制度或措施、管理体制、权限分工等有不同意见的，法治工作机构应当进行协调，协调不成的，报行政立法机关决定。

7. 形成草案。法制机构形成草案和对草案的说明，由法制工作机构负责人签署，提出提请行政立法机关审议的建议。

（四）决定和公布

1. 审议或审批。行政法规草案由国务院常务会议审议或者由国务院审批；部门规章草案由国务院部门的部务会议或者委员会会议审议；地方政府规章由地方政府的常务会议或者全体会议审议。

2. 形成草案修改稿。法制工作机构根据审议意见形成草案修改稿。

3. 签署公布。行政法规或者行政规章由行政立法机关负责人(国务院总理、部门首长、省长、自治区主席、市长)签署公布。行政法规签署公布后应及时在国务院公报和中国政府法制信息网以及在全国范围内发行的报纸上刊载;部门规章签署公布后应及时在部门公报或者国务院公报和中国政府法制信息网以及在全国范围内发行的有关报纸上刊载;地方政府规章签署公布后应及时在本级人民政府公报和中国政府法制信息网以及在本行政区域范围内发行的有关报纸上刊载。在公报上刊登的行政法规和行政规章的文本为标准文本。

(五)备案

1. 报送备案。行政法规和规章应当在公布之日起30日内报送备案。行政法规报送全国人大常委会备案;部门规章和省、自治区、直辖市的地方政府规章报国务院备案;设区的市、自治州的地方政府规章报国务院备案,同时报省、自治区人大常委会和人民政府备案。报送行政法规和规章备案时,应提交备案报告、行政法规和规章文本以及说明,并按照规定的格式装订成册,一式十份。

2. 备案登记。报送备案的行政法规和规章制定主体和程序合法,且报送的内容符合备案要求的,备案机关的法制工作机构予以备案登记;行政法规和规章制定主体和程序不合法的,不予备案登记;制定主体和程序合法,但报送的材料不符合备案要求的,暂缓备案登记。

3. 审查建议。国家机关、社会团体、企业事业组织、公民认为行政法规和规章与上位法相抵触的,可以向备案机关提出审查建议。

4. 审查。备案机关对行政法规和规章的以下内容进行审查:(1)是否超越权限;(2)下位法是否违反上位法;(3)规章的内容是否适当;(4)是否违反法定程序。

5. 审查后的处理。全国人大常委会认为行政法规同宪法与法律相抵触的,可以向国务院提出书面审查意见,也可以由法律委员会与有关专门委员会召开联合审查会议,要求国务院到会说明情况,再向国务院提出书面审查意见。国务院应该在两个月内研究提出是否修改的意见,并向全国人大法律委员会和有关专门委员会反馈。全国人大法律委员会和有关专门委员会审查认为行政法规同宪法和法律相抵触而国务院不予修改的,可以向全国人大常委会委员长会议提出书面审查意见和予以撤销的议案,由委员长会议决定是否提请常务委员会会议审议。

规章超越权限、违反法律、行政法规的规定,或者规定不适当的,由国务院法制工作机构建议制定机关自行纠正;或者由国务院法制工作机构提出处理意见报国务院决定,并通知制定机关。

当下,我国行政立法的突出问题是行政立法主体利用行政立法权谋求和巩固部门利益或者地方利益,从而造成规章丛生和立法冲突。对于这一核心问题,民主科学的行政立法程序是重要的制约机制。但是我国目前的行政立法程序民主性或公众的参与性不足，相对人缺乏对行政立法的立法动议权、公众参与机制不够细化等。[19] 民主的立法程序是民主的行政立法的保证，只有彻底改变现有行政立法程序中的本位主义和封闭主义，才能从根本上解决行政立法的部门利益保护和地方利益保护问题。

五、行政立法的监督

（一）国外的行政立法监督

1. 行政立法的监督主体主要包括立法机关和司法机关。立法机关的监督主要是授权主体对受权主体的监督，这种监督制度通常在授权法中就有规定；英美法系国家，司法机关在对普通立法进行监督的同时，也对授权立法进行监督，监督的基本途径就是司法审查；大陆法系国家，由宪法法院和行政法院等专门机关对授权立法进行审查，也可以归为司法监督。

2. 行政立法的监督内容通常包括程序监督和实体监督。程序监督是审视授权主体的授权是否符合法定程序，特别是审视受权主体根据授权进行立法是否合乎授权法所规定的特别程序；实体监督主要是审视授权立法中两方面的主体是否超越职权、是否滥用职权和是否不尽职守。

3. 行政立法的监督形式主要包括批准制度、备案制度、撤销制度和诉讼制度。[20]

国外的行政立法监督呈现出以下特点：[21] 第一，在各种监督形式中，法院监督最为重要。无论是英美法系国家还是大陆法系国家，虽然也有其他机关的监督，但是法院的监督都发挥着最重要的作用。第二，法院对行政立法的监督均包括形式审查和实质审查两个方面。第三，英美法系国家由普通法院对行政立法进行审查；大陆法系国家则有专门机关对行政立法进行审查，专门机关包括宪法法院、宪法委员会、行政法院。第四，英美法系国家普通法院对行政立法的审查只有间接审查，即公民只能附带提起行政立法的审查；大陆法系国家专门机关对行政立法的审查既有间接审查也有直接审查。

（二）我国现行立法监督机制

对行政立法的监督通常分为对行政立法过程的监督（事中监督）和对行政立法结果的监督（事后监督）。对行政立法过程的监督在上一问题已经进行了介绍，这里只就行政立法结果的监督进行介绍。我国行政立法的监督方式主要有

---

〔19〕 有关行政立法程序的缺陷总结参见黄学贤：《中国行政法学专题研究述评（2000—2010）》，苏州大学出版社 2010 年版，第 160～161 页。

〔20〕 周旺生：《立法学》（第二版），法律出版社 2009 年版，第 313～314 页。

〔21〕 董皞："行政立法"，载应松年主编：《当代中国行政法》（上卷），中国方正出版社 2005 年版，第 588 页。

以下几种。

1. 备案

“立法主体将所制定或所批准的法报送法定国家机关登记存档，以接受后者的监督，这种情形即为立法监督意义上备案”。[22]《立法法》第 98 条规定：“行政法规、地方性法规、自治条例和单行条例、规章应当在公布后的三十日内依照下列规定报有关机关备案：（一）行政法规报全国人民代表大会常务委员会备案……（四）部门规章和地方政府规章报国务院备案；地方政府规章应当同时报本级人民代表大会常务委员会备案；设区的市、自治州的人民政府制定的规章应当同时报省、自治区的人民代表大会常务委员会和人民政府备案。”备案是我国最广为适用的立法监督形式。

2. 适用裁决

适用裁决与立法冲突紧密相连。由于我国采用的是中央统一领导和一定程度分权的，多级并存、多类结合的立法体制，[23]立法主体众多，层级复杂，这使得我国的法律规范必然具有极为复杂的效力位阶，有上位法与下位法，也有同位法，法律规范的冲突不可避免，因此适用裁决成为我国行政立法监督制度的重要一环。根据《立法法》第 88 条、第 89 条和第 91 条的规定，行政法规的效力高于地方性法规、规章；部门规章之间、部门规章与地方政府规章之间具有同等效力。但是《立法法》对于部门规章与地方性法规之间的效力位阶并未加以规定，另外具有同等效力的规章之间也会在适用时发生冲突，因此需要裁决，而在裁决适用的同时也起到了对相关行政立法的监督作用。

《立法法》第 95 条规定：“地方性法规、规章之间不一致时，由有关机关依照下列规定的权限作出裁决：（一）同一机关制定的新的一般规定与旧的特别规定不一致时，由制定机关裁决；（二）地方性法规与部门规章之间对同一事项的规定不一致，不能确定如何适用时，由国务院提出意见，国务院认为应当适用地方性法规的，应当决定在该地方适用地方性法规的规定；认为应当适用部门规章的，应当提请全国人民代表大会常务委员会裁决；（三）部门规章之间、部门规章与地方政府规章之间对同一事项的规定不一致时，由国务院裁决。”

3. 审查

我国对行政立法的审查主要包括两种情况：（1）基于备案的审查。根据 2001 年国务院制定的《法规规章备案条例》，接受备案的国务院需要对报送国务院备案的规章进行审查，审查的内容包括：是否超越权限；下位法是否违反上位法；规章的内容是否适当；是否违反法定程序。（2）基于要求或建议的审查。这种审查是一

〔22〕 周旺生：《立法学》（第二版），法律出版社 2009 年版，第 336 页。

〔23〕 周旺生：《立法学》（第二版），法律出版社 2009 年版，第 149 页。

种被动审查,是行政立法监督主体应有关国家机关或其他主体的提议而进行的审查。《立法法》第99条规定:"国务院、中央军事委员会、最高人民法院、最高人民检察院和各省、自治区、直辖市的人民代表大会常务委员会认为行政法规、地方性法规、自治条例和单行条例同宪法或者法律相抵触的,可以向全国人民代表大会常务委员会书面提出进行审查的要求,由常务委员会工作机构分送有关的专门委员会进行审查、提出意见。前款规定以外的其他国家机关和社会团体、企业事业组织以及公民认为行政法规、地方性法规、自治条例和单行条例同宪法或者法律相抵触的,可以向全国人民代表大会常务委员会书面提出进行审查的建议,由常务委员会工作机构进行研究,必要时,送有关的专门委员会进行审查、提出意见。有关的专门委员会和常务委员会工作机构可以对报送备案的规范性文件进行主动审查。"《立法法》第100条接着规定了审查的处理:全国人民代表大会专门委员会、常务委员会工作机构在审查、研究中认为行政法规、地方性法规、自治条例和单行条例同宪法或者法律相抵触的,可以向制定机关提出书面审查意见、研究意见;也可以由法律委员会与有关的专门委员会、常务委员会工作机构召开联合审查会议,要求制定机关到会说明情况,再向制定机关提出书面审查意见。制定机关应当在两个月内研究提出是否修改的意见,并向全国人民代表大会法律委员会和有关的专门委员会或者常务委员会工作机构反馈。全国人民代表大会法律委员会、有关的专门委员会、常务委员会工作机构根据前款规定,向制定机关提出审查意见、研究意见,制定机关按照所提意见对行政法规、地方性法规、自治条例和单行条例进行修改或者废止的,审查终止。全国人民代表大会法律委员会、有关的专门委员会、常务委员会工作机构经审查、研究认为行政法规、地方性法规、自治条例和单行条例同宪法或者法律相抵触而制定机关不予修改的,应当向委员长会议提出予以撤销的议案、建议,由委员长会议决定提请常务委员会会议审议决定。

另外,对于报送国务院备案的规章,国家机关、社会团体、企业事业组织、公民认为行政法规和规章与上位法相抵触的,也可以向备案机关提出审查建议。

《立法法》对审查的内容进行了规定,包括:(1)超越权限的;(2)下位法违反上位法的;(3)规章之间对同一事项的规定不一致,经裁决应当改变或者撤销一方的规定的;(4)规章的规定被认为不适当,应当予以改变或撤销的;(5)违背法定程序的。

4. 改变和撤销

改变是指修改、补充、删除法律、法规或规章的部分条款或内容;撤销指废止整个法律、法规或规章。[24] 现行宪法和《地方组织法》都规定了有关改变和撤销的制度,《立法法》则专门集中而系统地规定了我国立法(包括行政立法)的改变和撤

〔24〕 周旺生:《立法学》(第二版),法律出版社2009年版,第149页。

销制度。《立法法》第97条规定:"……(二)全国人民大表大会常务委员会有权撤销同宪法和法律相抵触的行政法规……(三)国务院有权改变或者撤销不适当的部门规章和地方政府规章……(五)地方人民大表大会常务委员会有权撤销本级人民政府制定的不适当的规章;(六)省、自治区的人民政府有权改变或者撤销下一级人民政府制定的不适当的规章。"

5. 行政诉讼的监督

结合我国行政诉讼法律适用的基本规则,"人民法院审理行政案件,参照规章","参照"意味着赋予人民法院对规章的程序性审查权和搁置权。我国新《行政诉讼法》第53条第2款规定:"人民法院认为地方人民政府制定、发布的规章与国务院部、委制定、发布的规章不一致的,以及国务院部、委制定、发布的规章之间不一致的,由最高人民法院送请国务院作出解释或者裁决。"另外,2000年3月10日开始实施的最高人民法院《关于执行〈中华人民共和国行政诉讼法〉若干问题的解释》(以下简称《若干问题的解释》)第62条第2款规定:"人民法院审理行政案件,可以在裁判文书中引用合法有效的规章及其他规范性文件。"综合以上规定可见,我国人民法院在审理行政案件时,对于作为被诉具体行政行为依据的规章可以进行有限的合法性审查,即"人民法院在审理行政机关根据规章(包括与规章具有同等效力的规章解释)作出的具体行政行为时,对正确合法的规章,应当承认其效力,加以适用;对不合法的规章,可以不承认其效力,有权拒绝适用,或者在规章与法律、法规的规定不一致时,有权只根据法律、法规的规定作出判决"。[25]

(三)我国行政立法监督制度的不足与完善

我国目前对行政立法监督采用多头监督与多种监督方式相结合的方式,从监督机关的性质来看,既有立法机关的监督、行政机关的监督也有司法机关的监督;从监督的时间来看,既有事前监督也有事后监督。这一监督方式,表面上看还是比较全面的。但该监督体制的运转效果不尽如人意,针对其不足,学界展开了充分的讨论。

有学者从宏观的角度观察,认为现行立法监督体制的不足体现为三个方面:(1)权力机关的监督徒有虚名。"全国人大常委会虽然在名义上是我国常设的权力机关,对国务院享有宪法规定的监督权,宪法地位高于国务院,但在我国的实际政治生活中,国务院的地位并不低于全国人大常委会,因此全国人大常委会即使想撤销行政法规,恐怕也是顾虑重重,掂量再三之后只好作罢"。[26] (2)行政机关的监督流于形式。原因有二:一是脱离具体案件的备案审查,其监督作用有限;二是上级行政机关难以做到公正无私。(3)法院的监督力度不够。其原因主要在于法

〔25〕杨海坤、黄学贤:《行政诉讼基本原理与制度完善》,中国人事出版社2008年版,第286页。

〔26〕董皞:"行政立法",载应松年主编:《当代中国行政法》(上卷),中国方正出版社2005年版,第593页。

律没有赋予法院对行政法规和规章的撤销权,使得法院对行政立法的监督大打折扣,主要表现为:一是法院由于理解上存在偏差,或者基于种种考虑而不对行政法规和规章进行审查;二是行政机关认为法院不能对行政法规和规章进行审查,法院如果进行审查会遇到行政机关的强大阻力;三是法院对于行政法规和规章的不予适用只具有个案价值。[27]

从微观层面考察,现行立法监督体制的不足可以结合备案审查制度和司法监督制度展开。首先,备案审查制度存在以下弊端:(1)启动审查机制的动力不足。是否提出审查要求或建议与法定的国家机关、组织和公民没有必然联系,他们缺乏提出要求或建议的动力,而且该规定也过于原则,缺乏相应的责任性内容。(2)审查程序过于原则。审查—要求说明情况—提出意见—制定机关修改或者有权机关改变、撤销的程序对主体、时限、程序的公开和救济(即违反程序有何责任追究机制)等的规定都过于简单,甚至没有。(3)审查标准规定过于模糊。最重要的是我国缺乏通过实践来廓清法律所规定的模糊概念的机会。[28] (4)备案主体过多。不仅带来权限设置上的冲突,也可能导致审查决定的冲突。[29] 其次,司法监督制度存在以下弊端:健全和改革我国人民法院对行政立法的监督制度是目前学界对完善行政立法监督的共识。学界已有大量研究论证人民法院对行政机关的立法进行监督是没有体制上的障碍的,可以借鉴国外的先进经验,加大司法对行政立法监督的强度,拓展司法对行政立法监督的广度。[30] 有学者认为,完善行政立法监督的最佳办法就是建立法院对行政法规和规章的撤销制度,其好处在于:第一,可以在一定程度上弥补权力机关和行政机关对行政立法监督的不足;第二,可以克服法院不享有撤销权时的种种局限性;第三,符合世界潮流和 WTO 的要求。

第二节 行 政 规 范

一、行政规范的概念

(一)我国行政规范的含义

行政规范是指行政主体为实施法律和执行政策,在法定权限内制定、发布具有

---

〔27〕 董皞:"行政立法",载应松年主编:《当代中国行政法》(上卷),中国方正出版社 2005 年版,第 593 页。

〔28〕 以上三点参见应松年:《行政法与行政诉讼法》,中国法制出版社 2009 年版,第 318 ~ 319 页。

〔29〕 王锴:"我国备案审查制度的若干缺陷及其完善——兼与法国的事前审查制度比较",载《政法论坛》2006 年第 2 期

〔30〕 应松年:《行政法与行政诉讼法》,中国法制出版社 2009 年版,第 319 页。

普遍约束力的决定、命令等规范性文件的行政行为的总称。

我国学界有关行政规范的名称很多，如“行政规范性文件”、“规章以下的其他规范性文件”、“行政立法以外的其他抽象行政行为”、“准行政立法”等。在我国的法律规范中，也有不同的用法，如在宪法和组织法中称之为“行政措施”、“决定”、“命令”，在新《行政诉讼法》第53条中称为“国务院部门和地方人民政府及其部门制定的规范性文件”，在《行政处罚法》中称为“其他规范性文件”，在《行政复议法》中则称为“规定”。国务院2000年8月颁布的《国家行政机关公文处理办法》第二章对我国行政规范的具体形式进行了详细规定，根据这些规定，我国行政规范的形式主要包括：命令（令）、决定、指示、公告（通告）、通知、通报、报告、请示、批复、函、会议纪要，每一种行政规范都具有法定的文本样式，从而在形式上对我国纷繁复杂的行政规范作了统一要求。

值得注意的是，在现有提法中，虽然大家所指的规范性文件的外延并无实质差异，但是在内涵上大致可以分为文件说和活动说。“行政规范性文件”、“规章以下的其他规范性文件”等属文件说，是指的由行政机关制定的相关规范性文件本身；而“准行政立法”、“行政立法以外的其他抽象行政行为”则属活动说，其内涵指的是行政机关制定相关规范性文件的活动。本书所谓的行政规范是一种与行政立法相对应的抽象行政行为，合乎逻辑的理解应采用活动说。但鉴于行政规范这一行政行为的完整含义既包括行为过程也包括行为结果，而从行为结果角度（即采用文件说）更容易揭示其内含、特征、分类等基本要素。因此，本书对行政规范的研究主要以文件说为视角，同时兼顾活动说的相关背景。

（二）域外相关概念的含义

由于各个国家和地区的法制结构和法治程度不同，加之不同语境下的表述差异，我们很难在其他国家和地区找到行政规范的对应概念，充其量我们只能围绕与行政规范相关或相近的概念进行分析。

在德国，由行政机关制定的对外发生约束力的规范性文件称为法规命令；而由公法人为了管理自己的事务而制定的法律规范称为规章。法规命令和规章都属于实质上的法律规范，它们与议会指定的法律的区别仅仅在于立法主体，而在对私主体的法律效力上是相同的。[31] 可见，德国的法规命令和规章在形式上虽与我国的行政规范相似，但是在性质上却属于立法行为，即我国的“行政立法”。在日本，有行政机关以法条的形式来设置的具有外部效果的规定也称为法规命令，即是行政机关制定的、关于行政主体与私人的关系中的权利、义务的一般性规范。[32] 日本的法规命令也属于立法行为，与德国的法规命令一样，都是委任立法的产物，因此

---

〔31〕［德］哈特穆特·毛雷尔：《行政法学总论》，高家伟译，法律出版社2000年版，第58、60页。

〔32〕［日］盐野宏：《行政法》，杨建顺译，法律出版社1999年版，第67～70页。

并不是我国的行政规范。

在德国和日本，还有一种规范称为“行政规则”，是指“行政机关制定的规范，但与国民的权利、义务不直接发生关系，即不具有外部效果的规定”。[33] 我国的行政规范虽然在广义上既包括对外发生效力的规范，也包括对内发生效力的规范，但是行政法学所关注的则是行政规范对外部行政相对人权利义务的影响以及救济问题，所以德日的行政规则似乎与我国的行政规范也无可比性。但是由于行政范围和功能的扩展，行政规则在现实中发挥着越来越大的作用，而且也出现了越来越多的外部化现象，因此成为德国和日本行政法学界所关注的课题。正如德国学者所说的：“行政规则适用于行政机关及其工作人员，调整其行为，构成内部行政规则，应当归入国家的内部领域……将行政规则纳入内部法，并不排除它可能影响国家和公民的关系即外部关系，间接产生特定的外部效果。”[34] 在此背景下，我国的行政规范与德日的行政规则便有了可比性，特别是德日对行政规则的分类方法对我国行政规范的分类具有很大启发。

我国台湾地区在学理上将“行政机关或基于法律授权，或基于职权，就一般性事项，所订定发布的抽象性规范”称为行政命令，但是无论在台湾地区的法律规范上还是学理上分类都极其繁杂，但是20世纪90年代以后，台湾地区行政法学界逐渐效仿德国的学说，采用了法规命令和行政规则的二分法，前者指基于法律授权，具有对外法律效力者；后者指行政机关依权限订定，并不具有对外法律效力仅具有对内效力者。这种分类方式也得到了台湾地区行政程序立法的承认。[35] 可见，我国台湾地区法规命令与行政规则的理论深受德国影响，仍然认为“行政规则是行政内部之规定，并不设定人民之权利与义务。因此，台湾地区行政法院在审理国家与人民间之行政诉讼时，行政规则原则上也不具重要性”，[36] 但同时也承认，“行政规则之事实外部效力亦具有法律意义，产生‘法律之外部效力’。人民得根据该行政规则之外部效力请求权利保护”。[37]

（三）行政规范的特征

1. 行政规范的行政性

首先，行政规范的行政性表现为其制定主体是行政主体，而不是其他性质的国家权力主体。其次，行政规范的行政性表现为其内容是国家公共行政事项，而不涉及法律保留和司法管辖事项。最后，行政规范的行政性表现为其制定目的是完成

---

〔33〕［日］盐野宏：《行政法》，杨建顺译，法律出版社1999年版，第72页。

〔34〕［德］哈特穆特·毛雷尔：《行政法学总论》，高家伟译，法律出版社2000年版，第58、60页。

〔35〕叶俊荣：“行政命令”，载翁岳生主编：《行政法（2000）》（上册），中国法制出版社2002年版，第525、533、535页。

〔36〕陈敏：《行政法》，神州图书出版有限公司2003年版，第556页。

〔37〕陈敏：《行政法》，神州图书出版有限公司2003年版，第557页。

行政管理事项，实现行政主体的行政职责。行政规范的行政性特征与行政立法具有一致性。

2. 行政规范的规范性

行政规范的规范性是指其对不特定行政相对人具有普遍约束力，对行政相对人的权利义务进行了安排，行政相对人必须遵守。从这一点来看，行政规范与行政立法并无实质差别；同时这也是行政规范与具体行政行为的最大区别。

3. 行政规范的非法律性

所谓行政规范的非法律性，是指行政规范在性质上并不属于法律规范。我国《立法法》对行政规范未予规定，因此在我国现行法律体系中并没有行政规范的位置。行政主体制定行政规范的行为不属于立法行为，而是纯粹的行政行为。制定行政规范也无须遵守立法程序，而是遵循行政程序，这是行政规范与行政立法的最大区别。

4. 行政规范效力的多层级性

由于行政规范的制定主体众多，具有不同的行政级别，因此行政规范具有不同的效力层级。另外，不同行政主体制定的行政规范与现行行政立法的效力位阶关系在一些法律规范中也有规定，如《立法法》第 80 条第 1 款规定："国务院各部、委员会、中国人民银行、审计署和具有行政管理职能的直属机构，可以根据法律和国务院的行政法规、决定、命令，在本部门的职权范围内，制定规章。"该规定说明以国务院决定、命令为形式的行政规范的效力层级似乎高于部门规章。

二、行政规范的分类

根据不同的标准可以对我国的行政规范进行不同的分类。

1. 法规性行政规范、规章性行政规范和一般行政规范〔38〕

这是以制定主体所做的分类。法规性行政规范是指享有行政法规制定权的国务院发布的除行政法规以外的规范性文件；规章性文件是指享有规章制定权的行政主体发布的除了行政规章以外的规范性文件；一般行政规范是指由不具有行政法规、规章制定权的行政机关制定的行政规范性文件。

制定主体一直是我国划分立法规范效力层级的重要标准，对行政规范的这种分类显然是受到了我国行政立法体制和效力层级划分的影响，该分类对划分各种行政规范之间的效力层级有积极意义。但是除了享有行政法规制定权的国务院之外，我国的行政规章制定主体是多样的，有中央行政机关也有地方政府，因此该分类并不能确定规章性行政规范之间的效力层级。另外，我国不具有行政立法权的行政机关更是层级众多，种类繁复，他们所制定的行政规范都归入一般行政规范，

〔38〕 方世荣：《行政法原理与实务》，中国政法大学出版社 2007 年版，第 80 页；叶必丰："行政规范"，载应松年：《当代中国行政法》（上卷），中国方正出版社 2005 年版，第 598 ~ 599 页。

这对于进一步研究和规范这一类行政规范也无助益。最重要的是，法规性行政规范、规章性行政规范的名称容易引起人们对行政法规、行政规章的混淆和误解。

2. 执行性行政规范、补充性行政规范和自主性行政规范〔39〕

这是以制定目的为标准所做的分类。执行性行政规范指行政主体以执行法律、法规、规章或上级行政规范为目的而制定的行政规范；补充性行政规范是指行政主体以补充法律、法规、规章或上级行政规范为目的而制定的行政规范；自主性行政规范是指行政主体为了行政管理的实际需要运用其职权所制定的行政规范。这种分类显然也是借鉴了我国立法规范的分类。

3. 内部行政规范和外部行政规范〔40〕

这是以调整对象为标准所做的分类。这种分类方式并未得到学界重视，我们认为，这种分类应该成为其他分类的基础。因为现代行政法学所关注的是行政规范对行政相对人权利义务的影响，因此应以外部行政规范为重点，其他分类也主要是针对外部行政规范而言的。这种分类与德国、日本和我国台湾地区对行政主体制定的普遍性规范的分类接轨，从而为借鉴境外的相关理论和制度经验打下基础。

4. 创制性行政规范、解释性行政规范和指导性行政规范〔41〕

这是以法律效果为标准所做的分类。这是我国学者参考德国和日本有关行政规则的分类，在排除其内部行政规范的种类之后，总结归纳得出的一种分类。

创制性行政规范，是指行政主体未启动行政立法程序而为不特定相对人创设权利义务的行政规范。创制性行政规范又分为依职权的创制性行政规范和依授权的创制性行政规范，前者是指行政主体为了行政管理的实际需要，根据宪法和有关组织法规定的固有职权而为不特定相对人设定权利义务的行政规范；后者是指行政主体为了补充或变通行政法规范或上级行政规范的规定，依据宪法和组织法以外的法律、法规、规章或上级行政规范的专门授权而制定的，对不特定相对人设定权利义务的行政规范。

解释性行政规范是指行政主体为了实施法律、法规和规章，统一各个行政主体及其公务员对法律、法规和规章的理解及执行活动，对法律、法规和规章进行解释而形成的行政规范。解释性行政规范分为法定解释性行政规范和自主解释性行政规范。前者是指具有法定解释权的行政主体对法律规范进行解释而形成的具有普遍约束力的行政规范；后者是指不具有法定解释权的行政主体为了统一所属行政

〔39〕 方世荣：《行政法原理与实务》，中国政法大学出版社2007年版，第80页；叶必丰："行政规范"，载应松年：《当代中国行政法》（上卷），中国方正出版社2005年版，第599页。

〔40〕 方世荣：《行政法原理与实务》，中国政法大学出版社2007年版，第80页；叶必丰："行政规范"，载应松年：《当代中国行政法》（上卷），中国方正出版社2005年版，第599页。

〔41〕 方世荣：《行政法原理与实务》，中国政法大学出版社2007年版，第80页；叶必丰："行政规范"，载应松年：《当代中国行政法》（上卷），中国方正出版社2005年版，第600、602～621页。

主体及其工作人员对法律、法规和规章及特定行政规范的认识,对法律、法规和规章及特定行政规范进行解释而形成的行政规范。

指导性行政规范是行政主体对不特定相对人实施书面行政指导时所形成的一种行政规范。这种行政规范实际是行政主体针对不特定相对人以书面形式作出的一种行政指导,并不产生权利义务,在内容上主要表现为一种倡导、号召、建议和设想等。

这种分类有利于对不同种类的行政规范的合法要件、法律地位和效力层级分别展开讨论,是对我国行政规范进行深入研究的有益尝试。

5. 其他分类

我国学者对行政规范还有其他分类:[42](1)以适用范围为标准,分为中央行政规范和地方行政规范。(2)以公务种类为标准,分为工商行政规范、公安行政规范、税务行政规范、土地行政规范、文化行政规范、教育行政规范、卫生行政规范等。(3)以行政主体的公务范围为标准,分为地域性行政规范和公务性行政规范。

三、行政规范的法律地位

行政规范法律地位的讨论焦点在于行政规范是否具有法律渊源的地位,对此,域内外学者总说纷纭,莫衷一是。

(一)行政规范法律地位之争

在德国,围绕行政规则法律性质问题曾经充满争论。在19世纪的国家法和行政法理论中,法的概念只限于独立的权利主体之间的关系,而独立的权利主体在行政法领域只有国家和公民,行政规则作为行政机关的内部规则被排除在法的范畴之外。"但是,后来历史的发展冲破了这种以当时宪政法律概念为依据的界限。现在,行政规则的法律特征已经得到广泛的承认。有争议的是:行政规则是否——全部或者部分——作为法律规范纳入法律渊源"。[43] 德国学者哈特穆特·毛雷尔认为,行政规则是否是法律渊源主要是一个术语问题,"如果认为'法律渊源'的概念限于外部法,答案就是否定的。如果认为法律渊源是指一切法律规则,答案就是肯定的;在此基础上可以进一步区分内部法和外部法。如果并且在将行政规则视为外部法的范围内,行政规则肯定属于法律渊源"。[44]

我国学者对行政规范是否具有法律渊源的地位提出了不同的观点:[45]

1. 非法源说。非法源说的主要根据是我国《行政诉讼法》的规定,即行政规范

---

[42] 方世荣:《行政法原理与实务》,中国政法大学出版社2007年版,第80页;叶必丰:"行政规范",载应松年:《当代中国行政法》(上卷),中国方正出版社2005年版,第599页。

[43] [德]哈特穆特·毛雷尔:《行政法学总论》,高家伟译,法律出版社2000年版,第591~592页。

[44] [德]哈特穆特·毛雷尔:《行政法学总论》,高家伟译,法律出版社2000年版,第592页。

[45] 有关行政规范法律地位的争论各种观点的综述参见黄学贤主编:《中国行政法学专题研究述评(2000—2010)》,苏州大学出版社2010年版,第172页。

对法院并不具有法律上的拘束力。但同时，行政规范却可以作为行政主体作出具体行政行为的依据，法院也可以在行政裁判文书中援引。对此，持非法源说的学者提出了各种学说，如证据说、非证据说、部分强制力说等。

2. 法源说。持该观点的学者理由各不相同。有的认为人为地将规范性文件区分为“法”与“非法”的法源说存在重大问题；有的从原《行政诉讼法》及其相关司法解释的角度来解读，认为行政规范不属于行政诉讼的证据，因此应属于法律依据，具有法源地位；有的学者从实践和未来发展趋势出发，认为应将行政规范作为行政审判的法律依据以为行政相对人提供救济；还有的详细分析了同为法源的不同规范性文件在行政诉讼中不同的地位。

3. 部分法源说。部分法源说有两种观点：第一种是将行政规范区分为内部行政规范和外部行政规范，认为外部行政规范以创制性规范为典型，其在对公民权利义务的规定内容和制定程序上都与其他行政法规范基本相同，因此应成为法律规范。第二种是将行政规范分为具有法源地位的行政规范、与法律规范相结合而具备法源地位的行政法规、不具有法源地位的行政规范。该观点认为，法源的标准有两个：第一个是具有普遍性强制约束力，这是作为法源的具体形式标准；第二个是对于法官的强制约束力，这是法源的效力标准。其根据是我国《立法法》、《行政诉讼法》、最高人民法院《关于执行〈中华人民共和国行政诉讼法〉若干问题的解释》、《行政法规制定程序条例》、《规章制定程序条例》的有关规定，只有法定解释性行政规范对法院和法官才具有普遍性强制拘束力，才是法的具体表现形式；以依授权的创制性行政规范为主的行政规范可以与准用性法律规范相结合成为法源；其他类型的行政规范因不具有对法院的约束力而都不具有法源的地位。[46]

（二）本书观点

我们认为，确定行政规范是否具有法源地位有两点前提需要澄清，一是法源的标准，二是应然与实然。

首先，法源的标准是什么？这是法理学的问题。在法理学所给出的权威定义中，有各种意义上的法源，如形式意义上的法源、实质意义上的法源、历史意义上的法源等，但是在每一种意义中都没有提到对法院的约束力问题。在西方国家，法院是法律规范的适用机关，其中包含了当然的司法审查内容，所以更谈不上法律规范对法院的约束力问题，对法院具有绝对约束力的只有宪法。行政诉讼作为对行政相对人的最终救济途径，其唯一的实质受案标准是行政相对人的权益受到了损害，而这种损害可能来自行政机关的具体行政行为，更可能来自行政机关的抽象行政行为。因此所有由行政机关制定的规范性文件就根据是否影响行政相对人的权利

〔46〕 叶必丰：“行政规范”，载应松年主编：《当代中国行政法》（上卷），中国方正出版社2005年版，第623～629页。

义务分为两种:对外影响行政相对人权利义务的成为行政命令,具有法源地位;对内生效,不影响行政相对人权利义务的称为行政规则,不具有法源地位。这就是德国、日本和我国台湾地区界定法源的唯一标准。但是所有的法源,除了宪法以外,对法院都不具有绝对约束力,否则这些国家和地区的行政诉讼制度就会丧失很大一部分功能和意义。

其次,由我国学者的争论可以发现,支持行政规范成为法源的理由主要是理论的、应然的;而论证行政规范部分是,或者不是法源的理由则大多数是制度的、实证的。应然的理论可以看作普适的,实证的立法制度则可以看作我国的国情,是特殊的。法源的具体组成可能是与各国制度有关的特殊内容,但是法源的概念和标准却是理论的,应当具有普适性。理论应该成为制度的指导,以各国特殊的制度现状来确定应具有理论普适性的标准是逻辑的颠倒,因为制度相对于理论来说更具有变动性、暂时性。以制度现状来论证的理论往往会因为制度的频繁变动而使得理论不得不随之更改从而失去了理论的稳定性和指导意义,理论本身也会具有许多不能自圆其说的缺陷。非法源说和部分法源说最大的缺陷是,在其论证中并没有给出充分的理由来解释。最高人民法院《关于执行〈中华人民共和国行政诉讼法〉若干问题的解释》(以下简称《若干问题的解释》)第62条第2款规定:"人民法院审理行政案件,可以在裁判文书中引用合法有效的规章及其他规范性文件。"因此,人民法院在行政诉讼中对规章的"参照"与对合法有效的其他规范性文件的"引用"有何质的区别,两者对人民法院的约束力有何实质上的不同,以至于规章可以成为法源,而行政规范却不是;2003年10月出台的最高人民法院《关于审理行政案件适用法律规范问题的座谈会纪要》(以下简称《座谈会纪要》)曾将行政规范区分为三类:第一类包括根据《立法法》、《行政法规制定程序条例》和《规章制定程序条例》关于法律、行政法规和规章的解释的规定、国务院或者国务院授权的部门公布的行政法规解释,这些行政规范,人民法院作为审理行政案件的法律依据;第二类是规章制定机关作出的与规章具有同等效力的规章解释,人民法院审理行政案件时参照适用;第三类是有关部门为指导法律执行或者实施行政措施而作出的具体应用解释和制定的其他规范性文件,主要有:国务院部门以及省、市、自治区和设区的市的人民政府或其主管部门对于具体应用法律、法规或规章作出的解释;县级以上人民政府及其主管部门制定发布的具有普遍约束力的决定、命令或其他规范性文件,这些行政规范不是法律渊源。该纪要的这种区分成为了持部分法源说学者的重要依据。但是该纪要同时规定:"人民法院经审查认为被诉具体行政行为依据的具体应用解释和其他规范性文件合法、有效并合理、适当的,在认定被诉具体行政行为合法性时应承认其效力;人民法院可以在裁判理由中对具体应用解释和其他规范性文件是否合法、有效、合理或适当进行评述。"可见,第三类行政规范在行政诉讼中与规章、与规章具有相同效力的规章解释在待遇上唯一的不同是“人民法院可以在裁判理由中对具体应用解释和其他规范性文件是否合法、有效、合理或适当进行评述”,这与第二类行政规范对人民法院的约束力有何实质上的不同？持该观点的学者并没有给出有说服力的解释。另外,理论观点以司法解释为依据,那么司法解释的依据何在呢？实际上,我国整个行政诉讼制度都处于不停的改进摸索之中,包括法律适用,在修改行政诉讼法之前,最高人民法院的司法解释是承担行政诉讼相关制度变革任务的最好工具,最高人民法院司法解释的频繁出台就是最好的例证,因此司法解释不仅不应成为理论观点的根据,理论反而应该成为制定相关司法解释的指导,司法解释必然会随着我国法治的进程而不断变更,以频繁变更的司法解释为根据的理论观点也是站不住脚的。

综上,应该重整我国法源的相关理论,承认外部行政规范的法源地位,这既符合我国行政诉讼的未来发展趋势,有利于保护行政相对人的合法权益,也是我国行政法治的必然要求。

四、行政规范的制定程序

行政规范的法治化离不开对其制定程序的规范,然而,我国行政规范的制定程序目前还没有统一的专门的细致规定,有关规定只有:2001 年 11 月国务院颁布的《规章制定程序条例》,其中第 36 条规定:“依法不具有规章制定权的县级以上地方人民政府制定、发布具有普遍约束力的决定、命令,参照本条例规定的程序执行”。该规定为不具有规章制定权的县级以上人民政府制定行政规范提供了参照程序。另外,2000 年 8 月国务院颁布了《国家行政机关公文处理办法》,其中第 2 条明确规定:“行政机关的公文(包括电报,下同),是行政机关在行政管理过程中形成的具有法定效力和规范体式的文书,是依法行政和进行公务活动的重要工具。”该办法还对公文的种类、格式、发文办理、收文办理、公文归档、公文管理等进行了规定,但是该办法是立足于行政机关内部对公文管理的角度,并非将行政规范作为对外发生法律效力的规范性文件来进行规范,因此仍然缺少立法意义上的行政规范制定程序规定。我们认为,对外产生效力的行政规范应该都参照规章的制定程序,加强制定程序的公开性和公众参与性。

五、行政规范的监督制度

行政规范引起广泛关注的原因主要有两方面:一方面,行政规范在行政管理中广泛存在,其数量远超行政法规和行政规章,对社会公众具有普遍约束力;另一方面却缺乏行之有效的法制监督途径和行政相对人的救济途径,仿佛成为了行政法治中的“灰色地带”。其实,我国现有的法律规定中并不缺少对行政规范进行监督的规定。

(一)立法机关的监督

我国《宪法》、《地方各级人民代表大会和地方各级人民政府组织法》规定了全国人大常委会有权撤销国务院制定的同宪法、法律相抵触的决定和命令；县级以上人大常委会以及乡、民族乡、镇的人大常委会有权撤销本级人民政府制定的不适当的决定和命令。[47]

（二）行政机关的监督

行政机关对行政规范的监督分为两种：第一种是基于行政隶属关系由上级行政机关对下级行政机关制定的行政规范进行的监督。如《宪法》和《地方组织法》规定，国务院有权改变或者撤销各部、各委员会发布的不适当的命令；县级以上人民政府有权改变或者撤销所属各工作部门不适当的决定、命令、指示，有权改变或者撤销下级人民政府的不适当的决定、命令。[48] 第二种是行政复议制度。《行政复议法》第7条规定："公民、法人或者其他组织认为行政机关的具体行政行为所依据的下列规定不合法，在对具体行政行为申请行政复议时，可以一并向行政复议机关提出对该规定的审查申请：（一）国务院部门的规定；（二）县级以上地方各级人民政府及其工作部门的规定；（三）乡、镇人民政府的规定。前款所列规定不含国务院部、委员会规章和地方人民政府规章。规章的审查依照法律、行政法规办理"。

（三）司法机关的监督

《行政诉讼法》第53条规定："公民、法人或者其他组织认为行政行为所依据的国务院部门和地方人民政府及其部门制定的规范性文件不合法，在对行政行为提起诉讼时，可以一并请求对该规范性文件进行审查。前款规定的规范性文件不含规章。"第64条进一步规定："人民法院在审理行政案件中，经审查认为本法第五十三条规定的规范性文件不合法的，不作为认定行政行为合法的依据，并向制定机关提出处理建议。"

上述三种监督虽然看似比较全面，但是都没有起到应该具有的监督作用。宪法和组织法的规定需要行之有效的宪法实施制度，否则宪法和组织法的规定难免停留在纸面上；行政系统的监督因为内部的利害关系和缺乏公开性，也难以达到有效监督的效果；行政复议制度是我国目前唯一可以由行政相对人针对行政规范提起救济的途径，但是行政复议制度在对行政规范进行监督和救济的立法上仍存在诸多不足，导致行政复议制度对行政规范的监督实施效果不理想：比如对行政规范只能进行附带性审查而不能直接针对行政规范申请行政复议；行政复议所针对的行政规范不包括国务院和法律法规授权的组织出台的行政规范；对行政规范的审查只包括合法性不包括适当性；对行政规范的审查没有独立的程序和法律效果，而

[47]　《宪法》第67条、第104条；《地方各级人民代表大会和地方各级人民政府组织法》第8条、第9条、第44条。

[48]　《宪法》第89条、第108条；《地方各级人民代表大会和地方各级人民政府组织法》第59条。

完全依附于对具体行政行为的审查等。[49]

将行政规范纳入行政诉讼的受案范围,由司法机关行使司法审查权是目前世界各国通行的做法,在21世纪初,我国行政法学界曾经针对将行政规范纳入行政诉讼受案范围进行了广泛的探讨,这也是完善我国行政诉讼制度的重要内容。

---

〔49〕 对行政复议制度中行政规范审查的立法缺陷的总结参见黄学贤:《中国行政法学专题研究述评(2000—2010)》,苏州大学出版社2010年版,第175页。

第七章　具体行政行为(一)：行政处罚与行政强制

第一节　行政处罚

一、行政处罚概述

(一)我国行政处罚的概念及特征

《行政处罚法》出台前,我国学者对行政处罚的概念表述各有不同,但对其内涵的理解却无重大差异。《行政处罚法》出台后,对行政处罚概念的认识已趋于一致。我国《行政处罚法》第3条第1款规定:"公民、法人或者其他组织违反行政管理秩序的行为,应当给予行政处罚的,依照本法由法律、法规或者规章规定,并由行政机关依照本法规定的程序实施。"该规定虽然并不是给行政处罚所下的定义,但是也反映了行政处罚概念的主流观点。

行政处罚是指行政主体依法对行政相对人违反行政法规范尚未构成犯罪的行为所实施的制裁。行政处罚具有如下特征:[1](1)行政处罚的主体只能是一定的行政主体,在我国包括行政机关和法律、法规授权的组织。(2)行政处罚的对象是行政相对人,即公民、法人或者其他组织。(3)行政处罚的前提是行政相对人的行为违反了行政法规范,但又尚未构成犯罪。(4)行政处罚的目的是通过对行政相对人的制裁,促使行政相对人认识错误、改正错误,制裁或惩罚不是行政处罚的目的,只是手段。

(二)其他国家和地区的行政处罚

行政处罚是维护行政管理秩序最常见的行政行为,其他国家和地区当然也有这方面的需要,只是由于各国的法律制度和法律文化不同,行政处罚在其他国家和地区的含义不同,称谓和形式也有差异。英美法系国家在行政法理论中没有有关行政处罚的概念,而是将行政处罚所针对的违法行为一并归为犯罪,由法院通过刑事诉讼程序予以追诉。大陆法系国家以及受大陆法系行政法影响的国家和地区在

---

[1] 邢鸿飞:《行政法学》,南京大学出版社1997年版,第253页。

行政法上有与“行政处罚”相类似的概念和制度，以下介绍几个具有典型性的国家和地区。

1. 德国

德国行政法领域，行政制裁既包括对行政不法制裁的罚款，也包括行政机关作为对违反法定的或者自然的行为义务的反应而采取的行政法措施，但是两者的目的并不相同，所适用的程序也不相同，因此有学者认为应当将制裁仅限于出于处罚目的对已经发生的行政违法行为实施的罚款，在制裁法制度中形成独立的行政制裁领域。对干涉性的行政活动而言，应区分原始的层面和派生的层面，原始的层面是依法作出处理，将特定的行政法义务具体化或者对象化；派生的层面相对于原始层面来说是后位性的，是指因不履行行为义务而构成秩序行为的制裁，因此同属于行政制裁的强制执行是原始处理，属于第一个层面，其目的也不是制裁。〔2〕

在立法上，德国一直未将追诉秩序违法的行政处罚与追诉犯罪行为的刑事处罚截然分开，行政处罚被当成制裁轻微犯罪行为的有效手段，只适用于1871年《刑法典》划分的犯罪、违法和不轨中的最后一种行为。在1952年颁布的《违反秩序法》中，罚款仅作为行政机关的一种临时措施，关系人接受的行政机关的罚款决定成为最终决定；如果关系人不服，可以提出异议，主管行政机关应当审查罚款的理由，决定是维持还是撤回罚款的规定，决定维持的，应将案件移送检察机关，由检察机关在意义范围内将处罚问题提交法院裁判。但是该法已经是违反秩序法方面的重大突破，与1968年以后的交通刑法的非刑事化联系密切，大量的行政法上的轻微犯罪行为逐渐变成了违反秩序的行为，有力推动了刑法的非刑事化。〔3〕

2. 日本

在日本，对于行政上的义务怠惰进行制裁，泛称为行政罚。行政罚分为两大类：行政刑罚，是指使用刑法典上的刑名进行制裁的处罚；行政上的秩序罚，是指对于违法行为，不是科处刑法上的刑罚，而是科处过错罚款的制裁。在日本，行政刑罚虽然适用刑法，但是当事人被人认为是行政犯，行政刑罚所针对的行为被认为并不一定是具有反社会性、反道德性的行政上的违反义务行为，行政刑罚的课处程序全面适用《刑事诉讼法》。行政上的秩序罚在日本只是指对违反行政上义务的行为科处的金钱性的制裁，即义务违反罚款，是对单存的程序上的义务违反行为所课处的制裁。义务违反罚款根据《非诉讼事件程序法》，由法院课处，但是根据地方公共团体的条例或者潜规则所课处的义务违反罚款，课处权限属于地方公共团体

---

〔2〕［德］汉斯·J. 沃尔夫、奥托·巴霍夫、罗尔夫·斯托贝尔：《行政法》（第二卷），高家伟译，商务印书馆2002年版，第320～321页。

〔3〕［德］汉斯·J. 沃尔夫、奥托·巴霍夫、罗尔夫·斯托贝尔：《行政法》（第二卷），高家伟译，商务印书馆2002年版，第325～329页。

的首长。行政刑罚和行政上的秩序罚,在制度上是有明显区别的,因此日本的判例认为两者可以并处,但是学说和立法中,两者的区分并不明确。[4]

3. 我国台湾地区

在我国台湾地区,与行政处罚相类似的制度称为"行政罚",也称"行政制裁",是指"乃为维持行政上之秩序,达成国家行政之目的,对违反行政上义务者,所科之制裁"。[5] 台湾地区学者对行政罚所包含的种类看法不尽一致,总结而言,可分为广义的行政罚和狭义的行政罚。

广义的行政罚包括秩序罚、行政刑罚、执行罚和惩戒罚。[6] 其中行政刑罚是"对违反行政法义务之人,所科处之死刑、无期徒刑、有期徒刑、拘役、罚金、褫夺公权及没入等刑名制裁。系由法院适用刑法总则之规定,以刑事诉讼程序判决之";执行罚是指"对违反行政义务之人,课以财产上不利益,或甚且拘束其人身自由,以迫使其履行义务";"对违反行政法义务之行为,虽由行政机关科处以刑名之外之制裁,但其处罚系因具有特别身份之行为人,例如公务员或特定之专门职业人员(律师、医师、会计师等),违反因该身份所特有义务所致者",可以统称为惩戒罚;所谓行政罚,"乃在一般行政法法律关系内,对违反行政义务人民,原则上由行政机关,以法律或者自治条例之规定,所科处之非刑名制裁。由于行政罚之科处,系为维持行政秩序,而对违反行政法义务者所为之制裁,故亦称'秩序罚'"。[7] 狭义的行政罚只是指秩序罚,也有台湾地区学者直接称为行政秩序罚。这是目前台湾地区的主流观点。我国台湾地区于 2005 年颁布了"行政罚法",并于 2006 年 2 月 5 日起实施,该法所规定的行政罚采用的也是狭义的概念。

二、行政处罚的原则

(一)我国《行政处罚法》所规定的原则[8]

1. 处罚法定原则

《行政处罚法》第 3 条规定:"公民、法人或者其他组织违反行政管理秩序的行为,应当给予行政处罚的,依照本法由法律、法规或者规章规定,并由行政机关依照本法规定的程序实施。没有法律依据或者不遵守法定程序的,行政处罚无效。"

处罚法定原则是行政合法性原则在行政处罚领域的具体体现,具体包含三层含义:(1)处罚实施主体法定。(2)处罚内容及依据法定。行政机关是否拥有行政处罚权、拥有多大的处罚权,要视法律、法规的具体规定。(3)处罚程序法定。

---

〔4〕 [日]盐野宏:《行政法》,杨建顺译,法律出版社 1999 年版,第 122 ~ 123 页。

〔5〕 吴庚:《行政法之理论与实用》(增订十版),三民书局 2009 年版,第 479 页。

〔6〕 陈敏:《行政法》,新学林出版有限公司 2009 年版,第 698 ~ 699 页。

〔7〕 以上各概念均参见陈敏:《行政法》,新学林出版有限公司 2009 年版,第 698 ~ 700 页。

〔8〕 应松年:《当代中国行政法》,中国方正出版社 2005 年版,第 841 ~ 842 页。

2.公开、公正原则

《行政处罚法》第4条第1款规定:"行政处罚遵循公正、公开的原则。设定和实施行政处罚必须以事实为依据,与违法行为的事实、性质、情节以及社会危害程度相当。对违法行为给予行政处罚的规定必须公布;未经公布的,不得作为行政处罚的依据。"

公开有两层含义:一是有关行政处罚的规定要公布,使公民事先了解;二是对违法者依法给予处罚要公开。程序公开在《行政处罚法》中的具体体现有:(1)行政处罚程序中有关说明理由、听取当事人陈述、申辩的规定;(2)行政处罚听证的规定;(3)行政处罚以书面形式作出及送达的规定。

公正原则是指行政处罚必须以事实为依据,以法律为准绳,处罚的轻重与违法行为的事实、性质、情节以及社会危害程度相当。

3.处罚与教育相结合原则

《行政处罚法》第5条规定:"实施行政处罚,纠正违法行为,应当坚持处罚与教育相结合,教育公民、法人或者其他组织自觉守法。"

处罚与教育相结合原则是我国执法和司法所普遍适用的原则,《行政处罚法》对此原则的具体规定有:警告的处罚方式,第25条、第27条对不满18周岁的人违法或者主动消除或减轻危害结果或有立功表现的违法行为人从轻、减轻或者不予处罚的规定。

4.保障当事人权利原则(处罚救济原则)

《行政处罚法》第6条规定:"公民、法人或者其他组织对行政机关所给予的行政处罚,享有陈述权、申辩权;对行政处罚不服的,有权依法申请行政复议或者提起行政诉讼。公民、法人或者其他组织因行政机关违法给予行政处罚受到损害的,有权依法提出赔偿要求。"《行政处罚法》对行政处罚设定的规定和行政处罚程序的规定都体现了这一原则,在行政处罚中,当事人享有申辩权、陈述权、听证权、申请行政复议权、行政诉讼权和要求行政赔偿权。

(二)一事不再罚原则

《行政处罚法》第24条规定:"对当事人的同一个违法行为,不得给予两次以上罚款的行政处罚。"这一条款被认为是在我国行政处罚领域确立一事不再罚原则的依据,但是这条规定与理论界关于"一事不再罚"含义的讨论并不完全呼应,准确地说,这一条款只是确定了"一事不再罚款"的原则,并不能涵盖一事不再罚原则的全部内涵,而更像是一种在理论争论还没有定论的情况下基于规范现实的紧迫性而作出的具有针对性的判断,可事实上,理论界关于一事不再罚原则的内涵之争并没有因为该条规定而终结。

首先,对于一事不再罚原则的争论在于该原则是适用法上的原则还是立法上的原则,即该原则是仅在适用行政处罚时应遵循的原则还是在开展行政处罚立法时也应遵循的原则。目前我国大部分学者将该原则作为适用原则,但也有学者指出:"一事不再罚也应指导立法。立法虽不可避免各种不同法律、法规之间处罚规定的重叠、交叉,但应以一事不再罚为原则,力求将这种重叠、交叉压缩在尽量小的范围内……由于各种行政机关都依据自己的'法'进行处罚,势必造成对同一违法行为重复处罚、多头处罚的现象,因此,从源头上解决问题,立法应遵循一事不再罚原则。"[9]

其次,对于一事不再罚的内涵,学者们的分歧点主要在于对"一事"和"不再罚"内涵的理解各有差异。

第一,对"一事"的理解。对于"一事"的含义,多数学者解释为行政相对人的同一违法行为,但是在具体实践中如何认定"同一违法行为"就有了不同意见。如有学者认为是"同一事实、同一理由",而在实践中,由于立法交叉,不同职能部门针对同一违法行为事实,基于不同理由就可以分别给予处罚;[10] 有的学者则认为不同职能部门根据不同法律规范依据进行处罚的原因是立法上存在问题,如果承认其合法性就等于迁就了实际存在的不合理现象。[11]

第二,对于不再罚的理解。有的学者认为只要违法行为人实际上仅实施了一个违法行为,就应当不再罚,既包括已经作出处罚的行政机关不再罚,也包括其他有管辖权的行政机关不再罚。[12] 有的学者认为不再罚意味着同一行政主体对违法行为人的同一个违法行为不得给予两次以上的行政处罚,不同行政主体对违法行为人的同一违法行为不得给予多次财产罚。[13] 还有学者认为不再罚是指同一违法行为不得被处以两次或两次以上相同或实质相同的处罚,既包括在行政处罚领域不得给予两次以上的罚款,也包括追究刑事责任被判处罚金时,已给予过罚款处罚的,罚款折抵罚金;被判处拘役或有期徒刑时,已被予以行政拘留的,折抵相应刑期。[14]

一事不再罚原则是法治国家程序法上的一项普遍适用的原则,并且各法治发达国家在20世纪第二次世界大战以后已纷纷将其上升为宪法原则。一事不再罚原则旨在避免多头处罚和重复处罚,进而维护当事人的合法权益。在我国,行政处罚领域造成多头处罚和重复处罚的原因既有适用法律的原因,也有立法的原因,其中立法上的原因往往是造成适用上多头处罚的源头,因此要从根本上杜绝多头处罚,必须提高立法质量,进一步明确不同职能行政机关的分工,避免职权交叉和

---

〔9〕 应松年、马怀德:《行政处罚法》,人民出版社1996年版,第134~135页。

〔10〕 刘莘:《行政法热点问题》,中国方正出版社2001年版,第233页。

〔11〕 应松年、马怀德:《行政处罚法》,人民出版社1996年版,第133页。

〔12〕 胡锦光:《行政法与行政诉讼法》,高等教育出版社2007年版,第154~156页。

〔13〕 叶必丰:《行政法与行政诉讼法》,高等教育出版社2007年版,第209页。

〔14〕 陈红:《行政法与行政诉讼法》,厦门大学出版社2006年版,第183页。

不明。

在实践中,当出现立法已经赋予不同行政机关对同一违法行为实施不同种类行政处罚的情形,是否属于一事不再罚?对此,应从形式合法性和实质合法性两个层面分析。从形式合法性看,此情形下,由不同行政机关分别实施不同种类的行政处罚有法律根据,也符合《行政处罚法》第24条之规定,因此是合法的;但是,从实质合法性看,此情形的源头仍在于立法上存在的问题,不能理所当然地承认其合法性。我国《行政处罚法》有关集中行使处罚权的规定和全国各地进行的相对集中处罚权的实践改革已经充分展示了改变这一现状的努力,也进一步体现了由不同行政主体对同一违法行为重复实施处罚的合法性的否定。至于一事不再罚是否包括刑罚,这涉及行政处罚与刑罚的关系。

三、行政处罚与刑罚

(一)两者的区别与联系

在我国,行政处罚与刑罚是并行的两种法律制裁方式,两者在制度上具有显著的区别,具体表现为两者的主体不同、前提不同、形式不同、性质不同。但是两者也有一定的联系,主要表现为:一是部分被制裁行为的同一性,即一部分行为既是行政处罚的对象,也是刑罚的对象;二是部分责任的衔接性,即行政处罚所体现的行政责任与刑罚所体现的刑事责任是相互衔接的,行政处罚针对尚未构成犯罪的违法行为,构成犯罪的行为则适用刑罚。[15]

(二)有关争论

因为行政处罚与刑罚存在联系,在具体适用中会产生行政处罚和刑罚的竞合,对此学界存在不同的意见。学界的主流观点曾认为,基于行政处罚与刑罚的衔接关系,在两者的适用上应遵循先刑后行的原则,即违法行为构成犯罪的依法移送司法机关给予刑罚,停止行政程序;不追究刑事责任的,再给予行政处罚。但也有学者认为绝对的"先刑后行"观点缺乏理论依据,在查处行政违法过程中,如果发现有犯罪行为的,依照法律应当将有关违法犯罪材料移送司法机关,在刑事处罚之后,如果认为有必要的,再依据行政法的规定给予行政处罚。这在《行政执法机关移送涉嫌犯罪案件的规定》中有所体现,如:(1)对实行犯罪的案件必须移送,否则承担法律责任;(2)已作出行政处罚的不停止执行;(3)移送后公安机关不予立刑事案件的,行政执法机关应以行政法再进行处罚。[16] 还有学者认为两者可以合并适用,因为两者处于不同的处罚体系,所追求的价值有所不同,首先,两者在性质上的差异决定了两者同时适用并不违反一事不再罚;其次,两者所制裁的行为既是犯罪行为也是行政违法行为,只有同时适用才能更全面地追究法律责任;最后,我国

---

〔15〕 胡建淼:《行政法学》(第三版),法律出版社2010年版,第286页。

〔16〕 杨晓军:《行政处罚研究》,法律出版社2002年版,第18页。

的立法实践已经承认行政处罚与刑罚竞合时的合并适用。[17]

(三)域外相关制度

从其他国家和地区的相关制度来看,他们对行政处罚与刑罚竞合的处理方式不尽相同。如德国在《违反秩序罚法》中采取了竞合主义,该法第21条规定:"同一行为构成犯罪行为与违反秩序者,仅适用刑法。但其法律规定之从罚仍得宣告之。前项情形之行为未受刑之宣告者,仍得以违反秩序,处罚之。"奥地利的《行政罚法》则采取了并罚主义,该法第22条规定:"行政被告以各种独立之行为违反不同之行政义务时,或一行为而牵涉数罪名,而应各别处罚时,应予各别处罚。违反行政法义务行为与其他由行政官署或法院处罚之行为竞合时,适用同样之规定。"我国台湾地区过去认为一事不再罚(一事不再理)原则仅适用于同种类之处罚,因而刑罚与行政处罚发生竞合时是可以并科的。实务中的判例也持该见解,但是如果处罚种类为同是针对物的没入或没收的,行政机关和刑事法院不得重复宣告。但是有台湾地区学者接受了德国的观点,认为就维护社会秩序的功能而言,刑罚是主要手段,行政处罚相对于刑罚仅具有补充性,因此如适用发生竞合应仅适用刑罚。[18] 台湾地区的"行政罚法"第26条第1项也体现了这种观点,其规定:"一行为同时触犯刑事法律及违反行政法上义务规定者,依刑事法律处罚之。但其行为应处以其它种类行政罚或得没入之物而未经法院宣告没收者,亦得裁处之。"

可见,域外对于刑罚与行政处罚竞合的处理方式有赖于对一事不再罚的理解,也与对公民权利保护的状况和考量有关。保护公民免受重复追诉从而达到保护公民权利的目的是主流,因而竞合主义成为域外立法的趋势。但是同时也要看到,竞合主义并不意味着在刑罚和行政处罚发生竞合时简单以刑罚代替行政处罚,而是将行政处罚作为刑罚的补充,在对同一行为进行制裁时,在刑罚没有发挥作用的领域仍然可以适用行政处罚。

四、行政处罚的种类

(一)域外行政处罚的种类

在存在行政处罚的国家,除少数出台统一行政处罚法的国家之外,行政处罚一般分散规定于各种法律规范之中,具体种类也有所不同,下面以几个已经出台统一行政处罚法的国家和地区为例,对域外行政处罚的种类做介绍。

1. 德国

根据《德国违反秩序法》,行政处罚分为四种:(1)警告。包括不附加罚款的警告和附加罚款的警告,如《德国违反秩序法》第56条规定:"对于轻微违反秩序行为,可以由行政机关对当事人予以警告并征收5至75德国马克的警告罚款。如果

[17] 詹福满:《中国行政法问题研究》,中国方正出版社2001年版,第162页。

[18] 吴庚:《行政法之理论与实用》(增订十版),三民书局2009年版,第520~521页。

给予不附加罚款的警告不足以惩戒,行政机关应当给予附加罚款的警告。"(2)罚款。《德国违反秩序法》第18条规定,"罚款最低为5德国马克并且——如果法律没有其他规定——最高为1000德国马克",但是"罚款数额应当超过行为人从违法行为中得到的经济上的好处。如果法律规定的最高罚款数额低于此种好处,则可以超过法定罚款数额"。(3)没收。《德国违反秩序法》第22条规定:"只在法律明确准许时,方得到违反秩序行为处以没收物品的附加措施。没收只在下列情形方予准许:一是物品在裁判时属于行为人或为其所有,或者二是物品按其类型或依当时情形有害于公众或者在被用于实施应受刑罚或罚款的危险。"(4)充公。《德国违法秩序法》第29a条规定:"如果行为人为了一项受罚款的行为而得利或由于该行为而得利,并且没有因该行为而被科处罚款,则可以下令将其钱款充公,充公钱款的数额最高可相当于其所得利益的价值。如果实施一项违反秩序行为的行为人是为他人所为并因此而得利,则可以下令将其钱款充公,数额同本条第(1)款。得利多少及其价值可以估计。本法第18条相应适用。如果没有针对行为人开始罚款程序或此种程序已经停止,可以单独颁布充公令。"

2. 奥地利

根据《奥地利行政罚法》,奥地利的行政处罚分为五种:(1)自由罚,包括拘留和住宅禁足。《奥地利行政罚法》第13条规定:"被判处住宅禁足者,应宣示保证勿离其住宅,违反誓言时应就其禁足期间执行拘留。"(2)罚锾。《奥地利行政罚法》第14条规定:"罚锾之强制执行,以不影响受裁决人最低限度之生活、法律上赡养义务之履行及对被害人损害之赔偿为限。"(3)没入。《奥地利行政罚法》第17条规定:"宣告没入之物,以属于行为人或共犯或有处分权人所交付者为限。如行政法规另有规定时,从其规定。"(4)警告。《奥地利行政罚法》第21条规定:"官署认为行政逾越者之行政责任轻微,而其行政逾越行为之结果未具意义,且依案件情节即使处以最轻之自由罚或罚锾仍嫌过重者,得免除其自由罚或罚锾,而改予警告。"(5)补充罚,也称易科罚。在受罚款处罚人无力缴纳罚款时,以拘留取代。

3. 我国台湾地区

在我国台湾地区没有出台统一的行政罚法之前,台湾地区学者关于行政处罚种类的总结并不一致,有的分为九种,有的分为三种,有的分为十种,台湾地区前大法官翁岳生所主编的《行政法》一书,将台湾地区的行政罚归纳为四类五十余种。[19]

2005年2月5日我国台湾地区公布了"行政罚法",并于公布的一年后,即2006年2月5日开始实施。该法规定,行政罚分为两大类:罚锾及没入、其他种类

---

〔19〕 详见翁岳生:《行政法》(下册),中国法制出版社2002年版,第830~831页;应松年:《当代中国行政法》,中国方正出版社2005年版,第846页。

之裁罚性不利处分。后者又包括四小类:(1)限制或禁止行为之处分,如限制或禁止营业、吊扣证照等。(2)剥夺或消灭资格、权利之处分:如命令歇业、命令解散、吊销证照等。(3)影响名誉之处分:如公布姓名或名称、公布照片等。(4)警告性处分:如警告、告诫、记点、记次等。

(二)我国行政处罚的种类

行政处罚种类繁多,适用混乱是我国《行政处罚法》出台之前行政处罚领域混乱的典型表现。据有学者统计,当时我国法律规范所规定的行政处罚种类有120多种,而且形式不一、界限不清。[20]

《行政处罚法》第8条对我国行政处罚的种类作了列举式的规定,将行政处罚规定为七类,即:(1)警告;(2)罚款;(3)没收违法所得、没收非法财物;(4)责令停产停业;(5)暂扣或者吊销许可证、暂扣或者吊销执照;(6)行政拘留;(7)法律、行政法规规定的其他行政处罚。学界认为这一规定的最大问题在于其所列举的行政处罚形式不能涵盖实践中所存在的大量的其他行政处罚,从而使最后一项所涵盖的行政处罚种类远远超出前六项;同时,对于哪些法律和行政法规所规定的行政措施属于行政处罚也产生了争论,导致实践中适用的混乱。为此,我国多数行政法学者主张抛开具体表现形式,对行政处罚的种类应该按一定标准进行概括性的描述,其中以按行政处罚所针对的权益将行政处罚分为精神罚(申戒罚)、财产罚、行为罚(资格罚)、人身罚(自由罚)最为典型,这种对行政处罚种类的区分,不仅可以囊括各种行政处罚的具体表现形式,而且对于行政处罚表现形式繁多的国家和地区来说也是一条有益的立法经验。

五、相对集中行使行政处罚权改革

《行政处罚法》第16条规定:“国务院或经国务院授权的省、自治区、直辖市人民政府可以决定一个行政机关行使有关行政机关的行政处罚权,但限制人身自由的行政处罚权只能由公安机关行使。”这一条款被认为是我国开展相对集中行政处罚权改革的法律依据。从1997年开始,我国许多地方在城市执法领域试点开展相对集中行使行政处罚权的实践,并逐渐向其他执法领域扩展。据统计,截至2010年,全国开展相对集中行使行政处罚权工作的城市(包含县)总数为395个。[21]

《国务院办公厅关于继续做好相对集中行政处罚权试点工作的通知》(国务院办公厅第63号文件)对相对集中行政处罚权的重要意义进行了阐释,即“目前,政府职能转变和行政管理体制改革尚未到位,行政机关仍存在管着许多不该管、管不了、实际上也管不好的事情,机构臃肿、职权不清、执法不规范的问题相当严重。往

〔20〕 应松年:《当代中国行政法》,中国方正出版社2005年版,第846页。

〔21〕 黄学贤:《中国行政法学专题研究述评(2000—2010)》,苏州大学出版社2010年版,第211页。

往是制定一部法律、法规后，就要设置一支执法队伍。一方面，行政执法机构多，行政执法权分散；另一方面，部门之间职权交叉重复，执法效率低，不仅造成执法扰民，也容易滋生腐败。实行相对集中行政处罚权制度对于解决行政管理中长期存在的多头执法、职权交叉重复和行政机构臃肿等问题，提高行政执法水平和效率，降低执法成本，建立'精简、统一、效能'的行政管理体制，都有重要意义"。可见，相对集中行使行政处罚权是为了解决目前我国普遍存在的多头执法、职权交叉、重复处罚的问题，可以有效地保护公民的合法权益，同时也符合我国政府精简机构，提高效能的要求。当然，推进相对集中行使行政处罚权的改革也暴露出了一些问题，主要有：

1. 相对集中行使行政处罚权改革的深入遭遇阻力。相对集中行使行政处罚权是我国行政综合执法改革的一个组成部分，对行政管理体制进行改革不仅是其所要达成的目标之一，同时也是其持续推行和深入在组织上的保障。这就会牵涉现有行政管理体制的利益调整和重构，会使一些既得利益者的利益受损，因此必然会遭遇到不配合甚至加以阻挠的情况。在部分推行集中行使行政处罚权试点的城市，已经出现了因精简执法人员而产生抵触情绪的情况。这就对那些推行集中行使行政处罚权的城市的改革决心和技巧提出了挑战。应该认识到，集中行使行政处罚权绝不仅仅是行政处罚领域的改革，也绝不仅仅是一个阶段性的权宜之计，而应将其作为实现行政管理体制改革的有机组成部分加以推进。

2. 相对集中行使行政处罚权的合法性遭受质疑。首先，根据《行政处罚法》第16条的规定，集中行使行政处罚权的主体应该是一个行政机关，国务院在《关于进一步推进相对集中行使行政处罚权工作的决定》中也规定："规范集中行使行政处罚权的行政机关的设置，不得将集中行使行政处罚权的行政机关作为政府一个部门的内设机构或者下设机构，也不得将某个部门的上级业务主管部门确定为集中行使行政处罚权的行政机关的上级主管部门。集中行使行政处罚权的行政机关应当作为本级政府直接领导的一个独立的行政执法部门，依法独立履行规定的职权，并承担相应的法律责任。"而在实践中，各城市对集中行使行政处罚权的机关的机构设置却多种多样，以城市执法机构设置为例，主要有三种形式：〔22〕(1)一个独立的执法机构，这是主要形式。(2)一个机构两块牌子：在国务院批准的82个试点城市中，有42个城市采取这种模式，如苏州市，城市管理局和城市管理行政执法局是一个机构两块牌子，除行使相对集中行政处罚权以外，还行使一定的行政管理权和许可审批权。(3)隶属于某个机关，如北京市城市管理行政执法局隶属于市政管理委员会。另外，城市执法机构的执法人员的身份也不一致，有的是行政编制，有的是事业编制，有的则既有行政编制的执法人员也有事业编制的执法人员。其

---

〔22〕　黄学贤：《中国行政法学专题研究述评(2000—2010)》，苏州大学出版社2010年版，第212页。

次,虽然《行政处罚法》为集中行使行政处罚权提供了最基本的法律依据,但是各城市在具体推行该项改革时却缺少具体的规范依据,因此各城市政府分别出台了各自的相关规范,尽量使该项改革严格依规范进行,如《广州市城市管理综合执法细则》、《苏州市城市管理相对集中行政处罚权试行办法》、《杭州市城市管理相对集中行政处罚权实施办法》等。这些做法使得相对集中行使行政处罚权改革尽量保持在法制的轨道内,应该给予充分肯定,但同时也应看到这些规范大多是地方政府规章,甚至仅是行政规定,这说明目前对相对集中行使行政处罚权进行规范的文件的法律效力位阶过低,不符合依法行政原则中的"职权法定"。

3.相对集中行使行政处罚权的经验难以得到及时总结和推行。首先,我国相对集中行使行政处罚权的改革是以试点的方式推行的,而且一般集中在经济比较发达的城市,这样做虽然有一定的道理,但是客观上使得中西部经济欠发达地区的城市被排除在改革的试点之外,即使该项改革在试点城市取得了成功,这种成功的模式和经验能否推行至经济和文化基础都有较大差异的中西部欠发达城市,这是一个问题。其次,即使是在经济发达的城市进行的改革,国家也并没有将各个试点城市作为推行此项改革的大系统中的各个子系统,从而在其中建立起联系并加以分工,而是由各个城市根据自己的特点和需要推行,各城市之间是相对分离的,改革举措也各自为政,缺少及时的立足于改革全局性的经验总结,因此使得此项改革试点工作的意义大打折扣。

第二节　行政强制

一、行政强制概述

(一)行政强制的概念和特征

1.行政强制的概念

行政强制是行政主体为维护公共秩序和公共利益,施加于行政相对人人身或财产的带有强制性的一类行政行为的统称。学界对行政强制所下的定义虽然表述有所不同,但内容并无重大差异,根据行政法学权威教材的表述,行政强制也称行政强制行为,是行政强制措施与行政强制执行的合称。系指国家行政机关,为了维护和实施行政管理秩序,预防与制止社会危害事件与违法行为的发生和存在,依照法律、法规规定,针对特定公民、法人或者其他组织的人身、行为及财产进行约束与处置;或在当事人不履行业已生效的行政决定的条件下,国家行政机关或人民法院,依法对负有履行义务的当事人采用有关强制手段,迫使其履行义务,或者达到与履行义务相同状态的强制性行为。[23]

2011年6月30日，我国颁布了《行政强制法》，并于2012年1月1日开始生效实施。该法第2条规定："本法所称行政强制，包括行政强制措施和行政强制执行。行政强制措施，是指行政机关在行政管理过程中，为制止违法行为、防止证据损毁、避免危害发生、控制危险扩大等情形，依法对公民的人身自由实施暂时性限制，或者对公民、法人或者其他组织的财物实施暂时性控制的行为。行政强制执行，是指行政机关或者行政机关申请人民法院，对不履行行政决定的公民、法人或者其他组织，依法强制履行义务的行为。"可见，我国《行政强制法》所采用的概念与学界的主流观点基本一致。

2. 行政强制的特征

由于行政强制是一个组合型概念，因此行政强制特征的主要内容要针对行政强制措施和行政强制执行分别阐述。对于总的行政强制的特征，有学者总结为强制性和实力性。[24] 所谓强制性，是指行政强制行为本身含有"强迫"之特质，这种强迫的特质比其他具有强制性的行政行为更加具有直接性。所谓实力性，是基于将行政行为分为意思行为和实力行为的基础之上的，前者是个决意行为，后者是个物理行为，而行政强制就属于后者，是一个看得见、摸得着的动作，行政强制不仅在于作出强制决定本身，更加着重于强制的物理动作。

（二）行政强制的种类

1. 根据行政强制的目的，将行政强制分为行政强制措施和行政强制执行。这是我国学界对行政强制最主要的分类，也是《行政强制法》所采用的分类，但是在《行政强制法》出台之前，不同的学者对该种分类所采用的名称有所不同，如有学者称为管理性强制和执行性强制；[25] 有的学者称为即时性强制（即时强制）和执行性强制（行政强制执行）。[26] 也有学者认为行政强制分为行政强制执行、行政即时强制和其他行政强制，认为其他行政强制主要发生在实施其他行政行为的过程中，有时成为其他行政行为的组成部分，并为其他行政行为所吸收；有时因不需要实施其他行政行为，而成为独立的行政强制形式。[27]

2. 学界较为重要的其他分类。(1)按照所针对的对象不同，行政强制分为对人身进行的强制、对财物进行的强制、对场所进行的强制和对行为进行的强制；

---

〔23〕 胡建淼：《行政法学》（第三版），法律出版社2010年版，第314页。

〔24〕 胡建淼：《行政法学》（第三版），法律出版社2010年版，第314页。

〔25〕 刘旺洪：《行政法学》，南京师范大学出版社2005年版，第180～181页。

〔26〕 姜明安：《行政法与行政诉讼法》，北京大学出版社、高等教育出版社1999年版，第235页；杨海坤、章志远：《中国行政法原论》，中国人民大学出版社2007年版，第249页；周佑勇：《行政法原论》，中国方正出版社2002年版，第307～308页。

〔27〕 傅士成：《行政强制研究》，法律出版社2001年版，第266～249页。

(2)根据强制与义务实现的关系可以分为直接强制与间接强制。

3. 根据实证法的规定梳理的种类。根据现行法律、法规和规章的规定,有学者对我国现行的行政强制种类进行了总结:(1)行政强制执行:其一,代履行,包括强制拆迁、强制拆除、强制清除、代为恢复原状、强制处理(置)、强制治理、强制修理;其二,执行罚,包括加收滞纳金、加收罚款、加价收费、累计加价收费;其三,直接强制执行,包括强制传唤、强制拘留、强制服役、强制收缴、强制收购、强制收兑、强制结汇、强制拍卖、强制变卖、强制划拨、强制扣缴。(2)行政强制措施:其一,强制检查,包括盘问检查、询问查证、搜查、现场检查、查验、诊验或留验、检定;其二,强制检疫;其三,强制保全,包括查封、扣押、冻结、证据登记保存等;其四,强制销毁;其五,劳动教养;其六,强制戒毒;其七,收容,包括收容教育、收容教养、收容遣送;其八,管制,包括交通管制、现场管制、防火管制、特别管制;其九,取缔。[28] 虽然其中的一些总结未必正确,如劳动教养已经被学界公认为行政处罚的种类,并已于2013 年 12 月被废除,但是这些梳理对深化我国行政强制研究是不可或缺的步骤。

(三)相关国家和地区的行政强制制度

1. 德国[29]

在德国,将行政机关按照行政程序以强制方式实现公民或者其他法律主体所承担的公法义务的行为统称为行政强制执行或者行政执行,行政执行的核心是行政行为,因此可以认为行政执行就是行政行为的执行,行政机关可以自己做出一个行政行为作为行政执行的根据并自己执行。联邦行政机关强制执行的法律依据是1954 年4 月 27 日的《行政强制执行法》和 1963 年 3 月 10 日的《联邦执行机关行使公权力直接强制执行的法律》,联邦各州在自己的领域内公布了相应的法律。

德国的行政执行一般分为金钱债权的强制执行和作为、容忍、不作为的强制执行,后者的具体方式包括代履行、执行罚和直接强制。而作为对行政强制的补充,联邦《行政强制执行法》第 6 条第 2 款也规定了即时强制,即"为了制止可能构成刑法和罚款要件的违法行为,或者制止紧迫的危险发生而需要即时执行,并且在行政机关的权限范围内",行政机关可以在没有作出行政行为的情况下实施行政强制。对于即时强制,也由德国学者称为直接执行或者即时执行。

德国行政强制执行的法治约束通常包括三个方面:(1)必须以行政行为的形式明确其依据;(2)必须遵守严格的程序规定;(3)无论是作为执行要件的行政行

[28] 胡建森:《行政强制》,法律出版社 2002 年版,第 206 页以下。

[29] [德]汉斯·J. 沃尔夫、奥托·巴霍夫、罗尔夫·斯托贝尔:《行政法》(第二卷),高家伟译,商务印书馆 2002 年版,第 291 ~3191 页;[德]哈特穆特·毛雷尔:《行政法学总论》,高家伟译,法律出版社 2000 年版,第 479 ~492 页。

为还是执行措施的采取，都必须置于司法控制之下。

2. 日本〔30〕

在日本，行政罚、行政上的强制执行和行政上的即时强制都是确保行政时效性的制度，后两者就类似于我国的行政强制制度。

日本行政上强制执行的种类是根据其所针对的行政上的义务是否可以替代以及是作为义务还是不作为义务进行的划分，根据以上标准，行政上的义务可以分为三类：(1)可替代性作为义务；(2)不可替代性作为义务；(3)不可替代性不作为义务。对于第一类可替代性作为义务，采取代执行；对于第二种和第三种不可替代性义务，则采用执行罚或者直接强制，直接强制中涉及缴纳税金等金钱给付义务时，还可采用强制征收的方式。

日本的即时强制是直接对人的身体及财产施加实力的作用，主要基于两种情况：(1)为了排除目前的紧急障碍，在没有下达命令以规定义务的余暇的情况下；(2)依照其情况的性质，通过下达命令来规定义务，难以实现其目的的情况下。

日本在明治宪法下曾经专门针对行政上的强制执行制定了一般性的根据法——《行政执行法》，"二战"以后，日本在美国的占领下施行了新的《日本国宪法》，原《行政执行法》也被废止，后制定了《行政代执行法》，该法只是针对代执行进行的规定，其他行政强制种类则由各个不同的法律加以规定。即时强制也由各具体法律对其要件加以严格规定。

3. 法国〔31〕

法国的行政强制制度是对于行政处理的执行制度，即实现行政处理的内容的制度，并不是所有行政处理都存在执行问题，只有在行政处理为行政相对人规定了作为或者不作为的义务，且行政强对人不履行该义务时，才发生强制执行行政处理内容的问题。法国并没有统一的行政程序或行政执行的法律，相关法律原则和制度是由19世纪以来的判例形成的。

法国行政处理执行的方法包括：(1)刑罚，根据法律的明文规定，在行政相对人不履行法律规定的行政处理决定时，由刑事法院以不履行行政处理为由，判处行政刑罚并予以执行。(2)行政罚，也需要法律予以明文规定。(3)强制执行，包括代执行和直接强制。可以适用强制执行的情形主要有三个：其一，对行政相对人不履行义务，行政机关没有其他办法可予以执行或促其履行，强制执行是最后的唯一的可使用的办法；其二，遇有紧急情形，为了维护公共利益的需要，即使还有其他办法，也可以适用强制执行，但一旦被起诉，要接受法院对当时是否存在紧急情形进行审查和判断；其三，在有法律明文规定的情况下，行政机关可以依法使用强制

---

〔30〕［日］南博方：《行政法》（第六版），杨建顺译，中国人民大学出版社2009年版，第124～131页。

〔31〕应松年：《当代中国行政法》（上卷），中国方正出版社2005年版，第938～939页。

执行。

在执行体制上,法国存在借助法院执行和行政主体自行执行并存的两种体制,前者主要是借助刑事法院以刑罚制裁的方式促使行政相对人履行义务;后者包括由行政机关对行政相对人实施的行政制裁和强制执行,虽然在总体上法律对行政机关强制执行权力的限制比较严格,但是授予行政机关强制执行权力的法律数量上在增多。

4. 美国〔32〕

美国至今没有一部统一法律对行政决定的执行问题进行一般性的规定,而是因被执行的行政决定内容和性质不同规定在不同的法律中。另外,美国是联邦制国家,因此除了存在联邦行政执行制度以外,各州和较大的地方政府也有自己的行政执行制度。这里仅介绍联邦行政执行制度。

美国联邦行政执行的手段主要包括:(1)刑罚,当行政相对人不履行重要行政决定且法律有明文规定时,行政机关可以向检察机关检举,由检察机关向法院提出追诉,并由法院依法作出是否给予相对人刑罚的判决。(2)行政罚,依据法律规定,由行政机关按照法定程序,对不执行行政决定的行政相对人科处某种行政制裁,以确保行政决定的执行,这是使用最多的执行手段,适用范围也较广泛,行政制裁的方式包括:罚金;命令停止某种活动;撤销或中止相对人的执照、许可证;拒绝延长相对人执照;不给予相对人某种利益或补助;公布相对人拒绝履行行政决定的情况等。(3)赔偿损失,赔偿损失作为一种执行手段,通常和其他执行手段同时并用。(4)强制执行,法律授权行政机关采取直接执行行政相对人因行政决定所负义务,或责令第三人履行该义务,并向义务人征收相应费用的手段,以实现行政决定的内容,这种手段相当于我国的代履行,也有即时强制的味道,但需要法律的明文规定。

美国的行政执行体制包括两种:(1)行政执行程序,即由行政机关采取执行手段自行执行的行政程序,这种情况需要法律的明文规定,并适用行政程序法的规定。(2)司法执行程序,即由行政机关向法院提起诉讼,请求法院裁判执行行政决定。司法执行程序适用大多数行政执行案件,总体可以分为两种情形:一是法律对行政决定完全没有规定执行的手段;二是法律虽规定在行政相对人不履行行政决定时,行政机关可以采取行政罚等制裁手段,但是并没有赋予行政机关直接执行的权力和手段。司法执行程序是美国三权分立和三权制衡宪法原则在行政领域的具体体现,在执行程序中,法院实际上拥有对行政决定的司法审查权,以便发现和阻止违法行政决定的执行。

5. 我国台湾地区

我国台湾地区现行有关行政强制的制度称为行政执行,并于 2001 年 1 月 1 日

---

〔32〕 应松年:《当代中国行政法》(上卷),中国方正出版社 2005 年版,第 934 ~ 937 页。

开始实施“行政执行法”的最新修正案。

关于台湾地区行政执行所包含的种类,“行政执行法”第2条规定:“本法所称行政执行,指公法上金钱给付义务、行为或不行为义务之强制执行及即时强制。”

行为或不行为义务之强制执行分为间接强制和直接强制,间接强制包括代履行及怠金;直接强制理论上包括一切能达到执行目的之合理方法,“行政执行法”第28条第2项针对直接强制进行了示例性的规定,包括:(1)扣留、收取交付、解除占有、处置、使用或限制使用动产、不动产;(2)进入、封闭、拆除住宅、建筑物或其他处所;(3)收缴、注销证照;(4)断绝营业所必须之自来水、电力或其他能源;(5)其他以实力直接实现与履行义务同一内容状态之方法。

根据“行政执行法”第36条第1项的规定,即时强制乃行政机关为阻止犯罪、危害之发生或避免急迫危险,而有即时处理之必要时,所采取之强制措施。根据该条第2项之规定,即时强制的方法包括:(1)对于人之管束;(2)对于物之扣留、使用、处置或限制其使用;(3)对于住宅、建筑物或其他处所之进入;(4)其他依法定职权所为之必要处置。虽然即时强制并不属于实现因处理或裁定而存在的义务的手段,但是我国台湾地区仍然仿效德、奥的立法将其与行政执行一并进行了规定。

我国台湾地区在1998年“行政执行法”修正案之前,公法上金钱给付义务以法院为执行机关,金钱给付以外之义务则由行政机关自行执行,1998年“行政执行法”修正案将金钱给付义务的执行收归行政部门专设的行政机关。

二、行政强制的原则

在《行政强制法》没有出台以前,学者们对行政强制原则的争论颇多,但也有交叉的部分,总结而言,学界所提出的主要原则包括:合法性原则;适度原则(比例原则、最小侵害原则);说服教育与行政强制相结合的原则;救济原则等。也有学者提出了比较有特色的原则,如先动员后强制原则、优先选择轻微方式的原则。[33]

《行政强制法》第4条至第8条规定了行政强制的原则,既吸收了学界的观点,也根据实践进行了创新性的规定。[34]

(一)行政强制合法性原则

《行政强制法》第4条规定:“行政强制的设定和实施,应当依照法定的权限、范围、条件和程序。”这一原则包括两层含义:

1. 行政强制的设定要按照法定的权限、范围、条件和程序。(1)按照法定权限设定行政强制。首先,行政强制措施只能由法律和法规设定,其中行政法规不能设定限制公民人身自由、冻结存款或汇款以及应当由法律规定的行政强制措施,如根

---

〔33〕 应松年:《依法行政十讲》,中央文献出版社2002年版,第146~147页。

〔34〕 以下对于行政强制原则的论述参见乔晓阳:《中华人民共和国行政强制法解读》,中国法制出版社2011年版,第17~31页。

据《邮政法》的规定,扣留邮政汇款只能由法律设定;行政强制执行只能由法律设定,法律没有规定行政机关强制执行的,作出行政决定的行政机关应当申请人民法院强制执行。其次,法律对行政强制措施的对象、条件、种类作了规定的,行政法规、地方性法规不得作出扩大规定,法律中未设定行政强制措施的,行政法规、地方性法规不得设定行政强制措施,但是法律规定特定事项由行政法规规定具体管理措施的,行政法规可以有一定的设定权。(2)按照法定的条件设定行政强制。行政管理事务纷繁复杂,需要采取行政强制措施的条件各不相同,因此《行政强制法》只是规定了一般条件作为指引,如该法第2条规定,设定行政强制措施一般应符合制止违法行为、防止证据损毁、避免危害发生、控制危险扩大的条件。行政强制执行本身需以其他行政行为为前提,因此没有设定条件。(3)按照法定的程序设定行政强制。首先,设定行政强制属于立法行为,因此设定行政强制本身应遵守法律、行政法规和地方性法规的立法程序;其次,《行政强制法》第14条规定,起草法律草案、法规草案,拟设定行政强制的,起草单位应当采取听证会、论证会等形式听取意见,并向制定机关说明设定该行政强制的必要性、可能产生的影响以及听取和采纳意见的情况。

2. 按照法定的权限、范围、条件和程序实施行政强制。行政强制的程序、行政强制执行的权限、条件主要规定在《行政强制法》中,但是也不排除其他单行法对相关问题的规定;另外,行政强制措施的权限、范围和条件也主要由各单行法予以规定,因此,应从广义上理解"法定"的含义。

(二)行政强制措施适当原则

《行政强制法》第5条规定:"行政强制的设定和实施,应当适当。采用非强制手段可以达到行政管理目的的,不得设定和实施行政强制。"

这是比例原则在行政强制法中的体现,这一原则的含义是:

1. 设定行政强制应当适当。这是对法律、法规的制定主体所提出的要求,要求在设定行政强制时保持谨慎的态度,在维护公共秩序和保护公民合法权益之间寻求平衡,《行政强制法》第14条关于设定行政强制需要采取听证会、论证会的规定也体现了这个原则的要求。

2. 实施行政强制应当适当。这一要求具体包括:(1)情节轻微的,能不实施行政强制就不实施;(2)查封、扣押、冻结的财物价值应当适当;(3)行政机关在依法实施行政强制执行时,采用的手段应当适当。

(三)教育与强制相结合原则

《行政强制法》第6条规定:"实施行政强制,应当坚持教育与强制相结合。"

行政强制是一种负担性的行政行为,实施的对象是行政相对人的人身、财产等权利,实施的结果是对人身、财产权利的限制或者剥夺,所以应强调少用、慎用、善用。行政强制不是目的,通过必要的行政强制纠正违法行为,教育违法者和其他行政相对人自觉守法,形成人人守法、各个自觉维护社会秩序和行政秩序的良好社会习惯才是目的,因此应当坚持教育与强制相结合。

《行政强制法》有许多教育与强制相结合原则的具体体现,如违法行为情节显著轻微或者没有社会危害的,可以不采取行政强制措施;行政机关作出行政强制执行前,应当事先催告当事人履行义务等。

(四)不得利用行政强制权谋取利益原则

《行政强制法》第7条规定:“行政机关及其工作人员不得利用行政强制权为单位或者个人谋取利益。”

行政机关不应该有自己的利益,其行政经费统一由财政纳入预算予以保障。在行政执法过程中,行政机关只有处于超脱的地位,才能公正执法。但是在实践中,有的行政机关以行政强制权作为谋取单位利益或者个人谋取私人利益的工具,有的擅自使用查封、扣押的财物,或者收取高额查封、扣押费用。

《行政强制法》明确规定了不得利用行政强制权谋取利益原则,并在其后的规定中有许多具体体现,如不得使用被查封、扣押的财产;不得收取保管费;收支两条线等。

(五)程序和救济原则

《行政强制法》第8条规定:“公民、法人或者其他组织对行政机关实施行政强制,享有陈述权、申辩权;有权依法申请行政复议或者提起行政诉讼;因行政机关违法实施行政强制受到损害的,有权依法要求赔偿。公民、法人或者其他组织因人民法院在强制执行中有违法行为或者扩大强制执行范围受到损害的,有权依法要求赔偿。”

行政强制权是对行政相对人人身权、财产权的限制和剥夺,因此无论是从权利保护的角度来看,还是从权力监督的角度来看,都应当明确当事人的程序权利和救济权利。虽然我国尚未出台统一的《行政程序法》,但是正当程序原则作为行政法的一项基本原则已经得到普遍承认,行政相对人在行政强制中的陈述和申辩权就是正当程序原则在行政强制领域的核心体现。法律救济是事后监督的重要方式,也是当事人的一项重要权利,目前在我国,法律救济途径主要包括行政复议、行政诉讼和国家赔偿三种制度。

三、行政强制措施的种类

《行政强制法》对行政强制措施的设定和实施都进行了全面规定,尤其是针对行政强制措施的实施条件和程序进行了较为细致、全面的规定,这将对规范行政强制措施起到重要的作用。在《行政强制法》颁布实施之后,可能仍然存在争议的行政强制措施领域是行政强制措施的种类。

(一)学理上对于行政强制措施种类的划分

学界对行政强制措施的分类主要有:[35](1)按行政强制措施的目的和功能可

---

〔35〕 湛中乐、杨君佐:“行政强制措施制度研究”,载《甘肃政法学院学报》2000年第2期。

分为预防性强制措施、制止性强制措施和促进性强制措施。(2)按行政强制措施是否是独立的行政行为可分为独立的行政强制措施和从属的行政强制措施。(3)按行政强制措施所调整的内容可分为针对人身的行政强制措施和针对财产的行政强制措施。(4)按行政主体实施行政强制措施的紧急程度，可分为一般行政强制措施和紧急行政强制措施。(5)按行政主体是否依职权主动采取行政强制措施，可分为依职权的行政强制措施和依申请的行政强制措施。

(二)《行政强制法》的规定

《行政强制法》第9条对行政强制措施的种类进行了规定："行政强制措施的种类：(一)限制公民人身自由；(二)查封场所、设施或者财物；(三)扣押财物；(四)冻结存款、汇款；(五)其他行政强制措施。"

可见，《行政强制法》对行政强制措施的规定未能涵盖学界的分类，该规定可以看作是对行政强制措施种类的一个开放式的列举规定，所谓的开放式，是指在明确列举了几种常用的、典型的行政强制措施之后，最后一项的规定，但是该项规定并没有对规定其他行政强制措施的规范性文件的等级进行限定，这就导致该规定无法起到梳理和清理目前我国实践中纷繁复杂、名目繁多的行政强制措施的作用，从而使规范行政强制措施的效果大打折扣。

四、行政强制执行

《行政强制法》对行政强制执行也进行了全面的规定，包括执行方式、执行程序、执行手段的限制等，这里不再进行介绍，仅针对学界争议较大的行政强制执行的方式和执行体制进行一番讨论。

(一)行政强制执行方式

1. 学界的分类。目前学界对行政强制执行认识比较一致的分类有：[36](1)按照执行与所实现义务的关系分为直接强制执行与间接强制执行，其中，间接强制执行又分为执行罚和代履行。(2)按照实施强制执行的主体可分为行政机关自行实施的强制执行和行政机关申请人民法院实施的强制执行。(3)按执行的标的可分为金钱给付义务的强制执行和行为义务的强制执行。

2.《行政强制法》的规定。《行政强制法》第12条规定："行政强制执行的方式：(一)加处罚款或滞纳金；(二)划拨存款、汇款；(三)拍卖或依法处理查封、扣押场所、设施或者财物；(四)排除妨碍、恢复原状；(五)代履行；(六)其他强制执行方式。"

这条规定也是开放式的规定，仅仅列举了行政管理中较为典型的一些行政强制执行方式，同时也承认其他分散规定在法律、法规和规章之中的行政强制执行的

---

〔36〕 关保英：《行政法与行政诉讼法》，中国政法大学出版社2007年版，第303～306页；周佑勇：《行政法原论》，中国方正出版社2002年版，第307～308页。

种类。这样一来,存在于在行政强制措施领域的问题同样存在于行政强制执行领域。但是,由于我国实行的是以申请法院强制执行为原则、行政机关自行强制执行为例外的执行体制,执行方式的混乱可以得到一定的遏制。

(二)行政强制执行体制

行政强制执行体制是我国在制定《行政强制法》之前争论最多的领域之一,虽然《行政强制法》仍然坚持了原有的司法主导型行政强制执行模式,即以申请人民法院强制执行为原则,以行政机关自己强制执行为例外,只有法律才能规定由行政机关自行强制执行,但是有关各种行政强制执行体制优缺点的争论并没有因此而平息。

赞同现有行政强制执行体制的观点认为,这是一种符合我国国情的行政强制执行体制,其优点在于:(1)多一道法院的审查,将有利于保护公民的合法权益;(2)用"申请"而不用"诉讼",有利于提高行政效率。[37]

有学者指出该模式具有以下三种弊端:(1)与行政行为效力原理及其规则严重脱节,大大降低了行政效率;(2)致使司法与行政角色严重错位,浪费了有限的司法资源;(3)加大了行政强制执行制度的运行成本,难以实现执行效益的提高。[38]

在实践中,许多情况下,为了提高行政执法的效率,行政机关与司法机关往往协同办案,使司法对行政的监督流于形式,并成为行政执法的工具。另外,对于经司法机关监督后的行政强制执行造成的侵权,反而难以确定责任归属,从而不利于保护行政相对人的合法权益。

针对目前行政强制执行体制的不足,学者们提出了各种改革思路,主要观点有:(1)在坚持现有行政强制执行体制的同时,逐渐适当扩大行政机关的强制执行权;(2)在行政相对人拒绝履行具体行政行为所确定的义务时,通过行政公诉将其提交法院予以审判;(3)在维持现有执行体制下,将审查和执行职能在法院和行政机关之间进行分配,法院只负责对行政决定合法性等内容的审查,具体执行则完全由申请的行政机关负责;(4)将行政强制执行权收归行政机关,建立行政主导型的强制执行体制。[39]

一国行政强制执行体制不仅仅是对强制执行权的分配,与该国的国情、权力之间的关系、法治状况和人权状况都息息相关,这就解释了为什么英美法系的行政执行体制与大陆法系国家有很大不同,但同样都行之有效。我国行政强制执行体制

---

〔37〕 陈红:《行政法与行政诉讼法学》,厦门大学出版社 2006 年版,第 204~205 页。

〔38〕 杨海坤、章志远:《中国行政法原论》,中国人民大学出版社 2007 年版,第 253~256 页。

〔39〕 以上观点参见黄学贤:《中国行政法学专题研究评述(2000—2010)》,苏州大学出版社 2010 年版,第 226~227 页。

的设计同样也要考虑我国行政权独大,缺乏有效制约的国情,但同时也要认识到司法权与行政权的宪法关系和实践中的关系。而在法治的要求下,权利保护始终是核心命题,因此,无论将行政强制权赋予法院还是行政机关,都离不开完善的权利救济体系和对国家权力的有效监督制度作为配套,涉及我国行政复议、行政诉讼、国家赔偿等一系列制度的改进和完善。因此完善行政强制执行体制显然不仅仅是行政强制一个领域的课题。

第八章　具体行政行为(二):行政征收、行政征用与行政给付

第一节　行政征收与征用

一、行政征收概述

(一)行政征收的概念

国外行政法上的“征收”主要有三种:一是税收征收;二是公用征收;三是准(公用)征收。第一类税收征收等同于我国行政征收中的税收征收。第二类公用征收是国家为了某些目的之需要,如公共事业,对人民之财产权利,有偿地剥夺或限制。由于人民的财产权利是受到强制性侵犯,国家要有合法之理由,方可以征收,而合法之理由通常是指公用或公益,因此公用征收也称公益征收。准(公用)征收是指国家在公用征收之外,因对相对人的财产权限制或管制超过必要限度而具有公用征收的性质和效果时,该行为即构成准征收。第一类征收和第二、三类征收具有本质的区别,因为第一类征收是以增加国家财政为目的,而被征收人负有缴纳义务;第二、三类征收则是以其他公共利益为目的,以对被征收人给予补偿为条件。[1]

我国学界对行政征收的概念也有不同的认识,目前行政征收的概念有广义、中义、狭义之分。狭义的行政征收是指“行政主体根据行政法规范规定,以强制方式无偿取得相对人财产所有权的一种具体行政行为”,[2]这种概念也是我国早期权威行政法学教材的传统观点。中义的行政征收是指“行政主体依法向行政相对人强制性地征收税费或私有财产的行政行为”,[3]其中又分为有偿征收和无偿征收。[4]广义的行政征收是征税、行政收费、财物征用和征调的上位概念,是指“行政主体为了公共利益目的,以国家强制力为后盾,从处于被管理者地位的公民或组

[1] 应松年:《当代中国行政法》(上卷),中国方正出版社 2005 年版,第 943 页。

[2] 邢鸿飞:《行政法学》,南京大学出版社 1997 年版,第 279 页。

[3] 胡建淼:《行政法学》(第三版),法律出版社 2010 年版,第 217 页。

[4] 方世荣:《行政法原理与实务》,中国政法大学出版社 2007 年版,第 113 ~ 114 页。

织处有偿或无偿获得一定财物、金钱或劳务的单方行为”。[5] 中义和广义的行政征收概念是近年来一些学者所提出的。

我们认为,从国外征收所涵盖的范围来看,虽然比较类似于我国中义的行政征收的概念,但是在国外行政法中,税收征收与公用征收实际是两个不同性质的行政法律制度,其中,税收征收属于行政征收,而公用征收则属于行政补偿,这两种制度内容和重点都有很大差别,因此,笼统地将传统行政征收与公用征收放入一个概念中并不合适。另外,由于我国行政法学对公用征收行为的研究不够充分,我国行政补偿制度也不发达,因而有学者将公用征收放入行政征收一并进行研究,以期提高公用征收在学界研究的地位,这种努力和愿望是值得肯定的。但是公用征收与传统的税费征收到底存在本质的差异,提高公用征收和补偿的研究地位,首要的恰恰应该是树立公用征收和补偿制度的独立研究地位。鉴于以上原因,以及本书后面会对行政补偿进行专门研究,因而此处对行政征收的概念做狭义理解,即行政征收是指行政主体根据行政法规范规定,以强制方式无偿取得相对人财产所有权的一种具体行政行为。

(二)行政征收的特征

行政征收具有下列特征:[6]

1. 征收主体及征收对象的特定性。行政征收是特定的行政主体为取得公共财政收入,针对特定公民、法人或其他组织实施的一种单方行政行为。行政征收只能由享有法定征收权的行政主体实施,而且行政征收职能指向在行政法上负有缴纳义务的特定相对人。

2. 征收条件的无偿性。行政征收是国家无偿参与国民收入分配的一种手段,它不以必须向相对人提供一定服务或履行相应的义务为条件,在特定的征纳关系中,双方的权利义务是不对等的,征收主体享有无偿征收相对人财产的权利,而相对人负有必须缴纳的义务。

3. 征收内容及征收范围的法定性。征收权的行使必须具有明确的法律依据,在关于征收的立法中,有关征收的范围、内容、标准、征收额度、比率都应有明确规定,征收主体必须严格按照法律规定进行征收。

4. 征收手段的强制性。由于行政征收是以国家名义对相对人财产所有权的合法剥夺,因此,行政征收权的行使以国家强制力为后盾,国家强制力是督促相对人自觉履行缴纳义务从而完成行政征收的基本保障。

(三)行政征收的种类

目前我国的行政征收主要可以分为两大类:税收征收和行政收费。

---

〔5〕 杨解君:《行政法学》,中国方正出版社2002年版,第322~323页。

〔6〕 应松年:《当代中国行政法》(上卷),中国方正出版社2005年版,第946页。

1. 税收征收

税收征收是国家税务行政主体行使征收权，依照税法规定的标准，强制、无偿地向纳税义务人收取税款的行为。税收征收是我国主要的行政征收内容。税收征收的主体在我国分为国家税务局、地方税务局、海关、财政部门，征收的方式包括查账征收、查定征收、查验征收、定期定额征收、代扣代缴和代收代缴、委托征收等。由于我国已出台《税收征收管理法》，对于税收征收的程序、保障制度、时限、纳税人的权利和救济等都进行了规定，因此，税收征收的法治化程度较高。

2. 行政收费

行政收费，是指行政主体行使行政征收权向特定的行政相对人强制收取一定额度的费用的行为。行政收费是具有我国特色的行政征收内容，而我国目前还没有出台统一的行政收费法，实践中行政收费名目繁多，管理混乱，是行政管理中比较混乱的领域。

(四)行政收费

1. 行政收费存在的问题

(1)收费项目繁多。与税收不同的是，我国行政收费的项目并没有法律的统一规定，不算行政机关自己巧立名目的乱收费，即使是具有法律依据的行政收费项目也是五花八门，种类繁多。鉴于实践中行政收费项目的多样性，学者们也曾经尝试着进行了总结，但是学界对行政收费名目的归纳并不一致，如有学者认为行政收费主要包括：资源费征收、建设资金费征收、排污费征收、管理费征收；[7]有的学者直接对行政收费的具体项目作了不完全列举，认为我国的这种社会费用主要有公路运输管理费、车辆购置附加费、公路养路费、港口建设费、排污费和教育附加费等。[8] 我们认为，目前我国行政收费名目众多，如果不加分类地简单列举，一方面，难以穷尽所有行政收费项目；另一方面，即使列举相对全面，对学术研究而言，这种简单罗列也属于低水平的研究。因此，行政法学对行政收费项目的研究，应该建立在全面考察收费项目的基础上，但是绝不仅仅限于对所有行政收费项目的罗列，而是进一步根据特定标准对已有行政收费项目加以分类，分类研究才是深入研究行政收费的重要基础性工作。基于上述观点，我们赞同以收费目的为标准对行政收费进行归纳和分类：[9]第一，行政主体以筹措建设资金为目的收取的各类建设费、附加费和基金。如公路养路费(已废除)、车辆购置附加费、公路建设基金、公路基础设施增容费、电力建设基金、三峡工程建设基金、城市公用事业附加、农业税地方附加、水利基金等。第二，以保护自然资源为目的的收费。如渔业资源增殖

---

〔7〕 马怀德：《行政法与行政诉讼法》，中国法制出版社2007年版，第240页。

〔8〕 胡建淼：《行政法学》(第三版)，法律出版社2010年版，第217页。

〔9〕 应松年：《当代中国行政法》(上卷)，中国方正出版社2005年版，第959～960页。

保护费、陆生野生动物资源保护管理费、林业保护管理费等。第三,以保护环境为目的的收费。如环境保护费、超标排污费、污水排污费、海洋废弃物倾倒费、污染源治理专项基金等。第四,以发展教育为目的的收取的各种附加费、基金。如教育费附加、高等教育费附加、农村教育事业附加、地方教育附加、地方教育基金等。第五,以发展社会保障事业为目的各类收费。如待业保险基金、养老保险基金、医疗基金、残疾人就业保障金等。第六,以价格干预为目的附加在价格上的各种收费。如原油价格调节基金、棉花价格调节基金、粮食风险基金、碘盐基金、副食品风险基金等。第七,以弥补机关经费不足为目的收取的各类管理费。如乡镇企业管理费、福利企业管理费、个体工商户管理费(已废除)、公路水路运输管理费、无线电管理费、证券市场监管费、期货市场监管费等。

(2)收费项目性质混乱。在目前的行政收费领域,除了上述所梳理的行政收费种类以外,还有一些收费项目,打着行政收费的旗号,但是实质上并非行政收费。这些性质受到质疑的收费项目有:第一,国家出让土地等自然资源所取得的自然资源费。根据我国《宪法》、《物权法》的有关规定,矿藏、水流、森林、山岭、草原、荒地、滩涂、海域、城市的土地、野生动植物等自然资源,都属于国家所有,即归全民所有,国有财产由国务院代表国家行使所有权。因此,国家以行政机关为代表出让自然资源的使用权,收取的资源费是基于国家所有权,而不是行政机关的行政管理权,出让自然资源使用权、收取自然资源使用费的行为,本质上是一种市场交易行为而不是行政管理行为,因此,这一类费用不应纳入行政收费的范畴,而应该视为经营性收费。第二,公用企业的收费。公用企业在我国是指提供公共产品生产经营服务的具有自然垄断特征的企业,如铁路、民航、邮政、电力、自来水等企业,这些企业一方面是基本公共产品的生产者和提供者,另一方面又承担着相关的行政管理职能,具有政企合一的特征。因此,这些公用企业的某些收费的性质也常常被混淆,有些收费是基于垄断性的经营地位而进行的营业性收费,而有些收费则是基于行政管理而进行的收费,必须将这两种性质不同的收费加以区分,前者属于营业性收费,引起的纠纷属于民事纠纷,后者才属于行政收费。

(3)行政收费的依据、管理混乱。目前我国的行政收费项目缺乏统一的法律规范予以规范,绝大部分收费项目的依据是法律规范以外的一般规范性文件。[10]而由于行政收费依据的混乱,导致绝大部分收费的管理处于国家财政管理范围之外,由负责征收的行政机关自主支配,这反过来又激励了收费机关的收费热情。由于我国行政机关基本都有出台一般规范性文件的权力,因此,运用该权力设定行政收费项目进而自肥,是我国行政乱收费的根源所在。行政乱收费不仅仅侵犯了行政相对人的合法财产权,而且也使得地方政府管理衍生出了重费轻税、税费倒挂的

〔10〕　应松年:《当代中国行政法》(上卷),中国方正出版社2005年版,第961页。

现象,导致国家税款的流失。

2. 规范行政收费的设想

规范行政收费的途径有很多,其中一种是在承认行政收费合法性的基础上,对现有行政收费的种类进行清理,将营业性收费排除出去,将税收性质的收费改为国家税收,进而将所有行政收费纳入法制轨道,规范其法律依据和征收程序。[11]

这一思路对于解决我国行政乱收费的现实,不失为一种可行的方案,但是我们认为,规范行政收费应从其源头入手,既治标又治本。行政收费在我国得以存在的根本原因在于政府机关财政经费的不足,因此,从20世纪80年代开始,国家开始允许少数行政事业单位收费。而作为现代捐税国家,税收应该作为国家唯一的财政来源,除此之外不应再有任何名目的行政征收,这也是目前世界各法治国家的通行做法。我国要建立社会主义法治国家,在事关公民私有财产权的行政征收领域应该与国际接轨。我国要解决机关财政不足的问题,不应将行政收费这种作为我国弥补行政机关财政不足的临时性手段合法化,而是应该从政府机构改革和税收改革入手,尤其在当下,我国已成为世界第二大经济体,人民的税负能力和水平并不低。所以,解决机关膨胀、冗员过多,进而出台《行政编制法》,对政府机构改革的成果加以法制化、固定化,才是我国行政乱收费问题的根本解决之道。

二、行政征用

(一)行政征用的概念和特征

目前,我国学界对行政征用的概念存在分歧,分歧的焦点在于行政征用的客体是仅包括相对人的财产,还是既包括相对人的财产又包括相对人的劳务。如有学者认为,行政征用是指“行政主体根据法律规定,出于公共利益的需要,强制性地使用相对人的财产并给予补偿的行政行为”;[12]有的学者认为,行政征用是指“行政主体为了公共利益的需要,依法以强制方式有偿取得行政相对人的财产使用权或劳务的一种具体行政行为”。[13] 也有学者将行政主体为了公共利益目的,按照法律规定征集、调用一定劳动力的行为称为行政征调。[14] 其中认为行政征用的客体既包括行政相对人的财产,又包括行政相对人的劳动力的观点是传统观点,也是主流观点。对劳动力的征用与对财产的征用在行政法制度上并未形成本质的差异,因此本书采用此种概念。

基于本书所采用的行政征用的概念,行政征用具有以下特征:[15](1)公益目的

[11] 应松年:《当代中国行政法》(上卷),中国方正出版社2005年版,第966~968页。

[12] 胡建淼:《行政法学》(第三版),法律出版社2010年版,第221页。

[13] 方世荣:《行政法原理与实务》,中国政法大学出版社2007年版,第118页。

[14] 马怀德:《行政法与行政诉讼法》,中国法制出版社2007年版,第240页。

[15] 方世荣:《行政法原理与实务》,中国政法大学出版社2007年版,第118~119页。

性。行政征用是基于国家经济和社会发展或提供公共服务的目的,即为了公共利益的需要而实施的。(2)强制性。行政征用是一种单方行政行为,不以被征用人同意为前提,且以国家的强制力为保证,当相对人拒不履行行政征用行为所确定的义务时,行政主体可以采取强制手段迫使相对人履行义务。(3)法定性。行政征用直接指向的是行政相对人的经济利益,为了确保行政相对人的合法权益不受违法的行政征用行为侵害,必须确定行政征用法定原则,即行政征用的主体、条件、对象、方式、范围和补偿等内容都必须有明确的法律依据。(4)有偿性。有偿性是行政征用的重要法律属性,现代各国宪法、法律都明确规定,政府基于公益之需要,可以对公民财产进行征用,但必须以公平补偿为前提,我国《宪法》第13条和《物权法》第44条也有规定。

(二)行政征用和相关概念的区别

1. 行政征用与行政征收

行政征收是行政主体根据行政法规范规定,以强制方式无偿取得相对人财产所有权的一种具体行政行为。行政征用与行政征收的区别在于:[16](1)法律后果不同。行政征收意味着行政主体代表国家取得了被征收财产的所有权,相对人财产一经征收,其所有权即转移给国家。行政征用不会导致财产所有权的转移,行政主体只取得相对人财产的使用权。(2)前提不同。首先,行政征收是无偿的,行政主体只代表国家依法行使征收权,不承担补偿责任,行政征收是国家无偿参与国民收入分配、取得财政收入的一种形式。行政征用是有偿的,行政主体只有在预先给予相对人公平补偿的前提下才能实施行政征用。其次,行政征收中,行政相对人本身负有行政法上的缴纳义务,这种义务具有相对的稳定性,是法律、法规预先设定的,行政主体必须按照法定的范围、标准和程序进行。行政征用中,行政相对人并不负有法定的缴纳义务,只是出于公共利益的需要,行政主体才进行财产或劳务的征用,往往具有临时性和不固定性,其范围、标准因每次征用而有所差异。(3)标的物不同。行政征收的标的物一般限于财产,从我国行政征收的内容来看,以金钱为主。而行政征用的标的物既可以是财产,也可以是劳务,被征用的财产是实物形式,且以房屋、土地等不动产居多。而且,行政征收中,当符合法定条件时,行政主体可在一定幅度内依法减免被征收的财产。而行政征用则无减免可言。

2. 行政征用与公用征收

公用征收是指行政主体基于公共利益目的,强制取得行政相对人的财产所有权并给予补偿的行政行为。行政征用和公用征收都是行政主体基于公共利益需要对行政相对人的财产进行剥夺或限制的行为,而且都是以公平补偿为条件,这是两者的相似之处。两者的区别是:(1)标的物不尽相同。行政征用针对的标的物既可以是行政相对人的财产,也可以是行政相对人的劳务。公用征收只针对相对人

---

〔16〕 邢鸿飞:《行政法学》,南京大学出版社1997年版,第281页。

的财产。(2)法律后果不同。行政征用不取得行政相对人的财产所有权,只取得财产的使用权,因此财产的所有权不发生转移。公用征收取得被征收财产的所有权,因此财产被征收后,所有权由相对人转移给国家。(3)发生的情形不同。虽然行政征用与公用征收发生的前提都是公共利益的需要,但是相比较而言,行政征用一般发生在比较紧急的情况下,而公用征收的情形一般并不紧急。

三、我国行政征用的具体形式

目前,我国有关行政征用的法律规定散见于各种法律规范之中,其主要表现形式有:[17] (1)对交通工具与通讯设备的征用。如《国防法》第48条规定:"国家根据动员需要,可以依法征收、征用组织和个人的设备设施、交通工具和其他物资。县级以上人民政府对被征用者因征收、征用所造成的直接经济损失,按照国家有关规定给予适当补偿。"(2)对房屋、场地与设施的征用。如《戒严法》第17条规定:"根据执行戒严任务的需要,戒严地区的县级以上人民政府可以临时征用国家机关、企业事业组织、社会团体以及公民个人的房屋、场所、设施、运输工具、工程机械等。在非常紧急的情况下,执行戒严任务的人民警察、人民武装警察、人民解放军的现场指挥员可以直接决定临时征用,地方人民政府应当给予协助。实施征用应当开具征用单据……"(3)对劳力的征用。有关行政主体在应急状态下,特别是在抢险、救灾中,根据法律规定,强制性地征调劳动力进行特定工作。对劳力的征用还可分为特别征调和一般征调,特别征调是指用于满足军事目的,具有严格实施期间的征用;一般征调是指凡是军事目的以外的劳力征用。[18] (4)对其他财产的征用。其他财产在法律明文规定的前提下,如遇紧急状态,也可被征用。

四、行政征用的原则[19]

(一)法定原则

行政征用是直接影响行政相对人人身权和财产权的限权行为,因此必须坚持法定原则。具体要求:(1)根据《宪法》第13条和《物权法》第44条的规定,行政征用必须由狭义的法律加以设定。(2)行政征用的主体、范围、程序、条件等内容都必须由法律加以规定,并由征用主体严格按照法律的规定加以实施。

(二)公益原则

公共利益是行政征用的必要前提,非出于公益不得实施行政征用。公共利益原则已成为各国行政征用所要遵循的普遍原则和首要原则,我国《宪法》、《物权法》、《土地管理法》、《国家安全法》和《戒严法》等法律规范中虽然也都将行政征

---

〔17〕 胡建淼:《行政法学》(第三版),法律出版社2010年版,第222页。

〔18〕 马怀德:《行政法与行政诉讼法》,中国法制出版社2007年版,第240页。

〔19〕 胡建淼:《行政法学》(第三版),法律出版社2010年版,第222页;方世荣:《行政法原理与实务》,中国政法大学出版社2007年版,第119页。

用的目的规定为“公共利益的需要”,但是在具体认定何为公共利益方面却缺乏明确的、可操作性的具体规定,导致在实践中经常将公共利益混同于国家利益、集体利益甚至部分人的私益。为防止公共利益的范围被过度扩大而侵犯公民合法财产权的情形,必须严格区分公益目的和普通商业目的。公共利益的界定已得到我国行政法学界的重视,但是尚未通过国家立法予以确认。

(三)补偿原则

补偿原则也称公平补偿原则,即给予受征用人的补偿应该基于公平原则足额、充分补偿。在西方法治发达国家,还要求补偿必须在事前支付而不是征用以后才支付。我国单行的法律法规中所规定的补偿一般为“适当补偿”、“相应补偿”、“合理补偿”等,补偿金额明显低于足额补偿的标准,这些规定虽然与我国的财力有密切关系,但是从长远看不利于对私有财产权的保护,不符合法治建设的要求。公平补偿原则的具体要求是:(1)事前补偿,即未经事前合理补偿,政府不得征用公民的财产。(2)补偿直接损失,补偿针对的是与征用行为有直接因果关系的损失,可分为被征用财产的实体损失和其他损失两大类。(3)补偿物质损失,即补偿只针对财产上的利益损失,不补偿精神上或情感上的损失。(4)补偿实际损失,即补偿只针对已经发生或将来一定发生的损失,而不包括将来可能发生的不确定的损失。(5)动态调整,即补偿的标准虽然一经确定并经法律程序形成规则后就成为实施行政征用补偿的依据,但是该标准不是一成不变的,要根据经济和社会发展定期进行评价,适时地加以调整,使其能与经济、社会的发展相适应,能在公共利益的增进与个人利益的有效保护之间维系动态平衡。

(四)合理原则

这是行政法合理性原则在行政征用行为中的具体体现,它要求行政主体在实施行政征用时遵循比例原则、平等原则和正当原则。具体要求是:(1)比例原则,即行政主体在实施行政征用时,要以相对人所受财产的最小损失来实现行政征用所要达到的目标。(2)平等原则,即行政主体在实施行政征用时,针对相对人权利损失的补偿要同等情况同等标准。(3)正当原则,即行政主体在实施行政征用时,对是否实施以及如何实施行政征用都应该有正当的理由,不允许随意甚至恣意。

第二节　行 政 给 付

一、行政给付概述

(一)行政给付的概念

国内学界关于行政给付的概念有最广义、广义、狭义三种理解。

最广义的概念认为,行政给付是指通过公共设施、公共企业等进行的社会、经济、文化性服务的提供，通过社会保障、公共扶助等进行的生活保护、保障，以及资金的交流、助成等，及通过授益性活动，积极地增进行政目的而进行的国民福利的公共行政活动，包括供给行政、社会保障行政与资助行政三类。给付行政是行政主体为实现其固有的各种行政活动的总称，其外延几乎囊括了现代福利国家行政作用的大部分领域，而不仅仅是指一种行政行为。[20]

广义的行政给付，是指行政主体基于法定职责或服务的要求，在特定相对人处于失业、年老、疾病或丧失劳动能力及其他法定情况下，依照法律、法规、规章和其他有关行政规范的规定，对上述相对人无偿提供物质帮助或其他优待的具体行政行为。[21]

狭义的行政给付，是指行政主体基于公民的物质帮助请求权依法给予其以物质权益或与物质有关的权益的法律制度，又称行政物质帮助或行政救助。[22]

其中，广义的概念是我国的通说。但同时也有学者认为，行政给付可以在制度和行为两个层面上存在，制度意义上的行政给付泛指行政主体以其存在、职能、行为等向社会及社会个体提供物质以及非物质保障所形成的制度体系，其核心是制度存在、制度运行、制度结果。行为意义上的行政给付仅指以行为方式表现出来的行政给付。[23] 我们认为，行政行为是行政职权的外在表现形式，在现代法治国家，都应制度化，因此，行政行为与行政制度实际是不可分割的，我们研究行政行为最重要的目的也是将其纳入法治轨道。就行政给付来说，其行为意义上的概念与制度意义上的概念并无冲突，按照我国的行政法学研究习惯，一般侧重于行为意义。

（二）行政给付的特征[24]

根据广义的行政给付概念，行政给付具有如下特征：（1）财物性，即行政给付的内容是赋予行政相对人一定的物质权益或与物质有关的权益。（2）单向性，即行政主体是否实施行政给付是由行政主体单方意思表示决定的。（3）无偿性，即行政给付是国家福利政策的体现，与福利行政紧密相连，针对生活困难或其他需要救助的情况，因此是无偿的。（4）可诉性，行政给付是一种具体行政行为，对象是特定的行政相对人，因此不服行政给付可以申请行政复议或者提起行政诉讼。

---

〔20〕 杨解君：《行政法学》，中国方正出版社2002年版，第383～384页。

〔21〕 应松年：《行政法与行政诉讼法》，法律出版社2005年版，第200页。

〔22〕 林莉红、孔繁华："行政给付研究"，载《珞珈法学论坛》（第二卷），武汉大学出版社2002年版，第48页。

〔23〕 柳砚涛："行政给付制度研究"，苏州大学博士学位论文，第9页。

〔24〕 胡建淼：《行政法学》（第三版），法律出版社2010年版，第214～215页；应松年：《依法行政十讲》，中央文献出版社2002年版，第115～116页。

二、行政给付的内容[25]

行政给付的内容,即行政主体对行政相对人所承担的物质帮助或与物质帮助有关的其他优待条件。在法治国家,行政给付的内容会外化为各种具体的行政给付制度,在我国,行政给付主要由行政保障、行政供给、行政救助构成。

(一)行政保障制度

行政保障制度是指行政主体因在相对人发生年老、疾病或丧失劳动能力等情况时,或者其他特殊情况下,依照有关法律规范的规定,赋予其实质利益的制度。行政保障制度是目前我国行政给付领域中数量最大的制度,但是至今仍然没有统一的保障立法,其法律依据分散在《宪法》、《防震减灾法》、《残疾人保障法》、《未成年人保护法》、《老年人权益保障法》、《妇女权益保障法》、《义务教育法》、《兵役法》、《城市居民最低生活保障条例》、《农村五保供养工作条例》、《事业保险条例》、《城市生活无着的流浪乞讨人员救助管理办法》等法律法规之中。

行政保障有四种形式:(1)抚恤金,如发给牺牲、病故军人、警察以及国家公务人员家属的抚恤金、发给革命残疾军人的抚恤金、发给烈军属、复员退伍军人的生活补助费等。(2)特定人员离退休金,如民政部门管理的军队离、退休干部的离退休金、副食品价格补贴、取暖补贴、丧葬费等;其他由民政部门发放的退休金、副食品价格补贴、取暖补贴、丧葬费等;由民政部门发放的退职人员的生活费等。(3)社会救济金、福利金,如对农村"五保户"、贫困户发放的救济钱物;对法定城镇低收入者在钱物、住房方面的救济;对福利院、敬老院、生活无着人员的救助站等社会福利机构的经费资助等。(4)发放给灾民的生活救济费和救济物资,安置、抢救、转移灾民而支出的费用和物资。

(二)行政助长制度

行政助长制度是指行政主体为了实现行政目标,通过给予个人或组织实质利益,引导、激励和支持它们积极做出特定行为的制度。行政助长的形式是资金或其他财产性权利,包括国家科研项目资助、中小学贫困生助学金资助、高校贫困生助学贷款贴息、对农业的财政资助、对中小企业的贴息贷款、对特定行业的补贴、产品的出口退税等。该制度散见于《教师法》、《文物保护法》、《国家科学技术奖励条例》、《教学成果奖励条例》、《国家公务员奖励暂行规定》等。

(三)值得商榷的观点

1. 行政赔偿和行政补偿是否属于行政给付

有学者认为行政给付还包括行政赔偿、行政补偿。该观点认为,行政赔偿分为三种情况:第一,行政赔偿请求人要求行政赔偿应当先向赔偿义务机关提出,赔偿义务机关对依法确认有符合赔偿条件的情形,自收到申请之日起的 2 个月内给予

---

〔25〕 应松年:《行政法与行政诉讼法》,法律出版社 2005 年版,第 377 ~382 页。

赔偿。第二,如果赔偿义务机关决定不予赔偿或者赔偿请求人对赔偿数额有异议的,赔偿请求人可以自期间届满之日起3个月内向人民法院单独提起行政赔偿诉讼。第三,赔偿请求人可以在申请行政复议和提起行政诉讼时一并提出赔偿要求。在上述三种情形中,只有第一种情况属于行政给付,第二种情况和第三种情况不属于行政给付。因为第一种情况才是行政机关作为赔偿义务机关依法赔偿相对人受损的合法权益,或者说补救性的给予相对人实质利益;而第二、三种情况则是在第三方介入之后,责令赔偿义务机关赔偿,是行政复议制度和行政诉讼制度的组成部分,不属于行政给付。至于行政补偿,又称行政损失补偿,是指因行政主体的合法行政行为造成行政相对人合法权益的损失,依法由前者对行政相对人所受的损失予以弥补的责任。行政补偿的主体仍然是行政主体,是行政主体依法给予行政相对人使之受损权益得以弥补的行政行为,因此其属于补救性的行政给付制度。[26]

我们认为上述观点值得商榷。行政赔偿和行政补偿是否属于行政给付,与行政给付的概念界定有关。一种观点认为,一个行政行为只要具有支付内容就属于行政给付,即行政给付是行政主体作出的依法必须支付相对人一定财物的行政行为,这种含义与民事诉讼法上的"给付之诉"非常接近;另一种观点认为,鉴于行政给付是给付行政的体现,而给付行政是福利行政、福利国家的象征,因而不能将只要有支付内容的行为一概定性为行政给付,而只应该将作为国家福利政策的给付行为纳入行政给付范围。[27]

我们同意第二种观点。第一种观点是从行政行为的表现形式来界定行政给付的,是形式意义上的概念;第二种观点是从行政行为所反映的行政理念来界定行政给付的,是实质意义上的行政给付。我们认为,从核心理念来界定行政给付更科学,更能使其与传统的秩序行政模式下的各种行政行为相区分。另外,因为行政赔偿制度在学界早已被公认为是独立的国家赔偿制度的一部分,因此将行政赔偿的一部分纳入行政给付,人为地将行政赔偿行为分属于行政给付和行政复议、行政诉讼制度,也不符合学界的传统研究习惯。

2. 行政给付是否包括行政供给制度

行政供给制度是指行政主体通过公共用物、公共设施、公共企业等的设置、经营、监管来为公众提供日常生活必不可少的公共产品的制度。行政供给的形式多种多样,如建设、管理公用物(道路、公园、广场等);建设、监管、经营公营企业,为个人或组织的生活提供必要的物质条件(如交通、邮政、电信、水电气企业等);设立环境污染防治机构,监控、治理环境污染,提供清洁空气、洁净水源、安静的空间等。

---

〔26〕 应松年:《行政法与行政诉讼法》,法律出版社2005年版,第380~381页。

〔27〕 胡建淼:《行政法学》(第三版),法律出版社2010年版,第214页。

按照最广义的行政给付的概念,行政供给制度应该是其中最重要的组成部分,但是从广义的行政给付概念来看,行政供给制度因其针对的行政相对人并不特定,因此其行为意义不突出,从而行政供给不是典型意义的行政给付方式。

三、行政给付与法律保留

法律保留原则是大陆法系国家行政法上的重要原则,从19世纪自由法治国家理念孕育而成,其核心理念是干涉最少的政府是最好的政府。因此在传统行政国家,法律保留对于保障公民权利起着源头性的控制作用。但是,在传统上,法律保留原则制约的是干涉行政,因此在德国,法律保留也称"干涉保留"或"侵犯保留"。

行政给付是给付行政的重要表现形式,要否适用法律保留原则是行政给付研究领域的一个争论焦点。在研究初期,国内学者多引用国外理论,认为行政给付适用法律保留原则。如德国在"二战"以后的主流观点就认为:"……仅在干预自由和财产时须有法律依据(目前仍然如此),而对给付行政和涉及行政内部关系的'特别权力关系'而言,却并非如此。"[28] 我国台湾地区也有学者认为,行政机关在遂行服务行政时,可不必依循法律保留原则。行政机关即使无法律依据之时,也能为服务行政,并可享有权宜性地抉择其行为对象之权力,而不必顾虑其他宪法的主要原则——如平等原则。因为政府为人民提供福祉,多为一件算一件,总是胜于少为一件服务,故不必严格以法律拘束之。行政机关为服务行政时,虽无须明白之法律授权,但是亦非毫无任何制度可予制衡。[29]

随着研究的深入,认为给付行政也必须受法律保留原则的约束的观点,逐渐成为主流观点。其理由主要有:[30] 第一,国家的财源来自于纳税人,而法治国家无不实行租税法定主义。既然税收是法定的,那么税收的支出也应当受法律保留原则的支配。第二,因为政府动支财源的行为具有侵益性质,而且对一部分人的给付意味着对另一部分人的不给付或者少给付,另外还存在该给付而不给付或不该给付却给付,以及已经合法给付又非法收回之可能,为了维护广大行政相对人的合法权益,任何给付行为都应受法律保留原则的支配。第三,从现代行政的本质——服务行政的角度来讲,给付行政必须依法进行。德国学者巴杜拉认为,依社会法治国的理念,行政必须满足个人生活所需引导和服务的行为,因此现代行政的唯一内涵就是服务,现代行政的本质使得行政权由传统的权力行为发展为满足公众需要而组织和促进物质、文化、精神、道德发展的行为,因而行政权应当被认为是公共服务行为或者称之为公务行为。随之,公共权力观念应当为公共服务所取代。但是"这种公共权力绝对不能因为它的起源而被认为合法,而只能因它依照法律规则所做

---

〔28〕［德］平特纳:《德国普通行政法》,朱林译,中国政法大学出版社1999年版,第46页。

〔29〕陈新民:《行政法总论》(修订六版),三民书局1997年版,第55页。

〔30〕黄学贤:《中国行政法学专题研究述评(2000—2010)》,苏州大学出版社2010年版,第334页。

的服务而被认为合法”。[31] 第四，从权利救济的角度讲，给付行政也要受法律保留原则的支配。在法治国家，有权利必有救济，而公民获得权利救济的前提之一是该权利具有法律依据。即使是在德国，给付行政不受法律保留原则支配的观点也受到了挑战。德国联邦宪法法院不仅认为基本权利保护和法律保留适用于特别权力关系，而且也对所有涉及本质的决定必须有议会立法为基础，是否适用法律保留的标准是“重要性”标准，繁育基本权利行使有关的事情都涉及“重要性”，而在基本权利之外也存在一些“重要”问题，以致立法者必须对之作出回应。[32]

四、行政给付的程序

由于我国目前尚未出台统一的有关行政给付的法律，不同行政给付形式的程序规定分散于各种法律规范之中，而且一般都比较简单，并不完善。从目前的规定看，行政给付的程序主要包括以下步骤：(1)申请。申请即由行政相对人提出要求给付的申请，从而启动行政给付程序。但在例外的情况下，也存在行政主体依职权主动实施行政给付的情况，如紧急情况下的救灾、救助。(2)审查。审查就是由行政给付的实施主体对行政相对人提出的申请及实际情况和条件进行审查核对，以判明是否符合行政给付的条件。(3)批准。批准就是由行政给付实施主体或其上级主管部门对符合条件的行政相对人的申请予以同意的步骤。(4)实施。实施就是由行政给付的实施主体向行政相对人交付钱、物等的行为。

五、行政给付的救济

在理论上，对行政给付行为能否提请救济的观点是明确的，即理论界已达成共识，认为行政给付是一种独立的具体行政行为，行政相对人对行政给付行为不服，既可以申请行政复议，也可以提起行政诉讼。但是，由于现行《行政复议法》和《行政诉讼法》都没有明确使用行政给付的概念，因而在实践中，针对行政给付行为提起的救济具体应该依据哪一条法律规范，学界尚有争论。

我们认为，对现有法律中所规定的“抚恤金”宜作广义理解。现行《行政复议法》第6条第1款规定：“有下列情形之一的，公民、法人或者其他组织可以依照本法申请行政复议……(十)申请行政机关依法发放抚恤金、社会保险金或者最低生活保障费，行政机关没有依法发放的……”《行政诉讼法》第12条第1款规定：“……(十)认为行政机关没有依法支付抚恤金、最低生活保障待遇或者社会保险待遇的……”上述两部法律中规定的抚恤金宜包括所有国家对公民发放的社会福利性质的保障费用，如农村社会救灾和社会福利、城市社会救济和社会福利都应纳入抚恤金的范围。

因为，从立法原意来看，《行政复议法》和原《行政诉讼法》中对于抚恤金的规

---

〔31〕［法］狄骥：《宪法论》，钱克新译，商务印书馆1962年版，序言第8页。

〔32〕［德］平特纳：《德国普通行政法》，朱林译，中国政法大学出版社1999年版，第46页。

定就是对行政给付给予救济的最典型的规定,只不过由于历史的局限性,这两部法律出台时我国的行政给付制度还十分有限,随着我国社会经济的发展,行政给付的范围和形式都得到了大大地扩展。《行政诉讼法》(修正案)第12条第1款第10项已经规定:"认为行政机关没有依法支付抚恤金、最低生活保障待遇或者社会保险待遇的",可见,立法对抚恤金的外延是呈扩展式的发展的。

第九章　具体行政行为(三):行政许可与行政确认

第一节　行 政 许 可

行政许可是行政管理领域广泛使用的手段和行为,由于我国曾长期实行计划经济,因此在我国特殊的国情背景下,行政许可与行政审批、行政登记等行政行为也有着纷繁复杂的关系。2003 年出台的《行政许可法》是我国改革计划经济体制下行政审批制度的一项制度性成果,而且学界对行政许可的研究并未因《行政许可法》的出台而停滞。

一、行政许可概述

(一)行政许可的含义和特征

早期学者一般从行政许可的形式要件角度对行政许可进行界定,如"行政许可是行政机关根据相对人的申请,以颁发许可证、执照等方式允许相对人从事某种行为、授予某种资格、确认某种权利的行为"。[1] 后来学者所理解的行政许可与他们所主张的学科性质密切相关,如赋权说、解禁说等。2003 年《行政许可法》第 2 条明文规定了行政许可的概念,之后大部分学者都以此规定作为我国行政许可的标准含义,即"本法所称行政许可,是指行政机关根据公民、法人或者其他组织的申请,经依法审查,准予其从事特定活动的行为"。根据《行政许可法》所规定的含义及相关制度,目前我国行政法学界对行政许可的含义最起码在下列方面达成了共识,这也可以看作是对行政许可特征的解读:[2]第一,行政许可的主体具有专属性。行政许可的行为主体是行政主体,而不是处于行政相对人地位的公民、法人和其他组织。第二,行政许可发生的被动性。行政许可是一种依申请的具体行政行为。第三,行政许可的实质审查性。行政许可的实质在于审查申请人是否具备从事某项特定活动的法定条件。第四,行政许可的范围特定性。行政许可的范围都

---

[1] 应松年、袁曙宏:《走向法治政府——依法行政理论研究与实证调查》,法律出版社 2001 年版,第 259 页。

[2] 应松年、杨解君:《行政许可法的理论与制度解读》,北京大学出版社 2004 年版,第 69 ~ 73 页。

是由法律明确规定的事项,行政许可的事项是特定的,其事项范围一般限于申请人所申请的权利行使范围或资格范围。

(二)国外的相关概念和含义

有关行政许可的概念在各国并不一致,也没有一个实质的内涵和确定标准,有的国家甚至没有单独的行政许可概念。

美国《联邦行政程序法》规定了"许可证"和"核发许可证",许可证包括机关核发的执照、证书、批准书、注册证书、章程、成员资格证书、法定豁免或者其他形式的许可文书的全部或一部分;核发许可证包括行政机关批准、延续、拒绝批准、吊销、暂停、废止、收回、限制、修改、变更许可证的活动以及为许可证规定一定条件的活动。美国还按许可证的申请和撤销是否适用正当程序分为权利性许可证和特许权性许可证,前者的申请人和持有人受《联邦行政程序法》规定的正当程序的保护,非经法定且正当的程序,行政机关不得任意拒绝许可证申请人的申请或者剥夺许可证持有人的权利;后者被认为是一种由政府决定是否给予的特殊恩惠,因此行政机关无须经过正当程序即可核发或收回,特许权许可证的申请人或者持有人不得因此寻求法律保护。[3]

德国在学理上并不将行政许可作为一种独立的行政行为,德国的《行政程序法》也没有对行政许可进行明确界定。按照德国行政行为的分类,有控制许可和特别许可的区分,两者都是法律禁止的解除,是批准特定的行为或者特定的计划。控制性许可又称为"有许可保留的禁止",是因为需要行政机关在具体事件中事先审查特定行为或计划是否违反特定实体法的规定,这种许可被直观地比喻为高高竖起的栏杆,栏杆控制之下的不得入内;特别许可是法律将某种行为作为具有社会危害性或者不符合社会理想的行为予以普遍禁止,但是允许在特别规定的例外情况下,赋予当事人从事禁止行为的自由,这种禁止是压制性的"附免除保留的禁止"。[4]

日本与行政许可相近的概念是行政许认可,是许可和认可的简称,是指实定法上对国民限制权利、赋课义务的行政处分以及其他与此类似的行为。行政许认可的形式既包括发给执照、予以特许、许可、认可、承认等,也包括与许认可性质类似的登记、检查、检定、指定、申报、报告等。日本《行政程序法》所规定的申请则是指基于法令,请求行政厅作出许可、认可、发给执照及其他对自己赋予一定利益的行为。[5]

---

〔3〕 张正钊、韩大元:《中外行政许可制度的理论与实务》,中国人民大学出版社1994年版,第358、408页。

〔4〕 [德]哈特穆特·毛雷尔:《行政法学总论》,高家伟译,法律出版社2000年版,第209~212页。

〔5〕 应松年:《行政法与行政诉讼法学》(上),中国法制出版社2009年版,第334页。

二、行政许可的性质

(一)国内争论

行政许可的性质一直是我国行政法学界的争论焦点,对行政许可的定性也直接影响了对行政许可的定义,而且这一争论并未因《行政许可法》的出台而停止。其代表观点有:

1. 赋权说。赋权说认为行政许可是赋予行政相对人从事某种活动的权利或资格的行为。持该学说的代表性定义有:行政许可是行政机关根据公民、法人或者其他组织的申请,以书面证照或其他方式允许其从事某种行为、确认某种权利、授予某种资格和能力的行为。[6]

2. 解禁说或权利恢复说。解禁说认为行政许可的前提是一般禁止,因为法律的规定,行政相对人的权利受到限制,而行政许可就是对这种法律限制的解除,对行政相对人而言就是权利的恢复。基于此观点而给出的代表性定义有:行政许可是行政机关对具备法定条件的申请人,赋予进入一般行政禁止领域活动资格的行政管理行为。[7]

3. 折中说。[8] 折中说认为赋权说与解禁说并非截然对立,只是认识角度不同而已。从表面来看,行政许可表现为政府赋予相对人某种权利,但从根本上讲,许可是对原属于公民、组织的某种权利的恢复,是对特定人解除普遍禁止的行为。

除此之外,学者们还从行政许可对社会进行控制的角度提出了"验证说"、"核准说"、"审查说"等学说。

(二)国外相关观点

国外相关理论和立法对行政许可的性质界定不能一概而论,一般视具体行政许可的种类而定。

德国将行政许可分为控制性行政许可与特别许可,对于二者的性质,德国学者分别进行了形式和实体上的考察。控制许可在形式上是一种授益的、权利形成的行政行为;实体上,控制许可可恢复一般的行动自由。控制许可是恢复出于预防性控制的需要而予以临时、普遍限制的活动自由。而特别许可扩大了公民权利的范围,公民据此可从事法律禁止,但例外情况下准许的行为,因此,特别许可在形式上和实体上都是授益行政行为。

美国虽然没有有关行政许可性质的系统理论,但是从《联邦行政程序法》的规定来看,行政许可分为权利行政许可和特别权性许可,前者涵盖已有的宪法权利的

---

〔6〕 应松年:《依法行政十讲》,中央文献出版社2002年版,第112页。

〔7〕 应松年:《依法行政读本》,人民出版社2001年版,第231页。

〔8〕 张步洪:"行政许可",载应松年主编:《当代中国行政法》(上卷),中国方正出版社2005年版,第700页。

范围,后者则是政府的恩惠,属于特权。可见这种分类与德国的分类有相似之处,前者在形式上属授益性行政行为,实体上则是法律一般禁止的解除;后者则完全是授益性行政行为。〔9〕

国外的相关理论给我们两点启发。首先,授益(赋权)和解禁(权利的恢复)并非截然对立,而是一个事物的两个方面。从行政主体的角度来说,就是赋予行政相对人从事某种行为的权利或资格;从行政相对人的角度而言,就是恢复了原本受到法律一般限制的权利。行政许可的性质不是单一的,而是复合的,这一认识已逐渐被越来越多的学者所接受。其次,行政许可的性质要根据行政许可的种类来具体区分,我国也有一般许可和特别许可之分。一般认为,《行政许可法》第12条第2项所规定的"有限自然资源开发利用、公共资源配置以及直接关系公共利益的特定行业的市场准入等,需要赋予特定权利的事项"属于特许事项。也有学者提出了一般许可属于解禁性行政行为,特许属于赋权性行政行为的观点。〔10〕

三、行政许可的分类

可以根据不同标准,对行政许可进行不同的分类。目前学界对行政许可的权威分类如下。〔11〕

(一)普通许可和特别许可

这是根据获得许可的难易程度为标准所作的分类。普通许可是指只要符合法定的条件,就可向主管行政机关提出申请,对申请人并无特殊限制的许可,如驾驶执照、营业执照等。特别许可是指除必须符合一般条件外,还对申请人予以特别限制的许可,如持枪许可、烟草专卖许可等。这种分类的意义在于应分别为普通许可和特别许可设定许可程序,应尽量简化普通许可的程序,而设置比较严格的特别许可程序。

(二)排他性许可和非排他性许可

这是根据许可对其他人所引起的法律效果为标准所作的分类。排他性许可是指某个人或者组织获得该项许可后,其他任何人或组织都不能再申请获得许可,如专利许可、商标许可等。非排他性许可是指可以为所有具备法定条件者申请、获得的许可,如驾驶执照、营业执照等。这种分类的意义在于,由于排他性许可会排除其他主体再申请和获得许可的可能性,因此在审查和决定给予排他性行政许可时应尽量严谨,注意对利害关系人权益的保护。

---

〔9〕[德]哈特穆特·毛雷尔:《行法学总论》,高家伟译,法律出版社2000年版,第209~212页。

〔10〕姜明安:《行政法与行政诉讼法》,北京大学出版社、高等教育出版社1999年版,第183~184页;胡建淼:《行政法学》,法律出版社1998年版,第316页。

〔11〕姜明安:《行政法与行政诉讼法》,北京大学出版社、高等教育出版社1999年版,第183~185页;胡建淼:《行政法学》(第三版),法律出版社2010年版,第243~246页。

（三）独立证书许可和附文件的许可

这是根据许可证形式的复杂性为标准所作的分类。独立证书许可是指单独的许可便已表明持有人被许可的活动范围、方式、时间等，无须其他文件加以补充说明的行政许可，如护照、驾驶执照等。附文件的许可是指必须附加文件予以说明被许可的活动内容、范围、方式、时间等的行政许可，如专利许可、商标许可等。

这种分类有助于把握行政许可的完整性。

（四）权利性行政许可和附义务的行政许可

这是根据行政许可是否具有义务性的内容为标准所作的分类。权利性行政许可是指行政许可获得者可以根据自己的意志来决定是否行使该许可所赋予的权利和资格的行政许可，如持枪证、驾驶执照等。附义务的许可是指行政许可获得者必须同时承担一定时期内从事被许可活动的义务，否则要承担一定法律责任的行政许可，如专利许可、建设用地许可等。这种分类的意义在于，既能清楚揭示两种不同许可所要求的相对人权利义务的不同，又能严格区分不同行政许可机关职权的差异。

（五）其他分类

1. 有数量控制的许可与无数量控制的许可。这是基于《行政许可法》第 57 条的规定所进行的分类。根据该条的规定，"有数量限制的行政许可，两个或者两个以上申请人的申请均符合法定条件、标准的，行政机关应当根据受理行政许可申请的先后顺序作出准予行政许可的决定。但是，法律、行政法规另有规定的，依照其规定"。这是行政许可机关作出有数量控制的许可决定的规则。

2. 附条件许可与无条件许可。这是基于行政许可生效条件所作的分类。行政许可一经作出，无须任何条件即可生效的行政许可是无条件的行政许可。如果许可作出后，要视其是否达到所附条件才生效，这便是附条件的行政许可。

3. 根据行政管理的内容，行政许可可以分为：公安行政许可、工商行政许可、卫生行政许可、环保行政许可、农业行政许可、资源行政许可、交通行政许可、文化行政许可、城建行政许可等。

四、行政许可的原则

我国《行政许可法》第 4 条至第 10 条规定了我国行政许可应遵循的七项原则，分别是合法原则；公开、公平、公正原则；便民与效率原则；救济原则；信赖保护原则；禁止转让原则；监督原则。学者们进一步将这些原则区分为一般原则与特殊原则，一般原则即行政许可与其他行政行为共同遵循的原则，是行政法基本原则在行政许可领域的具体体现；特殊原则是指仅适用于行政许可的原则。但是，哪些原则才是行政许可的特殊原则，学者观点不尽一致。有的认为行政许可的特殊原则包括效能与便民原则、监督与责任原则两项原则;[12]有的认为包括信赖保护原则、禁止转让原则、监督原则三项原则;[13]有的认为包括便民与效率原则、信赖保护原则、许可不得转让原则、许可与监督原则相结合的原则四项原则。[14] 不妨搁置争议,对行政许可原则逐一解读。[15]

(一)合法原则

合法原则也称许可法定原则,是行政合法性原则在行政许可领域的具体体现,根据《行政许可法》第4条的规定,具体要求有:第一,许可的设定必须法定。行政许可是一项重要的行政权力,设定行政许可属于立法行为,应当符合《立法法》确定的立法体制和依法行政的要求,做到相对集中。因此,《行政许可法》第二章对此专章作了明确、具体的规定。第二,许可的实施必须法定。行政许可必须由法定的行政主体在其法定权限范围内,按照法定的条件和法定的程序实施。关于实施许可的机关、权限、范围、条件和程序,《行政许可法》及其他有关法律也都做出了明确具体的规定,行政许可的实施必须严格依据这些法律的规定,不得与之相违背。

(二)公开、公平、公正原则

这是《行政许可法》第5条规定的原则,实际包含了三项原则。

1. 公开原则。行政许可的公开原则是行政公开原则的具体体现。具体要求有:第一,许可的依据公开。即有关行政许可的规定应当公布,未经公布的,不得作为实施行政许可的依据。第二,行政许可的实施和结果,除涉及国家秘密、商业秘密或者个人隐私外,应当公开。许可实施的公开即许可的整个实施过程应当公开,主要通过表明身份制度、告知制度、档案资料查询制度、听证制度等体现出来。许可的结果公开即许可的决定必须公开,无论准予许可或不予许可,决定都必须采取书面形式,制作行政许可决定书并送达当事人及利害关系人,否则不发生效力。

2. 公平原则。许可公平原则主要是对行政许可实体方面的要求。具体要求有:第一,平等对待当事人,不歧视。行政机关实施行政许可行为,在同时面对符合法定条件、标准的多个相对人时应当一视同仁,反对歧视;在先后面对符合法定条件、标准的多个相对人时应当前后一致,反对反复无常。第二,合理考虑相关因素,不专断。行政机关实施行政许可行为,应当全面考虑行为所涉及或影响到的因素,

---

[12] 乔晓阳等:《中华人民共和国行政许可法实施手册》,吉林人民出版社2003年版,第107~108页。

[13] 张步洪:"行政许可",载应松年:《当代中国行政法》(上卷),中国方正出版社2005年版,第700页。

[14] 周佑勇:"论行政许可的基本原则",载《湖北警官学院学报》2003年第4期。

[15] 以下对各原则的论述主要参见周佑勇:"论行政许可的基本原则",载《湖北警官学院学报》2003年第4期。

包括法律法规规定的条件、政策的要求、社会公正的准则、当事人的个人情况等，而不能仅仅凭自己的主观认识、推理、判断，任意、武断地做出行政许可决定和实施行政行为。

3. 公正原则。许可公正原则是对行政许可程序方面的要求。该原则起源于英美行政法上的“自然公正”、“正当法律程序”等。许可公正原则的具体要求有：第一，没有利害关系。这是指行政机关及其工作人员必须与其所作的行政许可没有个人利益上的联系，否则就应回避。第二，没有偏私。这是指行政机关在实施行政许可行为时要为各方参与人提供平等参与的机会，排除各种可能造成偏见的因素。第三，听取意见。这是指行政机关在做出行政许可行为时，应充分了解相对人所具有的证据材料和相对人的意见、说明，必要的时候还应当举行听证。

（三）便民与效率原则

这是《行政许可法》第6条所规定的原则，即“实施行政许可，应当遵循便民的原则，提高办事效率，提供优质服务”。

1. 便民原则。便民原则是指行政机关实施行政许可应当尽可能手续简化、方便快捷，从而确保许可申请人以最低的成本实现许可目的。《行政许可法》还具体规定了一系列方便当事人申请许可的重要措施，如该法第26条规定的“一个窗口对外”；第29条规定的申请许可方式的多样化和委托申请行政许可等。

2. 效率原则。效率原则要求行政机关在履行职责时应当以尽可能小的社会成本来实现既定的行政管理目标，使社会效益最大化。贯彻这一原则，最重要的是行政许可机关应当在法定的期限及时办理行政许可事项，不得无故拖延。

（四）权利救济原则

《行政许可法》第7条规定：“公民、法人或者其他组织对行政机关实施行政许可，享有陈述权、申辩权；有权依法申请行政复议或者提起行政诉讼；其合法权益因行政机关违法实施行政许可受到损害的，有权依法要求赔偿。”根据该规定，行政相对人享有的救济既包括陈述和申辩等事前救济途径，也包括复议、诉讼、赔偿等事后补救途径。

（五）信赖保护原则

信赖保护原则是诚信原则在行政法中的运用，《行政许可法》首次在我国法律中明确规定了该原则。《行政许可法》第8条规定：“公民、法人或者其他组织依法取得的行政许可受法律保护，行政机关不得擅自改变已经生效的行政许可。行政许可所依据的法律、法规、规章修改或者废止，或者准予行政许可所依据的客观情况发生重大变化的，为了公共利益的需要，行政机关可以依法变更或者撤回已经生效的行政许可。由此给公民、法人或者其他组织造成财产损失的，行政机关应当依法给予补偿。”这是我国建设法治政府进程中具有重大意义的法律规定。在行政法中，信赖保护原则主要适用于对授益行政行为的撤销或废止。因为相对人基于此类行政行为而获得利益,一经撤销或废止将会受到损害,故行政机关不得随意撤销或者废止该行为,否则必须合理补偿相对人因信赖该行为而获得的利益。在行政许可中,当被许可人对行政机关做出的行政许可行为形成值得保护的信赖时,行政机关不得随意撤销该行为,否则必须合理补偿被许可人信赖该行为有效存续而获得的利益。其实质是为了保护被许可人对行政许可行为的信赖利益,必须对该行为的撤销予以限制。

(六)许可不得转让原则

《行政许可法》第9条规定:"依法取得的行政许可,除法律、法规规定依照法定条件和程序可以转让的外,不得转让。"同时,根据《行政许可法》第80条的规定,"涂改、倒卖、出租、出借行政许可证件,或者以其他形式非法转让行政许可的","行政机关应当依法给予行政处罚;构成犯罪的,依法追究刑事责任"。依法取得行政许可,必须符合法定条件、标准,因此,被许可人取得的行政许可一般不得转让。只有依法取得的特定事项行政许可才可以转让,但必须由法律、法规对这种转让做出明确规定。比如通过出让许可方式取得的土地使用权,有关法律规定被许可人可以依照法定条件和程序转让。法律之所以对行政许可转让加以严格限制,主要是不给倒买倒卖许可证件等违法犯罪行为提供可乘之机,以避免经济秩序和社会秩序的混乱。

(七)许可与监督相结合原则

《行政许可法》第10条规定:"县级以上人民政府应当建立健全对行政机关实施行政许可的监督制度,加强对行政机关实施行政许可的监督检查。行政机关应当对公民、法人或者其他组织从事行政许可事项的活动实施有效监督。"在行政许可活动中,行政许可机关既是行使许可职权的主体,也是对被许可人实施的许可事项进行监督的主体,同时其本身的职权活动也应当置于有关国家机关和公众的监督之下,以防止腐败的滋生。长期以来,我国行政机关重许可、轻监管或者只许可、不监管的现象比较普遍;同时,行政机关实施行政许可,往往只有权力、没有责任,缺乏公开、有效的监督制约机制。为了解决这个问题,《行政许可法》规定了监督原则,并在第六章对此作了专章规定。

五、行政许可的具体制度

《行政许可法》对行政许可的设定、实施机关、实施程序、费用以及监督检查进行了较为全面的规定,此处仅针对学界比较关注的制度进行讨论。

(一)行政许可的设定

行政许可的设定是指特定的国家机关根据实际需要,依照法定的权限和程序,以特定形式的规范性文件创设行政许可的行为。行政许可的设定关系到行政许可权的来源,是规范行政许可权的根本性问题,行政许可的设定在性质上属于立法行为。

1. 行政许可设定的原则

有学者认为行政许可设定的原则包括合法原则、适度原则、效益原则、便民原则、公开原则、公正和公平原则、责任原则、保护相对人合法权益原则；[16] 有学者认为行政许可设定的原则包括公共利益原则、确保相对人利益原则、行政效率原则。[17] 本书仅围绕行政许可设定的特有原则作介绍。[18]

(1)公共利益原则。法律设定行政许可以公共利益为出发点，只能出于公共利益的需要才能设定，而不能任意设定。至于"公共利益"的认定标准，只能由最高国家权力机关通过国家立法予以确定。

(2)确保相对人利益原则。行政许可的设定应尽可能保障个人自由，具体包含两方面的内容：一是属于公民自由范畴的事情，应让公民自己决定，政府应尽可能地不管或少管；二是应设定必要的行政许可以保障公民的自由。行政许可应该在社会总体福利和个人自由之间寻求一个平衡点。

(3)适度原则。行政许可的设定范围，反映一国政府干预社会、经济生活的程度，也是一国行政管理科学化、民主化的直接体现。由于行政许可权的行使直接关系公共利益，同时影响公民、法人或者其他组织的自由，因而在设定行政许可时，范围不宜过宽，以免统得过死；但也不能过于狭窄，以免导致社会秩序的紊乱和公共安全的丧失，需要合理、适度地设定。适度标准要求：第一，许可管制对公民权利和自由的限制程度必须与许可管制所要达到的目的成比例；对于放松管制足以能够达到目的的，应当放松许可管制的强度。第二，行政许可的范围应当在合理权衡各方面的利益后加以确定，既要保证国家对特殊行业、行为的控制，又不能过度干预，以充分保障公民的自由和社会活力。

(4)行政效率(效益)原则。设定行政许可应当分析成本，追求效益，即除了对必要性、有效性的考虑外，应当以成本的高低作为其可行性的标准。一般来说，行政许可的成本应当低于解决未设定行政许可事项所耗费的社会成本，设定行政许可应当能够将有限的资源配置给生产条件最好、技术最先进的企业或者个人，让他们创造出最多的社会财富。行政许可作为行政管理手段之一，应当以较小行政资源的投入实现最佳的政府工作目标。

2. 行政许可设定权

(1)法律、行政法规有权设定行政许可。根据《行政许可法》第 14 条的规定，

---

〔16〕 陈雪梅："行政许可设定问题研究"，华东政法学院硕士学位论文，第 17 ~ 24 页。

〔17〕 张娟："行政许可制度若干问题的法律思考"，载《安徽大学学报》(哲学社会科学版)2003 年第 4 期。

〔18〕 以下有关设定行政许可原则的介绍主要系参见陈雪梅："行政许可设定问题研究"，华东政法学院硕士学位论文，第 17 ~ 24 页；张娟："行政许可制度若干问题的法律思考"，载《安徽大学学报》(哲学社会科学版)2003 年第 4 期。

“本法第十二条所列事项,法律可以设定行政许可。尚未制定法律的,行政法规可以设定行政许可。必要时,国务院可以采用发布决定的方式设定行政许可。实施后,除临时性行政许可事项外,国务院应当及时提请全国人民代表大会及其常务委员会制定法律,或者自行制定行政法规”。

(2)地方性法规、省级政府规章有权设定行政许可。根据《行政许可法》第15条的规定,“本法第十二条所列事项,尚未制定法律、行政法规的,地方性法规可以设定行政许可;尚未制定法律、行政法规和地方性法规的,因行政管理的需要,确需立即实施行政许可的,省、自治区、直辖市人民政府规章可以设定临时性的行政许可。临时性的行政许可实施满一年需要继续实施的,应当提请本级人民代表大会及其常务委员会制定地方性法规。地方性法规和省、自治区、直辖市人民政府规章,不得设定应当由国家统一确定的公民、法人或者其他组织的资格、资质的行政许可;不得设定企业或者其他组织的设立登记及其前置性行政许可。其设定的行政许可,不得限制其他地区的个人或者企业到本地区从事生产经营和提供服务,不得限制其他地区的商品进入本地区市场”。

根据《行政许可法》第16、17条之规定,行政法规可以在法律设定的行政许可事项范围内,对实施该行政许可作出具体规定。地方性法规可以在法律、行政法规设定的行政许可事项范围内,对实施该行政许可作出具体规定。规章可以在上位法设定的行政许可事项范围内,对实施该行政许可作出具体规定。法规、规章对实施上位法设定的行政许可作出的具体规定,不得增设行政许可;对行政许可条件作出的具体规定,不得增设违反上位法的其他条件。此外,其他规范性文件一律不得设定行政许可。

可见,我国《行政许可法》没有赋予部门规章行政许可设定权。但没有行政许可设定权并不意味着放松监管,加强事后的监管是必然选择,同时国务院决定的行政许可设定权还可以应对紧急情况和特殊情况下设定行政许可的需要。第一,从地方政府规章来说,《行政许可法》将行政许可设定权限制在省级地方政府规章,一方面有利于控制行政许可的数量,符合我国行政审批改革的方向;另一方面也与我国的国情相适应。第二,从规章的行政许可设定范围来说,为了确立统一市场规则,降低市场成本,防止地方政府利用行政许可设定权搞地方保护主义。对于省级地方政府规章,在设定行政许可时,一要消除行政许可设定的随意性,二要慎用例外授权。第三,在规章设定行政许可的程序上,根据《行政许可法》第19条的规定,结合有关立法程序的规范,规章设定行政许可应遵循以下程序:其一,听取意见。拟设定行政许可的规章,在起草时应听取人民群众的意见,听取意见的形式有听证会、论证会和其他形式。其二,向制定机关说明情况。拟设定行政许可的规章,起草单位应向省、自治区、直辖市人民政府说明设定行政许可的必要性和设定行政许可对社会、经济的影响评价。根据有关立法程序的要求,有些规章设定行政许可还应向社会公布以征求社会公众的意见。规章所设定的行政许可的有效期只有一年,这要求省级行政许可设定机关、行政许可实施机关及时对行政许可设定的必要性和实施情况进行评价,以便进一步做出保留修改或者废止的决定。

3. 设定行政许可的事项

根据我国《行政许可法》的规定,行政许可的设定事项分为可以设定行政许可的事项和可以不设行政许可的事项。

《行政许可法》第12条规定的可以设定行政许可的事项如下:"(一)直接涉及国家安全、公共安全、经济宏观调控、生态环境保护以及直接关系人身健康、生命财产安全等特定活动,需要按照法定条件予以批准的事项;(二)有限自然资源开发利用、公共资源配置以及直接关系公共利益的特定行业的市场准入等,需要赋予特定权利的事项;(三)提供公众服务并且直接关系公共利益的职业、行业,需要确定具备特殊信誉、特殊条件或者特殊技能等资格、资质的事项;(四)直接关系公共安全、人身健康、生命财产安全的重要设备、设施、产品、物品,需要按照技术标准、技术规范,通过检验、检测、检疫等方式进行审定的事项;(五)企业或者其他组织的设立等,需要确定主体资格的事项;(六)法律、行政法规规定可以设定行政许可的其他事项。"接着,《行政许可法》第13条进一步规定,上述事项,"通过下列方式能够予以规范的,可以不设行政许可:(一)公民、法人或者其他组织能够自主决定的;(二)市场竞争机制能够有效调节的;(三)行业组织或者中介机构能够自律管理的;(四)行政机关采用事后监督等其他行政管理方式能够解决的"。

理论上讲,如果设定行政许可的事项直接导致以下问题,就不应设行政许可:一是导致非法垄断;二是导致管制者受制于被管制者;三是限制竞争和影响创造性经济的发展;四是导致低效率和滋生腐败。应当设定许可是指必须设定许可,在当今社会,人类没有找到其他办法来管制此类问题;可以设定是指附条件设定,如果能够用其他方法解决就不用行政许可。哪些事项可以设定行政许可是一个非常复杂的世界性的难题,这个问题涉及行政权力和公民权利之间的关系。从目前来看,无论是在理论上还是在实践上都还没有很好地解决这个问题。世界各国解决此问题的基本方法是通过单行的法律、法规,按照法定的程序来决定。[19]

行政许可设定事项的核心内容首先涉及我国行政审批制度改革,这要求政府转变职能,摆脱不该管也管不好的事,减少审批事项,规范权力行使。行政许可设定事项的核心,还必须认识到行政许可是事前的监管手段,只是政府众多监管手段中的一种。从行政管理的成本和效益角度来看,对那些可能发生系统风险,很难通过事后补救的办法来消除影响;或者即使有办法消除影响,往往需要付出超常代价才能消除的问题,有必要采取事前监管手段,因而需要设定行政许可。而对可能发

---

〔19〕 刘玉平:"论我国的行政许可设定事项",载《行政与法》2005年第2期。

生随机、偶然性问题的一般事项,则采取事后监管手段。

(二)行政许可的程序

1. 行政许可公示程序

行政许可公示程序是指行政主体在实施行政许可过程中,将涉及相对人申请行政许可的有关事项、程序及需要提交的材料等行政公务信息依法定形式在行政机关办公场所公开、明示的程序。行政许可公示程序是行政许可实施环节的首要程序。《行政许可法》第30条规定:"行政机关应当将法律、法规、规章规定的有关行政许可的事项、依据、条件、数量、程序、期限以及需要提交的全部材料的目录和申请书示范文本等在办公场所公示。申请人要求行政机关对公示内容予以说明、解释的,行政机关应当说明、解释,提供准确、可靠的信息。"

我国行政许可公示程序存在以下问题:[20] (1)有关行政许可公示程序的法律规定过于单薄、不细致。第一,综观整个行政许可法典,在全部八章内容共83条的行政许可法律条文中,仅由第30条对行政许可公示程序做出了简单、粗浅的规定,而且没有相应的配套制度条款与之相衔接。仅凭一条几十字的条文无论如何难以涵盖行政许可公示程序所蕴含的博大精深的理论内涵与公示程序所折射出的公平、正义的精神理念。第二,在公示的内容上尚不完备。是否收费、收费标准及依据、有关行政许可制度的监督事项,如有关许可的承办单位及承办人,监督机构及联系电话等也应当纳入公示范畴。(2)行政许可公示制度的公示场所、途径单一。第一,在公示场所上,现行许可法只规定了行政机关的办公场所这一单一的公示途径,根据这一规定,行政许可申请人、社会公众为了了解有关行政许可的规定可能需要亲自前往行政机关的办公场所,这需要付出额外的时间、人力、财力代价,不符合现代行政法所倡导的高效、便民精神。第二,在公示途径上,根据现行《行政许可法》第30条的规定,行政机关的公示方式仅限于在行政机关办公场所张贴告示。在当今网络媒体如此发达的背景下,单一、落后的公示媒介,也可以说是整个行政许可制度的一大败笔。(3)行政许可公示的运行机制未形成。世界各国通常采用表明身份制度、说明理由制度、咨询制度、参与制度、期限制度等具体制度来支撑公示程序。在我国的行政许可制度中,《行政许可法》第30条仅仅规定了行政机关对行政许可事项的公示义务,该条第2款的规定可以视作简单的行政许可咨询程序,但是此条仅规定了申请人要求行政机关对公示内容予以说明的,行政机关应当提供准确、可靠的信息,没有考虑到行政许可公示的期限与当事人权利的关系,将极有可能在实际上剥夺当事人的申请权,并为腐败或者"暗箱操作"留下可乘之机。(4)行政许可公示程序的保障措施不到位。根据《行政许可法》第72条第2项的规定,行政机关如果不在办公场所公示有关材料的,由上级行政机关或者监察

---

〔20〕 孔立娜:"行政许可公示制度研究",华东师范大学硕士学位论文,第22~28页。

机关对许可实施机关及其工作人员予以处理，看起来似乎行政机关是承担了法律责任，但是这并不是站在许可申请人的立场给予的救济途径。而从现行《行政复议法》、《行政诉讼法》和《国家赔偿法》的相关规定来看，对于行政许可公示程序的相对人权益保障措施还十分薄弱。

2. 行政许可的说明理由程序〔21〕

(1)我国《行政许可法》中的说明理由程序主要由以下环节构成：第一，行政许可设定中的说明理由程序。根据《行政许可法》第 19 条的规定，行政许可立法过程中由起草单位向制定机关说明设定许可的必要性、可行性及其他有关情况。第二，行政许可实施中的说明理由程序。行政许可实施过程中，行政机关对申请人的申请不予许可时，应说明不予许可的理由，其根据是《行政许可法》第 38 条第 2 款的规定和第 72 条第 5 项的规定。第三，特别规定中的行政许可说明理由程序。特别规定中的行政许可说明理由本质上属于实施中的行政许可说明理由程序，但由于我国《行政许可法》的特别规定，所以单独列出。这一程序的根据是《行政许可法》第 55 条第 3 款的规定，说明的不仅是不予行政许可的事实依据和法律依据，还包括诸如检验、检测、检疫结果所依据的技术标准、技术规范等前提程序。

(2)我国行政许可说明理由程序存在以下缺陷：第一，说明理由范围的规定相当狭窄。设定许可说明理由的对象仅有制定机关；实施中的行政许可说明理由却只限定在不予许可等否定性许可决定，而没包括肯定性许可决定。第二，说明理由时间的规定不完善。《行政许可法》对说明理由的时间没具体规定。第三，说明理由方式的规定还不明确，没有规定书面形式还是口头形式。第四，没有涉及说明理由内容和程度。第五，说明理由后果的规定过于简单，只规定了不说明理由的法律后果，而对说明理由不及时和说明理由错误的后果却没有规定。第六，忽视了向第三人说明理由，无法保护第三人的利益。

3. 对行政许可申请的审查深度〔22〕

行政许可的审查深度，即行政机关对行政许可申请究竟是形式审查还是实质审查，直接影响着一项行政许可的赋予与拒绝，也涉及对行政机关自由裁量权的规制，甚至行政责任的承担与行政赔偿。

行政许可审查深度可分为形式审查和实质审查两种类型。形式审查是一种简单的审查，通常不审查申请材料内容的真实性，只要形式上无瑕疵，即应视为符合许可条件，因此也可将其理解为是一种行政许可的简易程序。实质审查是行政许可机关根据法定条件和程序对申请材料的实质内容进行审查、核实，它主要核实申

〔21〕 刘雨茎："行政许可说明理由制度研究"，西南政法大学硕士学位论文。

〔22〕 胡建淼、汪成红："论行政机关对行政许可申请的审查深度"，载《浙江大学学报》（人文社会科学版）2008 年第 6 期。

请材料反映内容的真实性,即在形式审查合格的基础上,对申请书所列的从事该项活动的能力、场所、设备、卫生环境等做一定的调查和核实工作。实践中,由于行政许可种类繁多,各种许可证的性质、内容要求都不一样,因此,相应的实质审查也不同,主要有考试和考核、检测和鉴定、评审、实地调查、公告、听证等方式。

我国《行政许可法》对行政许可的审查深度既有原则性的一般规定,如第34条有特别规定,第51条至第56条分别对几种不同类型的行政许可规定了不同的审查深度。但是这些规定仍然具有模糊、不够协调、不够完整等缺点。

审查深度取决于行政许可的性质、功能,以及行政机关在行政许可过程中所扮演的角色与职责。不同的行政许可类型有着不同的功能,对其审查深度也应有所不同:(1)对普通许可、资格资质许可与技术审定许可,应当实质审查。(2)对赋权许可,既可形式审查也可实质审查。(3)对登记类许可,应以形式审查为主,对有明显瑕疵的,予以实质审查。

4. 行政许可的证据[23]

(1)行政许可证据的种类:书证、物证、视听资料、证人证言、当事人陈述、鉴定结论、勘验笔录、检查笔录、现场笔录、听证笔录和法律法规规定的其他笔录以及电子证据。

(2)行政许可证据的排除规则。应当高度重视证据排除规则在行政程序中的作用,具体包括:第一,非法性排除。非法性排除的证据主要是指不合法主体收集的证据和严重违反法定程序取得的证据。第二,资格排除。资格排除是指由于自然人的精神状况、身体状况、特定身份关系或法律上的原因,而被排除证人资格,其证言不具有证明力的排除规则。其主要包括:不能正确陈述情况的人;为了保护国家秘密、商业秘密和个人隐私而免除其作证义务的人;如果其陈述将引起其本人、配偶、血亲或姻亲、养父母或者养子女、义父母或义子女、监护人或抚养义务人财产上的重大不利益或将发生刑事追诉危险,或将导致名誉上的毁损的人;律师、医生等对基于委托关系或者医患关系而知道的事实,可以免除作证义务。第三,非原本排除。非原本排除是指在行政程序中,行政机关和当事人提供的证据材料应当是原件,对于复制件一般不能作为认定案件事实的依据。第四,行政程序中未正式提出的证据材料的排除。第五,超期限排除。第六,程度排除。程度排除是指某些证据由于本身的性质、环境的影响或可能被改动等原因而不能单独作为认定案件事实的证据。

(3)行政许可的证明对象。行政许可的证明对象包括实体性事实和程序性事实。行政许可中的实体性事实是关于行政许可的法律、法规所规定的,行政主体作出行政许可决定必须运用证据加以证明的实体事实。行政许可中的程序性事实主

---

〔23〕 谭炜杰:“行政许可证据制度研究”,中国政法大学硕士学位论文。

要包括:行政许可的形式、行政许可的步骤、行政许可的顺序、行政许可的时限。除非当事人提出确有理由的反驳主张,行政机关可以直接认定如下案件事实:自然科学定律、法定节假日等众所周知的事实、国家机关公报的事实、经生效裁判确认的事实。

(4)行政许可的证明责任。行政许可证明责任是指行政许可程序的当事人和行政机关应当提供证据证明是否应当颁发行政许可以及与其有关的程序性事实,承担证明责任的当事人或行政机关如果不能够证明这些事实的存在,其主张就不能成立。这里存在两方面的举证责任:第一,申请人的举证责任。申请人应当对其是否符合行政许可的条件承担举证责任,如果申请人不能够提供足够的证据证明其符合行政许可的条件,则不能够获得行政许可。申请人除了承担实体性事实的举证责任外,还应当对自己提出申请的程序性事实承担举证责任。第二,行政机关的举证责任。行政机关实施行政许可应当遵循一定的步骤、顺序和时限,行政机关应当提供证据证明是否履行了这些程序。因此,在行政许可程序中,行政机关应当对除提出申请以外的程序性事实承担举证责任。

(5)行政许可的证明标准。行政许可的证明标准包括实体性事实的证明标准和程序性事实的证明标准:第一,实体性事实的证明标准。实体性事实是行政许可中主要的证明对象,对实体性事实的证明标准又分为一般程序中实体性事实的证明标准和听证程序中实体性事实的证明标准。其一,一般程序中实体性事实的证明标准。对于这部分事实应当采用"合理根据"证明标准。其二,听证程序中实体性事实的证明标准。对于听证程序中的实体性事实的证明应当达到"排除合理怀疑"的证明标准,即内心不存在具有合理性的怀疑而形成确信。第二,程序性事实的证明标准。在行政许可程序中,对于当事人提出申请的程序性事实,应当采用"稀明"的证明标准。行政许可程序中的"稀明"是指行政机关根据有限的证据可以大致推断申请人存在符合准予行政许可的条件而无须达到内心确信。行政机关在行政许可程序中承担除提出申请以外的其他程序性事实的举证责任,该部分程序性事实的证明标准应当为"优势证明标准"。

(三)行政许可的后续监管

有人认为,"从总体上看,与《行政许可法》实施前相比,重许可、轻监管的状况并没有从根本上得到改变,后续监管仍是薄弱环节"。[24] 我国行政许可后续监管仍存在很多问题:从监管组织设置层面看,一方面监管机构设置不均衡导致信息监管失衡,另一方面监管机构设置分离与重叠现象严重,使得信息整合能力缺乏;从监管执法层面来看,监管的运动式执法容易诱发信息机会主义,监管专业性不够使得监管信息揭示深度不够,疏于监督检查使监管信息收集量偏少,监管手段单一使监管信息收集能力有限;从监管法律责任层面来看,立法层面的法律责任设定偏

---

〔24〕 廖扬丽:"行政许可法的执行障碍分析",载《理论研究》2007 年第 3 期。

弱,执法层面的法律责任执行不到位。因此,要完善现有行政许可的后续监管制度,需要从均衡信息的角度出发,从后续监管信息公开机制入手。[25]

(四)行政许可利害关系人权利的保障和救济

对于行政许可的利害关系人,学界称谓不同,大致有如下几种:"行政许可第三人",[26]有的称为"行政许可行为利害关系人"、[27]"行政许可相关人"[28]等。但其含义基本相同,都是指参加行政许可法律关系、与行政许可行为有法律上利害关系但不是行政许可直接针对的私人主体。

对于行政许可利害关系人享有的权利,有学者认为应当包括:程序抗辩权、排除违法行政请求权、行政介入请求权和申请救济权。[29] 有学者对当前的法律规定进行了梳理,认为行政许可的利害关系人享有的权利包括:(1)行政程序上的权利,包括草案起草参与权、知情权、陈述和申辩权、参与即要求举行听证权、举报权、要求撤销行政许可权。(2)法律救济权,包括行政复议权、行政诉讼权、获得行政赔偿权、获得行政补偿权。[30]

第二节　行 政 确 认

行政确认是行政法领域的重要概念,近年来,随着《行政许可法》和《物权法》的颁布实施,行政确认逐渐受到行政法学界的重视并开展了相应研究。

一、行政确认概述

(一)行政确认的含义

学界对行政确认的概念表述不尽相同,但总体而言,对行政确认的内涵认识差异并不大,这里引述一种不涉及行政确认外延的含义:行政确认是指行政主体对既存的法律事实和法律关系进行审查、认定并宣示其法律效力的行政行为。[31]

(二)行政确认的特征[32]

1. 既存性。行政确认是对业已存在或发生了的事实与关系进行的认定,因此

---

[25] 徐小明:"行政许可后续监管法律问题研究",苏州大学博士学位论文,第40~179页。

[26] 厉丽:"行政许可第三人的法律保护",吉林大学硕士学位论文。

[27] 高磊:"行政许可行为利害关系人的诉讼主体资格",载《人民司法》2008年第24期。

[28] 李卫华:"论私人在行政许可法律关系中的地位及权利保障",载《政法论坛》2005年第2期。

[29] 李卫华:"论私人在行政许可法律关系中的地位及权利保障",载《政法论坛》2005年第2期。

[30] 厉丽:"行政许可第三人的法律保护",吉林大学硕士学位论文,第17~24页。

[31] 胡建淼:《行政法学》(第三版),法律出版社2010年版,第207页。

[32] 胡建淼:《行政法学》(第三版),法律出版社2010年版,第207页。

其认定的对象具有既存性，发生在行政确认行为之前。

2. 非处分性。行政确认只对业已存在的权利义务进行认定，因而并不直接形成或处分相对人的权利与义务。

3. 中间性。对于行政相对人而言，行政确认既不是赋权性行为，也不是限权性行为，只是居于中间地位对既有事实或关系进行的认定。

4. 宣示性与保护性。行政确认对所认定的法律事实或法律关系进行宣示，承认其法律效力进而起到法律保护的作用。行政确认所发生的法律效力或法律功能具体表现为：[33]（1）效力作用。行政确认后，行政相对人的权利义务发生法律效力。（2）证据作用。行政确认的书面形式可以作为证据证明法律事实与法律关系的存在，除非有相反的证据并通过法定程序推翻。（3）对抗善意第三人的作用。行政相对人的所有权与使用权，如果依法律规范的规定必须经行政确认而没有经确认的，就不能对抗善意取得的第三人。

（三）行政确认的内容

行政确认的内容是行政确认所指向的客体。对于行政确认的具体内容有哪些，学界观点不一。

有学者总结为法律事实和法律关系两大方面，在法律关系中又具体包括：不动产所有权的确认、不动产使用权的确认、合同效力的确认、专利权的确认；[34]有学者总结为对身份的确认（居民身份证、结婚证等）、对能力的确认（各种技术职称）和对事实的确认（专利权、商标权、土地所有权的确认）；[35]有学者则认为行政确认包括对财产所有权和使用权的确认（房产登记）、对主体资格的确认（医师资格、企业资质的认定）、对身份关系的确认（结婚登记、收养登记）、对事故责任的确认（工伤事故的认定、交通事故责任的认定）、对行为能力的确认（民政部门对残疾人的认定和发证）、对境外学历、学位的确认（教育部对境外学历、学位的认定）、对产品质量的确认（行政机关发放产品合格证书）、对有关情形的确认（国务院证券监管机构根据《证券公司监督管理条例》第10条的规定对有关情形的认定）。[36]

以上观点只是在对确认客体的具体分类上有所不同，并无本质差异，但是对行政确认内容的细化划分更有利于对行政确认的深入研究。

（四）行政确认的形式

行政确认的形式是行政确认的外在表现形式，学界对行政确认表现形式的总结，观点差异较大。

---

〔33〕胡建淼：《行政法学》（第三版），法律出版社2010年版，第208页。

〔34〕姜明安：《行政法与行政诉讼法》，高等教育出版社、北京大学出版社1999年版，第200页。

〔35〕罗豪才：《行政法学》，中国政法大学出版社1996年版，第232页。

〔36〕胡建淼：《行政法学》（第三版），法律出版社2010年版，第209～210页。

有学者认为行政确认可分为确认、确权、认定、认证、评定、审定、核定、制定、登记等;[37]有学者认为行政确认的形式有确定、认可、鉴证、证明、登记、鉴定;[38]有学者认为行政确认包括确定、认定(认证)、证明、登记和鉴证;[39]有学者认为行政确认主要有认可(认证)、证明、登记、批准、鉴证和行政鉴定等。[40]

何以对行政确认的形式学界观点不一,其原因如下:第一,对行政确认的研究不够深入。相比较于行政处罚、行政许可等其他具体行政行为,行政确认在我国行政法学界一直没有形成系统的研究和争鸣,对行政确认的研究一直处于与行政许可有关的附带性研究的位置,学者们在论述相关问题时也是从各自的研究角度出发进行论述,很少形成争鸣,因此,对行政确认表现形式的认识差异在所难免。可以预见,随着行政确认研究的深入,会形成较明显的观点交锋,对行政确认表现形式的总结也会趋于一致。第二,对有关概念使用的不一致。如对于确权是否属于行政确认之所以会形成不同的观点,原因在于对确权的概念理解不同。有学者认为行政确权是"有关机关依法认定房地产及自然资源所有权或使用权权属与效力的法律行为",[41]因此行政确权是行政确认的一部分;有学者则认为行政确权是指"行政机关针对行政相对人之间发生的土地、矿藏、水流、森林、山岭、草原、荒地、滩涂、海域等自然资源以及非自然资源之财物的所有权或使用权纠纷,居中作出裁决的行为",[42]因此,虽然行政确权常以对权属的确认为前提,但两者有明显的区别;再如,对于证明是否属于行政确认的表现形式,肯定的观点认为,证明是指"行政主体向行政相对人所提供的能够表明行政相对人身份情况或财产来源等的有法律约束力的证明文件",[43]而否定的观点则认为证明是行政主体以一定的形式来表明某一法律事实与法律关系的存在,只是一个事实行为,可能是外部行为,也可能是内部行为。[44]第三,我国相关法律制度的变化也会影响对行政确认表现形式的认定。如公证,在20世纪90年代出版的权威教材中,公证被认定为行政证明的一部分,属于行政确认;[45]而在《公证法》颁布实施和公证机关体制改革后,公证的性质不再属于行政证明,相关著作也均不再将其作为行政确认的表现形式。第

[37] 胡建淼:《行政法学》(第三版),法律出版社2010年版,第209页。

[38] 方世荣:《行政法原理与实务》,中国政法大学出版社2007年版,第95页。

[39] 姜明安:《行政法与行政诉讼法》,高等教育出版社、北京大学出版社1999年版,第198~199页。

[40] 罗豪才:《行政法学》,北京大学出版社1996年版,第188~189页;姜明安:《行政法学》,法律出版社1998年版,第103页。

[41] 胡建淼:《行政法学》(第三版),法律出版社2010年版,第208页。

[42] 应松年:《行政法与行政诉讼法学》(上),中国法制出版社2009年版,第385页。

[43] 应松年:《行政法与行政诉讼法学》(上),中国法制出版社2009年版,第388页。

[44] 胡建淼:《行政法学》(第三版),法律出版社2010年版,第207~208页。

[45] 姜明安:《行政法与行政诉讼法》,高等教育出版社、北京大学出版社1999年版,第199页。

四,我国学者对行政行为与行政事实行为的不同看法也导致对行政确认表现形式的不同界定。一般来说,行政事实行为产生事实效果而不产生法律效果,行政行为是产生法律效果的行为,而我国行政法学界一直将产生法律效果狭义地理解为法律主体权利义务的产生、变更和消灭。在此基础上,认为医疗事故鉴定、交通事故认定、抚恤性质和等级的鉴定、计量鉴定等行政鉴定是纯粹的技术鉴定,属于行政事实行为。〔46〕而有学者指出,在大陆法系,法律效果不仅指权利义务的设定、变更和解除,还包括具有法律约束力的确认,具有法律约束力的确认对当事人之间的法律关系或法律事实作了具有法律权威的证明与确定,当事人的行为因此受其约束,权利义务关系因此被固化,就对当事人权益的影响而言,与产生、变更和消灭一定的权利义务关系的法律效果并没有根本不同。〔47〕

二、行政确认的分类

除了前述行政确认的内容可以作为行政确认分类的标准以外,行政确认还可以做以下分类。

(一)依申请的行政确认和依职权的行政确认〔48〕

这是根据行政确认作出的前提所进行的分类。尽管有学者认为行政确认只能是依申请的行政确认,〔49〕但是这种分类目前仍然得到了多数学者的认可。依职权的行政确认是指行政主体依据法定行政职权、无需行政相对人申请而主动实施的行政确认;依申请的行政确认是指必须由行政相对人提出申请,行政主体才能实施的确认。大多数行政确认都属于依申请的行政确认。

(二)各专业领域的行政确认〔50〕

这是根据行政确认存在的行政专业领域进行的分类,具体可以划分为:(1)公安行政确认(交通事故责任认定、消防事故责任认定);(2)民政行政确认(伤残等级、婚姻关系确认);(3)劳动行政确认(工伤事故、劳动合同确认);(4)卫生行政确认(食品卫生、医疗事故等级确认);(5)经济行政确认(计量器标准化的认证、鉴定,商标、专利权的认证,财产、资源所有权、使用权的确认等);(6)环保行政确认(如对污染状况的确认、对环境资源损害程度的鉴定等);(7)司法行政确认(身份、出生、经历、婚姻状况、生存、死亡证明等);(8)教育行政确认(办学权的确认、学历与学位证明、科研成果鉴定等)。

---

〔46〕 姜明安:《行政法与行政诉讼法》(第二版),高等教育出版社、北京大学出版社2005年版,第284页。

〔47〕 应松年:《行政法与行政诉讼法学》(上),中国法制出版社2009年版,第386~387页。

〔48〕 方世荣:《行政法原理与实务》,中国政法大学出版社2007年版,第95页。

〔49〕 郑传坤主编:《行政法学》,法律出版社2007年版,第205页。

〔50〕 方世荣:《行政法原理与实务》,中国政法大学出版社2007年版,第95页;应松年:《行政法与行政诉讼法学》(上),中国法制出版社2009年版,第390页。

(三)单效的行政确认和双效的行政确认[51]

根据行政确认所针对的是否属争议性问题,行政确认可以分为单效行政确认和双效行政确认。前者是指非争议性问题进行的行政确认;后者是指对争议性问题进行的行政确认,这种行政确认会涉及第三人的权益。

(四)独立的行政确认和附属的行政确认[52]

这是根据行政确认与其他行政行为的关系进行的分类。独立的行政确认是指行政确认不依赖其他行政行为而单独存在;附属的行政确认是指其他行政行为依赖于行政确认而存在,确认行为是其他行政行为的先决条件、必要条件或者补充条件。"大多数具体行政行为都具有行政确认的因素,行政确认往往是行政机关实施其他具体行政行为的一个阶段或根据"。[53]

除了以上分类之外,行政确认还可以分为执法性行政确认和裁决性行政确认、终局性行政确认和非终局性行政确认等。[54]

三、行政确认的程序

由于我国尚未出台统一的行政程序法,因此对于行政确认的程序并没有统一的规定,但是一些行政确认的具体形式已有相关法律规定,其中也包括了行政确认的程序,如房产登记、结婚登记等。根据已有规定,参考行政许可的程序,行政确认的程序大致包括以下步骤:[55](1)申请。对于依职权的行政确认无须经过申请程序,此处的申请是对于依申请的行政确认而言的。对于法律规定依申请进行行政确认的事项,应由行政相对人提出书面申请。(2)审查。审查是行政主体对所需确认的事实、法律关系进行的审视和检查,具体包括:行政相对人申请的事项是否属于行政确认的范围、是否属于受理申请的行政主体的管辖范围、对有关证据材料进行的审查等。(3)作出决定。行政主体经过审查,认为行政相对人的申请符合法定条件,或特定法律事实、法律关系状态符合法律规定的,应依法作出行政确认决定,并按法定形式制作相应的确认文书,及时送达行政相对人。(4)救济。行政确认是一种独立的行政行为,在理论上是可以纳入行政复议和行政诉讼的范围的,实践中也得到了行政复议机关和人民法院的支持,因此对行政确认的决定不服,可以在法定期限内申请行政复议或提起行政诉讼。

四、有关行政确认的相关争论

在实践中,一方面,行政确认的表现形式多种多样;另一方面,在同一种表现形

---

[51] 黄德林、夏云娇:《行政法与行政诉讼法学》,武汉大学出版社 2007 年版,第 245 页。

[52] 黄德林、夏云娇:《行政法与行政诉讼法学》,武汉大学出版社 2007 年版,第 246 页。

[53] 马怀德:《行政法与行政诉讼法》,中国法制出版社 2007 年版,第 194 页。

[54] 马怀德:《行政法与行政诉讼法》,中国法制出版社 2007 年版,第 194 ~ 195 页。

[55] 方世荣:《行政法原理与实务》,中国政法大学出版社 2007 年版,第 96 页。

式中也可能存在不同性质的行为。因此，目前理论界关于行政确认的争论焦点在于几种特定的行为是否属于行政确认，而这些争论又直接影响到该行为的可诉性。

（一）交通事故认定

交通事故认定是指由公安交通管理部门针对交通事故的基本事实、成因和当事人的责任依法所作的具有法律约束力的认定。[56]

目前实践界争议焦点在于交通事故认定是否具有可诉性，而交通事故认定是否可诉取决于对交通事故认定性质的认定。

最高人民法院和公安部曾于1992年12月1日发出《关于处理道路交通事故案件有关问题的通知》，该通知规定："当事人仅就公安机关作出的道路交通事故责任认定和伤残评定不服，向人民法院提起行政诉讼或民事诉讼的，人民法院不予受理。当事人对作出的行政处罚不服提起行政诉讼或就损害赔偿问题提起民事诉讼的，以及人民法院审理交通肇事刑事案件时，人民法院经审查认为公安机关所作出的责任认定、伤残评定确属不妥，则不予采信，以人民法院认定的事实作为定案的依据。"可见，根据该通知的规定，交通事故认定不属于行政确认，而只是一种对事实的鉴定，不产生新的权利义务，因此属事实行为，不具有可诉性。

在学界，也不乏认为交通事故认定属于事实行为的观点，如有学者认为，交通事故认定中的"责任"只是一种因果关系，并非法律责任，"交通事故责任的本质就是交通事故中行为人的违章行为与事故发生之间是否存在事实因果关系以及因果关系的大小的一种表达方式，其本身并不是法律责任，而是追究法律责任的事实根据之一，这是侵权行为责任成立的其中一个条件"。[57]

也有学者认为交通事故认定属于行政确认，其理由是：第一，在主体上，公安机关是交通事故认定的唯一机关，具有主体特定性。第二，在行为的本质上，交通事故认定是对已经发生的法律事实的确认，是行政主体对某种对于当事人之间的权利义务有重大影响的事实是否存在依法予以确认的行为，将在很大程度上影响当事人的权利义务。第三，在结论上，交通事故认定具有权威性，虽然在制度上只是证据的一种，但是在实践中却一经公安机关认定当事人就很难推翻，法院也一般都予以采信。[58] 也有学者指出，交通事故认定本身，既是一个鉴别事实的过程，又是一个适用法律的过程，准确地说，是在事实鉴别基础上适用法律作出结论的过程，交通事故认定所认定的责任并不是事实因果关系，而是一种过错法律责任，交通事故认定就是对这一过错法律责任在事故当事人之间进行的归结或确认；同时，尽管《道路交通安全法》和最高人民法院的有关司法解释均将交通事故认定书定性为

---

〔56〕 应松年：《行政法与行政诉讼法学》（上），中国法制出版社2009年版，第390页。

〔57〕 刘东根："论道路交通事故责任认定的性质"，载《中国司法鉴定》2003年第1期。

〔58〕 林诒高："应对交通事故认定设立救济途径"，载《人民法院报》2004年4月10日。

事故后续处理的证据,但这并不意味着交通事故认定不会违法,更不意味着违法的交通事故认定不会侵害行政相对人的合法权益。相反,因为交通事故认定涉及专业性较高的事实调查,也涉及交通事故责任认定的法律适用,一旦认定错误,给当事人带来损害的风险极高,因此有必要对交通事故认定的合法性进行审查。鉴于交通事故认定的专业性,最好是通过法律对其审查程序进行有针对性的规定。[59]

还有学者认为交通事故认定是对交通事故当事人之间的责任进行的认定,其目的在于解决当事人之间的民事争议,应当属于行政裁决,因而不具有可诉性。[60]

在司法实务中,各地法院的做法和观点不尽一致,如有的法院认为交通事故认定确定了当事人对交通事故所负的责任,对当事人的权利义务产生了实际影响,为可诉的具体行政行为;[61]有的法院则认为应将交通事故认定定性为鉴定结论,这样一方面可以从法律角度避免责任认定争议进入行政诉讼程序,另一方面也为合理解决此争议指明了方向,应设立独立的、不具有执法权的委员会性质的机构作出学理性的认定报告。[62]

否认交通事故认定行政确认性质的最主要理由是不认可其对交通事故当事人权利义务的影响,认为交通事故认定只是一种立场中立的事实鉴定,因而属于行政事实行为,不具有可诉性。不可否认,交通事故认定因为具有的专业性而具有鉴定的性质,从而可以作为解决交通事故纠纷的证据。但是交通事故责任认定往往是决定交通事故当事人法律责任的最重要的证据,其内容直接决定了交通事故当事人对该事故应该承担的法律责任的有无和大小,实质就是当事人权利义务的变更,因此,单纯将交通事故认定作为技术鉴定的观点显然不全面。另外,交通事故责任认定与专业鉴定最大的不同在于它是由行政机关——公安机关作出的,并不是由立场中立的专业性组织作出的,而且也有发生违法的可能性,既然如此,对违法的交通事故责任认定的救济在现行体制下就应该区别于一般技术鉴定,而承认其行政确认的性质,将其纳入行政复议和行政诉讼的轨道,既符合法治的要求,又能节约诉讼成本,简化交通事故纠纷的处理流程。当然,未来的制度设计若将交通事故责任认定从公安机关的执法职能中分离出来,将其演化为一种专门的技术鉴定,从而赋予其专门的救济途径,也是一种不错的选择。

---

〔59〕 应松年:《行政法与行政诉讼法学》(上),中国法制出版社2009年版,第391~392页。

〔60〕 罗凤娥:"交通事故责任认定的行政非诉性评析——兼论行政裁决行为的非诉性",载《现代法学》2002年第3期。

〔61〕 朱桂前:"不服交通事故认定能否提起行政诉讼? 清河区法院:能",载《人民法院报》2004年8月25日。

〔62〕 单士瀚:"当前交通事故案件审判流程应改革",载《江苏法制报》2006年1月24日。

（二）行政登记

行政登记无疑是最典型的一种行政确认形式。在我国实践中，行政登记存在的领域非常广泛，具体种类难以计数，功能各异，性质也各不相同，显然不能将所有以“登记”冠名的行为都作为行政确认，如《行政许可法》第12条第5项就规定了企业或者其他组织的设立等需要确定主体资格的事项的登记即属于行政许可性质。在行政登记中，可能引发性质争论的主要有不动产登记和婚姻登记。

1. 不动产登记

不动产登记又称为不动产物权登记，是指不动产登记机关依照法定程序将不动产物权变动的事实记载于该机关所设立的专门簿册（不动产登记簿）上的活动。[63] 2007年颁布实施的《物权法》对不动产登记进行了专门规定，围绕这些规定，学界对不动产登记的性质展开了讨论。

有部分民法学者认为不动产登记的目的在于物权公示，因而属于民事法律制度。而行政法学者则认为，不动产登记的性质取决于不动产登记机关的性质，根据我国《土地管理法》、《城市房地产管理法》、《矿产资源法》等现行法律的相关规定，不动产登记的机关为国土资源管理机关、房产管理机关、矿产管理机关等，一律为行政机关；[64] 另外，从不动产登记的本质特性和法律效力来看，不动产登记属于一种行政行为是不存在疑问的。[65]

而对于不动产登记法律属性的进一步认识，在行政法学界又存在不同的观点：（1）准法律行政行为。[66] 不动产登记属于行政登记，而行政登记是指行政主体所为的，以信息公开为主要目的，以观念表示的精神作用为构成要素，就登记事项是否符合法定条件所作的判断、认识，并直接根据法律规定发生效果的独立的准法律行政行为。信息公示是行政登记的主要功能，其区别于通过行政权的行使授予权利或确认事实的行政许可和行政确认。（2）行政确认。认为不动产登记属于行政确认行为的学者主要从分析不动产登记符合行政确认的特征入手进行论述。如有的学者认为不动产登记是否属于行政确认，关键在于这种登记行为是否为登记机关依法定程序对既存的特定事实或法律关系的证明或确定，而不论是从不动产登记制度创设的初衷来看，还是从我国《物权法》对不动产登记的规定进行考察，都可以得出以下结论：不动产登记本身并没有改变物权行为所确立的物权关系，仅是基于物权合约设立、变更、转移或消灭的事实和形成的新的物权关系的确认。[67]

---

〔63〕 应松年：《行政法与行政诉讼法学》（上），中国法制出版社2009年版，第395页。转引自孙宪忠：《德国当代物权法》，法律出版社1997年版，第130页。

〔64〕 应松年：《行政法与行政诉讼法学》（上），中国法制出版社2009年版，第396页。

〔65〕 王克稳：“我国不定产登记中的行政法问题”，载《法学》2008年第1期。

〔66〕 霍振宇：“论行政登记的性质”，载《北京科技大学学报》（社会科学版）2008年第4期。

〔67〕 应松年：《行政法与行政诉讼法学》（上），中国法制出版社2009年版，第397页。

有的学者认为,首先,在功能上,不动产登记是对不动产权属法律关系的确认,这符合行政确认的功能;其次,在后果上,不动产登记部门通过向权利申请人颁发不动产证书证明其合法权利,这也符合行政确认的法律效果;最后,不动产登记是对不动产交易当事人权益产生重大影响的行为。[68] 学术界的这些观点也得到了司法实务界的肯定,已经出现了针对不动产登记的行政诉讼案件。(3)不动产登记的性质需要按不同的情况具体分析。[69] 有学者结合《物权法》的有关规定,对不动产登记是否一律属于行政确认行为提出了质疑。在买卖、赠与、互换等继受取得不动产的情况下,在不动产登记前行政相对人不可能获得任何针对该不动产所有权的法律地位、权利、法律关系,所以并不存在行政确认的对象,反而具有了使对方获得进行某种已经被普遍性禁止的行为的权利的特征,更接近于行政许可;在事实行为、司法判决等原始取得和继承、遗赠等继受取得不动产的情况下,不动产登记是对已取得的所有权上的法律地位、法律关系、权利进行确认,属于行政确认;在不动产预告登记情形下,行政预告登记既不产生前溯性,也不产生明确的后及性,所以既不属于行政确认,也不属于行政许可。

2. 婚姻登记

对于婚姻登记的法律性质,学界观点也有不同。较为普遍的一种观点认为,婚姻登记属于行政确认,是对双方合意的一种确认,也就是说行政机关依当事人申请所为的登记行为,只是在双方合意之外的辅助行为,助其共同取得法律的承认,从而赋予其效力。[70] 有的学者认为婚姻登记是一种既非赋权又非确权的准法律行政行为,因为行政登记并没有实质的利益相关人,登记机关也仅负形式审查义务,因而行政登记侵权之诉既无实益也不可行。[71] 还有的学者认为应当分情况加以分析:婚姻登记原则上并不具有行政确认通说的前溯性特征,反而符合行政许可概念和后及性特征的界定;补办婚姻登记使婚姻关系的效力前溯至符合婚姻实质要件起,符合行政确认的特征,属于行政确认行为。

笔者认为,以上所有争论都涉及对行政确认、行政许可、行政登记,甚至行政行为、事实行为的概念、特征的界定,也正是由于对相关概念、特征的认定存在模糊和不一致之处,才导致了对不同的行政登记性质的不同界定,这些争论的消弭有待于对相关问题研究的细致和深化,同时也为相关领域的研究提供了进一步探索的思路和参考。

---

〔68〕 王达:“对不动产登记的行政法思考”,载《行政法学研究》2007 年第 2 期。

〔69〕 黄学贤:《中国行政法学专题研究述评(2000—2010)》,苏州大学出版社 2010 年版,第 270 ~ 272 页。

〔70〕 朱新力、陈无风:“公私法视野中中的行政登记”,载《法治研究》2007 年第 4 期。

〔71〕 吴云明、周旭文:“我国婚姻登记审查制度之思考”,载《福建农林大学学报》2006 年第 6 期。

第三节 行政规划

一、行政规划概述

(一)行政规划与行政计划

行政规划在德国以及深受德国行政法影响的日本和我国台湾地区也称为行政计划。而在我国大陆,从语义上说,规划与计划是有所差别的,《辞海》对规划的解释为:规划,即谋划、筹划之意,后指全面或长远的计划;《辞海》对计划的解释为:人们为了达到一定目的,对未来时期的活动所做的部署和安排。[72] 可见,在语义上,规划比计划应该更为长远,而计划应该比规划更加具体。

在我国的规范性文件中,规划与计划在很大程度上被混同使用,如《城乡规划法》、土地利用规划、流域治理规划、十一五规划;《中华人民共和国国民经济和社会发展“九五”计划和2010年远景目标纲要》、《全国教育事业第十个五年计划》、《国家八七扶贫攻坚计划》等。

随着我国政府职能的转变,在我国行政法学界,行政规划近年来成为研究的新兴课题,但是研究还处于初级阶段,许多问题存在争论,其中之一就是“规划”和“计划”之争。

对使用“行政规划”还是“行政计划”的争论,可以大致分为两种观点,一种观点是支持使用“行政计划”,如有学者认为,从与国际接轨的角度上应使用“行政计划”;[73]另一种观点则赞同使用“行政规划”,其中最有代表性的理由是“计划”很容易让人们与计划经济联系起来,另外,从我国的实证法来看,使用“规划”的比较多,而且,从广义来看,规划也是计划,所以赞同使用“行政规划”。[74]

当下,我国行政法学者对使用“行政规划”还是“行政计划”的争论已趋淡化,转而将精力放在深化该课题研究的其他部分。因此本书所使用的“行政规划”与“行政计划”并无严格区分。

(二)行政规划的含义

由于行政规划与政府职能的范围和强度直接相关,因此,在奉行自由资本主义的英美法系国家,“管得最少的政府就是最好的政府”的信条使得政府职能在很长时期内限于非常有限的范围,所以行政规划并不发达,理论研究也较少;而大陆法

---

〔72〕《辞海》(缩印本),上海辞书出版社2000年版,第464、1743页。

〔73〕杨建顺:“行政程序立法的构想与反思”,载《法学论坛》2002年第6期。

〔74〕孟鸿志:“行政规划”,载应松年主编:《中国当代行政法》,中国方正出版社2005年版,第1035页。

系的德国,以及深受德国行政法影响的日本和我国台湾地区,“行政计划”已被纳入行政程序法的规定,对其研究也比较深入。

德国学者将行政计划分为计划行为和计划分别加以定义,计划行为是指“为了以最好的方式实现根据现有条件确定的目标而进行系统准备和理性设计的过程,是为了实现特定的制度涉及而协调各种不同的,甚至相互冲突的利益的过程”;〔75〕计划是指“预先确定的目标及有关必要实现手段的主管设计,是有关安全、简便和迅速地实现预定结果的草案,是计划行为的结果”。〔76〕 但是,虽然计划在德国行政法学得到了日益深入的研究,“计划和计划行为在法理上还不明确。主要原因是计划是新兴事物,对其多样性难以进行系统的整理,而且它与国家活动的传统方式也不甚切和”。〔77〕

日本学者和我国台湾地区学者受德国行政法的影响,对行政计划所作的定义并无重大差异。如日本学者也是分别从计划行为和计划的角度进行定义,如计划行为“是指行政权为了一定的公共目的而设定目标,综合地提出实现该目标的手段的活动”;〔78〕计划“是指为了实施行政上的事务、事业,或者为了形成行政上的政策,由行政机关策划、制定的行政的指导目标”。〔79〕 我国台湾地区对行政规划的概念已基本达成共识,主要是从计划本身的角度来定义,具有代表性的概念是其《行政程序法》第163条对行政规划的规定,该条对行政规划的定义为:“行政机关为将来一定期限内达成特定之目的或实现一定之构想,事前就达成该目的或实现该构想有关之方法、步骤或措施等所为之设计与规划。”

我国大陆行政法学界受国外学说的影响,对行政规划所下的定义大致也分为静态说和动态说。静态说即结果意义上的行政规划,是指处理行政事务、实施行政事业或制定行政政策而由行政机关确定的行政指导性目标,即行政计划所产生的正式书面文件;动态意义的行政规划也即行为意义上的行政规划,是指行政机关在实施公共事业及其他活动之前,综合提示有关行政目标和制定出规划蓝图以具体明确行政目标,进一步制定出为实现行政目标所必需的各项政策性大纲的活动过

---

〔75〕［德］汉斯·J.沃尔夫、奥托·巴霍夫、罗尔夫·斯托贝尔:《行政法》(第二卷),高家伟译,商务印书馆2002年版,第180页。

〔76〕［德］汉斯·J.沃尔夫、奥托·巴霍夫、罗尔夫·斯托贝尔:《行政法》(第二卷),高家伟译,商务印书馆2002年版,第181页。

〔77〕［德］哈特穆特·毛雷尔:《行政法学总论》,高家伟译,法律出版社2000年版,第404页。

〔78〕［日］宫田:《行政计划法》,第15页以下;转引自［日］盐野宏:《行政法》,杨建顺译,法律出版社1999年版,第152页。

〔79〕［日］南博方:《行政法》(第六版),杨建顺译,中国人民大学出版社2009年版,第75页。

程，就是与结果意义上的行政计划相关的各种行为动态发展的过程。[80] 本书的行政规划也采用动静结合说，既包括结果意义上的行政规划，即被行政机关制定出来的行政规划本身，也包括制定行政规划的行为本身，即行为意义上的行政规划。

（三）行政规划的特征

根据上文所述各种行政规划含义的共通之处，可以将行政规划的特征总结如下：

1. 行政规划的制定主体是行政机关。其实，国家规划不仅包括行政规划，也包括立法规划和其他统治领域的规划，这些规划的作出主体并不是国家行政机关，也不仅仅是为了完成行政目标，甚至其他政治规划还会和行政规划交织在一起，行政法学所关注的是行政机关为达成各种行政目标所作出的规划，这是行政规划之所以成为行政法学研究课题的原因。

2. 行政规划的目标是实现行政管理目标。对行政规划所要达成的行政管理目标，我国台湾地区学者所作的定义阐述比较完整。如台湾学者陈新民认为："行政计划是行政机关为了在未来一定期间内达到特定行政目的，或实现某种行政理想，就采取之步骤与方法所为规划与设计行为。"[81] 可见，该行政目标可能是比较具体的未来一定时期内要达成的目标，也可能是比较抽象和宏观的未来的行政理想。

3. 行政规划是一种行政行为。行政规划既可以表现为制定行政规划的行为过程，也可以表现为该行为的结果，即书面的行政规划文件。这是各国和各地区对行政规划进行定义时的共同特征，行政规划的概念既包括制定该规划的行为过程，也包括该行为的结果。从行政法治原则的要求来看，对行政规划既应规范其内容，防止对公共利益和私人权益造成侵害；也应对其制定的行为过程进行规范，即规范制定行政规划的程序，这也是德国等国将其作为行政程序法的内容之一的原因。

4. 行政规划针对的是未来事项。这是行政规划区别于行政处罚、行政强制等传统行政行为的重要特征，也正是由于该特征，对行政规划的科学性要求更高，行政规划因此具有了较强的技术性特点，往往不同领域的行政规划会涉及不同的专业知识，使得行政规划成为了各学科交叉的领域，从而使得行政规划的法治化更加复杂和困难。

二、行政规划的分类

（一）德国行政法学对行政规划的分类

1. 根据行政规划所具有的约束力的大小，可以将行政规划分为指导性计划、指

---

〔80〕 胡建淼：《行政法学》（第二版），法律出版社 2003 年版，第 328 页；苏苗罕："行政计划的诉讼问题研究"，载《甘肃社会科学》2004 年第 4 期。

〔81〕 陈新民：《行政法学总论》（修订六版），三民书局 1997 年版，第 560 页。

令性计划和调控性计划。[82] 这是德国行政法学最常用的分类方式。

指导性计划提供数据和预测,其目的是将现在和未来关系的状况通告各级国家机关和私人,为他们的决定和处置提供材料。但是,这种计划的表现形式通常不过是数据的汇编,因此能否算是"计划"也不是没有疑问。

指令性计划是指对特定收件人具有约束力的行政规划,这种约束力的针对对象既包括行政机关(内部效果),也包括私人(外部效果)。

调控性计划介于上述两种行政计划之间,通过实施与特定目标相应的手段,但不是通过命令与强制,而是通过对附和计划行为的刺激(如补贴、税收优惠、改善道路等基础设施、划定工业区),或者通告违反计划行为的不利(如税收负担)。这种计划对私人的影响力因人而异、因通知的法律形式而异,从纯粹的目的声明一直到法律明确规定的补贴和税收优惠。调控计划试图通过激励手段来激发私人的创造性和自主性,是社会法治国家的有力塑造手段。

2. 德国行政法学对行政规划还有其他分类:[83] (1)以参与计划的主体和使用的计划手段为标准,分为高权性计划和非高权性计划;(2)以是否具有强制力为标准分为强制性计划和自愿性计划;(3)以客体是空间还是时间为准,分为针对空间的方位规划(如建筑规划)和针对时间的战略性计划(如投资计划);(4)针对物的计划(如医院的建设计划)和针对人的计划(如外籍劳工招募和使用计划);(5)以行业范围为标准,分为总体规划和专业计划;(6)以空间范围为标准,分为中央计划、地区计划和地方规划;(7)以法律意义,尤其是约束力的强度和行政相对人的范围,可以分为内部计划和外部计划。

(二)日本行政法学对行政规划的分类

1. 以行政规划的内容为标准,分为经济规划、国土规划、产业规划、教育规划、开发规划等。

2. 以行政规划的性质为标准,分为政策性规划(综合计划)与狭义性规划(特别计划),前者指国土综合规划、经济发展规划等有关国家政治上的目标,一般称为政治和行政的方针;后者指为实施政策规划而制定的各种事业规划。

3. 以规划范围为标准,分为上位规划与下位规划,前者指更具全面性的基本性规划,这种规划具有方针性质;后者指为实现上位规划设定的目标而制定的具体实施事业的计划。

4. 以规划对国民是否具有拘束力为标准,分为拘束性规划和非拘束性规划,前者指对国民权益加以直接限制的法律确认性行政规划;后者指在行政组织内部作

---

〔82〕 [德]哈特穆特·毛雷尔:《行政法学总论》,高家伟译,法律出版社2000年版,第409~410页。

〔83〕 [德]汉斯·J.沃尔夫、奥托·巴霍夫、罗尔夫·斯托贝尔:《行政法》(第二卷),高家伟译,商务印书馆2002年版,第182~183页。

为活动基准的规划。[84]

(三)我国行政法学者的分类

我国行政法学者对行政规划的分类研究不多,也不够深入,有学者参照国外的分类,[85]也有学者在总结了国外相关分类的基础上提出了适用于我国的分类:[86]

1. 以规划是否具有约束力以及约束力的大小为标准,可分为拘束性规划、影响性规划、建议性规划。

2. 以规划是否有法律依据为标准,可分为依据法律的行政规划和依职权的行政规划。前者是行政主体依相关法律、法规拟定的规划;后者是行政主体根据组织法规定的职权拟定的规划。

3. 以行政规划的存在形式为标准,可分为法规性规划和非法规性规划。前者是以法律、法规的形式表现出来的规划;后者是通过其他规范性文件的形式表现出来的规划。

4. 以行政规划的效力范围为标准,可分为内部行政规划和外部行政规划。前者是行政主体对自我管理的事务预先作出的规划,其效力一般只限于内部行政组织,对行政相对人没有约束力;后者是行政主体对社会公共事务预先作出的规划,其不仅对行政主体有约束作用,对行政相对人也有约束作用。

5. 以行政规划是否具有可诉性为标准,可分为可诉性规划和不可诉性规划。

6. 以行政规划涉及的范围和领域为标准,可分为综合性规划和专业性规划。前者是有关抽象行政的综合性政策大纲,或对某一行政事务作出的总体规划;后者是有关具体行政事务的施政规划,或者对综合性规划作出的详细规划。

7. 以行政规划的时间为标准,可分为长期规划、中期规划和短期规划。

三、行政规划的法律性质

行政规划的法律性质是指行政规划在行政法上的位置,包括其是行政行为还是事实行为;是行政立法行为还是非行政立法行为;是抽象行政行为还是具体行政行为;是内部行政行为还是外部行政行为?这些问题的答案直接决定了行政规划在行政法治体系中的位置,也决定了行政规划与行政相对人的法律关系。

国外和我国台湾地区关于行政规划的性质也有许多争论,主要有"政策性行为说"、"立法行为说"、"机能说"、"具体行政行为说"、"分别归类说"等。[87] 对行

---

〔84〕[日]南博方:《行政法》(第六版),杨建顺译,中国人民大学出版社 2009 年版,第 76 页;曾祥瑞:"简述日本行政法中的行政计划与行政指导",载《黑龙江省政法干部学院学报》1999 年第 4 期。

〔85〕姜明安:《行政法与行政诉讼法》,北京大学出版社、高等教育出版社 1999 年版,第 210 ~211 页。

〔86〕孟鸿志:"行政规划",载应松年主编:《中国当代行政法》,中国方正出版社 2005 年版,第 1043 ~1044 页。

〔87〕具体论述参见孟鸿志:"行政规划",载应松年主编:《中国当代行政法》,中国方正出版社 2005 年版,第 1044 页。

政规划法律性质的研究也成为我国学者近年来对行政规划进行研究的一个热点,并形成了一些争论。从目前来看,我国学者已普遍放弃早期的单一行为说,转而支持混合式分析模式。[88]

本书支持分别归类说,即行政规划的法律性质要根据具体的行政规划类别区别对待,而不宜统一定性,因为"计划并非国家活动的一种独立法律形式;准确地说,计划可以纳入各种传统的法律形式之中……计划的法律性质只能根据单个计划的审查"。[89] 如在德国,指导性计划被认为是一种通知,所以归为事实行为。调控性计划的法律性质则取决于通告是否具有约束性的意思:如果是单纯的目的宣示,则是事实行为;如果是税收优惠等的法律确认,就是法律行为。虽然有些案件中行政规划的性质难以界定,但是,即使没有约束力的意思表示,该计划的刺激作用也构成信赖保护的事实要件。指令性计划是对行政规划进行法律分析的重点,立法机关经常确认其法律形式:如联邦预算计划和州预算计划会以法律的形式确认;联邦高速公路建设需求计划也以法律形式确认;乡镇的预算计划则是以规章的形式确认;具体建设计划是规章;计划确定裁决则是行政行为。[90]

实际上,根据上述各国和地区的行政法学对行政规划的研究,行政规划的分类与行政规划的法律性质本身就是紧密联系的主题,两者甚至在一些论著当中并没有截然分开。如德国学者"强制性计划"和"自愿性计划"的分类和日本学者"拘束性规划"和"非拘束性规划"的分类,这些分类本身就带有判断行政规划法律性质的内容。再如我国台湾地区,有学者在论述行政规划的分类时,也将法律性质作为分类的标准之一,进而将行政规划分为法律、法规命令、自治规章、行政处分、行政规则、事实行为。[91]

行政规划本身是一个具有包容性的集合概念,其中包含的行政规划种类极其繁杂,这也是现代行政所涉领域众多的必然结果。对行政规划法律性质的讨论,如果离开具体的规划种类,必将陷入顾此失彼的困境。以我国行政规划中最为典型的城乡规划为例,《城乡规划法》将城市规划分为城市总体规划和详细规划。城市总体规划的内容应当包括:城市的发展布局,功能分区,用地布局,综合交通体系,禁止、限制和适宜建设的地域范围,各类专项规划等。规划期限一般为20年,还应当对城市更长远的发展作出预测性安排。可见,城市总体规划是为城市中长期发展所制定的一个总体的指导性框架,具有战略性和宏观性特点,应该属于抽象行政

〔88〕 有关我国学者对行政规划法律性质的争论详见黄学贤:《中国行政法学专题研究述评(2000—2010)》,苏州大学出版社2010年版,第276~277页。

〔89〕 [德]哈特穆特·毛雷尔:《行政法学总论》,高家伟译,法律出版社2000年版,第410页。

〔90〕 [德]哈特穆特·毛雷尔:《行政法学总论》,高家伟译,法律出版社2000年版,第409~410页。

〔91〕 陈敏:《行政法》,新学林出版有限公司2009年版,第642~644页。

行为。而详细规划分为控制性详细规划和修建性详细规划,其中控制性详细规划在我国城市规划界被视为介于城市总体规划和修建性详细规划之间的一个带有某种过渡性质的规划层次,[92]既是实施城市规划的一个环节,又是编制修建性详细规划的指导性文件,因此应该属于抽象行政行为;而修建性详细规划是针对具体地块所进行的,会影响到特定范围行政相对人的合法权益,应属于具体行政行为。可见,仅在城乡规划领域,其法律性质的区分就已如此复杂,笼而统之地讨论所有行政规划的法律性质将更为困难。

四、行政规划的制定程序

虽然行政规划种类繁多,形式各异,但是出于行政法治的要求,对其制定的核心程序进行统一规范实属必要。德国在1976年颁布的《联邦行政程序法》对行政规划的制定程序进行了规定,开了行政规划程序法制之先河,并得到了日本和我国台湾地区的效仿。我国虽然尚未出台统一的行政程序法,但是在有关专家建议稿中也包含了行政规划的内容,甚至也有学者专门针对行政规划提出了《中华人民共和国行政计划法(专家建议稿)》。上述专家建议稿对行政规划所设置的程序与德国《联邦行政程序法》中的相关内容在主要步骤上并没有实质的差异,下面就德国《联邦行政程序法》所规定的行政规划制定程序作一介绍。

(一)拟定规划的提出

1. 提出主体。在德国,提出拟定规划的主体通常是行政机关,但是私人,特别是企业也可以提出拟定规划。

2. 提出程序。拟定计划的主体要尽可能地征询相关机关意见,并将所拟定的规划书递交其直接的上级机关。

拟定主体所提交的规划书内容包括:(1)规划的目的;(2)规划的缘由及事实;(3)拟采取的重要措施;(4)涉及的国土资源及设施;(5)其他有助于了解规划内容的必要事项等。

(二)拟定规划的公开和提出异议

上一级机关接到拟定的规划后,应将规划的内容登载于政府公报或其他报纸上,应同时载明负责听证的单位名称和人员,以及权益受影响之人向听证单位或人员提出异议期限;规划书内容涉及土地资源开发利用或限制使用的,或涉及地方开发或发展的,应将规划书送交相关地方政府公开展示30日,地方政府应将公开展示的日期及场所向社会公告。

(三)预告听证日期

负责听证的单位或人员在异议期届满后,应当公告听证的日期及场所,并以书面形式通知规划拟定机关、与规划事务有关的机关、权益受规划影响的组织和个人

---

[92] 谭纵波:《城市规划》,清华大学出版社2005年版,第447页。

以及规划的异议人。公告和通知的内容要求明确、及时,听证的公告还须刊载在规划影响地区发行的新闻报纸上。

(四)听证

听证的主管单位和个人有权决定听证的方式及处理相关问题。听证中,首先由拟定规划的行政机关说明规划及其作用;其次其他当事人发表意见。听证应保证所有参加人充分表达意见,包括异议,并力图调和不同的利益诉求,从而减少因此产生的行政纠纷。

(五)确定规划的裁决

1. 制作、递交听证报告书。负责听证的单位或人员应该在听证终结后30日内就参加听证各方的意见、当事人之间达成的协议、为解决之异议以及对听证结果的意见制作成听证报告书并递交给规划确定机关。

2. 作出是否核准规划的裁定。规划确定机关根据规划拟定机关的申请书和听证结果作出是否核准规划的裁定。在该裁定中,规划确定机关应对为解决之异议同时作出裁决,并要求规划承担者采取必要预防和保护措施以保护公共福利和他人的政党利益。如保护措施不力或异议无法协调,当事人有权请求适当金钱补偿。

确定规划裁决书应送达拟定规划机关、其他有关机关、已知权益受影响之人以及提出异议之人,并连同确定的规划书一同递交受规划影响的地区政府公开展示。确定行政规划的裁决是具有形成效果的行政处分。

五、行政规划的行政法救济

行政规划的行政法救济,涉及现行的行政法救济制度能否涵盖行政规划行为等问题,具体而言,就是能否将行政规划纳入行政复议、行政诉讼和国家赔偿的范围。

我国现行的行政复议制度和行政诉讼制度都是针对具体行政行为的救济,国家赔偿虽然包括部分事实行为,但是仍然不包括抽象行政行为和立法行为,因此,能否将行政规划纳入现行行政法救济的轨道,关键取决于行政规划的法律性质。

我国行政法学界过去有一种观点,认为制定行政规划和行政规划本身是不可诉的,但是实施行政规划通常需要通过其他具体行政行为,如行政强制、行政处罚,而这些行政行为是可诉的,因此可以通过对实施行政规划阶段的救济达到对行政相对人的保护。这种观点是过去我国行政规划法治程度不发达,对行政规划研究不够深入的产物。随着我国行政法治进程的发展,各类行政规划开始进入法制的轨道,行政法学界的研究也逐渐深入,对行政相对人权益保护的要求和呼声日益提高,因此,仅仅通过行政规划实施阶段的救济,显然不能满足行政规划法治和对行政相对人权益保护的需要。

行政规划是否可以纳入我国行政法上的救济轨道,要从以下两方面来论述:

第一,行政规划能否纳入行政法救济的轨道,在理论上取决于对其具体种类和具体形式的划分。仍以我国的城乡规划为例,上文已经论及,城市总体规划应该属于抽象行政行为;详细规划中的控制性详细规划也属于抽象行政行为;而详细规划中的修建性详细规划则属于具体行政行为。因此,按照我国现行《行政复议法》、《行政诉讼法》和《国家赔偿法》的有关规定,只有修建性详细规划才具有可诉性,可以单独被提起行政法上的救济。

第二,从我国行政法救济制度的发展来看,将不属于立法行为的其他抽象行政行为间接纳入救济范围的观点,已经为我国《行政复议法》和修改后的《行政诉讼法》所采纳,因此,将不属于行政立法的行政规划行为纳入行政法救济的轨道是顺理成章的事情,当然这仍然要依托于对行政规划具体种类的划分。

第十章　具体行政行为(四)：行政契约、行政指导

第一节　行 政 契 约

相对于政府管理的传统模式及契约制度的传统理念而言,行政契约(administrative contract)作为一种行政行为无疑是个新东西。时下学者们对行政契约存有不同理解,包括了以民事合同的本质特征作为基本参照物,来圈定行政法上的契约形态的狭义解读;以及将公法领域但凡具备契约的外壳和模型的形态,都视为行政契约的广义解读。[1] 不同的解读方式在一定程度上折射出行政契约与民事合同之间存有的争议关系。而不论法学界对行政契约是否认同并接纳,更不论围绕行政契约的争论何时方休,"行政契约早已被用来作为推行行政政策的理想手段而为实践所接纳",[2]却是不争的事实。

一、行政契约的基本理论

(一)行政契约的理论之争

契约又称为合同,本属私法范畴。[3] 无论是大陆法系还是英美法系,都是在私法(private law)层面上理解传统契约概念的,[4]契约的原始意义与公法(public law)无关。而行政契约作为传统契约与行政权的结合,是私法向公法渗透或者公法与私法相融合的结果,围绕它应否存在以及如何存在等问题,目前中国内地的法学界争议颇大,有关行政契约的制度也不明确、不规范、不统一,实践中的做法更是五花八门。

1. 私法学界对行政契约普遍不予认同

20 世纪 90 年代,在《中华人民共和国合同法》的起草制定过程中,针对行政契

---

〔1〕 余凌云:《行政法讲义》,清华大学出版社 2010 年版,第 253 页。

〔2〕 余凌云:《行政契约论》(第 1 版),中国人民大学出版社 2000 年版,前言第 7 页。

〔3〕 正如有学者指出,区别行政契约和传统民事契约的制度背景,是在一个国家的法律体系内存在公法和私法的界分。参见余凌云:《行政法讲义》,清华大学出版社 2010 年版,第 254 页。

〔4〕 此处的传统契约当指私法意义上的契约。

约是否应当作为合同的特殊形态纳入《合同法》，学界观点出现分歧：行政法学者主张在《合同法》中设专章规定行政契约，〔5〕而私法学者普遍反对此建议。梁慧星教授认为："什么是行政合同，中国现实中有没有行政合同，哪些属于行政合同？这些问题当然有深入探讨的必要……如果说有所谓行政合同的话，只能存在于行政权力行使领域，属于行政法律关系……"〔6〕王利明教授也认为："行政合同究竟如何定义，其规范的对象是什么，恐怕仍是个值得探讨的问题。即使存在行政合同，是否要由合同法调整，亦不无疑问。"〔7〕梁、王两位教授的上述观点基本上代表了私法学界的主流观点，他们虽然没有直言行政合同不存在，但从其语义不难看出，他们至少认为私法范畴中的行政合同不存在，至于行政法律关系中有无行政合同问题，还值得进一步研究。目前我国《合同法》所规范的是纯粹的私法合同或民事合同，行政契约不在其中。

2. 行政法学界对行政契约认识不一

近年来大陆行政法学界对行政契约的研究日益热络，但相当多的问题仍处于探索阶段，不乏争议的存在。这些争议的焦点不外乎行政契约存在的必要性和可行性两方面，前者解决行政契约的功能及其存在的价值和意义问题，后者解决行政契约运行的原则、方式、程序等制度问题。应该说，以上问题目前均未达成共识。

简言之，就行政契约存在的必要性、可行性而言，在对行政契约理论进行梳理和论证过程中所需面对的关键疑问在于，"契约"这一原属私法范畴的概念怎能移植到公法领域，又如何移植到公法领域？

显然，这一疑问对在法律结构和法律观念上均无公法与私法之分的英美法系国家而言没有实质意义。在普通法的传统之下，允许政府在公共管理中拥有缔约权，与相对人签订契约，完全符合普通法或制定法的立法本意，这是政府固有的、直接来源于普通法的、无须任何立法授权的权利。与此同时，在英美法系一元制的司法救济模式下，〔8〕因政府签订契约所致的争议，其司法救济的渠道与传统契约并无二致，均是诉诸普通法院。对此，有学者作了如下总结："由于在公共管理领域

〔5〕 应松年："行政合同不可忽视"，载《法制日报》1997年6月9日；中国法学会行政法学研究会："建议把行政合同列入合同法"，载《法学研究动态》第7期。

〔6〕 梁慧星："讨论合同法草案征求意见稿专家会议上的争论"，载《法学前沿》（第二辑），法律出版社1998年版，第55页。

〔7〕 王利明："合同的概念与合同法的规范对象"，载《法学前沿》（第二辑），法律出版社1998年版。

〔8〕 关于行政案件审判权的归属，各国审判实践不尽相同，目前主要有英美法系国家的一元制和大陆法系国家的二元制两种体制。在一元制模式下，国家只设普通法院，不专设行政法院，所有诉讼案件，包括行政案件，均由普通法院审理。而在二元制模式下，国家设普通法院和行政法院两个互不隶属的审判系统，民事和刑事案件由普通法院受理，行政案件由行政法院受理，普通法院和行政法院各自专辖，互不干涉。

运用契约手段,其无论是在实体权限上还是在法律救济上,都与私人间缔结契约极其近似,也就没有区别行政契约与私法契约的实际意义。因此,普通法制度中也就不存在与私法契约相对的行政契约概念,只是以形式为标准,将以政府为一方当事人签订的契约通称为行政合同(government contract)。"[9] 普通法系国家虽无行政契约的概念,但其政府合同在很多制度与内容上却与行政契约极为近似,有些政府合同在大陆法系国家中就是看作行政契约来对待的。[10]

相对而言,围绕着行政法上能否成立行政契约,深受罗马法传统影响的大陆法系国家进行了激烈的探讨。一方面,如若观察大陆法系学者对行政契约的态度,行政契约作为与私法契约相对的概念存在于政府公共管理领域,被认为既符合大陆法系的法律结构,又合乎大陆法系的法律观念,各种学说都呈现出逐渐肯定行政契约概念的倾向。[11] 另一方面,如若观察行政契约的实践现象,大陆法系国家公法契约所产生的法律效果与私法契约截然不同:[12] 第一,在公共管理领域,政府不但可以签订公法契约,运用契约手段实现公权力,而且这种公法契约适用不同于传统私法契约的原理和规则,与传统私法契约存在明显差异;第二,在司法救济制度上,采用行政诉讼的救济途径,由不同于普通法院的行政法院管辖。

但无论对于相关研究走在前列的法、德、日等大陆法系国家,或我国台湾地区以及研究起步较晚的大陆地区,学者们的普遍困扰在于,即便认同和肯定"契约"在公法领域的存在,实际也很难厘清公、私法"契约"的界限分野。[13] 由于契约所固有的合意、自愿的特点似乎与公共管理领域行政权行使的单方面性和强制性水火不容,难免使人对以命令与服从为特征的行政法领域到底有多大的契约空间产生怀疑,进一步说,行政权的行使不太可能借助契约方式,行政与契约拼凑在一起,本身就自相矛盾。[14] 有人甚至认为,契约理念中的自愿、合意原则与公法范畴的依法行政原则本质上不可调和,我国台湾地区的李志鹏主张:"行政契约与依法行政原则抵触……如果容许此种行政契约施行,岂不回归封建专制时代? 由法治回

[9] 余凌云:《行政契约论》(第1版),中国人民大学出版社2000年版,前言第7页。"government contract"也常被国内学者译为"政府合同"。

[10] 余凌云:《行政法讲义》,清华大学出版社2010年版,第254页。

[11] 例如,"在今天日本的学说和判例中,可以说已经不存在否定行政契约概念一般可能性的见解"。参见杨建顺:《日本行政法通论》,中国法制出版社1998年版,第515页。

[12] 广义上的"公法契约"包括国家法性质的条约与协定,若将范围缩小至国内法,则以"行政契约"称之较为妥适。参见李震山:《行政法导论》,三民书局1997年版,第277页。

[13] 许宗力:"双方行政行为——以非正式协商、协定与行政契约为中心",载杨解君:《行政契约与政府信息公开——2001年海峡两岸行政法学术研讨会实录》,东南大学出版社2002年版,第51页。

[14] 瑞士学者吉尔克麦蒂(Z. Giacometti)断言,"公法契约"一词是自相矛盾之用语。转引自吴庚:《行政法之理论与实用》,中国人民大学出版社2005年版,第264页。

归人治?”[15] 被尊为德国行政法学之父的奥托·迈耶(Otto Mayer)坚决反对国家与公民之间的公法合同,认为在公法领域国家与公民签订合同是“不可能的”,因为合同以法律主体对等为前提,而公法却因国家的优越地位而得以确定。奥托·迈耶的上述观点在很长一段时期内占据主导地位。[16] 被誉为“新行政法学创始人”的另一位德国学者福斯多夫(E. Forsthoff)也曾以“行政契约制度会将行政权这种优越地位加以‘拟制平等化’的破坏”为由,反对行政契约。[17] 可见,围绕行政契约的种种理论之争,不仅需要解决依法行政理念下,受到法律约束的行政权如何与契约概念中所具有的自由性相调和的问题,还需要应对行政契约手段的运用可能带来的行政权失范的风险。[18]

(二)行政契约的产生及其合理性

从行政法制度与结构的变迁,并且从更加开阔的视野去分析公法上的契约现象,行政契约实际上是19世纪以来,特别是20世纪行政法制度与功能发生结构性变化的产物,是市场经济理念,特别是契约理念向公共管理领域渗透的结果。[19] 在平等主体间私法契约日益增多并逐步完善的同时,行政主体为实现行政目标而与相对人签订行政契约的现象越来越普遍;在“命令—服从”的政府传统管理模式仍然存在并继续发挥着不可替代的巨大作用的同时,行政契约这一权力色彩较弱、民主色彩较浓的新型管理模式,正为广大政府部门所关注,并在许多特殊的行政管理领域频繁使用。

1. 由命令行政走向契约行政的历史转折

所谓命令行政,即行政主体凭借行政权力,以单方面意志推行行政政策,实现行政目标的政府管理手段。其表现形式包括行政处罚、行政强制、行政检查、行政许可、行政裁决等。所谓契约行政,即行政主体在政府管理过程中,推行合同政策,依法与相对人签订具有行政法上权利、义务内容的协议,以实现既定行政目标的政府管理手段或政府管理模式。它是一种借助合同手段实现行政职能的法律行为。其表现形式有国有企业承包合同、国有小型工业企业租赁合同、国有土地有偿转让合同、粮食征购合同、人事聘用合同、行政事务委托合同、计划生育合同、公共工程特许合同、公共工程捐助合同、公共工程承包合同等。

19世纪末到20世纪初,西方国家的市场经济由自由竞争阶段发展到垄断阶段,为应对各种社会矛盾的加剧,克服社会的无序化,政府对社会政治、经济、文化

---

〔15〕 转引自林明锵:“行政契约法论”,载《法学论丛》第24卷第1期。

〔16〕 [德]哈特穆特·毛雷尔:《行政法学总论》,高家伟译,法律出版社2000年版,第360页。

〔17〕 转引自陈新民:《行政法学总论》,三民书局1997年版,第264页。不过,福斯多夫的观点后来有所转变,他也主张采用行政法原则来处理政府采购问题。

〔18〕 吴庚:《行政法之理论与实用》,中国人民大学出版社2005年版,第265页。

〔19〕 余凌云:《行政法讲义》,清华大学出版社2010年版,第258页。

事务,特别是对与公共利益有关的社会事务,由无为而治转向积极干预,政府行政的手段和模式,也由早先的单一化、命令性向多样化、灵活性转变,契约行政方式的出现便是这种转变的主要标志。

行政契约可以扩大行政机关选择行政行为方式的自由决定空间,成为法律执行的手段之一,以此应付不断扩张的行政任务,[20]同时也迎合了“国家目标”逐渐侧重公共服务这一调整倾向。行政契约强调行政主体与相对人法律地位的平等性,以及双方意思表示的一致性,这种管理理念和方式的运用,使得在保持公共机构所拥有的垄断的同时,为公共服务的提供添加了市场竞争的因素,有利于满足行政管理和社会服务的需求;同时也为公共管理领域中各方利益的协调提供了更大的选择余地。

契约行政从初显端倪、偶露峥嵘到欣欣向荣、蓬勃发展,经历了一个漫长、曲折的过程。诚如美国学者伯纳德·施瓦茨所言,在“职业公务”尚未形成,“政府福利几乎还不存在”的情况下,“政府合同在经济中只占很小部分”,而在当今的福利国家中,情形就不一样了,以政府合同为表现形式的特许权“几乎无处不有”。[21] 特别是第二次世界大战后,行政契约在西方各国的经济发展、资源开发等领域,得到了更为广泛的运用。可见,行政契约是政府职能转换的必然产物,其存在和发展绝非偶然。

2. 由行政专权走向行政民主的重要环节

随着“警察国家”向“福利国家”的演变,政府机构越设越多,政府职能也越来越大。在行政职能日趋强化的形势下,行政权所包含的专制与民主双重属性之间的矛盾和冲突越来越剧烈,并时刻对市场经济条件下政府管理的民主化和公开性构成不利影响,而行政契约则扩大了民众参与行政决定之管道,是行政专权迈向行政民主的重要动力。

在行政契约中,由行政机关和相对人协商确定行政目标的实现方式以及内容的选择,在双方充分信任的基础上,通过平等相处、民主协商的方式签订,相对人的同意是行政契约发生法律效力的必要条件。通过这样的方式,在行政政策的形成和推行过程中,最大限度地体现相对人对行政管理的参与,行政主体与相对人在缔结行政契约过程中的互谅互让,更是命令行政的政府管理方式所无法企及的,也是行政契约民主化的基本表现。行政契约作为体现政府行政的民主性和公平性的有效手段,它所蕴涵的宽松的、非权力色彩,不但不会削弱行政权,反而从实质上强化了行政权,这恰恰是人们原未料及的。

---

〔20〕 李震山:《行政法导论》,三民书局 1997 年版,第 279 页。

〔21〕 [美]伯纳德·施瓦茨:《行政法》,徐炳等译,群众出版社 1986 年版,第 200~201 页。这里所讲的“政府合同”可以理解为行政契约。

3. 由计划经济走向市场经济的必然产物

在我国，命令行政向契约行政的历史转折基本与计划经济向市场经济的历史过渡相同步。[22] 1992年召开的党的十四大报告明确指出，市场经济下的政府职能，"主要是统筹规划、掌握政策、信息引导、组织协调、提供服务和检查监督"。这一规定为市场经济条件下命令行政向契约行政的倾斜提供了契机，也为行政契约在市场经济体制中确立牢固地位找到了合法的政策依据。行政契约正是政府"组织协调"、"提供服务"的有效手段，它在计划经济向市场经济过渡时期的行政体制中，起着承前启后的作用。

市场经济的孕育并成熟，对政府的管理体制、管理模式、管理意识、管理行为、管理水平、管理效率提出了新的要求，必须按照市场经济的特点，对政府的管理体制和管理模式进行改革，以行政契约的平等性、合意性、公开性、竞争性和灵活性，打破计划经济下命令行政的僵化格局。

当然，行政契约也并非尽善尽美，其功能和作用同样呈两面性。如果说命令行政容易使行政主体专横跋扈、任意妄为，行政契约则更易引发权钱交易，致使"行政主体廉价出卖行政权"。[23] 但不可否认，行政契约在减少行政摩擦，调动相对人参与行政事务的积极性，提高政府行政的民主性等方面的优点，是命令行政模式下的管理手段所无法比拟的，至于其所谓的弊端，可以通过行政契约制度的自我完善和政府法制的约束、规范来加以革除。

（三）行政契约在各国的发展

在私法领域，政府可以作为合同主体是毫无疑问的，但在公法领域，政府能否以合同主体身份，并以契约方式推行行政政策，各国的态度和做法不太一致。

1. 大陆法系国家的行政契约

在大陆法系国家，行政契约占有更重要的地位，行政契约与私法契约的界限也远比英美法系国家清晰。行政契约运用最普遍、最具制度化、最有代表性的国家首推法国。法国受公务理论的影响，以行政为本位，强调行政契约的公法性质。德国行政契约制度的法律依据是联邦行政程序法，以契约为本位，注重行政契约契约性的同时也强调其公务性。日本行政契约理论受到大陆法系和英美法系的影响，既强调行政契约的公法性质，也承认在实践中公法契约和私法契约区分的标准不明确，而注重从形式上界定行政契约。[24]

---

〔22〕 我国在计划经济体制下也曾以合同为执行国家计划的工具，关于计划性合同是否为行政契约，学界存有争议，但不乏学者认为其中蕴含着行政契约制度的某些基本因素。参见应松年：《行政行为法——中国行政法制建设的理论与实践》，人民出版社1993年版，第591页；余凌云：《行政法讲义》，清华大学出版社2010年版，第258页。

〔23〕 ［日］南博方：《日本行政法》，杨建顺、周作彩译，中国人民大学出版社1988年版，第64页。

〔24〕 黄学贤：《中国行政法学专题研究评述（2000—2010）》，苏州大学出版社2010年版，第355页。

法国行政机关所签订的契约有私法上的契约和公法上的(行政法上的)契约两类。在购买办公用品、租赁办公场地等领域,行政机关经常缔结的契约基本属私法范畴,是私法契约或私法合同。但在公共工程承包、公务特许、独占使用共用公产、国有不动产出卖等领域,则按照法律规定适用行政契约,不能缔结私法契约。而大多数情况下,涉及诸如供应、运输、雇用等行政事项,究竟缔结行政契约还是私法契约,则常常由行政机关根据需要和情况决定。[25] 无论是私法契约还是行政契约,其签约主体都是行政机关,其缔约权限和缔约程序也都受行政法支配,但其法律属性和适用规则不相同。行政机关签订的私法契约,内容涉及私权,受私法支配,由此引发的诉讼,归普通法院管辖;行政机关签订的行政契约,内容涉及公权,适用行政法规则,由此引发的诉讼,归行政法院管辖。

第二次世界大战后,行政契约在法国行政法上得到越来越广的应用,并由经济发展和资源开发方面拓展到科研、教育等领域。"政府在执行经济计划的时候,避免采取行政命令方式,而是和企业界签订合同,向后者提供一定的援助,由后者承担计划中的某些任务。法国称这种执行计划方式为政府的合同政策。"[26] 以公务特许合同的性质变化为例,"19 世纪时完全用合同观念说明公务特许行为。自政府对特许公务的监督加强以后,纯粹合同观念不能适应公务管理的需要。当代对公务特许行为的解释不采用纯粹合同观念,而认为公务特许行为同时具有合同性质和法规性质。其中关于当事人间的协议具有合同性质,关于公务的组织和运行规则具有客观法规性质,行政主体可以单方面变更这些规则。"[27] 可见,当代法国的公务特许合同已经是公认的行政契约,与传统的行政方式相比,这类用以推行政府"合同政策"的行政行为具有更大的灵活性和优越性。

德国历史上,关于契约能否作为政府行政的法律方式,即国家能否通过与公民达成协议(从属权利合同)的方式实现公共行政任务的问题,曾有过长期争论。德国经典行政法学说的代表奥托·迈耶根本否定行政合同的法律效力,他认为,尽管国家可以以民事主体身份与公民签订民事合同,但这种合同仅限于私法领域,在公法领域,不可能存在国家与公民之间的合同。因为"合同以法律主体对等为前提,公法却因国家的优越地位而得以确定",[28] 国家以国家名义实施的公法活动总是"单方面的和高权的,不可能与公民处于平等的地位上","行政所代表的公共利益

---

〔25〕 王名扬:《法国行政法》,北京大学出版社 2007 年版,第 145 页。

〔26〕 王名扬:《法国行政法》,北京大学出版社 2007 年版,第 145 页。

〔27〕 王名扬:《法国行政法》,北京大学出版社 2007 年版,第 408 页。王名扬先生在此处的所谓"纯粹合同观念"当指私法意义上的契约理念。而他将"法规性质"作为与"合同性质"相对应的概念来使用,也意味着"合同性质"与私法属性、"法规性质"与行政属性基本上是同义语。

〔28〕 [德]哈特穆特·毛雷尔:《行政法学总论》,高家伟译,法律出版社 2000 年版,第 360 页。

不允许以协议的方式‘出售’或者交换,所以必须排除公法活动中的合同形式”。[29]

在相当长的时间内,奥托·迈耶的上述主张占据了统治地位。当然,在理论界不是没有相反的主张,在实践中也不是没有相左的做法。第二次世界大战后,德国几乎所有公开发行的一般行政法教科书都主张行政合同是行政活动的一种方式,尤其值得一提的是,1958年出版的《行政法上的合同》(伊姆鲍登 Imboden 著)、《公法合同的适法性界限》(扎尔茨韦德尔 Salzwedel 著)和《论公法合同的理论基础》(斯泰恩 Stern 著)三部著作,充分论证了行政合同的适法性,从而使行政合同在法学意义上赢得了应有的地位。与法学的保守态度不同,在实际运作方面,由于客观需要,行政当局一直都在运用行政合同,联邦行政法院对行政合同也没有妄加否定,早在1966年就已有过审查行政合同合法性的判例,而且这则判例对公法合同作为行政方式的合法性和必要性予以了肯定,提出了具有普遍意义的重要司法意见。[30]

行政合同制度在德国立法上的最终承认,以1976年颁布实施的《联邦行政程序法》为标志,该法对公法合同的可得性、[31]合法性及其违法处理问题作了规定。《联邦行政程序法》是德国行政合同的法律基础,从此以后,人们关注的中心也由行政合同的存废转向行政合同的完善。“尽管不时存在批评或者反对的论调,现代的主要课题不是行政合同原则上的适法性,而是行政合同法的理论细化,特别是明确行政合同的合法要件、法律形式和违法后果。”[32]

日本的行政契约,可以追溯到明治30年代,当时的行政契约,主要由市町村与煤气、电力、电气铁路公司等公共性垄断企业之间缔结,[33]市政府正是通过这种方式来监督和控制公共性事业。但由于受德国法影响,在日本,否定行政契约的概念及其适法性的学说一直存在,德国学者奥托·迈耶的理论在日本同样很有市场,即便是现在,认为行政契约概念自身不符合逻辑的见解仍未销声匿迹。但当代日本,行政契约概念在学说和判例中的地位已经确立。在学界,美浓部达吉、佐佐木、田

---

〔29〕 于安:《德国行政法》,清华大学出版社1999年版,第133页。

〔30〕 “对于这个原则问题的认识,本庭的意见是:重视诚实信用已经成为现代行政法的基本原则,而且它广泛的应用领域还在迅速增长;平衡原则的实行,裁量权的谨慎行使动摇了传统的行政方式,开辟了处理个案关系的灵活途径。原则上承认公法合同作为行政方式的合法性,将在极高的程度上根本改变在现代法治国家里国家居高临下的优越地位,改变公民以前仅仅被作为行政客体的法律地位。”[德]《联邦行政法院判例集》(第23卷),第212页。转引自于安:《德国行政法》,清华大学出版社1999年版,第135页。

〔31〕 可得性即行政合同存在于何种情形,在什么条件下公法合同可以作为允许的行政方式。

〔32〕 [德]哈特穆特·毛雷尔:《行政法学总论》,高家伟译,法律出版社2000年版,第361页。

〔33〕 [日]南博方:《日本行政法》,杨建顺、周作彩译,中国人民大学出版社1988年版,第62页。

中二郎等著名行政法学家对“公法中契约的可能性”均予以承认和肯定。[34] 在司法实践中,涉及行政契约的判例更是比比皆是。[35] 战后,日本政府将行政契约推及给付行政、环境行政、空间保护行政等更为广泛的领域,有关行政契约的判例日益增多,制度也日臻完备。诚如日本学者盐野宏教授所言:“行政主体以各种各样的形式和私人或者其他行政主体进入契约关系,这是广泛存在的。”进而,他又将行政上的契约分为准备行政中的契约、给付行政中的契约、规制行政中的契约和行政主体间的契约。[36] 甚至有学者主张在行政诉讼中也应允许存在和解(契约)。[37]

2. 英美法系国家的行政契约

英国、美国和澳大利亚等普通法国家的行政法中没有法国的“行政契约”理论,所谓公法和私法的区别,也“只是法律所规定的对象不同,不是法律所适用的规则不同”。[38] 以政府为一方当事人的契约统称为“政府合同”(government contract)或“采购合同”(procurement contract),此类合同的内容一般与商业有关。

英国行政法原则上适用一般的法律规则,行政机关的契约适用的也是一般的契约法规则。在这一意义上,行政契约与一般契约没有两样。在英国,“自 1948 年 1 月 1 日王权诉讼法后,行政机关的契约责任基本上已经统一”,行政契约成了政府“推行某种政策”的常见手段。[39] 但事实上,英国的行政机关与法国的行政机关一样,也是代表公共利益的,出于公共利益的需要,它们在对外签订契约时,免不了像法国那样,也要受很多特别契约规则的支配,[40] 这些特别契约规则有可能否

〔34〕 美浓部达吉认为:“学者们往往主张国家和人民的关系那样的不对等关系中不可能成立公法上的契约,我们不能认为这是正确的见解。”([日]美浓部达吉:《日本行政法》(上卷),有斐阁 1936 年版,第 238 页。)佐佐木也认为:“公法上的契约在观念上是能够存在的,这是毫无疑问的。”([日]佐佐木:《日本行政法总论》(改版),有斐阁 1924 年版,第 517 页。)田中二郎观点更明确:“一般来说,对通说认为公法关系即支配关系、公法行为即权力性行为的见解,是不能赞成的。我们不得不承认公法关系中也存在非权力服从的支配的关系,故公法行为中也存在非权力性行为的行为,在公法上的关系中,不限于上下的关系,对等者的关系也可能成立。”([日]田中二郎:“公法契约论序说”,载田中二郎:《行政行为论》,有斐阁 1954 年版,第 284 页。)以上资料转引自杨建顺:《日本行政法通论》,中国法制出版社 1998 年版,第 514 页。

〔35〕 早在 1921 年,日本大审院就已作出“命令航路中政府与公司之间的法律关系属于公法上的契约”的判断。此后,日本的各级、各地法院,均作出过以公法契约或公法上的双方行为的观念来说明有关土地收用法上的协议、恢复国籍许可的行为、公立学校助教和讲师的任命行为的判决。参见杨建顺:《日本行政法通论》,中国法制出版社 1998 年版,第 515 页。

〔36〕 [日]盐野宏:《行政法》,杨建顺译,法律出版社 1999 年版,第 136 ~ 141 页。

〔37〕 [日]南博方:“行政诉讼中和解的法理”,杨建顺译,载《环球法律评论》2001 年春季号。

〔38〕 王名扬:《英国行政法》,北京大学出版社 2007 年版,第 4 页。

〔39〕 王名扬:《英国行政法》,北京大学出版社 2007 年版,第 172 页。

〔40〕 这里所谓的“特别契约规则”,就是那些与法国类似的行政法上的契约规则。

定一般的契约自由、决定契约的特殊内容和效力、影响缔约的特别权力和程序。[41] 所以，在英国，很多政府部门所规定的契约原则均应在政府签约时得到遵守，因为行政契约问题不能完全照搬私法原则来解决。[42] 政府部门甚至设定契约的标准格式或标准条款，用以推行某种政策，对此，政府签约时同样必须遵守。[43]

在美国，行政契约起初表现为政府为进行战争而与制造商、供应商订立的军需品供应合同和军事服务合同。战后，有关这种特殊合同的立法不断出台，行政契约由战时延续到平时，契约内容也由军需产品和军事服务扩大到社会福利和公共工程，应用领域比较广泛，其情形大致有两类。一类是严格意义上的合同，或正式的政府合同，它受合同法的一般原则与特定规则制约。若以合同的性质为标准，我们也可以将它分为民事契约和行政契约。但美国的政府合同，一般采用形式主义的界定方法，凡以政府为一方当事人的合同通称为政府合同；而且，行政法意义上的政府合同，则主要限定在与采购或劳务提供有关的合同。另外，还有一类依非正式程序发生的、不属于合同法体系调整的非严格意义上的合同，或非正式契约。它往往只具备合意或协商特性，用以实现行政目的或解决各类争议，应用领域极为广泛，表现形式多种多样，它甚至存在于政府的经济管制这一典型的行政领域，管制过程中的讨价还价、争议的妥协与和解等，都可采用契约方式。

3. 中国港、澳、台地区的行政契约

契约在香港一般称“合约”，根据香港合约法的规定，合约是在两个以上的当

---

〔41〕 英国行政机关按照特别契约规则签订的契约当然有其特殊性，与一般契约不可能画等号。例如，英国政府往往通过签订承包合同的方式，将本来由内部机构实施或由政府负责的事务承包给私人，在此情形下，倘若政府转由私人实施的是本该政府履行的法定职责，则这类合同受公法原则的约束便理所当然。又如，根据《地方政府法》（Local Government Act 1972），行政机关间的行政协作（administrative collaboration）也可以通过合同方式进行，这类合同恐怕也不能适用一般的私法原则。余凌云：《行政契约论》（第1版），中国人民大学出版社2000年版，第28页。

〔42〕 在私法关系中，只有当契约一方当事人违法不履行义务时，对方当事人才有请求赔偿的权利。这个规则在公法关系中有时不能适用。公共机构不能因为要遵守契约义务而不行使它的法定权力，契约义务不能妨碍公共机构法定权力的行使和法定义务的履行。但是在公共机构行使合法权力而不履行契约义务时，若对契约对方当事人所受到的损失不予补偿，显然也是不公平的。合理的解决办法是，一方面承认公共机构不履行契约义务的合法性，在此情形下，应允许公共机构单方面地解除或变更契约；另一方面也承认对方当事人因此遭受的损失，并应给予必要的补偿。这种规则在法国的行政契约中无须明白规定，而在英国，这些特权只有在契约明确规定时，行政机关才能享有。以上观点参见王名扬：《英国行政法》，北京大学出版社2007年版，第174页。

〔43〕 英国政府在1975~1978年间将“工资控制条款”订进标准契约中，旨在不经过立法而对工资实行控制。这个条款采取了各种各样的形式，但基本上这个做法是符合政府关于工资的指导方针的。此资料参见［英］威廉·韦德：《行政法》，楚建译，中国大百科全书出版社1997年版，第489页。

事人之间为设立、变更或终止法律权利和义务而达成的协议。香港的契约制度因袭英国,也不存在公法契约与私法契约之分,其合约法规定的合约自然包括了政府与相关当事人之间签订的涉及行政法上权利与义务的协议,即“政府合同”。当然,政府为一方当事人所签订的契约与普通私人之间的契约相比,有其特殊性,在某些方面应遵循特殊规则。例如,在合约的强制方面,“法院不得针对政府颁发禁制令或具体履行令,但是可以颁发命令以政府作为一方当事人的合约的各方当事人具有的权利”。[44]

我国台湾地区和澳门特别行政区都建立了行政契约制度。澳门的法律制度沿袭葡萄牙,有专门法律规定行政契约制度,[45]根据法律规定,“行政合同为一合意”,目的是“基于此合意而设定、变更或消灭一行政法律关系”。因此,行政机关为履行其行政职责,可以与有关当事人订立行政合同。典型和常见的行政合同有:公共工程承揽合同、公共工程特许合同、公共事业特许合同、博彩经营特许合同、继续供应合同、为直接公益提供劳务合同。但是,法律对行政机关采用行政合同方式履行其行政职责的情形也作了必要的限制,例如,当法律有相反的规定或因拟建立的关系的性质而不允许时,就不可订立行政合同。此外,法律还就行政当局在合同关系中的权力、行政合同的形成与共同订立合同人的选择、合同的方式、合同的效力、合同给付内容的强制执行、合同争议的解决等作了规定。[46]

我国台湾地区直接承袭大陆法系国家行政法理论,但并未经历这些国家对行政契约从否认到接受的历史过程,因此行政契约理论并未受到台湾地区学者的排斥和反对,但对行政契约性质的认知并非没有争议。[47] 例如,1993 年台湾地区大法官释字第 323 号解释中,大法官的协调意见书认为,“契约就是契约,原亦不必有私法契约与公法契约之分”。何以至此?其原因不外乎两个方面:一是认为私法契约根基于两个平等主体之合意,而公法关系几乎都属于权力支配关系,当事人之间地位不平等,“合意”如何产生?二是认为“契约自由”在私法上是妇孺皆知的原则,而公法上则向来强调“依法行政”原则,两者之间如何结合?[48]

随着我国台湾地区“行政程序法”的制定和实施,[49]行政契约制度的客观存

---

〔44〕 罗德立:《香港合约法纲要》,北京大学出版社 1995 年版,第 116 页;参见香港地区《政府诉讼条例》第 16 条。

〔45〕 澳门、葡萄牙的行政契约制度均由《行政程序法》专章规定。

〔46〕 应松年:《外国行政程序法汇编》,中国法制出版社 1999 年版,第 618 ~ 620 页;杨海坤、黄学贤:《中国行政程序法典化——从比较法角度研究》,法律出版社 1999 年版,第 343 ~ 345 页。

〔47〕 吴庚:《行政法之理论与实用》,人民大学出版社 2005 年版,第 277 ~ 278 页。

〔48〕 杨海坤、黄学贤:《中国行政程序法典化——从比较法角度研究》,法律出版社 1999 年版,第 349 ~ 350 页。

〔49〕 该法于 1999 年 2 月 3 日公布,自 2001 年 1 月 1 日起施行。

在及其合法地位，起码得到了立法认可。当前通说也认为政府可以缔结私法契约与公法契约，而后者就是“行政程序法”所规范的行政契约。但“行政契约在实务上的适用仍未见热络”，其研究尚“处于洪荒时代”，对许多问题的认识还“处于摸索阶段”。[50] 所以，台湾地区“行政程序法”虽因袭德国，设专章规定了行政契约制度，但内容“与德国法并无太大差距，包括行政契约必须遵守要式性，而且不得有不当联结之禁止，违法之法律效果多为契约无效，强制执行之约款须由上级机关认可，涉及第三人权利者应经该第三人书面同意始生效力等”，行政契约因此而“较为麻烦”，“行政机关选用时应加以考虑”。[51]

4. 中国大陆的行政契约

如前所述，目前中国大陆对行政契约也有争议，不但民法学界与行政法学界见解不同，即便行政法学界也观点不一。总体而言，学界赞同行政契约是现代行政活动的重要方式，是民主行政与合作行政的重要手段，在理论层面，不能否认行政契约制度对现代行政法学的基本概念、原则、制度的创新与变革具有重要意义。对此，有学者指出，尽管行政契约在行政法中的地位仍有争议，但现代行政管理需要行政契约，且行政实践中已有大量行政契约存在是无可否认的事实。[52]

改革开放初期，行政契约在我国的运用基本上是下意识的。行政契约真正得到迅猛发展，并被推广到几乎所有的行政领域，甚至包括传统上被认为行政权的“自留地”的内部管理领域，与在全国范围内掀起学习与推广安徽凤阳农村的承包之经验的热潮有着密切的关系。[53] 1978 年的农村改革，使农业生产承包经营责任制得以推行，中国农民以合同方式取得了土地使用权，行政契约被首次引入我国政府管理领域。[54] 此后，除农业领域之外，在立法、政策层面逐渐出现了行政契约在国有企业承包、政府特许经营、政府采购等领域的运用。

二、行政契约的概念与分类

行政契约作为市场经济条件下政府职能转换的必然产物，其存在和发展绝非偶然，围绕它而展开的讨论也从未平息。对此，许宗力先生对存在争议的契约形式

---

〔50〕 许宗力：“双方行政行为——以非正式协商、协定与行政契约为中心”，载杨解君：《行政契约与政府信息公开——2001 年海峡两岸行政法学术研讨会实录》，东南大学出版社 2002 年版，第 62 页。

〔51〕 黄锦堂：“行政契约主要适用问题之研究”，载杨解君编：《行政契约与政府信息公开——2001 年海峡两岸行政法学术研讨会实录》，东南大学出版社 2002 年版，第 137 页。

〔52〕 章剑生：《行政程序法基本理论》，法律出版社 2003 年版，第 322 页。

〔53〕 余凌云：《行政法讲义》，清华大学出版社 2010 年版，第 258 页。

〔54〕 张树义先生甚至认为，“从土地的承包经营到粮食的合同定购，在农业领域国家管理的方式上行政合同已占据了主导地位，也使农村改革获得了进一步的成功”。（张树义：《行政合同》，中国政法大学出版社 1994 年版，第 3 页。）我们认为，他关于行政合同已在农业领域国家管理的方式上占据“主导地位”的定论有失偏颇，若以此作为我国农业领域国家管理方式改革的方向未尝不可。

作了诸多列举:今天在我国台湾地区,像公立学校聘任教师究属公法或私法契约,学说与实务看法就不同调,联合开发契约的公私法属性也迭有争议。政府采购行为过去通说主张是私法行为,现也不乏主张是公法行为者。另外,由政府与私人共同合作履行任务的情形已越来越普遍,其合作态样有多种,所签订的各种合作契约是公法或私法,是最近面临的一个新的问题,像所谓公办民营的合作态样,如政府投资兴建硬件,经营则委托私人,该契约究是公法抑或私法?另一个常被提起的合作态样,所谓BOT,究竟BOT投资契约是公法契约或私法契约,争议也很大。我国台湾地区如此,德国又何尝不是这样?德国行政程序法施行迄今四分之一个世纪,虽然宣称百分之九十的契约属性没有争议,有争议的只是少数边际案型,可事实上公、私法契约的判断一直争议不断,学者甚至认为,要彻底干净解决一切有关公、私法契约分野的争议问题,根本是不可能的。[55]

对行政契约这一法学界的"世纪难题"所引发的各种争议,我们必须正视。而对其性质及特征的探讨,不但有助于揭示行政契约存在和发展的必然性,更有利于弄清行政契约(公法契约)与传统契约(私法契约)、行政契约(强调行政主体与相对人的双方合意)与传统行政执法手段(强调行政主体的单方意志)之间的联系与区别,这对行政契约所致争议的削减无疑大有裨益。

(一)行政契约的概念及特征

行政契约是特定的行政主体为实现特定的行政目标,依法与其他行政主体或行政相对人签订的,具有行政法上权利、义务内容的协议。从这一意义上讲,行政契约是一种具有执行力的法律文书,但从行政主体的执法手段角度来看,它更是一种特殊的行政行为。目前国内行政法学界多从"主体"与"属性"的角度对行政契约的概念进行界定,强调行政契约中的一方当事人原则上为行政主体;同时,强调行政契约带有行政性质,其本质特征是发生、变更或消灭行政法律关系的合意。[56]

1. 行政契约是一种行政性(或公法上的)契约行为

在行政主体与其他行政主体或者行政相对人缔结的契约中,有相当一部分根据行政法订立,属公法范畴,我们谓之公法契约,也称行政合同或行政契约。如国有企业承包契约、国有小型工业企业租赁契约、国有土地使用权有偿转让契约、粮食征购契约、人事聘用契约、行政公务委托契约、计划生育契约、公共工程特许契约、公共工程捐助契约、公共工程承包契约等。这类契约的成立,虽与私法契约一样,取决于双方当事人的合意,但其法律关系不受私法支配,而是适用公法(行政法)规则。

行政契约与私法契约的最大区别在于其行政性,学者们往往从中提炼行政契

〔55〕 许宗力:"双方行政行为——以非正式协商、协定与行政契约为中心",载杨解君:《行政契约与政府信息公开——2001年海峡两岸行政法学术研讨会实录》,东南大学出版社2002年版,第63页。

〔56〕 黄学贤:《中国行政法学专题研究评述(2000—2010)》,苏州大学出版社2010年版,第355~362页。

约的识别标准。行政契约的行政性源自其特定的行政管理目标及行政法上的权利义务内容,具体体现在如下方面:

(1)行政契约的当事人必有一方是行政主体。从形式意义上讲,行政契约既可以在行政主体之间缔结,也可以在行政主体与行政相对人之间缔结,多数学者对此持肯定态度。[57] 而且,与行政主体签约的相对人,既可以是外部相对人,也可以是内部相对人。例如,行政主体为落实行政责任制,与其所属机构和人员层层签订责任书或责任状的行为。这种责任书或责任状就是一种行政契约,也有人称之为"假契约"或"准契约"、"近似契约"。[58] 也有学者认为只有行政主体和相对人之间才能缔结行政契约,行政主体之间不能缔结行政契约,只能签署行政协议,因为行政主体间的协议不适用"行政优益权"原则,且不宜由法院主管。[59]

笔者认为,行政契约的当事人中,必有一方是行政主体,行政主体之间也可缔结行政契约。行政契约的实质是双方当事人的合意,只要这种合意存在于行政主体之间,行政契约即可成立。"行政优益权",只是行政权在一般行政行为中的某一方面的表现,不能作为识别行政契约的标准。至于行政主体间的协议"不由法院主管",并不等于它将来也不被纳入司法审查范围,更不能以此否定行政主体间协议的行政契约性质。

这里所讲的行政主体,并不专指国家行政机关。在我国,行政管理活动的实施者,主要是国家行政机关,但在一定条件下,行政机关以外的组织,经法律、法规的授权,依法拥有行政职能,也能像国家行政机关一样依法订立行政契约。在很多行政系统内设立的执法机构(水政监察、路政监察、环境监察、土地监察等部门)作为事业单位,并非一级行政机关,但作为法律法规授权的组织,根据相关法律规范的授权,它们有权作出部分行政行为。[60]

具体负责签订行政契约的个人,不论是受行政主体领导的内部人员,还是受行政主体委托的外部公民,其与有关行政主体之间均存在公务上的委托关系,所从事

---

〔57〕 应松年:《行政行为法——中国行政法制建设的理论与实践》,人民出版社 1993 年版,第 588 页;罗豪才:《行政法学》,北京大学出版社 1996 年版,第 259 页;许崇德、皮纯协:《新中国行政法学研究综述(1949—1990)》,法律出版社 1991 年版,第 472 页;杨海坤:《中国行政法基础理论》,中国人事出版社 2000 年版,第 258 页;胡建淼:《行政法学》(第二版),法律出版社 2003 年版,第 282 页;姜明安:《行政执法研究》,北京大学出版社 2004 年版,第 148 页。

〔58〕 余凌云:《行政契约论》(第 1 版),中国人民大学出版社 2000 年版,第 33 页。

〔59〕 刘莘:"行政合同刍议",载《中国法学》1995 年第 5 期;叶必丰:《行政法学》(修订版),武汉大学出版社 2003 年版,第 291 ~ 292 页;方世荣:《行政法与行政诉讼法》,人民法院出版社 2003 年版,第 267 页。

〔60〕 当行政机关以外的组织与相对人签订行政契约时,只有法律、法规授权的组织能以自己的名义从事这项活动,行政机关委托的组织仍只能以委托的行政机关的名义与相对人缔结行政契约。从这一意义上讲,行政机关委托的组织并不是独立的行政主体,它与相对人订立行政契约所致的一切法律后果,均由委托的行政机关承担。

一切公务活动,均得以委托的行政主体的名义,不能用个人的名义,缔结行政契约也不例外。否则,他们与相对人缔结的所谓行政契约就无法成立。

尽管对行政契约缔约主体作出的上述要求近乎苛刻,但在面对实践问题时仍存有诸多未尽之处。例如,基于宏观调控甚至国防建设需要,对国内一部分重要生产资料以及军事物资,国家往往实行严格的订货管理规定,供需双方均得依国家订货计划签订订货合同,这种情形下的供需双方可能都以企业面貌出现,其所订合同属民事契约还是行政契约呢?如果单纯以形式标准衡量,它们可能不成其为行政契约,但若将其归入民事契约,有些疑问又难以说清。面对这种情况,有些国家对行政契约缔约主体资格采用了非常宽泛的理解,对此,我们未必完全照搬,但无疑可作参考借鉴。〔61〕

笔者认为,在对行政契约定性时,除了适用形式标准,还宜考虑实质标准,前者是原则,后者是例外。那些既符合形式标准又符合实质标准的契约,当然是行政契约;那些只合乎实质标准,而在形式标准上存在瑕疵或欠缺的契约,仍然属行政契约。〔62〕

(2)行政契约的目的是直接执行公务。契约的订立目的,是区分行政契约和民事契约的最重要的实质标准。关于行政契约的目的,不同版本的行政法学著作表述不一,〔63〕总体而言,以"旨在实现行政目的"作为行政契约的实质标准,是大

〔61〕 法国行政法院认为,公私合营公司与建筑企业签订高速公路和国有公路建设契约的活动,本质上属于国家活动,这种活动即使发生在私人之间,也受行政法的支配和行政法院管辖,他们之间所订立的这类契约是行政契约;此外,根据"代理人的行为效力及于本人原则",私人作为公法人的代理人和其他私人所签订的契约,应认为是该公法人和另一私人之间的契约,从而也可以成为行政契约;法国行政法院甚至认为,在行政主体没有明白授权的情况下,如果根据情况可以认为私人是作为行政主体的代理人而和另一私人签订契约时,这种私人之间的契约同样可能认为是行政契约。例如,私人在承包以外接受行政主体的补助和其他企业签订契约,由后者进行某项建设,工程完成后立即由行政主体所有和管理。这种私人活动,可以认为是行政主体的代理人和其他私人签订行政契约的活动。参见王名扬:《法国行政法》,北京大学出版社2007年版,第146页。王名扬先生所谓的"代理人"即受行政主体委托签订行政契约的个人;"公法人"即行政主体;王名扬先生原著中的合同、行政合同,在此替换成契约、行政契约,行政机关则替换成行政主体,我想,这大概不违反王先生的本意。

〔62〕 也有学者认为,只要具备任何类似契约的形态,都可以看作行政契约。参见余凌云:《行政法讲义》,清华大学出版社2010年版,第253页。这种纯粹从形式角度对行政契约的界定显然更加宽泛,哪怕从实质标准角度判断行政契约存有瑕疵,只需符合形式标准便可被归为行政契约。

〔63〕 主要观点包括:行政契约应以执行公共事务、增进公共利益为直接目的(应松年:《行政行为法——中国行政法制建设的理论与实践》,人民出版社1993年版,第586页);签订行政合同的目的是执行公务,实现国家行政管理目标(许崇德、皮纯协:《新中国行政法学研究综述(1949—1990)》,法律出版社1991年版,第473页);行政主体为了行使行政职能、实现特定的行政管理目标而订立行政契约(罗豪才:《行政法学》,北京大学出版社1996年版,第258页);行政契约旨在实现国家行政管理的某些目标(张焕光、胡建淼:《行政法学原理》,劳动人事出版社1989年版,第307页);行政契约的目的是行政目的(叶必丰:《行政法学》,武汉大学出版社1996年版,第183页)。

陆行政法学界的主流观点。

西方国家行政法围绕行政契约的实质标准问题，界定不一。大陆法系各国的行政法，对行政契约的界定标准虽有差异，但更多考虑实质标准是其共性。德国行政法将行政契约界定为“设立、变更和终止公法上的法律关系的合同”。[64] 根据该规定，在对合同性质作认定时，合同当事人的法律身份并不重要。合同一方或者双方当事人是公法上的行政主体的事实，并不足以认定为行政合同。双方当事人都是行政主体的合同可能是私法合同。尽管德国国内针对私人之间能否成立公法合同的问题也有争议，但无论如何，行政程序法都包括私人之间的“行政合同”。[65]

法国没有一个法律规定行政契约的意义，识别行政契约的标准由行政法院的判例提出。“公务理论”就是法国行政法院创设的用以识别行政契约的标准。根据公务理论，实质意义上的公务是指“行政主体为了直接满足公共利益的需要而从事的活动，以及私人在行政主体控制之下，为了完成行政主体所规定的目的而从事的满足公共利益的需要的活动”。法国行政法院对行政契约的识别，主要考虑实质意义上的公务标准，并且以是否“直接执行公务”作为判断行政契约的实质标准。法国行政法院“在判案中又从公法契约与私法契约在法律适用上是不同的这一认识出发，通过反推将私法所不能调整的契约统归行政契约范畴。即在法国，直接执行公务的契约，固然是行政契约；但只和公务执行有关，不直接执行公务的契约中，倘若含有私法以外的规则，则也成为行政契约”。[66]

日本通说将行政契约定义为“以公法上的效果发生为目的的，由复数的对等当事人之间的相反方向意思的一致而成立的公法行为”。“以公法上的效果发生为目的”，是通说所主张的行政契约区别于私法契约的实质标准。由于这一判断行政契约的实质标准存在很大的不确定性，“最近，日本学者一般将作为实现行政目的的手段而缔结的契约，一概称为行政契约”。[67]

大陆法系国家，有关公法与私法之属性的判断，对行政契约的界定影响甚大。普通法国家，没有公法与私法之分，也不区别公法和私法争议的救济管辖，对行政契约的界定，做法比大陆法系国家简单得多，其往往采取形式主义的界定方法，将以政府为一方当事人的合同统称为政府合同。我们并不反对对普通法国家“化繁

---

〔64〕《联邦行政程序法》第54条第1款。

〔65〕[德]哈特穆特·毛雷尔:《行政法学总论》，高家伟译，法律出版社2000年版，第350页。

〔66〕私法以外的规则是指在性质上和民商合同当事人所自由约定的权利和义务不同的权利、义务及其条款。这类条款的出现表示双方当事人有意使合同不受私法支配，契约的缔结往往出于被迫或非自愿，私法契约的自由缔结制度无法适用。参见王名扬:《法国行政法》，北京大学出版社2007年版，第148页。

〔67〕杨建顺:《日本行政法通论》，中国法制出版社1998年版，第509～510页。

为简”之法作理论探讨,我们也承认这种方法在一定程度上的合理性,但它的缺陷和弊端则是显而易见的。[68]

其实,大陆法系国家的行政机关所签订的契约有行政契约与民事契约之分,普通法国家所谓的政府合同,同样包括我们所讲的实质意义上的行政契约和纯粹的民事契约两种,法院在具体判案中,对这两类契约也是区别对待的。尽管这些政府合同的法律适用规则不同于普通合同,但这并不意味着凡是以政府为一方当事人的合同都与私人之间签订的普通合同有着实质的区别,也不意味着这些政府合同只能一概适用特别规则而绝对不适用一般合同法规则。可见,纯粹形式主义的界定方法,并不能准确划定行政契约的范畴,也无法为司法审判实践提供足够的理论指导。

笔者认为,若将法国的“公务理论”与德国的“法律关系”学说结合起来,从是否“直接执行公务”和是否“设立、变更和终止公法上的法律关系”两方面综合考虑,并以此为实质标准界定行政契约,似乎更适合中国的法制现状。以涉及的法律关系为标准划分两类契约的方法,与我国法学理论上通行的从调整对象(即法律关系)角度划分法律部门的做法相吻合。[69]

据此,行政主体签订行政契约,应以直接执行公务并以设立、变更和终止行政法上的权利义务关系为目的。有些契约,虽由行政主体与相对人签订,甚至由行政主体相互签订,契约的目的也与执行公务有关,但由于这类契约并不以直接执行公务为目的,仅仅与执行公务有某种间接关系,因而不是行政契约。不过,当某一行政主体直接基于法律、法规乃至规章之规定或授权,以实施买卖、租赁等行为作为其行政本职或固有公务时,就另当别论了。

可见,那些与执行公务有间接关系的契约,本质上属私法契约,跟那些旨在直接执行公务的行政契约,既有联系又有区别。一般情况下,只有行政契约才能设立、变更和终止行政法律关系,也才对相对人发生直接的行政法律效力。而行政主体签订的私法契约,即便与执行公务有关,也不能直接设立、变更和终止行政法律关系,作为行政主体直接执行公务的补充、辅助或准备形式,它对行政法律关系的

---

〔68〕 倘若以此为标准,那就意味着,行政机关为购买100元的办公用品,与商家签订的买卖合同,属于行政契约;而一个法规或规章认可的国有公司,为完成耗资100亿元的重大公共工程项目,与相对人签订的BOT合同,则不属于行政契约。

〔69〕 民法与行政法之所以作为两个不同的法律部门,就是因为它们有不同的调整对象,民事契约与行政契约作为分属于两大法律部门的两个法律范畴,之所以不一样,自然也是因为它们涉及两种不同的法律关系。同时,法律关系的设立、变更和终止又与当事人的主观目的紧密联系,行政契约不同于民事契约的另一重要表现,还在于其“直接执行公务”的行政目的。这样一来,不但能涵盖大陆行政法学界以“旨在实现行政目的”作为行政契约界定标准的主流观点,而且能避免单纯考虑行政目的所带来的缺陷。

设立、变更和终止只起间接作用。

(3)行政契约的内容是行政法上的权利和义务。行政契约的内容,表现为行政法上的权利与义务,与私法上的权利和义务不同。私法上的权利和义务具有对等性,而行政法上的权利和义务,往往具有同一性,权利与义务不能截然分开。行政主体签订行政契约的行为本身,就是行使行政职权、实现行政目标的一种手段,行政主体的这一行政职权,便是权利和义务的结合体。行政主体通过行政契约行使行政职权,既是其权利,又是其义务,非经特别程序,一般不能转让,更不能放弃,否则就是失职。即便发生因工作需要而将某一行政职权"转让"(即委托)给其他行政主体或有关组织的情形,这种转让仍只能表现为行政职权实现方式的变化,而不能是行政职权归属主体的变更,即该项行政职权仍应归属于原来的行政主体,其所有者未变,只不过其具体的执行者发生了变化。

另一方面,行政契约的内容还不得超出行政主体法定的职权范围。行政主体缔结行政契约跟行政主体采取其他行政行为一样,均受"越权无效"原则的支配,不能因行政契约的特殊性改变行政职权的法定性。当然,经行政契约具体化的行政职权乃至作为行政契约内容的所有行政法上的权利和义务,均有一定的灵活性。但行政契约内容的修改,只能取决于它所依据的行政法规范及有关行政政策的变化或调整,绝不能基于作为契约一方当事人的行政主体的主观随意。

(4)行政契约的适用规则超越了私法范畴。行政契约的适用规则既取决于行政契约的行政性,又反映了行政契约的行政性。行政契约所适用的是私法以外的规则,至于私法以外的规则到底应包含哪些内容,又通过何种形式体现,理论界观点并不一致。

在行政契约中,特别是行政主体与相对人签订的行政契约中,双方当事人的法律地位虽然平等,但其权利义务常常不对等。因为,在行政契约缔结前,行政主体与相对人之间大都存在管理与被管理的不平等关系,行政契约缔结后,这种不平等关系虽因契约所要求的双方当事人平等、合意的本质属性而改变,但契约所包含的双方当事人的权利与义务并不完全对等,这种权利与义务的不对等,最集中地表现为行政主体在行政契约中所拥有的一系列特权。譬如,缔结行政契约的原始发动权(要约权)永远在行政主体一方;又如,行政主体对行政契约拥有单方面的变更权、解除权、执行权和制裁权。

当然,行政主体在行政契约中的所谓特权,只能基于实现行政目的的需要而存在,也只能以行政主体在缔约前事先承诺的义务(如提供优惠条件)为前提,行政主体还得为行使这些特权付出补偿的代价。因此,行政主体在行政契约中的特权是有限的,绝不是一种任意的、无节制的专横力量。也正因为在行政契约中适度保留了行政主体的某些特权,行政契约的行政性才能得到必要而充分的体现。

2. 行政契约是一种借助契约手段实现行政目标的行政行为

行政契约首先具有行政性,因为它旨在直接执行公务,实现行政职能。但行政契约同时是一种借助契约手段实现行政职能的行政行为。它与行政主体以强制性和单方意志性为基本特征的传统行政行为的最大区别,就在于其契约性或合同性。行政契约的契约性源自私法契约的某些本质特征,具体表现在如下方面:

(1)行政契约当事人法律地位的平等性。契约的本质是合意,而双方当事人合意的有效成立取决于法律地位的平等与否。尽管存在诸多差异,行政契约与私法契约仍具有形式特征上的一致性。〔70〕行政契约双方当事人意思表示的一致性,同样是以行政契约双方当事人法律地位的平等性为前提的。事实上,当行政主体借助于契约手段实现行政职能时,作为行政契约相对人的公民、法人或其他组织,便取得了与主体平等的法律地位。

需要注意的是,我们不能以行政契约中行政主体与相对人权利义务的不对等,否定行政契约双方当事人法律地位的平等。契约双方当事人权利与义务的对等与否,对双方法律地位的平等性并不构成必然影响。〔71〕即使权利与义务不对等,双方当事人之间也能形成合意。

与此同时,我们认为,行政契约的"行政性"始终优先于"契约性"。不能仅仅片面强调合意的实现,而忽略了法律地位平等对有效成立合意的先决性作用。契约精神在公法领域中的介入,仅是弱化行政行为的单向性、命令性,强调行政主体与相对人的沟通与合作并不能改变行政权的本质特点。从合同订立的过程来看,相对人有时对是否订立合同根本就没有选择的余地。〔72〕而且行政合同也是具有一定裁量权的行政主体进行社会管理的一种变通手段,相对人基于便宜的心理而与行政主体签订行政合同。此时,"合意"表现为一种手段,是实现行政目的的一

---

〔70〕由于行政契约所具有的行政性,行政契约与私法契约在范畴、原则、缔结、履行、变更、解除等方面存在诸多差异。

〔71〕这里所谓的"平等性"与"对等性"是两个既有联系又有区别的概念,不能混用。从双方当事人之间权利与义务关系或法律关系的角度,我们用"对等性";而从双方当事人法律地位的角度,我们用"平等性"。有学者在其著述中对这两个概念不作严格区分,如余凌云先生认为:"以行政关系的不对等来否定契约关系成立的可能性,是建立在这样一种认识基础之上,即契约的本质是合意,而合意有效成立的前提是双方当事人法律地位必须平等……而在行政法领域之中,政府和相对人之间形成的是以命令和强制为特征的权力服从关系,没有地位对等可言,因而真正自由的合意也就无从产生。其实,这种观点过分拘泥于民法理论以及传统的高权行政理论,而没有敏锐地体察到现代行政法发展所带来的变化,因而是失之偏颇的。"参见余凌云:《行政契约论》(第1版),中国人民大学出版社2000年版,第10~11页。

〔72〕如《北京市人口与计划生育条例》第11条第2款规定,机关、社会团体、企事业组织应当与计划生育行政管理部门签订计划生育责任书,接受计划生育行政部门的指导、监督、检查;其法定代表人和负责人对本单位计划生育工作负主要责任。

种形式,其只是一个“外壳”。

(2)行政契约双方当事人意思表示的一致性。不同于那些只需行政主体单方面意思表示即可成立的行政行为,行政契约的成立,大都以行政主体与行政相对人的自愿为原则,并且以双方当事人的合意为前提,这一原则和前提又在一定程度上表现为行政契约双方当事人的互选性和妥协性。

(3)行政契约双方当事人的互选性和妥协性。首先,行政契约中的行政主体常常是特定的,相对人多数情况下是不特定的,从整体上看,尽管有时相对人对行政主体的选择余地较小,行政契约的自愿色彩会受到影响,但行政主体与相对人之间的相互选择仍是存在的,双方意思表示的一致性对行政契约的成立,仍起着不可替代的作用。其次,相对人的承诺和认可是行政契约成立并生效的要件。因此,行政主体在必要时会通过妥协和让步争取相对人的理解和支持。如给相对人提供某种便利、给相对人以一定的帮助或补贴等,以使相对人心悦诚服地接受行政主体在行政契约中的某些特权,令双方达成共同、一致的意思表示。

上述选择性和妥协性,可以视为传统契约理念所包含的契约自由的表现。在属公法范畴的行政契约领域,强调依法行政的同时,实行适度的契约自由无可非议,但困难在于行政契约中依法行政与契约自由的界限到底如何来划定。布林格(M. Bullinger)主张,行政机关只有在法律赋予其自由裁量权时,才有选择契约作为行为方式的自由。[73] 所以,“行政契约在一定程度上是附着在裁量之上的”,享有行政裁量权的行政机关可以根据时势需要以及考量行政目的、选择适当的行政手段。由此,行政契约中契约自由的“边际是由合行政目的性原则与依法行政理念划定的,因而双方当事人的合意空间是有限的”。[74] 可见,行政契约中的契约自由是有限的契约自由,是依附并服从于依法行政的契约自由,我国台湾地区学者林纪东所谓公法中的“契约不自由”原则以及“唯在不抵触法规之限度内,公法上契约始得有效成立”之观点,大概也是这个意思。[75]

基于行政契约的行政性,在缔结契约以及形成契约内容这两大环节中,一般都存在法律或事实上的强制性要求。同时,在依法行政原则的支配下,行政机关行使行政契约权也会受到诸多限制。因此,当法律对行政契约的缔结和内容确定方面有强制性要求时,须遵循法律优位原则,双方当事人的合意空间是有限的。

(4)行政契约缔结过程中的公开性和竞争性。公开竞争是市场经济条件下缔结行政契约的一项重要原则(紧急情况和涉及国家机密的情况除外)。公开招标缔结契约的方式最符合自由竞争的思想,也最适合我国当前市场经济的新形势。

---

〔73〕 转引自吴庚:《行政法之理论与实用》,中国人民大学出版社 2005 年版,第 266 页。

〔74〕 余凌云:《行政契约论》,中国人民大学出版社 2000 年版,第 20、23 页。

〔75〕 林纪东:《行政法新论》,三民书局 1985 年版,第 259 页。

倘若行政契约的相对人仅由行政主体私下确定,不经过公开竞争,行政契约的成立也不以双方当事人的合意,而由行政命令左右,则势必难以形成统一市场和良好有序的社会环境。

3. 行政契约是一种具有浓厚“纵向”色彩的法律行为

行政契约的“纵向”色彩源自行政契约的行政性,它与以“横向”色彩为基本特征的民事契约的区别也在于其行政性。我们可以从行政契约双方当事人间的“纵向”关系(管理与被管理关系)入手,对行政契约的“纵向”色彩作一剖析。

大量的行政契约,是行政主体与公民、法人或其他组织等相对人订立的。作为行政职能实施者或行政契约发起方(要约人)的行政主体,与作为受行政职权作用的相对人或行政契约的承诺方,大都存在法律上的管理与被管理关系,这类行政契约的“纵向”色彩非常明显。对实践中存在的同一行政契约的双方当事人均为行政主体的情形,可以视为一种行政主体与相对人缔约的特殊形式。[76] 对双方当事人法律地位及有无“纵向”色彩的判断,应依据如下原则:首先,当行政契约所确定的行政目标的直接追求者和行政职能的具体实施者比较明确时,拥有管理职能的行政契约的发起方是行政主体,而被管理方是相对人,他们之间订立的行政契约,“纵向”色彩比较鲜明。[77] 其次,当双方或多方当事人都是行政契约所确定的行政目标的直接追求者和行政职能的具体实施者时,双方乃至多方行政主体可以互为相对人。他们之间订立的行政契约,“纵向”色彩便不甚明朗,反倒“横向”色彩占了上风。[78]

综上所述,行政契约是作为法律文书的契约与作为管理手段的行为的有机统一,也是行政行为与契约行为的有机统一。行政契约的本质属性在于行政性,契约性只是形式特征。就性质而言,行政契约是行政主体为实现行政目的,依法与相对人签订的协议,是能够设立、变更和终止行政法律关系的具体行政行为。

(二)行政契约的分类及形式

对行政契约作分类研究的最终目的在对行政契约的进一步定性,更加合理地

---

〔76〕 所有行政主体,既是管理者,又是一定条件下的被管理者。当某一行政主体成了另一特定行政主体所要求订立的行政合同的被管理者时,它同时便成了与公民、法人或其他组织一样的相对人。

〔77〕 例如,市容管理部门(特定的行政主体)为更好地贯彻、落实市容卫生责任制,与城区内所有企事业单位、机关团体等(当然包括那些本身就具有一定其他行政管理职能的行政主体),就其各自包干区内的市容卫生状况,签订的卫生包干契约。这些行政契约中,就有一部分属于特定行政主体与其他行政主体(特殊相对人)所订立的行政契约。

〔78〕 例如,长江沿岸十大城市的市长,分别代表自己所在的市政府,就共同开发长江水力资源这一共同性的问题,签订了协议。尽管这十大市政府的行政级别不完全对等,其中有直辖市,也有省辖市,有一般的市,但他们之间既不存在行政隶属关系,也不存在管理与被管理关系,他们所签订的行政契约,便没有一般情况下的那种“纵向”色彩。

界定行政契约,弄清行政契约的本质属性。不仅不同法系、不同国家对行政契约的概念及定性认识不一,分类及形式存在差异,即便在同一国家,由于分类标准的不同,其结论也会有所不同。[79]

1. 西方国家行政契约的分类及形式

大陆法系各国对行政契约的分类,基本上是以公法与私法相区分为背景的。英美法系国家,公法契约与私法契约的适用规则基本相同,但存在对行政契约的分类。

(1)法国

在法国,根据适用行政契约的事项有无法律的硬性规定,行政契约被分为两类:第一类为适用事项由法律规定的行政契约,如公共工程承包契约、公共工程捐助契约、公务特许契约、独占使用共用公产契约、出卖国有不动产契约等。第二类中行政契约占大多数,包括行政机关签订的供应契约、运输契约、雇用契约等,只有当行政机关决定采用行政契约方式缔结契约时,它们才成为行政契约。[80]

也有人将众多不同的行政契约主要划分为公务特许契约和公共采购契约两类。公务特许契约是行政机关将公务特许个人(通常为私人)行使而签订的契约,如地方行政区与自来水公司签订的有关特许后者在该行政区内供应自来水的契约。公共采购契约是有关为公务提供特定物品或服务的契约,如公共工程契约、供应契约、劳务契约。[81]

(2)德国

德国《联邦行政程序法》和学术界常常根据签订契约时主体双方所处的地位及其相互关系为标准,将行政契约分为对等权契约和主从权契约。前者是指原则上地位相同的当事人之间,特别是具有权利能力的行政主体之间所签订的行政契约;后者是指具有命令服从关系的当事人之间签订的行政契约。[82]

出于在法律上对隶属契约加以特别防范和控制的考虑,德国《联邦行政程序法》专门规定了和解契约和双务契约。[83] 所谓和解契约,是指为消除合理判断中

---

〔79〕 行政契约的分类是根据一定标准对各种行政契约的归类,行政契约的形式则指行政契约在实践中的存在方式或行政契约的名称。从严格意义上讲,分类属学术范畴,形式属实践范畴。由于两者间存在内在的联系,在此将两者结合起来加以研究。

〔80〕 王名扬:《法国行政法》,北京大学出版社2007年版,第145页。

〔81〕 余凌云:《行政契约论》(第1版),中国人民大学出版社2000年版,第67页。

〔82〕 [德]哈特穆特·毛雷尔:《行政法学总论》,高家伟译,法律出版社2000年版,第353~354页。也有人将它们称为对等契约和隶属契约,其判断既考虑契约标的,更要注意契约当事人的身份。参见余凌云:《行政契约论》,中国人民大学出版社2000年版,第37页。

〔83〕 尽管这两类契约在对等权契约中同样存在,但它们在主从权契约或隶属契约中,使用频率更高,被滥用的可能性更大,所以《联邦行政程序法》对此作了特别规定。

的事实或者法律问题的不确定状态,通过相互让步而缔结的行政契约。为避免和解契约引发行政机关因规避其调查义务、讨好相对方当事人而做无原则让步,损害国家或他人利益,法律一方面要求这类契约的签订应符合一定条件,另一方面对某些情形下的和解作出了禁止性限制。[84] 所谓双务契约(又译为互易契约),是指缔约双方互负给付义务的行政契约。由于这类契约通常由行政主体与公民签订,为保护公民利益,防止"出售高权",法律同样规定了这类契约的缔约条件。[85]

(3)日本

日本传统通说以缔约当事人的身份与地位为标准,将行政契约分为:行政主体相互间的契约,行政主体与私人之间的契约,以及私人之间的契约。这种分类方法受德国法影响较深,在田中二郎、美浓部达吉、佐佐木的著作中均有采用。[86] "二战"以后,日本学者受普通法影响,对行政契约类型的划分也更加纷繁不定。如原田尚彦在《行政法要论》中将行政契约分为行政组织法上的契约和行政作用法上的契约;室井力在其《行政法100讲》中将行政契约分为行政主体相互间的契约和行政主体与行政相对人之间的契约;石井昇在其著作《行政契约的理论和程序》中认为,行政法上主要存在行政主体相互间有关行政上事务的契约、作为行政活动之必要的物的手段而缔结的契约、有关财政的补助的契约、公务员劳动契约、奖励契约、公害防止协定等;盐野宏的著作《行政法》从"行政上的契约之形式"将行政契约分为准备行政中的契约、给付行政中的契约、规制行政中的契约和行政主体间的契约。[87]

(4)美国

从合同内容或政府征集的标的角度来看,政府合同可分为供应合同(contracts for supplies)、劳务合同(contracts for service)和建筑合同(contracts for construction);从缔约方式或政府征集的方法角度来看,政府合同可分为竞争性合同(competitive contracts)和非竞争性合同(noncompetitive contracts);从政府给相对人合同价款的计算和偿付方法角度,政府合同可分为固定价款合同(fixed - price con-

---

〔84〕 签订和解契约的条件包括:①存在有关事实状况或者法律观点的不确定状态;②这种不确定状态不能查明,或者非经重大支出不能查明;③通过双方当事人的"让步",可以取得一致的认识(《联邦行政程序法》第55条)。禁止签订和解契约的情况如:在核发医师执照时不得就应具备的医师资格进行和解;在对于适用何种法律或何条款存在争议时,也不能互相让步寻求和解。参见吴庚:《行政法之理论与实用》,人民大学出版社2005年版,第272页。

〔85〕 包括:符合特定目的;旨在完成公务;合乎适当性要求;与行政主体在契约中的给付义务存在客观联系(《联邦行政程序法》第56条)。上述条件必须同时具备,缺一不可,否则,双务契约归于无效。

〔86〕 杨建顺:《日本行政法通论》,中国法制出版社1998年版,第510页。

〔87〕 以上转引自杨建顺:《日本行政法通论》,中国法制出版社1998年版;余凌云:《行政契约论》(第1版),中国人民大学出版社2000年版。

tracts,又译为选定价格合同)和费用补偿合同(cost - reimbursement contracts,又译为偿还成本合同)。[88]

(5)葡萄牙

葡萄牙《行政程序法典》设专章规定了行政合同,其中列举了几种常见的行政合同,如公共工程承揽合同、公共工程特许合同、公共事业特许合同、公产开发合同、公产专用合同、博彩经营特许合同、继续供应合同、为直接公益提供劳务合同。[89]

2. 我国行政契约的分类及形式

照理,谈到我国行政契约的分类及形式,应涉及我国的港、澳、台地区,但考虑到我国香港地区与英国、我国澳门地区、葡萄牙及我国台湾地区与德国在行政契约制度乃至整个法律制度上的渊源关系,其行政契约的分类及形式没有太大的代表性,我们探讨的重心宜放在中国大陆。而中国内地的行政契约制度正处于形成和发展阶段,缺乏单行、系统的法典依据,所以,对我国行政契约的分类及形式的讨论,包括以后将要展开的其他问题的讨论,更多还只是理论上的。

我国大陆出版的行政法学著作,大都基于契约所调整的行政关系的范围、契约主体间的相互关系、契约的内容、契约所涉及的行政管理领域等标准,对行政契约进行分类。[90] 参考相关著作的相关内容,宜按不同标准对行政契约作如下分类:

(1)以契约所调整的行政关系的范围为标准,行政契约可分为内部契约和外部契约。所谓内部行政契约,是调整内部行政关系的契约,它通常在行政主体之间或行政主体与其成员之间缔结。所谓外部行政契约,是调整外部行政关系的契约,它通常在行政主体与外部相对人之间缔结。

(2)以契约主体间的相互关系为标准,行政契约可分为行政主体间的契约和行政主体与公民、法人或其他组织间的契约。前者,契约主体均为行政主体,契约主体间的相互关系可以是上下级关系,也可以是平级关系。这类契约均为内部契约。后者,契约的一方主体是行政主体,相对方主体是公民、法人或其他组织,两者之间存在管理与被管理关系。这类契约,绝大多数属外部契约,但也有一部分属内

---

[88] [美]海恩:《政府合同管理手册》,1987年(英文版),第20、31页;[美]阿纳瓦斯、陆伯瑞:《政府合同指南》,1987年(英文版),第2~16、4~13页。转引自朱韶斌:"西方各国行政合同制度比较研究",中国人民大学硕士学位论文。

[89] 转引自杨海坤、黄学贤:《中国行政程序法典化——从比较法角度研究》,法律出版社1999年版,第344页。

[90] 前引许崇德、皮纯协主编:《新中国行政法学研究综述(1949—1990)》;张正钊、韩大元主编:《比较行政法》,中国人民大学出版社1998年版,第413~414页;熊文钊:《现代行政法原理》,法律出版社2000年版,第461~463页;前引罗豪才主编:《行政法学》,第261~262页;前引张焕光、胡建淼:《行政法学原理》,第308页。

部契约。

(3)以契约内容为标准,行政契约可分为:第一,行政事务委托或公务特许契约。即某一行政主体因委托另一行政主体代办某项行政事务或委托有关公民从事特定公务活动所缔结的行政契约。如公安机关之间因委托调查而成立的契约。第二,行政事务共同管辖契约。即两个或两个以上行政主体,为共同管辖或联合管理某项行政事务所缔结的行政契约。如长江沿岸几大城市的市政府就共同开发长江水力资源所签订的协议;又如上海市与江浙两省的几大旅游城市,就“非典”之后如何启动三地的旅游市场,并共同开发旅游资源所签署的协议。第三,特种事务协作契约。即行政主体之间或行政主体与相对人之间,为完成其种特定事务而相互协作所缔结的行政契约。前者如行政主体间的公务员借调契约;后者如政府有关部门与大专院校、科研机构及研究人员签订的科研协作契约,又如政府与有关单位为落实计划生育政策而签订的计划生育契约。第四,以财产权转移为内容的契约。即行政主体之间或行政主体与相对人之间以转移财产为目的缔结的契约。这类行政契约可以在行政主体之间缔结,也可以在行政主体与相对人之间缔结;所转移的财产,可以是公产,也可以是私产。转移的方式通常包括买卖、出让、借贷、捐助、补偿等。具体如政府购买契约(包括行政主体间的公产买卖契约和特定行政主体与有关相对人间的政府采购或征购契约)、行政主体为一方当事人的土地使用权出让契约、行政主体基于特定行政目的的借贷契约、以行政主体为受让人的财产捐助契约、就行政处理致相对损害事项达成的补偿契约等。第五,承包、租赁契约。与买卖、借贷一样,承包、租赁本属私法行为,但一旦承包或租赁的标的物不是普通财产而是国有企业,发包方或出租人也不是普通个人或单位而是政府或其他行政主体时,他们为推行行政政策、落实国家计划、增强企业活力、提高行政效率和经济效益,与作为相对人的承包人或承租人之间签订的承包契约或租赁契约,也属行政契约。如国有企业承包经营契约、小型国有企业租赁经营契约等。第六,公共事务管理契约。公共事务范围广泛,涉及公共工程、环境保护、水电气供应与管理、公害防治等方面,具有浓厚的行政及公益色彩。所以,涉及公共事务管理的契约,当然属行政契约。例如,公共工程承包契约、公共工程捐助契约、公共工程特许契约、水电气供用契约、环境整治契约等。

(4)行政契约广泛存在于工业、农业、交通、公安、民政、科教文卫等领域,不同行政管理领域所适用的行政契约,各有特色。因此,也可以契约所涉及的行政管理领域为标准,对行政契约进行分类。

(5)以实施行政契约目的为标准将行政契约分为限制性行政契约和协作性行政契约。

限制性行政契约指行政主体为了公共利益的目的,限制一定相对人为或不为一定行为的契约,如博彩经营特许契约。协作性行政契约,又称鼓励性行政契约,是指为了公共利益鼓励相对人从事一定行为的契约,如公共捐助契约。

(6)根据运用行政契约的领域不同,可以分为规制类行政契约和服务类行政契约。规制类行政契约指行政主体以专业管理为手段实现行政目的的契约,如工业管理行政契约、农业管理行政契约等。服务类行政契约指行政主体以提供服务而实现行政目的,与相对人订立的契约,如救灾安置契约、环境管理契约等。

(7)根据契约是否具有给付内容,可分为给付性行政契约和非给付性行政契约。给付性行政契约指具有金钱给付内容的契约,如行政救济契约、行政征收契约、国有土地使用权出让契约等。非给付性行政契约指不具有金钱给付内容的契约。这类契约是纯管理性契约,如文化管理契约、计划生育契约等。

其实,完全没有必要为分类而分类,进而使分类停留在对行政契约表面特征的揭示,忽略其本质属性的阐释。所以,对行政契约作分类研究的最终目的不在分类本身,而在对行政契约的进一步定性,以使人们更加合理地界定行政契约,弄清行政契约的本质属性。为此,不妨循另一思路考察分类问题,这样似乎更有助于厘清行政契约所涉及的错综复杂的关系,并平息由此所致的一系列争议。

我国大陆行政法学界对行政契约的分类,一直存在重形式、轻实质或者重外表、轻内容的缺陷,即便是以契约内容为标准所作的分类,也因其内容的复杂性而难以系统化、规范化,含混之处甚多,真是剪不断、理还乱!何以至此?行政契约界定不清所使然也。可想而知,连什么是行政契约这一最基本的问题还没弄清楚,围绕行政契约的分类怎么可能清晰呢?因此,对行政契约的分类应始终结合行政契约的界定,不能离开这个背景。基于这一认识,宜按照下述思路对行政契约作分类:

有些契约,公法属性非常鲜明,它与私法契约迥然不同,这一差异连私法学界也不得不承认。这类契约,不妨称之为纯粹行政契约或典型行政契约。例如,行政区域边界争议和解协议、行政事务委托或公务特许契约、治安处罚担保书、治安责任状、[91]人事聘用契约等。

有些契约,直接执行公务的目的非常明确,但它借用了私法契约的传统方式,从而使得它与私法契约的差异不甚明显,人们的认识也不一致。若从区分行政契约与私法契约的实质标准出发,这类契约仍属行政契约,为了有别于纯粹行政契约或典型行政契约,不妨称之为混合行政契约或非典型行政契约。例如,政府采购或征购契约、国有企业承包或租赁契约、公共工程特许或捐助契约等。

对典型行政契约的认识,分歧不会太大,而对混合行政契约的定性,理论分歧恐怕难免。尽管法、德等国的公务理论和法律关系学说对我们区分行政契约与民事契约不无帮助,但那些公、私法条款交织、混杂的混合契约,到底属行政契约还是

〔91〕“书”、“状”为契约的两种特殊形式。

民事契约,依然仁者见仁,智者见智,众说纷纭,莫衷一是。这种分歧在法治发达的西方国家尚且存在,在我们这样的法治欠发达国家,特别是行政契约制度尚处于初创阶段的国家,存在这样那样的意见,是很正常的。如何消除纷争,解决这一矛盾?最行之有效的办法是由立法来确认。看来,我国《行政契约法》的制定势在必行!

分类是科学研究的基本方法之一,当面对的事物纷繁芜杂时,常需借助于分类的方法加以把握,行政契约就是这样的领域。行政机关对行政契约手段的运用本身就是一种创造性的活动,是行政机关根据行政需要进行判断和选择的结果。因此,对层出不穷的行政契约实践,要想穷尽所有的契约形式是不可能的。其中更为重要的是借助类型化的条理分析将不同类型的行政契约加以规范,且为以后的立法指明方向。依据不同的标准,可以对行政契约的形式作进一步分析。

三、行政契约的制度与救济

行政契约旨在推行行政政策,实现社会公益,这是它与私法契约的本质区别,但这一事实并不必然排斥行政契约对私法原理或私法规则的适用。但有关私法规则在公法领域的适用问题,理论与实践中的争议不断,即使在英美法系国家,公法与私法在行政契约领域的冲突与融合现象同样存在。

对此问题的解决,可以从公法与私法的"共通性"入手加以分析,正如日本学者美浓部达吉也所言,"令公法关系遵守与私法关系共通的规律"。[92] 具体而言:第一,公法与私法以及行政契约与民事契约之间存在本质区别,它们有各自的特殊性,不能混同。第二,行政契约本来就是将私法上的契约观念和契约制度引入公法领域的结果,它是一种混合特征的行政,[93]我们不能将两者截然割裂开来。第三,由于行政契约的主体和目的具有特殊性,因而不能毫无保留地适用私法契约的普通规则。那些只能适用于行政契约的专有规则(公法或行政法规则),不能用私法规则替代;对行政契约领域存在的那些公法或行政法未作特殊要求的问题,援用私法规则并不影响行政契约的公法属性,因而可以有条件地适用。

行政契约的缔结、履行及救济领域,涉及要约与承诺、权利能力与行为能力、委托与代理等问题,均可找到与私法契约的契合点,形成两者共通的原理或规则。因此,行政契约的缔结、履行及救济,既受行政法设定的公法规则制约,又受民法设定的私法规则约束。而不管行政契约所适用的规则源自公法还是私法,只要已经为行政契约所援用,我们便认可其公法效力。

(一)行政契约的缔结

1. 缔结行政契约的原则

在现代福利行政背景下,运用行政契约方式实现国家行政目的的现象日益增

---

〔92〕［日］美浓部达吉:《公法与私法》,黄冯明译,中国政法大学出版社2003年版,第204页。

〔93〕从另一层面上也可理解为一种混合特征的契约。

多,法律对行政契约的缔结也不再强调严格限制,但行政主体缔结行政契约仍宜遵循以下原则:

(1)合乎行政目的。行政契约缔结中,无论是实体性权利义务的设定还是程序性权利义务的配置,均应服务于实现行政目的,使得行政契约的缔结"既能有效地促成行政契约所预期的特定行政目的的实现,同时又以实现特定行政目的的必需原则为限度,禁止在权利义务上的不合理连结"。基于此,就必须赋予行政主体在契约缔结中适度的主导性权利,同时积极发挥相对人对行政主体履行义务的监督作用。[94]

(2)基于行政权限。行政契约的缔结应以行政主体所拥有的行政职权为基础,在所管辖的事务范围或行政权限内与相对人缔结行政契约,行政主体超越权限范围所缔结的行政契约无效。

(3)符合行政政策。行政契约的缔结原则上应以法律、法规明示的范围为基础,但由于行政管理的特殊性,行政主体根据法律、法规以外的政策所赋予的权限缔结行政契约仍属合法有效。

2. 缔结行政契约的方式

(1)招标。招标是指由行政主体确定标底和合同主要条款,相对人根据要求承诺并竞标,行政主体经法定评标、议标程序,选择、确定最优者为中标方并与之缔结合同。招标的缔约方式合乎公开、公正、平等竞争的精神,是行政契约最常见的缔结方式。

(2)竞争性谈判。与招标方式相比,竞争性谈判方式在相对人的选择上具有更大的自主性,行政主体可以通过谈判、比较,确定最佳人选;在合同内容的确定及缔约程序上,竞争性谈判也具有更大的灵活性,通过谈判,能使行政主体的意图和目的得到最充分的体现,从而使合同内容最具有客观性和针对性。

(3)直接磋商。这种缔约方式下,行政主体选择相对人的自由度最大,容易产生不公乃至腐败,所以,法律往往对此作一定限制,同时,法律也尽量鼓励竞争。

不管采取以上何种方式缔约,行政契约都宜采用书面形式。

(二)行政契约的履行

行政主体的特权和对方当事人的经济利益平衡,是行政合同履行时两个主要的特点。[95]

1. 行政主体的特权

行政主体在行政契约中享有的特权可以在缔约时以强制性条款的形式存在,也可以作为行政契约履行的基本要求或基本原则在立法时就加以确定。

---

〔94〕 余凌云:《行政契约论》(第1版),中国人民大学出版社2000年版,第118页。

〔95〕 王名扬:《法国行政法》,北京大学出版社2007年版,第152页。

(1)契约履行的监督检查权。为实现行政契约的既定目的,督促相对人切实履行义务,减少因履行引发的争议,行政主体对行政契约的履行过程及其履行情况有权进行经常性的监督检查,借以掌握或了解行政契约履行的数量和质量以及是否符合公共利益的要求。

(2)契约履行的指挥权及强制执行权。由于行政合同的履行必须符合公共利益,行政机关是公共利益的判断者,故由行政机关决定哪种履行方式最符合公共利益也显得有所必要。在法国行政法上,不论行政契约中有无约定,行政主体对相对人均有履约指挥权。出于公务优先的考虑,对那些不履行契约义务的相对人,行政主体甚至无须请求法院判决而依据职权直接行使强制执行权。当然,对行政主体的强制执行权进行程序限制也是非常重要的。[96]

(3)契约履行中的单方变更权和单方解除权。行政契约既然是行政主体与相对人双方合意的产物,就理应保持一定的稳定性。但是,行政契约缔结后,因不可抗力或情势变更,致使原契约的存在与履行有悖于契约初衷乃至公共利益,甚至会造成重大损失时,行政主体应主动与相对人协商,调整或变更契约内容,使其最大限度地符合公共利益。对此,法国和德国都赋予了行政主体在契约履行中的单方变更权和单方解除权。

在法国,行政契约缔结后,由于发生了不能归责于行政主体的意外事件或不可抗力,使得契约内容必须调整甚至契约的继续履行已无必要,法律允许行政主体单方面变更或解除合同。在德国,行政主体的这种权利只能在防止或免除公共福祉之重大损失时才能行使。

值得注意的是,只有双方就契约的修正或变更无法达成共识时,行政主体方可单方面行使变更或解除权,但如果给相对人造成经济上的损失,从平衡相对人利益角度来看,应当给予相对人相应的补偿,以保护相对人的合法预期。

(4)契约履行中的制裁权。行政契约履行过程中,当相对人违反契约时,行政主体有权施以惩戒和制裁。在法国,行政主体的制裁手段主要有三种:第一,金钱制裁。主要包括违约金和赔偿损失。第二,强制手段。常用的强制手段是代执行。此时契约并未解除,相对人仍然是适格的契约主体。第三,解除契约。相对人主观方面存在严重过错时,行政主体才能采取这一制裁手段,并无须给予相对人任何补偿。

2. 相对人的权利

相对人在履约中的权利大都基于行政主体在履约中的特权而产生。相对人因行政主体拥有的特权而负担了一些特殊义务,为维护行政契约的行政性作出了一

〔96〕 例如,在实施强制执行措施之前应遵循向相对人的催告程序;允许相对人向行政法院申请救济等。

定的“牺牲”,从这一意义上,我们不妨将相对人在履约中的权利理解为对行政主体特权行为的“补偿权”,其实,补偿权恐怕也是相对人在行政契约履行过程中的最实在、最本质的权利。[97] 通过补偿,不但可以维持行政契约双方主体地位的平衡,而且可以实现公共利益与个人利益或整体利益与个体利益的平衡。

当然,行政主体在行政契约中的特权行为所致的损失可能很严重,即便如此,所谓对此所作的补偿,也绝不是不作任何限制的,或者说不可能全额或等值补偿,而是有限制的适当补偿。一方面,这种补偿仅针对行政主体在契约履行中的特权行为所直接造成的损失;另一方面,补偿不同于赔偿,它以实际损失为限,不包括期待利益的丧失或预期损失。

3. 行政特权的程序控制

在双方缔结行政契约时,享有特权的行政主体更容易借助合同的形式出卖公权力或侵害行政相对人的合法权益,因此,在法律制度的设计和具体运作上,尤应重视程序控制。

(1)程序控制原则

第一,公开原则。公开原则应贯穿于合同整个运行过程,合同缔结阶段行政主体应以竞争、公开的方式要约相对人;在合同履行阶段应将各种信息向社会公布(除法律、法规规定保密外),以接受公众监督。第二,书面原则。详细的书面合同能够明确细化程序参与者的各自要求,预先杜绝彼此可能产生纠纷的根源;而且一旦发生纠纷,也便于分清责任,加速调解、裁决的进程。第三,经济平衡原则。在制度设计上,应在保证公共利益优先满足的前提下,就相对人因保证行政目的的实现所受损失进行必要的补偿,以维护两种利益的平衡,即在给予相对人合理补偿前不得变更或解除合同。

(2)程序控制制度

第一,公告制度。应及时通知对契约感兴趣的人参加契约的确立。资讯公开能使程序参加者了解契约的详细材料,使程序参加者参与活动更具有目的性。第二,说明理由制度。说明理由是当行政机关在多名符合资格的竞争者中间进行利益分配时,对最终决定所作的依据解释,或者作为听证的替代方式对主导性权利行使进行书面的阐述。要求行政机关承担这种义务,能够使行政机关作出决定时更加审慎,同时也便于对决定的正确性进行事后审查和判断。第三,回避制度。通过相对人对执法主体中立性态度的挑剔,与执法人员的自我回避,来维护行政契约权行使的权威和客观公正性。第四,协商制度。行政合同的魅力无非就是权力因素

---

[97] 如法国行政法上,相对人在行政契约履行中的权利主要有取得报酬权、损害赔偿请求权、必要的和有益的额外费用偿还请求权、不能预见的物质困难的补偿权、统治者行为的补偿权和不可预见的情况的补偿权等。参见王名扬:《法国行政法》,北京大学出版社 2007 年版,第 155 ~ 159 页。

与契约因素相结合:一方面,行政主体与相对人通过相互交流与沟通而达成协议;另一方面,作为签约一方的行政主体仍保持其原公权力身份,因而又能保证行政目的的实现。协商制度有效化解了民主与效率之间的矛盾。通过协商使权力与权利关系重新配置,让公民有更多的机会参与国家行政活动,从而实现行政的民主化与效益性,契约精神得到完美体现。因此,协商制度成为调解各方利益冲突的协调器,在整个合同程序中占据中心地位。第五,参与保留制度。在缔结行政契约时必须征得其他行政机关的核准、同意或会同办理,这也能在一定程度上抑制行政恣意,确保决定的正确性。这在行政法理论上称为"参与保留"。我们在制度设计时应强调对涉及"参与"保留的事项做事前防范,从所有相关当事人的利益角度来看,不将政府行政失误转嫁给善意当事人。

(三)行政契约的救济

所谓行政契约的救济,是指行政契约的相对人认为行政主体的行为违约并侵犯其合法权益,依法向有权机关申诉或起诉,由有权机关审查并裁判,使相对人受损的合法权益得到补救的制度。

行政契约的救济途径有行政救济和司法救济两种,行政救济职能由缔结行政契约的行政主体自身或其上一级行政主体履行,理论上争议不大,实践中也易于操作。在我国,最常见的行政救济手段是行政复议。根据《行政复议法》第6条第6项之规定,相对人认为行政主体变更或者废止农业承包契约,侵犯其合法权益的,可以依法申请行政复议。这一规定是行政复议作为行政契约救济途径的最直接的法律依据。

司法救济又谓行政诉讼,此项职能理应由司法机关即人民法院行使。对行政契约的司法救济问题,理论界观点不一,实际做法也有差异。有人干脆从根本上否定行政契约的可诉性,认为行政契约纠纷只能通过行政调解、行政复议、行政裁决等行政途径解决,不能诉诸法院;也有人有条件地承认行政契约的可诉性,认为那些有经济内容的行政契约(即所谓的经济契约)可以诉诸法院,而且只能提起民事诉讼,其他行政契约,则不具有可诉性。实际做法基本上采取后一种观点,即人民法院对行政契约纠纷一般不予插手,但那些有经济内容的行政契约所致的少部分纠纷,法院可作为经济契约案件,按照民事诉讼程序处理。

这种做法在行政审判庭刚刚建立,《行政诉讼法》尚未出台之际,作为一种临时性的过渡措施,是必要且可行的。但时至今日,这两个因素都已不复存在,如果仍旧沿用这种做法,则将从根本上否定行政契约的行政法属性(公法属性),进而背离行政诉讼的基本精神。

1. 行政契约是一种可诉的行政行为

从世界各国行政诉讼的理论和实践看,行政契约的可诉性是得到普遍承认的。法国和德国等大陆法系国家,有关行政契约的审判管辖权是由行政法院行使的,即行政契约纠纷属公法案件,由行政法院按行政诉讼程序予以司法救济。英国和美国等普通法系国家,法院对行政契约的审判管辖权受公、私法界限不明的影响,有一个变化过程。起初,政府或行政首长,对行政契约纠纷的裁决具有终局效力,相对人无权请求司法救济而诉诸法院。但后来,政府的这一行政终审权,在国会和法官的坚决反对下被推翻了,法院也因此拥有了对行政契约的司法审查权。

行政契约纠纷能否提起行政诉讼,关键在于行政契约属不属于行政诉讼受案范围内的行政行为。新近修改颁布的《行政诉讼法》第 12 条规定了人民法院受理公民、法人或者其他组织提起的诉讼事项,其中第 11 款第 11 项规定:认为行政机关不依法履行、未按照约定履行或者违法变更、解除政府特许经营协议、土地房屋征收补偿协议等协议的。由此,行政契约的可诉性问题在我国得到了制定法层面的规范支撑。

借鉴世界各国行政诉讼的基本经验,确立我国人民法院对行政契约纠纷的审判管辖权,不但有直接而明确的法律依据,而且符合我国行政诉讼的基本宗旨。它一方面有利于防止行政主体对单方面权力的滥用,另一方面也有利于保护与行政主体签约的相对人的合法权益。

2. 行政契约纠纷属行政争议范畴

如上所述,行政契约的可诉性是不容置疑的,但可诉性仅仅指可以提起诉讼,并不是必然提起诉讼,即便是已经提起诉讼,这种诉讼所固有的行政诉讼属性仍需进一步证实。为彻底解决这些接踵而至的问题,有必要对行政契约纠纷的表现形式做进一步分析。从行政争议产生的基本规律看,在行政契约缔结、履行、变更、解除、制裁的每一个环节及行政契约中权利义务内容的每个细节上,都有可能产生行政纠纷,酿成行政争议。具体情形有:

(1)行政契约争议因契约的缔结而产生。行政主体欲与某相对人缔结行政契约,相对人认为行政主体的缔约要求违反法律规定或没有法律依据,从而提出异议。例如,相对人认为行政契约的当事人有误,即认为自己不是行政主体所要求的行政契约的合格当事人,行政主体应与另一相对人订立该项行政契约。当然,相对人可以提出缔约异议,但无权单方面拒绝缔约。

(2)行政契约争议因契约的履行而产生。行政契约缔结后,作为契约的双方当事人,无论是行政主体还是相对人,均有义务履行契约,只要有一方未履行或者未按契约要求履行义务,就会酿成行政争议。例如,按照粮食征购契约规定,相对人应向行政主体交售一定数量的粮食,而行政主体应向相对人提供一定数量的平价农药和化肥,倘若行政主体未按要求承担自己的义务,那么相对人履行自己义务的热情就可能减弱。如果行政主体一味要求相对人如约履行义务,而相对人又以行政主体违约在先为由拒绝履行,就可能导致行政纠纷。

(3)行政契约争议因契约的变更而产生。行政主体在行政契约订立并生效后,单方面变更契约内容,而相对人认为此种变更违反法律规定。例如,相对人认为行政契约的变更超出了公共目的需要的限度,或者变更了和公共利益无关的条款,或者认为自己因变更契约所加重的负担没有得到应有的补偿等。所以,虽然单方面变更行政契约是行政主体的一项特权,但对这一特权的行使并不是毫无限制的,相对人对行政主体的这一特权也不是一味无条件地消极服从,他们有权依法提出异议。当然,这种异议的提出对行政契约内容的变更并不产生必然影响,在有权机关对因此所致的争议作出最终而有效的评判前,行政主体对行政契约内容的单方面变更视为有效变更,照样要执行。

(4)行政契约争议因契约的解除而产生。行政主体在行政契约缔结之后或履行之中,单方面解除生效的行政契约,相对人认为此种解除违反法律规定。例如,相对人认为行政主体对生效行政契约的解除,不是基于不可抗力或情势变更及公共目的的需要,而是基于行政主体的主观臆断,或者为保全行政主体内某一行政首长的私人利益。

(5)行政契约争议因对违反契约的制裁而产生。行政主体认为相对人未履行行政契约或者违反了行政契约,为保证行政契约的履行,维护正常的契约秩序,行政主体对相对人采取了一定的强制措施或处罚手段,而相对人认为此种制裁违反了法律规定。例如,根据行政契约的约定,相对人有义务完成一定数量的原油供应计划,但相对人无正当理由拒不完成,为迫使相对人履行义务,行政主体对相对人实施一定的处罚或者径自强制执行,由此酿成行政纠纷。

(6)行政契约争议因契约的内容而产生。行政契约缔结之后或者履行之中,相对人认为契约内容违反法律规定,要求行政主体撤销,而行政主体则坚持契约是合法的。例如,相对人认为行政主体在缔结契约时意思表示不真实,隐瞒了一部分事实真相等。当然,相对人对行政契约内容的合法性,虽有权提出异议,但无权单方面解除。

总之,因行政契约所致的争议,不管其表现形式怎样,均符合行政争议的基本要求,与私法意义上的民事、商事争议,有本质区别。

3. 行政契约案件的审理适用行政诉讼程序

既然行政契约纠纷是一种行政争议,由此所致的诉讼也是行政诉讼,行政契约案件的审理便只能适用行政诉讼的一般规则。具体来说:

(1)行政契约案件由行政审判庭负责审理。根据人民法院各审判庭的不同分工,行政审判庭审理行政契约案件是天经地义的。必须从根本上改变那种将部分具有经济内容的行政契约案件作为所谓经济契约案件,并由民事审判庭审理的错误做法,一切因行政契约纠纷所致的案件,均属行政案件,也均由行政审判庭审理。

(2)行政契约所致的诉讼以行政主体为当然被告。行政契约所致的行政诉讼,被告只能是签订行政契约的行政主体,不能是行政主体的行政首长或具体负责签订契约的工作人员。

(3)行政契约所致的诉讼不影响行政契约的正常履行。除非法律规定的特殊情况,[98]行政主体所签订的有争议的行政契约,并不因相对人的异议或起诉而暂时停止其履行,即在人民法院作出撤销裁判之前,原行政契约照常履行。这是由具体行政行为的先定力、即时性及紧迫性决定的,即便是那些即时性和紧迫性不十分明显的行政契约,考虑到国家行政管理的稳定性、连续性和严肃性,在复议或诉讼过程中不停止对争议行政契约的执行或履行,也是十分必要的。

第二节 行政指导

行政指导于20世纪中叶在日本首次出现后,相继在德国、美国等欧美国家被广泛运用于市场经济国家的经济与行政管理,已成为当代行政法和行政法学的重要范畴。我国于20世纪90年代中期首次引入行政指导的概念,至此,行政指导正式进入中国行政法学的知识体系与学科领域。

一、行政指导的概念界定

行政指导作为学术用语,最早由日本学者林修三先生概括和论述。他将行政指导解释为:"不是行政机关就某个行政领域内的事项,作为执行和适用法令而以国家强制性权力对特定的个人、法人、团体进行命令和强调,也不是行政机关在任意的基础上又基于法令的根据而对上述相对人进行指导、劝告和建议等,而是行政机关并非基于法令的根据而就某个行政领域内的迫切希望和期待相对人按行政意图去做的事项,以指导、劝告和建议等方式对相对人做工作,促使其自愿协力和同意去行动。"[99]

对行政指导的系统研究至少可追溯到山内一夫先生1977年问世的《行政指导》一书,此后日本学界陆续出版了一系列行政指导专著。[100] 在欧美国家,多将行

---

[98] 以我国2014年修正的《行政诉讼法》为例,第56条规定:"诉讼期间,不停止行政行为的执行。但有下列情形之一的,裁定停止执行:(一)被告认为需要停止执行的;(二)原告或者利害关系人申请停止执行,人民法院认为该行政行为的执行会造成难以弥补的损失,并且停止执行不损害国家利益、社会公共利益的;(三)人民法院认为该行政行为的执行会给国家利益、社会公共利益造成重大损害的;(四)法律、法规规定停止执行的。当事人对停止执行或者不停止执行的裁定不服的,可以申请复议一次。"

[99] [日]林修三:"关于所谓行政指导",载《行政与经营》1962年第8期。转引自莫于川等:《法治视野中的行政指导》,中国人民大学出版社2005年版,第5页注释部分。

[100] 应松年:《当代中国行政法》(下卷),中国方正出版社2005年版,第1146页。

政指导称之为非强制性行政行为或非正式行政行为、简便式行政活动、非正式的协商性程序裁决等。尽管术语使用与含义都略有不同,但大致指称的皆为同一类概念。[101] 行政指导进入中国行政法学知识体系之后,大量的研究成果应运而生,但仍面临着各国行政法学界存在的普遍问题——对行政指导的研究远未达至周全精细的程度,对行政指导的法律定性、功能等基本认识并未达成一致。致使行政指导的相关理论研究停留在学术化的描述、评价,离指引行政指导法律实践的现实要求还有很大差距。

对行政指导的概念界定,应以行政指导的法律属性、作用机理、对象范围的理解为基础。正是由于对上述方面的不同的理解,才出现了围绕行政指导持续至今的"事实行为抑或法律行为、非权力关系与公法的兼容性"等种种理论分歧。有学者将这种对行政指导法律属性的争议梳理为对"非权力性事实行为"与"非强制性行政行为"的不同理论选择,而各种对行政指导的定义都存在于这两种位于两极的理论选择所构成的谱系当中,其差异不过体现为"某种定义更靠近于某一端"而已。[102]

就前种理论选择而言,鉴于传统行政法学理论对行政、行政权、行政行为的既有基础之奠定,[103] 有研究者试图在不触动行政与行政权关系中"强制与服从关系"的本性的前提下将行政指导纳入"非权力性行政"范畴。即将现代公法关系一分为二,权力行政指国家或公共团体在法律上居于优势地位施行行政活动;非权力行政则强调国家或公共团体的非权力手段的采用,意指在法律上处于对等地位施行的行政活动。[104] 在这一划分的基础上,有学者将行政指导归入非权力行政中的事实行为类型。[105] 这种将行政指导纳入行政法学研究视野的方式在一定程度上建立在对传统行政法理论进行改造的基础之上,扩张了行政的外延,并成为作为行政制度"母国"的日本学界的主流理论。[106] 这一理论选择的代表性定义有:日本学者村上博认为,行政指导是行政机关为实现一定的行政目的,通过向相对人做工作,期待实施行政机关意图(作为或不作为)的行为形式。因此,它是非权力性事实行为。[107] 我国台湾地区学者罗传贤认为,行政指导是行政机关在其所掌管的职

---

〔101〕 莫于川等:《法治视野中的行政指导》,中国人民大学出版社 2005 年版,第 5 页。

〔102〕 宋功德于《当代中国行政法》一书中"行政指导"部分的论述。

〔103〕 传统行政法理论体系总体而言是强制性行政行为独步天下的逻辑展现。参见应松年:《当代中国行政法》(下卷),中国方正出版社 2005 年版,第 1153 页。

〔104〕 [日]室井力:《日本现代行政法》,吴微译,中国政法大学出版社 1995 年版,第 34 页。

〔105〕 即将非权力行政的形成方式分为两种类型:一是法律行为类,诸如形式上的行政行为、公法契约、行政上的私法等;二是事实行为类,诸如计划、斡旋、仲裁、行政指导。参见[日]和田英夫:《现代行政法》,倪健民、潘世圣译,中国广播电视出版社 1993 年版,第 12 ~ 13 页。

〔106〕 应松年:《当代中国行政法》(下卷),中国方正出版社 2005 年版,第 1150 页。

〔107〕 [日]室井力:《日本现代行政法》,吴微译,中国政法大学出版社 1995 年版,第 150 页。

务范围内，为达成特定行政目的，以指示、劝告、警告、要求、奖励、建议、促请注意、协调、指导等非权力的任意手段，诱导相对人自动地协力或在其同意下达成行政机关某种愿望之事实作用。〔108〕陈春生认为，行政指导为一种事实行为，其并非课与相对人以义务，因此并未以后续之强制执行行为为后盾来行使；行政之前提系非权力性之行为。〔109〕

后一种理论选择被认为是中国行政法学理论研究现状的主流——研究者多认同将行政指导的法律属性界定为“非强制性的行政行为”。根据这种观点，首先行政指导应被理解为有法律意义的行政行为，而非事实行为；同时，尽管行政指导具有非强制性的特征，但并不影响其是一种权力行为的属性。这种界定的理论前提在于将“行政权”与“强制性”之间的关系解释为“或然性联系”而非“必然性联系”，认为现代行政法上涌现而出的行政指导、行政奖励、行政合同皆属于非强制性行政行为。因此，这一理论选择事实上重新演绎了传统意义上的行政与行政权的内涵，并且否定了其与强制性之间存在的必然联系。〔110〕这一理论选择的代表性定义有：行政指导是一种非以行政强制为特征的行政行为，目的在于希望相对人自觉服从行政意志；〔111〕行政指导是行政机关为实现一定的行政目的，依法在其职权范围内，以建议、劝告、引导、指示、鼓励等非强制手段，使相对人接受其意思表示并付诸实践的新型行政行为。〔112〕

除以上可直接对应于两种理论选择的定义以外，还存在大量处于两种界定之间的定义方式。例如，将行政指导定性为非权力行为，却不曾涉及其究竟是行政行为还是事实行为；将行政指导定性为事实行为的同时未深究其权力性或非权力性；〔113〕再如，旨在揭示行政指导具有典型的非强制性的定义，却未表态其属于事实行为、行政行为，或是其他什么性质的行为等。〔114〕在此不再逐一列举论述。

二、行政指导的特征与功能

(一)行政指导的特征

行政指导能够作为一种独立的行政行为存在，并与其他强制性和非强制性行

---

〔108〕罗传贤：《行政程序法基础理论》，五南图书出版公司 1993 年版，第 326 页。

〔109〕转引自翁岳生：《行政法》，翰芦图书出版有限公司 1998 年版，第 760 页。

〔110〕对此，宋功德指出，这种理论上的重构难以获得制度上的支撑，由于行政指导只能与行政规制共有一套制度安排和机制设计，由此可能导致行政指导个性化特征以及功能在被纳入行政法治框架后被抹杀。参见应松年：《当代中国行政法》（下卷），中国方正出版社 2005 年版，第 1153 页。

〔111〕罗豪才等：“现代行政法的理论基础”，载《中国法学》1993 年第 1 期。

〔112〕杨海坤、黄学贤：“行政指导比较研究新探”，载《中国法学》1999 年第 3 期。

〔113〕如日本学者盐野宏以及我国台湾地区学者陈新明对行政指导的界定等。

〔114〕如我国台湾地区学者林纪东，内地学者胡建森、方世荣等在对行政指导进行界定时持这一观点。

政行为相区分,就在于其具有明显的特征或识别标志。目前国内学者对行政指导的特征认识基本达成了共识——如行政性、非强制性、多样性等,只是在表达和概括方式上有所差异。[115]

第一,"非强制性"是行政指导区别于传统行政行为的关键因素。持"行政指导是非权力性行为"观点的学者也间接地表达了行政指导在执行手段上的非强制性特征。[116] 行政指导的非强制力指行政指导是不具有法律上的强制力和拘束力的行为。[117] 即行政主体在作出对相对人的说服、教育、示范、建议、协商、政策诱导、提供知识、技术帮助等指导行为时行政相对人可以接受,也可以不接受,不存在强制履行义务的问题。[118]

第二,行政指导的"行政性"特征,意指行政指导是行政主体基于行政职能,依据法律和政策在行政领域作出的行政管理活动,其符合现代法治原则。[119]

第三,行政指导具有"多样性"特征,是从行政指导的行为方式角度而言的。由于行政机关的职能、职责或管辖事务范围由行政组织法作出了一般规定,所以,即便没有行政行为法的具体规定,行政机关也可根据主要由行政组织法确定的"法定职能、职责或管辖事务范围",灵活采用"指导"、"劝告"、"建议"、"告知"、"告诫"等各种行政指导措施,对广泛的社会公共管理需求作出及时灵活的反应。[120]

(二)行政指导的功能

行政指导作为一种新型行政行为,兴起于行政管理的实践过程,并非学者的理论空想。行政指导在"二战"后逐步受到市场经济国家的重视和运用,并成为现代行政法学的重要研究范畴也绝非偶然。一般认为,行政指导与人们对市场和政府的作用、局限及相互关系之认识过程密切相关,是各国关于民主理念、市场功能、政府角色、行政模式的辩证认识和政策选择不断演进的结果。[121]

根据现有研究,我们可以主要从以下方面对行政指导的功能进行概括:

---

[115] 黄学贤:《中国行政法学专题研究评述(2000—2010)》,苏州大学出版社2010年版,第299页。

[116] 亦有学者指出,强制与权力并不存在必然的联系,两者不能直接画等号,不具有强制力与非权力行为并非直接的对应关系。强制最多能说是权力的一种表现形式。行政指导是非权力性行为的观点应被修正。参见杨海坤、章志远:《中国行政法基本理论研究》,北京大学出版社2004年版,第380页。

[117] 莫于川等:《法治视野中的行政指导》,中国人民大学出版社2005年版,第23页。

[118] 方世荣、石佑启:《行政法与行政诉讼法》,北京大学出版社2005年版,第288~289页。

[119] 章剑生:《行政程序法基本理论》,法律出版社2003年版;应松年:《依法行政教程》,国家行政学院出版社2004年版,第154页;罗豪才、湛中乐:《行政法学》(第三版),北京大学出版社2012年版,第297页。

[120] 莫于川等:《法治视野中的行政指导》,中国人民大学出版社2005年版,第26页。

[121] 黄学贤:《中国行政法学专题研究评述(2000—2010)》,苏州大学出版社2010年版,第304页。

第一，行政指导的法律补充功能。在“立法空白”的场合，当某些“特定的行政目标”无法依据强制性法律实现时，行政主体可以采用行政指导的手段积极行政，促成行政目标的实现，有效缓解法无明文规定与现实迫切需要之间的张力，用这一特殊行政行为的方式有效填补立法空白。即便在某些已有具体法律规定的场合，如采取法律强制手段尚不必要或效果较差，行政指导也可以成为强制性法律手段的补充。例如，在没有法律明文规定的情况下，行政主体通过制定产业结构调整政策推进产业结构调整与优化；推行招商引资指导措施等。

第二，行政指导能够容纳相对人意愿，体现民主性，有助于行政管理任务的完成。传统的行政法律关系是一种基于“命令—服从”而形成的法律关系，具有单方决策与封闭性特征，缺乏足够的民主性。行政主体与相对人之间缺乏必要的对话与沟通平台，不仅使得行政管理容易蜕变为强权行政或行政专制，也与经济市场化和政治民主化格格不入。行政指导所具有的高度的开放性与平等性，有力地推动着行政法律关系的民主化与理性化。并且，这种柔性的措施有利于缓解和平衡各种利益主体之间的矛盾与冲突，相较呆板地采取行政强制性措施而言往往有更好的综合效果。[122]

第三，行政指导有利于节约行政成本，节减交易费用。行政指导之所以能在行政管理实践中被普遍运用，甚至在不少场合替代了行政规制，一个重要的原因即为行政指导能够节减大量的行政成本。行政规制决策过程中所耗费的信息搜集、整理费用要高于行政指导决策费用，行政规制决策的强制实施与全面监督的成本更是远高于行政指导。同时，行政指导能以较少的行政成本节减较多的社会成本——主要表现为交易费用。交易费用主要来自于信息不对称，行政指导经由政府提供可信度较高的信息服务来加以信息引导，使得交易主体之间的信息不对称得以弱化，获得较高理性程度的决策而需要支付的交易费用较低。[123]

总体而言，学界对行政指导功能的认识基本上没有争议。一般认为，行政指导具有正、负两方面的效应：弥补法律的漏洞与不足，促进法律实施的弹性，实现行政机关与行政相对人之间的双赢是其积极的功能，而法治主义的空洞化，行政腐败的滋生则是行政指导的消极功能。[124] 正因此，行政指导的法治化或依法行政问题也成为研究重点。

三、行政指导的法治基础

虽然多数观点主张行政指导应具备令人信服的行为依据，但在行政指导究竟是否需要明确的行为法依据这一问题上却看法不一。对此，越来越多的学者指出，

---

〔122〕 罗豪才、湛中乐：《行政法学》（第三版），北京大学出版社 2012 年版，第 301 页。

〔123〕 应松年：《当代中国行政法》（下卷），中国方正出版社 2005 年版，第 1192 页。

〔124〕 杨海坤、章志远：《中国行政法基本理论研究》，北京大学出版社 2004 年版，第 373 页。

行政指导不能游离于法律规制之外——虽然是否接受行政指导意见最终应由相对人自主决定,但不能因此推导出是否实施行政指导就得任由行政主体自主决定。行政主体是否实施行政指导以及以何种方式实施何种类型的行政指导,必须要有明确的行为法依据。否则,难免出现依法行政被行政指导架空的困局。同时,由于行政指导涉及社会资源配置和社会利益分配,也可能致使行政权的滥用和寻租。[125]

当然,要求行政指导采取法定的形式作出,并不意味着在其实施方式上彻底否定行政机关的自由裁量空间。基于行政指导的特性,行政主体作出的行政指导既可以针对特定的相对人,也可以针对不特定的相对人;可以是鼓励性的,也可以是限制性的,在具体的指导方法上形式更多。若要求行政指导严格按法律规定形式作出,则不能体现行政指导的优越性,也不能适应不断发展的实践需要。毕竟,立法难以将其规定的天衣无缝,实践中行政指导的方式也要经过斟酌选取。因此,为防范自由裁量的滥用,需要对行政指导行为作出适度的法律规范,适度的界限在于保证行政机关在实施行政指导行为时,行政自由裁量权能够合法、合理、有效、公正地行使,在难以把握这一界限的情况下,则宁可稍宽一些。[126] 据此,增加行政指导的公开性与透明度,建立责任追究机制成为规范行政指导行为的必需,以此提防行政指导成为行政主体规避法律责任的手段。[127]

(一)行政指导的法律依据

在行政法治框架下,对行政行为的最基本要求之一就是行政权限来源正当合法,且依法行使。在有行为法依据的情况下,行政指导要遵从行为法上的规定;在无行为法依据的情况下,行政指导必须符合组织法规定的权限,遵从法的原则、精神,按政策规定办事。[128] 而现实情况是,行政指导作为一种行政行为,其行为法依据和组织法依据都相对缺乏,出现了"依行政指导行政"的现象,[129] 依政策指导与依法指导长期并存。[130] 这一情形不仅存在于中国,日本等行政指导制度相对发达的国家同样未能避免。

根据学者总结,我国几乎各个层次的规范性文件都对行政指导及其具体方式

[125] 应松年:《当代中国行政法》(下卷),中国方正出版社 2005 年版,第 1175 页。

[126] 黄学贤:《中国行政法学专题研究评述(2000—2010)》,苏州大学出版社 2010 年版,第 308 页。

[127] 王克稳:"政府干预经济的手段与经济行政行为探讨",载《东吴法学》2002 年第 1 期。

[128] 从我国实际情况来看,除法律规范外,执政党和国家的一些重要政策性文件也对行政指导作出过规定。参见莫于川等:《法治视野中的行政指导》,中国人民大学出版社 2005 年版,第 176 页;石佑启:"行政指导及其法制化探析",载《福州大学学报》2001 年第 2 期。

[129] 应松年:《当代中国行政法》(下卷),中国方正出版社 2005 年版,第 1195 页。

[130] 吴国干:"行政指导与依法行政",载《国家行政学院学报》2001 年第 4 期。

作出过规定，如《宪法》第 8 条第 3 款、第 11 条、第 19 条第 4 款的规定。[131] 在法律层面，我国《农业法》、《人口和计划生育法》、《民办教育促进法》、《劳动法》、《教师法》等法律中都有涉及行政指导的内容；此外，在行政法规、地方性法规和规章层面也都存在涉及行政指导的内容。但总体而言，这些法律规定的数量不算多，且零散而不够规范，更鲜有对行政指导的规程及救济等实质性问题的规定。[132]

由于目前的法律与政策对行政主体在什么条件下可以或必须实施行政指导、对什么对象实施行政指导、以什么方式实施行政指导等一系列基本问题缺乏起码的规定，难免导致行政指导内容的含糊不清甚至违法，行政主体亦可能将行政指导视为一种策略选择，通过内容的模糊性躲避相应的法律责任承担问题。同样因为无明确具体的制定法规定和判例约束，相对人很难就有争议的行政指导行为申请复议、提起诉讼和要求赔偿，难以获得有效的救济。[133]

（二）行政指导程序的法治化

借助于正当的程序，建立相应的程序制度，有效地保护相对人，防止行政专横，提高行政效率，实现行政目标，这也是行政法治的内在要求。要将行政指导纳入法治行政轨道，就程序控制和程序设计角度而言，学者们较为一致地认为，应包含行政指导中的信息公开，行政指导决策中的参与制度、听证制度；相应的，行政机关的告知与说明理由也是该程序应包含的。所以对最基本、最常用的行政指导程序，如商谈、告知、说明事由、听取意见、交付资料等，应作出明确具体而又有一定弹性的法律规定。并进一步增强行政指导程序规定的公开性、参与性与民主性，有关行政指导的目的、内容、理由、依据、实施者以及背景资料等事项，除涉及国家秘密、商业秘密或个人隐私的规定外，应对当事人或公众公开，以便从程序保障的角度为实现行政民主创造更好的条件。

在具体的程序规定上，一则应明确行政指导的启动方式，除行政主体主动作出外，应允许当事人申请行政指导。尤其属于行政主体职责范围内的事务，当事人要求作出指导时，行政主体不得拒绝。二则应确定行政主体判断行政指导的必要性以及选取指导方式的标准与条件。三则应强调行政指导的公开性和透明性，不仅一些具有共性的指导方针和准则应当公布，行政主体的身份也应向被指导者公布，

---

[131] 我国《宪法》第 8 条第 3 款规定：国家保护城乡集体经济组织的合法的权利和利益，鼓励、指导和帮助集体经济的发展。第 11 条规定：在法律规定范围内的个体经济、私营经济等非公有制经济，是社会主义市场经济的重要组成部分。国家保护个体经济、私营经济等非公有制经济的合法的权利和利益。国家鼓励、支持和引导非公有制经济的发展，并对非公有制经济依法实行监督和管理。第 19 条第 4 款规定：国家鼓励集体经济组织、国家企业事业组织和其他社会力量依照法律规定举办各种教育事业。

[132] 杨海坤、章志远：《中国行政法基本理论研究》，北京大学出版社 2004 年版，第 384～386 页。

[133] 莫于川等：《法治视野中的行政指导》，中国人民大学出版社 2005 年版，第 216 页。

行政指导应当过程公开、内容明确,允许相对人陈述意见,行政指导的相关文书应允许被查阅和复制。

(三)行政指导救济制度的完善

有关行政指导的纠纷类型主要包括“被异化的行政指导”、“有违信义的行政指导”。被异化的行政指导实际上就是行政强制行为,相对人可以根据行政诉讼法提起诉讼;“有违信义的行政指导”包括违法的行政指导、反复无常的行政指导、行政指导不作为等情形。[134] 众所周知,无救济便无权利,无责任即无行政。依照有损害必有救济的原则,法治行政要求行政法上的纠纷最终应接受司法审查,保证司法救济渠道畅通。但有关行政指导能否有效的制度化的实施诉讼救济的争议在各国并未平息。[135] 与此同时,为防止行政指导的滥用、误用,充分发挥行政指导的积极功能,国内已有越来越多的学者呼吁将行政指导纳入司法审查的范围。[136] 然而与理论界形成鲜明对照的是,根据最高人民法院《关于执行〈中华人民共和国行政诉讼法〉若干问题的解释》第1条的规定,我国法院明确地将行政指导拒于行政诉讼之外——非强制性的行政指导不属于行政诉讼的受案范围。

行政指导权利救济的疏漏必然会带来消极影响,如由相对人承担行政误导或违法指导的风险显然有失公正,并可能助长和增加行政主体随意指导、违法指导以及行政指导被异化的风险。正因为如此,行政救济法必须对行政指导的实践进行回应,及时将行政指导纳入行政复议、行政诉讼与国家赔偿的视野。对此,有学者提出,受指导方或第三人应有申请行政复议、提起行政诉讼、获得国家赔偿的权利,要求对行政指导权利救济制度进行精细设计。[137] 例如能否依据比例原则对行政指导的合理性加以审查;在权利救济中如何判定行政指导的合理性;行政指导权利救济中举证责任的分担;复议主体与法院能否强制裁决行政主体兑现承诺等,这些细节问题都会对完善行政指导权利救济制度产生现实影响。

---

〔134〕 黄学贤:《中国行政法学专题研究评述(2000—2010)》,苏州大学出版社2010年版,第316~317页。

〔135〕 例如,由于行政指导行为的特殊性和复杂性,其能否纳入诉讼范畴,成为撤销请求诉讼和国家赔偿诉讼的对象,这在日本现实社会生活中仍然存在许多争议,实际上是一个尚未得到彻底和普遍解决的问题。参见莫于川等:《法治视野中的行政指导》,中国人民大学出版社2005年版,第225~226页。

〔136〕 黄学贤:《中国行政法学专题研究评述(2000—2010)》,苏州大学出版社2010年版,第314~316页。

〔137〕 目前我国《行政复议法》并未将行政指导排除在受案范围外;《国家赔偿法》在是否可以将行政指导纳入赔偿范围这一问题上态度模糊。参见应松年:《当代中国行政法》(下卷),中国方正出版社2005年版,第1213~1215页。

第十一章　具体行政行为(五)：行政裁决与行政处理

第一节　行 政 裁 决

一、国外行政裁决概况

行政裁决既是一个法学概念，又是一个法律概念，而且在不同国家有不同内涵，其制度形态也有差异。

(一)美国

根据美国《联邦行政程序法》的规定，行政裁决是指行政机关作出能够影响当事人的权利和义务的一切具体决定的行为。根据该定义，行政裁决包括了行政机关对行政争议和民事争议的裁决，也包括一切行政机关对行政相对人作出处理的具体决定，范围极为宽泛。

就行政机关作为中立的第三方对相关争议进行裁判而言，美国有专门的行政法官制度。行政法官的前身是听证审查官，听证审查官产生于美国 1946 年的《联邦行政程序法》之前的实践领域，由《联邦行政程序法》所肯定，后于 1972 年被文官事务委员会改名为行政法官，并于 1978 年通过国会立法加以固定。行政法官的职能是专门负责具体执行由国会委任给行政机关的司法职能，即具体执行裁断纠纷的职能，有听证和做决定的权利。

根据《联邦行政程序法》的规定，行政法官的具体职权包括：(1)主持宣誓和誓言；(2)依据法律的授权签发传票；(3)接受有关联性的证据以及裁决一方当事人可否拒绝回答另一方当事人提出的问题；(4)记录证言或授权记录证言；(5)指挥听证的进行；(6)根据当事人的同意，举行会议以解决和简化争端；(7)决定程序上的请求和类似问题；(8)作成决定或建议决定；(9)行政机关法规规定的其他权力。

《联邦行政程序法》还赋予了行政法官独立的地位，行政机关无权自由任命行政法官，而只能从文官事务委员会确认合格的人员名单中选择任命。所谓合格人员的资格要求，是具有律师资格或某一方面的行政经验，并通过竞争考试。行政法官虽然在编制上属于所在行政机关的职员，但其任命、工资、级别、罢免等均由文官事务委员会决定。

(二)英国

英国有关行政裁决的最著名的制度是行政裁判所制度,英国的行政裁判所是指"在一般法院以外,由法律规定设立用以解决行政上的争端,以及公民相互之间某些和社会政策有密切联系的争端的特别裁判机构"。[1]

英国的行政裁判所主要是20世纪的产物,是在福利国家的兴起和自由派执政的政府推行社会改革的背景下产生的,因此20世纪的行政裁判所首先和主要出现在社会立法领域。与解决纠纷的传统司法裁决程序相比,行政裁判所制度具有一些明显的优势,如该制度提供了一种较为迅速、经济,也更为便捷的公正裁判,而这正是法院的司法程序所不具备的,因而成了处理大量有关福利计划的小额请求的必要设施;同时行政裁判所的组成人员是具有专业知识的人员,使得专业化的裁判所能够更为熟练和迅速地处理各种专门案件。但是,根据法治原则,行政裁判所进行裁决后,对于法律问题都有权向高等法院提出上诉。[2]

英国的行政裁判所没有统一的体系,也没有一部适用于所有裁判所的程序法典,裁判所都是根据法律的明文规定为实现特定目的或执行特定法律而设立的,每个裁判所的具体管辖领域都不相同。在20世纪上半叶,英国的行政裁判所数量曾迅速膨胀,每个针对特定经济和社会问题的议会立法都可以创设该领域的行政裁判所,因此,英国于1958年制定了《裁判所和调查法》,对裁判所进行改革和规范。目前英国大概有近70类(近3000个)行政裁判所,其管辖领域涵盖了移民、劳动、教育、税收、运输和土地等诸多方面。[3]

英国行政裁判所最重要的特点是其独立性,对于任何特定案件的裁决都绝不服从行政干预。行政裁判所的独立性来源于其组织的均衡性和成员的独立性。所谓组织的均衡性和成员的独立性,是指裁判所的成员能够独立代表并平衡各方利益,其具体表现:一个裁判所通常由一个具有法律知识的独立的主席和两个分别代表不同利益的成员组成;裁判所的成员具有独立性,不受行政机关的影响,主席要么由大法官任命,要么虽然由部长任命,但是需从大法官同意的名单中挑选;裁判所的其他成员或由部长任命,或由裁判所主席任命,是各方代表或专家;没有大法官的同意,部长不能解除裁判所成员的职务。

行政裁判所审理案件按照准司法程序进行,实行对抗式的审理程序,除特殊情况下实行书面审理外,一律公开审理,当事人一般有权委托代理人,裁判所的裁决依多数通过,不必遵循先例,但应当遵循合理、一贯原则,并考虑过去的决定。

---

[1] 王名扬:《英国行政法》,中国政法大学出版社1987年版,第135页。

[2] [英]威廉·韦德:《行政法》,徐炳等译,中国大百科全书出版社1997年版,第619~622页。

[3] 宋华琳:"英国的行政裁判所",载周汉华主编:《行政复议私法化:理论、实践与改革》,北京大学出版社2005年版,第526~542页。

（三）日本

在日本，关于行政裁决的制度称为行政争讼，也可以称为行政过程中的争讼或行政上的争讼，简言之就是关于行政上的法律关系的争讼，这些争讼并不限于公权力的行使，也存在于对等当事人之间。行政争讼在日本大致包括两种：行政上的不服申诉和当事人争讼。

行政上的不服申诉是指“就行政厅行使公权力，私人对行政机关申诉不服，提起争讼的情形”，[4]行政上不服申诉根据规定的法律不同，又分为“行政上的不服申诉”和“特别的不服申诉”，前者由作为一般法的《审查法》加以规定，后者由个别法规定，但是两者都属于我们所称的行政争议。对于行政上的不服申诉，有作为一般法的《审查法》所规定的异议申诉、审查请求和再审查请求；对于特别的不服申诉，特别法设置了与《审查法》不同的不服申诉制度，如审查的申诉、异议的申诉、审决的申请、裁决的申诉、决定的申请、裁定的申请等。

当事人争讼即在当事人之间就法律关系存在争议的情况下，国家为解决该争议而建立的裁判制度。当事人争讼的具体类型有：（1）作为行政上的法律关系是否存在或者是否成立的确认。（2）根据当事人的协议而形成法律关系，是法律上所规定的；但是，有时规定，当不能达成协议时，基于当事人一方的申请，由有权限的行政机关来形成法律关系。（3）关于私人间法律关系之纠纷，和裁判程序相并列，有的试图由行政机关解决纠纷。[5] 当事人争讼在日本也没有统一适用的法律，《审查法》第4条第1款第5项规定：“确认或者形成当事人之间的法律关系的处分，根据法令的规定，关于该处分的诉讼中应以该法律关系的当事人之一为被告的”，不适用《审查法》，当事人争讼由各个单行法予以规定。[6]

在日本还有一个行政机关裁决纠纷的特别程序，即行政审判程序。所谓的行政审判在日本并不是法令上的用语，而是学术上的用语，一般认为是指“包括从通常的行政机关系统独立出来的行政委员会或者与此类似的行政机关，通过类似于裁判的程序即准司法程序，来作出一定决定时的该决定本身，或者与该决定有关的程序在内的制度总体”。[7] 根据与所处理的纠纷的关系，行政审判分为两类：一类是为了解决实质性纠纷而采取的审判，其中既包括采取准司法程序对行政决定的不服进行审查，也包括对私人间的纠纷进行审查；另一类是在具体纠纷不存在的情况下，对行政机关作出的首次决定而采取的行政审判程序。行政审判是在第二次世界大战以后作为美国占领军的占领政策的一环，行政委员会制度被大幅度地导

〔4〕［日］盐野宏：《行政法》，杨建顺译，法律出版社1999年版，第256页。
〔5〕［日］盐野宏：《行政法》，杨建顺译，法律出版社1999年版，第253、288、290～291页。
〔6〕［日］盐野宏：《行政法》，杨建顺译，法律出版社1999年版，第288～289页。
〔7〕［日］盐野宏：《行政法》，杨建顺译，法律出版社1999年版，第281页。

入日本,日本行政法学才将其置于行政审判的概念下加以归纳整理的。与美国完善的行政审判制度不同,日本的行政审判法制并不发达,因为日本并没有制定关于行政审判的通则性法典,至于行政审判的个别制定法,其规定方法也极不统一,同时,以明文规定形式承认的适用于行政审判的实质性证据法则也很少。[8]

二、我国行政裁决概述

(一)行政裁决的含义

我国的行政裁决既是法律概念,又是法学概念,而无论是在哪个领域,该概念的内涵和外延都不尽一致。

1. 法律中的"行政裁决"

我国法律规范中的行政裁决存在三种情形:(1)虽然使用了"裁决"的名词,实际上却是指称的其他概念。如原《治安管理处罚条例》第33条规定:"对违反治安管理行为的处罚,由县、市公安局、公安分局或者相当于县一级的公安机关裁决";该条例第34条第4项也有类似规定。这里的"裁决",实际是指行政处罚,也可广义解释为所有单方具体行政行为。现在这一用法因《治安管理处罚法》的实施而被废止,《治安管理处罚法》在第91条及其他相关条文中已用"决定"取代了"裁决"。(2)明确使用"裁决"的概念,意谓居间解决纠纷,这是裁决的原始含义。如原《城市房屋拆迁管理条例》第16条规定:"拆迁人与被拆迁人或者拆迁人、被拆迁人与房屋承租人达不成拆迁补偿安置协议的,经当事人申请,由房屋拆迁管理部门裁决。房屋拆迁管理部门是被拆迁人的,由同级人民政府裁决。裁决应当自收到申请之日起30日内作出。"《行政复议法》第30条第2款规定:"根据国务院或者省、自治区、直辖市人民政府对行政区划的勘定、调整或者征收土地的决定,省、自治区、直辖市人民政府确认土地、矿藏、水流、森林、山岭、草原、荒地、滩涂、海域等自然资源的所有权或者使用权的行政复议决定为最终裁决。"(3)虽然没明确使用"行政裁决"概念,而使用了其他概念,但其他概念实际上指称的就是行政裁决。如《土地管理法》第16条规定:"土地所有权和使用权争议……由县级以上人民政府处理;个人之间、个人与单位之间的争议,由乡级人民政府或县级以上人民政府处理。当事人对有关人民政府的处理决定不服的,可以自接到处理决定通知之日起三十日内,向人民法院起诉。在土地所有权和使用权争议解决之前,任何一方不得改变土地利用现状。"这里的"处理"就具有裁决的意思,在我国立法中使用的其他类似名词还有"调处"、"责令赔偿"等。

可见,我国现行法律规范所使用的行政裁决的含义有两种:一种是指所有单方的行政决定,也可以理解为所有单方具体行政行为;另一种是指行政主体作为中立的第三方对纠纷的处理,包括民事纠纷,也包括行政纠纷。随着我国法治化进程的

---

〔8〕［日］盐野宏:《行政法》,杨建顺译,法律出版社1999年版,第281~287页。

不断加快，立法语言不断规范，第一种含义在立法中的使用情形将逐渐减少，直至消失。因此，可以认为，我国作为法律概念的行政裁决的含义是指第二种，即行政主体作为中立的第三方对已经存在的纠纷的处理。

2. 法学界的“行政裁决”

我国行政法学者对于行政裁决概念的表述各有不同，但是总结起来可以分为最广义、广义、狭义三种。

最广义的行政裁决是指行政机关依照某种特定程序（准司法程序），对特定人的权利义务作出具有法律效力决定的活动。它不仅包括行政机关运用准司法程序解决民事、行政纠纷的活动，还包括行政机关运用准司法程序实施制裁、提供救济的活动。[9] 这种最广义的行政裁决承袭了美国行政裁决的含义。

广义的行政裁决是指行政机关作为第三方解决民事、行政争议的活动，即行政司法。[10] 行政司法在我国是一个学理概念，指“国家行政机关在行政活动中以公断人的身份运用准司法程序依法处理一般行政争议和特定民事纠纷的活动”，[11] 行政司法是基于将行政活动划分为行政立法、行政执法和行政司法的观点所提出的概念。

狭义的行政裁决又称专门的行政裁决，是指依法由行政机关裁决与合同无关的民事纠纷的方式。它既不同于行政仲裁，也不同于行政调解，是一种依据分散不统一的程序解决各类民事纠纷的活动。

我们认为，首先，应该将行政裁决与其他具体行政行为，如行政处罚、行政决定等相区分。行政裁决的内涵过于宽泛会导致行政裁决区别于一般具体行政行为的特征不明显。在此应特别注意的是，不宜简单移植美国行政裁决的概念。美国行政裁决的核心在于其裁决过程中的正当程序，也即司法程序的保障，进而为以后的司法审查提供标准；而我国的国情是行政程序的法治建设尚处于起步阶段，绝大部分具体行政行为的过程并没有正当程序的保障，因此，简单的拿来主义解决不了中国的实际问题。

其次，应该将行政裁决与其他行政机关居间处理纠纷的行为相区别，如行政调解、行政仲裁。从国外行政裁决的相关制度来看，行政裁决是具有法律效力的，是将其作为法院处理纠纷的替代途径，这使得行政裁决与行政调解相区别。另外，行政裁决的法律效力与仲裁的也不相同，仲裁作为与司法平行的解决民事争议的途径，跟法院的司法审判相比具有相对的独立性，仲裁裁决非经法院依法撤销均具有终局效力；加之自我国《仲裁法》施行以来，行政仲裁的空间越来越狭窄，现有的行

---

〔9〕 张尚鷟：《走出低谷的中国行政法学》，中国政法大学出版社 1991 年版，第 286 页。

〔10〕 张尚鷟：《走出低谷的中国行政法学》，中国政法大学出版社 1991 年版，第 286 页。

〔11〕 应松年：《行政行为法》，人民出版社 1992 年版，第 685 页。

政仲裁仅保留了劳动人事仲裁一种,因此,不宜将行政裁决与行政仲裁混为一谈。

综上,我国的行政裁决似可以采取修正的广义概念,即指行政机关作为中立的第三方,对行政争议或民事争议进行审查并作出具有法律约束力的决定的活动。但鉴于我国行政机关对行政争议的审查和处理方式,已发展出行政复议这一比较成熟的制度,本书也将在后面的内容加以详细介绍,因此,本部分所理解的行政裁决的概念是狭义的,即仅指"行政主体运用其职权依法处理平等主体之间发生的特定民事纠纷(争议)的具体行政行为"。[12]

(二)行政裁决的特征

根据前述概念,狭义的行政裁决具有以下特征:[13]

1. 行政裁决是行政主体的职权行为。行政裁决由行政主体作出,一般来说,行政主体需要法律明确授权才能从事行政裁决活动,也只有运用行政权作出的才是行政裁决。

2. 行政裁决的对象是特定民事纠纷。对特定民事纠纷可作以下理解:第一,它是指与合同无关的民事纠纷。即这些民事纠纷不是因为合同的订立或履行所引起的,民事纠纷当事人事先并无合同上的权利义务关系。在我国,与合同有关的纠纷可以采用仲裁或诉讼方式解决。第二,它是指与行政主体主管事项有关联的民事纠纷。从我国现行法律法规的规定来看,行政主体裁决的民事纠纷大都与行政主体的主管事项密切相关。

3. 行政裁决是一种特殊的具体行政行为。行政裁决是行政主体依职权作出的,能够对特定相对人的权利义务进行分配的行为,因此属于具体行政行为。同时,行政裁决也具有其他具体行政行为所不具有的特殊性,主要表现有:第一,行政裁决权一般源自宪法和组织法以外的法律授予,而不是宪法和组织法所规定的固有职权,因此,对于行政主体来说此项权力是不固定的,也无法从固有职权中推导出来。第二,行政主体在行政裁决时,基于公断人的身份,处于独立、超然的地位,而不像行政处罚、行政许可等领域,行政主体是直接承担权利义务的当事人。第三,行政裁决所遵循的程序既不同于一般行政程序,也不同于普通司法程序,是一种准司法程序。

三、行政裁决的种类[14]

(一)普通行政机关的行政裁决和专门行政机关的行政裁决

根据行政裁决机关的性质,行政裁决可以分为普通行政机关的行政裁决和专

[12] 邢鸿飞:《行政法学》,南京大学出版社 1997 年版,第 325 页。

[13] 邢鸿飞:《行政法学》,南京大学出版社 1997 年版,第 325 ~ 326 页。

[14] 参见郭修江:"行政裁决",载应松年:《当代中国行政法》(下卷),中国方正出版社 2005 年版,第 1110 ~ 1113 页;邢鸿飞:《行政法学》,南京大学出版社 1997 年版,第 326 ~ 329 页。

门行政机关的行政裁决。

1. 普通行政机关的行政裁决

普通行政机关的行政裁决是指法律、法规将对特定民事纠纷的行政裁决权授予普通行政机关，这是行政裁决最常见的情况。如我国《土地管理法》将土地所有权和使用权的权属争议的行政裁决权授予人民政府，人民政府既是一般的行政机关，也是行政裁决的主体。

2. 专门行政机关的行政裁决

专门行政机关的行政裁决是指法律将行政裁决权授予行政机关内设的专门机构，如英国的行政裁判所、美国的独立管制机构等，在我国现行法律制度下尚不存在这种行政裁决。

（二）法定职责型行政裁决、当事人选择型行政裁决和行政机关自主型行政裁决

根据启动行政裁决程序的缘由，行政裁决可以分为法定职责型行政裁决、当事人选择型行政裁决和行政机关自主型行政裁决。

1. 法定职责型行政裁决

法定职责型行政裁决是指法律规定行政机关在行使相关行政职权时，必须对平等主体之间的民事纠纷依法作出裁决。例如我国《渔业法》第 35 条的规定："进行水下爆破、勘探、施工作业，对渔业资源有严重影响的，作业单位应当事先同有关县级以上人民政府渔业行政主管部门协商，采取措施，防止或者减少对渔业资源的损害；造成渔业资源损失的，由有关县级以上人民政府责令赔偿。"

2. 当事人选择型行政裁决

当事人选择型行政裁决是指法律规定行政裁决的启动只能由当事人向有关行政机关提出申请，行政机关无权主动依职权裁决民事纠纷。如《水污染防治法》第 86 条规定："因水污染引起的损害赔偿责任和赔偿金额的纠纷，可以根据当事人的请求，由环境保护主管部门或者海事管理机构、渔业主管部门按照职责分工调解处理；调解不成的，当事人可以向人民法院提起诉讼。当事人也可以直接向人民法院提起诉讼。"

3. 行政机关自主型行政裁决

行政机关自主型行政裁决是指法律规定行政机关对相关民事纠纷可以做出行政裁决，行政机关既可以依职权主动裁决民事纠纷，也可以根据当事人的申请作出行政裁决，同时还可以让当事人向人民法院提起民事诉讼。如《草原法》第 16 条规定："草原所有权、使用权的争议，由当事人协商解决；协商不成的，由有关人民政府处理。单位之间的争议，由县级以上人民政府处理；个人之间、个人与单位之间的争议，由乡（镇）人民政府或者县级以上人民政府处理。当事人对有关人民政府的处理决定不服的，可以依法向人民法院起诉。"

(三)权属争议行政裁决、侵权争议行政裁决、赔偿争议行政裁决

根据行政裁决处理的民事纠纷所涉及的民事权益的性质,行政裁决可以分为权属争议行政裁决、侵权争议行政裁决、赔偿争议行政裁决。

1. 权属争议行政裁决

权属争议行政裁决是指平等主体之间因民事权益的归属而发生争议,由行政机关所作的行政裁决,也称确权裁决。此类行政裁决在我国主要存在于两个领域:

(1)自然资源所有权和使用权归属所致的争议。自然资源是指土地、森林、草原、矿产、能源等。根据我国法律的有关规定,自然资源属于国家所有或集体所有,行政主体依法享有对自然资源的行政管理权,任何单位或个人占有或使用自然资源需要获得行政机关的批准和许可,当事人之间发生自然资源所有权或使用权争议的,可依法由行政主体裁决。例如我国《森林法》第 17 条规定:"单位之间发生的林木、林地所有权和使用权争议,由县级以上人民政府依法处理。个人之间、个人与单位之间发生的林木所有权和林地使用权争议,由当地县级或者乡级人民政府依法处理。当事人对人民政府的处理决定不服的,可以在接到通知之日起一个月内,向人民法院起诉。"

(2)专利权、商标权归属所致的争议。专利权和商标权的取得必须经过专门的申请和批准程序,在审批过程中,任何公民、法人均可以对该项权利的归属提出异议,因此形成的权属争议可以由专利或商标的有关管理部门进行裁决。如《商标法》第 35 条规定:"对初步审定公告的商标提出异议的,商标局应当听取异议人和被异议人陈述事实和理由,经调查核实后,自公告期满之日起十二个月内做出是否准予注册的决定,并书面通知异议人和被异议人。""商标局做出不予注册决定,被异议人不服的,可以自收到通知之日起十五日内向商标评审委员会申请复审。商标评审委员会应当自收到申请之日起十二个月内做出复审决定,并书面通知异议人和被异议人。""被异议人对商标评审委员会的决定不服的,可以自收到通知之日起三十日内向人民法院起诉。人民法院应当通知异议人作为第三人参加诉讼。"

2. 侵权争议行政裁决

侵权争议是指行政主体对因平等主体之间一方当事人的合法权益受到了另一方当事人的侵犯而发生的争议进行的行政裁决。如我国《商标法》第 60 条规定:"有本法第五十七条所列侵犯注册商标专用权行为之一,引起纠纷的,由当事人协商解决;不愿协商或者协商不成的,商标注册人或者利害关系人可以向人民法院起诉,也可以请求工商行政管理部门处理。工商行政管理部门处理时,认定侵权行为成立的,责令立即停止侵权行为,没收、销毁侵权商品和主要用于制造侵权商品、伪造注册商标标识的工具,违法经营额五万元以上的,可以处违法经营额五倍以下的罚款,没有违法经营额或者违法经营额不足五万元的,可以处二十五万元以下的罚

款。对五年内实施两次以上商标侵权行为或者有其他严重情节的,应当从重处罚。销售不知道是侵犯注册商标专用权的商品,能证明该商品是自己合法取得并说明提供者的,由工商行政管理部门责令停止销售。对侵犯商标专用权的赔偿数额的争议,当事人可以请求进行处理的工商行政管理部门调解,也可以依照《中华人民共和国民事诉讼法》向人民法院起诉。经工商行政管理部门调解,当事人未达成协议或者调解书生效后不履行的,当事人可以依照《中华人民共和国民事诉讼法》向人民法院起诉。"

3. 赔偿争议行政裁决

赔偿争议行政裁决,是指当平等主体之间因一方当事人的侵权行为而使另一方当事人的合法权益受到损害时,受害一方当事人可以请求有关行政主体裁决赔偿其所受到的损失。

有学者认为我国还存在另一种行政裁决——补偿争议裁决,即平等主体之间因一方当事人的合法征用或合理需要而使另一方当事人的合法权益遭受损害,双方当事人就如何弥补该项损害无法达成协议时,由有关行政主体进行的行政裁决。该类别的行政裁决最重要的依据是我国原《城市房屋拆迁管理条例》第 14 条第 1 款的规定:"拆迁人与被拆迁人对补偿形式和补偿金额、安置用房面积和安置地点、搬迁过渡方式和过渡期限,经协商达不成协议的,由批准拆迁的房屋拆迁主管部门裁决。拆迁人是批准拆迁的房屋拆迁主管部门的,由同级人民政府裁决。"笔者认为,原《城市房屋拆迁管理条例》将城市房屋拆迁主要定位为拆迁人和被拆迁人之间的民事法律关系是错误的,城市房屋拆迁表面上是由拆迁人对被拆迁人的房屋进行拆除,并与被拆迁人达成拆迁补偿协议,但实际上,从拆迁的原因来看,可以分为两种情况:第一种情况是城市人民政府出于公共利益对于被拆迁人房屋所占的国有土地进行征收;第二种情况是商业企业出于开发营利的需要而对被拆迁人的房屋进行拆迁,进而利用该房屋所占用的土地进行商品房建设。因为我国的土地制度不允许私人拥有土地所有权,上述两种情形也均离不开政府运作,所以,我国的城市房屋拆迁涉及的主要是行政法律关系。原《城市房屋拆迁管理条例》上述法律规定的偏差已经被 2011 年 1 月实施的《城市国有土地上房屋征收与补偿条例》所纠正,补偿争议裁决也随着原《城市房屋拆迁管理条例》的废止而不复存在。

四、行政裁决的程序

行政裁决的程序是指行政机关依法对特定民事纠纷作出行政裁决所需要依据的步骤、方式、时限和顺序等。一方面,我国虽然有不少法律、法规对行政裁决进行了规定,但是对行政裁决程序作规定的条款很少;另一方面,我国尚未出台统一的行政程序法,现阶段我国行政裁决的程序法制相对比较落后。但基于一般的认识,行政裁决的程序至少包括以下步骤:

(一)申请和立案

在我国,有的行政裁决是一种依申请的行政行为,有的行政裁决可以由行政主体依职权主动作出,因此引发行政裁决的第一个步骤就存在两种情况:(1)申请。对于依申请才能作出的行政裁决,民事争议当事人的申请是第一个步骤。申请一般应以书面申请为原则,口头申请为例外,并应该在法定期限内提出。(2)立案。在依申请的行政裁决中,立案是行政主体接到民事争议当事人申请所引起的第二个步骤;在依职权的行政裁决中,立案则是行政机关作出行政裁决的第一个步骤。立案是对行政裁决所针对的特定民事争议的初步审查,审查内容一般包括:对依申请的行政裁决要审查申请人是否适格,即申请人是否民事争议的当事人或其法定代理人、申请人是否在法定期限内提出申请;行政主体对该民事争议所涉及的领域和事项是否具有相应的行政管理职能和管辖权等。对于符合上述条件的申请或民事争议,行政主体应予立案;不符合条件的不予立案。依申请的行政裁决,应以书面的形式决定并送达给申请人。申请人对行政主体不予立案的决定不服的,可以寻求行政法上的救济,即申请行政复议或提起行政诉讼。

(二)审查

行政裁决一经立案就进入实体审查阶段。行政裁决案件的审查具有特殊性,其特殊性主要表现为:(1)行政裁决的审查不同于其他具体行政行为的审查。其他具体行政行为的审查一般由行政主体主动调查取证,而行政裁决的审查主要是基于民事争议双方当事人所提供的证据。(2)行政裁决的审查也不同于诉讼案件的审理。行政主体审查的过程遵循准司法程序,可以比照诉讼程序进行;同时,行政主体审查的过程也追求行政效率,特殊情况下,出于查明案情的需要,行政主体也可以主动调查取证。

行政裁决的审查阶段主要包括如下步骤:(1)在依申请的行政裁决案件中,行政主体在法定期限内将申请书副本送达对方当事人,对方当事人在法定期限内予以回复;在依职权的行政裁决案件中,行政主体将有关立案通知书送达民事争议双方当事人。(2)承办本案的行政裁决人员适用回避制度,包括自行回避和当事人申请回避。(3)行政裁决人员对民事争议双方当事人提供的证据材料进行审查,必要时可以召集双方当事人进行质证和辩论,也可以主动进行调查取证,以查清案件事实。

(三)作出行政裁决决定

作出行政裁决决定是行政裁决的最终阶段。行政主体经过审查,认为事实清楚、证据确凿的,应及时作出行政裁决。行政裁决应以决定书的形式作出,载明以下事项:双方当事人及其代理人的基本情况;争议的具体内容;裁决的结论、理由与根据;当事人不服本行政裁决的救济权利和救济途径及期限;裁决的生效日期;行政主体签章及裁决日期。行政裁决作出后应及时参照民事诉讼法有关送达的规定送达给民事争议双方当事人。

第二节 行政调查

与其他行政行为相比,行政调查的特殊之处在于其往往不是作为独立的行政行为出现,而是作为行政主体获得事实依据的手段之一。尤其是在我国,由于行政程序研究和立法的相对滞后,在很长一段时间内,行政调查没有引起学界的重视,学界也没有将其作为一种独立的行政行为加以研究。但是,随着我国法治的进步和对人权保护的发展,行政调查作为一种对行政相对人人身权和财产权构成实际影响的行为,逐渐受到学界的重视。

一、域外行政调查简介

在域外,无论是大陆法系国家还是英美法系国家,行政调查都是作为取得证据的手段而成为行政程序的重要组成部分存在的。

(一)美国〔15〕

在美国,调查是行政机关取得证据的手段,而取得信息是行政活动的第一步,这里的行政活动既包括制定普遍性的规则(制定行政规章)也包括作出具体性的处理(作出行政裁决),因此绝大部分行政机关具有行政调查的权力是为了帮助该机关执行职务,行使其他行政权力。

美国行政机关的调查权是逐渐发展扩张而来的。因为美国建国后奉行自由主义,而行政机关的调查权必然会缩小个人隐私权和不受政府干涉权的范围,因此在第二次世界大战前,行政机关的调查权受到法院的严格控制。第二次世界大战后,一方面,由于许多美国企业成为世界性的垄断集团,政府对企业的管理更加困难和复杂,政府只有掌握充分的信息才能进行有效的管理;另一方面,政府出现了新型职能,如社会保障、环境保护等,在一定程度上,这些新型职能要求增加行政机关的调查权。因此,第二次世界大战后,法院对行政机关调查权的态度也发生了很大的变化。在1950年的一个案例中,最高法院认为联邦贸易委员会有权取得它所调查的信息,这代表了第二次世界大战后法院对行政调查权的态度。如今,行政调查已被普遍认为是在高度工业化和信息化的现代社会中提高行政效率所要依赖的重要手段。

《美国联邦行政程序法典》第555节(C)款规定:“没有法律的授权不得发出传票,要求提供报告,进行检查,或强制执行其他调查行为和要求。”因此,在美国,行政机关行使调查权力必须具有法律根据,该法律根据由国会制定,行政机关只有

---

〔15〕 王名扬:《美国行政法》,中国法制出版社1995年版,第325~329页。

在法律授权的范围内才能行使调查权。但是实际上,为了满足行政需要,美国所有行政机关都在不同程度和不同方式上被授予了调查权力,甚至有时这种授权采取默示的方式。在关于行政机关的调查权规定不清楚时,由于当事人事后享有申诉的机会,法院也可能让行政机关进行调查。

美国行政机关在享有广泛调查权的同时,也受到相关限制,主要有:(1)行政机关的调查权力来源于法律,行政调查权的行使也必须遵守法律所规定的标准和程序,享有自由裁量权时,必须符合法律的目的。(2)行政调查权受宪法的限制,宪法上的重要原则,如分权原则、正当法律程序原则等都适用于行政调查。

(二)英国〔16〕

英国的法定调查,是在对某些影响公民权利或者利益的政府政策问题作出最终决定之前,给予持异议者一次公平听证的典型的行政措施。英国行政法上的调查制度是根据预防比治疗要好的原则所进行的预先的细致的规定,其主要目的在于,一方面可以保障公共利益处分作出尽可能好的决定,另一方面也可以保障公民所提出的异议得到公正的斟酌。

英国的调查制度是随着19世纪中央和地方政府权力膨胀的事实越来越引人注目而逐步发展起来的。当议会立法变得不再能够对政府的全部活动加以规定的时候,在行政领域,调查就成了附随于议会立法活动的一种代替措施。行政调查作为一种给予利害关系人公平听证权的方法,显然是一种更有效率的程序。最初确立行政调查的是临时性命令程序,一项立法授权某个法定机构发布一项临时性命令,但须在该命令发布之前进行一次调查,考虑对该命令的异议,并且该命令的生效须得到议会立法的确认。其后,在19世纪后期的立法中,行政机关逐渐取得了行政调查的一般性权力。在1894年的《地方政府法》之前,根据行政部门的命令而为经议会同意所进行的类似的联合公共调查就广被运用,而1894年的《地方政府法》则授权一个部长在自行批准临时性命令前进行一次公开的调查。法定调查虽然是由议会立法予以规定的,但是其规定并不排斥自然公正原则,这些立法应被看作是一个框架,自然公正原则就在此框架中起作用,为法律上未作规定的细节问题的解决提供依据。法定调查的种种优越性必须建立在基本的程序公正这个基础之上,而这种程序公正则是靠自然公正原则来维护的。

(三)德国〔17〕

德国《联邦行政程序法》第24条规定了调查原则,因此,在德国,调查原则作为行政法具有决定性意义的一般程序原则。调查原则要求行政机关依职权查明为

---

〔16〕［英］威廉·韦德:《行政法》,中国大百科全书出版社1997年版,第701~711页。

〔17〕［德］汉斯·J.沃尔夫、奥托·巴霍夫、罗尔夫·施托贝尔:《行政法》(第二卷),商务印书馆2002年版,第221~224页。

作出决定所必要的案件事实。

首先,德国《基本法》第20条第3款确立了行政合法性原则,尽可能全面而又正确地查明案件事实是正确适用法律的基础,是合法性原则的要求之一。查明案件事实与行政程序密不可分,并且是行政程序的产品,因此,行政程序是一个收集和处理信息的过程,主管行政机关和参加人从不同的侧面并且以不同的方式参与这个过程。

其次,行政机关就事实调查的方式和范围享有自由裁量权,但是调查的范围应包括一切对作出行政行为具有意义的事实,即"全面"的标准;在应申请的程序中,如果申请人主张的事实符合客观的事实要件,并且没有其他需要进一步查明的问题,行政机关即可以以申请人主张的事实为出发点。案件实施调查属于高权性任务,因此只能有限地委托给私人。在调查的人力和财力支出方面,应当立足公共财政紧缺的现实,本着节约和经济的原则,慎重考虑所需费用和支出,必要时,应当制订调查计划,同时,行政机关应当及时、全面、客观地制作案卷。

最后,行政机关若要采取干涉基本权利的调查措施,必须得到关系人的同意,除非有法律的明确授权。采取干涉措施的授权通常由实体法规定,其中主要是警察法和秩序法。虽然《联邦行政程序法》第26条第2款规定了参加人的配合义务,但是关系人仍然可以自行决定是否配合案件事实的调查,尤其是关系人掌握的事实和证据。对拒绝配合的关系人,行政机关只能采取间接的制裁措施,即在审查判断证据时可以做对关系人不利的判断,具体包括:(1)驳回申请或者对申请作其他处理;(2)视为撤回申请;(3)作出对关系人不利的判断;(4)视为存在共同过错;(5)不再审查关系人主张的证据。一些单行法律也规定了诉诸强制的合作义务。调查的费用原则上由行政机关承担,但是因配合义务而产生的费用原则上由参加人自己负担。

(四)日本〔18〕

在日本,调查也被认为是行政机关作出某种决定时通过一定的方法来收集情报的必要步骤。行政厅具有调查的义务也被认为是依法律行政原理的要求之一。

行政调查需要有法律依据,试图通过法则来防止妨碍调查的行为时,也需要法律依据;但是,关于取得相对人的任意协力而进行的行政调查,无论是依据侵害保留理论,还是依据权力保留原则,都不需要有具体的法律根据。虽然有法律根据,但并不能因此而当然地认为法律承认实际力量的行使。

在日本,行政调查属于事实行为,是先于具体处分的必要步骤。

---

〔18〕［日］盐野宏:《行政法》,杨建顺译,法律出版社1999年版,第183~185页。

(五)我国台湾地区[19]

在我国台湾地区,行政调查被视为行政机关获得资讯的途径之一。台湾"行政程序法"第36条规定:"行政机关应依职权调查证据,不受当事人主张之拘束,对当事人有利事项一律注意",这是对职权调查主义的规定;该"法"第37条同时规定了在职权主义下,当事人也可以申请调查,并规定了"最低限度说理义务",即"当事人于行政程序中……亦得向行政机关申请调查事实及证据。但行政机关认为无调查之必要者,得不为调查,并于第四十三条之理由中叙明之。"

我国台湾地区"行政程序法"第38条规定:"行政机关调查事实及证据,必要时得据实制作书面决定";第43条规定:"行政机关为处分或其他行政行为,应斟酌全部陈述与调查事实及证据之结果,依论理及经验法则判断事实之真伪,并将其决定及理由告知当事人。"

二、我国行政调查的概念和特征

(一)我国行政调查的概念[20]

我国的行政调查是指行政主体为了核实行政相对人所主张的事实,或为了获取有关事实证据,以便合法有效地作出某一行政行为,而依法采用有关强制性手段而直接影响被调查人的人身权与财产权的行政行为。

(二)我国行政调查的特征

我国行政调查的法律特征有:[21](1)辅助性与程序性。行政调查本身不是目的,而是为另一种行政行为服务的,具有辅助性和服务性,而且在不少场合为其他行政行为所吸收。(2)限权性。这里的限权性是指行政调查对行政相对人而言,具有限制其人身权和财产权的特点,虽然行政调查本身不具有处分性,但是客观上会直接影响行政相对人权利的行使。正因为这一特点,人口普查、土地调查等不具有限权性的行政调查属于事实行为,不纳入本书的研究范围。(3)职权性。行政主体发动行政调查是依职权的行为,作为获得情报的手段,不管行政调查为之服务的行为是依职权的行政行为还是依申请的行政行为。(4)强制性。行政调查作为行政行为的组成部分,具有强制性,有关组织和个人必须配合与协助,否则应承担不利的法律后果。(5)法定性。行政调查的法定性特指行政调查并不是任何行政机关的当然权力,必须以有关法律的特别授权为依据。

(三)行政调查与行政检查

无论是在立法实践中还是在行政法学理论研究领域,我国学界对行政调查与行政检查的关系,认识不尽一致。在立法实践中,《反垄断法》第39条将行政检查

[19]　翁岳生:《行政法》(下册),中国法制出版社2002年版,第1045页。

[20]　胡建淼:《行政法学》(第三版),法律出版社2010年版,第339页。

[21]　胡建淼:《行政法学》(第三版),法律出版社2010年版,第339~340页。

作为行政调查的手段;《行政处罚法》第36条虽然也将行政检查作为行政调查的一种手段,但是在紧接着的第37条中又将行政调查与行政检查作为并列的手段予以规定。在学界,由于学者对行政检查和行政调查所下的定义不同,对两者关系的看法也有所不同,主要有两种观点:一种观点认为,行政检查是上位概念,行政调查是下位概念,行政调查只是行政检查的一个类别,或者说行政调查只是行政检查中的一种方法或手段;另一种观点认为,行政调查包含行政检查,行政检查只是行政调查的一种方法而已。后一种观点逐渐取得了更多学者的认可。[22]

要厘清行政调查和行政检查的关系,首先必须对行政管理中的调查和检查手段进行一番全面的梳理,在此基础上抽象出相应的概念,然后再讨论两者的关系。我国已有学者进行了这方面的努力,值得借鉴。该学者认为,从总体上来讲,行政调查是指行政机关为达成某一特定的行政目的所为之收集资料的活动。由于行政调查在制定法上用语极为多样化,而出现在行政程序中的先后与目的也不相同,因此可以从不同层次上对行政调查的概念进行界定,分为最广义、广义、狭义、最狭义和最最狭义几种。最广义的行政调查,泛指行政机关的一切收集资料的活动。这一意义上的行政调查又分为两部分:一是行政主体向外部行政相对人实施的"外部的收集资料活动";二是行政主体内部调查机关向其他机关调阅资料或者上级对下级实施的业务检查所为的"内部作业查核活动"。广义的行政调查仅指"外部的收集资料活动",是行政主体为达成行政目的对私人所为的各种资料收集活动。美国行政法学中的"administrative investigation"或"acquisition of information"以及日本行政法学中的"行政调查"或"资讯取用"就是在这一意义上使用的。狭义的行政调查是指个别调查,具体指行政主体为达成行政目的,行使个别具体权限,对特定行政相对人所为的相关事实与资料察查收集活动。最狭义的行政调查指"构成要件事实调查",也即行政程序法所规定的行政调查,包括授益行政处分作成之前所作的许可要件审查、对违反义务行为准备实施制裁之前所作的违法事实调查。最最狭义的行政调查是指监督检查,仅指行政主体对行政相对人、行政相对人所有之物或者处所实施的进入、探触与观察活动。我国台湾地区的"临场检查"、"实地检查",日本的"质问检查"等都是最最狭义的行政调查。[23]

三、行政调查的方法

在不同国家,行政调查的方法各不相同。

(一)域外行政调查的方法

1. 美国

美国行政调查的方法主要有:(1)法定的记录和报告。美国所有行政机关,尤

---

〔22〕 胡建淼:《行政法学》(第三版),法律出版社2010年版,第341页。

〔23〕 洪文玲:《行政调查与法之制约》,学知出版社1998年版,第16~19页。

其是对私人活动具有控制权力的行政机关,都有权力要求被控制对象按照一定的方式和内容制作文件或记录,以及提供报告。被调查对象不遵守行政机关的命令制作法定的记录和提供法定的报告时,法律或者规定停止享受某种利益,或者科处某种行政制裁。(2)检查。检查是行政机关通过直接观察取得信息的方法,是一种广泛应用的行政技术。(3)传票。传票是一种具有强制力的命令,它要求受传唤的人出席作证,或提出指定的证件,或者要求被传唤人作证并带来指定的证件。这是最有效的调查方法。在联邦政府中,所有重要的行政机关,特别是行使控制权力的机关,实际上都被授予了发送传票的权力。

2. 英国

在英国,行政调查的主要方式是一次公开性的地方性调查或者举行听证。多数情况下,被国务大臣任命负责进行调查或者听证的人是该部的一名巡视员。除某些情况下须遵守一些程序性条例之外,巡视员可以随其意愿进行调查,他的主要任务是听取异议和对反政府的辩解,然后就此向部长提出建议。调查及时终结后,巡视员要制作报告,1958 年对调查制度进行改革之后,该报告应予公开。

3. 德国

德国《联邦行政程序法》第 26 条第 1 款规定的调查方法有:收集陈述、参加人的听证和陈述、询问证人和专家以及书面陈述等。除此之外,其他的调查方法还有:收集案卷和证书、勘验等。

4. 我国台湾地区

根据我国台湾地区"行政程序法"的规定以及其他相关法律规定,行政调查方法有:(1)职权调查。职权调查有两种手段:第一,传讯。"行政程序法"第 39 条规定:"行政机关基于调查事实及证据之必要,得以书面通知相关之人陈述意见。通知书中应记载询问目的、时间、地点、得否委托他人到场及不到场所生之效果。"除了传讯相关人到场说明外,机关并得请求提出书证,该"法"第 40 条规定:"行政机关基于调查事实及证据之必要,得要求当事人或第三人提供必要之文书、资料或物品。"第二,鉴定与勘验。这是行政调查的另一种经常运用的方法。"行政程序法"第 42 条规定:"行政机关选定适当之人为鉴定。以书面为鉴定者,必要时,得通知鉴定人到场说明";第 42 条规定:"行政机关为了了解事实真相,得实施勘验。勘验时应通知当事人到场。但不能通知者,不在此限。"(2)行政检查。行政检查是行政机关为达成特定行政目的,对于特定行政客体所为之察查、搜集资料活动,或指行政主体以收集、察查、验证相关事实与资料为目的,就个别具体案件,针对特定人民,行使公权力之事实行为。相较于职权调查,行政检查较为例行、一般。(3)强制申报。强制相关业者申报特定资讯为行政机关获取资讯的重要来源。强制申报在"行政程序法"未予规定,而是分散规定于其他法令中。(4)听证。"行政程序法"第 37 条规定:"当事人于行政程序中……得自行提出证据",该处的提出证据主要指其基于听证提出证据。

(二)我国行政调查的方法

由于我国目前尚未出台统一的行政程序法,因此行政调查的方法散见于各种法律规范之中,有些行政机关可以根据实际需要而临时采取不同的调查方法。由于行政调查所服务的行政行为多种多样,法制化程度也不高,因此在现有条件下,穷尽列举行政调查的方法是一个不可能完成的任务。有学者将现有行政调查的方法归纳为,包括但不限于:了解、询问、访视、普查、察查、检查、勘察、稽查、审查、查核、稽核、检验、鉴定、检测、抽样取证、听取汇报、统计、责令提供必要的资料等。[24]

四、行政调查的程序和救济

(一)行政调查的程序

从我国各种分散性的法律规定来看,以下步骤和要求是必需的:[25] (1)通知。行政机关在实施调查之前,必须将调查内容、依据以及配合义务等通知被调查人。(2)出示证件。行政调查人员在实施调查前必须出示有关公务证件以证明身份的合法性。(3)实施调查。调查必须由两个及两个以上工作人员参加。(4)听取当事人的意见。行政机关在行政调查过程中必须听取当事人的意见。

(二)行政调查的救济

对行政调查的救济与对行政调查的定性有关。在大陆法系国家,行政调查属于行政事实行为,但是"行政相对人没有义务容忍违法事实行为的后果,而是享有后果清除请求权。在后果方面,事实行为与行政行为没有什么差异……事实行为违法的,可能产生损害赔偿请求权"。[26] 目前,我国学界对给予行政调查以必要救济已达成共识,但是就行政调查所服务的行为提起救济还是单独就行政调查提起救济,尚存在争论。笔者认为,行政调查有时是其他行政行为的一个程序,这时调查行为可以被其他行政行为所吸收,如果行政相对人对调查所取得的证据不服,可以针对该行政行为申请行政复议或提起行政诉讼;如果行政调查作为一种独立的行政行为时,行政相对人可以单独针对该行政调查行为提起救济。

第三节 行 政 协 助

随着行政活动范围的日益扩大和行政行为方式的多样化,行政内容也日益技

---

〔24〕 胡建淼:《行政法学》(第三版),法律出版社2010年版,第343~344页。

〔25〕 胡建淼:《行政法学》(第三版),法律出版社2010年版,第339页。

〔26〕 [德]汉斯·J. 沃尔夫、奥托·巴霍夫、罗尔夫·施托贝尔:《行政法》(第二卷),商务印书馆2002年版,第194页。

术化,在此背景下,行政协助逐渐成为行政管理的常见行为被纳入行政法学的视野。目前行政协助多存在于行政实务领域,行政法学界对其缺乏成熟的研究,因此,我国当下有关于行政协助的表述有很多,如"行政协调"、"公务协助"、"职务协助"、"职务协作"、"执行协助"等。比较国外立法和我国相关立法所使用的概念,本书采用"行政协助"的提法。

一、行政协助概述

(一)行政协助的概念

行政协助是指在公务启动之后、行政职权行使的过程中,由于法律因素或者事实因素的限制,行政组织(包括行政机关、法律法规授权的组织或者行政机关委托的组织)无法自行执行职务或者自行执行职务会带来严重不经济,基于公共利益的需要,向无隶属关系的行政主体(包括行政机关或者法律法规授权的组织)提出协助请求,由被请求主体在自身职权范围内对请求主体的行政职务从旁帮助或者由请求主体与被请求主体共同针对行政相对人行使行政职权,并承担相应法律责任的行为及其制度。[27]

(二)行政协助的构成要素[28]

行政协助由如下要素构成:(1)主体要素。行政协助的主体包括请求主体和被请求主体。请求主体有行政机关、法律法规授权的组织、行政机关委托的组织,即只要是有行使行政职权需求的主体都可能成为行政协助的请求主体;被请求主体是行政机关和法律法规授权的组织。行政协助要求两类主体之间不存在隶属关系,否则协助行为可以通过上下级系统内的命令、批准等来实现,不属于本书所谓的行政协助。(2)职权要素。行政协助同时属于请求主体和被请求主体的法定职权,不能超出任何一方的职权范围。具体来说,请求主体对总的相关行政事项享有行政职权,但是对需要协助的具体环节不一定享有职权;而被请求主体对总的相关行政事项不一定享有行政职权,但是对所协助的具体环节和行为享有行政职权。(3)动因要素。对于请求主体来说,只有在由于法律因素或者事实因素的限制,无法自行执行职务或者自行执行职务会带来严重不经济,基于公共利益的需要才能提出行政协助的请求;对于被请求主体来说,只能在请求主体提出协助请求的前提下才能提供协助。(4)时间要素。行政协助具有临时性,只能在公务执行过程中发生,具言之,请求主体只能在公务活动启动后、行政职权行使的过程中提出行政协助的请求;被请求主体只能在执行公务的过程中提供协助,公务结束后就不存在行政协助。(5)内容要素。行政协助是基于公共利益所进行的行政行为,具有公

---

〔27〕 黄学贤、周春华:"行政协助概念评析与重塑",载《法治论丛》2007年第3期。

〔28〕 黄学贤、周春华:"试论行政协助",载黄学贤等:《行政协助及相关问题研究》,中国政法大学出版社2010年版,第2~3页。

务性质,因此其中的权利义务应该具有法定性。(6)程序要素。行政协助作为一种行政行为,而且是一种依请求而做出的行政行为,其过程应该具有法定性。本书在后面会进一步详细介绍行政协助的程序。(7)性质要素。行政协助具有两种性质,对被请求主体来说,行政协助是独立的行政行为,对请求主体来说,行政协助对其原来的主行政行为具有辅助性。

二、行政协助与相关概念辨析[29]

(一)行政协助与行政授权

行政授权是指行政机关根据法律、法规的规定,将自己职权范围内特定的行政职能间接授予非国家机关的组织,由被授权组织以自己名义行使特定的行政职能,并就行使的所授权的行政职能对外承担法律责任。[30]

行政协助与行政授权的区别在于:(1)引发动因不同。行政协助的引发动因是请求主体在行使行政职权时遇到的障碍;而行政授权则是法律法规对行政职权的直接分配,有许多考量因素,并不以行使行政职权的障碍为必要条件。(2)职权主体不同。行政协助的主体是请求主体和被请求主体,请求主体包括行政机关、法律法规授权的组织、行政机关委托的组织,被请求主体是行政机关和法律法规授权的组织;行政授权的主体包括授权主体和被授权主体,授权主体即法律法规的制定主体,属于国家的立法主体,被授权的主体是非国家机关的组织,具体包括社会团体、事业组织、企业组织、基层群众自治组织、有关的技术检验机构或鉴定机构等。(3)发生时间不同。行政协助只能发生在公务启动后、尚未结束之前的行使行政职权过程中;而行政授权发生在法律法规制定之时,是行使行政职权的前提。(4)职权范围不同。行政协助的被请求主体只能在请求范围内提供行政协助的行为,职权范围较为具体;而行政授权一般涉及较为宽泛的职权范围,不止一种行政行为。(5)职权依据不同。行政协助的依据是相关法律法规或者请求机关的请求函件;行政授权的依据是法律法规的具体条款。

(二)行政协助与行政委托

行政委托是指行政机关基于优化行政职能的需要或者其他公益目的,将自身一定的行政职能委托给非国家机关的组织或者个人,由被委托主体以委托行政机关的名义行使被委托的行政职能,并由委托行政机关对外承担法律责任。

行政协助与行政委托的不同有:(1)引发动因不同。行政协助的引发动因是请求主体在行使行政职权时遇到的障碍;而行政委托的动因是优化行政职能或者其他公益目的。(2)职权主体不同。行政协助的主体是请求主体和被请求主体,

---

[29] 黄学贤等:《行政协助及相关问题研究》,中国政法大学出版社2010年版,第4~7页。

[30] 有观点认为,严格意义上的行政授权应特指法律、法规授权,不是行政机关授权。行政机关授权实际上就是行政委托,因此,所谓行政机关的授权是不能成立的。

请求主体包括行政机关、法律法规授权的组织、行政机关委托的组织,被请求主体是行政机关和法律法规授权的组织;行政委托的主体包括委托主体即行政机关,被委托主体,包括非国家机关的组织和个人。(3)发生时间不同。行政协助只能发生在公务启动后、尚未结束之前的行使行政职权过程中;行政委托既可发生于委托行政机关行使行政职权之前,也可发生于委托行政机关行使行政职权之时。(4)内容不同。行政协助涉及的内容是被请求主体职权范围内的特定的具体事项,不会发生行政职权的变更和行政职权的转移;而行政委托涉及的内容是委托行政机关职权范围内的事项,在职权行使主体上发生了转移。(5)行使名义不同。行政协助的被请求主体提供协助是以自己的名义做出的;行政委托中受委托的主体行使相应行政职权是以委托行政机关的名义实施的。(6)职权行使效果不同。行政协助中,被请求主体独立或与请求主体共同承担法律责任;行政委托中,由委托行政机关承担法律责任。

(三)行政协助与行政协调

行政协调是指为了行政目标的顺利实现,在行政系统内部,由上级行政主体对下级行政主体之间的有关行政事宜进行协调,或者由同级行政主体之间以及不同级且不存在隶属关系的行政主体之间就有关行政事宜进行协调。

行政协助与行政协调的区别在于:(1)主体关系不同。行政协助的请求主体与被请求主体之间必须无隶属关系;行政协调对协调主体与被协调主体之间的关系要求比较宽松,不受有无隶属关系的约束。(2)作用时间不同。行政协助只能在公务启动后、行政职权行使过程中发挥作用;行政协调没有时间限制,在公务启动之前、之后、之中都可发挥作用。(3)作用效果不同。在行政协助中,被请求主体对于自己所提供的协助行为不一定受益;行政协调则会使协调者、被协调者双方受益。

三、行政协助的分类

对任何一个行政行为的分类都必须基于对该行为的本质特征的考量,只有弄清楚了该行政行为的本质特征,才能寻找到分类的标准及依据,避免使分类流于形式及表面化,进而为深入研究该行政行为找到路径。就行政协助而言,该行政行为与传统外部行政行为和内部行政行为两分法的显著特征是,该行为既涉及内部行政关系,也涉及外部行政关系:从行政协助的首要特点来说,它涉及的主体主要是行使国家行政职权的两个没有隶属关系的行政主体,所以行政协助首先是一个内部行政行为,要深入研究行政协助,就必须关注请求主体与被请求主体的权利义务关系。另外,行政协助又是一个复合式的行政行为,它至少由以下几个行为构成:请求主体提出协助请求的行为、被请求主体答复的行为、被请求主体实施的协助行为,其中被请求主体实施的行政协助行为可能会涉及与行政相对人的外部行政法律关系,所以,以与行政相对人的法律关系为考量进行分类也十分必要。另外,行政权在现代社会的运行一般都会区分两种不同的情况，即正常情况与紧急情况，这两种不同情况对行政权运行的要求有所不同，特别是行政程序方面，行政协助作为行政系统提高行政效率的一种手段，区分正常情况下的协助与紧急情况下的协助也具有典型意义。

基于以上考虑，行政协助至少应包括以下几类。

（一）法定协助与自由协助（任意协助）

这种分类以行政协助发生的前提或依据为标准。法定协助指行政协助产生的依据是法律的明确规定；自由协助或任意协助指在法定协助情形之外、立法规定的一些鼓励行政机关寻求行政协助的情形下，行政机关可以请求协助，也可以自行作出相应的行为。[31]

法定协助是由立法对行政协助的条件、主体、范围等进行明确规定。长期以来，由于我国行政协助的法治化程度较低，因此迄今为止，在我国已有立法中的法定协助还很少见，立法大都是概括性的规定，大量的行政协助是行政主体之间的自由协助。相对而言，国外立法对于行政协助发生的条件都有明确规定，其中就区分了法定协助和自由协助。如德国《行政程序法》第5条规定，行政机关可以在下列五种情形下，请求其他行政机关给予协助：(1)由于法律上的原因，无法自行执行职务的。(2)由于事实上的原因，尤其因欠缺职务上必要的工作人员或者机构，无法自行执行职务的。(3)执行其职务有赖于一定事实上的认识，而该事实为其所不知，且不得由其自行调查者。(4)执行其职务所必要的文件或者其他证据为被请求机关占用者。(5)显然须付出比被请求的机关较多的费用始能执行其职务者。通过总结可以看出，前四种情形属于法定协助，而最后一种情形则属于自由协助。

之所以将行政协助区分为法定协助与自由协助，主要是为了明确请求主体与被请求主体的内部行政权利义务关系，包括应否给予协助及其后果，以及由于实施协助所发生的行政费用由谁承担的问题，在是否给予协助的后果上也会涉及与行政相对人的关系问题。

（二）内部协助与外部协助

这种分类是以被请求主体提供的协助行为与请求主体原行政行为所针对的行政相对人是否会发生外部行政法律关系为标准进行的分类。被请求主体提供的协助行为一般有以下几种情况：(1)行政协助的实施行为需要请求主体和被请求主体通力完成，共同作出行政行为；(2)行政协助的实施行为由被请求主体单独完成，作出某一行政行为，而请求主体只继续原来的行政行为，不参与行政协助的实

---

[31] 王麟："行政协助论纲——兼评《中华人民共和国行政程序法（试拟稿）》的相关规定"，载《法商研究》2006年第1期。

施行为;(3)被请求主体仅仅代为收集资料和证据、提供有关文书和档案等,对请求主体原来的行政行为不产生实际的决定性的影响,没有直接参与行政行为的作出与执行。[32] 由此可见,前两种情况属于外部协助,提供行政协助的行政主体会直接与原行政行为的行政相对人发生行政法律关系;而最后一种情况属于内部行政协助,这时提供协助的行政主体只与请求主体发生内部行政法律关系。

我国已有的立法在这方面有所区分,对外部行政协助的规定有:协助保护现场(《文物保护法》第32条)、协助公安机关责令停止违法活动(《体育法》第51条)、协助灭火救助(《消防法》第45条第6项)、协助检疫(《铁路法》第56条)、协助采取强制强制检疫措施(《国内交通卫生检疫条例》第10条)、协助强制执行(《突发公共卫生事件应急条例》第44条)、协助医疗机构采取强制隔离治疗措施(《传染病防治法》第39条第2款)。对内部行政协助方面的规定有:协助调查取证、协助收集、审查、判断或者认定证据(《行政监察法实施条例》第19条)。此外,在我国已有的立法中,也存在大量有关行政协助的语焉不详的概括式规定,如协助进行矿产资源勘查、开采的监督管理工作(《矿产资源法》第11条)、协助税务机关依法执行职务(《税收征收管理法》第5条第3款)等。这些规定由于立法语言过于概括,请求主体和被请求主体各自从自身利益考虑而作不同理解,从而造成这些立法在实践中无法起到应有的指导作用,应进一步将这些规定具体化,对提供协助的条件、手段等进行详细规定。

将行政协助划分为内部协助与外部协助,最重要的意义在于这两种协助引起的行政法律关系不同,请求主体和被请求主体所要承担行政法律责任也有所不同。

(三)一般协助与紧急协助

这种分类是以行政协助发生的背景为标准。一般协助是指在一国法治运行正常情况下所发生的行政协助;而紧急协助是指在发生了法定的紧急事态的情况下,为了控制、克服紧急事态,尽快恢复正常状态而进行的行政协助。

自2003年"非典"事件后,我国明显加强了关于紧急事件的立法,而在有关紧急事件的立法中非常突出地体现了行政效率原则,在具体手段上则主要体现为行政协调和行政协助。行政协调和行政协助都表现为没有隶属关系的行政主体在行使职权的过程中进行合作,目的是尽快完成行政任务或节约行政资源。行政协调和行政协助在具体实施中手段也会发生竞合。但是行政协调和行政协助最大的区别是,行政协调是在由共同上级行政主体的领导或组织下进行的,行政协调的主体是一个特定的机关,其他行政主体只是行政协调的参与主体;而行政协助的主体则是需要协助的请求主体和提供协助的被请求主体,只有双方就协助事项达不成一致时,才会涉及双方的上级行政主体。

---

[32] 黄学贤、周春华:"行政协助概念评析与重塑",载《法治论丛》2007年第3期。

我国现行有关紧急事态的立法采取的是以行政协调为主的应急管理体制，如《突发事件应对法》第4条规定："国家建立统一领导、综合协调、分类管理、分级负责、属地管理为主的应急管理体制。"在该法第9条中规定了突发事件应对工作的领导机关，即"国务院和县级以上地方各级人民政府是突发事件应对工作的行政领导机关，其办事机构及具体职责由国务院规定"。同时，在此种应急管理体制下，仍然将行政协助作为一种必要的补充，该法第7条第4款规定："法律、行政法规规定由国务院有关部门对突发事件的应对工作负责的，从其规定，地方人民政府应当积极配合并提供必要的支持。"

划分一般协助和紧急协助的意义在于主体的权利义务不同；对经费的保证、程序要求等都有所不同。

四、行政协助的程序

（一）国外行政协助程序规定的模式选择

程序规定模式是指行政程序法对行政协助进行规定的总体特征。综观各国对行政协助的规定，可以总结成两种模式：以德国为代表的详尽模式和以西班牙为代表的原则模式。

详尽模式是指由行政程序法对行政协助的情形、形式、费用和法律责任等进行较为详细的规定的模式。在详尽模式中，虽然也会规定行政机关之间的普遍协助义务原则，但是会突出规定法定协助，特别是法定协助的情形和拒绝理由。除了德国以外，韩国和我国台湾地区等深受德国影响的其他国家和地区的行政协助程序立法也采取此模式。

原则模式是指在行政程序法中只规定行政机关之间相互协助的原则，并不详细规定行政协助的具体情形和其他相关制度的模式。采取这种模式的国家除了西班牙，还有葡萄牙和瑞典。如西班牙《公共行政机关法律制度及共同的行政程序法（1999年）》第3条"总则"之2规定："公共行政机关根据合作和协作原则处理相互间的关系，并按照效率及服务于公民的原则进行活动。"

需要注意的是，原则模式只是强调行政协助是处理行政机关之间矛盾、提升行政效率的原则，因此与详尽模式相比，没有强调法定协助，而是更加注重任意协助。但并不等于说所有采取原则模式的国家对行政协助的规定都极为简单，如西班牙《公共行政机关法律制度及共同的行政程序法（1999年）》，除了第3条总则中的规定之外，还在第4条"公共行政机关相互间关系的原则"中具体规定了"公共行政机关根据机构忠诚原则行为并互相联系"应做到的准则、协助的内容、拒绝的法定理由、协助的主体范围等，第5条规定了"部门会议及其合作机构"，这是保证长期稳定进行行政协助最主要的组织保证，另外还在第6条中规定了"协助协议"，具体对协助协议的格式、内容、种类、执行、终止及监督控制的联合机构等都进行了规定。

(二)我国行政协助程序立法的模式选择

我国在对行政协助进行程序设计时必然会面临模式选择问题。详尽模式与原则模式各有优缺点,我国在选择规定模式时必须结合我国的实际情况,包括行政文化和习惯以及立法需求和趋势等。综合考虑各种因素,详尽模式更适合我国。

第一,行政协助主要涉及的是行政主体之间的合作关系,因此行政协助的程序立法必须考虑我国的行政文化和传统。我国从建国后在政治道德和宪法规定上一直强调所有国家机关都是"为人民服务"的政权机关,相互之间是紧密合作的"兄弟"关系,因此行政协助是理所当然的。但在实践中,行政机关之间却因职权分工而形成了各自的利益领域,事实上各自为政,再加上行政协助必然涉及经费、人员的支出和法律责任的承担等,我国的行政机关相互之间并没有形成相互协助的良好习惯。在目前行政协助法治化程度还比较低的情况下,行政协助往往需要由执法人员甚至是行政首长通过各种政策、行政和人情关系来寻求实现。总之,在我国,行政机关并没有因政治假设和宪法安排而形成紧密合作的观念和习惯,行政协助也没有普遍化,对于日常的行政活动来说,行政协助还只是较少发生的个案。在这种背景下,我国行政程序法对行政协助的规定应该以具有可操作性为重点,规定得尽可能详尽些,尤其是法定协助。

第二,详尽模式符合我国行政程序法的立法趋势。我国虽然至今还没有出台统一的行政程序法,但从《行政处罚法》开始到《行政强制法》,行政程序不仅成为立法重点,而且规定得都相当细致,因此从已有立法来看,详尽模式应该是我国对行政行为进行程序立法的主流选择。另外,从有关《行政程序法(试拟稿)》[33]来看,该试拟稿规定了可以请求行政协助的情形、拒绝的理由、费用及由行政协助引起的争议、法律责任和解决等,基本上采取的也是详尽模式。

第三,从我国已有立法的实施状况来看,详尽模式有利于避免行政主体因立法的原则性而怠于履行协助义务。我国的《文物保护法》第32条、《体育法》第51条、《消防法》第45条第6项、《铁路法》第56条、《传染病防治法》第39条第2款、《税收征收管理法》第5条第3款、《矿产资源法》第11条等法律规范,就协助保护现场、协助公安机关责令停止违法活动、协助灭火救助、协助检疫、协助医疗机构采取强制隔离治疗措施、协助税务机关依法执行职务、协助进行矿产资源勘察、开采的监督管理工作等行政协助方式分别作了规定。从这些规定的实施情况来看,规定得较为具体的行政协助的实施情况总体好于规定得较为概括的行政协助。

当然,详尽模式与原则模式并不是相互排斥的,我国在进行行政协助程序设计

---

〔33〕 本文采用的是2004年11月行政立法组向全国人大法工委提交的《中华人民共和国行政程序法(试拟稿)》(第11稿)。

时应该同时吸收两者的优点,以详尽规定为基础,同时也不应忽视原则的指导性,宜在总则中确立行政机关之间的普遍行政协助原则。

(三)我国行政协助程序的具体设计

通过对世界各国关于行政协助程序立法的研究可以发现,行政协助的具体程序制度主要包括行政机关之间相互协助的原则、申请行政协助的条件和形式、拒绝的理由和形式、提供行政协助人员的管理、行政协助的费用、因行政协助引起的行政争议的解决以及法律责任等。

1. 行政协助的原则

很多西方国家将行政协助作为协调行政机关合作关系的一项基本原则通过法律予以规定。有的规定在宪法里(意大利);有的作为行政程序法的基本原则加以规定(德国);有的先在行政程序法的总则中规定了行政协助原则,在后面的具体规定里又将行政协助作为总的要求,然后再具体规定(西班牙)。

鉴于我国的行政科层体制的分工状况,有必要确立行政主体之间的普遍行政协助义务作为整个行政程序法的原则,可结合西班牙和德国规定的优势,在我国未来的行政程序法总则中规定:"行政机关依据合作原则处理相互之间的关系,应其他行政机关请求,任何行政机关应提供行政协助。"

在总则中规定普遍行政协助义务的原则之外,行政程序法在具体的行政协助程序部分还应再次作概括式的规定,将自由协助确立为行政机关相互之间的普遍义务。对行政协助程序采取详尽模式的国家和地区,如韩国和我国台湾地区在行政协助具体制度之前都有相关规定,[34]鉴于我国在立法技术上也经常采用概括加列举加排除的方式,我国未来行政程序法在规定具体的行政协助程序之前,应以概括的方式对行政协助进行规定,用语可仿效日本《行政程序法草案(1983 年)》和我国台湾地区 1999 年的"行政程序法"的规定:"行政机关为发挥共同一体之行政机能,应于各自权限范围内互相提供协助。"

2. 行政协助的法定情形与拒绝情形

(1)行政协助的法定情形

对行政协助的法定情形进行详细规定的有德国、韩国和我国台湾地区,后两者的立法也是因袭了德国的规定,有很多相似之处。从上述国家和地区的规定来看,行政协助的法定情形主要有:一是因法定原因,不能独立完成行政公务的;二是因人员、设备不足等事实原因,不能独立完成行政任务的;三是不能独立进行调查以认定事实的;四是需要其他行政机关提供其所掌管的文书、统计资料等行政资料的;五是由被请求行政机关提供协助更为经济有效率;六是有其他正当理由需请求

---

〔34〕 具体规定请参照韩国《行政程序法(1996 年)》第 7 条、日本《行政程序法草案(1983 年)》第 8 条以及我国台湾地区"行政程序法"第 19 条第 1 款之规定。

行政协助的。[35]

(2)拒绝提供行政协助的理由

对于拒绝提供行政协助的理由,德国和我国台湾地区都分为两种:一种是应当拒绝的理由,另一种是可以拒绝的理由。从字面上看,应当拒绝与可以拒绝是不同的:应当拒绝的情形,被请求机关必须拒绝提供协助,没有自由裁量权;而可以拒绝的情形,意味着行政机关享有自由裁量权,可以提供协助,也可以不提供协助。但从我国的实际出发,我国的行政主体作为分工明确的独立单位,各自都有自己的利益和责任所在,出于各自的利益考量,对提供行政协助缺乏积极主动的利益激励,因此"应当"与"可以"在我国不具有严格划分意义,只要明确规定可以拒绝协助的理由即可,而且对于可以拒绝的理由一定要规定得尽量具体,具有可操作性。参考上述国家和地区的规定,可以拒绝提供协助的理由宜包括如下方面:所请求提供的行政协助超出被请求行政机关职权范围的;如提供协助将严重损害被请求机关执行固有职权的;被请求机关提供行政协助本身不经济或不如其他行政机关经济的;其他因法定原因不能提供协助的。

(3)禁止拒绝的理由

为了进一步保障行政协助,尤其是自由协助,德国还专门规定了不得以哪些理由拒绝提供协助,德国《行政程序法(1976 年)》第 5 条之(4)规定:"被请求机关不得以第三款所列(无需提供协助的理由——作者加)以外的理由,尤其不得以认为职务协助所欲帮助实施的措施不合目的,而拒绝提供协助。"我国立法有必要借鉴此规定,再次强调不得以本法所规定的可以拒绝的理由之外的其他理由拒绝提供协助。

(4)行政协助的有关形式

行政协助的形式主要包括请求机关提出请求的形式、被请求机关答复的形式、被请求机关提供协助行为的形式,其中被请求机关提供协助行为与被请求机关的其他行政行为重合,其形式有赖于行政程序法对其他行政行为的规定。因此,行政协助的形式主要是指提出协助请求的形式和被请求机关答复的形式。

有关请求行政协助的形式目前只有日本《行政程序法草案(1964 年)》规定了书面的形式。[36] 而因为行政协助涉及两个互无行政隶属关系的行政主体的配合与合作,还会引起一系列的经费、法律责任问题,因此应该以书面形式提出请求为

---

〔35〕 有关法定协助情形的具体规定请参见德国《行政程序法(1976 年)》第 5 条之(1)、我国台湾地区"行政程序法(1999 年)"第 19 条第 2 款、韩国《行政程序法(1996 年)》第 8 条"行政协助"之 1 的规定。

〔36〕 日本《行政程序法草案(1964 年)》第 9 条之 2 规定:"行政机关依前项规定请求与其职务有关之其他行政机关协助时,应预先以书面记载一定之必要事项为之,但情形紧急时,不在此限。"

好。对于法定协助来说,因为各行政主体请求协助的事项比较固定,可以制作格式化的申请书;对于任意协助来说,则要求请求主体与被请求主体签订行政协助协议。如果出于行政效率的考虑,某些任意行政协助经常发生,也可仿效西班牙《公共行政机关法律制度及其共同的行政程序法(1999年修正案)》之3,对行政协助协议签署的主体、协议内容、种类及负责执行的组织予以规定。书面形式一般只适用于普通情况下,如果发生在紧急情况下,则不强行要求书面形式,但应规定事后补办相关书面手续。

对于被请求机关拒绝提供行政协助,各国虽然都规定了应通知请求机关并说明理由,[37]但均未规定具体形式。因为拒绝提供协助会导致请求机关原行政行为无法完成从而引起各种法律后果,因此应以书面告知并说明理由为宜,这样会为行政机关在分担相关法律责任时提供可靠的书面证据。

对于被请求机关同意提供行政协助时的形式,各国都没有规定。通常的做法是,如果属于法定协助,被请求机关应该以格式化的函件及时回复;如果属于任意协助,被请求机关也应及时回复通知请求机关以求尽早签订协助协议,这时的回复不要求以书面形式做出。

3. 行政协助的管辖

行政协助的管辖涉及三方面内容:(1)提供协助机关的管辖,指如果有数个行政机关都可提供行政协助,由哪个机关作为被请求机关。对此,德国《行政程序法(1976年)》第6条规定:"数个行政机关都可提供职务协助,则应由请求机关下属的最低一层的行政机关提供";韩国《行政程序法(1996年)》第8条之3规定:"行政协助,应向能直接协助该职务之行政机关请求之。"我国的立法可借鉴德国的规定,在有数个行政机关都可提供协助时,由层级最低的行政机关提供协助。(2)对行政行为的法律管辖,因为行政协助涉及请求机关的原行为和被请求机关提供协助的行为,尤其是后者可能会涉及不同的法律都有所规定,这时应根据哪个法律。行政行为的法律管辖在德国《行政程序法(1976年)》第7条有明确的规定,[38]我国可以借鉴该规定,即请求机关原行政行为和是否需要请求行政协助,以请求机关所适用的法律作为依据;而是否应提供协助以及如何提供协助,则以被请求机关所适用的法律作为依据。(3)协助人员的管辖,即有时行政协助会以被请求机关派遣人员提供帮助的形式出现,则在该人员提供协助行为时,应受哪个机关管辖。对

[37] 具体规定请参照德国《行政程序法(1976年)》第5条之(5)、西班牙《公共行政机关法律制度及其共同的行政程序法(1999年修正案)》第2条之3、韩国《行政程序法(1996年)》第8条之4、我国台湾地区"行政程序法(1999年)"第19条第6款。

[38] 德国《行政程序法(1976年)》第7条之(1)规定:"是否允许职务协助所拟实现的措施,应依照适用于请求协助机关的法律判断,是否允许职务协助本身的实施,应依据适用于被请求机关的法律判断。"

派遣人员的管辖,可借鉴韩国和日本《行政程序法草案(1964年)》的规定,[39]因提供行政协助而被派遣之公职人员,在提供行政协助期间受请求协助机关之指挥。

4. 行政协助的费用

行政协助的费用开支分配会直接影响被请求机关提供协助的积极性,进而影响行政协助的实际效果,因此各国都将行政协助的费用作为行政程序法对行政协助的规定内容之一。各国对行政协助费用的支出规定有两种模式:第一种是德国模式,即一定金额内由被请求机关支付,超过的部分可要求请求机关偿还。[40] 第二种是日韩模式,也包括我国的台湾地区,协助费用由请求机关支付。[41]

我国行政机关系统实行统一的财政预算分配体制,在此种体制下,必须区分不同种类的行政协助来设计费用负担模式。(1)对于紧急协助,我国已有相关规定。如《突发事件应对法》第31条规定:"国务院和县级以上地方各级人民政府应当采取财政措施,保障突发事件应对工作所需经费";国务院编制的《国家突发事件总体预案》第四部分也规定:"要保证所需突发公共事件应急准备和救援工作资金。"可见,应对突发事件所需资金是单独列入财政预算的,所以无须由请求协助的机关和被请求机关承担。(2)对于普通情况下的行政协助,也要区分法定协助和任意协助。对于法定协助,由于协助情形、协助机关、协助手段等都有一定的可预见性,因此此种行政协助的费用负担可采取德国模式,即无须由请求机关单独支付协助费用,而由财政预算列支;对于任意协助,因此种协助具有临时性和不可预见性,所以应当采用日韩模式,由请求协助机关支付。

5. 行政协助争议的解决

引发行政协助争议的原因一般有两个:一是被请求机关拒绝提供协助,而请求机关认为应该提供协助的;二是请求机关和被请求机关无法就协助费用的金额、支付方式等达成协议的。

对于行政协助争议的解决,德国和我国台湾地区的行政程序法都规定由其共同的上级机关决定,[42]我国可借鉴上述规定,规定请求机关与被请求机关无法就

---

〔39〕 具体规定可参照韩国《行政程序法(1996年)》第8条之5、日本《行政程序法草案(1964年)》第9条之4。

〔40〕 德国《行政程序法(1976年)》第8条规定:"(1)请求协助机关不需要向被请求机关支付行政规费。如具体个案的垫款超过50马克,可要求请求协助机关偿还。相互间提供职务协助的,无需偿还垫款。(2)被请求机关为实现职务协助所为的需支付费用的公务,有权得到第三人所欠的费用(行政规费,使用费和垫款)。"

〔41〕 具体规定请参照日本《行政程序法草案(1964年)》第10条、韩国《行政程序法(1996年)》第8条之6、我国台湾地区"行政程序法(1999年)"第19条最后一款。

〔42〕 具体规定请参照德国《行政程序法(1976年)》第5条之(5)、我国台湾地区"行政程序法(1999年)"第19条最后一款。

是否提供协助或协助费用金额、支付方式等达成协议的，由两者共同的上级行政机关决定。

6. 行政协助法律责任之分配

对于行政协助引起的法律责任，只有德国进行了专门的简单规定。德国《行政程序法(1976 年)》第 7 条之(2)规定："请求协助机关对所涉及措施的合法性负责，被请求机关对职务协助的实施负责。"

其他国家未对行政协助法律责任作规定并不意味着缺失这部分内容，因为行政协助的程序作为行政程序法的一部分，也是一国行政法制的一部分。西方法治发达国家在行政程序、行政救济等内容上都相对完备，因此只需要将行政协助的内容与相关责任内容接轨即可，无须单独加以规定。相比之下，我国无论是在行政机关之间的职责分工、纠纷的解决还是在对行政机关责任的追究方面，都缺乏行之有效的法律制度，因此，无论将来我国的行政程序法如何安排行政救济程序，都有必要在学理上探讨行政协助法律责任的分担问题。

行政协助法律责任的分配模式必须考虑不同种类的行政协助，尤其是内部行政协助与外部行政协助，因其涉及的法律关系主体不同会导致责任的追究形式和认定的内容也不相同。内部行政协助与外部行政协助是以行政协助行为能否与行政相对人发生法律关系为标准进行的分类。在内部行政协助中，所实施的行政协助行为是一个完全的内部行政行为，被请求机关只对所提供的协助行为承担法律责任，如果因被请求机关拒绝提供协助而导致请求机关的原行政行为无法完成，或者因所提供的书证等行政资料失实而导致原行政行为违法，应由请求机关单独对行政相对人承担外部行政法律责任，而后可依照内部行政程序追究被请求机关的内部行政法律责任。在外部行政协助的情况下，因为被请求机关与行政相对人发生了外部行政法律关系，因此应对自己所实施的行政协助行为承担外部法律责任，如果所实施的行政协助行为是与请求机关共同实施以完成原行政行为，则请求机关与被请求机关应承担连带责任，在行政诉讼中是共同被告；而如果是由被请求机关单独实施的，则由被请求机关为所实施的协助行为承担责任，由请求机关为原行政行为承担责任。

第四编　救　济　论

第十二章 行政复议

第一节 行政复议概述

一、中国行政复议法律制度的沿革

我国现代意义上的行政复议制度始于辛亥革命以后的行政诉愿制度。新中国的行政复议制度发端于20世纪50年代初。综观新中国行政复议制度的发展史,可以大致分为三个阶段:

1. 行政复议制度的初步发展阶段。20世纪50年代是我国行政复议制度的初步发展阶段,主要体现在颁行了一些相应的法律、法规。

1950年11月15日,财政部公布《中央人民政府财政部设置财政检查机构办法》,其中第6条规定:"被检查部门,对检查机构之措施,认为不当时,得备具理由,向其上级检查机构,声请复核处理。"这条虽然没有用"行政复议"这一术语,但"复核处理"实际上就是行政复议。1950年4月18日,政务院公布《暂行海关法》,行政复议制度适用于海关领域。1950年12月15日,政务院颁行实施的《税务复议委员会组织通则》和《印花税暂行条例》,首次使用了"复议"一词。例如,《税务复议委员会组织通则》第1条规定:"为各大城市人民政府贯彻国家公平合理的税收政策,调整税务工作中的公私关系,本集体协商共同负责精神,得视实际需要,依本通则组织税务复议委员会。"

进入20世纪50年代中后期,行政复议的范围和领域进一步扩大。这一时期规定了行政复议内容的法律、法规主要有:1954年颁行的《国营企业内部劳动规则纲要》、1955年颁行的《农村粮食统购统销暂行办法》、1957年颁行的《国务院关于国家行政机关工作人员的奖惩暂行规定》、《治安管理处罚条例》和《国境卫生检疫条例》、1959年颁行的《农业税条例》等。这些法律、法规的出台和实施,极大地推动了我国行政复议制度的完善和发展。

2. 行政复议制度遭受破坏阶段。20世纪60年代到70年代末,受极"左"思想和法律虚无主义的影响,行政复议制度几乎被废止。在这近20年内,仅有1971年交通部发布《海损事故调查和处理规则(试行)》第13、14条涉及了行政复议。

3. 行政复议制度恢复和蓬勃发展阶段。20世纪80年代,随着民主法制化的全面推进,行政复议制度恢复并蓬勃发展。越来越多的法律、法规规定了行政复议内容,并且将行政复议设置为行政诉讼的前置阶段。例如1987年9月17日国务院发布《投机倒把行政处罚暂行条例》,其中第11条规定:“被处罚人对工商行政管理机关的处罚决定不服的,可以在收到处罚通知之日起十五日内向上一级工商行政管理机关申请复议。上一级工商行政管理机关应当在收到复议申请之日起三十日内作出复议决定。”

1989年4月4日颁布了《行政诉讼法》之后,为了配合行政诉讼法中关于行政复议条款的施行,国务院于1990年12月通过《行政复议条例》,并于1991年1月1日起施行,这标志着我国完整的行政复议制度得以建立。该条例比较系统规定了行政复议制度,并且根据社会形势的发展,于1994年10月9日进行了一次较为完善的修订。《行政复议条例》施行8年之后,在总结我国行政复议制度实践经验的基础上,1999年4月29日第九届全国人民代表大会常务委员会第九次会议通过了《行政复议法》,该法于1999年10月1日起施行。《行政复议法》以法律的形式确立了行政复议制度,强化了其在防止和纠正违法、不当的具体行政行为,保护公民、法人和其他组织的合法权益,保障和监督行政机关依法行使职权方面的作用,并在内容规定上比原《行政复议条例》更为全面、科学、合理,从而使我国的行政复议制度得到了进一步的发展和完善,也标志着我国行政复议制度已发展到了一个新的阶段。

二、行政复议的概念与特征

我国《行政复议法》第2条规定:“公民、法人或者其他组织认为具体行政行为侵犯其合法权益,向行政机关提出行政复议申请,行政机关受理行政复议申请、作出行政复议决定,适用本法。”据此,行政复议可以定义为:公民、法人或者其他组织认为具体行政行为侵犯其合法权益,依法向规定的行政机关提出行政复议申请,受理的机关依据特定程序对原具体行政行为的合法性和适当性进行复查并作出裁决的活动和制度。行政复议具有以下特征:[1]

1.行政复议的申请人是行政相对人,被申请人是行政主体。行政复议这一特征表明:首先,行政复议是应行政相对人申请而引起的,采取“不告不理”的原则。作为行政相对人的公民、法人和其他组织,认为行政机关的具体行政行为侵犯其合法权益,从而与具体行政行为发生利害关系。如果行政机关依照职权主动对原具体行政行为进行复查,则不是行政复议。其次,行政复议的被申请人是行政主体,即作出具体行政行为的行政机关或法律法规授权的组织。其他国家机关,社会团体及公民个人均不能作为被申请人。

---

〔1〕 随着我国《行政诉讼法》的修改,具体行政行为的概念已被行政行为取代,但鉴于我国《行政复议法》尚未修改,此处仍沿用具体行政行为的概念。

2. 行政复议是以引起争议的具体行政行为为主要审理对象。行政主体作出的行政行为可以分为具体行政行为和抽象行政行为。根据《行政复议法》的规定,行政复议是以具体行政行为为审查对象,抽象行政行为只能在对具体行政行为时要求附带审查,且附带审查的对象只能是某些特定的规范性文件,而不是全部的抽象行政行为。

3. 行政复议以书面审理为主要审查方式。这也是行政复议制度不同于司法审查制度的显著特征。所谓书面审理方式,是指行政复议机关通过对申请人提出的申请书和被申请人提交的答辩书以及有关材料进行审查认定,在此基础上依法作出复议裁决。行政复议采用书面审理方式的目的,在于确保行政复议的效率。当然,行政复议并不排除在某些特殊情况下采取开庭审理的方式。如果行政案件的案情比较复杂,需要经过双方当事人的互辩才能弄清楚有关事实,则可以开庭审理。

三、行政复议的性质

在我国,对行政复议的性质有不同的观点。概括地讲有三种:一是"行政说",主张行政复议是一种具体行政行为;二是"司法说",主张从行政复议内容来看,它是一种司法活动;三是"行政司法说"或"准司法说",主张行政复议兼有行政和司法的特征。[2] 我们认为,行政复议的性质是多元的,不仅具有行政行为和司法行为性质,还具有救济和监督的特性。因此,行政复议的性质应从行政性、司法性、监督性和救济性来理解。

1. 行政性。行政复议的行政性体现在两方面:第一,行政复议是行政机关主持的行政活动,整个行政复议活动都是由行政机关所主导,行政复议主体、内容和程序无不体现出行政行为的属性。第二,行政复议主管机关一般都是实施原具体行政行为的行政机关的上级机关,因而在本质上行政复议是一种行政机关的内部监督活动,是行政机关行使职权的表现。

2. 司法性。行政复议的司法性主要体现在三个方面:第一,行政复议是由行政相对人提起的,行政相对人没有申请,行政机关不会主动启动行政复议程序。这一点与司法活动相似,不同于一般行政行为。第二,行政复议是由第三方——一般是作出具体行政行为主体的上一级机关对申请人与被申请人之间的行政争议做出裁决的活动。从形式上看,行政复议与司法活动是一样的,即由第三方居中对争议进行是非裁判。第三,行政复议是依照特定程序进行的活动,所适用的程序非常规范、严格,相当接近司法程序。

3. 监督性。行政复议是由行政系统内部的行政机关对下级或其所属的行政机

---

〔2〕 江必新、李江:《行政复议法述评——兼与行政复议条例之比较》,中国人民公安大学出版社 1999 年版,第 27~28 页。

关作出的违法或者不当的具体行政行为实施的一种监督和纠错行为。行政复议机关可以根据法定程序对行政主体作出的行政行为的合法性进行审查,并对违法的行政行为予以撤销,对不当的行政行为予以变更,对行政主体不履行法定职责的还可以责令其履行法定职责。因此,作为行政机关内部纠错机制重要环节的行政复议,兼顾了效率和公正,达到了监督行政主体依法行政的目的。

4. 救济性。我国《行政复议法》第 1 条就开宗明义地指出立法目的是“防止和纠正违法的或者不当的具体行政行为,保护公民、法人和其他组织的合法权益,保障和监督行政机关依法行使职权”。通过行政复议可以撤销违法行政行为,变更不当行政行为,从而起到消灭违法、不当行政行为的作用,使其不再影响相对人的合法权益,最终达到切实保护相对人合法权益的目的。此外,在行政复议中被确认是违法的侵权行为,如果造成了相对人的实际损害,相对人可以据此请求国家赔偿。因此,从根本上说,行政复议是行政救济制度的重要组成部分,属于国家行政救济机制的重要环节。

四、行政复议的基本原则

行政复议基本原则是指贯穿于行政复议活动的,行政机关在解决行政争议过程中必须遵循的基本准则。行政复议基本原则是《行政复议法》核心精神的集中体现和行政复议本质特征的突出表达。它在帮助人们正确理解行政复议的本质和特点,了解行政复议和行政诉讼的联系和区别,指导行政复议工作的顺利进行等方面发挥着重要作用。

我国《行政复议法》第 4 条规定:“行政复议机关履行行政复议职责,应当遵循合法、公正、公开、及时、便民的原则,坚持有错必纠,保障法律、法规的正确实施。”因此,我国行政复议的基本原则包含以下既相互独立又相互联系的内容:

1. 合法原则。合法原则要求行政复议机关及其工作人员应按照法定的权限和程序,对申请复议的具体行政行为和有关的抽象行政行为进行审查,并严格依照法律规定作出复议决定。包含三层意思:(1)行政复议机关及其职权应当合法。复议机关必须是依法成立并具有行政复议职权的行政机关;其复议活动必须严格依据法定的复议权限,否则就构成超越职权。(2)行政复议的依据应当合法。行政复议机关不仅要以现行有效的实体法作为复议依据,而且必须严格按照行政复议法或有关法律规定的程序和方式实施复议活动。(3)行政复议机关及其工作人员在复议活动中有违法行为的,应当严格依法追究其法律责任。

2. 公正原则。公正原则要求行政复议机关在行政复议过程中以中立的地位来处理申请人与被申请人之间的行政争议,不得偏袒任何一方。公正原则是合法原则的必要补充。如果说合法原则是对行政复议机关履行行政复议职责的本质要求,那么公正原则就是对行政复议机关高质量地履行行政复议职责的具体要求。

3. 公开原则。公开原则要求行政复议从受理、调查、审理和决定等每一环节都应公开进行并且应尽可能地向当事人和社会公开,使人们知晓复议活动的基本情况。行政复议活动公开进行,既保障了当事人尤其是申请人的知情权利,又监督了行政复议机关,避免"暗箱操作"甚至腐败。

4. 及时原则。及时原则要求及时受理行政复议申请、在法定的审理期限内审结行政复议案件、及时作出行政复议决定和及时处理当事人不履行行政复议决定等问题。"迟来的正义为非正义",如果对行政争议不及时予以处理,行政复议所体现的正义势必会"堕落"为非正义,也损害了行政复议制度的权威性和严肃性。

5. 便民原则。便民原则要求行政复议机关在施便于民的工作宗旨指导下,因地制宜地采取实用、经济有效的救济手段来解决行政争议,从而确保当事人行政复议目的的实现。在具体的行政复议活动中,行政复议机关要尽量方便行政相对人,使其不因行政复议活动而增加过大的负担,最大限度地节省他们所耗费的时间、精力和费用。

6. 有错必纠与保障法律、法规正确实施原则。行政机关违法或不适当地实施具体行政行为,在侵害了行政相对人合法权益的同时也导致了法律、法规的错误适用或不当适用,无法实现法律、法规所追求的价值。因此,有错必纠与保证法律、法规正确实施在价值取向上是一致的。我国《行政复议法》分则至少用两个条款来体现这一原则:(1)第27条,即"行政复议机关在对被申请人作出的具体行政行为进行审查时,认为其依据不合法,本机关有权处理的,应当在三十日内依法处理;无权处理的,应当在七日内按照法定程序转送有权处理的国家机关依法处理。处理期间,中止对具体行政行为的审查"。(2)第29条第2款,即"申请人在申请行政复议时没有提出行政赔偿请求的,行政复议机关在依法决定撤销或者变更罚款,撤销违法集资、没收财物、征收财物、摊派费用以及对财产的查封、扣押、冻结等具体行政行为时,应当同时责令被申请人返还财产,解除对财产的查封、扣押、冻结措施,或者赔偿相应的价款"。

第二节 行政复议范围

行政复议的范围是指行政复议法律规范规定的行政复议机关可受理行政争议案件的范围。综观我国行政复议法律规范,不仅规定了可以申请行政复议的范围,还规定了排除行政复议的范围。

一、行政复议范围的确定方式

现代世界各国的立法体制在确定行政复议范围时,一般有三种方式,即概括式、列举式和混合式。

1. 概括式。概括式是由统一的行政复议法对复议范围作原则性的概括规定，通常规定为：公民、法人或者其他组织认为行政机关的违法或不当行政行为侵犯自己的合法权益时，有权向复议机关申请行政复议。这种确定方式的优点在于其复议范围简单、全面，不致发生遗漏，但其缺陷是过于宽泛和不易具体掌握。

2. 列举式。列举式是由法律逐一列举，明确规定复议机关受理行政复议案件的类型，凡是列举到的行政争议都可以提起行政复议。列举式有肯定的列举和否定的列举两种方法。肯定的列举是由行政复议法对属于行政复议范围的行政案件逐个列举，凡列举的都在行政复议范围之内；否定的列举也称排除式列举，是对不属于行政复议范围的事项加以逐个列举，凡列举的都不在行政复议范围之内。列举式的优点在于范围明确、具体，可以复议或不能复议的界限分明，易于掌握。其缺陷是复议范围难以列举穷尽。

3. 混合式。混合式是既有法律规定概括的标准，又有明确列举复议机关受理行政案件的类型，同时还列举复议机关不能受理行政案件的若干事项。这种确立方式是吸取了前两种方式的优点，避开其缺陷，不失为确定行政复议范围的较好方式。

我国在确定复议范围上采取的就是这种混合式的方式。首先是以概括的方式确立行政复议范围的基本界限，如第 2 条规定，“公民、法人或者其他组织认为具体行政行为侵犯其合法权益，向行政机关提出行政复议申请，行政机关受理行政复议申请、作出行政复议决定，适用本法”。接着以肯定列举的方式列出属于行政复议范围的各种具体行政案件，如《行政复议法》第 6 条第 1 项至第 10 项具体列举的各种行政案件。同时还对一些目前难以列举全面，且今后将可能逐步纳入行政复议范围的行政案件又运用概括的方式作为补充，如《行政复议法》第 6 条第 11 项概括规定的其他行政争议案件。最后以否定列举的方式对不属于行政复议范围的事项作了排除的规定，如《行政复议法》第 8 条对两种不受理事项的规定等。

二、可以申请行政复议的肯定范围

可以申请行政复议的事项包括两类：一类是可以申请复议的具体行政行为；另一类是特定的规范性文件。

（一）可以申请行政复议的具体行政行为

根据我国《行政复议法》第 6 条的规定，可以申请行政复议的具体行政行为有以下几类：

1. 行政处罚所引发的争议。《行政复议法》第 6 条第 1 项规定：“对行政机关作出的警告、罚款、没收违法所得、没收非法财物、责令停产停业、暂扣或者吊销许可证、暂扣或者吊销执照、行政拘留等行政处罚决定不服的”，行政相对人可以申请行政复议。根据《行政处罚法》的规定，行政处罚形式除了上述条款列举的 8 种外，还包括法律、法规规定的其他处罚形式。如果行政相对人对法律、法规的其他处罚不服的,也同样可以申请行政复议。

2. 行政强制措施所引发的行政争议。《行政复议法》第 6 条第 2 项规定:"对行政机关作出的限制人身自由或者查封、扣押、冻结财产等行政强制措施决定不服的",行政相对人可以申请行政复议。

3. 行政主体变更、中止、撤销许可证、执照、资质证、资格证等证书引发的行政争议。持有许可证等证书在法律上的意义是可以从事某种职业或活动或者获得某种资格。许可证等证书的变更、中止或撤销对行政相对人的利益势必产生一定的影响,因此《行政复议法》第 6 条第 3 项规定:"对行政机关作出的有关许可证、执照、资质证、资格证等证书变更、中止、撤销的决定不服的",可以申请行政复议。

4. 行政主体确认行为所引发的争议。确认行为是指行政机关依法对行政相对人的身份及财产权归属予以确定认证的行为。《行政复议法》第 6 条第 4 项规定:"对行政机关作出的关于确认土地、矿藏、水流、森林、山岭、草原、荒地、滩涂、海域等自然资源的所有权或者使用权的决定不服的",行政相对人可以申请复议。

5. 行政主体侵犯合法经营自主权引发的争议。经营自主权是指公民、法人或其他组织对其经营事项和行为享有自主调整,不受他人干涉的权利。《行政复议法》第 6 条第 5 项规定:"认为行政机关侵犯合法的经营自主权的",行政相对人可以申请行政复议。

6. 行政主体变更或废止农业承包合同引发的争议。农业承包合同是以行政机关或集体经济组织为发包方与以农民为承包方签订的有关农业生产的合同,它规定了承包方与发包方的权利和义务,变更或废止农业承包合同无疑会导致农民权利的减损。《行政复议法》第 6 条第 6 项规定:"认为行政机关变更或者废止农业承包合同,侵犯其合法权益的",可以申请行政复议。

7. 行政主体违法集资、征收、摊派或要求履行义务引发的争议。保护公民的合法权益不受侵害,是行政主体的宗旨。违法集资、征收财物、摊派费用或者要求履行义务显然有违这一宗旨。《行政复议法》第 6 条第 7 项规定:"认为行政机关违法集资、征收财物、摊派费用或者违法要求履行其他义务的",行政相对人可以申请行政复议。

8. 行政主体不予行政许可的争议。行政相对人认为自己符合法律规定的行政许可条件,向有关行政机关申请行政许可,行政机关应该予以受理、审批。因而,《行政复议法》第 6 条第 8 项规定:"认为符合法定条件,申请行政机关颁发许可证、执照、资质证、资格证等证书,或者申请行政机关审批、登记有关事项,行政机关没有依法办理的",行政相对人可以申请行政复议。

9. 行政主体没有依法履行法定职责引发的争议。这里的"法定职责"是指依法履行保护公民人身权、受教育权和公民、法人或其他组织的财产权等职责。如果行政主体没有履行其法定职责就是失职,要承担相应的法律责任。《行政复议法》

第 6 条第 9 项规定:“申请行政机关履行保护人身权利、财产权利、受教育权利的法定职责,行政机关没有依法履行的”,行政相对人可以申请行政复议。

10. 行政主体没有依法履行行政给付引发的争议。行政给付又称行政物质帮助,一般是指在公民年老疾病或丧失劳动能力等情况下,行政主体依照法律规范赋予其一定物质权益或与物质有关的权益的具体行政行为。在我国,行政给付有抚恤金、社会保障金、最低生活保障费等。《行政复议法》第 6 条第 10 项规定:“申请行政机关依法发放抚恤金、社会保险金或者最低生活保障费,行政机关没有依法发放的”,行政相对人可以申请行政复议。

11. 行政主体其他行政行为侵犯公民合法权益引发的争议。《行政复议法》第 6 条第 11 项规定:“认为行政机关的其他具体行政行为侵犯其合法权益的”,行政相对人可以申请行政复议。这是一个兜底条款,是指出除了上述十类具体行政行为外的其他具体行政行为,是为了防止上述规定列举不足而作出的补充,是为行政复议今后进一步扩大复议范围留下余地。

(二)可以申请行政复议的特定规范性文件

根据《行政复议法》第 7 条的规定,公民、法人或其他组织在对具体行政复议申请复议时,可以向行政复议机关申请将特定的规范性文件一并审查。这里,特定的规范性文件包括国务院部门的规定、县级以上地方各级人民政府及其工作部门的规定以及乡、镇人民政府的规定。

从我国行政复议法律规范规定的现状来看,我国并没有建立起实质意义上的抽象行政行为复议制度。原因有二:第一,《行政复议法》只是采取列举式规定了三种特定的规范性文件,并且规定这些规范性文件不包含国务院部、委员会规章和地方人民政府规章。第二,申请行政复议机关对特定文件的审查,只是申请对具体行政行为所依据的规范性文件的一并审查。抽象行政行为复议制度的建立意味着和具体行政行为一样,行政相对人认为抽象行政行为侵犯其合法权益,就可以申请行政复议。尽管现阶段我国没有建立实质意义上的抽象行政行为复议制度,但可以申请对特定的规范性文件进行行政复议,推动了我国行政复议制度的完善。

关于抽象行政行为能否进行复议这一问题,理论界曾存在“否定说”和“肯定说”这两种截然相反的观点。“否定说”的主要理由是各省级政府已建立了规章效力以下规范性文件的备案审查制度;抽象行政行为问题很难在复议中解决;允许抽象行政行为可复议会引发如何与行政诉讼法相衔接等诸多法律问题。而“肯定说”从理论上和实践方面论证了建立抽象行为可复议制度的必要性。

笔者认为,建立抽象行政行为可复议制度,无论是保障行政相对人合法权益,还是完善行政复议制度都有积极作用,但也要考虑可操作性。因此,我们不主张在现阶段建立抽象行政行为的复议制度,应当立足于我国的现实情况,待时机成熟后逐步扩大可申请审查的规范性文件的范围,最终达到对抽象行政行为复议制度的建立。

三、排除行政复议的范围

排除行政复议的范围是指不允许行政相对人申请行政复议的事项。根据《行政复议法》第 8 条的规定,不能申请行政复议的事项有两类。

(一)对行政机关作出的行政处分或者其他人事处理决定不服

《行政复议法》第 8 条第 1 款规定:"不服行政机关作出的行政处分或者其他人事处理决定的,依照有关法律、行政法规的规定提出申诉。"依照本条规定,相对人不仅对行政处分不能申请复议,而且对其他人事处理决定也不能提起行政复议。

(1)关于行政处分。我国《公务员法》第 56 条规定,行政处分分为警告、记过、记大过、降级、撤职、开除。我国《行政监察法》第 38、39 条和第 41 条分别规定:"国家行政机关公务员和国家行政机关任命的其他人员对主管行政机关作出的处分决定不服的,可以自收到处分决定之日起三十日内向监察机关提出申诉,监察机关应当自收到申诉之日起三十日内作出复查决定;对复查决定仍不服的,可以自收到复查决定之日起三十日内向上一级监察机关申请复核,上一级监察机关应当自收到复核申请之日起六十日内作出复核决定"、"监察机关对受理的不服主管行政机关处分决定的申诉,经复查认为原决定不适当的,可以建议原决定机关予以变更或者撤销;监察机关在职权范围内,也可以直接作出变更或者撤销的决定"、"上一级监察机关认为下一级监察机关的监察决定不适当的,可以责成下一级监察机关予以变更或者撤销,必要时也可以直接作出变更或者撤销的决定"。

(2)关于其他人事处理。其他人事处理决定是指行政机关依法对特定公务员的权利义务所作的单方、要式人事行政行为。根据《公务员法》的规定,其他人事处理决定包括:确定公务员级别方面的决定、录用公务员方面的决定、考核与奖励的决定;职务升降与职务任免方面的决定;交流方面的决定;回避方面的决定;工资保险福利方面的决定;辞职辞退和退休方面的决定等。相对人对其他人事处理决定不服的,可以依照有关法律、法规的规定提出申诉,而不能通过复议程序解决。

(二)对行政机关就民事纠纷所作的调解或者其他处理不服

《行政复议法》第 8 条第 2 款规定:"不服行政机关对民事纠纷作出的调解或者其他处理,依法申请仲裁或者向人民法院提起诉讼。"行政机关对民事纠纷的调解或者处理行为,是一类特殊的具体行政行为。它们都是由行政机关以第三者的身份,居中调解或处理民事纠纷。这与行政机关管理行政相对人的行为,在性质上是不同的。当事人对行政机关的调解和处理不服,只是意味着原来的民事纠纷尚未得到解决,并不标志民事纠纷已经转化为行政纠纷。因此,相对人不服行政机关对民事纠纷作出的调解或者其他处理,不能申请行政复议,但可以依法申请仲裁或者向人民法院提起诉讼。

此外,外交、国防等国家行为,因为涉及国家秘密等以及很难具体操作,虽然

《行政复议法》没有做具体规定,事实上也不能行政复议。综观世界各国,这类行政行为都不将其纳入司法审查和行政复议范围之内。

第三节 行政复议参加人、行政复议机关与管辖

一、行政复议参加人

行政复议参加人包括以自己名义参加复议活动并保护自己合法权益的人和以他人名义参加复议活动、代他人为复议活动并保护其合法权益的人。具体来说行政复议参加人包括复议申请人、复议被申请人、复议第三人和复议代理人。

(一)复议申请人

行政复议申请人又称为复议申请人,是指认为行政主体侵犯其合法权益,以自己的名义向行政复议机关提起行政复议申请,要求对特定的具体行政行为进行审查的公民、法人或其他组织。依照相关法律、法规规定,复议申请人应当具备以下条件:

1. 复议申请人是行政相对人。包括公民、法人或其他组织。公民是指自然人,包括中国公民、外国公民和无国籍人。法人是指依照法定条件成立的具有民事权利能力和民事行为能力,享有民事权利和独立承担民事义务的组织。其他组织是指不具备法人条件、没有法人资格的组织。如合伙组织、处于筹备中的企事业单位或群众团体、外国在我国设立的从事一定经营活动和社会活动而未取得我国法人资格的组织等。行政机关作为行政管理的主体,不具有复议申请人的资格。

2. 复议申请人是认为其合法权益受行政主体作出的具体行政行为侵犯的公民、法人或其他组织。对此,可从两方面来理解:首先,复议申请人必须是与具体行政行为有利害关系的人。这里的"利害关系人"不仅限于受具体行政行为直接影响的相对人,也包括受具体行政行为间接影响的相对人。其次,"认为"是复议申请人的主观判断,即具体行政行为的损害可以是实际发生的,可以是可能发生的,也可以是根本不可能发生的,但只要复议申请人主观判断其合法权益遭受侵犯,就可以依法向行政复议机关申请行政复议。

3. 复议申请人是以自己的名义提起行政复议申请的公民、法人或其他组织。如果不是以自己的名义提起行政复议的,则他们可能是复议代理人或法定代表人,而不是复议申请人。

一般情况下,提起行政复议的申请人是具体行政行为侵害的当事人。在特殊情况下,复议申请人的资格也可能发生变化。根据《行政复议法》第10条的规定,复议申请人资格转移的情况有:(1)有权申请行政复议的公民死亡的,其近亲属可

以申请行政复议，此时，近亲属便取得了复议申请人资格，享有行政复议权。根据法律规定，公民的近亲属包括其配偶、父母、子女、兄弟姐妹、祖父母、外祖父母、孙子女、外孙子女等。（2）有权申请行政复议的法人或者其他组织终止的，承受其权利的法人或者其他组织可以申请行政复议。

（二）复议被申请人

复议被申请人简称被申请人，是指在复议申请人提起行政复议后，由行政复议机关通知参加行政复议活动的行政主体。根据《行政复议法》和《行政复议法实施条例》的规定，被申请人有以下几类：

1. 作出具体行政行为的行政机关和法律、法规授权组织。《行政复议法》第 10 条第 4 款规定："公民、法人或者其他组织对行政机关的具体行政行为不服申请行政复议的，作出具体行政行为的行政机关是被申请人。"《行政复议法实施条例》第 11 条规定："公民、法人或者其他组织对行政机关的具体行政行为不服，依照行政复议法和本条例的规定申请行政复议的，作出该具体行政行为的行政机关为被申请人。"

2. 以共同的名义作出具体行政行为的行政机关与法律、法规授权的组织。《行政复议法实施条例》第 12 条规定："行政机关与法律、法规授权的组织以共同的名义作出具体行政行为的，行政机关和法律、法规授权的组织为共同被申请人。行政机关与其他组织以共同名义作出具体行政行为的，行政机关为被申请人。"

3. 批准作出具体行政行为的行政机关。《行政复议法实施条例》第 13 条规定："下级行政机关依照法律、法规、规章规定，经上级行政机关批准作出具体行政行为的，批准机关为被申请人。"

4. 设立派出机构、内设机构或者其他组织的行政机关。《行政复议法实施条例》第 14 条规定："行政机关设立的派出机构、内设机构或者其他组织，未经法律、法规授权，对外以自己名义作出具体行政行为的，该行政机关为被申请人。"但如果按照有关法律、法规规定，该派出机构以自己名义作出具体行政行为的，该派出机构是被申请人。

5. 委托有关组织作出具体行政行为的行政机关。行政委托与授权不同，受委托只能依据行政机关的委托代表行政机关行使部分行政职权，它不具有行政主体资格，其法律责任必须由委托的行政机关承担。因此，对依委托的组织作出的具体行政行为不服而提起的行政复议，被申请人是委托的行政机关，而不是受委托的组织。

6. 作出具体行政行为的行政主体被撤销后的依法继受其权利义务的行政机关。如果作出具体行政行为的行政主体被撤销的，则由继续行使其职权的行政主体充当被申请人；如果行政主体被撤销后，没有继续行使其职权的行政主体，则由决定撤销该行政机关的行政机关充当被申请人。

（三）复议第三人

复议第三人是指与行政复议的具体行政行为有利害关系，经行政复议机关批准参加行政复议活动的公民、法人或其他组织。《行政复议法》第10条第3款规定：“同申请行政复议的具体行政行为有利害关系的其他公民、法人或者其他组织，可以作为第三人参加行政复议。”复议第三人必须具备四项条件：(1)必须是与被申请的具体行政行为有利害关系；(2)必须是维护自身合法权益的公民、法人或其他组织；(3)必须是行政复议过程中参与行政复议活动的公民、法人或其他组织；(4)必须是经过行政复议机关批准而参与行政复议活动的公民、法人或其他组织。

复议第三人参加行政复议活动的方式，既可以是被通知参加，也可以自己申请后被批准参加。根据《行政复议法实施条例》第9条的规定，行政复议期间，行政复议机构认为申请人以外的公民、法人或者其他组织与被审查的具体行政行为有利害关系的，可以通知其作为第三人参加行政复议。行政复议期间，申请人以外的公民、法人或者其他组织与被审查的具体行政行为有利害关系的，可以向行政复议机构申请作为第三人参加行政复议。

（四）复议代理人

复议代理人是指在行政复议活动中，行政机关或行政相对人委托或者依据法律规定或行政复议机关指定的在代理权限范围之内为被代理人行使代理权的人。一般而言，复议代理分为法定代理、指定代理和委托代理，因此，复议代理人可分为法定代理人、指定代理人和委托代理人三类。

1. 法定代理人。法定代理人是指依据《行政复议法》的规定，代理无民事行为能力或限制民事行为能力人的复议申请人或复议第三人进行行政复议活动的人。《行政复议法》第10条规定：“有权申请行政复议的公民为无民事行为能力人或者限制民事行为能力人的，其法定代理人可以代为申请行政复议。”其中，自然人的行为能力与其年龄和精神状况有关，不满10周岁的人和不能辨认自己行为的精神病人是无行为能力人；10周岁以上的未成年人和不能完全辨认自己行为的精神病人是限制行为能力人。

2. 指定代理人。指定代理人是指根据行政复议机关的指定，代理无民事行为能力或限制民事行为能力人的复议申请人或复议第三人进行行政复议活动的人。产生指定代理权的前提条件是作为当事人的公民无行为能力或限制行为能力，并且无法定代理人或法定代理人不能行使代理权。

3. 委托代理人。委托代理人是指受复议申请人、复议被申请人或复议第三人的委托，代理其进行行政复议活动的人。《行政复议法实施条例》第10条规定：“申请人、第三人可以委托1至2名代理人参加行政复议。申请人、第三人委托代理人的，应当向行政复议机构提交授权委托书。授权委托书应当载明委托事项、权限和期限。公民在特殊情况下无法书面委托的,可以口头委托。口头委托的,行政复议机构应当核实并记录在卷。申请人、第三人解除或者变更委托的,应当书面报告行政复议机构。"

二、行政复议机关与行政复议机构

(一)行政复议机关

行政复议机关是指有权对行政争议事项的合法性和适当性依法进行审查的行政机关。行政复议机关是行政复议活动的核心,起主导作用。行政复议机关成立必须具备三个条件:第一,必须是行政机关,法律法规授权的其他组织不能成为行政复议机关。第二,必须是依法享有行政复议职权的行政机关。《行政复议法》第3条规定:"依照本法履行行政复议职责的行政机关是行政复议机关。"这意味着并不是所有的行政机关都能成为行政复议机关。例如,乡、镇人民政府因为《行政复议法》没有授予其行政复议职权,因而不能成为行政复议机关。第三,必须是以自己的名义行使行政复议权的行政机关。这意味着行政复议机关不能将其行政复议权交由他人代理。

按照不同的标准,可以对行政复议机关作不同的划分。根据《行政复议法》和其他相关法律规范规定,我国行政复议机关主要有以下类型:

1. 行政复议机关是作出原具体行政行为机关的上一级行政机关。如果作出具体行政行为的是省级以下的地方政府,则由该政府的上一级政府作为行政复议机关;如果作出具体行政行为的是省级以下政府的工作部门,则作为行政复议机关的"上一级"行政机关有两种情况:一是作出具体行政行为的行政机关的同级政府;二是作出具体行政行为的行政机关的上　级主管部门。我国大多数行政复议案件都是由作出原具体行政行为机关的上一级行政机关作为复议机关的。这种复议制度的设计,有利于保证行政复议结果的公正性,也符合行政系统的层级监督原则。

2. 行政复议机关是作出原具体行政行为的行政机关。如《行政复议法》第14条规定,对国务院部门或者省、自治区、直辖市人民政府的具体行政行为不服的,由作出具体行政行为的国务院部门或省、自治区、直辖市的政府作为行政复议机关自行审查。这样规定的理由主要是为了减轻国务院的工作负担。由作出原具体行政行为的行政机关作为复议机关,具有一定的优势,如复议决定快,省时省力,也便利双方当事人进行复议,有利于提高行政效率。但它的缺陷在于,这实际上是自己审理自己的案件,难以保证复议的公正性。

(二)行政复议机构

行政复议机构是指享有行政复议权的行政机关内部设置的专门负责处理行政复议案件的机构。从这一定义来看,行政复议机构有如下特征:

1. 行政复议机构是行政复议机关内部设立的机构。《行政复议法》第3条规定,行政复议机关负责法制工作的机构就是行政复议机构。

2. 行政复议机构是专门负责行政复议案件处理的机构。根据《行政复议法》第3条的规定，行政复议机构履行如下职责：(1)受理行政复议申请；(2)向有关组织和人员调查取证，查阅文件和资料；(3)审查申请行政复议的具体行政行为是否合法与适当，拟订行政复议决定；(4)处理或者转送对可以附带申请复议的特定规范性文件的审查申请；(5)对行政机关违反《行政复议法》的行为依照规定的权限和程序提出处理建议；(6)办理因不服行政复议决定提起行政诉讼的应诉事项；(7)法律、法规规定的其他职责。

3. 各行政复议机构只对其所在的行政复议机关负责。可从两个方面来理解：(1)行政复议机构只是行政复议机关的一个内部工作机构、一个组成部分，不具有独立的行政主体地位，不能以自己的名义作出任何行政行为，也不能对外承担法律责任。(2)上下级行政复议机关的行政复议机构之间不存在直接领导和监督关系，它们各自对所属的行政复议机关负责。

三、行政复议的管辖

行政复议的管辖是指不同行政复议机关之间受理行政复议案件的分工与权限。确立行政复议管辖，一方面明确了行政复议机关对行政复议案件的分工与权限，可以避免行政复议机关利用管辖不明的缺失相互推诿；另一方面便于行政相对人申请行政复议，维护其合法权益。

(一)确定行政复议管辖的原则

确定行政复议管辖，应当要综合考虑多方面因素。具体来说，这些因素主要有：

1. 便于行政相对人申请行政复议。行政复议的最终目的就是要维护行政相对人的合法权益。要实现这一目的，首先在制度设计上要便于行政相对人申请行政复议，尽量避免行政相对人耗费大量的人力、物力。

2. 便于上级行政机关对下级行政机关的监督。从某种意义上说，行政复议是一种监督活动。行政复议可以促使行政机关依法行政，并且也可以促使上级行政机关对下级行政机关的监督，从而使行政复议活动能够有效地保证行政机关依法行政，实现行政复议的立法目的。

3. 便于行政复议机关高效处理行政复议案件。为实现行政复议机关高效处理行政复议案件的工作目标，首先要充分考虑不同行政复议机关承担处理相应行政案件的合理性和可能性，据此，需要通过管辖具体落实。

4. 原则性与灵活性相结合的原则。由于行政复议案件的复杂性和我国行政管理体制的现状，决定了确立行政复议管辖在坚持原则性的同时，应赋予行政复议机关一定的机动性和灵活性。如在复议管辖权不明确或者管辖发生争议时，应采取指定和移送管辖来解决这种问题，以适应复杂多变的实际情况。

(二)行政复议管辖的种类

根据《行政复议法》的规定,行政复议的管辖可分为以下几种:

1. 对政府工作部门的具体行政行为不服的管辖。《行政诉讼法》第 12 条规定:“对县级以上地方各级人民政府工作部门的具体行政行为不服的,由申请人选择,可以向该部门的本级人民政府申请行政复议,也可以向上一级主管部门申请行政复议。对海关、金融、国税、外汇管理等实行垂直领导的行政机关和国家安全机关的具体行政行为不服的,向上一级主管部门申请行政复议。”这包括三种情形:其一是因对县级以上地方各级人民政府工作部门的具体行政行为不服引发的行政复议管辖;其二是因对海关、金融、国税、外汇管理等实行垂直领导的行政机关的具体行政行为不服引发的行政复议管辖;其三是因对国家安全机关的具体行政行为不服引发的行政复议管辖。

2. 对地方各级人民政府及其派出机构的具体行政行为不服的管辖。《行政复议法》第 13 条规定:“对地方各级人民政府的具体行政行为不服的,向上一级地方人民政府申请行政复议。对省、自治区人民政府依法设立的派出机关所属的县级地方人民政府的具体行政行为不服的,向该派出机关申请行政复议。”这里的“省、自治区人民政府依法设立的派出机关所属的县级地方人民政府”主要是指各“行政公署”所属的县级地方人民政府。[3]

3. 对国务院部门或者省、自治区、直辖市人民政府的具体行政行为不服的管辖。《行政复议法》第 14 条规定:“对国务院部门或者省、自治区、直辖市人民政府的具体行政行为不服的,向作出该具体行政行为的国务院部门或者省、自治区、直辖市人民政府申请行政复议。对行政复议决定不服的,可以向人民法院提起行政诉讼;也可以向国务院申请裁决,国务院依照本法的规定作出最终裁决。”这类管辖分为三种情况:(1)对省部级行政机关作出的具体行政行为不服的,必须先向原级行政机关申请行政复议;(2)对省部级行政机关作出的行政复议决定不服的,申请人有权提起行政诉讼;(3)国务院作出的行政复议决定是最终裁决,申请人不得再向法院提起诉讼。

4. 对县级以上地方人民政府依法设立的派出机关的具体行政行为不服的管辖。《行政复议法》第 15 条第 1 款第 1 项规定:“对县级以上地方人民政府依法设立的派出机关的具体行政行为不服的,向设立该派出机关的人民政府申请行政复议。”《地方各级人民代表大会和地方各级人民政府组织法》第 68 条规定:“省、自治区的人民政府在必要的时候,经国务院批准,可以设立若干派出机关。县、自治县的人民政府在必要的时候,经省、自治区、直辖市的人民政府批准,可以设立若干

---

〔3〕 我国很多地方已实行“地改市”体制,撤销了原来的“行政公署”建制,但还有部分地区保留了“行政公署”建制。行政公署是省、自治区人民政府依法设立的派出机关。

区公所,作为它的派出机关。市辖区、不设区的市的人民政府,经上一级人民政府批准,可以设立若干街道办事处,作为它的派出机关。”

5. 对政府工作部门依法设立的派出机构以自己的名义作出的具体行政行为不服的管辖。《行政复议法》第 15 条第 1 款第 2 项规定:“对政府工作部门依法设立的派出机构依照法律、法规或者规章规定,以自己的名义作出的具体行政行为不服的,向设立该派出机构的部门或者该部门的本级地方人民政府申请行政复议。”这一规定表明,在这些派出机构中,只有依法设立并依照法律、法规或者规章规定,以自己的名义作出具体行政行为的派出机构,才可以成为行政复议的被申请人。申请人对该派出机构作出的具体行政行为不服的,可以选择向设立派出机构的部门申请复议,也可以选择该部门的本级地方人民政府申请复议。

6. 对法律、法规授权的组织的具体行政行为不服的管辖。《行政复议法》第 15 条第 1 款第 3 项规定:“对法律、法规授权的组织的具体行政行为不服的,分别向直接管理该组织的地方人民政府、地方人民政府工作部门或者国务院部门申请行政复议。”被授权的组织因为是以自己的名义独立实施的行政行为,当然要独立承担法律后果。根据谁直接管理谁负责的原则,地方人民政府、地方人民政府工作部门或者国务院部门直接管理的授权组织,则分别由他们各自来管辖行政复议案件。

7. 对两个或者两个以上行政机关以共同的名义作出的具体行政行为不服的管辖。《行政复议法》第 15 条第 1 款第 4 项规定:“对两个或者两个以上行政机关以共同的名义作出的具体行政行为不服的,向其共同上一级行政机关申请行政复议。”包括四种情形:(1)对同一政府所属两个或两个以上行政机关以共同的名义作出的具体行政行为不服提起行政复议的,则由行政机关所属的政府管辖。(2)对不同级别两个或两个以上行政机关以共同的名义作出的具体行政行为不服提起行政复议的,则由行政机关共同上一级行政机关管辖。(3)对两个或两个以上政府以共同的名义作出的具体行政行为不服提起行政复议的,则由政府的共同上一级政府管辖。(4)行政机关与被授权组织以共同的名义作出的具体行政行为不服提起行政复议的,则由它们共同领导或主管的行政机关管辖。

8. 对被撤销的行政机关在撤销前所作出的具体行政行为不服的管辖。《行政复议法》第 15 条第 1 款第 5 项规定:“对被撤销的行政机关在撤销前所作出的具体行政行为不服的,向继续行使其职权的行政机关的上一级行政机关申请行政复议。”这里的“上一级行政机关”是指与继续行使职权的行政机关有领导或指导关系的上一级行政机关。

9. 行政复议的转送管辖。转送管辖是指行政复议机关在受理行政复议申请后发现其没有管辖权而依法转送有管辖权的行政复议机关管辖。《行政复议法》第 18 条规定:“依照本法第十五条第二款的规定接受行政复议申请的县级地方人民政府,对依照本法第十五条第一款的规定属于其他行政复议机关受理的行政复议申请，应当自接到该行政复议申请之日起七日内，转送有关行政复议机关，并告知申请人。接受转送的行政复议机关应当依照本法第十七条的规定办理。”其中15条第2款规定：“有前款所列情形之一的，申请人也可以向具体行政行为发生地的县级地方人民政府提出行政复议申请，由接受申请的县级地方人民政府依照本法第十八条的规定办理。”第17条规定：“行政复议机关收到行政复议申请后，应当在五日内进行审查，对不符合本法规定的行政复议申请，决定不予受理，并书面告知申请人；对符合本法规定，但是不属于本机关受理的行政复议申请，应当告知申请人向有关行政复议机关提出。”从实质上讲，转送管辖是无管辖权的复议机关，在受理了不属于自己管辖的案件后，采取的一种纠正措施，而不是管辖权的转移。转送管辖一般需要具备三个条件：第一，转送的复议机关对被转送的复议申请没有管辖权；第二，转送的必须是复议机关已经受理的复议案件；第三，受转送的复议机关必须对复议案件有管辖权。

第四节　行政复议程序

行政复议程序是指关于通过行政复议活动来处理行政争议的步骤、方式和时限的总和。“任何法律制度，如果没有良好的实施程序，其所蕴涵的法律精神也就难以实现。”〔4〕行政复议程序既保证了行政复议法维护行政相对人合法权益的精神的实现，又保证了行政复议活动合法、高效地进行。根据我国《行政复议法》的规定，行政复议程序分为行政复议申请、行政复议受理、行政复议审理、行政复议决定和行政复议执行五阶段。此外，《行政复议法实施条例》对行政复议的调解做了相应规定。

一、复议申请

复议申请是行政复议的启动程序，是行政相对人认为行政主体作出的具体行政行为侵犯其合法权益，向行政复议机关申请对该具体行政行为进行审查以维护其合法权益的意思表示。《行政复议法》和《行政复议法实施条例》对行政复议的申请条件、期限和方式都作了明确规定。

（一）复议申请的条件

复议申请人申请行政复议必须符合以下条件：(1)必须是认为行政主体作出的具体行政行为侵犯了其合法权益的公民、法人或其他组织；(2)必须有明确的被申请人；(3)必须有具体的事实依据和复议要求；(4)必须是属于行政复议法律规

〔4〕皮纯协：《行政复议法论》，中国法制出版社1999年版，第201页。

范规定的可以申请行政复议的范围;(5)必须属于受理复议机关的管辖范围;(6)必须符合法定的申请期限;(7)符合法律、法规的其他规定,如行政相对人没有向法院提起了行政诉讼且被受理的案件,如果相对人已向人民法院提起行政诉讼,人民法院已经依法受理的,则不得申请行政复议。

(二)复议申请的期限

复议申请的期限是指行政复议法律规范规定的申请人向行政复议机关申请行政复议的法定有效期限。《行政复议法》第9条第1款规定:"公民、法人或者其他组织认为具体行政行为侵犯其合法权益的,可以自知道该具体行政行为之日起六十日内提出行政复议申请;但是法律规定的申请期限超过六十日的除外。"

可见,行政复议的一般期限是60天,关于这一期限的计算,《行政复议法实施条例》第15条做了细致、明确的规定:(1)当场作出具体行政行为的,自具体行政行为作出之日起计算;(2)载明具体行政行为的法律文书直接送达的,自受送达人签收之日起计算;(3)载明具体行政行为的法律文书邮寄送达的,自受送达人在邮件签收单上签收之日起计算;没有邮件签收单的,自受送达人在送达回执上签名之日起计算;(4)具体行政行为依法通过公告形式告知受送达人的,自公告规定的期限届满之日起计算;(5)行政机关作出具体行政行为时未告知公民、法人或者其他组织,事后补充告知的,自该公民、法人或者其他组织收到行政机关补充告知的通知之日起计算;(6)被申请人能够证明公民、法人或者其他组织知道具体行政行为的,自证据材料证明其知道具体行政行为之日起计算。

需要注意的是,对如果是对行政主体不予行政许可的争议、行政主体没有依法履行法定职责的争议或者行政主体没有依法履行行政给付的争议,行政相对人提出申请的期限如何计算等问题,《行政复议法实施条例》第16条作了相应规定:如果有履行期限规定的,自履行期限届满之日起计算;如果没有履行期限规定的,自行政机关收到申请满60日起计算;公民、法人或者其他组织在紧急情况下请求行政机关履行保护人身权、财产权的法定职责,行政机关不履行的,行政复议申请期限不受上述规定的限制。

此外,《行政复议法》第9条第2款规定:"因不可抗力或者其他正当理由耽误法定申请期限的,申请期限自障碍消除之日起继续计算。"

(三)复议申请的方式

复议申请的方式是指行政相对人表达其复议意愿的具体表现形式。

1. 申请方式可以是书面的、口头的或其他形式。根据《行政法复议法》第11条的规定,申请人申请行政复议,可以书面申请,也可以口头申请;口头申请的,行政复议机关应当当场记录申请人的基本情况、行政复议请求、申请行政复议的主要事实、理由和时间。根据《行政复议法实施条例》第18条的规定,申请人书面申请行政复议的,可以采取当面递交、邮寄或者传真等方式提出行政复议申请。有条件的行政复议机构可以接受以电子邮件形式提出的行政复议申请。

2. 申请书应载明的事项。申请人书面申请行政复议的，应当在行政复议申请书中载明下列事项：(1)申请人的基本情况，包括：公民的姓名、性别、年龄、身份证号码、工作单位、住所、邮政编码；法人或者其他组织的名称、住所、邮政编码和法定代表人或者主要负责人的姓名、职务。(2)被申请人的名称。(3)行政复议请求、申请行政复议的主要事实和理由。(4)申请人的签名或者盖章。(5)申请行政复议的日期。

3. 申请时应提供的证明。根据《行政复议法实施条例》第 21 条的规定，有下列情形之一的，申请人应当提供证明材料：认为被申请人不履行法定职责的，提供曾经要求被申请人履行法定职责而被申请人未履行的证明材料；申请行政复议时一并提出行政赔偿请求的，提供受具体行政行为侵害而造成损害的证明材料；法律、法规规定需要申请人提供证据材料的其他情形。

二、复议受理

复议受理是复议机关对符合条件的复议申请决定立案的程序。根据《行政复议法实施条例》第 28 条的规定，行政复议申请符合下列规定的，应当予以受理：(1)有明确的申请人和符合规定的被申请人；(2)申请人与具体行政行为有利害关系；(3)有具体的行政复议请求和理由；(4)在法定申请期限内提出；(5)属于行政复议法规定的行政复议范围；(6)属于收到行政复议申请的行政复议机构的职责范围；(7)其他行政复议机关尚未受理同一行政复议申请，人民法院尚未受理同一主体就同一事实提起的行政诉讼。

根据《行政复议法》第 17 条的规定，行政复议机关收到行政复议申请后，应当在 5 日内进行审查，对不符合本法规定的行政复议申请，决定不予受理，并书面告知申请人；对符合规定但不属于本机关受理的行政复议申请，应当告知申请人向有关行政复议机关提出。除此规定外，行政复议申请自行政复议机关负责法制工作的机构收到之日起即为受理。此外，根据《行政复议法》第 20 条和《行政复议法实施条例》第 31 条的规定，公民、法人或者其他组织依法提出行政复议申请，行政复议机关无正当理由不予受理的，上级行政机关应当责令其受理；经督促仍不受理的，应当责令其限期受理，必要时也可以直接受理；认为行政复议申请不符合法定受理条件的，应当告知申请人。

对于行政复议申请材料不齐或者表述不清楚以及申请人向两个或两个以上有复议管辖权的机关申请行政复议的情况，《行政复议法实施条例》第 29、30 条做了详细的规定。对行政复议申请材料不齐全或者表述不清楚的，行政复议机构可以自收到该行政复议申请之日起 5 日内书面通知申请人补正。补正通知应当载明需要补正的事项和合理的补正期限。无正当理由逾期不补正的，视为申请人放弃行政复议申请。补正申请材料所用时间不计入行政复议审理期限。申请人就同一事项向两个或者两个以上有权受理的行政机关申请行政复议的，由最先收到行政复议申请的行政机关受理；同时收到行政复议申请的，由收到行政复议申请的行政机关在10日内协商确定；协商不成的，由其共同上一级行政机关在10日内指定受理机关。协商确定或者指定受理机关所用时间不计入行政复议审理期限。

三、复议审理

复议审理是行政复议机关受理行政相对人提出的行政复议申请后，对争议的具体行政行为进行全面审查的活动。《行政复议法》和《行政复议法实施条例》就审前准备、审理方式、复议申请的撤回、复议期间具体行政行为是否停止执行、复议的中止和终止等做了明确具体的规定。

（一）审前准备

行政复议审理之前的准备工作主要是送达行政复议文书和收集有关证据。根据《行政复议法》第23条的规定，行政复议机关负责法制工作的机构应当自行政复议申请受理之日起7日内，将行政复议申请书副本或者行政复议申请笔录复印件发送被申请人。被申请人应当自收到申请书副本或者申请笔录复印件之日起10日内，提出书面答复，并提交当初作出具体行政行为的证据、依据和其他有关材料。申请人、第三人可以查阅被申请人提出的书面答复、作出具体行政行为的证据、依据和其他有关材料，除涉及国家秘密、商业秘密或者个人隐私外，行政复议机关不得拒绝。行政复议受理后，应组织2名以上的行政复议人员参加行政复议活动。在必要时，组织2名以上的行政复议人员实施调查核准证据。对行政复议材料进行审阅，发现行政复议申请人或被申请人不符合条件的需要及时更换，需要增加第三人的应及时通知其参加复议活动。此外，还要确定行政复议的审理方式、时间、地点和其他有关事项。

（二）审理方式

行政复议的审理方式是指复议机构审理行政争议案件所适用的具体审理形式。《行政复议法》第22规定："行政复议原则上采取书面审查的办法，但是申请人提出要求或者行政复议机关负责法制工作的机构认为有必要时，可以向有关组织和人员调查情况，听取申请人、被申请人和第三人的意见。"而所谓的书面审理，是指复议机关通过书面案卷而直接审理复议案件的审理方式。这种方式无须复议双方当事人到庭陈述辩论，而由复议机关直接对复议申请人的申请书和被申请人提出的答辩书以及案件材料、证据进行审查，并视具体情况依法直接作出复议决定。

（三）复议申请的撤回

复议申请的撤回是行政复议申请人在复议机构受理后、行政复议决定作出前，经行政复议机关同意而撤回其行政复议申请，终止行政复议审理的行为。根据《行政复议法》和《行政复议法实施条例》的规定：申请人在行政复议决定作出前自愿撤回行政复议申请的,经行政复议机构同意,可以撤回。可见,复议申请的撤回不是申请人随意的行为,需要具备的条件是:(1)申请人撤回申请必须出于自愿;(2)撤回复议申请必须在复议决定作出以前;(3)撤回复议申请必须说明理并经行政复议机构同意。行政复议申请撤回的法律后果是:撤回行政复议申请的,行政复议终止。申请人撤回行政复议申请的,不得再以同一事实和理由提出行政复议申请。但是,申请人能够证明撤回行政复议申请违背其真实意思表示的除外。

(四)复议期间具体行政行为是否停止执行

一般而言,为了保障行政主体作出的具体行政行为的有效性,在行政复议期间具体行政行为不停止执行。但是在行政复议期间有特殊情形,可以停止执行。《行政复议法》第21条规定,行政复议期间有下列情形之一的,可以停止执行:(1)被申请人认为需要停止执行的;(2)行政复议机关认为需要停止执行的;(3)申请人申请停止执行,行政复议机关认为其要求合理,决定停止执行的;(4)法律规定停止执行的。

(五)复议的中止和终止

复议的中止是在审理行政复议案件期间由于出现了特殊原因,影响案件的审理,从而暂时停止行政复议案件审理的情形。根据《行政复议法实施条例》第41条的规定,行政复议期间有下列情形之一,影响行政复议案件审理的,行政复议中止:(1)作为申请人的自然人死亡,其近亲属尚未确定是否参加行政复议的;(2)作为申请人的自然人丧失参加行政复议的能力,尚未确定法定代理人参加行政复议的;(3)作为申请人的法人或者其他组织终止,尚未确定权利义务承受人的;(4)作为申请人的自然人下落不明或者被宣告失踪的;(5)申请人、被申请人因不可抗力,不能参加行政复议的;(6)案件涉及法律适用问题,需要有权机关作出解释或者确认的;(7)案件审理需要以其他案件的审理结果为依据,而其他案件尚未审结的;(8)其他需要中止行政复议的情形。复议中止的原因消除后,应当及时恢复行政复议案件的审理。行政复议机构中止、恢复行政复议案件的审理,应当告知有关当事人。

复议的终止是在审理行政复议案件期间由于出现了特殊原因,使得继续审理行政复议案件没有必要,从而终止行政复议案件审理的情形。根据《行政复议法实施条例》第42条的规定,行政复议期间有下列情形之一的,行政复议终止:(1)申请人要求撤回行政复议申请,行政复议机构准予撤回的;(2)作为申请人的自然人死亡,没有近亲属或者其近亲属放弃行政复议权利的;(3)作为申请人的法人或者其他组织终止,其权利义务的承受人放弃行政复议权利的;(4)申请人与被申请人依照本条例第40条的规定,经行政复议机构准许达成和解的;(5)申请人对行政拘留或者限制人身自由的行政强制措施不服申请行政复议后,因申请人同一违法行为涉嫌犯罪,该行政拘留或者限制人身自由的行政强制措施变更为刑事拘留的;(6)上述中止情形中按照第1、2、3项规定中止行政复议,满60日行政复议中止的原因仍未消除的,行政复议终止。

四、复议决定

复议决定是行政复议机关审理行政复议案件后作出的具有法律效力的裁决。根据《行政复议法》与《行政复议法实施条例》的规定,复议决定有维持决定,限期履行决定,撤销、变更或确认违法决定,驳回决定和责令赔偿决定等形式。

(一)维持决定

维持决定是复议机关所作的维持被复议的具体行政行为、使被复议的具体行政行为继续发生效力的决定。维持决定应当同时符合以下条件:具体行政行为适用法律、法规、规章和具有普遍约束力的决定、命令正确;具体行政行为依据的事实清楚、证据确凿;具体行政行为程序合法;具体行政行为内容适当。

(二)限期履行决定

限期履行决定是复议机关认为被申请人有法律、法规和规章规定的职责,但被申请人拒不履行或拖延履行职责,而对其作出的复议决定。在有法定期限的情况下,应当责令其在法定期限内履行职责;如果没有法定期限的,也应当责令其在一个合理的期限内履行职责。

(三)撤销、变更或确认违法决定

具体行政行为具有以下情形之一的,复议机关可以作出撤销、变更或确认该具体行政行为违法的决定:(1)具体行政行为主要事实不清、证据不足的。(2)具体行政行为适用法律、法规、规章和具有普遍约束力的决定、命令错误的。(3)具体行政行为违反法定程序的。(4)具体行政行为超越或者滥用职权的。(5)具体行政行为明显不当的。由于以上原因撤销或确认具体行政行为违法的,复议机关可以责令被申请人在一定期限内重新作出具体行政行为。复议机关责令被申请人在一定期限内重新作出具体行政行为的,被申请人不得以同一事实和理由作出与原具体行政行为相同或基本相同的具体行政行为。

此外,根据《行政复议法》第28条第1款第4项的规定,被申请人自收到申请书副本或申请笔录复印件之日起10日内不提出书面答复,不提交当初作出具体行政行为的证据、依据或其他有关材料的,视为该具体行政行为没有证据、依据,复议机关可以决定撤销该具体行政行为。

(四)驳回决定

根据《行政复议法实施条例》第48条的规定,有下列情形之一的,行政复议机关应当决定驳回行政复议申请:(1)申请人认为行政机关不履行法定职责申请行政复议,行政复议机关受理后发现该行政机关没有相应法定职责或者在受理前已经履行法定职责的;(2)受理行政复议申请后,发现该行政复议申请不符合行政复议法和本条例规定的受理条件的。上级行政机关认为行政复议机关驳回行政复议申请的理由不成立的，应当责令其恢复审理。

（五）责令赔偿决定

具体行政行为经复议审查被确认为违法并且造成了申请人合法权益实际损害的，复议机关应作出责令被申请人赔偿损失的复议决定。根据《行政复议法》和《国家赔偿法》规定，公民、法人或者其他组织申请行政赔偿的，可以在提起行政复议或行政诉讼时一并提出赔偿申请，也可以单独就赔偿问题提出申请。如果申请人在申请复议时一并提出行政赔偿的申请，复议机关对具体行政行为审查后确认具体行政行为违法并已造成了申请人的实际损害的，就应作出责令被申请人赔偿损失的复议决定。申请人在申请行政复议时没有提出行政赔偿请求的，行政复议机关在依法决定撤销或者变更罚款，撤销违法集资、没收财物、征收财物、摊派费用以及对财产的查封、扣押、冻结等具体行政行为时，应当同时责令被申请人返还财产，解除对财产的查封、扣押、冻结措施，或者赔偿相应的价款。

行政复议机关应当自受理申请之日起60日内作出行政复议决定；但是法律规定的行政复议期限少于60日的除外。情况复杂，不能在规定期限内作出行政复议决定的，经行政复议机关的负责人批准，可以适当延长，并告知申请人和被申请人；但是延长期限最多不超过30日。行政复议机关作出行政复议决定，应当制作行政复议决定书，并加盖印章。行政复议决定书一经送达，即发生法律效力。

五、复议调解

复议调解是在行政复议过程中，行政复议机关按照自愿、合法原则对行政争议事项进行斡旋调停，用以解决争议的方式。根据《行政复议法实施条例》第50条的规定，有下列情形之一的，行政复议机关可以按照自愿、合法的原则进行调解：(1)公民、法人或者其他组织对行政机关行使法律、法规规定的自由裁量权作出的具体行政行为不服申请行政复议的；(2)当事人之间的行政赔偿或者行政补偿纠纷。当事人经调解达成协议的，行政复议机关应当制作行政复议调解书。调解书应当载明行政复议请求、事实、理由和调解结果，并加盖行政复议机关印章。行政复议调解书经双方当事人签字，即具有法律效力。调解未达成协议或者调解书生效前一方反悔的，行政复议机关应当及时作出行政复议决定。

六、复议执行

复议执行是行政复议当事人在行政复议机关作出行政复议决定或双方达成行政复议的调解协议后，对决定或协议的具体内容予以落实的行为。《行政复议法》第32条规定："被申请人应当履行行政复议决定。被申请人不履行或者无正当理由拖延履行行政复议决定的，行政复议机关或者有关上级行政机关应当责令其限期履行。"

可见，行政复议决定实现的途径有两种：(1)被申请人自觉履行行政复议决定；(2)对行政复议决定的强制执行，即国家行政机关、人民法院为了保障行政权的合法有效行使和行政管理活动的正常进行，对不履行行政复议决定的当事人所采取的一种强制手段，其目的是迫使当事人履行义务或达到与履行义务相同的状态。根据《行政复议法》第33条的规定，申请人逾期不起诉又不履行行政复议决定的，或者不履行最终裁决的行政复议决定的，按照下列规定分别处理：(1)维持具体行政行为的行政复议决定，由作出具体行政行为的行政机关依法强制执行，或者申请人民法院强制执行；(2)变更具体行政行为的行政复议决定，由行政复议机关依法强制执行，或者申请人民法院强制执行。

第十三章 行政诉讼

第一节 行政诉讼基本理论

一、行政诉讼法概述

（一）行政诉讼的概念与特征

1. 行政诉讼的概念

行政诉讼是司法机关处理行政争议的活动，而行政争议是行政诉讼存在的前提。不论何种行政行为，对行政相对人的利益都会产生或大或小的影响，有的则会产生利益损害。有损害则必有救济，而诉讼制度是最主要也是最重要的救济制度。

由于各国司法传统不同，对"行政诉讼"这一概念的表述方式也不同。在英国，没有"行政诉讼"概念，法院对行政行为的审查被称为"司法救济"，[1]而且其司法救济与我国行政诉讼在诉讼理念和诉讼制度上都有较大差异。在美国，没有"行政诉讼"概念，只有"司法审查"概念，而司法审查包括两个方面：法院对行政机关行政行为的审查；法院对国会制定的法律是否符合宪法的审查。前者可以看作是行政诉讼，后者可以看作宪法诉讼。可见，其司法审查不能等同于行政诉讼。在日本，也没有"行政诉讼"概念，与之相接近的概念是"行政争讼"，即关于行政上法律关系的争论。但是日本的行政争讼与我国的行政诉讼含义不完全相同，至少有两点区别：(1)日本的行政争讼解决的争议不限于公权力行使产生的争议，还包括对等当事人之间的争议；而我国仅限于公权力行使产生的争议。(2)日本行政争讼的审理机关，原则上由法院承担，但是有时出于迅速、简易以及专门性判断的必要性，也可以由行政机关承担；[2]而我国的行政诉讼只能由法院作为审理机关。在法国，行政诉讼是法院对行政活动的监督，这种监督依当事人申请而进行，是当事人不服行政机关行为的一种救济手段。[3]

在我国，由于学者研究的角度不同，对行政诉讼的认识也有不同。据有的学者

---

〔1〕 张越：《英国行政法》，中国政法大学出版社2004年版，第652页。

〔2〕 [日]盐野宏：《行政法》，杨建顺译，法律出版社1999年版，第254～255页。

〔3〕 王名扬：《法国行政法》，中国政法大学出版社1988年版，第549页。

介绍,在我国《行政诉讼法》没有出台之前,行政法学界关于行政诉讼的定义至少有14种。[4] 在《行政诉讼法》出台后,学者们普遍依据《行政法诉讼法》[5]的相关条款来界定"行政诉讼"。新法第2条规定:"公民、法人或者其他组织认为行政机关和行政机关工作人员的行政行为侵犯其合法权益,有权依照本法向人民法院提起诉讼。前款所称行政行为,包括法律、法规、规章授权的组织作出的行政行为。"既然我国已用立法形式确定了行政诉讼的内涵,行政诉讼普遍被界定为:公民、法人或其他组织认为行政机关及其工作人员的行政行为侵犯其合法权益依法向法院提起诉讼、由法院对行政行为进行审理并作出裁决的诉讼制度。

2. 行政诉讼的特征

行政诉讼与刑事诉讼、民事诉讼一起,构成我国三大基本诉讼制度。他们同为诉讼制度,因而具有一些共性,如都由人民法院主持进行,都是为了处理、解决案件,在具体程序上有一些相同之处等。但是,行政诉讼作为一项独立的诉讼制度,有自己的特征:

(1)行政诉讼中的原告、被告具有恒定性。行政诉讼是公民、法人和其他组织认为行政机关的行政行为违法并侵犯了自己的合法权益而提起的,为此,行政诉讼中能够成为原告、享有起诉权的,只能是作为相对一方当事人的公民、法人或其他组织;作出行政行为的行政机关没有起诉权,也没有反诉权,只能作为被告应诉。原告和被告的这种身份和地位是恒定而不能变换的,这是行政诉讼在原、被告身份上的重要特点,它与民事诉讼和刑事诉讼很不相同。

(2)行政诉讼的内容是解决一定范围的行政争议。解决行政争议是行政诉讼区别于民事诉讼和刑事诉讼的基本特征。所谓"行政争议",是指行政法律关系双方当事人之间的争议。但是,行政诉讼不能解决所有行政争议,它所解决的行政争议限于一定范围之内,通常是指行政相对人和行政机关之间的外部行政争议,而行政机关相互之间的和行政机关与其构成单位或工作人员之间的内部行政争议不通过行政诉讼途径解决,不属于行政诉讼的范畴。行政争议的存在是行政诉讼的前提,没有相对人对行政机关行政行为的不服和向人民法院提起异议,就不可能发生行政诉讼。

(3)行政诉讼的核心是审查行政行为的合法性。行政诉讼直接审查的对象是行政行为,而不是其他行为;且对行政行为的审查限于合法性范围,一般不对行政行为的合理性或适当性进行审查。

---

[4] 杨解君等:《行政法与行政诉讼法》(下),清华大学出版社2009年版,第52页。

[5] 由于《行政诉讼法》已于2014年11月1日进行了修改,所以在本书中用"旧法"来指称修改前的《行政诉讼法》,"新法"来指称修改后的《行政诉讼法》。

（二）行政诉讼的性质

1. 行政诉讼是一种法律监督制度

由于行政权力具有自我膨胀的特性，如果不对其加以控制，极易被滥用，侵害公民的权利。而对行政权加以控制的最佳利器是法律制度。在行政法制监督体系中，行政诉讼是一项事后法律监督制度，是国家法律监督制度的重要组成部分，于是，建立行政诉讼制度的宗旨之一是“监督行政机关依法行使职权”。人民法院通过对行政案件的审理，发现被诉的行政行为有违法情形，可以运用国家司法权，作出撤销违法行政行为，或责成行政机关重新作出行政行为，或要求被告限期履行职责的判决，还可以向相关行政机关提出司法建议，要求行政机关予以纠正。依法对被诉行政行为的合法性进行审查，体现了司法权对行政权的监督与制约，是行政法制监督的重要环节。

2. 行政诉讼是一种行政法律救济制度

行政诉讼的设定，旨在通过救济途径为行政相对人的合法权益提供保护。行政诉讼是在监督行政机关依法行政的同时保护行政相对人的合法权益，在相对人合法权益受到或者可能受到行政行为侵犯时，为相对人提供及时有效的救济。由于行政行为的先定效力，行政相对人在提起诉讼之前根本无法与行政主体对抗。所以没有行政诉讼，不法行政行为侵犯相对人的合法权益时，行政相对人的合法权益无法得到保障。行政诉讼的主要动因也就是行政相对人认为其合法权益被行政主体的行政行为所侵害，向人民法院提出了给予法律救济的要求。如果行政相对人没有提出给予法律救济的要求，如果国家不在救济制度体系中以法律规定司法裁判是最终救济途径，就不可能有行政诉讼。新法第1条规定：“为保证人民法院公正、及时审理行政案件，解决行政争议，保护公民、法人和其他组织的合法权益，监督行政机关依法行使职权，根据宪法，制定本法。”这是关于行政诉讼法宗旨的规定，具体而言，其宗旨有四项，但其终极目的是“保护公民、法人和其他组织的合法权益”。行政诉讼制度的建立，是国家顺应行政相对人提出的给予法律救济的要求的结果，行政诉讼活动就是要使被违法的行政行为所侵害的行政相对人的合法权益得到及时、有效的法律救济，从而使违法的行政作为和行政不作为及时得到纠正。

3. 行政诉讼是国家诉讼制度的一部分

我国有刑事、民事、行政三大诉讼制度，行政诉讼是国家诉讼制度的一部分，行政诉讼是解决行政机关和相对人行政纠纷的一种诉讼制度，属于诉讼的范畴，具有解决纠纷、实施权利救济等诉讼的性质和特征，与民事诉讼、刑事诉讼共同构成我国完整的诉讼制度。当然，同民事诉讼、刑事诉讼相比，行政诉讼有自己的特性。首先，解决的争议不同。行政诉讼是解决行政主体与行政相对人的行政争议的活动；而民事诉讼解决的是平等民事主体之间所产生的涉及人身权与财产权的民事争议;刑事诉讼解决的是被追诉者的刑事责任问题。其次,所反映的关系不同。行政诉讼反映的是行政权力同司法权力这两种权力之间的关系,而“反观民事诉讼和刑事诉讼,均不反映一种国家权力与另一种国家权力之间的关系。正是基于行政诉讼的这一特征,一些国家将行政诉讼称为司法审查”。〔6〕最后,原告与被告之间的地位不同。行政诉讼中的原告与被告是恒定的,原告只能是行政相对人或利害关系人,被告只能是行政机关,且不能反诉;而在民事诉讼中,原告与被告都是平等的民事主体,被告可以反诉;刑事诉讼中,虽然在公诉案件中原告与被告具有恒定性,但在自诉案件中则不一定。

(三)行政诉讼法

任何时代的国家都面临着如何运用国家行政权力来解决社会矛盾与纠纷,又如何防范国家行政权力“堕落”的问题。换言之,从有国家之日起,如何对国家行政权力进行有效规制以及获得好的社会治理效果是国家必须面对与正视的问题。“人们需要的与其说是好的人,还不如说好的制度……我们渴望得到好的统治者,但历史的经验向我们表明,我们不可能找到这样的人。正因为这样,设计使甚至坏的统治者也不会造成太大的损害的制度是十分重要的。”〔7〕而“众多形式的司法程序就是用于解决冲突纠纷的人类文明的答案”。〔8〕其中,通过行政诉讼方式来规制行政权力成了现代法治的必然选择,因为,如果当公民权利遭受行政权力侵害不给予其救济,那所能实现的也只能是瘸腿的“正义”甚至是“不正义”,而行政诉讼法正是可以有效保障公民在遭受行政权力侵害时进行权利救济的程序法。

1.行政诉讼法的含义与特征

行政诉讼法是指有关调整人民法院和当事人及其他诉讼参与人在审理行政案件过程中所进行的各种诉讼活动以及所形成的各种诉讼关系的法律规范的总和。行政诉讼法有狭义和广义之分。狭义的行政诉讼法仅指行政诉讼法典。在我国即指1990年实施的、2014年11月1日第十二届全国人民代表大会常务委员会第十一次会议修订的《中华人民共和国行政诉讼法》;广义的行政诉讼法,既包括宪法(包括组织法)、行政诉讼法典以及其他法律法规或者民事诉讼法可适用于行政诉讼的原则、制度和具体规定,还包括最高人民法院有关行政诉讼的司法解释和已经转化为国内法的国际条约。行政诉讼法有如下特征:

(1)行政诉讼法是我国法律体系中的重要法律部门。行政诉讼法以行政诉讼为调整对象,人民法院主持下的行政诉讼活动及由此形成的诉讼关系必须依据行

〔6〕张树义:《行政法与行政诉讼法》(第二版),高等教育出版社2007年版,第198页。
〔7〕[英]卡尔·波普:《猜想与反驳》,傅季重等译,上海译文出版社1996年版,第549页。
〔8〕[英]麦克斯·斯基德摩、马歇尔·卡里普:《美国政府简介》,张帆、林琳译,中国经济出版社1998年版,第281页。

政诉讼法进行,它是我国的基本法律之一,这就决定了行政诉讼法在我国法律体系中的重要地位。孟德斯鸠曾告诫我们:“如果行政者有决定国家征税的权力,而不是限于表示同意而已的话,自由就不存在了。因为这样行政权力就在立法最重要的关键上成为立法性质的权力了。”〔9〕因为一切的“权力总倾向于增加权力……它们喜欢自己是一个目的而不是手段”,〔10〕因此,如果我国法律体系中缺少或者不存在行政诉讼法,可以说行政权力会成为目的而不是手段。

(2)行政诉讼法是一部程序法。行政诉讼的主要任务是裁判当事人之间就行政法上的权利义务发生的争执,行政诉讼法就是具体规范人民法院和诉讼参加人在诉讼及裁判过程中的各种活动。“正义不仅要实现而且要以看得见的方式来实现。”恣意的对立物是程序,程序可以摆脱主观任意性,从而能够保证正义以看得见的方式实现。因而,行政诉讼法还是一部可以摆脱主观任意性,从而能够保证正义能以看得见的方式实现的程序法。

(3)行政诉讼法是对国家行政权力监督和制约的法律制度。行政诉讼法是解决行政案件的专门法律,行政诉讼法的法律规定和通过行政案件的审理对行政诉讼法的适用,从主观和客观上都起到了对国家行政权力的监督和制约作用。主观上主要体现在公民可以通过行政诉讼法对其合法权利进行救济,而且一旦行政主体败诉就得承担相应的法律责任,这样可以迫使行政主体依法谨慎地行使国家行政权力;客观上主要表现在人民法院对行政主体作出的行政行为给予的否定性评判。

2. 行政诉讼法的渊源

(1)宪法中有关行政诉讼的规定。我国《宪法》明确规定了公民的基本权利与自由、公民有权对国家机关及其工作人员违法失职行为进行申诉、控告与请求国家赔偿,《宪法》还规定了人民法院的审判制度和诉讼活动原则等。

(2)行政法典。也就是狭义的行政法,在我国指的是《行政诉讼法》。它较为系统地规定了行政诉讼原则与各项具体的行政诉讼制度。

(3)其他法律法规或者民事诉讼法可适用于行政诉讼的原则、制度和具体规定。为了保证法律之间的衔接,在其他法律法规或者民事诉讼法中基本上都有关于可适用于行政诉讼的原则、制度和具体规定的内容。比如,新《行政诉讼法》第101条规定:“人民法院审理行政案件,关于期间、送达、财产保全、开庭审理、调解、中止诉讼、终结诉讼、简易程序、执行等,以及人民检察院对行政案件受理、审理、裁判、执行的监督,本法没有规定的,适用《中华人民共和国民事诉讼法》的相关规定。”

---

〔9〕[法]孟德斯鸠:《论法的精神》(上),张雁深译,商务印书馆2005年版,第156页。

〔10〕[法]马里旦:《人和国家》,霍宗彦译,商务印书馆1964年版,第33页。

(4)最高人民法院有关行政诉讼的司法解释。当前,我国最高人民法院司法解释对规范与执行法律仍具有重要的意义。例如,配合旧法的实施,最高人民法院先后制定了《行政诉讼法若干问题的解释》、《证据若干问题的规定》、《关于审理国际贸易行政案件若干问题的规定》、《关于审理反倾销行政案件应用法律若干问题的规定》与《关于审理反补贴行政案件应用法律若干问题的规定》。但由于新的行政诉讼法的实施,上述司法解释也面临着重新修订的问题。

(5)已经转化为国内法的国际条约。在审理涉外行政案件时,法院除了使用我国的行政法律之外,还要使用通过缔结的、参加的或认可的国家条约和双边、多边条约。但我国申明保留的条款除外。

二、行政诉讼法的基本原则

行政诉讼法的基本原则是指贯穿于整个行政诉讼活动或主要环节、指导行政诉讼全过程的基本准则。根据新《行政诉讼法》第4、5、7、8、9、10、11条规定,我国行政诉讼的基本原则可概括为:法院依法独立行使行政诉讼审判权原则;以事实为根据,以法律为准绳原则;合议、回避、公开审判和两审终审原则;当事人诉讼地位平等原则;使用本民族语言、文字进行行政诉讼原则;辩论原则;人民检察院法律监督原则。但由于这些原则与民事诉讼、刑事诉讼原则是一致的,可以说是我国诉讼的一般性基本原则。因而,反映不出行政诉讼与民事诉讼、刑事诉讼的区别。

行政诉讼法的基本原则应该是行政诉讼所独有的、能够反映其特性的原则。

(一)对行政行为的合法性审查原则

该条规定了法院对行政行为的审查标准,即合法性审查。新《行政诉讼法》第6条规定:“人民法院审理行政案件,对行政行为是否合法进行审查。”行政行为有合法性和合理性,合法性是指符合法律的规定,合理性涉及行政裁量权问题。根据该条,行政审判只对行政行为合法性进行审查,对行政机关行使自由裁量权的合理性,原则上人民法院不得干预。之所以如此规定,是因为:(1)从法律赋予的职权来看。根据我国宪法,人民法院依法行使审判权,行政机关依法行使行政权。裁定行政行为是否合法的争议属于审判权的范围。确定行政行为在法律范围内如何实施更为适当、更为合理,是行政权的范围,两者不能互相代替。(2)从各自的工作擅长来看。人民法院长期进行审判活动,对适用法律最有经验,对法律问题最能作出正确评价。而行政机关长期进行行政活动,对行政管理最为熟悉和最具有行政管理专门知识,对在法律范围内究竟如何实施行政行为才更加适当、更为合理最有判断经验。因此,合法性问题应交由人民法院解决,适当性问题留给行政机关解决。

行政行为的合法性审查原则是我国行政诉讼法特有的原则,已成学界共识。在行政诉讼中,司法权的效力高于行政权,但是,此种司法权高于行政权的效力是有对象限制的。[11] 具言之，人民法院有权接受公民、法人或其他组织对行政主体作出的行政行为之效力的异议，并且有权对所涉及的行政行为进行合法性审查，在此基础之上依法作出该行政行为合法与否的评判，这体现出了司法权高于行政权的效力。

（二）诉讼期间行政行为不停止执行原则

新法第56条明确规定，诉讼期间不停止行政行为的执行。行政行为不因原告提起诉讼而停止执行，这既是行政行为公定力的体现，也是由现代行政管理的特性决定的。所谓公定力，是指行政行为一经成立，不论其是合法还是违法都推定为合法有效，所有的公民、法人和其他组织都必须予以尊重。公定力是一种推定或假定的法律效力，意味着除非行政行为有明显、重大违法，在法定机关依法定程序使之失效之前，都应当是合法有效的。公定力作为一种对世的法定效力，所指向的对象不仅包括行政机关和行政相对人，而且包括行政机关和行政相对人之外的其他公民、法人和其他组织。它要求一切公民、法人和其他组织对行政机关所作出的行政行为均予以尊重，不得任意否定。从反面来看，如果行政行为一经当事人起诉就停止执行，势必破坏行政管理的严肃性、权威性和连续性，使法律秩序处于不稳定状态。如果遇到起诉情况较多时，甚至会导致行政管理陷入瘫痪，危害社会和公众的利益。

当然，不停止执行原则也不是绝对的。根据新法第56条的规定，有下列情形之一的，停止行政行为的执行：(1)被告认为需要停止执行的；(2)原告或者利害关系人申请停止执行，人民法院认为该行政行为的执行会造成难以弥补的损失，并且停止执行不损害国家利益、社会公共利益的；(3)人民法院认为该行政行为的执行会给国家利益、社会公共利益造成重大损害的；(4)法律、法规规定停止执行的。

（三）不适用调解为原则、适用调解为例外

新法第60条规定，“人民法院审理行政案件，不适用调解。但是，行政赔偿、补偿以及行政机关行使法律、法规规定的自由裁量权的案件可以调解。调解应当遵循自愿、合法原则，不得损害国家利益、社会公共利益和他人合法权益”。

行政诉讼不调解是行政诉讼特有的原则之一，这是基于行政权既是职权也是职责的基本行政法理而来的。行政机关行使的是国家权力，其有权行使该权力，也必须行使该权力，且必须依法行政依法行使，行政机关没有随意处分的权力、没有讨价还价的权力。行政诉讼不适用调解，体现了对行政行为自身规律性的尊重。然而，条条规则有例外，行政诉讼也不是绝对不能调解的。首先，现实中，行政机关也存在可以自由裁量的空间，行政诉讼也存在可以调解的因素，而且，解决行政纠纷也需要多样化的、更加便捷的途径。其次，十八届三中全会对用调解方式解决纠

---

〔11〕 应松年：《行政法与行政诉讼法》（第二版），法律出版社2009年版，第454页。

纷有了进一步要求,要求"完善人民调解、行政调解、司法调解联动工作体系,建立调处化解矛盾纠纷的综合机制",这一改革要求同样适用于行政诉讼制度。为此,在总体上肯定行政诉讼不适用调解的同时,新法在总结实践经验的基础上,对行政诉讼调解开了一个口子,对可以调解的事项进行了明确列举,规定对涉及赔偿、补偿、自由裁量的案件可以调解,这是有限的调解,为老百姓坐下来与行政机关协商解决纠纷提供了途径,体现了适应现实需要的与时俱进的精神。

新法明确了可以调解的三种情形,即行政赔偿、补偿以及行政机关行使法律、法规规定的自由裁量权的案件。此外,新法明确了行政诉讼调解应遵循的原则,即自愿原则;合法原则;不得损害国家利益、社会公共利益和他人合法权益原则。

(四)举证责任倒置原则

举证责任倒置原则是指作为行政诉讼被告的行政机关负有提供其作出行政行为的证据和所依据的规范性文件的责任。新法第34条规定:"被告对作出的行政行为负有举证责任,应当提供作出该行政行为的证据和所依据的规范性文件。被告不提供或者无正当理由逾期提供证据,视为没有相应证据。"举证责任倒置是由行政管理活动的特殊性决定的。由于行政诉讼的客体是行政行为,作为被告的行政机关是行政行为的实施主体,它最清楚其作出行政行为的事实与法律依据;相反,行政相对人不易了解行政行为的依据,更无法了解行政行为的实施背景和过程。因此,被告具有较强的举证能力,应当负举证责任。

(五)依法保障公民行政诉权原则

这是新法新增的原则。根据新法第3条第1款和第2款的规定:"人民法院应当保障公民、法人和其他组织的起诉权利,对应当受理的行政案件依法受理。行政机关及其工作人员不得干预、阻碍人民法院受理行政案件。"这一条对于行政诉讼而言非常有必要,也是经过多年实践后写上的一条。当然,也有学者认为,此条规定没有必要,其理由为:(1)法律规定了受理行政案件的条件和程序,人民法院"对应当受理的"自然应当受理,其受理自然是"依法受理";对不符合条件和程序的不应当受理的,自然不予受理,这同样是"依法受理"的内在要求。(2)行政机关和人民法院相互之间各有法定职责,宪政理念强调各机关之间的制约均衡功能,自然不允许某一机关干预、阻碍另一机关行使其法定职责;行政机关依法应诉也是宪政和法治行政原理的内在要求,是司法权对行政权进行统制的必要前提条件和基础支撑。[12] 但从我国的现实情况来看,如此规定还是非常必要的,特别对解决当下行政案件立案难、审理难等问题具有较大的现实意义。多年来,行政诉讼立案难的问题一直是令人头疼的事情,行政纠纷产生后,迫于行政机关的压力,当事人不敢告、

---

〔12〕 杨建顺:"关于《行政诉讼法修正案(草案)》的修改建议",载法律教育网,http://www.chinalawedu.com/web/21712/wa2014081809473699509003.shtml。

不愿告，法院不愿立、不敢审，从而使得行政相对人告状无门，转而寻求信访渠道，也出现了一股公民“信访不信法”的不正常风气。新法增加此条，从法律上对行政机关的干预行为说“不”，有利于促进保护行政相对人行政诉权氛围的形成；也从法律上彻底消除某些行政机关常以“稳定大局”、“政府中心工作”等各种借口和名义干预、阻挠法院受理行政案件的现象发生。

三、行政诉讼与行政复议

根据我国行政诉讼法的有关规定，对属于人民法院受案范围的行政案件，公民、法人或者其他组织可以先向行政机关申请复议，对复议决定不服的，再向人民法院提起诉讼；也可以直接向人民法院提起诉讼。法律、法规规定应当先向行政机关申请复议，对复议决定不服再向人民法院提起诉讼的，依照法律、法规的规定。可见，行政诉讼和行政复议在解决行政争议的问题上目标一致，殊途同归，两者彼此配合，相互衔接，如果运行得法，必然形成不同制度的良性互动，实现一加一大于二的良好效果。

（一）行政诉讼与行政复议的异同

1. 行政诉讼与行政复议的相同点

（1）两者均由行政纠纷引起。行政纠纷是公民、法人或者其他组织与行政主体之间，或者行政主体与其公务人员之间，甚至行政主体相互之间，在行政权力的运行中发生的争执。而且，随着行政诉讼法的修改，行政诉讼与行政复议的受理范围越来越相似，不但受理具体行为，还受理复议或诉讼时提出的对特定规范性文件一并审查的请求。当然，目前行政诉讼与行政复议并不能解决所有的行政纠纷。

（2）两者均由作为行政管理相对方的利害关系人提起，提起者只能是“民”不能是“官”。《行政复议法》明确规定，认为行政主体作出的行政行为侵犯了其合法权益的公民、法人或其他组织是行政复议申请人。而新《行政诉讼法》第2条规定：“公民、法人或者其他组织认为行政机关和行政机关工作人员的行政行为侵犯其合法权益，有权依照本法向人民法院提起诉讼。”上述规定可谓异曲同工。

（3）被提起者只能是行政主体，即享有国家行政权，能以自己的名义行使行政权，并能独立承担由此而产生的相应法律责任的组织。

（4）行政行为的合法性都是被审查的重点。行政复议是对公民合法权益被行政行为侵害时的行政救济，其救济方式主要是对行政行为的合法性和适当性进行审查。根据新行政诉讼法的规定，人民法院审理行政案件，对行政行为是否合法进行审查。因此，合法性审查是其共性。

（5）在诉讼或复议期间，被告或被申请人都不得自行向原告或申请人和其他有关组织或者个人收集证据。新《行政诉讼法》第35条规定：“在诉讼过程中，被告及其诉讼代理人不得自行向原告、第三人和证人收集证据。”《行政复议法》第24条也规定：“在行政复议过程中，被申请人不得自行向申请人和其他有关组织或者个人收集证据。”

(6)在诉讼或复议期间,原则上都不停止行政行为的执行。新《行政诉讼法》第56条规定:“诉讼期间,不停止行政行为的执行。”《行政复议法》第21条也规定,“行政复议期间具体行政行为不停止执行”。此外,新《行政诉讼法》第57、59条规定,当事人对先予执行裁定和罚款、拘留不服申请复议的,在复议期间不停止执行。

2. 行政诉讼与行政复议的区别

行政诉讼与行政复议是行政救济制度的重要组成部分,两者的目的和功能是一致的,即都是通过纠正违法的行政行为以维护行政相对人的合法权益,都是依照法定程序审查行政行为的合法性以及特定规范性文件的制度。但两者有着明显的区别:(1)受理机关不同。行政诉讼的受理机关是有管辖权的人民法院,而行政复议的受理机关是有管辖权的行政复议机关。(2)适用程序不同。行政诉讼适用严格的司法程序,行政复议适用的则是“准司法程序”。(3)审查范围不同。除自由裁量权行使等少量行政行为外,行政诉讼只对行政行为的合法性进行审查,而行政复议不但审查行政行为的合法性,还审查其合理性、适当性。(4)处理权限不同。人民法院的裁决具有终局裁决的效力,而行政复议机关作出的行政复议决定,除了行政复议法律规范规定的特殊情况外,申请人对行政复议决定不服的,还可以向人民法院提起行政诉讼。(5)审理方式不同。行政复议原则上采用书面审查的方式;行政诉讼一般采用开庭审理方式(一审必须开庭审理)。(6)审级不同。行政诉讼实行二审终审制,行政复议实行一级复议制。此外,行政复议与行政诉讼在当事人称谓、法定期限、受案范围等方面也有所不同。

(二)行政诉讼与行政复议的衔接

根据《行政诉讼法》和《行政复议法》等法律规范的规定,行政诉讼与行政复议的衔接关系体现为:

1. 由当事人自由选择。新法第44条第1款规定:“对属于人民法院受案范围的行政案件,公民、法人或者其他组织可以先向行政机关申请复议,对复议决定不服的,再向人民法院提起诉讼;也可以直接向人民法院提起诉讼。”也就是说,除了法律明文规定的特殊情况,行政复议并不是诉讼的必经阶段。当事人对行政机关作出的行政行为不服的,既可以先向复议机关申请复议,也可以直接向人民法院提起诉讼,由当事人自主选择。当然,一旦当事人作出了选择,而且复议机关或人民法院已经受理的,当事人就不能再改变。例如,当事人已经选择了行政复议,在复议期间就不得另行提起行政诉讼;如选择了行政诉讼,根据司法最终原则,当事人也不可能再回到行政复议程序,此所谓“单项选择”。

2. 行政复议是行政诉讼的前置程序。新法第44条第2款规定:“法律、法规规定应当先向行政机关申请复议,对复议不服再向人民法院提起诉讼的,依照法律、法规的规定。"行政复议是行政诉讼的前置程序必须由法律、法规明确规定，例如《行政复议法》第 30 条第 1 款规定："公民、法人或者其他组织认为行政机关的具体行政行为侵犯其已经依法取得的土地、矿藏、水流、森林、山岭、草原、荒地、滩涂、海域等自然资源的所有权或者使用权的，应当先申请行政复议；对行政复议决定不服的，可以依法向人民法院提起行政诉讼。"

3. 行政复议为终局裁决的不得提起行政诉讼。新《行政诉讼法》第 13 条也规定了人民法院不受理公民、法人或其他组织对法律规定由行政机关最终裁决的行政行为。当事人即使不服行政复议机关的裁决，也不得提起行政诉讼。根据相关法律的规定，此类情况有如下情形：一是国务院的裁决。例如，《行政复议法》第 14 条规定，对国务院部门或者省、自治区、直辖市人民政府的行政行为不服的，向作出该行政行为的国务院部门或者省、自治区、直辖市人民政府申请行政复议。对行政复议决定不服的，可以向人民法院提起行政诉讼；也可以向国务院申请裁决，国务院依照本法的规定作出最终裁决。二是省级政府对某些自然资源所有权或者使用权的行政复议决定。例如，《行政复议法》第 30 条第 2 款规定："根据国务院或者省、自治区、直辖市人民政府对行政区划的勘定、调整或者征用土地的决定，省、自治区、直辖市人民政府确认土地、矿藏、水流、森林、山岭、草原、荒地、滩涂、海域等自然资源的所有权或者使用权的行政复议决定为最终裁决。"

四、行政诉讼制度的历史发展

（一）大陆法系国家行政诉讼的历史发展

大陆法系国家，行政诉讼制度被称为行政裁判制度，即通过设立既独立于行政机关又独立于普通法院的行政法院，运用准司法程序解决行政争议的制度。法国和德国是大陆法系的代表。

1. 法国

法国被誉为"行政法母国"，无论是从其产生最早，或是就其内容，都是大陆法系的典范。法国行政法的产生与行政诉讼制度密不可分，是以最高行政法院的前身——国家参事院的成立为标志。在法国大革命时期，高等法院由贵族把持，成为反对新政权改革措施的顽固的封建堡垒。因此，法国的分权理论中首先就是司法权不得干预行政管理。资产阶级通过立宪会议在 1790 年的《法院组织法》第 13 条中明确宣告："司法职能和行政职能现在和将来永远分离，法官不能以任何方式妨碍行政机关的活动，也不能审理行政人员的职务活动，违者以渎职罪论。"五年以后，再次发布命令重申："严禁法院管辖任何行政行为，违者依法惩处。"[13] 这样，从根本上解决了司法权与行政权的分离关系，使得公共行政活动不受普通法院的司法管辖。但是，发生在行政活动领域的纠纷确实客观存在，既然普通法院无权管

〔13〕 张彩凤：《比较司法制度》，中国人民公安大学出版社 2007 年版，第 205 页。

辖,那只好另辟蹊径,构建新制度。

以国家参事院的建立为标志,法国行政法院的建立经历了以下阶段:〔14〕(1)1790年至1799年的行政法官时期。1790年的司法组织法禁止普通法院受理行政案件。公民对于行政活动不服的申诉只能向上级行政机关提出,由行政人员受理,国家元首掌握最后的决定权。这时,裁决行政争议的权限属于行政机关本身,行政官员同时也是法官。(2)1799年至1870年的保留审判权时期。1799年,拿破仑成立了国家参事院,作为国家元首的咨询机关,受理公民对行政机关的控告案件,并向国家元首提出解决争议的建议,一切裁决均以国家元首的名义作出,国家参事院本身没有裁决权。国家参事院的设立,在法国行政法院发展史上意义重大,因为它第一次在行政系统内部分开实施行政任务和审判任务,使行政官员不再成为自己案件的法官。(3)1872年至1889年的部长法官制时期,也叫委任审判时期。1872年5月24日,法国重建在普法战争中一度消失的国家参事院,并赋予了委托审判权,可以"法国人民"的名义独立行使行政案件的审判权。但是法律并没有剥夺部长的行政审判权,他们对行政案件拥有一般管辖权。法律规定,一切行政案件,除法律另有规定的除外,必须先由部长裁决,不服部长的决定才能向行政法院起诉。(4)1889年至今的独立审判时期。1889年,最高行政法院判决的卡多案被誉为行政法院建立史上决定性的案件。〔15〕通过该判例,取消了部长法官制,确立了行政法院对行政诉讼的直接管辖权。一切行政诉讼可以直接向最高行政法院提起,最高行政法院的判决为终审判决,不得上诉。至此,独立的行政诉讼制度得以建立。战后,这项制度得到进一步改革和完善,主要有:1953年,建立地方行政法院,规定地方行政法庭更新为地方行政法院,成为行政诉讼一般管辖权法院。最高行政法院所管辖的案件以法律为限,成为特定管辖权限的法院。1988年,在全国设立了5个上诉行政法院,再次减轻最高行政法院的负担,推动行政诉讼的进程。至此,法国现代的行政法院进入了成熟期。

在法国,根据法官在判决案件时权力的大小,行政诉讼可以分为以下四类:〔16〕(1)完全管辖权之诉。所谓完全管辖之诉就是法官行使全部的审判权力,不但可以撤销、变更行政主体所作出的决定和重新作出的决定,还可以判决行政主体赔偿损失。在完全管辖权之诉中,尽管法官可以行使全部的审判权力,但法官不能命令行政主体为一定行为或者不为一定行为。(2)撤销或者越权之诉。所谓撤销或者越权之诉就是在当事人请求法官撤销行政主体作出的一个损害其利益的违法之决

〔14〕 姜明安:《外国行政法教程》,法律出版社1998年版,第61~63页

〔15〕 [英]L.赖维乐·布朗、[法]让米歇尔加朗伯特:《法国行政法》,高秦伟、王锴译,中国人民大学出版社2006年版,第44页。

〔16〕 杨解君等:《行政法与行政诉讼法》(下),清华大学出版社2009年版,第71页。

定时，法官只能对该决定是否合法进行审查，如果审查结论是不合法则有权撤销该决定。但是法官不得变更或者重新作出决定以及判决行政主体赔偿损失。(3)解释及审查行政决定的意义与合法性之诉。所谓解释及审查行政决定的意义与合法性之诉就是法官只能解释普通法院法官在判决中遇到的行政问题或者对自己先前的判决确定的范围。(4)处罚之诉。所谓处罚之诉就是在该类行政诉讼中法官具有处罚权力。

作为传统的大陆法系的代表，法国在行政诉讼上却独具特色。首先，行政法院不属于司法机关，而是行政机关系列；法官是行政官员，是公务员系列。其次，行政法院在判决时广泛应用判例法，具有英美法系的“遵循先例”的特点。法国行政法中具有普遍性的重要原则几乎都是由判例产生。例如行政行为无效的理由、行政赔偿责任条件、行政合同制度、公务员的法律地位等重要的法律原则都由判例产生。〔17〕 而且，一向重视法典化的法国，其行政法没有完整的法典。

2. 德国

德国行政法历史悠久，但是现代意义的行政法制度是在19世纪确立的。18世纪以前，在地方和整个国家，设置了一些调解机构，如行政专家小组，行使行政裁判权。但是这些专家小组由地方行政当局组成。19世纪中期，全德范围内开始建立以法治为基础的宪政国家，这为德国的行政法院系统建立奠定了基础。1863年巴登州率先建立了一个独立的行政法院，之后普鲁士(1872年)、黑森(1875年)、符腾堡(1876年)、拜恩(1879年)等也纷纷建立行政法院。〔18〕 截至1924年，德国建立了二级或三级行政法院体系。1952年联邦德国根据基本法建立了联邦行政法院，并于1960年制定了《行政法院法》取代过去的行政法律，规定在各邦建立统一的行政法院制度。行政法院系统由初级、高等和联邦行政法院构成。1976年德国《行政程序法》的制定和实施表明德国行政法进入成熟阶段。目前，德国各级行政法院共52所，其中联邦行政法院是最高审级，设在柏林；高等行政法院每州一所，共16所，初等行政法院的数目因州的大小不同而异。〔19〕 德国行政法院具有大陆法系的传统特点：一是行政法院隶属于司法系统，不受行政干扰，具有很强的司法性，而非行政性；二是以成文法为主，而非判例法为主。成文法在德国行政法中占主要地位，《行政法院法》和《行政程序法》构成了其完整的行政法基础。

在德国，行政诉讼分以下五种类型：〔20〕(1)确认无效之诉，即当事人提起行政诉讼的目的是请求法院判决其控告的行政行为无效。(2)强制履行之诉，即针对

〔17〕 王名扬：《比较行政法》，北京大学出版社2006年版，第30页。

〔18〕 刘飞：《德国公法权利救济制度》，北京大学出版社2009年版，第45页。

〔19〕 张彩凤：《比较司法制度》，中国人民公安大学出版社2007年版，第235页。

〔20〕 杨解君等：《行政法与行政诉讼法》(下)，清华大学出版社2009年版，第72页。

行政主体拒不履行法定义务的诉讼。(3)宣告之诉,即当事人请求法院确认某种行政法律关系存在或不存在而提起的行政诉讼。(4)变更之诉,即当事人请求上级法院改变下级法院判决或者请求法院改变仲裁决定而提起的行政诉讼。(5)确认补救之诉,即当事人要求行政法院判令行政主体弥补当事人权利损害而提起的行政诉讼。

(二)英美法系国家行政诉讼的历史发展

英美法系由于不区分公法、私法,基本上所有的争议都由普通法院管辖,并不设立专门的行政法院。

1.英国

英国号称“宪政母国”,但其行政法概念从产生到发展却经历了一个漫长的过程。按照普通法的观念:一切英国人都毫无例外地受普通法和普通法院的管辖,任何公民,非经普通法院按照普通程序判决违法,不能受任何处罚。在反对专制特权的斗争中,作为国王特权的特别法院被议会废除,从而确定了普通法院的地位,对行政的司法控制职能主要由普通法院来承担。由于历史的原因,英国人对独立于普通法院以外的行政法院持不信任态度,认为普通法院是公民自由最可靠的保障,是防止行政机关专横、维系英国法治的最有力的工具。[21]

19世纪末,随着生产力的高速发展,行政管理的范围迅速扩大,英国行政法出现了两个显著的变化:一是委任立法的大量出现。由于议会自身的立法程序的复杂性、专业和技术的有限性等原因,面对日新月异、错综复杂的行政管理事项,议会立法难以适应现代化社会发展的需求,于是议会便委托具有实际管理经验和技能的行政机关制定规范性文件,委任立法大量发展。二是行政裁判所的迅速发展。由于行政职能的广泛扩张,因行政引起的纠纷也必然增加。为了应对这一类社会纠纷,行政裁判所的数量也随之增加。裁判所的种类繁多,涉及养老金、卫生保健、社会保险、税务、专利等。其主要职能是行使部分司法权,受理行政机关和公民间涉及上述问题产生的争端。[22]

上述变化引发了大量行政法问题,为了适应这些变化,司法审查制度得到了丰富和充实,加强了司法对行政的控制。普通法院不仅有权对政府的行政行为进行审查,也对行政裁判所的决定进行审查。英国行政法以委任立法、行政裁判所和司法审查为核心发展起来了。英国行政诉讼的主要特点:一是没有独立的行政法院体系;二是适用普通法规则,程序法优先于实体法。

英国司法审查中的救济手段可分为公法上的救济与私法上的救济两种:[23]

---

〔21〕 王名扬:《比较行政法》,北京大学出版社2006年版,第32页。

〔22〕 朱维究、王成栋:《一般行政法原理》,高等教育出版社2005年版,第25页。

〔23〕 杨解君等:《行政法与行政诉讼法》(下),清华大学出版社2009年版,第68~69页。

(1)公法上的救济手段主要有提审令、禁止令、执行令与人身保护状。所谓提审令就是有监督权的法院命令低级法院或行政机关将所作出的决定移送审查。所谓禁止令就是高等法院王座分院对低级法院和行政机关所发出的旨在禁止它们越权的特权命令。所谓执行令就是当事人申请行政机关履行法定义务遭受拒绝后向高等法院申请发布执行令,有监督权的法院发出的命令行政机关履行法定义务的特权令。所谓人身保护状就是法院根据被拘禁者或其代理人的申请而发出的命令释放不合法拘禁的令状。(2)私法上的救济手段主要有阻止令、确认判决和损害赔偿。所谓阻止令就是法院要一方诉讼当事人为一定行为或不为一定行为的命令。所谓确认判决就是法院宣告某种行政法律关系或法律地位是否存在的判决,但这种判决不伴随强制执行。所谓损害赔偿就是受害人为了弥补行政机关的越权行为对其或者可能对其合法权益造成损害而向法院请求行政机关对损害进行的赔偿。

2. 美国

美国行政法深受英国行政法的影响,最初源于英国普通法和普通法院。与英国一样,美国没有独立的行政法院系统,一切行政争议都由普通法院予以解决。在建国初期,美国继承了英国的普通法令状制度,主要以执行令和禁止令作为控制行政行为的手段。这种司法救济制度在美国建国后100年中成为美国联邦和州行政法的基础。然而,到了19世纪后期及20世纪初期,英国的传统在美国逐渐被一些成文法规定的司法审查所代替或补充。自19世纪末以来,联邦法院逐渐抛弃各种特权令状,而主要根据成文法的规定进行司法审查。在没有任何成文法规定时,法院仍可以利用传统的普通法和衡平法上的救济手段进行司法审查。在美国,司法审查是指法院审查国会制定的法律是否符合宪法,以及行政机关的行为是否符合宪法及法律,这两种审查在美国都由普通法院执行,在法律没有特别规定时适用一般的诉讼程序。[24]

美国的司法审查主要包括以下内容:[25](1)司法审查范围。美国的司法审查范围基本上是由判例而产生的。根据联邦行政程序法的规定,对当事人所提出的主张,审查法院应当决定全部有关的法律问题,解释宪法及法律条文的规定,并决定行政行为表示的意义和使用。由此可见,司法审查范围包括法律问题的审查和事实问题的审查,其中法律问题的审查同时包括实体法律问题与程序法律问题的审查。(2)合格当事人。原告和被告只有符合法律规定的条件和资格,他们之间的行政争议才能被法院所受理。根据联邦行政程序法的规定,原告是不法行政行为的受害人,其资格以"法定权利受到损害与不利影响"的标准来判定。(3)审查原则。美国司法审查的基本原则主要有:首先管辖权原则、行政救济穷尽原则和成

---

〔24〕 王名扬:《美国行政法》,中国法制出版社2005年版,第561页。

〔25〕 杨解君等:《行政法与行政诉讼法》(下),清华大学出版社2009年版,第70~71页。

熟原则。所谓首先管辖权原则就是在司法审查中，如果遇到应该由行政机关首先审查解决的问题，应该由该行政机关对该问题做出裁决，然后再由普通法院予以司法审查。所谓行政穷尽救济原则就是当事人的合法权益遭受不法行政行为损害后，当事人只有在可能通过某种行政途径对其合法权益进行救济未果后才能进行司法救济。所谓成熟原则就是只有在当事人所指控的行政行为发生了实际上的不利影响并适合于法院审查时，司法审查的时机才算成熟，这时法院才能进行司法审查。

虽然美国行政法与英国有着密切的关联，但还是体现了自己的特色：一是司法的二元结构体制，也就是联邦和各州都有自己的司法体系，二者的关系由宪法法律等予以规定，因而由于诉讼的当事人或诉讼标的的不同，受理法院也不同；二是相对于保守的英国，美国具有更多的创新精神，如违宪审查制度。

（三）新中国行政诉讼制度的历史沿革与行政诉讼法的修改

1. 新中国行政诉讼制度的历史沿革

我国行政诉讼制度可追溯到《中华民国临时约法》第 49 条，该条规定：“法院依法律审判民事诉讼及行政诉讼，但关于行政诉讼及其他特别诉讼，另以法律定之。”但真正独立的行政诉讼制度则建立于 20 世纪 80 年代。具体来说，新中国成立后，行政诉讼制度经历了三个发展阶段：

第一阶段是 1949 年至 1982 年。1954 年《宪法》第 97 条规定：“中华人民共和国公民对于任何违法失职的国家机关工作人员，有向各级国家机关提出书面控告或者口头控告的权利，由于国家机关工作人员侵犯公民权利而受到损害的人，有取得赔偿的权利。”但由于主客观方面的原因，这时期只是由宪法做了原则性的规定，没有制定具体的行政诉讼法律规范。

第二阶段是 1982 年至 1989 年。1982 年 3 月全国人大常委会公布的《中华人民共和国民事诉讼法（试行）》第 3 条第 2 款规定：“法律规定由人民法院审理的行政案件，适用本法规定。”这一规定确立了我国的行政诉讼制度，初步解决了人民法院审理行政案件程序上的法律依据问题。之后，最高人民法院根据实践中出现的问题，对该款发布一些重要的司法解释，为我国进一步制定行政诉讼法积累了经验。

第三阶段是 1989 年至 2014 年。1989 年 4 月 4 日第七届全国人民代表大会第二次会议通过《行政诉讼法》，该法于 1990 年 10 月 1 日起施行。《行政诉讼法》的颁行，标志着我国全面建立了行政诉讼制度。

2. 行政诉讼法的修改

《行政诉讼法》实施 20 多年来，对于促进我国的民主法制建设，保护公民、法人和其他组织的合法权益，监督行政机关依法行政起到了重要作用。但现行的行政诉讼制度在实践中也暴露出一些问题，如行政案件数量少、行政案件撤诉率高、行政案件审判难、行政判决执行难等。产生这些问题的原因在于观念滞后、制度缺失、执法环境不尽如人意等。

2014年10月23日，中国共产党第十八届中央委员会第四次全体会议通过的《中共中央关于全面推进依法治国若干重大问题的决定》明确指出，“各级政府必须坚持在党的领导下、在法治轨道上开展工作，创新执法体制，完善执法程序，推进综合执法，严格执法责任，建立权责统一、权威高效的依法行政体制，加快建设职能科学、权责法定、执法严明、公开公正、廉洁高效、守法诚信的法治政府”、“完善行政组织和行政程序法律制度，推进机构、职能、权限、程序、责任法定化。行政机关要坚持法定职责必须为、法无授权不可为，勇于负责、敢于担当，坚决纠正不作为、乱作为，坚决克服懒政、怠政，坚决惩处失职、渎职。行政机关不得法外设定权力，没有法律法规依据不得作出减损公民、法人和其他组织合法权益或者增加其义务的决定”。行政诉讼法对于制约与监督行政权力，保障公民、法人和其他社会组织合法权益有着重要的作用，行政诉讼法的完善对于实现依法治国、依法行政有着至关重要的意义。

2014年11月1日全国人民代表大会常务委员会正式通过了关于修改《中华人民共和国行政诉讼法》的决定。修改后的《行政诉讼法》自2015年5月1日起施行。从修改后的《行政诉讼法》的内容来看，相较于旧《行政诉讼法》而言，增加了保障当事人诉讼权利、对规范性文件进行附带审查、改革完善管辖制度、完善诉讼参加人制度、完善证据制度、完善民事争议和行政争议交叉的处理机制、完善判决形式、增加简易程序、加强人民检察院对行政诉讼的监督、进一步明确行政机关不执行法院判决的责任等内容。修改后的《行政诉讼法》被《光明日报》形象地称之为“民告官”进入了2.0时代，并且认为存在十大亮点。[26] 这十大亮点分别是：(1)“扩大受案范围”，即将对征收、征用及其补偿决定不服的与行政机关滥用行政权力排除或者限制竞争的等纳入受案范围之中。(2)“行政机关不得干预、阻碍法院立案”，即行政机关及其工作人员不得干预、阻碍人民法院受理行政案件。(3)“应当登记立案”，即法院在接到起诉状时对符合法律规定的起诉条件的，应当登记立案，如果不能当场判定的，应接收起诉状，出具书面凭证，七日内决定是否立案。(4)“起诉期限延长到六个月”，即直接向法院提起诉讼的，应当自知道或者应当知道作出行政行为之日起六个月内提出，如果是涉及不动产的可延长至二十年。(5)增加调解制度，即行政赔偿、补偿以及行政机关行使法律、法规规定的自由裁量权的案件可以调解。(6)完善审判监督，即人民检察院对行政诉讼案件的受理、审理、执行等问题，参照民事诉讼法的规定实行法律监督。(7)行政首长应当出庭

〔26〕“‘民告官’迈入2.0时代——解读新修改的行政诉讼法十大亮点”，载 http://theory.people.com.cn/n/2014/1106/c40531-25985012.html。

应诉,即被诉行政机关负责人应当出庭应诉,如果不能出庭的,应当委托行政机关相应的工作人员出庭。(8)可跨区域管辖,即经最高人民法院批准,高级人民法院可以根据审判工作的实际情况,确定若干人民法院跨行政区域管辖行政案件。(9)复议机关是共同被告,即经复议的案件,复议机关决定维持原行政行为的,作出原行政行为的行政机关和复议机关是共同被告;如果是复议机关改变原行政行为的,复议机关是被告。(10)可拘留拒不执行的行政机关直接责任人,即行政机关拒绝履行判决、裁定、调解书,如果造成社会影响恶劣的,可以对该行政机关直接负责的主管人员和其他直接责任人员予以拘留。

第二节　行政诉讼受案范围

一、行政诉讼受案范围概述

行政诉讼受案范围是指行政诉讼法律规范规定的人民法院可受理行政争议的范围。行政诉讼受案范围解决的是司法机关与其他国家机关(包括行政机关)之间处理行政争议的分工和权限问题,反映的是一个国家司法权对行政权监督的深度和广度,也表明一个国家行政相对人权利救济的深度和广度。

(一)确定受案范围的意义

行政诉讼的受案范围涉及司法权、行政权和行政相对人诉权三者之间的关系,这一范围同时决定着司法机关对行政行为的监督范围,决定着受到行政主体侵害的公民、法人和其他组织诉讼的范围,也决定着行政终局裁决权的范围。因此,"恰当地确定行政诉讼的受案范围,对于促进行政机关合法、有效地实施行政管理,最大限度地保护公民、法人或者其他社会组织的合法权益,具有十分重要的意义"。[27] 具体而言,确定受案范围的意义在于:(1)受案范围是公民、法人和其他组织依法诉讼的法律依据。对行政相对人而言,受案范围可称为"可起诉范围",它决定着相对人行使行政诉权的范围,在合法权益受到侵害时,只有对属于受案范围内的行政行为,相对人才享有起诉权而获得司法救济。(2)受案范围是行政机关接受司法审查的依据。对行政机关而言,行政诉讼受案范围实质上是行政行为接受法院的司法审查和监督的范围,在行政诉讼范围内的行政行为,行政机关有义务接受审查,反之则可以予以拒绝。促使行政机关处理行政事务受到司法监督与制约,促使行政机关依法行政。(3)受案范围是人民法院依法受理审理案件的依据。对人民法院而言,受案范围可称为"法院的主管范围",因为司法权与行政权

〔27〕 应松年:《行政法与行政诉讼法》(第二版),法律出版社2009年版,第454页。

是两种不同的国家权力,司法机关不能代替行政机关行使行政权,同样,行政机关也不能代替司法机关行使司法权。只有在行政诉讼受案范围内的行政行为,人民法院才有权对其进行司法监督。明确受案范围为法院正确履行职责、维护诉权、防止推诿提供了保证,有利于及时、有效地处理行政案件。

(二)制约受案范围的因素

就理想状态而言,人们希望法院提供无漏洞的司法保护,以防止行政权对行政相对人权益的损害。但在现实生活中,面面俱到的司法审查既无可能,也无必要,各国事实上都或多或少地将一些行政争议排除在受案范围之外。各国法律制度确定行政诉讼受案范围的大小、宽窄有差异,不同国家受案范围的确定是考量了诸多因素的结果,诸如国家的政治体制、经济体制、国家机关间的权力结构、法律体系以及法律传统、法律观念、民主法治建设程度、公民行政法律意识等。行政诉讼的受案范围,反映了司法权审查行政权的范围,它是司法权与行政权的相互作用、不断制约的结果,是一个国家的政治、经济、文化及法治状况的综合反映。行政诉讼受案范围的制约因素主要有:

1. 设置行政诉讼目的性因素。行政诉讼受案范围的设定应考虑诸多目标。例如,应最大限度地保护公民、法人或者其他组织的合法权益,因为有权利必有救济,有权力必有监督,是现代法治国家的基本要求;又如,诉讼是法治社会中国家强制性解决法律纠纷的最后手段,只要是法律性争议,都可以分别纳入一国司法制度所包含的诉讼种类的范围内予以解决,诉讼制度的设计目标应考虑,唯其如此,才能够避免本可以通过诉讼解决的纠纷却被司法拒之门外而得不到有效解决的现象,导致因法定的正当渠道不通畅,人们寻求法外途径解决问题时的矛盾激化,从而影响社会秩序稳定,妨碍社会发展进步,更损害社会主义事业;再如,行政诉讼范围的确立必须考虑对公共利益维护的问题。可见,确定行政诉讼受案范围不能只考虑单一因素,倘若仅仅考虑对行政相对人的权利保障和权利救济,那么所有行政行为,只要公民认为违法和侵犯其权益的,均可被诉,行政行为的可诉性便是无限的,司法权的触角失之过长。而在某些时候、某些条件下,行政行为往往具有紧迫性、政治性、保密性等,如果允许公民、法人和其他组织对相应行为起诉,由法院对之进行公开的司法审查,司法权的触角失之过宽,不但不利于保护国家、社会公共利益,甚至可能损害国家、社会公共利益。为维护国家、社会公共利益,立法者不得不将某些行政行为排除在行政诉讼受案范围之外,而寻求其他救济途径。

2. 司法机关解决行政争议的能力。法院解决行政争议的能力通常受以下因素的影响:法院在整个国家机构中的宪法地位;法院在公众中的威信;法院对行政机关进行有效监督的可能性;法院人、财、物的配置状况;法官的素质、法官进行行政审判的知识、经验;审判人员、组织机构受理行政案件的能力等。上述因素直接或间接影响着法院解决行政争议的能力,法院解决行政争议的能力越低,行政诉讼的受案范围越小,反之亦然。从国外的司法实践来看,如果一国的行政诉讼制度仅仅旨在维护行政法律秩序,就倾向于缩小行政诉讼范围;如果一国的行政诉讼制度旨在维护行政法律秩序和切实解决行政争议,就倾向于扩大行政诉讼范围。

3. 行政机关行使职权的状况及自我约束状况。一个完善制度的形成,除了立法者高超的立法技术外,更多的是以不完善的社会背景为前提的,只有在问题繁杂、认识尖锐对立的状态下,制度设计才有完善的空间。同样,只有在行政权力广泛存在并且处于无序状态时,寻求救济的社会需求才会相当普遍,在这种情况下,救济制度的作用才更加突出,救济范围才更为广泛;反之,如果一个国家行政机关的自律程度很高,或行政机关行使职权的状况尽善尽美,或者自我约束的机制比较成熟,那么行政诉讼就不可能成为一种普遍的社会需求,对行政诉讼制度建立的迫切性就会降低,行政诉讼受案范围也就没有扩大的必要。由此可见,行政诉讼的社会需求与行政诉讼的受案范围是成正比的。

4. 司法权与行政权的关系。行政诉讼受案范围是对司法审查权的合理界定,它规定着司法权对行政权的制约和监督程度。确定行政诉讼受案范围时,要正确处理人民法院与行政机关解决行政争议的分工,既要考虑到人民法院的承受能力和有利于案件的及时、妥善处理,也要考虑到充分发挥行政机关在处理行政争议上的作用和长处。应将需要通过诉讼程序解决的行政争议纳入行政诉讼的范围,将不宜由人民法院处理的行政争议划归行政机关或其他国家机关处理,包括对某些应当由行政机关作终局裁决的案件,以及因行政机关内部行为而引起的案件,均不应纳入人民法院受案范围。

5. 公民权利意识和民主意识发展的程度。公民权利意识和民主意识的发展程度通常是该国行政诉讼受案范围的决定因素。只有当人们的民主意识更为成熟、更为普遍、更为强烈时,只有当广大公民普遍认为行政诉讼制度成为国家重要诉讼制度时,行政诉讼制度才会随着时代的步伐而前进。因而,公民权利意识强,反映在立法上,则受案范围广;公民权利意识弱,则受案范围窄。

(三)受案范围的确定方式

受案范围的确定方式是行政诉讼受案范围在一国行政诉讼法体系中的具体表现形式,所要的解决的是何种方式能恰当地、完整地并且准确地将受案范围表达出来的问题。从表面上看,受案范围的确定是一个立法技术问题,但实际上受案范围能否恰当地、完整地并且准确地表达,对于促进行政主体依法行政、有效地实施行政管理以及最大限度地保护公民、法人或者其他组织的合法权益,均具有重大意义。倘若受案范围的确定方式存在漏洞,或者不科学或者不能明确确定某一行政行为是否属于行政诉讼受案范围,则意味着有部分行政权力得不到甚至不受行政诉讼法的有效监督与制约,而行政权无论在何时都是法律所要防范的对象。

目前,世界各国对行政诉讼受案范围的确定方式主要有概括式、列举式和混合式等几种。概括式是由统一的行政诉讼法典对受案范围作了原则性、概括性的规定。概括式的优点是简单、全面,不致发生遗漏,但可能出现规定过于宽泛和不易具体掌握的问题。采取概括式的典型国家是德国。德国的《行政法院法》第40条规定:“(1)一切未被联邦法律划归其他法院管辖的非宪法性质的公法上争议,对之均可以提起行政诉讼。州法律范畴的公法争议,也可以由州法律划归其他法院管辖。(2)因为公益作出牺牲而生的请求权,因为公法上财产保管而生的请求权,不涉及公法合同的因违反公法义务而生的赔偿请求权,均有普通法院管辖。有关公务员法的特别规定,以及因撤销违法行政行为而生的财产上不利的补偿的诉讼途径,不在此限。”除了德国外,我国台湾地区的行政诉讼法也采取概括式。我国台湾地区“行政诉讼法”第2条规定:“公法上之争议,除法律另有规定外,得以本法提起行政诉讼。”列举式有肯定的列举和否定的列举两种方法。肯定的列举是由行政诉讼法和其他单项法律、法规对属于行政诉讼受案范围的行政案件加以逐个列举,凡列举的都在行政诉讼的受案范围之内;否定的列举也称排除式,是对不属于行政诉讼受案范围的事项加以逐个列举,凡列举的都被排除在行政诉讼的受案范围之外,未作排除列举的则都是行政诉讼的受案范围。列举式的优点是具体、细致,受案或不受案的界限分明,易于掌握,但却有繁琐且又难以列举全面的弱点。混合式是将上述两种方式混合使用,以发挥各种方式的长处,避免各自的不足,相互弥补。

我国行政诉讼基本采取混合的方式确定受案范围,即在概括式总体规定的基础上,分别进行肯定式列举和否定式列举。

我国《行政诉讼法》第2条规定:“公民、法人或者其他组织认为行政机关和行政机关工作人员的行政行为侵犯其合法权益,有权向人民法院提起诉讼。”这是一种概括式的总体规定。值得注意的是,新法将行政诉讼法中涉及的“具体行政行为”全部改为“行政行为”,这样做的好处是:

1.立法逻辑上更通畅。先做一个行政行为的概述,这个行政行为应当是一个广义的行政行为,它不仅包括具体行政行为,也包括抽象行政行为。而在后面受案范围的排除事项中,就将抽象行政行为予以排除,符合大概念下的例外原则的思维逻辑,体现了立法技术的成熟。而且,现行立法中用“行政行为”的概念,主要考虑是限定可诉范围。而实际上什么可诉,什么不可诉,是由行政诉讼法其他条款规定的。

2.进一步破解立案难问题。每一行政行为都不是非此即彼的,有的行为属于明显的具体行政行为,有的行为则属于抽象行政行为,现实中还存在介于具体与抽象之间的行政行为,例如,土地定价行为等。实践中,有的法院人为地为“具体行政行为”设定标准,以不属于具体行政行为为借口,对应当受理的行政案件而不予受理,客观上成为“立案难”的原因之一。新法将“行政行为”上升为法律概念,取消了“具体行政行为”与“抽象行政行为”之间的模糊地带，一定程度上可以缓解立案难问题。

3. 将“具体行政行为”改为“行政行为”可为下一步适当扩大行政诉讼受案范围去除法律障碍，新行政诉讼法不仅对具体行政行为进行审查，还对规范性文件附带审查，对行政合同案件也可受理等。[28] 对行政诉讼制度的上述改革措施，“行政行为”概念的确立和使用功不可没。

当然，如果将行政诉讼法中的具体行政行为改为行政行为，考虑到相互衔接问题，那么行政复议法也必然要做相应的修改，其他相关的法律也要做出修改，这可能将引起一连串的修法活动。

二、肯定式列举的受案范围

(一)侵犯人身权财产权的案件

根据《行政诉讼法》第12条第1款的规定，公民、法人和其他组织对下列行政行为不服提起诉讼的，人民法院应当受理：(1)对行政拘留、暂扣或者吊销许可证和执照、责令停产停业、没收违法所得、没收非法财物、罚款、警告等行政处罚不服的。(2)对限制人身自由或者对财产的查封、扣押、冻结等行政强制措施和行政强制执行不服的。(3)申请行政许可，行政机关拒绝或者在法定期限内不予答复，或者对行政机关作出的有关行政许可的其他决定不服的。(4)对行政机关作出的关于确认土地、矿藏、水流、森林、山岭、草原、荒地、滩涂、海域等自然资源的所有权或者使用权的决定不服的。(5)对征收、征用决定及其补偿决定不服的。(6)申请行政机关履行保护人身权、财产权等合法权益的法定职责，行政机关拒绝履行或者不予答复的。(7)认为行政机关侵犯其经营自主权或者农村土地承包经营权、农村土地经营权的。(8)认为行政机关滥用行政权力排除或者限制竞争的。(9)认为行政机关违法集资、摊派费用或者违法要求履行其他义务的。(10)认为行政机关没有依法支付抚恤金、最低生活保障待遇或者社会保险待遇的。(11)认为行政机关不依法履行、未按照约定履行或者违法变更、解除政府特许经营协议、土地房屋征收补偿协议等协议的。(12)认为行政机关侵犯其他人身权、财产权等合法权益的。总之，与旧法相比，在肯定式的受案范围中，新法扩大了侵犯人身权财产权案件的司法审查范围。

1. 对行政处罚行为不服的行政诉讼

行政处罚行为分为：(1)自由罚，与之对应的是行政拘留；(2)行为罚，与之对应的是责令停产停业，暂扣或者吊销许可证、暂扣或者吊销执照；(3)财产罚，与之对应的是罚款，没收违法所得、没收非法财物；(4)声誉罚，与之对应的是警告。该

---

[28] 蒋涛、郭金超：“行诉法修正案草案二审‘民告官’法修改瞄准三难”，载中国网新闻中心，http://news.china.com.cn/live/2014-08/26/content_28407948.htm。

项的修改与行政处罚法对行政处罚种类的规定相一致。[29] 新法对行政处罚的范围做了如下修改：

(1)在自由罚中，“拘留”改为“行政拘留”，使诉讼对象更为准确。按照我国相关法律规定，拘留可以分为行政拘留、刑事拘留和司法拘留三种形式。三种类型的拘留在法律性质、适用对象、适用条件、目的和期限等方面均不同。行政拘留是由法定行政机关，一般是县级以上公安机关，依法对违反行政法律规范的人，在短期内限制其人身自由的一种行政处罚。由于这种拘留主要针对违反治安管理法律规范的一般违法者，所以也被称为治安拘留。行政拘留最长为 15 日。行政拘留在学术上又称为人身罚，是行政处罚中最严厉的一种。该决定只能由县级以上公安机关作出并执行，其他任何行政机关都没有决定权。此外，对犯罪情节轻微者，也可以非刑罚方法进行处罚。根据我国《刑法》的规定，“对于犯罪情节轻微不需要判处刑罚的，可以免予刑事处罚，但是可以根据案件的不同情况，予以训诫或者责令具结悔过、赔礼道歉、赔偿损失，或者由主管部门予以行政处罚或者行政处分”。刑事拘留是公安机关依据《刑事诉讼法》的规定，对现行犯或者重大嫌疑分子所采取的临时限制其人身自由的强制方法，是强制措施中最严厉的一种。一般的刑事拘留由公安机关决定并执行。另外，人民检察院直接受理的案件，需要依法拘留犯罪嫌疑人的，由人民检察院决定，由公安机关执行。普通刑事拘留的最长期限不得超过 14 日，对流窜作案、多次作案、结伙作案的重大嫌疑分子，刑事拘留的最长期限不得超过 37 日。司法拘留是人民法院为了保障诉讼程序的顺利进行，根据有关诉讼法的规定，对于妨害民事、行政诉讼程序的人所实施的临时剥夺其人身自由的强制措施。司法拘留由人民法院决定并由人民法院司法警察执行，最长不得超过 15 日。司法拘留期间，被拘留人承认并改正错误的，法院可以决定提前解除拘留。

对刑事拘留、司法拘留都不能提起行政诉讼，而只有对行政拘留不服的才可以提起行政诉讼。

(2)在行为罚中，增加了暂扣许可证和执照，与《行政处罚法》中关于行为罚的内容相一致。但这里也存在“暂扣”行为到底属于行政处罚行为还是行政强制行为的争议。按照行政法的理论，行政处罚是一种惩戒性的行为，是对过去违法行为的惩戒，是一种结论性的行为；而行政强制是一种暂时约束的行为，不具有结论性，为进一步作出结论做好准备。这里的暂扣应当是一种对违法行为惩戒的行政处罚，自然可以按照新法规定提起行政诉讼。

(3)在财产罚中，增加了“没收违法所得”，并将原来的“没收财物”改为“没收

---

[29] 《行政处罚法》第 8 条规定了行政处罚的种类，包括：(一)警告；(二)罚款；(三)没收违法所得、没收非法财物；(四)责令停产停业；(五)暂扣或者吊销许可证、暂扣或者吊销执照；(六)行政拘留；(七)法律、行政法规规定的其他行政处罚。

非法财物”，使之更准确，并使之与行政处罚的财产罚内容一致。

(4)在声誉罚中，增加了对警告的行政处罚不服也可以提起行政诉讼的内容。这一增加很有必要，尤其是在信息时代，一个具有广泛传播范围的声誉罚会对行政相对人产生极大影响，其影响力甚至超过直接对财产方面的处罚。通过允许提起行政诉讼，给相对人一次救济的机会，对处罚错误的，及时还相对人一个清白。

2. 对行政强制行为不服的行政诉讼

具体范围没变，但在原条文基础上增加了“行政强制执行”一词，这是行政诉讼受案范围与《行政强制法》保持一致的必然要求。根据《行政强制法》的规定，行政强制包括行政强制措施和行政强制执行：(1)行政强制措施是行政机关在行政管理过程中，为制止违法行为、防止证据损毁、避免危害发生、控制危险扩大等情形，依法对公民的人身自由实施暂时性限制，或者对公民、法人或者其他组织的财物实施暂时性控制的行为。根据《行政强制法》的规定，行政强制措施的种类包括限制公民人身自由；查封场所、设施或者财物；扣押财物；冻结存款、汇款；其他行政强制措施。(2)行政强制执行是行政机关或者行政机关申请人民法院，对不履行行政决定的公民、法人或者其他组织，依法强制履行义务的行为。行政强制执行的方式包括加处罚款或者滞纳金；划拨存款、汇款；拍卖或者依法处理查封、扣押的场所、设施或者财物；排除妨碍、恢复原状；代履行；其他强制执行方式。

新《行政诉讼法》对行政强制行为受案范围的修改，实际上扩大了对行政强制行为不服的诉讼范围。

3. 对行政许可行为不服的行政诉讼

行政许可是行政机关根据公民、法人或者其他组织的申请，经依法审查，准予其从事特定活动的行为。旧法原条款是“认为符合法定条件申请行政机关颁发许可证和执照，行政机关拒绝颁发或者不予答复的”，这是在《行政许可法》颁布前的表述，而《行政许可法》颁布后，行政许可的范围不再限于“颁发许可证和执照”，还有更广泛的许可方式，而且对每一种行政许可的条件都做了规定。因此，新法将之改为“申请行政许可”更为妥当。而且，对于相对人提出的行政许可申请，行政机关不仅可能“拒绝或者不予答复”，更多的是“作出有关行政许可的其他决定”，因此，新法这一表述更符合现实状况，不但扩大了对行政机关违法行政许可的诉讼范围，而且有利于行政相对人对自己合法权益的保护。

4. 对行政确认行为不服的行政诉讼

行政确认是指行政主体依法对行政相对方的法律地位、法律关系和法律事实进行甄别后给予确认、认可、证明(或否定)并予以宣告的行政行为。新法第12条第1款第4项规定，“对行政机关作出的关于确认土地、矿藏、水流、森林、山岭、草原、荒地、滩涂、海域等自然资源的所有权或者使用权的决定不服的”，可以提起行政诉讼。这是新法中增加的一项，将行政确认行为纳入行政诉讼范围，非常有现实意义。

然而,新法仅将有限的行政确认行为纳入了受案范围,主要涉及部分自然资源的所有权或者使用权,而现实中相当多的行政确认行为则没有纳入其中。比如,公安机关对交通事故责任的认定、对交通事故等级的确认、对火灾事故责任的认定、对公安行政管理中某些人员的精神病鉴定等;劳动行政机关对劳动者伤亡事故责任的认定、对锅炉压力容器事故责任的认定、对重大责任事故的认定、对无效劳动合同的确认等;卫生行政机关对新药或进口药品的认定、对食品卫生、化妆品卫生的确认等;民政行政机关对结婚、离婚条件的确认、对现役军人死亡性质、伤残性质的确认、对是否有权领取最低生活保障费的贫困人口的确认等。

5. 对征收、征用及其补偿决定不服的行政诉讼

这是新法增加的一条,将行政征收、行政征用及其补偿行为纳入行政诉讼范围,契合了现实的需要,确保行政机关依法进行,对相对人的合法权益提供的有益的保障。

行政征收是指行政主体依据法律规定,以强制的方式无偿取得行政相对方财产的具体行政行为。根据我国法律规范的规定,行政征收的内容主要有:一是行政征税,指国家税务机关凭借行政权力依法无偿取得财政收入的一种手段。二是行政收费,指一定的行政主体凭借国家行政权向行政相对人强制收取一定额度费用的手段。

行政征用是行政主体基于公共利益的需要,依法定程序强制性使用行政相对方财产或劳务的行政行为。行政征用的内容既包括相对人的财产权益,也包括相对人提供劳务或行为上的作用;具有临时性、应急性,是在特殊紧急情况下适用的,行政征用的财产是行政机关为了应急所用,只是暂时取得财产的使用权,并不发生财产所有权的转移。

根据宪法及相关法律,对行政征收、征用的,必要按照规定进行补偿,《宪法》第13条第3款规定,"国家为了公共利益的需要,可以依照法律规定对公民的私有财产实行征收或者征用并给予补偿",而对补偿决定不服的,公民可以提起行政诉讼。

6. 对行政不作为的行政诉讼

相对人请求有关行政机关履行保护其人身权、财产权法定职责,行政机关不予履行的不作为行为,相对人有权提起行政诉讼。与旧法相关条款相比,新法只是在各项权益的后面加上了"等合法权益","合法权益"强调了权益的正当性。

7. 对侵犯农村土地承包经营权和农村土地经营权的行政行为的行政诉讼

旧法只是提到侵犯"经营自主权"的行政行为,而新法将侵犯"农村土地承包经营权"、"农村土地经营权"的行政行为纳入其中,扩大了经营权的范围。一般而言,经营自主权多是企业的经营权,而"农村土地承包经营权"、"农村土地经营权"

是另一种经营权。

什么是经营自主权？按照1988年4月13日通过的《全民所有制工业企业法》和1992年国务院制定的《全民所有制工业企业转换经营机制条例》的规定，国有企业经营权是指企业对国家授予其经营管理的财产享有占有、使用和依法处分的权利，具体可划分为经营决策权、产品和劳务定价权、产品销售权、物资采购权、进出口权、投资决策权、留用资金支配权、资产处置权、联营或者兼并权、劳动用工权、人事管理权、工资和奖金分配权、内部机构设置权、拒绝摊派权。同样，《城镇集体所有制企业条例》、《乡村集体所有制企业条例》以及《乡镇企业法》中对于企业经营自主权的界定也与之基本类似。[30]

何为农村土地承包经营权？2003年生效的《农村土地承包法》没有给出明确的定义，但从相关条款中可以看出其内涵和外延。即农村土地承包经营权的主体为承包人，客体为农用土地，权能内容为对承包地进行占有、使用和收益的权利，目的为从事农业生产。基于此，可将土地承包经营权定义为：权利人在特定耕地、草地、林地等农用土地上从事农业生产，对其享有的占有、使用和收益的一种用益物权。[31] 实践中，一些基层人民政府常有违法干预、变更、废止土地承包合同而侵犯农民土地承包经营权的现象，对此，新法将其纳入受案范围，有利于对农民该项经营权的保护和救济。

而农村土地经营权是一种承包经营权以外的土地经营权，与农村土地承包经营权相比，后者更强调的是承包的身份资格，必须是该土地所在的集体经济组织的内部成员才有资格承包；而土地经营权是通过土地的流转等而获得的一种经营权。

不过，此条的修改容易引人误解，因为经营自主权是一种经营权，是各类市场主体都享有的一种自主调配和使用其拥有的资源从事组织生产经营的权利。而农村土地承包经营权也是一种经营权，农村土地经营权更是一种经营权。为此，不如将之统称为经营权，可在法律解释中对经营权再做细分，此处将之并列，在概念上难以厘清，在实践中不好操作。

8. 对行政垄断行为的行政诉讼

新法中规定，认为行政机关滥用行政权力排除或者限制竞争的，可以提起行政诉讼。这是增加的一条，扩大了行政诉讼范围。关于行政机关滥用行政权排除或限制竞争的行为，我国的法律、法规甚至相关部门的规则都有专门规定，例如，1993年12月1日起施行的《反不正当竞争法》第7条就要求“政府及其所属部门不得滥用行政权力，限定他人购买其指定的经营者的商品，限制其他经营者正当的经营活

---

〔30〕 卢超：“产权变迁、行政诉讼与科层监控以‘侵犯企业经营自主权’诉讼为切入”，载《中外法学》2013年第4期。

〔31〕 杨光：“我国农村土地承包经营权流转法律问题研究”，吉林大学博士学位论文，第16页。

动。政府及其所属部门不得滥用行政权力，限制外地商品进入本地市场，或者本地商品流向外地市场”。2008 年 8 月 1 日起施行的《反垄断法》用专章形式在其第 32～37条进行了规定。2001 年国务院发布的《关于禁止在市场经济活动中实行地区封锁的规定》（国务院 303 号令）以及国家工商管理局于 2010 年 12 月 31 日公布根据《中华人民共和国反垄断法》（以下简称《反垄断法》）所制定的《制止滥用行政权力排除、限制竞争行为的规定》（国家工商行政管理总局令第 55 号），较为详细地列举了具体情形。包括：（1）以明确要求、暗示或者拒绝、拖延行政许可以及重复检查等方式限定或者变相限定单位或者个人经营、购买、使用其指定的经营者提供的商品或者限定他人正常的经营活动；（2）对外地商品执行与本地同类商品不同的技术要求、检验标准，或者采取重复检验、重复认证等歧视性技术措施，阻碍、限制外地商品进入本地市场；（3）采取专门针对外地商品的行政许可，或者对外地商品实施行政许可时采取不同的许可条件、程序、期限等，阻碍、限制外地商品进入本地市场；（4）设置关卡或者采取其他手段，阻碍、限制外地商品进入本地市场或者本地商品运往外地市场；（5）以设定歧视性资质要求、评审标准或者不依法发布信息等方式，排斥或者限制外地经营者参加本地的招标投标活动；（6）采取不平等待遇等方式，排斥或者限制外地经营者在本地投资或者设立分支机构或者妨碍外地经营者在本地的正常经营活动；（7）强制经营者之间达成、实施排除、限制竞争的垄断协议，强制具有市场支配地位的经营者从事滥用市场支配地位行为。而且要求：行政机关不得滥用行政权力，以决定、公告、通告、通知、意见、会议纪要等形式，制定、发布含有排除、限制竞争内容的规定。

9. 对行政机关违法要求履行义务的行政诉讼

旧法中只是提到“认为行政机关违法要求履行义务的”，而新法对此作了更为详细的表述，即行政机关“违法集资、摊派费用或者违法要求履行其他义务的”，将“违法集资、摊派费用”单独列出，意味着此类现象在当前非常突出。

按照《行政复议法》的规定，违法要求履行义务的情形包括违法集资、违法征收征用财物、行政摊派费用和违法要求履行其他义务。《行政复议法》将其纳入行政复议范围，而新法将其纳入受案范围，体现了司法对行政行为审查力度的加大。

所谓的违法集资，是指行政机关利用其强势地位和行政手段，在未经有关部门批准的情况下，以发行股票、债券、彩票、投资基金证券或者其他债权凭证的方式向社会公众筹集资金，并承诺在一定期限内以货币、实物及其他利益等方式向出资人还本付息给予回报的行为。[32] 其重要特点是强制性，利用行政权力，在明显违背相对人意愿的情况下，采取行政强制手段迫使相对人参与，损害相对人的合法权益。这种集资往往以办学、修路、市政建设、城区改造、“新农村”建设、招商引资等

---

〔32〕 周孝怀：“违法要求履行义务的行政行为研究”，华东政法大学硕士学位论文，第 17 页。

名义表现出来。

所谓摊派,在国务院较早前颁布的《禁止向企业摊派暂行条例》中曾有解释,即"指在法律、法规的规定之外,以任何方式要求企业提供财力、物力和人力的行为"。摊派主体有许多,包括该条例中所列举的"国家机关、人民团体、部队、企业、事业单位和其他社会组织",被摊派对象是企业。新法所讲的行政摊派费用,指行政主体以行政手段强制相对人承担费用的行为,即强行要求相对人承担法律规定义务之外的费用(财力、物力)。行政摊派费用是行政主体在预算资金无法满足其公共产品的"生产"需求时,以行政命令配置资源而对国民收入进行再分配的一种方式。〔33〕

至于违法要求履行"其他"义务。其他是指什么?有待于司法解释。

10. 对行政给付行为的行政诉讼

旧法中只列举了抚恤金,新法中则增加了"最低生活保障待遇"、"社会保险待遇"的支付。这是新形势下的必然要求。最低生活保障待遇是国家支付给收入低于当地一定生活水平的自然人用以维持其最低生活标准的费用。2014 年5 月1 日起施行国务院《社会救助暂行办法》第 9 条明确规定,"国家对共同生活的家庭成员人均收入低于当地最低生活保障标准,且符合当地最低生活保障家庭财产状况规定的家庭,给予最低生活保障"。发放对象主要有:无生活来源、无赡养人或赡养人无能力赡养、无抚养人或抚养人无能力抚养、失业人员或虽有家庭成员就业但其家庭平均收入仍低于最低生活保障标准的居民。

社会保险待遇是公民在年老、患病、工伤、生育、失业等情况下向社会保险机构申请发放的一种的以保障其正常生活的待遇。根据《劳动法》〔34〕第 73 条的规定,我国劳动者享有的待遇有:退休后的养老保险待遇;患病、患职业病时的疾病保险待遇;因工伤残时的工伤保险待遇;失业时的失业保险待遇;生育时的生育保险待遇等。

《行政复议法》已对行政机关没有依法发放社会保险金或者最低生活保障费的情形纳入了行政复议范围。《行政诉讼法》在这方面的修改,很好地与《行政复议法》相衔接。不过,《行政复议法》用的是"最低生活保障费"、"社会保险金",而《行政诉讼法》所使用的是"最低生活保障待遇"、"社会保险待遇","金"与"费"直接指的货币,而"待遇"的含义更广泛一些。

11. 对行政合同行为的行政诉讼

该条不仅旧法没有规定,修改稿草案的一稿、二稿都不曾涉及。这里提到两个

---

〔33〕 杨万铭:"地方政府摊派行为分析",载《天府新论》1999 年第 6 期。

〔34〕 《劳动法》于 1994 年 7 月 5 日第八届全国人民代表大会常务委员会第八次会议通过,自 1995 年 1 月 1 日起施行。2009 年 8 月 27 日经第十一届全国人民代表大会常务委员会第十次会议修订,自公布之日起施行。

名词,一是政府特许经营协议,二是土地房屋征收补偿协议。

在我国,政府特许经营处于探索阶段,没有明确的定义,一般有市政特许经营、自然资源特许经营、风景名胜区特许经营、冠名权特许经营等形式,其范围涉及商业、交通、公安、卫生、公用事业、基础设施、文化教育等诸多方面。[35] 政府特许经营协议既具有行政性,因为它旨在执行行政公务,实现行政职能,同时具有契约性,它与行政主体以强制性和单方意志性为基本特征的行政行为不同。[36] 土地房屋征收补偿协议,从字面上看,应当包括土地征收补偿协议和房屋征收补偿协议两种情形。就前者而言,土地法已经对土地征用及其补偿进行了规定。就后者而言,国务院颁布的《国有土地上房屋征收与补偿条例》[37]第8条规定,市、县级人民政府为了保障国家安全、促进国民经济和社会发展等公共利益的需要,确需征收房屋的,可以对特定情形作出房屋征收决定。[38] 第25条规定,“房屋征收部门与被征收人依照本条例的规定,就补偿方式、补偿金额和支付期限、用于产权调换房屋的地点和面积、搬迁费、临时安置费或者周转用房、停产停业损失、搬迁期限、过渡方式和过渡期限等事项,订立补偿协议。补偿协议订立后,一方当事人不履行补偿协议约定的义务的,另一方当事人可以依法提起诉讼”。

上述协议都属于行政合同行为。一方为行政主体,另一方为公民、法人或其他组织。对此类行政合同纠纷到底实行行政诉讼还是民事诉讼,曾一度引发争议。但鉴于判断行政合同效力、是否合法等往往涉及对行政行为的效力及合法性判断问题,而民事诉讼等难以适用,纳入行政诉讼范围更为便利、更加合理。新法明确规定该类案件属于行政诉讼受案范围,也解决了多年来行政合同能否纳入行政诉讼范围的争议。

12. 侵犯其他人身权、财产权等合法权益的行政诉讼

这一兜底条款只是在旧法原条文的基础上加上了“等合法权益”字样,其内涵更加很丰富。所谓人身权是以人格和身份利益为内容的权利,包括人格权和身份权两大类,前者如姓名权、名誉权、肖像权、隐私权、自由权、生命权、健康权等,后者如亲权、监护权、配偶权、继承权等。财产权是以财产利益为内容的权利,是民事主

---

[35] 郑潇罡:“政府特许经营研究”,华东政法大学硕士学位论文,第5页。

[36] 邢鸿飞:“论政府特许经营协议的契约性”,载《南京社会科学》2009年第9期。

[37] 《国有土地上房屋征收与补偿条例》于2011年1月19日国务院第141次常务会议通过,自2011年1月21日起施行。

[38] 这些情形包括:(1)国防和外交的需要;(2)由政府组织实施的能源、交通、水利等基础设施建设的需要;(3)由政府组织实施的科技、教育、文化、卫生、体育、环境和资源保护、防灾减灾、文物保护、社会福利、市政公用等公共事业的需要;(4)由政府组织实施的保障性安居工程建设的需要;(5)由政府依照城乡规划法有关规定组织实施的对危房集中、基础设施落后等地段进行旧城区改建的需要;(6)法律、行政法规规定的其他公共利益的需要。

体取得和实现财产利益的法律途径。财产权由物权和债权两种基本类型的权利构成。物权包括所有权和他物权,他物权包括用益物权和担保物权,用益物权在我国包括国有土地使用权、农地使用权、宅基地使用权、承包经营权、地役权、典权等,担保物权包括抵押权、质押权、留置权等。债权一般都具有经济利益的内容,请求对方为一定行为或不为一定行为往往是为了权利人经济利益的实现,故其性质属于财产权。[39]

之所以作兜底规定,主要考虑人身权、财产权的范围非常广泛,难以列举穷尽,除了上述十一种涉及人身权、财产权的行政行为,其他属于人身权、财产权范围且不属于不予受理情形的合法权益受行政行为侵犯案件,都可以作为行政案件受理。这样一来,几乎所有的与人身权、财产权有关的行政行为都纳入了行政诉讼受案范围。当然,只有侵犯人身权、财产权的行政行为才适用该条规定,如果侵犯的不是人身权、财产权而是其他权利和自由,则不适用该项规定。

(二)法律法规规定可以起诉的其他行政案件

《行政诉讼法》第 12 条第 2 款规定:"除前款规定外,人民法院受理法律、法规规定可以提起诉讼的其他行政案件。"这就是说,对于其他超出《行政诉讼法》规定之外的行政案件,只要其他法律、法规规定可以起诉的,也都属于人民法院的受案范围。这是一个概括性的规定,对此,可从以下几个方面理解:这里的"法律法规",仅限于狭义的"法律、法规",不包括"规章";既包括《行政诉讼法》实施之前已有的"法律法规",也包括在《行政诉讼法》实施后颁布的"法律法规",还包括将来可能会颁布的有关"法律法规"。这些法律法规规定的其他可以起诉的案件,是指《行政诉讼法》未列举的行政案件,即上述十二项之外的行政案件。第 12 条第 2 款规定的案件形态应指公民、法人或其他组织的人身权、财产权以外的合法权益受行政行为侵害的行政案件,至于人身权、财产权以外的合法权益则包括公民的政治权利和自由、其他社会权利等。

三、否定的受案范围

根据新《行政诉讼法》第 13 条的规定,人民法院不受理公民、法人或者其他组织对下列几类事项提起的诉讼。

(一)国防、外交等国家行为

新法第 13 条第 1 项规定,国防、外交等国家行为不属于行政诉讼的受案范围。此处的"国家行为",是指国务院、中央军事委员会、国防部、外交部等根据宪法和法律的授权,以国家的名义实施的有关国防和外交事务的行为,以及经宪法和法律授权的国家机关宣布紧急状态、实施戒严和总动员等行为。国防、外交等国家行为不能被提起行政诉讼,这是各国行政诉讼制度的通例。我国行政诉讼将其排除在

---

[39] 刘凯湘:《民法总论》(第 3 版),北京大学出版社 2011 年版,第 79 ~ 80 页。

行政诉讼的受案范围之外，主要原因在于：(1)国家行为不是行政行为，它不是行政机关以自己的名义对单个、特定对象实施的行政管理行为，而是宪法、法律授权的特定主体，代表整个国家，以国家的名义实施的行为。(2)由于是以国家的名义实施，体现的是国家主权的行为，因而不属于人民法院的司法审查范围。(3)国防、外交等国家行为关系到国家和民族的整体利益，即使这种行为会影响某些公民、法人或者其他组织的利益，公民、法人或者其他组织的个别利益也要服从国家的整体利益。

(二)抽象行政行为

新法第13条第2项规定，行政法规、规章或者行政机关制定、发布的具有普遍约束力的决定、命令不属于行政诉讼的受案范围。这里所称的"具有普遍约束力的决定、命令"，是指行政机关针对不特定对象发布的能反复适用的行政规范性文件，被学术界统称为"抽象行政行为"。抽象行政行为目前不能被提起诉讼的原因在于：(1)依照宪法和有关组织法的规定以及我国人民代表大会的政治制度，确认行政机关抽象行政行为是否正确合法并予以撤销、改变的权力，只能属于国家权力机关或上级行政机关。由此，行政诉讼法没有赋予人民法院对其审查、撤销和改变的权力。(2)行政机关抽象行政行为通常针对的都是大范围内、不确定的对象，如果抽象行政行为造成了不特定相对人的损害，通过一个个单独的个体分别提起诉讼的方式来解决似显繁琐，在如何能及时、彻底地解决所有对象合法权益的救济问题上也有一些技术上的困难，鉴于此，由国家权力机关和上级行政机关撤销或改变抽象行政行为，进行一次性的全面解决不失为一个合适的方式。

判断一个行为是否是抽象行政行为，可以综合考虑以下标准：(1)普遍约束力标准，即对效力范围所及的所有公民、法人或者其他组织都具有约束力和强制适用性。(2)对象不特定性标准，即针对的行政相对人是不特定的。(3)反复适用性标准，即在生效时间内，对调整对象具有反复的适用性。

需要指出，尽管新法将旧法条文中"具体行政行为"修改为了"行政行为"，但其第53条规定："公民、法人或者其他组织认为行政行为所依据的国务院部门和地方人民政府及其部门制定的规范性文件不合法，在对行政行为提起诉讼时，可以一并请求对该规范性文件进行审查。前款规定的规范性文件不含规章。"据此，抽象行政行为不属于行政诉讼受案范围的规则新法仍然适用。

(三)行政机关对其工作人员的奖惩、任免等决定

新法第13条第3项规定，行政机关对其工作人员的奖惩、任免等决定不属于行政诉讼受案范围。行政机关对其工作人员的奖惩、任免等决定并不仅指奖惩、任免这两类决定，而是统称行政机关作出的涉及该行政机关公务员权利义务的各类决定。这些决定涉及的是行政机关的内部人事管理关系，属于内部人事管理活动。由此导致的行政纠纷可由行政机关自行解决，人民法院不予干预。同时，这类行政

行为由于不涉及社会上公民、法人或者其他组织的合法权益问题，公民、法人或者其他组织当然无权就此提起行政诉讼。

需要指出的是，这里的“决定”所针对的对象必须是公务员，而且决定行为主体与承受主体之间必须存在行政隶属关系。此外，决定行为所影响的公务员的权利应限于基于公务员身份而享有的权利。公务员享有的权利主要有：(1)非经法定事由和非经法定程序不被免职、降职、辞退或者行政处分的权利。(2)获得履行职责应当具有的工作条件的权利。(3)获取工资报酬，享受保险福利待遇的权利。(4)参加培训的权利。(5)对国家行政机关和领导人员的工作提出批评和建议的权利。(6)提出申诉和控告的权利。(7)申请辞职的权利。

(四)法律规定的由行政机关最终裁决的行政行为

新法第13条第4项规定，法律规定由行政机关最终裁决的行政行为不属于行政诉讼的受案范围。这里所称的“法律”，仅限于全国人民代表大会及其常务委员会通过国家立法程序制定的规范性文件。我国目前只有极少几部法律根据实际需要作出了这一规定，对某些行政机关行政行为引起的行政案件，行政机关所作的裁决是最终的裁决。对于国家最高权力机关这些已通过法律授予行政机关最终裁决权的行政案件，人民法院将不再受理。

第三节 行政诉讼管辖

一、行政诉讼管辖概述

(一)行政诉讼管辖的概念

行政诉讼的管辖是人民法院受理第一审行政案件的分工与权限。行政诉讼管辖和行政诉讼受案范围不能混淆。受案范围解决的是外部分工问题，解决法院和立法机关、行政机关在审查行政行为方面的权限划分，从宏观上确定司法权监督行政权的范围；管辖解决法院内部分工问题，是在行政诉讼受案范围内从微观上确定具体法院审理行政案件的权限。一般而言，行政诉讼的受案范围是行政诉讼管辖的前提，如果法院对某一行政案件连主管权都没有，那么就不存在该案件由哪一个法院管辖的问题。整体上，诉讼中的管辖权是人民法院司法权的实现形式，用来确定一个法院所拥有的权力性质和范围，以及划定可行使职权的地域界限。〔40〕

在行政诉讼中，管辖法院的确定具有十分重要的意义。首先，明确诉讼管辖，也就是明确了各级、各地人民法院对行政案件的管辖权，保证了人民法院真正发挥

---

〔40〕 李红枫：“行政诉讼管辖制度现状及对策分析”，载《行政法学研究》2003年第1期。

其审判职能,行使审判权;其次,明确诉讼管辖,可以使各级、各地人民法院各司其职,避免因权限不明而互相争夺或互相推诿,保证行政纠纷的及时解决;再次,明确行政诉讼管辖,便于当事人依照法律规定向有管辖权的人民法院行使保护请求权,使其诉讼权利得以具体化,避免当事人因不明确管辖而不知道向何处去求告,无法使受损害权利得到救济;最后,明确诉讼管辖,便于国家权力机关、法律监督机关、社会团体以及人民群众等对行政审判进行监督,使人民法院真正做到秉公执法,维护国家法律的尊严。简言之,对于法院而言,行政诉讼管辖解决了某个行政案件由哪一级或哪一个法院受理与审判的问题;对于公民、法人或者其他社会组织而言,行政诉讼管辖解决了它们应该向哪个法院提起行政诉讼的问题。

由于人民法院分为不同的审级,而同一审级的人民法院又分属于不同的地域,第一审案件由哪一层级、哪个地域的人民法院受理,就需要法律作出明确具体的规定。

(二)确立行政诉讼管辖的原则

1. 便于当事人参加诉讼原则

所谓便于当事人参加诉讼原则,是指行政诉讼的管辖确定要方便原告、被告双方,尤其是作为原告的行政相对人进行诉讼,方便当事人参加诉讼活动,减轻当事人的负担,考虑到及时解决纠纷,保护当事人利益的需要。这里的“便于”是一个综合的范畴:既有空间上的考虑,又有时间上的考虑;既有经济上的考虑,也有行为上的考虑;既有事实因素,也有法律因素、权利因素。如行政诉讼法规定大量一般性的第一审行政案件都由基层人民法院管辖,由于基层人民法院辖区往往是当事人所在地,这一规定就便于当事人进行诉讼活动。

2. 便于人民法院办案原则

该原则要求充分考虑人民法院和案件的具体情况,合理地确定最适宜的法院来管辖案件,保证人民法院及时、顺利地完成审判任务。如《行政诉讼法》“因不动产提起的诉讼由不动产所在地法院管辖”的规定,就考虑了不动产案件的就地审判,便于法院对案件事实的查证、认定以及便于执行的因素。再如,基层人民法院管辖第一审行政案件,就地、就近审判,便于人民法院认定事实;海关等案件,专业性、技术性较强,应由水平与条件更好的中级人民法院管辖,以确保正确行使审判权。另外,由于各种原因,同一行政案件由不同的法院审判,很可能得出不同的结果。为了维护法律和正义,使案件得以公正处理,在确定管辖时应当排除各种因素的干扰,尽量确定最能秉公执法的人民法院进行审判,以保证案件的审判质量。

3. 均衡人民法院之间负担原则

行政诉讼在确定管辖时,既要考虑同级人民法院之间审判工作量的合理分工,又要考虑上下级人民法院之间审判力量和审判工作量上的合理分工,使各级人民法院对行政审判工作均衡负担,避免某一地方或某一级别法院的负担过重,保证案件及时审理,提高办案质量。为此,在确定管辖时,应当从保证案件质量、效果的角度出发，有数量差异地、区分不同难度地进行案件分配，以使各级法院的分工基本均衡。如行政诉讼法对不同性质、不同种类的一审行政案件，分别规定由不同级别法院管辖，就是这一原则的体现。

4. 原则性和灵活性相结合原则

行政诉讼法在确定管辖时应当明确、具体，便于人民法院实际操作，在坚持这一原则的前提下，根据行政案件的复杂情况，人民法院灵活地调整有利于行政纠纷解决的管辖。如我国行政诉讼法在管辖的具体方式上，既有级别管辖、地域管辖，又有裁定管辖、管辖权转移等规定，就体现了这一原则的法律精神。

（三）行政诉讼管辖的种类

行政诉讼管辖主要有以下种类：

1. 级别管辖与地域管辖。级别管辖所要解决的问题是不同审级人民法院之间对行政案件管辖的权限，而地域管辖所要解决的问题是确定不同地域的人民法院之间受理行政案件的分工。

2. 法定管辖与裁定管辖。法定管辖是法律直接确定的管辖；裁定管辖是在特殊情况下，由法院以移送、指定等方式确定的管辖，包括移送管辖、指定管辖以及管辖权移转。

3. 共同管辖与单一管辖。共同管辖是两个或两个以上人民法院对同一案件都有管辖权。在共同管辖中，由于有管辖权的人民法院是两个或两个以上，原告有权选择向哪一个人民法院起诉。单一管辖是只有一个人民法院对案件有管辖权，原告没有选择的余地。

二、级别管辖

级别管辖仅指各级普通法院在受理第一审行政案件上的分工，不包括专门法院。行政诉讼法在规定方式上采用了“列举式”与“概括式”两种。由于我国人民法院分为基层人民法院、中级人民法院、高级人民法院和最高人民法院。因此，案件诉到法院，首先要确定由哪一审级的法院管辖。新法分别规定了各级法院各自审理第一审行政案件的权限范围。

（一）基层人民法院的管辖

新法第 14 条规定：“基层人民法院管辖第一审行政案件。”这一规定表明，除由中级人民法院、高级人民法院、最高人民法院管辖的第一审行政案件外，绝大多数行政案件均由基层人民法院作为一审法院。这种“以基层人民法院管辖为原则，以上级人民法院管辖为例外”原则的确立，主要基于以下原因：基层人民法院分布于全国各地，数量众多，能承担大量的一般性行政案件的审判工作；基层人民法院所在地一般位于或接近于当事人所在地、行政行为发生地或行政争议的发生地，便于当事人起诉、应诉，也便于人民法院进行调查取证、传唤当事人等诉讼活动，以及执行生效的判决、裁定等；基层人民法院以一审程序审理大多数行政案件，便于对广大的社会民众与行政机关执法人员进行生动的法制教育。

（二）中级人民法院的管辖

根据新法第15条的规定，中级人民法院管辖下列第一审行政案件：（1）对国务院部门或者县级以上地方人民政府所作的行政行为提起诉讼的案件；（2）海关处理的案件；（3）本辖区内重大、复杂的案件；（4）其他法律规定由中级人民法院管辖的案件。

与旧法相比，中级人民法院管辖的行政案件有三点变化：

1. 将县级以上人民政府的行政行为划归中级人民法院管辖。旧法规定，“基层人民法院管辖第一审行政案件”，这表明除法律特别规定应由中院、高院、最高院管辖的案件外，其余所有一审行政案件均由基层法院管辖；再结合“行政案件由最初作出具体行政行为的行政机关所在地人民法院管辖”的规定，大多数第一审行政案件由被诉行政机关所在地的基层法院管辖。涉及中级法院管辖的，旧法只是将国务院部委级、省级政府的行政行为纳入中级法院管辖，而将县级、地市级政府及其职能部门的行政行为交给基层人民法院管辖。如此规定的目的是便利当事人诉讼，便于法院审理案件，节约法院和当事人的诉讼成本，提高诉讼效率。这样的管辖制度设计是对基层法院是寄予厚望的。然而，“从行政诉讼实践经验看，由于基层法院在地方党政机关中的地位不高，而且在人、财、物方面均受制于地方政府，因此，基层法院审理以县政府或县级行政机关为被告的行政诉讼案件，受到干扰的可能性非常大。这是《行政诉讼法》立法之初所没有考虑到的”，[41]“导致在现实中行政审判往往受地方行政干预影响，司法活动受到制约，法院难以严格司法审查标准，甚至丧失中立、公正的立场”，[42]基层法院在行政诉讼中的困境，直接导致行政诉讼上诉率、申诉率以及上访率均居高不下，尤其是涉及集体土地征收、房屋拆迁等行政案件，基层法院从受理到审判压力都很大。[43]

为了解决法律规定缺失与现实审判困境，旧法的司法解释第8条做了创造性解释，将“被告为县级以上人民政府，且基层人民法院不适宜审理的案件”解释为旧法第14条第3项规定的“本辖区内重大、复杂的案件”，一定程度上缓解了立法和实践的困境。但上述司法解释毕竟不是法律，新法则直接规定，“对国务院部门或者县级以上地方人民政府所作的行政行为提起诉讼的案件”，将使县级及市（地）级人民政府作为被告的案件提级审理，有利于公正审判，保护原告的合法

---

〔41〕 甘文：《行政诉讼法司法解释之评论》，中国法制出版社2000年版，第54～55页。

〔42〕 浙江省高级人民法院：“浙江行政案件管辖改革试点的调研报告”，载中华人民共和国最高人民法院行政审判庭编：《行政执法与行政审判》（2012年第3集），中国法制出版社2012年版，第156页。

〔43〕 沈福俊：“基层法院行政诉讼管辖制度改革论析——《行政诉讼法修正案（草案）》相关内容分析”，载《东方法学》2014年第2期。

权益。

这里需要注意的是,首先,这里的县级以上地方人民政府仅指“地方政府”,即县级政府(包括设区市的区、县级市等)、设区市的政府、省级政府,而不包括国务院。其次,这里仅指地方“政府”,而不包括其职能部门。因为如果包括,意味着大部分行政案件将由中级法院来管辖了,虽然有利于减少行政干预,但也可能出现中级法院不堪重负的现象。当然,新法如此设计,虽然解决了地方政府作为被告的审理难问题,但仍面临着诸多难题。因为所有的县级政府职能部门以及市级政府职能部门、省级政府职能部门的行政案件仍由基层法院管辖。但问题在于,既然基层法院“审不了县政府”甚至也“审不了乡政府”,那么基层法院怎能审理省政府职能部门以及市政府的职能部门? 何况,省级人民政府工作部门的行政级别比县级人民政府要高许多,若其成为行政诉讼被告,由基层人民法院管辖,不但同样非常艰难,而且会出现逻辑上的“倒挂”现象。[44]

2. 将专利权的案件删除。旧法将“确认发明专利权的案件”纳入中级人民法院管辖范围,新法却将此类行政案件从管辖范围中删除。主要因为,各地将单独组建知识产权法院,专门审理涉及知识产权的案件。根据十八届三中全会《关于全面深化改革若干重大问题的决定》的精神,为加强知识产权运用和保护,健全技术创新激励机制,将探索建立知识产权法院。而2014年8月31日,全国人大常委会通过了《关于在北京、上海、广州设立知识产权法院的决定》中明确了“知识产权法院管辖有关专利、植物新品种、集成电路布图设计、技术秘密等专业技术性较强的第一审知识产权民事和行政案件”。[45] 这意味着,今后包括专利、商标等知识产权的案件,无论是民事还是行政案件,都由知识产权法院进行管辖,而不再由普通法院管辖,知识产权案件的管辖体制将面临改变。目前,各地已陆续探索建立知识产权法院,新法取消中级法院对知识产权行政案件管辖的规定是合乎这一改革趋势的。

3. 增加了“其他法律规定由中级人民法院管辖的案件”。随着司法改革的推进,为确实解决行政诉讼的“三难”问题,可能还要确定一些行政案件由中级法院管辖;而且随着新型疑难案件的出现,将还会有其他需要中级法院管辖的案件应运而生。这一规定,为司法实践预留了一定空间。

值得注意的是,旧法的司法解释第8条中,曾对“本辖区内重大、复杂的案件”作出解释,除了提到县级以上人民政府外,还提到“社会影响重大的共同诉讼、集团诉讼案件”、“重大涉外或者涉及香港特别行政区、澳门特别行政区、台湾地区的

---

〔44〕 沈福俊:“基层法院行政诉讼管辖制度改革论析——《行政诉讼法修正案(草案)》相关内容分析”,载《东方法学》2014年第2期。

〔45〕 详见人民网,http://npc. people. com. cn/n/2014/0825/c14576 – 25535722. html。

案件”等,以及最高人民法院于2002年制定了《关于审理国际贸易行政案件若干问题的规定》,规定以下案件属于国际贸易行政案件:有关国际货物贸易的行政案件;有关国际服务贸易的行政案件;与国际贸易有关的知识产权行政案件;其他国际贸易行政案件。并规定这些国际贸易行政案件由具有管辖权的中级以上人民法院管辖。新法对此并没有回应。我们认为,这是新法的立法缺失,新法应当将这些经实践检验已经成熟的做法,用法律的形式加以固定,而不必再放在“本辖区内重大、复杂的案件”中来解释。因为“本辖区内重大、复杂的案件”只是为今后的管辖留下空间来用,而不能将已成熟的行政案件类型放在其中。

(三)高级人民法院的管辖

新法第16条规定:“高级人民法院管辖本辖区内重大、复杂的第一审行政案件。”这里的“重大、复杂”的判断,也主要从被告的地位、原告的人数、诉讼标的、所涉重大的政治或经济关系等方面综合考虑。由于高级人民法院主要任务是监督与指导辖区内基层人民法院与中级人民法院的行政审判,审理当事人不服中级人民法院裁判而上诉和申诉的案件,因而一般不管辖一审案件。于是,只有本辖区内重大、复杂的第一审行政案件,高级人民法院才有管辖权。

(四)最高人民法院的管辖

新法第17条规定:“最高人民法院管辖全国范围内重大、复杂的第一审行政案件。”最高人民法院是我国最高审判机关,主要职责是负责对全国各级人民法院的审判工作进行指导和监督,并对审判中的法律适用问题进行司法解释,以及审理不服高级人民法院一审裁判提起的上诉案件。只有在全国范围内有重大影响的第一审行政案件,才由最高人民法院管辖。

为了配合司法体制改革、解决行政案件立案难、审理难、执行难的三难问题,新法作了较大创新,新法在第18条增加了第2款,即“经最高人民法院批准,高级人民法院可以根据审判工作的实际情况,确定若干人民法院跨行政区域管辖行政案件”。

首先,该款的规定是贯彻十八届三中、四中全会精神的结果。十八届三中全会《决定》指出,要“改革司法管理体制,推动省以下地方法院、检察院人财物统一管理,探索建立与行政区划适当分离的司法管辖制度,保证国家法律统一正确实施”;十八届四中全会《决定》明确提出,最高人民法院设立巡回法庭,审理跨行政区域重大行政和民商事案件。探索设立跨行政区划的人民法院,办理跨地区案件。其主要目的是防止地方对司法的干预,“切实解决行政诉讼立案难、审理难、执行难等突出问题”。这项改革举措,将破除行政区划和司法管辖权相对应的关系,保障行政审判不受非法干预,从国家法律层面解决多年来困扰行政诉讼的三难问题,解决群众反映强烈的突出问题,让广大人民群众充分相信法律、自觉运用法律,推动形成办事依法、遇事找法、解决问题用法、化解矛盾靠法的良好环境,也将更有利于实现国家司法改革的目标。

其次，这是近年来行政案件集中管辖试点经验的结晶。近几年，为了解决行政案件的受理和审理受到地方诸多不当干预的难题，实现人民法院独立行使行政审判权，提高行政审判的公信力，2013 年 1 月 4 日，最高人民法院在浙江省丽水市法院系统试点探索的基础上，颁发了《关于开展行政案件相对集中管辖试点工作的通知》，要求“各高级人民法院应当结合本地实际，确定 1 ~2 个中级人民法院进行试点。试点中级人民法院要根据本辖区具体情况，确定 2 ~3 个基层人民法院为集中管辖法院，集中管辖辖区内其他基层人民法院管辖的行政诉讼案件”。这就是被称为行政案件的相对集中管辖。[46] 集中管辖在全国各地进行了试点，突破了被告所在地的束缚，减少了地方政府对行政审判的干预，解决了行政案件立案难、审理难问题，取得了较好效果。因此，行政诉讼法增加该款内容，是在总结行政审判实践经验的基础上，将经实践证明的有益经验上升为法律。

2014 年 12 月 2 日，中央全面深化改革领导小组第七次会议审议通过了《设立跨行政区划人民法院、人民检察院试点方案》。在此指导下，2014 年 12 月 28 日，我国首家专门审理跨行政区划案件的人民法院上海第三中级人民法院正式成立。接着，12 月 30 日北京市第四中级人民法院、北京市人民检察院第四分院成立。上海市第三中级人民法院指定管辖下列案件：(1) 以市级人民政府为被告的第一审行政案件，以市级行政机关为上诉人或者被上诉人的第二审行政案件（不包括知识产权行政案件）；(2) 上海市人民检察院第三分院提起公诉的案件；(3) 上级法院指定管辖的其他案件。[47] 北京第四中级人民法院管辖下列第一审案件：(1) 以本市区（县）人民政府为被告的行政案件，但目前各区（县）人民法院受理的以区（县）人民政府名义办理不动产物权登记的案件，仍由各区（县）人民法院办理；(2) 按照级别管辖标准，应由本市中级人民法院管辖的金融借款合同纠纷案件、保险纠纷案件、涉外及涉港澳台的商事案件；(3) 跨地区的重大环境资源保护案件、重大食品药品安全案件；(4) 北京市人民检察院第四分院提起公诉的案件；(5) 北京市高级人民法院指定管辖的其他特殊案件；(6) 按照最高人民法院《关于铁路运输法院案件管辖范围的若干规定》、北京市高级人民法院《关于指定北京铁路运输中级法院和北京铁路运输法院受理案件范围的通知》，由北京铁路运输中级法院管辖的案件。此外，北京第四中级人民法院还受理对北京铁路运输法院、天津铁路运输法

---

〔46〕 王春业：“论行政诉讼案件的相对集中管辖”，载《山东科技大学学报》（社科版）2013 年第 6 期。

〔47〕 详见“上海市高级人民法院关于上海市第三中级人民法院履职的公告”，载上海法院网，http://shfy.chinacourt.org/article/detail/2014/12/id/1526333.shtml。

院、石家庄铁路运输法院第一审裁判的上诉案件。[48] 全国其他地方，如广东等地也设立或即将设立跨行政区划的法院。当然，由于司法体制改革正处于现在进行时，许多改革方案处于探索试点之中，如果改革进展顺利，将使得行政审判摆脱地方干预，从根本上破解目前受制于地方政府的立案难、审理难等问题。

三、地域管辖

行政诉讼的地域管辖，也称"属地管辖"或"区域管辖"。它是按照人民法院的辖区和当事人住所地来确定同级人民法院之间审理第一审行政案件的分工和权限。地域管辖分为一般地域管辖、特殊管辖地域和共同地域管辖。

（一）一般地域管辖

一般地域管辖是以最初作出行政行为的行政机关所在地为标准来确定第一审行政案件的管辖法院。新法第 18 条规定："行政案件由最初作出行政行为的行政机关所在地人民法院管辖。经复议的案件，也可以由复议机关所在地人民法院管辖。"

需要注意的是，新法对复议机关作为被告的情形进行了修改。按照新法，不管复议机关是否改变了原行政行为，复议机关都将成为被告，复议机关所在地的法院当然要有管辖权了。原告既可以向最初作出行政行为的行政机关所在地法院起诉，也可以向复议机关所在地法院起诉，具有自由选择权。

（二）特殊地域管辖

特殊地域管辖就是有法律特别规定的管辖，是一般地域管辖的例外。新法第 19、20 条规定了两种特殊地域管辖：

1. 对限制人身自由的行政强制措施不服提起的诉讼，由被告所在地或者原告所在地人民法院管辖。由于新法 19 条与旧法第 18 条一样，因此，旧法的司法解释中对旧法第 18 条中的"原告所在地"的解释可以适用于新法第 19 条。根据旧法的司法解释第 9 条的规定，"原告所在地"，包括原告户籍所在地、经常居住地和被限制人身自由所在地。所谓经常居住地，是指公民在其户籍所在地之外最后连续居住满 1 年以上的地方。所谓被限制人身自由地，是指被告行政机关对原告实施收容、拘禁、强制治疗、强制戒毒等被限制人身自由的场所所在地。如果行政机关基于同一事实既对人身又对财产实施行政处罚或者采取行政强制措施的，被限制人身自由的公民、被扣押或者没收财产的公民、法人或者其他组织对上述行为均不服的，既可以向被告所在地人民法院提起行政诉讼，也可以向原告所在地人民法院提起行政诉讼，受诉人民法院可以一并管辖。

2. 对不动产提起的行政诉讼，由不动产所在地人民法院管辖。"不动产"是指形体不能移动，即使能够移动但移动后会引起性质、价值发生改变的财物，主要是

---

〔48〕 详见"关于北京市第四中级人民法院履职的公告"，载北京法院网，http://bjgy.chinacourt.org/article/detail/2014/12/id/1525981.shtml。

指滩涂、草原、山岭、荒地以及土地上的附着物,如建筑物、山林、水流等。规定这类行政案件由不动产所在地人民法院管辖,既便于人民法院在审理案件过程中对现场进行调查、勘验、收集证据,做到及时、正确地处理案件,也便于人民法院判决、裁定的执行。

(三)共同地域管辖

共同管辖是指两个或两个以上人民法院对同一行政案件都有管辖权,由原告选择具体管辖法院的管辖。共同地域管辖是由一般地域管辖和特殊地域管辖派生的一种管辖方式,是对上述两种管辖的有效补充。根据新法第21条的规定,两个以上人民法院都有管辖权的案件,原告可以选择其中一个人民法院提起诉讼。原告向两个以上有管辖权的人民法院提起诉讼的,由最先立案的人民法院管辖。出现共同地域管辖的情形有:

1. 经过复议的行政案件,由最初作出行政行为的行政机关所在地人民法院或复议机关所在地人民法院管辖,如果复议机关与最初作出行政行为的行政机关不在同一行政区域的,两地人民法院都有管辖权,原告可以自由选择其中一个人民法院提起诉讼。

2. 对行政机关限制人身自由的行政强制措施不服而提起的诉讼,既可以由被告所在地人民法院管辖,也可以由原告所在地人民法院管辖。

3. 分属不同区域的两个以上行政机关共同对原告作出行政处理决定,造成两个以上行政机关所在地的人民法院都有管辖权。

由于都有管辖权,就赋予了原告自由选择的权利。当原告向两个或两个以上法院都有管辖权的提起行政诉讼时,旧法采取的是"最先收到起诉状"原则,不管是否立案。而新法采取的是"最先立案"原则。"收到"与"立案"存在在时间差:"收到"了并不一定马上"立案";而"立案"的时间往往在"收到"之后的一段时间。新法的这种修改到底好不好?

无论哪种情况,此条改动的目的主要是想要解决管辖争议问题,到底哪种规定更有利于解决管辖争议呢?管辖权争议有两种情况,即积极的争议和消极的争议。积极的争议,是指各方面都要行使管辖权,出现了相互争管辖权的现象;消极的争议是指各方都认为自己无管辖权而应由对方管辖,相互推诿,都不愿意管辖。就现实情况来看,大多数管辖权争议都属于积极的争议。有学者认为,我国三大诉讼法对管辖争议是解决的方式不同,例如,刑事诉讼法采取的是"最初受理"原则,[49]

---

[49] 《刑事诉讼法》第25条规定,几个同级人民法院都有权管辖的案件,由最初受理的人民法院审判。在必要的时候,可以移送主要犯罪地的人民法院审判。

由最初受理的法院管辖;民事诉讼法采取的是“最先立案”原则;[50] 而旧的行政诉讼法采取的是“最先收到起诉状”原则。“最先立案”需要法院积极作为才能做到,是否立案,取决于法院是否愿意立案,因此,如果采取“最先立案”的原则,可能引发管辖法院确定中的过多的人为因素,从而使管辖法院确定时缺乏客观标准。

而“最先收到”是一个不需要法院积极行动就可以确定的事,不管法院是否愿意,收到起诉材料是一个客观事实,谁也否定不了,这个时间是最容易确定的。因此,采取“最先收到”原则,既可以解决争抢管辖权问题,也有利于解决相互推诿现象,“最先收到”更可取。新法的这条修改欠妥。

四、裁定管辖

裁定管辖是在某些特殊情况下,由有权人民法院以裁定或决定的方式来确定行政案件的一审管辖法院。裁定管辖分为移送管辖、指定管辖和管辖权转移三种。

(一)移送管辖

移送管辖是人民法院发现受理的案件不属于自己管辖时,将案件移送有管辖权的人民法院审理的一种管辖形式。新法第 22 条对此作了规定。移送管辖应具备以下条件:移送案件的人民法院已经受理了案件,即一审行政诉讼程序已经开始但尚未结束;移送案件的人民法院自己对该案件没有管辖权,即受案人民法院在案件审理过程中发现自己对该案件没有管辖权;接受移送的人民法院对该案件有管辖权。如受移送的人民法院认为自己也没有管辖权时,也不得再自行移送给其他人民法院或退回移送的人民法院,而应当报请上一级人民法院指定管辖。这样规定主要是为了防止人民法院之间相互推诿,从而无法或者难以保证原告的诉权得以实现。移送管辖一般发生在同级人民法院之间,是人民法院之间对已受理的案件进行的移送。在现实中已存在上下级法院之间的移送以及异地不同级法院之间的移送。[51] 移送管辖的程序主要是:由受理案件的法院合议庭提出意见,经过院长批准后,以该法院的名义致函移送给有管辖权的人民法院。

对于移送管辖,新法对旧法的规定进行了完善。从修改的内容上看,有两点作了补充:(1)在第一次移送时,不管是否属于本院管辖的案件,受移送的法院都必须受理,受理后再说下一步的问题,这种规定解决了现实中移送法院与受移送法院之间来回推诿、都说不属于自己管辖而损害当事人合法诉权的现象。因为,管辖问题是法院内部处理行政案件的分工,法院内部自己要协调好,不能因此而殃及当事人。(2)指明了案件解决的途径。旧法中只是说受移送的人民法院不得自行移送,并没有说不属于受移送的法院管辖的案件应当怎样处理。对此,新法作了规

---

〔50〕《民事诉讼法》第 35 条规定,两个以上人民法院都有管辖权的诉讼,原告可以向其中一个人民法院起诉;原告向两个以上有管辖权的人民法院起诉的,由最先立案的人民法院管辖。

〔51〕杨解君等:《行政法与行政诉讼法》(下),清华大学出版社 2009 年版,第 110 页。

定,即当受移送的法院发现自己也无管辖权时,其解决问题的办法是报请上级人民法院指定管辖,也就是说,移送只能有一次,移送一次之后仍需要移送的,只能求助于上级法院,而不是其他办法,弥补了旧法中规定的空白。上级法院将根据具体情况作出管辖的指定。这也是吸收和借鉴了民事诉讼法修改的成功经验。[52]

(二)指定管辖

指定管辖是有管辖权的人民法院由于特殊原因不能行使管辖权或人民法院对管辖权发生争议而又协商不成的,由它们共同的上级人民法院以裁定的方式确定管辖的一种形式。新法仍然沿用了旧法的规定,新法第23条规定了指定管辖有两种情形:

1. 由于特殊原因,有管辖权的人民法院不能行使管辖权的,由上级人民法院指定管辖。这里的"特殊原因"主要有事实原因和法定原因。事实原因,如发生地震、水灾、火灾等自然灾害或事故等不可抗力的原因,使得有管辖权的人民法院客观上无法行使管辖权。法定原因,如人民法院遇到当事人申请全体审判人员回避而无法组成合议庭,不能行使管辖权。当出现由于特殊原因不能行使管辖权的,则由上级人民法院指定管辖。

2. 人民法院对管辖权发生争议而又协商不成的由它们共同上一级人民法院指定管辖。新法第23条第2款规定,人民法院管辖权发生争议由争议双方协商解决。协商不成的,报其共同的上一级人民法院指定管辖。管辖权发生争议有两种情况:都认为自己有管辖权,双方对案件争管辖权;都认为不属于自己管辖,双方对案件相互推诿。在协商不成的情况下,应报请双方共同上一级人民法院来指定由哪一个人民法院受理该案件。

(三)管辖权移转

管辖权移转的主要特点是:首先,这种转移只能发生在对具体行政案件的管辖权没有争议的情况下,即移交的法院对移交的案件具有管辖权;其次,这种移转只能发生在移交法院受理案件之后;最后,移交法院同受移交法院之间存在直接的上下级审判监督和指导关系。

这里,移转管辖与移送管辖很相似,他们的区别是:首先,移送管辖一般是在同级人民法院之间进行的,它是地域管辖的一种补充形式,其目的是将没有管辖权的法院已受理的行政案件,移送给有管辖权的人民法院;而移转管辖是发生在上、下级法院之间,它是级别管辖的一种变通形式,其目的是调整不同级别法院对行政案件的管辖权。其次,移送管辖是受案法院认为自己对某一行政案件没有管辖权而

---

[52] 修订后的《民事诉讼法》第36条规定,人民法院发现受理的案件不属于本院管辖的,应当移送有管辖权的人民法院,受移送的人民法院应当受理。受移送的人民法院认为受移送的案件依照规定不属于本院管辖的,应当报请上级人民法院指定管辖,不得再自行移送。

移送给有管辖权的法院审理，由受案法院自行决定，不需要其上级人民法院的同意，更重要的是受移送的法院哪怕是受案法院的上级人民法院必须接受；移转管辖是有管辖权的法院经上级法院决定或同意，将其受理的行政案件移交给无管辖权的法院，从而使无权管辖的法院取得了管辖权。由于移转管辖是重新确定管辖权，因而必须经由上级人民法院决定或同意才能移转，否则不得移转。

对于管辖权移转问题，新法对旧法的规定进行了完善。旧法第23条规定了上移的情形是：上级法院有权审理下级法院管辖的第一审行政案件，下级法院对其管辖的第一审行政案件，认为需要由上级法院审理的，可以报请上级人民法院决定；下移的情形是：上级法院可以把自己管辖的第一审行政案件移交下级法院审理。对于行政案件而言，管辖权的下移可能为地方保护主义和司法腐败大开方便之门，从而侵害当事人的程序利益和诉讼权利。值得注意的是，新法只保留了管辖权上移的规定，而把下移的规定予以删除，这比民事诉讼法在管辖权移转规定上更为进步。[53] 杜绝了管辖权下移现象，减少了地方和行政机关对行政诉讼案件的干预，保证了司法裁判的公正性，有效保护当事人的合法权益。而至于管辖权移转的理由，法律没有做出明确规定，可能与客观情况复杂、难以列举，留给实践中根据具体情况作出决定更适宜。

（四）管辖权异议及其处理

管辖权异议是行政诉讼的当事人认为已经受理案件的法院无权管辖，或者有权管辖但可能导致不利于自己的诉讼后果，要求法院将案件移送有管辖权的法院审理或者转移管辖权的一种诉讼行为。旧法的司法解释应当仍然可以适用，根据旧法司法解释第10条的规定，当事人提出管辖异议，应当在接到人民法院应诉通知之日起10日内以书面形式提出。对当事人提出的管辖异议，人民法院应当进行审查。异议成立的，裁定将案件移送有管辖权的人民法院；异议不成立的，裁定驳回。对管辖异议裁定，当事人可以上诉。

当事人提出管辖权异议，应具备三个条件：(1)提出管辖权异议的主体应当是当事人，即行政诉讼原告、被告和有利害关系的第三人。(2)当事人提出管辖权异议，应当在接到人民法院的应诉通知书之日起10日内以书面形式提出。(3)当事人提出管辖异议，只能采用书面形式，在书面异议中，应当说明异议的内容，如当事人认为受诉法院无管辖权而应当由其他法院管辖，或者认为虽然受诉法院有管辖权，但是由于特殊原因不适宜管辖而应当依法转移管辖权。

为了有效避免行政审判受到一些行政机关直接的或间接的干预，保证行政审判公正以及切实保护公民、法人和其他组织的合法权益，维护和监督行政机关依法

---

〔53〕《民事诉讼法》第38条还保留了“确有必要将本院管辖的第一审民事案件交下级人民法院审理的，应当报请其上级人民法院批准”的规定。

行使职权,2007 年 12 月 17 日,最高人民法院审判委员会第 1441 次会议通过了最高人民法院《关于行政案件管辖若干问题的规定》(以下简称《行政案件管辖规定》),该规定自 2008 年 2 月 1 日起施行。《行政案件管辖规定》充分利用了指定管辖与管辖权转移来解决前述问题,据此,可以通过如下途径来启动指定管辖与管辖权转移:(1)当事人以案件重大复杂为由或者认为有管辖权的基层人民法院不宜行使管辖权,直接向中级人民法院起诉。中级人民法院应当根据不同情况在 7 日内分别作出指定本辖区其他基层人民法院管辖,或者决定自己审理,或者书面告知当事人向有管辖权的基层人民法院起诉的处理。(2)当事人向有管辖权的基层人民法院起诉,受诉人民法院在 7 日内未立案也未作出裁定,当事人向中级人民法院起诉。中级人民法院应当根据不同情况在 7 日内分别作出要求有管辖权的基层人民法院依法处理,或者指定本辖区其他基层人民法院管辖,或者决定自己审理的处理。(3)基层人民法院对其管辖的第一审行政案件,认为需要由中级人民法院审理或者指定管辖的,报请中级人民法院决定。中级人民法院应当根据不同情况在 7 日内分别作出决定自己审理,或者指定本辖区其他基层人民法院管辖,或者决定由报请的人民法院审理的处理。(4)中级人民法院对基层人民法院管辖的第一审行政案件,根据案件情况决定自己审理,或者指定本辖区其他基层人民法院管辖。中级人民法院和高级人民法院管辖的第一审行政案件需要由上一级人民法院审理或者指定管辖的,参照《行政案件管辖规定》。同时,对上述的指定管辖裁定有异议的,不适用管辖异议的规定。

对当事人提出的管辖异议,人民法院应当在案件实体审理之前先行审查管辖权问题,经过审查后作出以下处理:(1)当事人提出的管辖异议成立的,裁定将案件移送有管辖权的法院审理。(2)当事人管辖异议不成立的,裁定驳回。当事人对驳回管辖异议的裁定不服的,可以上诉,上诉法院应当在法定期限内,对上诉进行审查,并作出最终裁定。

五、对新法关于行政诉讼管辖制度的检视

从前述行政诉讼管辖制度可以看出,新法在行政诉讼管辖制度方面做了较多的改变。具体而言,主要体现在新法第 3 条与第 18 条第 2 款。第 3 条与第 18 条第 2 款分别规定,“人民法院应当保障公民、法人和其他组织的起诉权利,对应当受理的行政案件依法受理。行政机关及其工作人员不得干预、阻碍人民法院受理行政案件。被诉行政机关负责人应当出庭应诉。不能出庭的,应当委托行政机关相应的工作人员出庭”。“经最高人民法院批准,高级人民法院可以根据审判工作的实际情况,确定若干人民法院跨行政区域管辖行政案件”。

上述改动,并没有彻底消除学界对“立案难,审不动”这一长期困扰行政诉讼问题的担忧。清华大学余凌云教授毫不隐讳地指出,第 3 条中的宣誓性规定,“无论是‘行政机关不得干预’,还是‘法院必须受理’,都无济于事。内部纪律处分、监督角度的压力，只会逼迫法院做形式上的受理。说明理由有一定效果，但不要忘了，法院有时总是可以找到冠冕堂皇的合法的理由来掩饰‘非法目的’”。[54] 余凌云教授甚至还认为，新法只是以微观的调整姿态对行政诉讼管辖制度进行改动，改动之处只不过是由高级人民法院选定若干基层人民法院，跨行政区域管辖第一审行政案件以及对县级以上地方人民政府所作的行政行为提起诉讼的案件，由中级人民法院管辖。姜明安教授也表达了类似的观点。姜明安教授认为第18条第2款规定“对于打破地方当局对行政诉讼的干预，保障人民法院独立行使行政审判权无疑会起到一定的作用，但作用将较为有限。因为，第一，这种指定管辖不是普遍性的，范围有限；第二，这种指定管辖并未完全与行政区划分离，所指定受理若干其他基层法院管辖案件的法院并不排除其仍受理本行政区划的案件；第三，即使各基层法院相互交叉管辖，由于各区县政府、法院之间的往来频繁、相互联系，有可能使这种机制的作用随着时间的流逝而逐步流失”。[55]

尽管新法在行政诉讼管辖制度方面做一定的改动，但还是存在如上述学者们所说的问题，因此，如何进一步改革行政诉讼管辖制度，依然是我们必须面对与正视的问题。解决行政诉讼管辖问题的一个绝招就是建立中级及其以上法院行政庭的巡回法庭。中共十八届四中全会通过的《关于全面推进依法治国若干重大问题的决定》提出，“最高人民法院设立巡回法庭，审理跨行政区域重大行政和民商事案件。探索设立跨行政区划的人民法院和人民检察院，办理跨地区案件。完善行政诉讼体制机制，合理调整行政诉讼案件管辖制度，切实解决行政诉讼立案难、审理难、执行难等突出问题”。据此，巡回法庭只限于最高法院，而对其他法院审理案件只是主张“设立跨行政区划”的法院。其实，完全可以将这种思路继续拓展，中级及高级法院也可以建立巡回法庭。比如，中院建立巡回法庭可以解决一些重大的基层法院管辖的行政案件；高级法院的巡回法庭可以解决该由中级法院管辖的重大的行政案件。行政诉讼法的修改尽管在解决行政诉讼的“三难”问题上起到较好的作用，但也带来了当事人的诉讼成本问题，不方便当事人。比如，相对集中管辖，会使得一部分当事人要到非住所地法院进行诉讼，这对处于基层的特别是在农村的原告来说，让其饱经路途遥远之痛苦，来回折腾，增加诉讼成本，足以让他们望诉兴叹了。而作为被告的行政机关，其工作人员到异地参加诉讼，同样会增加行政成本。

而巡回法庭的建立就不同了。巡回法庭的法官是高一级法院的法官，代表高一级法院审理发生在低一级法院辖区的行政案件。巡回法庭的法官可以不固定，可以定期轮换，也可以根据案件的需要随时组成。这种制度将在更大程度上减轻

---

〔54〕 余凌云：“论行政诉讼法的修改”，载《清华法学》2014年第3期。
〔55〕 姜明安：“行政诉讼法修改的若干问题”，载《法学》2014年第3期。

当事人诉累。

目前,根据中央批准的试点方案,最高法院第一和第二巡回法庭分别设于广东省深圳市和辽宁省沈阳市。设立在深圳的巡回法庭,将管辖广东、广西、海南三省区的案件。最高法设立的巡回法庭,相当于最高法院的派出机构,在审级上等同于最高法院。巡回法庭的判决效力等同于最高法院的判决,均为终审判决。[56] 设在沈阳的最高人民法院第二巡回法庭的巡回区域为辽宁、吉林、黑龙江三省,巡回法庭的主要成员严格上是两年一换,这样可以有效地去除地方干扰。对于一些特殊的案件,巡回法庭不会只停留在驻地,而会组成合议庭,由主审法官带队,到辽、吉、黑巡回区内的案件发生地进行巡访和审判,同时巡回法庭还将在辖区内开展调查,一旦发现辖区地方基层法院审判过程中存在的问题,会就地提出意见和建议,帮助地方法院及时解决和改进。[57]

建议将此项改革举措进一步推广,逐步建立省高级法院的巡回法庭、市中级法院的巡回法庭,审理下级法院的行政案件或上诉案件,在摆脱地方干预的同时,也极大地方便当事人诉讼。

第四节　行政诉讼参加人

行政诉讼参加人是指依法参与行政诉讼活动,享有诉讼权利和承担诉讼义务或者与诉讼争议或结果有利害关系的人。行政诉讼参加人包括当事人和类似于当事人地位的诉讼代理人。当事人包括原告、被告和第三人。诉讼代理人包括法定代理人、指定代理人和委托代理人。当事人与案件有直接的利害关系,是法院裁判结果的权利义务承担者,因而是行政诉讼的核心参加人员。在行政诉讼活动中,除了诉讼参加人外,还有证人、鉴定人、翻译人、勘验人等,称为诉讼参与人。他们在诉讼当中享有一定的诉讼权利,并承担一定的诉讼义务,但他们参加诉讼的目的不是保护自身的合法权益,而是为协助人民法院查明案件事实真相,与案件本身没有利害关系,因而他们仅是作为诉讼参与人。

新法修改涉及7个条款,具体为:第25条将原告资格更为准确地表述为"行政行为的相对人以及其他与行政行为有利害关系的公民、法人或者其他组织,有权提

〔56〕 最高法院第一巡回法庭已在深圳正式挂牌,桂田田:"最高法第一巡回法庭今日挂牌",载人民网,http://legal.people.com.cn/n/2015/0128/c42510-26461792.html。

〔57〕 详见"最高人民法院第二巡回法庭在沈阳正式挂牌",载人民网,http://legal.people.com.cn/n/2015/0131/c42510-26484430.html。

起诉讼”;第 26 条对复议机关作为被告的情形进行了增加;对行政机关“职权变更”后被告情形进行了补充;第 27 条对共同诉讼增加了“并经当事人同意”条件;第 28 条增加了代表人诉讼制度的规定;第 29 条对第三人制度进行了补充和细化;第 31 条对诉讼代理人的范围进行了较大修改;第 32 条对当事人及其诉讼代理人的权利和义务进行了完善。

一、行政诉讼的原告

行政诉讼的原告是认为行政主体及其工作人员作出的行政行为侵犯了其合法权益,依法向人民法院提起行政诉讼的公民、法人或其他组织。由于原告是行政诉讼的启动者,于是“究竟拥有何种权益的主体、与行政行为具备何种关联才有资格和能力向法院提起行政诉讼,是行政诉讼程序中的关键问题之一”。[58]

(一)原告资格的认定

原告资格能够限制那些并无诉的利益而滥用和可能滥用行政诉讼资源的“原告”进入诉讼。新法第 25 条第 1 款的规定,行政行为的相对人以及其他与行政行为有利害关系的公民、法人或者其他组织,有权提起诉讼。据此,原告资格有两种情形。

1. 相对人作为原告

能成为原告的前提必须是行政行为的相对人,行政相对人是指在具体的行政法律关系中与行政机关相对应的另一方当事人,即处于被管理地位上的公民、法人或其他组织。这里所谓的公民,包括具有中华人民共和国国籍的自然人,以及在中华人民共和国进行行政诉讼的外国人、无国籍人等;法人是指依法成立,能够独立享有民事权利和承担民事义务的组织;“其他组织”,按照新的民事诉讼法司法解释第 52 条的规定,[59]指的是合法成立,有一定的组织机构和财产,但又不具备法人资格的组织,包括:(1)依法登记领取营业执照的个人独资企业;(2)依法登记领取营业执照的合伙企业;(3)依法登记领取我国营业执照的中外合作经营企业、外资企业;(4)依法成立的社会团体的分支机构、代表机构;(5)依法设立并领取营业执照的法人的分支机构;(6)依法设立并领取营业执照的商业银行、政策性银行和非银行金融机构的分支机构;(7)经依法登记领取营业执照的乡镇企业、街道企业;(8)其他符合本条规定条件的组织。

当然,行政相对人不是一般意义上的公民、法人或者其他组织,它是公民、法人或者其他组织的一种特定身份,这种身份只运用在行政活动中,表明他们是行政法

---

[58]　应松年:《行政法与行政诉讼法》(第二版),法律出版社 2009 年版,第 480 页。

[59]　最高人民法院《关于适用〈中华人民共和国民事诉讼法〉的解释》于 2014 年 12 月 18 日由最高人民法院审判委员会第 1636 次会议通过,自 2015 年 2 月 4 日起施行。

律关系中与行政主体对应的另一方主体。[60] 进言之,并不是任何公民、法人和其他组织在任何情况下都能成为行政相对人,只有在特定情形下的公民、法人和其他组织才是行政相对人。因此,不能简单地把公民、法人和其他组织与行政相对人等同。而新法用行政行为相对人取代了旧法中的公民、法人和其他组织,使条文内涵的表述更为准确,同时,也使得行政相对人由学理概念变为法律概念,其意义是重大的。

2. 其他利害关系人作为原告

对"利害关系"一词的解读呈现出多样性,同时对"利害关系"的构成要件也有不同的说法,但公法上的合法权益、成熟的行政行为、法律上的因果关系三个要件更为科学。[61] 旧法的司法解释在规定可以提起行政诉讼的主体时曾使用过"法律上的利害关系",并对具有"法律上的利害关系"的情形作了列举。[62] 新法实际上吸收了司法解释中"利害关系"的提法,只是没有列出具体情形而已。一般而言,具有利害关系可以作为原告的情形如下:

(1)行政行为涉及相邻权或公平竞争权的。相邻关系是两个以上相互毗邻的不动产所有人或者使用人,在行使不动产的占有、使用、收益和处分权时,相互之间应当给予便利或者接受限制而发生的权利义务关系。相邻关系属于民事法律关系,但如果一方民事主体的行为是经行政机关批准或者许可后实施的,拥有相邻权的另一方就无法通过单纯的民事手段来解决,此时就以行政机关的批准或许可行为侵犯其合法权益为由,作为原告向人民法院提起行政诉讼。公平竞争权,如在招标投标中,公民、法人或其他组织都有公平竞争的权利,如果行政机关规定投标的某个条件明显偏向一方当事人而不利于其他投标者,则可能侵犯其他投标者的公平竞争权,这些可能的受害者可以作为原告提起行政诉讼。

(2)与行政复议决定有法律上利害关系的。因复议机关也是行政机关,其在复议程序中认定的某种法律事实与某人有关,也是一种行政行为,其行为同样会影响到这些人的合法权益,因而他们不服时也可以作为原告提起行政诉讼。

(3)要求主管行政机关依法追究加害人法律责任的。现实中,一公民被他人殴打,经报案后公安机关却不予追究打人者的法律责任;某个企业受到相邻工厂排放污染的侵害,受害企业要求环保部门追究违法者的法律责任,而环保部门却不予

---

〔60〕 王春业:《行政法与行政诉讼法》,中国政法大学出版社 2014 年版,第 89 页。

〔61〕 张旭勇:"'法律上利害关系'新表述——利害关系人原告资格生成模式探析",载《华东政法学院学报》2001 年第 6 期。

〔62〕 旧法司法解释第 13 条所列举的利害关系包括:(一)被诉的具体行政行为涉及其相邻权或者公平竞争权的;(二)与被诉的行政复议决定有法律上利害关系或者在复议程序中被追加为第三人的;(三)要求主管行政机关依法追究加害人法律责任的;(四)与撤销或者变更具体行政行为有法律上利害关系的。

追究。这些情形受害者不服行政机关决定的，都可作为原告向人民法院提起行政诉讼。

(4)与撤销或者变更行政行为有利害关系的。行政机关作出行政行为后，相关公民、法人或者其他组织是行政行为的受益者，而行政机关将该行政行为撤销或变更后，反而使他们的利益受到损害。利益受到损害的人对此不服的，可以作为原告提起行政诉讼。

(二)原告资格的转移

原告资格的转移是有权提起诉讼的公民、法人或者其他组织死亡或终止，其原告资格依法转移给特定的公民、法人或其他组织的情形。新法仍沿用了旧法的规定。新法第25条第2款、第3款规定了原告资格转移的相关制度。

1. 有权提起诉讼的公民死亡，其近亲属可以提起诉讼。即具有原告资格的公民死亡后，其原告资格可转移给近亲属。公民死亡包括自然死亡和宣告死亡。近亲属的范围，包括配偶、父母、子女、兄弟姐妹、祖父母、外祖父母、孙子女、外孙子女和其他具有抚养、赡养关系的亲属。这些近亲属不分先后亲疏，都可承受原告资格。近亲属承受原告资格后，可以自己的名义向法院起诉而不是作为死者的代理人。当然，近亲属也可以拒绝承受原告资格，放弃诉讼权利。承受原告资格的近亲属提起诉讼的，胜诉时可享受死者应享有的权利，败诉时则应履行死者应履行的义务，但对死亡公民的人身处罚以及人身强制措施不能对近亲属执行。

2. 有权提起诉讼的法人或者其他组织终止，承受其权利的法人或组织可以提起行政诉讼。法人或其他组织终止是指法人或其他组织解散、分立或合并等。包括两种情况：一种是自行终止，另一种是因行政决定而终止。自行终止的，原告资格转移到承受其权利的法人或其他组织；因行政决定终止的，原法人或其他组织仍具有原告资格，该法人或组织都有权以自己的名义提起行政诉讼。

(三)对新法关于行政诉讼原告规定的检视

我国著名行政法学家王名扬教授在《美国行政法》一书中指出："当代立法的趋势是放宽起诉资格的要求，使更多的人能对行政机关提起申诉，扩大公民的对行政诉讼活动的监督和本身利益的维护。"[63] 对比新旧行政诉讼法关于行政诉讼原告资格的规定，不难看出放宽原告资格要求的立法趋势。具体而言，旧法第2条与第41条第1项似乎规定了原告的资格，即"具体行政行为侵犯其合法权益"。但在实践中，这一规定被理解成了"行政诉讼原告是具体行政行为针对的相对人，排除了其他利害关系人"。显然这一理解使得行政诉讼原告资格不仅没有拓宽反而限缩了，进而极大地限缩了行政诉讼法的救济功能，导致"保护公民、法人和其他组织的合法权益"这一立法目的大打折扣。于是，新法将旧法中的"依照本法提起诉

---

〔63〕 王名扬：《美国行政法》，中国政法大学出版社1995年版，第618页。

讼的公民、法人或者其他组织是原告”修改为了“行政行为的相对人以及其他与行政行为有利害关系的公民、法人或者其他组织,有权提起诉讼”。然而,尽管新法拓宽了行政诉讼原告资格,即将属于相对人范畴同被诉行政行为有利害关系的人纳入了原告范围,但是对“与行政行为有利害关系”如何理解的问题并没有解决,[64]或者说还缺乏权威性解释,特别是缺乏立法解释,这将使得该表述的含义存在不确定性。

二、行政诉讼的被告

行政诉讼的被告是原告控告其行政行为侵犯了他的合法权益而被人民法院通知应诉的行政主体。被告具有三个特征:第一,被告是行政机关或授权组织;第二,被告是实施了被诉行政行为或者承担该行政行为实体法律责任的行政机关;第三,被告是由法院通知应诉的。

(一)行政诉讼被告的条件

根据新法规定,被告必须具备三个条件:

1. 必须是行政主体。被告是行政机关或者法律、法规、规章授权的组织。行政机关是行使国家行政职能,依法独立享有并行使行政职权的国家机关。包括乡级人民政府至国务院的各级人民政府及其职能部门。由于乡政府一般不设职能部门,故在这一级只能以乡政府为被告。除此之外,法律、法规、规章授权的组织也具有行政诉讼权利能力,可以成为行政诉讼的被告。

2. 必须是原告认为所作出的行政行为侵犯了其合法权益的行政主体。只有对特定的行政相对人作出行政行为的行政机关或法律、法规、规章授权的组织,才能成为行政诉讼的被告。此处的行政行为既包括原处理决定,也包括经复议后改变原处理决定的复议决定。

3. 必须是被人民法院通知应诉的主体。行政机关或法律、法规、规章授权的组织能否成为被告,最终仍需要人民法院予以确认。人民法院经过审查,确认被指控的行政机关或法律、法规、规章授权的组织具备上述两个条件,并通知其参加诉讼活动者,才能成为被告。

(二)行政诉讼被告的类型

1. 直接起诉的被告

行政诉讼案件有两类:一类是经过行政复议以后再向人民法院起诉的,称为经复议的诉讼案件;另一类是不经过行政复议程序当事人直接向人民法院起诉的,称为直接诉讼的案件。新法第26条第1款规定,“公民、法人或者其他组织直接向人民法院提起诉讼的,作出行政行为的行政机关是被告”。

---

[64] 余凌云:“论行政诉讼法的修改”,载《清华法学》2014年第3期。

2. 经过行政复议程序的被告

经过行政复议的案件，是指经过行政复议程序之后，复议申请人对复议结果不服，继而向人民法院提起行政诉讼的案件。对于经过复议的案件的原告资格的确定，新法较旧法有较大变化。经过复议的案件存在三种可能的结果，即维持、改变和不作为，因此，经过行政复议程序的案件的被告情形也有三种：

（1）复议机关维持原行政行为的被告。对于这种情况，当事人不服再行起诉，其诉讼对象仍然是原行政行为，旧法将作出原行政行为的机关作为被告，复议机关不作为被告。这种“单一性被告”的设置原则，从根本上否定了原告选择复议机关为被告进而对复议决定提起诉讼的权利。实践中，复议机关为了不当被告，钻法律的漏洞，对违法的或不当的具体行政行为也不负责任地一律维持，使复议程序流于形式，不能真正发挥复议程序应有的作用，侵害了行政相对人或利害关系人通过行政复议寻求权利救济的权利。面对复议机关不改变行政行为的状态，相对人只能跑到最初的法院，从零开始，无形中增加了相对人的诉讼成本，降低诉讼效率。新法则作了修改，对于经复议的案件，复议机关决定即使维持了原行政行为，复议机关与作出原行政行为的行政机关构成共同被告。将原行政机关和复议机关作为共同被告，体现了对复议机关的更高的复议审查要求，解决了实践中复议机关为了不当被告而尽力维持原行政行为的消极现象，[65] 使得相对人可以在复议机关维持决定时，照样能对复议机关提起诉讼，以促使复议机关提升监督意识，克服懈怠现象，发挥解决纠纷的作用。

（2）复议机关改变了原行政行为的被告。这里的“改变”包括：复议机关改变原行政行为所认定的主要事实和证据的；复议机关改变原行政行为所适用的规范依据且对定性产生影响的；复议机关撤销、部分撤销或者变更原行政行为处理结果的。对这种情况，旧法与新法都将复议机关作为被告。

（3）对复议机关不作为时的被告。新法规定“复议机关在法定期限内未作出复议决定”，原告可以根据所起诉的内容来决定被告：当选择起诉原行政行为时，原行政机关是被告；当选择起诉复议不作为时，复议机关是被告。

新法对经过复议的行政案件，体现了将复议机关恒定为被告的特点。对于复议机关恒作被告的规定，有人不以为然，认为复议机关属于“居中裁定”，具有准司法性质，其复议行为不能作为行政诉讼标的来起诉。这种看法值得商榷。因为，复议机关也是行政机关，其行政复议行为理应具有行政行为属性，无论是维持还是改变原行政行为，都是复议机关的行政行为，都要接受司法审查。

3. 共同作出行政行为的被告

新法第 26 条第 3 款规定，两个以上行政机关作出同一行政行为的，共同作出

---

〔65〕 据统计，实践中，行政复议机关维持原行政行为的比例在 70% 左右，被人们戏称为“维持会”。

行政行为的行政机关是共同被告。关于共同行为的认定,实践中通常按照是否以行政机关共同署名(即以公章为准)为标准来判断,如果只有一个行政机关签署,其他行政机关虽然实质参与但没有签署,则只能认定为签署行政机关的行为。另外,共同被告的构成必须是作出同一行政行为的组织都是行政主体,非行政主体不能与行政主体构成共同被告。

4. 法律、法规、规章授权关系中的被告

法律、法规、规章授权组织是指国家机构外,经法律、法规、规章授权行使一定职能的组织。值得注意的是,旧法第25条第4款明确规定,由法律、法规授权的组织所作的具体行政行为,该组织是被告。然而,新法将前述规定删去了。但这并不意味着,法律、法规、规章授权组织作出的行政行为,该组织就不能是被告了,因为新法已明确规定:"公民、法人或者其他组织认为行政机关和行政机关工作人员的行政行为侵犯其合法权益,有权依照本法向人民法院提起诉讼。前款所称行政行为,包括法律、法规、规章授权的组织作出的行政行为。"这里授权组织类型很多,例如,电信部门、烟草公司、自来水公司、煤气公司等行政性公司;学校、医院、食品卫生检验单位等经授权的企事业单位;工会、消费者协会、律师协会、红十字会等社会团体;城市居民委员会、农村村民委员会等群众性自治组织。将授权组织纳入其中,将使得作为被告的主体更为广泛,同时也起到了扩大行政诉讼受案范围的作用,使得更多的行政权运用行为被纳入到司法审查的范围。特别是随着政府职能的转变,许多政府职能转移给社会组织,将有更多的企事业单位、社会组织等行使政府职能,或政府通过购买公共服务的方式来实现行政职能。将这些授权组织的行为纳入行政诉讼之中,有利于通过司法途径解决纠纷,同时,也使得行政相对人的合法权益获得寻求司法保护的更多机会。

值得注意的变化是,这里除了包括了法律、法规授权组织外,新法还把规章授权的组织列入其中。现实生活中,规章授权的组织行使行政权的情形不在少数,如果不将规章授权组织纳入其中,会使这一部分主体游离于行政诉讼监督之外,不利于纠纷的解决和公民权利的保护;而将其纳入其中,是对现实情况的充分尊重和通盘考虑,将更多的公权组织的行为纳入了行政诉讼范围,这是一件好事。

5. 行政委托关系中的被告

新法第26条第5款规定,行政机关委托的组织所作的行政行为,委托的行政机关是被告。按照一般的委托代理理论,受委托人以委托人的名义进行活动,其行为的后果由委托人承担。这一理论同样适用于行政活动。行政机关在没有法律、法规或合法有效规章规定的情况下,授权某机构或所属职能部门行使行政职权的,应视为委托。

6. 行政机关被撤销或者职权变更后的被告

新法第26条第6款规定,行政机关被撤销或者职权变更的,继续行使其职权的行政机关是被告。值得注意的是,对于行政机关职权变更的,新法作了调整,即与行政机关被撤销的情形放在一起表述,行政机关被撤销或者职权变更的,继续行使其职权的行政机关是被告。加上一个变更,范围更全面。因为,在实践中,原有的行政机关还存在,但其有些职权被变更到其他行政机关,特别是在国家机构改革的过程中,这种情况时常出现,如果只规定撤销情形,将难以确定被告。此外,这里似乎还欠缺了一种情形:行政机关被撤销后,没有继续行使其职权的行政机关时,被告如何确定?[66]比如,劳动教养制度被废止后,原来的劳动教养机关相应也不存在了,即没有其他任何行政机关继受其行政权,对原劳动教养机关提起行政诉讼的被告是谁,需要法律明确规定。对于此类情形,其被告身份的确定,有两种可能,一为作出撤销决定的行政机关,二为被撤销机关所属的人民政府。到底如何取舍,需要法律明确规定。

7. 行政审批关系中的被告

若行政机关作出的行政行为需经上级行政机关批准,被告如何确定？为此,旧法司法解释第19条规定,当事人不服经上级行政机关批准的行政行为,向人民法院提起诉讼的,应当以在对外发生法律效力的文书上署名的机关为被告。

8. 不具有行政主体资格的组织作出行为时的被告

行政机关组建并赋予行政管理职能的组织,如乡镇的“联防队”、城市的“城管大队”等,但它们不具有独立承担法律责任的能力。为此,司法实践中通常作如下操作,即行政机关组建并赋予行政管理职能但不具有独立承担法律责任能力的机构,以自己的名义作出行政行为,当事人不服提起诉讼的,应当以组建该机构的行政机关为被告。

9. 在无授权条件下实施行为时的被告

旧法司法解释第20条第2款规定,行政机关的内设机构或者派出机构在没有法律、法规或者规章授权的情况下,以自己的名义作出行政行为,当事人不服提起诉讼的,应当以该行政机关为被告。在没有新的规定出台之前,该规定应当可以继续适用。

10. 超越授权范围实施行为时的被告

旧法司法解释第20条第3款规定,法律、法规或者规章授权行使行政职权的行政机关内设机构、派出机构或者其他组织,超出法定授权范围实施行政行为,当事人不服提起诉讼的,应当以实施该行为的机构或者组织为被告。同样,在没有新的规定出台之前,该规定应当可以继续适用。

---

〔66〕 有人认为,应由作出撤销决定的机关或被撤销机关所属人民政府为被告,但毕竟没有明确的法律依据。

（三）对新法关于行政诉讼被告规定的检视

新法颁布后，行政复议机关的被告资格问题备受争议。新法规定，经复议的案件，复议机关决定维持原行政行为的，作出原行政行为的行政机关和复议机关是共同被告；复议机关在法定期限内未作出复议决定，公民、法人或者其他组织起诉复议机关不作为的，复议机关是被告。可以说，新法改变了旧法关于复议机关维持行政行为不当被告、改变行政行为才做被告的规定。支持者认为，这一做法破解了复议机关怕承担法律责任而选择做“维持会”的难题，这是新法关于行政诉讼被告规定的一大亮点；反对者认为，这一做法人为加重了复议机关的压力，挫伤了复议机关的工作积极性，忽略了复议行为所具有的“准司法”功能。其效果究竟怎样，有待实践检验。

三、行政诉讼的共同诉讼人

共同诉讼人指的是共同诉讼案件的当事人。其中原告一方为两个或两个以上的公民、法人或者其他组织的，称之为共同原告；被告一方为两个或两个以上的行政机关或被授权组织的，称之为共同被告。新法第 27 条规定：“当事人一方或者双方为二人以上，因同一行政行为发生的行政案件，或者因同类行政行为发生的行政案件、人民法院认为可以合并审理并经当事人同意的，为共同诉讼。”该条规定了必要的共同诉讼和普通的共同诉讼。

（一）必要的共同诉讼

必要的共同诉讼是指当事人一方或者双方为两人以上，诉讼标的是同一行政行为的诉讼。这种共同诉讼中的当事人即为必要共同诉讼人。

必要的共同诉讼发生的条件，主要如下。

1. 当事人一方或者双方为复数

可能是原告或被告一方为两人以上，也可能原被告双方都为两人以上。在行政诉讼中，原告为两人以上的，通常是两人以上的行政相对人共同实施违法行为，行政机关对之作出行政行为，行政相对人不服，提起行政诉讼。被告为两人以上的，往往是同一行政行为，是由两个以上行政机关联合或共同作出的，作为行政相对人的公民、法人或其他组织不服，向人民法院提起诉讼，联合或共同作出行政行为的行政机关是共同被告。双方当事人各为两人以上的共同诉讼，往往是两个以上的行政相对人实施的违法行为，涉及两个以上行政机关的职权范围，该两个以上行政机关联合或共同作出行政行为，两个以上行政相对人不服提起的诉讼。实践中，必要共同诉讼人主要有以下几种情形：行政诉讼中的共同被处罚的人，成为共同原告；侵权案件中的致害人和受害人均对给予致害人的行政处罚不服，提起诉讼，致害人和受害人是共同原告，尽管两者的诉讼请求相反；其他行政行为的共同受害人，均对行政行为不服提起诉讼，为共同原告；被指控违法的行政行为由两个以上行政机关共同作出，共同作出的行政机关为共同被告。

2. 诉讼标的为同一行政行为

同一行政行为指行政法律关系的主体虽然是复数，而引起行政法律关系发生、变更、消灭的行政行为是同一的，双方当事人争议的行政行为是同一的，不是相类似的。如果行政机关对每一行政相对人作出行政行为，即使其内容相同，也不是同一行政行为，不能作为必要的共同诉讼。可见，必要的共同诉讼的标准是行政行为本身，即必须是一个独立、完整的行政行为，该行为或者是由两个以上行政机关共同作出，或者是一个行政行为处理两个以上公民、法人或者其他组织。

3. 复数当事人必须一同起诉或一同被诉

当事人没有一同起诉或一同被诉，人民法院可基于当事人一方的申请或者以职权通知应当参加诉讼的当事人参加诉讼。对必要的共同原告，法院有义务通知未起诉的其他共同原告参加诉讼，但如果有原告资格的人不愿起诉，法院不得强行追加，可以通知他们作为第三人参加诉讼。对于必要共同被告，必须共同参加诉讼，原告起诉中有遗漏的，人民法院有权在征求原告人同意的基础上追加被告，并通知被告应诉，被追加的被告无权拒绝应诉。

必要共同诉讼是当事人因同一行政行为发生争议，不可分离，因而必须实行诉讼主体的合并。必要共同诉讼人中一人的诉讼行为，经全体共同诉讼人同意，对全体发生效力；未经全体同意，只对作出诉讼行为的人发生效力，其他共同诉讼人不受影响。因为共同诉讼人都是独立的法律主体，有独立的诉讼法律地位，一个人的行为对其他共同诉讼人没有法律上的约束力。他们各自以自己的名义参加诉讼，并对各自的行为负责，各自可以提出自己的诉讼请求。

（二）普通的共同诉讼

普通的共同诉讼是指当事人一方或者双方为两人以上，因行政诉讼的标的是同类行政行为，人民法院认为可以合并审理并经当事人同意的行政诉讼。这种共同诉讼的当事人即是普通共同诉讼人。对“同类的行政行为”的理解应把握以下标准：首先，这是行政法律关系中的两个或两个以上的行政行为，不是一个行政行为。其次，共同诉讼人之间在事实上或法律上并无当然的不可分割的联系，仅仅因为诉讼标的属于同一种类，即被诉行政行为有相同、相类似的性质，所以在程序上有条件被统一起来。这种行政行为的同种类主要有：行政行为的基本事实同类，如均因偷税案件被处罚；或者是处理的法律依据同类，如因在一条拆迁道路上拒不搬迁或违章建筑，均根据同样的拆迁条例而被处罚或强制；或者是行政行为的种类、处理手段同类，如均被吊销执照等。

从理论上讲，普通的共同诉讼是可分之诉，因此，普通的共同诉讼并不必然引起合并审理，法院既可以分别审理，也可以合并审理，是否合并审理，取决于合并审理的成本及人民法院的裁量权。一般而言，法院要考虑的因素有：一是合并审理的行政行为必须是同类的行政行为，不是同样的行政行为不能合并审理；二是合并审理的案件相互之间有联系，或者在事实上、适用法律上有联系，或者是诉讼主体之间有联系，没有任何联系的案件，不能合并审理；三是合并审理更经济，有利于减少案件，简化诉讼程序，避免对同一行政机关作出的两个以上的行政行为作出相互矛盾的裁判。

对普通共同诉讼的条件，新法作了完善，即当事人至少有一方是两人以上；行政行为的同类性；法院合并审理；经当事人同意。其中，“经当事人同意”的条件是新法在原有条件基础上增加的。也就是说，普通的共同诉讼引起合并审理必须同时具备人民法院认为可以合并审理与当事人同意合并审理这两个条件。这样的修改，实际上对法院的裁量权进行了限制，从而更有利于保护当事人的合法权益。实际上，民事诉讼法已有当事人同意的要求，〔67〕行政诉讼法吸收了民事诉讼法的经验，对共同诉讼的条件进行完善。但新法没有对共同诉讼的效力进行规定，在其第101条关于对民事诉讼法的参照适用中〔68〕也未提到共同诉讼效力问题，〔69〕因此，其效力如何确定悬而未决。

（三）关于共同诉讼的代表人诉讼制度

代表人诉讼制度属于共同诉讼制度的一种情况，只是因为人数众多，为便于程序的进行，法律要求当事人推举代表人参加诉讼。

新法第28条增加了代表人诉讼的规定。代表人诉讼制度在民事诉讼法中早已规定，新的行政诉讼法也借鉴了这一做法。当前，具有群体性质的行政纠纷不断出现，例如，土地征收征用案件、房屋拆迁案件等，涉及的当事人数量众多，少的几十人、多的上千人，如果分别诉讼，诉讼成本太大，且易于造成相互矛盾的裁判；如果一天出庭应诉，人多、意见不一，给审理带来诸多不便。为此，行政诉讼吸收了民事诉讼的做法，将代表人诉讼制度引入其中。根据新法第28条的规定，当事人一方人数众多的共同诉讼，可以由当事人推选代表人进行诉讼。代表人的诉讼行为对其所代表的当事人发生效力，但代表人变更、放弃诉讼请求或者承认对方当事人的诉讼请求，必须经被代表的当事人同意。这里的一方当事人如何才叫“人数众多”，倘若仅仅两三个人，则无须推选代表人，所以起码是十人以上；诉讼代表人是

〔67〕《民事诉讼法》第52条规定，当事人一方或者双方为二人以上，其诉讼标的是共同的，或者诉讼标的是同一种类、人民法院认为可以合并审理并经当事人同意的，为共同诉讼。

〔68〕《行政诉讼法》第101条规定，人民法院审理行政案件，关于期间、送达、财产保全、开庭审理、调解、中止诉讼、终结诉讼、简易程序、执行等，以及人民检察院对行政案件受理、审理、裁判、执行的监督，本法没有规定的，适用《中华人民共和国民事诉讼法》的相关规定。

〔69〕而民事诉讼法则规定了共同诉讼的效力问题，即《民事诉讼法》第52条第2款规定，共同诉讼的一方当事人对诉讼标的有共同权利义务的，其中一人的诉讼行为经其他共同诉讼人承认，对其他共同诉讼人发生效力；对诉讼标的没有共同权利义务的，其中一人的诉讼行为对其他共同诉讼人不发生效力。

共同诉讼人,并具有诉讼行为能力。至于诉讼代表人产生,可分为人数确定的诉讼代表人产生和人数不确定的诉讼代表人产生两种情形。

1. 人数确定的诉讼代表人产生:可以由全体当事人推选共同的代表人,也可以由部分当事人推选自己的代表人;推选不出代表人的当事人,在必要的共同诉讼中可由自己参加诉讼,在普通共同诉讼中可以另行起诉。在人数确定的代表人诉讼中,代表人的产生应充分尊重当事人的意愿,必须经当事人同意才可以推选;如果当事人不同意推选代表人,则当事人可以亲自参加诉讼,他人推选的代表人对他不发生效力。

2. 人数不确定的诉讼代表人产生:由当事人推选代表人;当事人推选不出的,可以由人民法院提出人选与当事人协商;协商不成的,也可以由人民法院在起诉的当事人中指定代表人。可见,对人数不确定的代表人诉讼,代表人产生并不完全依赖当事人的意愿,法院有一定的权力,尤其当事人实在协商不成的情况下。

代表人的诉讼行为对其所代表的当事人发生效力,但代表人变更、放弃诉讼请求,必须经被代表的当事人同意。需要说明的是,代表人制度不同于诉讼代理人制度。在群体性案件中,每个当事人可以聘请共同诉讼当事人之外的人,包括律师代替自己参加诉讼。每个当事人都有其自己的利益,而诉讼代理人没有个人利益,只有为被代理人而从事代理行为。在行政诉讼中引入代表人诉讼符合市场经济的效益原则,可以大大简化诉讼程序,节约大量人力和物力,有助于彻底解决纠纷,保护当事人合法权益,达到诉讼目的。

四、其他参与人

(一)行政诉讼的第三人

1. 第三人的概念与特征

新法第 29 条第 1 款规定:“公民、法人或者其他组织同被诉行政行为有利害关系但没有提起诉讼,或者同案件处理结果有利害关系的,可以作为第三人申请参加诉讼,或者由人民法院通知参加诉讼。”根据这一规定,所谓行政诉讼第三人,是同提起行政诉讼的行政行为或者同案件处理结果有利害关系,并可能受到行政诉讼审理结果影响,依本人申请并经批准或由人民法院通知参加诉讼的公民、法人或者其他组织。

行政诉讼第三人一般具有以下特征:

(1)行政诉讼第三人是原、被告以外的公民、法人或者其他组织。第三人既不是原告,也不是被告,而是在原告起诉之后,申请或者根据人民法院通知而参加到已经开始的诉讼中来的公民、法人或者其他组织。

(2)第三人必须是与被诉的行政行为或者同案件处理结果有利害关系。这是第三人参加行政诉讼的根本原因,这里的利害关系是指被诉行政行为在客观上已经影响到第三人的权利义务,这也是界定行政诉讼第三人的一个重要标准。只要与被诉行政行为有利害关系,无论这种利害关系是法律上的利害关系,还是诉讼结果上的利害关系,都可以参加行政诉讼。对于第三人的表述,新法比旧法表述更为准确和科学。新法的表述有两种情况,一是"同被诉行政行为有利害关系但没有提起诉讼",二是"同案件处理结果有利害关系"。从这一表述可以看出,"有利害关系"是第三人认定的核心要素。从某种意义上说,行政诉讼第三人与原告的性质并没有实质区别,如果与被诉行政行为有利害关系时,还必须同时具有"没有提起诉讼"这一个条件,因为,如果缺少后者,就会混同于行政诉讼的原告,这一点,修改后的新法比旧法更为进步,将第三人与原告区分开来了;而与处理结果有利害关系,则不要求"没有提起诉讼"这一条。新法将"同案件处理结果有利害关系的"公民、法人或其他组织作为行政诉讼第三人,扩大了第三人确认范围,将学术界一直争论不休的间接利害关系人纳入第三人体系,弥补了现行法律体系的空白。而且它打破了传统诉讼中狭小两造空间的局限性,促使同终局判决利益相关的非直接联系人,也得以第三人身份切入业已发生的诉讼空间内,突破了诉讼法的直接联系原则,由此保证该第三人获取参与同其利益相关的诉讼的机会,并可有效用尽其诉讼攻击和防御方法,实现诉讼正义,澄清争议事实,同时也节约诉讼成本。

(3)第三人在法律上具有独立的诉讼地位。第三人既不同于原告,也不同于被告,其地位可以类似于原告或被告。第三人参加诉讼的主要目的是维护自己的合法权益,基于这个原因,其诉讼地位是独立的,也享有各种诉讼权利。虽然他无权处分原告和被告之间的实体权利和诉讼权利,不能进行放弃或者变更诉讼请求、撤诉等只有原告或者被告才有权进行的诉讼行为,但是,他可以提出与案件有关的诉讼请求,也可以发言、辩论。为此,新法第 29 条第 2 款规定:"人民法院判决第三人承担义务或者减损第三人权益的,第三人有权依法提起上诉。"

(4)第三人参加的是他人已经开始的、尚未结束的诉讼。第三人参加诉讼必须以原告、被告之间的诉讼正在进行为前提。如果原告、被告之间的诉讼尚未开始,或者原告、被告之间的诉讼已经审理完结,都不可能存在第三人。

(5)行政诉讼第三人参加诉讼的程序是法定的。根据新法第 29 条的规定,行政诉讼第三人参加诉讼的法定方式有两种:一是申请参加诉讼。第三人主动申请参加诉讼,由人民法院决定。如果人民法院准许,则以书面形式通知第三人;如果未获准许,人民法院则以裁定形式予以驳回申请。二是人民法院依职权通知其参加诉讼。由于第三人与被诉行政行为或者同案处理结果有利害关系,第三人未申请参加诉讼的,人民法院有通知其参加诉讼的职责。如果第三人拒不参加,法院不能强求,必须尊重该第三人的权利与选择。

2. 行政诉讼第三人的情形

行政诉讼第三人一般有以下情形:

(1)行政处罚案件中的第三人。有两类情形:一是行政处罚案件中的共同被处罚人。在同一行政处罚案件中,行政机关处罚了两个以上的违法行为人。其中,一部分被处罚人向人民法院起诉,另一部分被处罚人没有起诉的,可作为第三人参加诉讼。二是行政处罚案件中的受害人或被处罚人。被处罚人对行政处罚不服起诉的,受害人可作为第三人参加诉讼;受害人对行政处罚不服起诉的,被处罚人可作为第三人参加诉讼。

(2)行政确认、行政裁决案件中的第三人。在行政机关对土地、矿产、森林等资源所有权归属(以及房屋的所有权等)的裁决案件中,如一方当事人对行政机关的裁决行为不服而起诉的,则另一方与被诉行政行为存在利害关系而未起诉的当事人可以作为第三人参加诉讼,以维护自己的合法权益。

(3)两个以上行政机关作出相互矛盾的行政行为,非被告的行政机关可以是第三人。

(4)参与作出行政行为的非行政机关第三人。在行政管理中,有些行政行为由行政机关和非行政机关共同署名作出。非行政机关没有法律的授权不能成为行政诉讼的被告,但由于非行政机关参与了行政行为,因而非行政机关与诉讼结果有法律上的利害关系。如果相对人不服,提起行政诉讼,应以行政机关为被告,非行政机关可作为第三人参加诉讼。

3. 对新法有关第三人规定的检视

对比新旧法关于第三人的规定会发现,新法最大限度地扩张了第三人的范围,即原先的“同提起诉讼的具体行政行为有利害关系”的第三人扩张成了现在的“同被诉行政行为有利害关系但没有提起诉讼,或者同案件处理结果有利害关系”的第三人。这种扩张是值得肯定的,但问题是“很难说清楚,却又必须阐释的是,‘有利害关系’的因果链条运行到哪里才彻底告别‘被诉具体行政行为’,只‘与诉讼结果’发生关系?”[70] 因为第三人的扩张,实际上也意味着原告资格限定的放宽。

此外,新法还增加了“人民法院判决第三人承担义务或者减损第三人权益的,第三人有权依法提起上诉”的规定。这一规定意味着第三人具有诉权,如果诉则是原告,如果不诉则是第三人。进一步地,人民法院判决是否要求第三人承担义务或者是减损了第三人权益是判断第三人是否具有诉权的标准。这一判断标准,一方面最大限度地保障了第三人的权益;另一方面也克服了人民法院作出了对第三人的不利判决但并未判其承担义务从而没有上诉权的弊端。应该说,这样的规定是值得肯定的。

(二)行政诉讼代理人

1. 行政诉讼代理人的概念与特征

行政诉讼代理人是在代理权限内,以当事人的名义进行行政诉讼活动的人。

---

〔70〕 余凌云:“论行政诉讼法的修改”,载《清华法学》2014 年第 3 期。

行政诉讼代理既可能基于法律规定而产生，也可能是由当事人委托而成立。设立行政诉讼代理人制度，是为了协助或帮助当事人进行诉讼，确保其诉讼权利得以实现，维护其合法权益。

行政诉讼代理人具有以下特征：

（1）行政诉讼代理人只能以被代理人的名义进行诉讼活动。如果代理人以自己的名义在行政诉讼中作出行为，则他就成了诉讼当事人而不是代理人。同时，代理人只能代理一方当事人，不能同时代理双方当事人。因为双方当事人的利益是矛盾和冲突的，代理人必须为维护和实现一方当事人的利益而活动。

（2）行政诉讼代理人在代理权限内的诉讼行为，其法律后果归属于被代理人。这由代理行为的性质所决定的。代理行为是帮助他人所实施的行为，不是为了代理人自己的利益，因此，代理人行为的法律后果要由被代理人承担。当然，如果代理行为越权，代理人要承担相应的责任。

（3）行政诉讼代理人必须具有诉讼行为能力。这是能够成为诉讼代理人，为被代理人提供帮助的首要条件。不具有诉讼行为能力的人，不能成为诉讼代理人。如果诉讼代理人在诉讼过程中丧失诉讼行为能力，就不能继续担任代理人。

2. 行政诉讼代理人的种类

按其代理权产生的依据不同，行政诉讼代理人可以分为法定代理人、指定代理人和委托代理人三类。

（1）法定代理人

行政诉讼的法定代理人是根据法律的直接规定而享有代理权，代替无诉讼行为能力人进行行政诉讼的人。根据新法第 30 条的规定，没有诉讼行为能力的公民，由其法定代理人代为诉讼。在行政诉讼中，法定代理人只适用于代理未成年人、精神病人等无诉讼行为能力的原告或第三人的个人进行诉讼，而不适用于代理法人、其他组织等行政诉讼的被告。法定代理人一般都是对被代理人负有保护和监督责任的监护人，法定代理人和被代理人之间存在亲权或监护关系，如父母、配偶、子女、兄弟姐妹等。如果被代理人没有作为监护人的亲属，则由未成年人父母所在单位或精神病人所在单位，或者他们住所地的居民委员会、村民委员会作为法定代理人。在行政诉讼中，公民可以成为原告或第三人，因此，当原告或者第三人无诉讼行为能力时，因为不能以自己的行为参加诉讼并维护自己的合法权益，就只能由诉讼代理人维护其合法权益。

法定代理为特别代理，法定代理人具有和当事人基本相同的地位。法定代理人可以处分实体权利和诉讼权利，其实施的一切诉讼行为视同当事人的行为。当然，法定代理人不等同于当事人，其诉讼地位也有所区别。如法院确定管辖时是以当事人的住所地为准，而不考虑法定代理人的住所地等。但在日常生活中，存在法定代理人相互推诿代理责任的现象，为此，法律又规定由人民法院指定其中一人代为诉讼。当被代理人具有了或者恢复了诉讼行为能力,法定代理人也就丧失了代理资格。

法定代理人的代理权因下列情况而归于消灭:一是被代理的未成年人成年;二是精神病人恢复正常;三是代理人死亡或丧失诉讼行为能力;四是被代理人和代理人之间的收养关系被合法解除;五是其他法律事实。例如,代理人恶意损害被代理人的合法权益,法院变更代理人。

(2)指定代理人

行政诉讼的指定代理人是基于法院指定而享有代理权,代替无诉讼行为能力人进行行政诉讼的人。指定代理人制度同样是为无诉讼行为能力的人设定的,是对法定代理人制度的补充。但指定代理不是基于监护权,也不是基于当事人委托而产生,而是源于人民法院的职权指定。

指定代理一经法院指定即发生法律效力,而不论被代理人是否同意。指定代理人代理权限的大小,依其与被代理人的关系而定:如果指定代理人属于法定代理人范畴的话,则指定代理人可以行使被代理人的所有权利,即全权代理;如果指定代理人不属于法定代理人范畴的话,则指定代理人的代理权限由法院确定。

指定代理人的代理权因下列情形而归于消灭:一是诉讼代理事项完成,诉讼结束;二是被代理人产生或恢复诉讼行为能力;三是法定代理人可以行使代理权等。

(3)委托代理人

行政诉讼的委托代理人是受当事人、法定代理人的委托,代理其进行行政诉讼活动的人。新法第 31 条第 1 款规定:“当事人、法定代理人,可以委托一至二人作为诉讼代理人。”在行政诉讼中,委托诉讼代理是使用最为普遍的一种代理方式。委托代理人是基于当事人、法定代理人的委托而产生的。委托代理人的代理权是委托人授予的,因此,其代理权仅限于委托人在授权委托书中所确定的授权范围。在司法实践中,委托人的授权可分为一般授权和特别授权。一般授权即只在委托书中证明代理人仅有权代为进行诉讼的行为;特别授权则委托代理人不仅有权代为进行诉讼行为,而且还可以代为处分当事人的某些实体权利。

在可以作为委托代理人的范围上,旧法的范围为:律师、社会团体、近亲属、所在单位推荐的人、其他公民。这里存在分类混乱现象,律师、近亲属、所在单位推荐的人、其他公民等是以个人为标准的分类,而社会团体则是一个组织。新法将可以被委托为诉讼代理人的范围作了一定扩充,明确了基层法律服务工作者、当事人单位的工作人员和所在社区推荐的公民的诉讼代理人地位,允许其为当事人提供行政诉讼代理服务。

新法对委托代理人的具体范围作了列举,这个范围基本上是民事诉讼法诉讼代理人的照搬。分为三种情形:

第一,律师、基层法律服务工作者。律师享有依法查阅本案有关材料,向有关组织和公民调查、收集证据的权利等。但因行政诉讼的特殊性,律师必须在代理权限内进行诉讼代理活动。对准予查阅的庭审材料,可以摘抄、复制,与此同时,还必须要履行一些义务,如对涉及国家机密、商业秘密和个人隐私的材料,应当依照法律规定予以保密。基层法律服务工作者是符合《基层法律服务工作者管理办法》规定的执业条件,经核准执业登记,领取《法律服务工作者执业证》,在基层法律服务所中执业,为社会提供法律服务的人员。

第二,当事人的近亲属或者单位工作人员。根据民法的相关规定,当事人的近亲属是指当事人的配偶、父母、子女、兄弟姐妹、祖父母、外祖父母、孙子女、外孙子女。值得注意的是,旧法中对近亲属仅限于"提起诉讼的公民的近亲属",实际上仅限于原告,而新法则是"当事人的近亲属",使得第三人也可以委托其"近亲属"作为代理人。这里的工作人员应当是单位的工作人员,例如作为被告的单位工作人员,作为原告,如果是单位的,也可以委托其工作人员代理诉讼。

第三,当事人所在社区、单位以及有关社会团体推荐的公民。旧法中对推荐的公民作为诉讼代理人仅限于提起诉讼的公民所在单位,不仅排除了第三人所在单位推荐公民作为诉讼代理人的可能性,而且仅限于"单位",对于那些没有"单位"的人来讲就不公平了。为此,将其扩展为"当事人""所在社区、单位以及有关社会团体"。当事人中的公民与其所在社区、单位等之间往往有密切关系。当公民在诉讼上发生困难时常常希望得到社区、单位等的帮助,作为社区、单位等来说,也有责任为本社区、单位的职工提供各方面的服务。另外,新法将社会团体作为诉讼代理人的条文删除。按照《社会团体登记管理条例》的规定,所谓社会团体,是指公民自愿组成,为实现会员共同意愿,按照其章程开展活动的非营利性社会组织。社会团体作为组织,无法进行代理,充其量是由内部工作人员或者推荐人员进行代理,作为诉讼代理人的必然是自然人,因而社会团体受委托为诉讼代理人的提法在逻辑上前后矛盾,新法关于社会团体可以推荐公民作为诉讼代理人的表述更加准确。

当事人、法定代理人委托代理的人数是一至二人。当事人委托诉讼代理人,应当向人民法院提交由委托人签名或者盖章的授权委托书。委托书应载明委托事项和具体权限。公民在特殊情况下无法书面委托的,也可以口头委托。口头委托的,人民法院应当核实并记录在卷;被诉机关或者其他有义务协助的机关拒绝人民法院向被限制人身自由的公民核实的,视为委托成立。当事人解除委托或者变更委托的,应当书面报告人民法院,由人民法院通知其他当事人。

委托代理权可以因下列情况而归于消灭:一是诉讼代理事项完成,诉讼结束;二是委托人解除委托;三是受委托人辞却委托;四是受委托人死亡或者丧失诉讼行为能力。

3. 对新法关于诉讼代理人规定的检视

新法对旧法中的委托代理人范围进行了大幅度的修改,具体是增加了"基层法律服务工作者”、“当事人所在社区推荐的公民”，将“社会团体”修改为“有关社会团体推荐的公民”，删除了“经人民法院许可的其他公民”的规定等。

增加“基层法律服务工作者”，是因为当前我国已经存在一定规模的基层法律服务工作者队伍，而且十八届四中全会明确要求发展基层法律服务工作者队伍。但基层法律服务工作者基本上没有取得律师执业证书，给现实中的代理和收费都带来问题。世界各国都禁止非律师人员从事诉讼代理业务。为此，很多学者主张我国现行的基层法律服务诉讼代理不仅不符合世界通行做法，而且违反三大诉讼法、《律师法》和《立法法》的规定，不利于保护委托人的合法权益，基层法律服务应该退出诉讼领域。

值得注意的是，新法删除了“经人民法院许可的其他公民”的规定。经人民法院许可的其他公民作为委托代理人，是在改革开放之初我国律师数量严重不足的特定历史条件下，在程序法中设定的一种特殊的制度安排。但是，随着社会经济的不断发展，人民的法律意识不断增强和律师数量剧增，这种制度安排已经不符合社会发展的需求，并且从近些年的司法实践来看，经人民法院许可的其他公民代理案件，在实践中存在的问题越来越突出。主要表现为有些公民从未经法律培训，又没通过司法考试，就以营利为目的从事诉讼代理活动；有的甚至假冒律师违法代理，扰乱法律服务市场秩序。有部分法院退休但又不具有律师资格的法官本人及其亲友从事公民代理活动，利用关系影响、干扰案件的依法办理，影响司法公正。尤其是部分公民个人以诉讼代理人的名义长期包揽诉讼，甚至滥用诉讼的情况最为普遍。由此可见，对于代理人要么有代理资质，像律师或基层法律服务工作者；要么有一定的血缘关系，像当事人的近亲属；要么是被相关组织推荐，像当事人所在社区、单位以及有关社会团体推荐的公民。但取消公民代理也可能产生其他问题，例如，如果当事人近亲属不愿意代理诉讼，当事人所在社区、单位以及有关社会团体不愿推荐，当事人又请不起律师、基层法律服务工作人员的情况下，当事人当真不能请好友进行代理？其实，完全可以明文规定，公民代理不允许收费即可。可见，新法取消了公民代理，对当事人是不利的。

第五节　行政诉讼证据规则

一、行政诉讼证据概述

（一）行政诉讼证据的概念与特征

行政诉讼证据是行政诉讼过程中，用来证明案件真实情况的一切材料或手段。行政诉讼证据包括书证、物证、视听资料、电子数据、证人证言、当事人的陈述、鉴定意见、勘验笔录、现场笔录。证据多由当事人提供,必须经过法院审查属实之后才能作为定案的根据。行政诉讼证据和其他诉讼一样,具有客观性、相关性与合法性。

1. 客观性。客观性是指行政诉讼证据本身必须是客观的、真实的,而不是想象的、虚构的、捏造的。违法行为是在诉讼之前的一定时间、空间和条件下发生的,必然作用于外界事物并引起相应的客观变化,反映这种特定现象的事物或信息就成为揭示案件真相的证据。这些反映客观真实的事物或信息,可能是以实物形式而存在,也可能是通过证人、鉴定人的思维反映而存在。不论存在形式如何,其内容都必须是真实的。任何基于人们主观臆想、猜测、假设的情况都不能成为证据。伪造的、歪曲真实的材料更不能作为诉讼证据。

2. 相关性。相关性又称"关联性",是指诉讼证据必须与待证的案件事实存在一定的联系。表现在两个方面:第一,与有争议的行政行为有联系;第二,同作出行政行为所依据的事实有联系。只要同待证事实存在联系,无论是哪一种形式的联系,都符合关联性的要求。因此,判断有无相关性的标准应当是,由于证据的存在,使得待证事实的真实或虚假变得更为清晰,从而有助于证明待证事实的真相。

3. 合法性。合法性是指证据必须按照法定程序、合乎法定条件收集和提供。合法性包括:证据收集的合法性,主要是指当事人、诉讼代理人和人民法院在收集证据时应符合法律的要求,不得违反法律的规定;证据形式的合法性,必须以法律规定的存在形式表现出来。

(二)行政诉讼证据的种类

根据新法第33条的规定,我国行政诉讼证据的种类有八种。在证据种类方面,新法有两处修改,一是增加了"电子数据",二是将"鉴定结论"修改为"鉴定意见"。

1. 书证

书证是以文字、符号、图表等记载人的思想和行为,或者对物体作描述、记述,其内容能够证明案件真实情况的物品。在形式上是书面,其内容能够反映案件的真实情况,可以证明当事人主张的事实。日常生活中接触到的具有书证性质的物品,如图书、文件、票据、货单、证件等,这些物品只有与某个行政案件具体地发生联系,就具有书证的价值。由于书证具有一定的思想性,在形式和内容上反映案件的事实,"白纸黑字"的证明度较高,所以在行政诉讼中被大量使用。

关于书证,新法没有作出修改,因此,旧法以及相关司法解释仍然适用于新法。[71] 根据2002年6月4日由最高人民法院审判委员会第1224次会议通过的最

---

〔71〕 同样的,对于物证、视听资料、证人证言、当事人的陈述、勘验笔录、现场笔录等,仍可以适用于旧法的相关司法解释。

高人民法院《关于行政诉讼证据若干问题的规定》(以下简称《证据若干问题的规定》)第10条当事人向人民法院提供书证的,应当符合下列要求:(1)提供书证的原件,原本、正本和副本均属于书证的原件。提供原件确有困难的,可以提供与原件核对无误的复印件、照片、节录本;(2)提供由有关部门保管的书证原件的复制件、影印件或者抄录件的,应当注明出处,经该部门核对无异后加盖其印章;(3)提供报表、图纸、会计账册、专业技术资料、科技文献等书证的,应当附有说明材料;(4)被告提供的被诉行政行为所依据的询问、陈述、谈话类笔录,应当有行政执法人员、被询问人、陈述人、谈话人签名或者盖章。法律、法规、司法解释和规章对书证的制作形式另有规定的,从其规定。

2. 物证

物证是以其形状、质量、规格、受损坏的程度等来证明案件事实的物品。物证和书证虽然都属于以实物形态表现出来的证据,但二者有明显的不同,主要区别在于:(1)物证是以其存在、外形、特征证明案件事实,书证则是以文书或物品所记载的思想内容证明案件事实;(2)法律对物证无形式上的特定要求,只要能以其存在、外形、特征证明案件事实,就可以作为物证;对书证则不同,法律有时规定必须具备特定形式才具有证据效力。当然,也存在某一实物证据既是书证又是物证的情形,当以刻在该物品上的文字所反映的思想内容证明案件事实时,它是书证;当以该物品的外部特征证明案件事实时,它又是物证。

根据《证据若干问题的规定》第11条的规定,当事人向人民法院提供物证的,应当符合下列要求:(1)提供原物,提供原物确有困难的,可以提供与原物核对无误的复制件或者证明该物证的照片、录像等其他证据;(2)原物为数量较多的种类物的,提供其中的一部分。

3. 视听资料

视听资料是利用录音、录像等证明案件事实的证据。一般包括录音录像、电脑储存资料和电视监视资料三大类。录音录像资料,如运用录音和录像、摄像、制作电影、电视剧、VCD等技术录制的能够在电视、电脑、放映机等机器上将音像反映出来的资料;电脑储存资料,是通过计算机的软件和程序,以计算机语言编制出来的数据资料,通过利用计算机可以将这些资料解析和掌握;电视监视资料,如银行的闭路监视电视自动摄像录下的图像。

视听资料是实物证据的一种,它与同属于实物证据的书证、物证虽然有一定的关系,但有着明显的区别。例如,视听资料与书证的相同之处在于它们都以一定的思想内容来证明案件事实,但视听资料是以音响、图像、数据反映的内容,而不以文字、符号表达的内容来证明案件事实,视听资料是以动态而不是静态方式证明案件事实。而视听资料与物证的区别是显而易见的,物证以其外部特征证明案件事实,而视听资料则是以资料中的内容发挥证明作用。

根据《证据若干问题的规定》第12条的规定，当事人向人民法院提供计算机数据或者录音、录像等视听资料的，应当符合下列要求：(1)提供有关资料的原始载体。提供原始载体确有困难的，可以提供复制件；(2)注明制作方法、制作时间、制作人和证明对象等；(3)声音资料应当附有该声音内容的文字记录。

4. 证人证言

证人是应当事人的要求和人民法院的传唤到法庭作证的人，证言是证人就案件事实向人民法院所作的陈述。

下列人员不得作为证人：(1)不能正确表达意志的人。(2)诉讼代理人。在同一案件，诉讼代理人的身份与证人的身份是相互冲突的，因而不能既担任诉讼代理人又作为证人。(3)办理本案的审判人员、书记员、鉴定人、翻译人员和检察人员。

根据《证据若干问题的规定》第13条的规定，当事人向人民法院提供证人证言的，应当符合下列要求：(1)写明证人的姓名、年龄、性别、职业、住址等基本情况；(2)有证人的签名，不能签名的，应当以盖章等方式证明；(3)注明出具日期；(4)附有居民身份证复印件等证明证人身份的文件。

5. 当事人的陈述

当事人的陈述是当事人在诉讼中就与本案有关的事实，尤其是作为诉讼请求根据或反驳诉讼请求根据的事实，向人民法院所作的陈述。在诉讼中，当事人向人民法院所作的陈述往往包含多方面的内容，但可能成为诉讼证据的，只是当事人关于案件事实的陈述。

当事人对案件事实陈述的情况不同，证据效力也有所不同，一般可分为以下三种情形：(1)当事人如在诉讼中以承认对方当事人所主张的事实的方式作出了不利于自己的陈述，该陈述一般具有免除对方当事人证明的效力。(2)当事人所作的对自己有利的陈述，经其他证据证明为真实后，人民法院可以把当事人的陈述作为认定案件事实的根据之一。(3)当事人所作的有利于己的陈述，如果未得到其他证据证实，人民法院不得将该陈述作为认定案件事实的根据，该陈述也就无任何证据效力。

6. 鉴定意见

鉴定意见是鉴定人运用自己的专业知识，根据案件事实材料，对某些专门性问题进行分析鉴定所得出的意见。行政诉讼中的鉴定，通常有医学鉴定、文书鉴定、会计鉴定、技术鉴定、产品质量鉴定、行为能力鉴定等。鉴定人有两种：一种是法定鉴定部门的专职鉴定人员；另一种是司法机关指定的鉴定部门的专职鉴定人。不论是属于哪一种，都是在接受聘请或指派后，才能以鉴定人身份进行鉴定。

根据《证据若干问题的规定》第14条的规定，被告向人民法院提供的在行政程序中采用的鉴定结论，应当载明委托人和委托鉴定的事项、向鉴定部门提交的相关材料、鉴定的依据和使用的科学技术手段、鉴定部门和鉴定人鉴定资格的说明，并应有鉴定人的签名和鉴定部门的盖章。通过分析获得的鉴定结论，应当说明分析过程。

值得注意的是，新法把旧法中的“鉴定结论”改为“鉴定意见”，这一做法借鉴了刑事诉讼法和民事诉讼法中的做法。

在行政诉讼中，往往需要对某些事项进行鉴定，需要用专业的知识作出识别与判断，在证据中具有很强的证明力。但用“结论”一词非常不妥。“结论”往往意味着具有终局性和权威性，往往给人一种不容置疑的感觉，“结论，就是指对人或事物所下的最后的论断。这势必会给人们这样一种信息，通过鉴定所得的最后论断肯定准确无误，值得信赖。这折射出这一证据形式的‘权威性’”。〔72〕而“意见”只是一家之说，是“作为鉴定人个人的认识和判断，表达的只是鉴定人个人的意见，对整个案件来说，鉴定意见只是诸多证据中的一种证据，审判人员应当结合案件的全部证据，加以综合审查判断，从而正确认定案件事实，做出正确判决，而不是被动地将‘结论’作为定案依据”。〔73〕而且对同一案件可能会有几种不同的鉴定意见，都有待于审查。进一步而言，鉴定结论是鉴定人在运用科学技术或专门知识对诉讼中涉及的专门性问题进行鉴别和判断的基础上综合分析得出的结果，具有较强的权威性；而“鉴定意见”是鉴定人运用自己的专门知识和技能对案件的某些专门性问题进行鉴定所作出的“意见”，并非最后“结论”，属于个人的认识和判断，带有一定的主观性，是否科学真实，需要进一步证明、质证。鉴定意见与鉴定结论最大的区别在于，鉴定意见突出了证据的性质，既然是证据，那么就得对其加以审查判断，而鉴定结论则是定案的依据。在我国，鉴定意见的类型很多，例如，精神病司法鉴定意见、产品质量鉴定意见、文书鉴定意见、法医鉴定意见、指纹鉴定意见等。将“鉴定结论”改为“鉴定意见”符合鉴定活动的客观实际，也符合我国当下鉴定情况的现状。目前，我国鉴定机构及从业人员门槛不高，鉴定设备及人员素质参差不齐，再加上对之监督不到位，很难保证鉴定结果的科学性、客观性和公正性。特别是有些鉴定机构存在追逐经济效益之趋向，更使得鉴定行业存有不正之风。此外，由于已经作为鉴定的“结论”了，因此，实践中鉴定人很少出庭接受质证，法官对鉴定结果也倾向于相信，使得当事人失去了询问与反询问的机会和权利，更与诉讼法所确定的“证据经法庭审查属实，才能作为认定案件事实的根据”的基本要求不符。将“鉴定结论”改为“鉴定意见”并不仅是表述上的变化，更是理念上的变革，它打破了对鉴定结果的盲从，完善了诉讼程序和证据制度；用“鉴定意见”来表示更为恰当，有利于摆正这类证据在诉讼中的位置，改变在司法审判中长期存在的对

---

〔72〕　仝其宪、冯毛毛：“从‘鉴定结论’到‘鉴定意见’”，载《唯实》2012 年第 Z1 期。

〔73〕　全国人大常委会法制工作委员会民法室：《〈中华人民共和国民事诉讼法〉条文说明、立法理由及相关规定》，北京大学出版社 2012 年版，第 99 ~ 117 页。

鉴定结论不需要或者过多质证的弊端,防止出现对鉴定结果的盲目崇信,弱化了鉴定结果的证明力,强化了对鉴定结果的审查,增强了庭审抗辩意识,保证了司法公正和正义,同时也进一步推动和完善了证据鉴定制度。此外,将“鉴定结论”改为“鉴定意见”也是与其他法律法规相衔接的。早在2005年全国人大常委会通过的《关于司法鉴定管理问题的决定》中就将鉴定结论改为鉴定意见。

7. 勘验笔录

勘验笔录是审判人员在诉讼过程中对与争议有关的现场、物品进行查验、测量、拍照后制作的笔录,是通过勘验、检查等方法形成的证据。行政诉讼中的勘验笔录主要包括物证勘验笔录和人身检查笔录。在行政诉讼中,勘验笔录既是一种独立的证据,也是一种固定和保全证据的方法。

勘验笔录与物证、书证虽有相似之处,但有着明显的区别。

与物证的区别。勘验笔录是审判人员以查看、检验等方式亲自认知现场、物品等,并将认知结果记录下来后形成的证据。这一特点使它既不同于物证,又不同于书证。勘验的对象可能是物品,勘验过程中也要对物证进行拍照,但照片是作为笔录的一部分发挥证明作用的。它既不是物证本身,也不是物证的复制品。

与书证的区别。虽然都是用文字、图表等记载的内容证明案件事实的,但勘验笔录与书证的区别在于:(1)制作的时间不同。书证形成于诉讼前,而勘验笔录一般是进入诉讼后才制作。(2)制作的主体不同。书证一般由审判人员以外的人制作,而勘验笔录则由审判人员制作或在审判人员的参与、指导下制作。(3)反映的内容不同。书证的内容可以反映制作人的主观意志,而勘验笔录则必须是对勘验对象的客观记载,不得渗入勘验人的主观意志。(4)能否重新制作不同。书证一旦提交法庭后,即使制作当初内容有遗漏,或者某些重要的问题表述得不清楚,也不存在重新制作的问题;勘验笔录则不同,在必要时可以根据当事人提出的申请或者由人民法院依职权重新勘验并制作新的勘验笔录。

8. 电子数据

值得注意的是,新法第33条相较于旧法第31条,增加了“电子数据”这类新型证据。

所谓电子数据,是基于计算机应用、通信和现代管理技术等电子化技术手段形成的包括文字、图形符号、数字、字母等的客观资料,具体有电子邮件、电子数据交换、网上聊天记录、博客、微博客、微信、手机短信、电子签名、域名等。随着电子计算机与网络技术的发达与普及,给人们带来了可以突破时空限制的便利。于是,采取电子数据的方式进行无纸化办公越来越成为人们的选择。因此,可以说,新法增加“电子数据”这类新型证据是值得肯定的。

虽然从本质上说,电子数据和书证没有什么差异,但电子数据相较于书证而言更容易被篡改。由此,当事人向法院提供电子数据这类新型证据应符合哪些要求是当前必须明确的问题。根据2012年11月5日最高人民法院审判委员会第1559次会议通过的最高人民法院《关于适用〈中华人民共和国刑事诉讼法〉的解释》第93条的规定,对电子邮件、电子数据交换、网上聊天记录、博客、微博客、手机短信、电子签名、域名等电子数据,应当着重审查以下五方面的内容:(1)是否随原始存储介质移送;在原始存储介质无法封存、不便移动或者依法应当由有关部门保管、处理、返还时,提取、复制电子数据是否由二人以上进行,是否足以保证电子数据的完整性,有无提取、复制过程及原始存储介质存放地点的文字说明和签名;(2)收集程序、方式是否符合法律及有关技术规范;经勘验、检查、搜查等侦查活动收集的电子数据,是否附有笔录、清单,并经侦查人员、电子数据持有人、见证人签名;没有持有人签名的,是否注明原因;远程调取境外或者异地的电子数据的,是否注明相关情况;对电子数据的规格、类别、文件格式等注明是否清楚;(3)电子数据内容是否真实,有无删除、修改、增加等情形;(4)电子数据与案件事实有无关联;(5)与案件事实有关联的电子数据是否全面收集。如果对电子数据有疑问的,应当进行鉴定或者检验。

二、行政诉讼的举证责任分配与举证期限

举证责任是对有待证明的事实向人民法院提出证据加以证明的责任。举证责任是由法律预先规定,承担该责任的当事人必须提供证据证明特定的案件事实,否则承担败诉风险及不利后果的证据制度。举证期限是行政诉讼法律规范规定的向法庭提供证据的期限。人民法院向当事人送达受理案件通知书或者应诉通知书时,应当告知其举证范围、举证期限和逾期提供证据的法律后果,并告知因正当事由不能按期提供证据时应当提出延期提供证据的申请。当事人在法定期限内,可以向人民法院提供证据。

(一)被告的举证责任与举证期限

1. 被告承担主要的举证责任

新法第34条规定:"被告对作出的行政行为负有举证责任,应当提供作出该行政行为的证据和所依据的规范性文件。"可从三方面来理解:(1)行政行为是否合法应由被告承担举证责任,行政主体应当举出证据证明自己作出的行政行为具有合法性。(2)被告既要对作出的行政行为的事实依据举证,又要对作出行政行为的法律依据举证。(3)如果被告不能在举证期限内提供作出行政行为的事实证据和法律依据来证明其行为的合法性,将承担败诉的法律后果。由被告承担主要举证责任,一方面是出于保护原告的诉权,另一方面是被告相对于原告而言在举证方面具有优势,让其负举证责任还有利于促进行政主体依法行政。

在被告举证规定上,新法作了进一步完善:

(1)对被告不能按时举证的后果作了规定。旧法只是要求被告举证,应提供作出行政行为所依据的证据和规范性文件,但如果不按要求举证将承担何种法律后果,则没有作出规定。新法对此进行了补充,即"被告不提供或者无正当理由逾期提供证据,视为没有相应证据","使用'视为'一词是为了突出其拟制性规范属性,即不管事实上被告是否有证据和依据,只要其逾期提供,在法律上就视同其没有相应的证据和依据"。[74] 行政诉讼上的举证过程实际上就是行政程序上的证明过程的回放,由于作出行政行为必须"先取证,后裁决",被告在作出行政行为时就是依据这些证据和依据的,被告没有理由迟迟不给出有关证据和依据,直到庭审时甚至庭审结束时才提交,造成法院无法裁判的困难,造成原告措手不及。该款的增加,完善了被告举证的时效制度,明确规定了不及时举证的法律后果,防止当事人无期限拖延举证,也解决实践中一些被告不配合法院,故意不提供或拖延提供证据,有利于实现行政效率和司法效益的统一,实现诉讼效率的经济原则,同时保证了当事人诉讼地位的平等。这也是吸收了旧法的司法解释的经验。[75] 但与旧法的司法解释相比,新法的规定似乎又不够全面。首先,新法中少了一个"依据"的要求。旧法的司法解释对不能及时提供的后果是"应当认定该具体行政行为没有证据、依据",多了一个"依据",而新法中只有"视为没有相应证据",似乎不够全面。从理论上讲,行政机关作出行政行为时应该已经具备了充分的证据和法律法规依据,因此,在举证时应当将作出行政行为时所根据的所有证据、相关规范性文件都一并提交给法院,完全可以采取"行政案卷排他规则"。行政案卷排他规则源于美国1946年的《联邦行政程序法》,它要求行政机关在作出正式裁决时只能以案卷为依据,不能在案卷以外,以当事人所未知悉和未论证的事实作根据。[76] 具体而言,是指行政主体在作出行政行为前,通过询问、调取资料、勘验、检查等调查方式以及鉴定、听证的形式取得的以及相对人提供的用以证明相关事实的各种材料、鉴定结论、证人证言、书证物证等证据材料,以及行为过程中所收到或依据的各种资料,依据一定的顺序组成案卷,行政主体的行政行为只能依据该案卷作出,案卷外的任何资料皆不能成为该主体行为的根据。目前,我国《行政许可法》明确规定了在行政许可听证程序中作为行政案卷表现形式的听证笔录的效力,[77] 这是我国在法律中第一次正式出现行政案卷排他规则,具有里程碑意义。由于行政案卷具有真实性、封闭性、排他性、公开性、唯一性等特点,[78] 完全可以要求行政诉讼被

[74] 孔祥俊:《最高人民法院〈关于行政诉讼证据若干问题的规定〉的理解与适用》,中国人民公安大学出版社2002年版,第58页。

[75] 旧法的司法解释第26条第2款规定,被告应当在收到起诉状副本之日起10日内提交答辩状,并提供作出具体行政行为时的证据、依据;被告不提供或者无正当理由逾期提供的,应当认定该具体行政行为没有证据、依据。

[76] 王名扬:《美国行政法》,中国法制出版社2005年版,第489页。

[77] 《行政许可法》第48条第2款规定:"行政机关应当根据听证笔录,作出行政许可决定。"

[78] 孔繁华:"英美行政法上的案卷制度及其对我国的借鉴意义",载《法学评论》2005年第2期。

告提供作出行政行为时的所有行政案卷。对此,行政诉讼法中应该规定,没有按时提交的,应认定其没有证据、没有依据。其次,对被告举证的期限没有作出规定。旧法的司法解释中要求被告在收到起诉状副本之日起10日内提交答辩状,有了严格的时限规定,有利于促使被告及时举证。而新法中却没有了这个要求,因此,所谓的"逾期"也就没有了参照标准,这不能不说是个遗憾。

(2)增加了被告举证过程中第三人的保护规定。即"被诉行政行为涉及第三人合法权益,第三人提供证据的除外",从该款规定可以看出,第三人举证的,不受上述规则的影响。由于第三人举证不是为了证明行政行为合法或违法,而是为了保护自身的合法权益,因此,在举证中,如果举出了被告该举而没有举的证据,法院不能以过了举证期限为由拒绝第三人这样的证据。这是当行政主体消极不作为时,对第三人权益的充分保护。

2. 被告延期或补充证据

原则上讲,被告必须在规定的时间内举证,否则视为无证据,但新法增加了两种被告可以延期或补充举证的情形:

(1)被告在作出行政行为时已经收集了证据,但因不可抗力等正当事由不能提供的,可以延期提供。这个规定说明,被告已经按照规定的时间收集了证据,只是因不可抗力等正当理由不能提供而已,过错责任不在于被告方。例如,因发洪水而导致原有的证据灭失,经法院准许,被告可以延期提供证据。当然,这里有一个限制性要求,即如果有不可抗力等正当理由的,被告应提前向法院提出申请且需得到法院的准许,相反,如果被告申请且未得到法院准许的,仍需按照被告举证不能来对待。

(2)原告或者第三人提出了其在行政处理程序中没有提出的理由或者证据的。举证只是为了证明自己的主张,被告举证就是针对原告或第三人的主张举证,而如果原告或第三人当初在行政处理程序中没有提出,而在行政诉讼过程中又新提出的,被告只能在新的主张提出后再来举证证明行政行为合法性,这样,举证自然就比规定的时间要滞后,这是新法所允许的,即经法院准许,被告可以补充证据。特别是在现实中,有些相对人在行政程序中故意不提出申辩理由或相关证据,或利用时间的拖延使被告在行政程序上以及证据收集等方面有所忽视,而在行政诉讼中却提出在行政程序中没有提出的理由或者证据,使被告在行政诉讼中无以应对。甚至有些相对人恶意举证,提出虚假证据,若被告不对此进行相关调查取证,便无法证明事实真相。例如,在行政处罚程序中,对于应该告知听证的行政机关已经予以告知,而相对人没有要求听证,但在行政诉讼中,相对人又以没有告知听证为由提出新的主张,此时,经法院准许,被告可以据此进行补充证据。行政诉讼被告补充证据制度的确立,给予了被告基于原告或者第三人在行政诉讼中提出新的反驳理由和证据而补充新的证据的机会,有利于证据的全面收集并查明事实,以维护司法程序的公平性。当然,补充的新证据只能作为反驳原告提出的新理由或者新证据来使用,而不能作为证明行政行为合法性的证据。

这里,针对不同情况,对被告的举证使用了"延期"和"补充"两个不同的词。"延期"举证意味着只能将已经准备好的证据向法院提交,不能有新的证据,延期的原因是不可抗力等正当事由;"补充"证据意味着被告可以寻找新的证据,是针对原告或第三人的理由或证据,而这个理由或证据是原告或者第三人在行政处理程序中没有提出的。而且,对被告的"延期"和"补充"行为,法院是要严格把关的,不能成为被告延期或擅自补充证据的借口。

3. 被告的举证期限

在行政诉讼中,被告对其作出的行政行为承担举证责任。被告不提供或者无正当理由逾期提供证据,视为没有相应证据。但是,被诉行政行为涉及第三人合法权益,第三人提供证据的除外。被告应当在收到起诉状副本之日起 10 日内提交答辩状,并提供作出行政行为时的证据、依据;被告不提供或者无正当理由逾期提供的,应当认定该行政行为没有证据、依据。被告因不可抗力或者客观上不能控制的其他正当事由,不能在规定的期限内提供证据的,应当在收到起诉状副本之日起 10 日内向人民法院提出延期提供证据的书面申请。人民法院准许延期提供的,被告应当在正当事由消除后 10 日内提供证据。逾期提供的,视为被诉行政行为没有相应的证据。

(二)原告的举证及举证期限

新法规定了两种原告提供证据的情形,[79]一是权利性提供证据,即可提供可不提供的;二是义务性提供,即应当提供的。

1. 原告权利性提供证据

原告权利性提供证据是新法第 37 条规定的,是对被告行政行为的违法性,原告可以举证证明,"可以"两字重在给予原告自由选择权,可以提供也可以不提供。有证据则可以证明违法,增加胜诉可能性。换言之,原告享有的是一种提供证据的权利,而非举证责任或义务,没有提供证据的,原告也不承担任何不利的法律后果。同时不违反举证责任倒置规则,原告提供证据不能免除被告应有的举证责任,更不能因为原告提供证据没能证明被告的违法而免除被告的举证义务,被告依然对被诉行政行为承担举证不能的败诉风险。原告可以提供证明行政行为违法的证据,扩大了行政相对人受保护的权利,以防止被告举证的避重就轻,通过对其违法性的举证,以进一步保护自己的合法权益。实际上,2002 年的最高人民法院《关于行政

---

〔79〕 值得注意的是,对被告使用的是"举证",而对原告使用的是"提供证据",有人认为这两者有细微的差别。举证责任往往意味着法律风险,举证不能将承当不利后果;而提供证据则属于中性词,不具有类似的后果。不过,笔者认为,尽管有这些细微差别,但在实践中,不必做如此区分。

诉讼证据若干问题的规定》第 6 条[80]就有几乎相关的规定，新法是将司法实践中的经验上升为法律条文。

2. 原告义务性提供证据

原告的义务性提供证据就是新法第 38 条规定的情形。对于义务性提供证据，原告如果不能及时提供证据，将承担不利的法律后果，相当于原告的举证责任。新法第 38 条明确规定了原告应当提供证据的两种情况：

第一种情况是原告在起诉被告不作为行为时的举证责任。这个证据就是自己曾向被告提出过申请的证据。一般是发生在以下情形：行政机关具有法律明确规定的职责；属于相对人依申请的行为；在相对人申请的情况下行政机关在法定期限内仍不履行。当然，并非所有的行政行为都属于行政诉讼受案范围的，结合新法第 12 条的规定，主要有以下情形：申请行政许可，行政机关拒绝或者在法定期限内不予答复；申请行政机关履行保护人身权、财产权等合法权益的法定职责，行政机关拒绝履行或者不予答复的；行政机关没有依法支付抚恤金、最低生活保障待遇或者社会保险待遇的等。在这种情况下，原告要向法院提交的证据是：曾向被告提出过申请，至于这个申请本身是否合法则在所不问；这个申请是行政程序中提出来的，而不是事后补充提交的申请；至于这种证据的形式，一般不作严格要求，能证明即可。

但新法同时又作了原告可以免予举证义务情形的规定，即有下列情形之一的除外，即被告应当依职权主动履行法定职责的；原告因正当理由不能提供证据的。这里“原告因正当理由不能提供证据的”，比如，由于行政机关登记管理制度等不完善，导致原告无法提供曾经向行政机关申请了的证据。

第二种情况是在涉及补偿或赔偿案件中，原告要对自己的损害事实，尤其是损害的具体数额进行举证，如财产损坏的购买时的票据、受损时的医疗票据等。当然，也包括遭到殴打时的殴打证据、财产被没收时的没收清单等。换言之，除了证明行政行为合法性的证据需要被告举证外，其他的证据原则上仍遵循着“谁主张，谁举证”原则，只不过根据行政诉讼的特点，在许多情况下这种举证责任由于被告的原因而转移给了被告而已。

新法对原告在这种情况下举证责任规定了免除情形，即如果原告的举证不能是由于被告的原因而导致的，新法规定应“由被告承担举证责任”。以行政赔偿为例，特别对于侵犯人身权的行政赔偿问题，让原告举证确实勉为其难。近年来，躲猫猫、喝水死、睡觉死以及洗脸死等非正常死亡事件时有发生，社会公众反应强烈。对于非正常死亡事件的赔偿，以往都由赔偿请求人自己举证，这对本就处于弱势地

---

[80] 最高人民法院《关于行政诉讼证据若干问题的规定》第 6 条规定，原告可以提供证明被诉具体行政行为违法的证据。原告提供的证据不成立的，不免除被告对被诉具体行政行为合法性的举证责任。

位的赔偿请求人来说,未免过于苛刻。为此,《国家赔偿法》第 15 条规定,人民法院审理行政赔偿案件,赔偿请求人和赔偿义务机关对自己提出的主张,应当提供证据。赔偿义务机关采取行政拘留或者限制人身自由的强制措施期间,被限制人身自由的人死亡或者丧失行为能力的,赔偿义务机关的行为与被限制人身自由的人的死亡或者丧失行为能力是否存在因果关系,赔偿义务机关应当提供证据。只有通过作为被告的行政机关才有可能把事实讲清楚,而且行政机关举证责任的强化,也在遏制非正常伤害、死亡事件等方面发挥着十分重要的作用。而新法关于"因被告的原因导致原告无法举证的,由被告承担举证责任"的规定,扩大了行政机关举证责任范围,其扩大程度要大于国家赔偿法,意味着对于赔偿请求人没有能力证明的事项,赔偿请求人只需作出合理说明即可,例如,在侵犯财产权的国家赔偿案件中,赔偿请求人只需说明国家机关的行为是因为欠缺合法程序而被确认违法;在侵犯身体健康权的国家赔偿案件中,赔偿请求人只需说明曾被限制人身自由即可。赔偿请求人尽到说明责任后,应由赔偿义务机关就赔偿请求人的主张不存在承担举证责任。这一项规定,不仅仅减轻了原告的举证责任,而且更加推动补偿与赔偿诉讼的进行,为原告的合法利益保护提供了程序上的保障。

3. 原告或第三人的举证期限

最高人民法院《关于行政诉讼证据若干问题的规定》第 7 条第 1 款规定:"原告或者第三人应当在开庭审理前或者人民法院指定的交换证据之日提供证据。因正当事由申请延期提供证据的,经人民法院准许,可以在法庭调查中提供。逾期提供证据的,视为放弃举证权利。"同时,该条第 2 款规定:"原告或者第三人在第一审程序中无正当事由未提供而在第二审程序中提供的证据,法院不予接纳。"对比原告与被告的举证期限可以看出,被告的举证期限比原告或第三人的举证期限要短得多,在很大程度上就是为了强化行政主体"先取证、后裁决"的程序规则。

三、人民法院证据的调取与保全规则

在行政诉讼过程中,证据的来源除了原、被告方提供外,在特定的情况下可以由法院调取、收集。法院调取证据分为依职权调取证据和依申请调取证据等两种情形。

(一)法院依职权调取证据

在旧法第 34 条第 2 款的基础上新设一条,即第 40 条,人民法院有权向有关行政机关以及其他组织、公民调取证据。这是法院依职权取证的法律依据。

随着司法中立的发展,法院一般不主动取证,而把取证的责任交由当事人。在行政诉讼中主要交由被告,法院作为中立者起着居中裁判作用。但有时在特定情况下,为了查明案情,在仅凭已有证据难以搞清案情的情况下,法院也依职权或依申请进行取证,取到了行政机关该举证但没有举的证据。法院的取证对象可谓广泛,包括有关行政机关、其他组织、公民,相关单位或个人有义务予以配合与协助。

对不配合协助、情节严重的，将按照新法第59条的相关规定进行处理，即新法第59条规定第1款第1项，有义务协助调查的人，对人民法院的协助调查决定，无故推拖、拒绝或者妨碍调查的，人民法院可以根据情节轻重，予以训诫、责令具结悔过或者处一万元以下的罚款、十五日以下的拘留；构成犯罪的，依法追究刑事责任。是单位的，可以对其主要负责人或者直接责任人员依照前款规定予以罚款、拘留等。

法院依职权取证有一个限制，即"不得为证明行政行为的合法性调取被告作出行政行为时未收集的证据"，对此可作两种理解，一是法院的取证不能为了证明行政行为的合法性，合法性问题的举证交由被告自己举证，否则，司法与行政就有合伙欺负原告的嫌疑；二是法院不能调取被告作出行政行为时没有收集的证据。被告在作出行政行为时就应当在收集完整证据的基础上，要先有证据然后作出行政行为，而不能事后取证。法院作为诉讼的居中裁判者，赋予其调查取证权，与法律规定的诉讼原被告双方的举证责任分配意义不同。诉讼的原告与被告是诉讼利益的实际追求者，与诉讼的实体利益密切相关，因此，二者在诉讼中提供证据证明其主张的行为是对己有利的行为。而人民法院作为居中裁判者，法律赋予其调查取证权，是为了在案件穷尽证据后，事实真相仍处于真伪不明的情况下，由法院不偏不倚地提出证据，证明案件事实，同时，举证的目的是对作为弱势主体的原告一方的倾斜。

（二）法院依申请调取证据

新法第41条还增加了法院依申请调取证据的情形，依申请取证的条件为：(1)申请主体仅限于原告或者第三人。(2)与本案有关的证据，当然是否有关，需要法院根据具体案件进行综合判断。(3)申请人不能自行收集的。这里应当包括诉讼代理人也无法收集的证据。从该条所列举的范围可以看出，属于确实不能取到的证据才可以申请法院调取。具体有以下三种情形：

1. 由国家机关保存而须由人民法院调取的证据。由国家机关保存的证据，无论是当事人还是其诉讼代理人都无法取到。而法院作为国家司法机关，往往有这方面的优势，可以依法调取。如果是国家机关保存但属于对外公开的证据，任何人都可以通过合法途径获取，则不应申请法院调取。

2. 涉及国家秘密、商业秘密和个人隐私的证据。依据新修订的《保守国家秘密法》及国务院公布的《保守国家秘密法实施办法》，国家秘密是关系国家安全和利益，依照法定程序确定，在一定时间内只限一定范围的人员知悉的事项。国家秘密事项往往涉及政治、经济、国防、外交、国民经济、科学技术等诸多领域。根据《反不正当竞争法》规定，商业秘密是不为公众所知悉、能为权利人带来经济利益、具有实用性并经权利人采取保密措施的技术信息和经营信息。至于个人隐私，目前还没有确切的含义解释，一般将之定义为权利主体主观上希望他人不知晓的个人事务。涉及上述国家秘密、商业秘密和个人隐私的有关证据，当事人难以自行取证，申请法院调取是理所当然的。

3. 确因客观原因不能自行收集的其他证据。这是一个兜底条款，在难以穷尽的情况下做一条原则性的规定，为司法实践留下空间。值得注意的是，法院依申请取证的三种情形早在最高人民法院《关于行政诉讼证据若干问题的规定》中就有规定，新法中的规定几乎是该规定第23条第1款的翻版。

人民法院对当事人调取证据的申请，经审查符合调取证据条件的，应当及时决定调取；不符合调取证据条件的，应当向当事人或者其诉讼代理人送达通知书，说明不准许调取的理由。当事人及其诉讼代理人可以在收到通知书之日起3日内向受理申请的人民法院书面申请复议一次。人民法院应当在收到复议申请之日起5日内作出答复。人民法院根据当事人申请，经调取未能取得相应证据的，应当告知申请人并说明原因。人民法院需要调取的证据在异地的，可以书面委托证据所在地人民法院调取。受托人民法院应当在收到委托书后，按照委托要求及时完成调取证据工作，送交委托人民法院。受托人民法院不能完成委托内容的，应当告知委托的人民法院并说明原因。

（三）证据的保全

证据保全是指在证据有可能灭失或者以后难以获取的情况下，人民法院应诉讼参加人的要求或主动依职权采取措施对证据予以确定和保护的制度。行政诉讼证据保全制度对于保证行政诉讼顺利进行有着积极的作用。据此，证据保全需要具备以下条件：

1. 必须存在可能灭失或者以后难以取得的情况。并不是所有的证据都需要进行证据保全，事实上，大多数证据不需要进行证据保存。也就是说，只有对那些存在可能灭失或者以后难以取得的证据才进行证据保全。

2. 证据必须对案情有较重要的证明作用。即使有些证据存在可能灭失或者以后难以取得的情况，但并不是都要进行证据保全，只有那些对案情有较重要的证明作用的证据才进行证据保全。

新法第42条规定，在证据可能灭失或者以后难以取得的情况下，诉讼参加人可以向人民法院申请保全证据，人民法院也可以主动采取保全措施。当事人按照法律规定向人民法院申请保全证据的，应当在举证期限届满前以书面形式提出，并说明证据的名称和地点、保全的内容和范围、申请保全的理由等事项。当事人申请保全证据的，人民法院可以要求其提供相应的担保。法律、司法解释规定诉前保全证据的，依照其规定办理。人民法院，可以根据具体情况，采取查封、扣押、拍照、录音、录像、复制、鉴定、勘验、制作询问笔录等保全措施。人民法院保全证据时，可以要求当事人或者其诉讼代理人到场。

四、行政诉讼证据的质证与认定规则

（一）行政诉讼证据的质证

新法第43条第1款规定："证据应当在法庭上出示，并由当事人互相质证。对涉及国家秘密、商业秘密和个人隐私的证据，不得在公开开庭时出示。"在行政诉讼中，对证据进行出示与质证是审查认定证据能否被采信以及证明力如何的必经步骤。所谓质证，是指在法庭审判过程中由当事人及其代理人对双方提供给法庭的证据、有争议和疑问的材料，通过询问、辨认、质疑、说明、解释、辩驳等方式，查明、核实证据能否作为定案根据的活动，[81]是在人民法院的主持下，当事人及其代理人对证据的合法性、真实性、关联性、有无证明力以及证明力的大小进行辩论的活动。虽然证据可由当事人收集与提交，也可由法院依职权调取，但这些证据往往真假难辨。质证的目的在于查明案件真相。只有质证才能达到去伪存真的目的，从而可以帮助法院查明案件真相，做到以事实为依据，以法律为准绳，进而作出正确的裁判。为此，新法要求所有的证据要当庭出示并经过对方质证，不当庭出示、没有对方质证的，不管多么重要，都不能作为定案的依据。即使对于涉及国家秘密、商业秘密和个人隐私的证据，也要经过这个程序，只不过这样的证据在出示和质证时不对外公开而已。涉及国家秘密的证据，如有些走私行政案件，证据涉及走私行为发现的线索，可能会暴露举报人等秘密；商业秘密的构成要件之一就是秘密性，即构成商业秘密的技术信息或经营信息能够不被权利人以外的公众知悉，因此，应当在行政诉讼活动中对其加以保护。个人隐私涉及当事人的名誉、信用等，公开其隐私将影响其个人声誉，因此当证据涉及个人隐私时，也不得在法庭上公开质证。

对各类证据的质证要求是不一样的：

1. 对书证、物证和视听资料的质证。《证据若干问题的规定》第40条规定，对书证、物证和视听资料进行质证时，当事人应当出示证据的原件或者原物。但有下列情况之一的除外：(1)出示原件或者原物确有困难并经法庭准许可以出示复制件或者复制品；(2)原件或者原物已不存在，可以出示证明复制件、复制品与原件、原物一致的其他证据；(3)视听资料应当当庭播放或者显示，并由当事人进行质证。

2. 对证人证言的质证。《证据若干问题的规定》第41条至第46条对证人出庭作证制度做了详细的规定。凡是知道案件事实的人，都有出庭作证的义务。有下列情形之一的，经人民法院准许，当事人可以提交书面证言：(1)当事人在行政程序或者庭前证据交换中对证人证言无异议的；(2)证人因年迈体弱或者行动不便无法出庭的；(3)证人因路途遥远、交通不便无法出庭的；(4)证人因自然灾害等不

---

[81] 转引自孙彩虹：《证据法学》，中国政法大学出版社2008年版，第125页。

可抗力或者其他意外事件无法出庭的;(5)证人因其他特殊原因确实无法出庭的。不能正确表达意志的人不能作证。根据当事人申请,人民法院可以就证人能否正确表达意志进行审查或者交由有关部门鉴定。必要时,人民法院也可以依职权交由有关部门鉴定。当事人申请证人出庭作证的,应当在举证期限届满前提出,并经人民法院许可。人民法院准许证人出庭作证的,应当在开庭审理前通知证人出庭作证。当事人在庭审过程中要求证人出庭作证的,法庭可以根据审理案件的具体情况,决定是否准许以及是否延期审理。在下列情形中,原告或者第三人可以要求相关行政执法人员作为证人出庭作证:(1)对现场笔录的合法性或者真实性有异议的;(2)对扣押财产的品种或者数量有异议的;(3)对检验的物品取样或者保管有异议的;(4)对行政执法人员身份的合法性有异议的;(5)需要出庭作证的其他情形。证人出庭作证时,应当出示证明其身份的证件。法庭应当告知其诚实作证的法律义务和作伪证的法律责任。出庭作证的证人不得旁听案件的审理。法庭询问证人时,其他证人不得在场,但组织证人对质的除外。证人应当陈述其亲历的具体事实。证人根据其经历所作的判断、推测或者评论,不能作为定案的依据。

3. 对鉴定意见的质证。《证据若干问题的规定》第 47 条规定,当事人要求鉴定人出庭接受询问的,鉴定人应当出庭。鉴定人因正当事由不能出庭的,经法庭准许,可以不出庭,由当事人对其书面鉴定结论进行质证。鉴定人不能出庭的正当事由,参照本规定第 41 条的规定。对于出庭接受询问的鉴定人,法庭应当核实其身份、与当事人及案件的关系,并告知鉴定人如实说明鉴定情况的法律义务和故意作虚假说明的法律责任。

4. 对专门性问题的质证。《证据若干问题的规定》第 48 条规定,对被诉行政行为涉及的专门性问题,当事人可以向法庭申请由专业人员出庭进行说明,法庭也可以通知专业人员出庭说明。必要时,法庭可以组织专业人员进行对质。当事人对出庭的专业人员是否具备相应专业知识、学历、资历等专业资格等有异议的,可以进行询问。由法庭决定其是否可以作为专业人员出庭。专业人员可以对鉴定人进行询问。

5. 对电子数据的质证。鉴于电子数据的特殊性,除了遵循传统的证据质证要求外,还涉及新型收集手段合法性、原件的特殊性要求等,这些都需要司法解释对其作出明确规定。

(二)行政诉讼证据的审核认定规则

新法第 43 条第 2 款规定:“人民法院应当按照法定程序,全面、客观地审查核实证据。对未采纳的证据应当在裁判文书中说明理由。”这就要求法院要对当事人质证后的证据是否具备法定的证据资格、证明力的大小等进行审核。也就是说,法庭应当对经过庭审质证的证据和无须质证的证据进行逐一审查和对全部证据综合审查,遵循法官职业道德,运用逻辑推理和生活经验,进行全面、客观和公正地分析判断,确定证据材料与案件事实之间的证明关系,排除不具有关联性的证据材料,准确认定案件事实。“客观”,包括对证据的来源、证据的真实性、证据与所证明事实的关系等。“全面”是对所有证据及其相关的材料进行逐一审查。“全面”体现了审查的范围,“客观”体现了审查的态度。

1. 对证据的审查的内容

对证据的审查包括对证据的合法性审查和真实性审查两个方面。法庭应当从以下方面审查证据的合法性:(1)证据是否符合法定形式;(2)证据的取得是否符合法律、法规、司法解释等的要求;(3)是否有影响证据效力的其他违法情形。法庭应当从以下方面审查证据的真实性:(1)证据形成的原因;(2)发现证据时的客观环境;(3)证据是否为原件、原物,复制件、复制品与原件、原物是否相符;(4)提供证据的人或者证人与当事人是否具有利害关系;(5)影响证据真实性的其他因素。

2. 不能作为定案依据的证据材料

新法第43条第3款规定,以非法手段取得的证据,不得作为认定案件事实的根据。主要是对以非法手段获取的证据进行排除,新法没有使用“排除”一词,而是使用了“不得作为认定案件事实的根据”,更符合司法裁判的表述风格。当然,新法没有对非法证据进行列举,需要在今后的司法解释中予以明确。一般而言,非法证据有狭义与广义之分。狭义的非法证据是指通过非法的途径和手段获得的证据;广义的非法证据是指不符合法定来源和形式的或者违反诉讼程序取得的证据资料。有的将行政诉讼非法证据中的“非法证据”理解为五种表现形态:不合法主体收集或提供的证据;取证程序不合法的证据;形式不合法的证据;通过非法权能取得的证据;其他违反行政诉讼规定的证据(如未经质证的证据,行政机关在二审中提供的证据等)。[82] 还有人将之归纳为:严重违反法定程序取得的证据;以秘密调查手段取得的证据;以非法权能取得的证据;“钓鱼执法”取得的证据;“毒树之果”证据(以非法手段取得的证据为线索间接获得的证据)。[83] 非法证据排除规则适用于所有行政诉讼当事人,并不仅限被告,应当还包括原告、第三人等。

司法实践中,不能作为认定案件事实的根据的证据有:(1)严重违反法定程序收集的证据材料;(2)以偷拍、偷录、窃听等手段获取侵害他人合法权益的证据材料;(3)以利诱、欺诈、胁迫、暴力等不正当手段获取的证据材料;(4)当事人无正当事由超出举证期限提供的证据材料;(5)在中华人民共和国领域以外或者在中华人民共和国香港特别行政区、澳门特别行政区和台湾地区形成的未办理法定证明手续的证据材料;(6)当事人无正当理由拒不提供原件、原物,又无其他证据印证,

---

〔82〕 高丹:“行政诉讼证据制度若干问题研究”,吉林大学硕士学位论文,第20页。

〔83〕 刘淑婷:“论行政诉讼非法证据排除规则”,吉林大学硕士学位论文,第13~20页。

且对方当事人不予认可的证据的复制件或者复制品;(7)被当事人或者他人进行技术处理而无法辨明真伪的证据材料;(8)不能正确表达意志的证人提供的证言;(9)不具备合法性和真实性的其他证据材料。此外,以违反法律禁止性规定或者侵犯他人合法权益的方法取得的证据,不能作为认定案件事实的依据。被告在行政程序中依照法定程序要求原告提供证据,原告依法应当提供而拒不提供,在诉讼程序中提供的证据,人民法院一般不予采纳。

不能作为认定被诉行政行为合法依据的证据:(1)被告及其诉讼代理人在作出行政行为后或者在诉讼程序中自行收集的证据;(2)被告在行政程序中非法剥夺公民、法人或者其他组织依法享有的陈述、申辩或者听证权利所采用的证据;(3)原告或者第三人在诉讼程序中提供的、被告在行政程序中未作为行政行为依据的证据。

复议机关在复议程序中收集和补充的证据,或者作出原行政行为的行政机关在复议程序中未向复议机关提交的证据,不能作为人民法院认定原行政行为合法的依据。

对被告在行政程序中采纳的鉴定意见,原告或者第三人提出证据证明有下列情形之一的,人民法院不予采纳:(1)鉴定人不具备鉴定资格;(2)鉴定程序严重违法;(3)鉴定意见错误、不明确或者内容不完整。

3. 对一事实有数个证据的证明效力认定方法

如果有数个证据证明同一事实的,其证明效力一般可以按照下列情形分别认定:(1)国家机关以及其他职能部门依职权制作的公文文书优于其他书证;(2)鉴定意见、现场笔录、勘验笔录、档案材料以及经过公证或者登记的书证优于其他书证、视听资料和证人证言;(3)原件、原物优于复制件、复制品;(4)法定鉴定部门的鉴定意见优于其他鉴定部门的鉴定意见;(5)法庭主持勘验所制作的勘验笔录优于其他部门主持勘验所制作的勘验笔录;(6)原始证据优于传来证据;(7)其他证人证言优于与当事人有亲属关系或者其他密切关系的证人提供的对该当事人有利的证言;(8)出庭作证的证人证言优于未出庭作证的证人证言;(9)数个种类不同、内容一致的证据优于一个孤立的证据。此外,以有形载体固定或者显示的电子数据交换、电子邮件以及其他数据资料,其制作情况和真实性经对方当事人确认,或者以公证等其他有效方式予以证明的,与原件具有同等的证明效力。

4. 经法院认定后可以采信的证据情形

在以下这些情形中的证据,经法院认定后可以采信:(1)在庭审中一方当事人或者其代理人在代理权限范围内对另一方当事人陈述的案件事实明确表示认可的,人民法院可以对该事实予以认定。但有相反证据足以推翻的除外。(2)在行政赔偿诉讼中,人民法院主持调解时当事人为达成调解协议而对案件事实的认可,不得在其后的诉讼中作为对其不利的证据。(3)在不受外力影响的情况下,一方当事人提供的证据,对方当事人明确表示认可的,可以认定该证据的证明效力;对方当事人予以否认,但不能提供充分的证据进行反驳的,可以综合全案情况审查认定该证据的证明效力。(4)众所周知的事实、自然规律及定理、按照法律规定推定的事实、已经依法证明的事实和根据日常生活经验法则推定的事实,法庭可以直接认定。(5)原告确有证据证明被告持有的证据对原告有利,被告无正当事由拒不提供的,可以推定原告的主张成立。(6)生效的人民法院裁判文书或者仲裁机构裁决文书确认的事实,可以作为定案依据。但是如果发现裁判文书或者裁决文书认定的事实有重大问题的,应当中止诉讼,通过法定程序予以纠正后恢复诉讼。

(三)对新法关于质证与认定规定的检视

新法相较于旧法,增加了关于质证与认定的规定,是一大进步。从关于质证与认定的规定之具体内容来看,有以下可圈可点之处:

1. 明确规定对涉及国家秘密、商业秘密和个人隐私的证据,不得在公开开庭时出示。无论是涉及国家秘密的证据,还是涉及商业秘密和个人隐私的证据,因为这些证据出示将会对国家或相关的自然人、法人或者其他社会组织的利益造成侵害,因而均不能为外界所知悉。

2. 明确对未采纳的证据应当在裁判文书中说明理由。新法要求法院对没有采纳的证要在裁判书中“说明理由”,主要是说明没有采纳的理由,以让当事人信服。以往法律没有这一要求,法院裁判文书下达后,原告不服而上诉的事件频繁发生,很重要的原因便在于原告认为法院没有采纳对自己有利的证据。

3. 明确规定以非法手段取得的证据不得作为认定案件事实的根据。证据作用在于证明某一主张成立或不成立,以及帮助法院查明案件的真相。正是由于证据如此重要,当事人很有可能为了胜诉的目的而以非法手段去获取证据。为此,世界各国都规定了必须以合法的手段取得,并明确规定以非法手段取得的证据,不得作为认定案件事实的根据。

第六节　行政诉讼程序

行政诉讼的程序是指人民法院审理行政诉讼案件所遵守的步骤、方式和期限的总和,由第一审程序、第二审程序和审判监督程序构成。行政诉讼程序以行政审判活动为内容,与行政审判活动相联系,是为审理行政争议案件而设立的诉讼程序,目的是保证审理结果的公正、合理、正确。

这里要注意行政诉讼程序与行政程序的区别,行政程序是指行政主体实施行政行为必须遵守的方式、步骤、空间、时限,行政程序反映了行政权的运行过程。行政程序与行政诉讼程序是两种不同性质的程序，内容、目的、适用对象、表现形式、违反相应程序的后果都不同。而且行政程序比行政诉讼程序更简便易行，行政程序可能在行政诉讼程序中成为被审查的对象和内容。

一、第一审程序

第一审程序是指人民法院从受理行政案件到作出第一审裁判的诉讼程序。与其他程序相比，第一审程序是人民法院解决行政案件的必经程序，也是行政诉讼程序中内容最丰富、体系最完整的审理程序，二审以及再审程序都是在此基础上进行设计的。主要由起诉、立案、审理和裁判四个环节组成。

（一）行政诉讼的起诉

起诉是诉讼活动的起点，因为司法活动采取不告不理的原则，如果没有人起诉，那么法院就不能主动立案。但是起诉是原告的单方行为，要引起法院对所起诉的案件的立案，必须符合一定的条件。只有经法院审查与立案后，才能启动相应的诉讼程序。由此，起诉与立案是诉讼的初始阶段。

行政诉讼的起诉是公民、法人或其他组织认为行政主体作出的行政行为侵犯其合法权益，向有管辖权的人民法院提起行政诉讼，要求人民法院对该行政行为的合法性进行审查的活动。

1. 起诉的一般条件

所谓一般条件，指无论提起何种诉讼、提出何种诉讼请求，都应当具备的条件。根据新法第49条的规定，提起行政诉讼必须具备以下一般条件：

（1）原告适格。原告适格是指提起行政诉讼之人必须符合原告资格，即必须是新法第25条规定的公民、法人和其他社会组织。新法第25条规定："行政行为的相对人以及其他与行政行为有利害关系的公民、法人或者其他组织，有权提起诉讼。有权提起诉讼的公民死亡，其近亲属可以提起诉讼。有权提起诉讼的法人或者其他组织终止，承受其权利的法人或者其他组织可以提起诉讼。"

（2）有明确的被告。被告是法律责任的承担者，是行政诉讼不可或缺的。明确的被告意味着公民、法人或者其他社会组织起诉需要明确指出实施行政行为的行政机关、授权组织的名称。

（3）有具体的诉讼请求和事实根据。诉讼请求是原告向人民法院提出的，并且希望获得人民法院司法保护和救济的实体性权利主张。这一主张的提出，需要原告以一定的事实根据来支撑。如果原告没有提出明确的诉讼请求，人民将无法进行审理。

（4）属于人民法院受案范围和受诉人民法院管辖。属于人民法院受案范围指原告请求人民法院通过行使审判权给予保护与救济权益的范围，是人民法院审判权的作用领域。受案范围决定了公民、法人和其他社会组织的诉权行使范围。属于受诉人民法院管辖指原告起诉的行政案件依法属于接受起诉状的人民法院管辖。根据我国行政诉讼法的规定，只有有管辖权的人民法院才能接受原告的起诉状，启动相应的行政诉讼程序。

2. 起诉的期限

起诉期限是不服行政行为的当事人可以向法院提起行政诉讼的法定期限，超过法定期限，相对人将丧失行政诉权。通过起诉期限的规定，可以促使相对人及时行使行政诉权，及时解决行政争议。由于行政行为的复杂性，行政诉讼起诉期限也较为复杂。与旧法相比，新法起诉期限包括以下的内容：

（1）直接起诉的期限。新法第46条第1款规定，公民、法人或者其他组织直接向人民法院提起诉讼的，应当自知道或者应当知道作出行政行为之日起六个月内提出。法律另有规定的除外。值得注意的是，直接起诉期限的起点由原来的“知道”增加了“或应当知道”，使得表述更为完善。与旧法的3个月相比，直接起诉的期限是延长了，以往是3个月，现在是6个月。

（2）特殊期限。这是新法增加的一款。特殊期限指的是单行法律、法规规定的，适用于特定案件的起诉期限。由于行政活动以及行政诉讼的复杂性，起诉期限的“一刀切”规定会给当事人带来极不公平的结果。因而新法第46条第2款对特殊情况下起诉期限作了相应规定：对不动产的起诉期限最长不超过20年，对其他案件最长不超过5年，起算时间都是从行政行为作出之日起计算。[84] 这个起算应当是以当事人不知道或不应当知道为前提的，即行政机关没有告知相对人起诉期限或诉权，没有证据证明当事人知道或应当知道的情形。但如果知道或应当知道，则仍按照6个月的期限来计算。这里分两种情形：一是对不动产的起诉，其期限为20年；二是其他行政行为的期限则最多为5年。新法将不动产案件的客观起诉期间规定为20年，与我国民法上最长诉讼时效期间的规定相吻合，值得肯定，但将其他案件的客观起诉期间规定为5年，不知出于何种考虑。其实，行政诉讼的起诉期限并非越长越好。关键在于科学把握和设定公民、法人和其他组织的权利利益救济与行政法关系的及早稳定这两种法益，并正确处理好原则和例外的关系。

（3）对行政机关不作为行为的起诉期限。这是新法增加的一条即第47条，分一般情况与紧急情况两种情形。一般情况下，起诉期限是2个月，即起诉的起算点是从“行政机关在接到申请之日起两个月内”。这里的“不履行”包括拒绝履行、不予答复等。而在紧急情况下，公民的人身权、财产权随时可能受到危害，需要有关行政机关立刻提供保护，如果行政机关不作为，当事人可以直接起诉，不受期限的限制，这样的规定是符合现实情况的。比如，公民遭受歹徒对其人身、财产袭击而请求公安机关对其进行保护，公安机关不履行保护职责的，就属于此种情况。

---

〔84〕 按照国务院颁布的《不动产登记暂行条例》规定，不动产，是指土地、海域以及房屋、林木等定着物。

(4)对于经过行政复议的案件,仍然遵循以往的期限,即在收到复议决定书或复议机关不作为时的复议期限届满之日起的15日内提起诉讼。

(5)起诉期限的中止与延长。起诉期限的中止是因特殊原因而暂时停止期限的计算,待特殊原因结束后继续计算。新法第48条规定,公民、法人或者其他组织因不可抗力或者其他不属于自身的原因耽误起诉期限的,被耽误的时间不计算在起诉期限内。由此可见,新法规定的中止期限有两种情形:第一种情形是有不可抗力,对不可抗力,相关法律已经作了解释。第二种情形是其他不属于当事人自身的原因。

对起诉期限的延长,新法第48条第2款作了规定:公民、法人或者其他组织因前款规定以外的其他特殊情况耽误起诉期限的,在障碍消除后十日内,可以申请延长期限,是否准许由人民法院决定。由此可以看出,要延长起诉期限,必须符合这样三个条件:一是起算期限耽误的原因是"不可抗力或者其他不属于其自身的原因"以外的其他特殊情况;二是申请延长期限必须在障碍消除后十日内作出;三是期限的延长应由人民法院决定。期限中止与延长有着较大区别,前者发生在期限内,将特殊情况下的时间扣除,是法定的,无须法院批准;后者是期限届满后的增加,是否准许,由法院决定。

3. 起诉的方式

(1)书面方式。新法第50条第1款规定,起诉应当向人民法院递交起诉状,并按照被告人数提出副本。书面起诉就是向法院递交起诉状。行政诉讼起诉状是公民、法人或者其他组织不服行政机关的行政行为而向人民法院提起诉讼的书面请求。起诉状可以清楚地表述原告的诉讼请求、详细叙述具体案情,有利于法院清晰地了解行政纠纷的详情。因此,递交起诉状是行政诉讼起诉的主要方式。在递交起诉状时,还要根据被告的人数递交与原件内容相同的副本。

(2)特殊情况下的口头方式。新法第50条第2款规定,书写起诉状确有困难的,可以口头起诉,由人民法院记入笔录,出具注明日期的书面凭证,并告知对方当事人。在起诉方式上,除了按照传统的向法院递交诉状外,还允许当事人可以口头方式起诉,将口头起诉作为一种特殊的起诉形式在法律中明确规定,是个很大进步,尤其是在民告官的行政诉讼中,这在很大程度上方便了当事人行使诉权。目前,在我国的一些偏僻地区,尚有不少文化程度较低的当事人,自己不会书写起诉状,这在很大程度上影响了他们对行政诉权的行使,影响了对自己合法权益的保护。新法从更为便民、更加人性化的角度规定了特殊情况下的口头诉讼,作为书面起诉的补充形式。

(二)行政诉讼的立案

行政诉讼有起诉难、审理难和执行难的"三难"问题,其中的首要之难在于起诉难,"起诉难显然不只是一方行为的结果状态,它更多的是当事人和法院之间相互作用发生的结果状态。起诉作为一种当事人向法院递交起诉状的单方行为,如果没有法院的相应反应和作用是不会发生所谓难易问题的"。[85] 针对现实中"起诉难"现象,新法增加了一条,即第51条。

1. 实行登记立案制度。新法第51条第1款规定,人民法院在接到起诉状时对符合本法规定的起诉条件的,应当登记立案。在行政诉讼领域,如何破解立案难问题一直是理论界与实务界关注的问题。中共十八届四中全会的《关于全面推进依法治国若干重大问题的决定》明确提出,要"改革法院案件受理制度,变立案审查制为立案登记制,对人民法院依法应该受理的案件,做到有案必立、有诉必理,保障当事人诉权",明确提出了"立案登记制"。所谓登记立案是与现行的"审查立案制"相对而言的。审查立案制是指法院在立案时不仅对起诉者的起诉条件进行形式审查,也要进行实体审查,审查原告是否适格,包括:是否具备诉讼权利能力与行为能力、是否具有诉的利益、诉的利益是否具有合法性。[86] 这种审查的结果,"最主要的问题是实体审理的前移问题",[87] 未审先判,使得立案阶段几乎变成了一审,在这种审查制下,法院常以各种借口,拒绝受理由公民、法人或其他组织提出的行政案件诉,而实际上是法院出于自身利害或因外界干预尤其是党政干预的考虑而拒绝受理,将不少案件在立案阶段就被拒之门外。"立案登记制"则取消所有实质性或实体性的审查,使所有符合法定条件的起诉都可以立即获得法院的正式接受,排除任何实质性或实体性条件,且简化了程序。在起诉环节,法院审查的是起诉材料"是否有"的问题,而不是"是否正确"的问题。当这些基本形式要件符合后,就应当给予登记并立案。至于诉讼请求是否合理、证据是否充分、是否需要追究被告责任等,留待立案后再进行审查。

2. 法院在接到起诉状时要"接收起诉状",并"出具注明收到日期的书面凭证"。新法第51条第2款规定,"对当场不能判定是否符合本法规定的起诉条件的,应当接收起诉状,出具注明收到日期的书面凭证,并在七日内决定是否立案。不符合起诉条件的,作出不予立案的裁定。裁定书应当载明不予立案的理由。原告对裁定不服的,可以提起上诉"。

这个"出具"行为是法院的主动行为,不是应要求而出具的行为,法院不得以当事人没有要求为借口而不出具书面凭证。也就是说,法院如果不予当场接受、如果不出具书面凭证或书面凭证上没有注明日期或注明日期不正确,都是违法行为,都要依法承担相应的法律责任。这种硬性规定,更多的是为当事人寻求下一步救济提供证据,解决了投诉无门的现实窘境,力图从制度上解决相对人起诉难的问题。

---

〔85〕 张卫平:"起诉难:一个中国问题的思索",载《法学研究》2009年第6期。

〔86〕 李中和:《人民法院立案审判工作理论与实务》,人民法院出版社2006年版,第78页。

〔87〕 张卫平:《司法改革:分析与展开》,法律出版社2003年版,第222页。

3. 起诉状若存在"内容欠缺"或者"有其他错误"的,法院有义务进行"指导和释明",并一次性告知补正。新法第51条第3款规定,起诉状内容欠缺或者有其他错误的,应当给予指导和释明,并一次性告知当事人需要补正的内容。不得未经指导和释明即以起诉不符合条件为由不接收起诉状。"释明"是大陆法系的概念,后来,我国在民事审判中,引入了"释明"制度,"释明"方式有:说明、告知、询问。新法将该制度也引入了行政诉讼法之中,是一个进步。"指导和释明"是指"在当事人的主张不正确、有矛盾,或者不清楚、不充分,或者当事人误以为自己提出的证据已经足够时,法官依据职权向当事人提出关于事实及法律上的质问或指示,让当事人把不正确和有矛盾的主张予以排除,把不清楚的主张予以澄清,把不充足的证据予以补充的权能"。[88] 这都是苛以法院的义务,通过"指导和释明"和一次性告知机制的建立,以确保符合起诉条件的行政案件能够进入诉讼程序。

4. 规定了相应的法律责任。新法第51条第4款规定,对于不接收起诉状、接收起诉状后不出具书面凭证,以及不一次性告知当事人需要补正的起诉状内容的,当事人可以向上级人民法院投诉,上级人民法院应当责令改正,并对直接负责的主管人员和其他直接责任人员依法给予处分。新法的这次修改的力度之大不仅体现在法院要登记、要出具书面凭证以及一次性告知起诉状的内容缺陷和其他错误之处,更体现在不做上述行为时的法律责任的规定上。当事人可以向上级法院投诉,上级法院在责令改正之后,仍要对"对直接负责的主管人员和其他直接责任人员依法给予处分",并不因改正了就不处分了。这里规定的是"上级法院"而非"上一级法院",意味着当事人可以越级投诉,体现了对上述行为的监督。但给予什么处分,至关重要。关于对法院工作人员工作不力而进行处分的主要依据是2009年最高人民法院颁布的《人民法院工作人员处分条例》(法发〔2009〕61号),该条例明确列举了法院工作人员因违反法律、法规或该条例规定,应受到的处分的种类、受处分的期间,即处分的种类为:警告、记过、记大过、降级、撤职、开除。受处分的期间为:警告,六个月;记过,十二个月;记大过,十八个月;降级、撤职,二十四个月。当下,要将该条例与新行政诉讼法中上述情况相对应,明确不同情况将受到的处分,从而使该新行政诉讼法的相关条款真正富有震慑力。

(三)行政诉讼的审理

新法对审理前的准备、开庭审理、撤诉、诉讼的中止和终结以及审理依据做了规定。

1. 审理前的准备

(1)送达起诉状

新《行政诉讼法》第67条规定,人民法院应当在立案之日起5日内,将起诉状

---

〔88〕 杨钧、秦嫿:"论释明制度",载《法学》2003年第9期。

副本发送被告。被告应当在收到起诉状副本之日起 15 日内向人民法院提交作出行政行为的证据和所依据的规范性文件，并提出答辩状。人民法院应当在收到答辩状之日起 5 日内，将答辩状副本发送原告。被告不提出答辩状的，不影响人民法院审理。

一般来说，在审理期间不停止行政行为的执行，但有下列情形的停止行政行为的执行：一是被告认为需要停止执行的；二是原告申请停止执行，人民法院认为该行政行为的执行会造成难以弥补的损失，并且停止执行不损害社会公共利益，裁定停止执行的；三是人民法院认为该行政行为的执行会给国家利益、社会公共利益造成重大损害的；四是法律、法规规定停止执行的。当事人对停止执行或者不停止执行的裁定不服的，可以申请复议一次。

（2）财产保全

人民法院对于因一方当事人的行为或者其他原因，可能使行政行为或者人民法院生效裁判不能或者难以执行的案件，可以根据对方当事人的申请作出财产保全的裁定；当事人没有提出申请的，人民法院在必要时也可以依法采取财产保全措施。新法中没有专门的财产保全规定的条款，只是在第 101 条中指出可适用民事诉讼法的规定，而民事诉讼法关于财产保全的规定能适用于行政诉讼的主要是民事诉讼法第 100 条，即法院对于可能因当事人一方的行为或者其他原因，使判决难以执行或者造成当事人其他损害的案件，根据对方当事人的申请，可以裁定对其财产进行保全、责令其作出一定行为或者禁止其作出一定行为；当事人没有提出申请的，人民法院在必要时也可以裁定采取保全措施。人民法院采取保全措施，可以责令申请人提供担保，申请人不提供担保的，裁定驳回申请。人民法院接受申请后，对情况紧急的，必须在四十八小时内作出裁定；裁定采取保全措施的，应当立即开始执行。

（3）先予执行

先予执行，是指在受理案件后终审判决作出前，为了权利人生活或生产经营的急需，法院裁定义务人预先履行义务的制度。先予执行是一种应急措施，相对于裁判生效后的强制执行而言，目的是解决权利人的燃眉之急。〔89〕新法第 57 条规定，人民法院对起诉行政机关没有依法支付抚恤金、最低生活保障金和工伤、医疗社会保险金的案件，权利义务关系明确、不先予执行将严重影响原告生活的，可以根据原告的申请，裁定先予执行。当事人对财产保全或者先予执行的裁定不服的，可以申请复议一次。根据新法第 57 条的规定，可从以下几个方面来理解：首先，先予执行有其特定的对象。行政诉讼的先予执行适用对象是因支付抚恤金、最低生活保障金和工伤、医疗社会保险金等引发的案件。其次，先予执行必须符合一定条件。

---

〔89〕 张晓茹：《民事诉讼法教程》，对外经济贸易大学出版社 2007 年版，第 182 页。

先予执行的前提条件，一是权利义务关系明确，即在立案后基本可以判断出结果，原告方必然胜诉。若权利义务关系存在严重争议，则不适用。二是先予执行情况的紧急性，即不先予执行将严重影响原告生活，使得原告的生活几乎无法维持下去，到了一种非常紧急的程度，体现了对原告合法权益保护的及时性。因此，法院在先予执行时，也只能以解决原告的生活迫切需要为准，而不能超出这个范围，否则，就形成先执行后审判的司法悖论。最后，先予执行是依申请而作出的。原告必须向法院提出申请，法院只有在原告提出申请的情况下，才能裁定先予执行，而不能依职权裁定先予执行；而且，只有原告才有提起的权利，其他利害关系人则无此权利。此外，对先予执行裁定不服的救济。当事人对先予执行裁定不服的，可以申请复议一次。这里可能是原告对不予先予执行的裁定或被告对先予执行的裁定不服的，可以向法院申请复议一次，但复议期间不停止裁定的执行。由于不是上诉，因此，只能向作出裁定的法院申请复议，而不是向上级法院申请。

2. 开庭审理

一般来说，人民法院公开审理行政案件，但涉及国家秘密、个人隐私和法律另有规定的除外。涉及商业秘密的案件，当事人申请不公开审理的，可以不公开审理。与旧法第45条对公开审理的例外只涉及国家秘密、个人隐私以及法律另有规定情形相比，新法在总结审判经验的基础上增加了一款，即对涉及商业秘密案件审理的规定。所谓商业秘密，又称营业秘密或工商秘密，是指不为公众所知悉，能为权利人带来经济利益，具有实用性并经权利人采取保密措施的技术信息和经营信息。[90] 一般可分为技术信息和经营信息。[91] 与国家秘密、个人隐私等作为绝对不能公开审理的法定情形不同的是，对于涉及商业秘密的行政案件属于相对不公开审理，当事人申请不公开的，可以不公开。可从两方面来理解，一是对涉及商业秘密的案件，原则上是公开的，即以公开审理为原则，以不公开审理为例外，并不是说只要是涉及商业秘密的行政案件，就不公开审理。二是只有在当事人明确提出不公开审理申请的条件下，涉及商业秘密的行政案件才不公开。因此，如果不提出不公开审理

---

〔90〕 葛立朝、邢造宇：《知识产权法》，浙江大学出版社2008年版，第428页。

〔91〕 技术信息指自然人或组织通过自己的科研开发形成或在生产经营过程中积累起来的专门性技术成果，它既包括物理、化学、生物、计算机等理论或工艺技术，也包括市场开发、人事管理、经营方案、物流管理等环节的技术性措施。其表现形式种类繁多，如技术资料、设计图纸、计算机程序、实验程序、生产流程、装配工艺、操作方式、维修措施、产品配方、技术情报等。经营信息是指自然人或组织从事生产经营活动而获得的相关信息。它与技术信息的区别在于，其不需要通过专门的科研开发来获得，而是伴随着相关人员的活动收集整理而获得的。经营信息一般包括：材料采购信息，配套产品厂家信息，合作方的生产经营状况，原材料价格、市场供求情况、竞标手段及策略，经营模式、管理方案、生产经验、决策流程、企业文化战略、公关及形象策略，具有秘密性质的销售渠道、客户资料、交易记录、营销策略，以及其他与市场相关的商业情报或信息。参见葛立朝、邢造宇：《知识产权法》，浙江大学出版社2008年版，第429页。

的申请，就推定为同意公开审理。

开庭审理前由书记员查明当事人和其他诉讼参与人是否到庭，并宣布法庭纪律。

（1）宣布开庭

开庭审理时，首先由审判长宣布开庭；然后依次核对当事人，宣布案由，宣布审理人员、书记员名单，告知当事人有关诉讼权利义务，询问当事人是否提出回避申请。

一般而言，人民法院审理行政案件，由审判员组成合议庭，或者由审判员、陪审员组成合议庭。合议庭的成员，应当是三人以上的单数。根据新法第 55 条的规定，当事人认为审判人员、书记员、翻译人员、鉴定人、勘验人与本案有利害关系或者有其他关系可能影响公正审判，有权申请审判人员、书记员、翻译人员、鉴定人、勘验人回避。审判人员、书记员、翻译人员、鉴定人、勘验人认为自己与本案有利害关系或者有其他关系，应当申请回避。院长担任审判长时的回避，由审判委员会决定；审判人员的回避，由院长决定；其他人员的回避，由审判长决定。当事人对决定不服的，可以申请复议一次。

（2）法庭调查

法庭调查是开庭审理的中心环节，其任务是通过核对各种证据材料，审查证据的证明效力以便认定案件事实。新法第 101 条规定，对于开庭审理的规定，行政诉讼法中没有规定的，可适用民事诉讼法的规定。根据《民事诉讼法》第 138 条的规定，法庭调查按照下列顺序进行：首先，当事人陈述。法庭依次是依原告、被告、第三人及他们各自的诉讼代理人的顺序陈述。其次，告知证人的权利义务、证人作证、宣读未到庭证人证言。再次，出示书证、物证、视听资料和电子数据。复次，宣读鉴定意见。当事人及法定代理人经审判长许可，可以向鉴定人发问。最后，宣读勘验笔录、现场笔录。

（3）法庭辩论

法庭辩论是开庭审理的重要阶段，是在审判人员主持下，当事人根据案件已经查明的事实和根据，用口头辩论方式陈述各自对诉讼争议和事实的看法、理由以及依据，以明确是非和责任。根据开庭审理可以适用民事诉讼法的规定，行政诉讼法庭辩论的一般顺序为：先由原告及其诉讼代理人发表辩论意见，再由被告及其代理人、第三人及其代理人发表辩论意见，接着各方相互辩论。法庭辩论终结，由审判长按照原告、被告、第三人的先后顺序征询各方最后意见。审判长宣布法庭辩论结束。

（4）合议庭评议

合议庭评议案件时，首先应确定案件事实是否全部查清，在此基础上再进一步判明被告所作行政行为是否合法有效。合议庭评议实行少数服从多数的原则。

（5）宣判

新法第 80 条规定，人民法院对公开审理和不公开审理的案件，一律公开宣告判决。当庭宣判的,应当在10日内发送判决书;定期宣判的,宣判后立即发给判决书。宣告判决时,必须告知当事人上诉权利、上诉期限和上诉的法院。

3. 审理中几种情况的处理

(1)撤诉

行政诉讼中的撤诉分为申请撤诉和视为撤诉两种情况。

申请撤诉。根据新法第62条的规定,人民法院对行政案件宣告判决或者裁定前,原告申请撤诉的,或者被告改变其所作的行政行为,原告同意并申请撤诉的,是否准许,由人民法院裁定。

按照撤诉处理。新法第58条规定,经人民法院传票传唤,原告无正当理由拒不到庭,或者未经法庭许可中途退庭的,可以按照撤诉处理;此外,原告在法定期限内未交诉讼费,又不提出缓交申请的,也按自动撤回起诉处理。

不论是原告申请撤诉还是按照撤诉处理,一旦经人民法院裁定批准,均产生一定的法律后果。在实体法上产生的法律后果是诉讼请求不能实现;在程序法上产生的法律后果是终结诉讼程序,使诉讼法律关系归于消灭。人民法院裁定准许原告撤诉,原告再起诉的,人民法院不予受理;原告在法定期限内未预交诉讼费按自动撤回起诉处理的,原告在起诉期间内再次起诉,人民法院应予受理。

(2)缺席判决

缺席判决原则上适用于被告,根据新法第58条的规定,被告无正当理由拒不到庭,或者未经法庭许可中途退庭的,可以缺席判决。根据最高人民法院的有关规定,人民法院裁定不准许原告撤诉,如果原告仍拒不到庭的,人民法院也可以作出缺席判决。缺席判决只能在案件事实已经全部查清的情况下才能依法作出。

(3)诉讼中止

诉讼中止是指在行政诉讼进行过程中,由于存在和发生了某种无法克服或难以避免的特殊情况,致使诉讼无法继续进行而暂时停止的一种法律制度。新法第61条第2款规定,在行政诉讼中,人民法院认为行政案件的审理需以民事诉讼的裁判为依据的,可以裁定中止行政诉讼。新法对诉讼中止的其他情形,适用于民事诉讼法的相关规定。根据民事诉讼法的规定,结合行政诉讼特点,行政诉讼应当中止的情形包括:原告死亡,需要等待其近亲属表明是否参加诉讼的;原告丧失诉讼行为能力,尚未确定法定代理人的;作为一方当事人的行政机关、法人或者其他组织终止,尚未确定权利义务承受人的;一方当事人因不可抗力的事由不能参加诉讼的;案件涉及法律适用问题,需要送请有关机关作出解释或者确认的;案件的审判须以相关民事、刑事或者其他行政案件的审理结果为依据,而相关案件尚未审结的;其他应当中止诉讼的情形。中止诉讼时人民法院应当作出裁定。中止诉讼的原因消除后,应恢复诉讼程序。

(4)诉讼终结

诉讼终结是指在行政诉讼进行期间,因存在和发生了某种特殊情况,使诉讼无法进行或者继续进行已无实际意义,从而结束正在进行的行政诉讼程序的一种法律制度。诉讼终结与诉讼中止的区别在于:前者是完全结束对案件的审理,以后不再恢复诉讼程序;后者只是诉讼程序的暂时中断,待障碍消除后还要恢复诉讼程序。新法对诉讼终结的情形,适用于民事诉讼法的相关规定。根据民事诉讼法的规定,结合行政诉讼特点,终结诉讼有以下情形:原告死亡,没有近亲属或者近亲属放弃诉讼权利;作为原告的自然人丧失诉讼行为能力,无法确定法定代理人,无人继续诉讼的;作为原告的法人或者其他组织终止后,其权利义务的承受人放弃诉讼权利,无人继续诉讼的。诉讼终结时,人民法院应当制作裁定书,裁定书一经送达即发生法律效力,当事人不得提出上诉。终结诉讼的法律后果是人民法院不再对该案进行审理,原告人不得就同一事实和理由就同一诉讼标的再行起诉。

(5)行政诉讼附带民事诉讼

行政诉讼附带民事诉讼,是在行政诉讼过程中,人民法院根据当事人或利害关系人的请求,受理与被诉行政行为密切相关的民事权益争议,将两种性质不同的争议并案审理,在解决行政争议的同时,附带解决民事争议的活动。[92] 在行政争议中,有很大一部分与民事争议交织在一起,解决行政争议成为解决民事争议的前提条件。法院通过行政诉讼处理行政争议时,有可能也有必要一并解决与此相关的民事争议,从而节约司法成本,减少当事人的诉累,也避免分开裁决可能产生的结果矛盾与冲突问题。值得注意的是,这里只有行政附带民事诉讼而没有民事附带行政诉讼的问题。因为按照我国法律的规定,行政争议由行政审判庭专门管辖,不可能交由民事审判庭来解决。

旧法没有对行政诉讼附带民事诉讼作规定,而旧法的司法解释在其第61条中规定:“被告对平等主体之间民事争议所作的裁决违法,民事争议当事人要求人民法院一并解决相关民事争议的,人民法院可以一并审理。”这一规定,为实践中法院受理、审理行政附带民事诉讼案件提供了法律依据。而在学界,对行政诉讼能否附带民事诉讼问题一直存有争议,[93] 对行政附带民事诉讼的范围也有不同看法。新法中增加了行政附带民事诉讼,息止了实践争论,也为解决行政附带民事的诉讼提供法律上的依据,无疑具有很大的进步性。

---

〔92〕 王保礼、刘德生:“行政诉讼附带民事诉讼问题探讨”,载《法商研究》1996年第6期。

〔93〕 何文燕教授曾通过对刑事诉讼附带民事诉讼与行政诉讼附带民事诉讼的比较及具体分析行政赔偿诉讼、行政裁决诉讼与行政处罚诉讼,论证了行政诉讼附带民事诉讼与诉讼效益原则及判决确定性原则相违背,并提出笔者的观点,即不宜建立行政诉讼附带民事诉讼制度。详见何文燕、姜霞:“行政诉讼附带民事诉讼质疑”,载《河南省政法管理干部学院学报》2002年第2期。

根据新法第61条的规定,在涉及行政许可、登记、征收、征用和行政机关对民事争议所作的裁决的行政诉讼中,当事人申请一并解决相关民事争议的,人民法院可以一并审理。在行政诉讼中,人民法院认为行政案件的审理需以民事诉讼的裁判为依据的,可以裁定中止行政诉讼。由此可见,行政附带民事诉讼可分为两种情况:

第一,涉及行政许可、登记、征收、征用、行政机关对民事争议所作的裁决的行政诉讼附带民事诉讼。如果当事人在提起行政诉讼的同时一并申请解决相关民事争议,法院可以一并审理。行政许可是指行政机关根据公民、法人或者其他组织的申请,经依法审查,准予其从事特定活动的行为。如果受该行政许可行为影响的民事权利义务关系存在争议,当事人在提起行政诉讼的同时,可以一并提出解决民事争议的申请。行政登记是指行政主体根据行政相对人的申请,在行政管理部门的相关登记账簿中记载其某种事实状况,以此确认其法律地位的行为。如工商企业登记、纳税登记、房屋产权登记、户口登记等。如果受该行政登记行为影响的民事权利义务关系存在争议,当事人在对行政登记行为提起行政诉讼的同时,可以一并提出解决民事争议的申请。行政征收是指行政主体依据法律规定,以强制的方式无偿取得行政相对方财产的具体行政行为。如果受该行政征收行为影响的民事权利义务关系存在争议,当事人在对该行政征收行为提起行政诉讼的同时,可以一并提出解决民事争议的申请。〔94〕 行政征用是行政主体基于公共利益的需要,依法定程序强制性使用行政相对方财产或劳务的具体行政行为。如果受该行政征用行为影响的民事权利义务关系存在争议,当事人在对该行政征用行为提起行政诉讼的同时,可以一并提出解决民事争议的申请。行政裁决是指行政机关以第三者身份,依法对平等主体之间发生的民事纠纷进行审查并作出具有强制力处理的行政行为。根据我国有关法律的规定,行政裁决主要有以下几类:一是损害赔偿裁决,这种纠纷广泛存在于食品卫生、环境保护、药品管理、产品质量、医疗卫生、社会福利等领域,当事人可以依法要求行政机关进行裁决,确认损害赔偿责任和赔偿数额;二是补偿纠纷的裁决,主要存在于房屋拆迁、土地征用、知识产权使用等领域,双方当事人可以依法请求有关行政机关进行裁决,作出强制性补偿决定;三是权利归属纠纷裁决,如因土地、草原、矿产、水面、滩涂等自然资源的权属争议和房产权属争议等,双方当事人可以依法向有关行政机关请求确认,并作出裁决。如果当事人不

---

〔94〕 行政征收与行政征用的区别在于:(1)适用范围不同。行政征收的内容一般只限于相对人的财产权益;而行政征用的内容既包括相对人的财产权益,也包括相对人提供劳务或行为上的作用;(2)适用情形不同。行政征收是在正常情况下适用的,具有固定性、延续性,一般不能随意变更;而行政征用则具有临时性、应急性,是在特殊紧急情况下适用的;(3)法律后果不同。行政征收的结果是将相对人的财产权益因征收而转归国家所有,所有权发生根本改变;而行政征用的财产是行政机关为了应急所用,只是暂时取得财产的使用权,并不发生财产所有权的转移。

服此类行政裁决的，可以在提起行政诉讼的同时一并申请解决民事争议，法院可以一并审理。

可见，能够与行政诉讼一并提出的民事诉讼，都要求民事争议与行政争议有着非常密切的关系。而附带提出的主体，既可以是原告，也可以是第三人，以他们主动申请为前提，法院不能依职权进行合并。当事人提出的时机是在一审程序中，由行政审判庭负责审理。按照新法规定，人民法院一旦决定一并审理的，当事人不得对该民事争议再提起民事诉讼。

新法中对行政附带民事的种类及使用条件也作出了规定，仅限于上述情形，以防止在司法实践中行政附带民事诉讼的滥用。当然，这种限定到底是否有必要，这几种行政行为是否适合附带民事诉讼，以及还有哪些行政行为可能需要在行政诉讼中附带民事诉讼，都是值得研究的问题。尤其是有些行政行为与上述的行为行为很相近或相似，如果仅仅封闭性地列举了上述行为而不留有解释的空间，将不利于今后该制度的发展。

第二，先民事诉讼后行政诉讼的情形。即在行政诉讼中，如果该行政诉讼的进行要以民事诉讼的裁判结果为依据时，法院就要裁定先中止行政诉讼，待民事诉讼裁判结果出来后再继续进行行政诉讼。而对于先民事后行政的诉讼，是否一定要是该条第 1 款中所讲的"涉及行政许可、登记、征收、征用和行政机关对民事争议所作的裁决的行政诉讼"，从法条本身难以看出。一般发生在某一行政行为的作出需要以某民事争议的解决为基础或前提，而在民事争议解决前，当事人向法院对某一行政行为提起行政诉讼时，法院应告知先解决民事争议，待民事争议解决后再进行行政诉讼；已经受理的行政诉讼，也要暂时中止，待民事争议解决后再予以恢复。这也有吸收旧法司法解释规定的情形，旧法司法解释第 51 条第 1 款的相关规定，"在诉讼过程中，有下列情形之一的，中止诉讼……（六）案件的审判须以相关民事、刑事或者其他行政案件的审理结果为依据，而相关案件尚未审结的……"

（6）被告在一审期间改变被诉行政行为的处理

在现实中，行政诉讼一审过程中，经常发生被告改变行政行为的行为。为此，新法第 62 条规定，人民法院对行政案件宣告判决或者裁定前，被告改变其所作的行政行为，原告同意并申请撤诉的，是否准许，由人民法院裁定。由此可见，对于原告和第三人来说，如果对改变后的行政行为满意，一般会引起撤诉，此时由人民法院裁定是否准许；如果原告是不申请撤诉，人民法院必须继续审查原行政行为。

（7）对复议决定一并作出裁决

新法第 79 条规定，复议机关与作出原行政行为的行政机关为共同被告的案件，人民法院应当对复议决定和原行政行为一并作出裁判。该规定仅适用于复议机关作出维持原行政行为的案件。根据新法，经过行政复议的行政案件，可能有三种结果，一是复议机关维持原行政行为；二是复议机关改变原行政行为；三是复议机关不作为。在这三种情况下,只有第一种情况即复议机关维持原行政行为的案件,复议机关与原行政行为的作出机关是共同被告。此时,法院在审理此类案件时,要对复议决定和原行政行为一并作出裁判。

4. 审结期限

根据新法第81、88条的规定,第一、二审行政案件的审结期限不同。对于第一审行政案件,"人民法院应当在立案之日起六个月内作出第一审判决。有特殊情况需要延长的,由高级人民法院批准,高级人民法院审理第一审案件需要延长的,由最高人民法院批准"。所谓特殊情况,一般是指案件事实比较复杂,短期内不易查清,或者当事人有特殊原因无法出庭等情况。对于第二审行政案件,人民法院审理上诉案件,应当在收到上诉状之日起3个月内作出终审判决。有特殊情况需要延长的,由高级人民法院批准,高级人民法院审理上诉案件需要延长的,由最高人民法院批准。与旧法相比,新法一审期限由3个月延长到6个月,二审期限由两个月延长到3个月。法律规定行政案件审限的目的在于有效地保证人民法院对行政案件的及时审结。

二、简易程序

简易程序是新法新增的内容。以往认为,行政诉讼只能适用普通程序而不能适用简易程序,只能实行合议制而不能实行独任制。结果,许多案情很简单的行政案件都要组成合议庭,都要实行普通程序,浪费了司法资源。设立行政诉讼简易程序符合国际司法实现审判低成本高效率的潮流。在国外,不少国家对行政诉讼中的一些案件都采取简易程序方式进行审理,并取得了良好的社会效果和法律效果,简易程序已经成为了行政诉讼领域发展的一个趋势。特别在实行登记立案方式之后,可能会使行政案件在短时间内数量大增,在有限的司法资源与大量的行政案件矛盾出现之时,按照司法资源的配置现状和案件繁简难易情况进行分类审理,简易程序可以有效降低司法成本、节约司法资源、提高审判效率、减少当事人讼累,符合我国行政诉讼改革的理念和发展规律。为此,新法增加了简易程序的规定,这是一种非常务实的做法。与普通程序相比,简易程序在起诉、审理组织的构成、审理步骤、审理期限等方面都有所简化,是"为加速诉讼事件之进行,减轻法院工作负担而订定的简易起诉、审查、裁判方式"。[95]

(一)简易程序的适用条件

根据新法第82条的规定,适用简易程序的基本条件有三个:一是事实清楚;二是权利义务关系明确;三是争议不大。关于简易程序中的"事实清楚"、"权利义务关系明确"、"争议不大"的含义,民诉法中有专门的解释。"所谓'事实清楚',是指双方当事人对案件事实陈述基本一致,并能提供可靠的证据予以证明。所谓'权

〔95〕 翁岳生:《行政法》,中国法制出版社2002年版,第1470页。

利义务关系明确’，是指对于权利的享有者是谁、享有什么权利，义务的承担者是谁、承担什么义务，比较明确。所谓‘争议不大’，是指当事人对诉讼请求事实和证据没有大的争议。”〔96〕对行政诉讼简易程序的相关概念也可这样理解。

当然，适用简易程序的行政案件仅限于第一审行政案件，不适用第二审行政案件，不适用发回重审以及按照审判监督程序再审的案件，因为，此类案件本身就是因为争议较大，不符合简易程序的条件。

（二）简易程序的适用范围

适用简易程序的案件主要有四类：（1）被诉行政行为是依法当场作出的。（2）案件涉及款额2000元以下的。（3）属于政府信息公开案件的。（4）当事人各方同意适用简易程序的行政案件。

（三）简易程序行政案件的审理方式

新法第83条规定，适用简易程序审理的行政案件，由审判员一人独任审理，并应当在立案之日起45日内审结。

1. 关于简易程序的审判组织。是实行独任制，由审判员一人独任审理，无须组成合议庭。

2. 关于简易程序的审结期限。简易程序的审结期限一般是45日，从立案之日起计算，而且不存在期限延长的情形。与普通程序的6个月以及特殊情况还可再延长的期限相比，简易程序的审结期限较短，而且，比民事诉讼简易程序3个月的审结期限也短。

（四）简易程序转化为普通程序

尽管适用简易程序审理的行政案件具有审理组织形式简单与审理期限较短的优势，但是如果人民法院在审理过程中，发现案件不宜适用简易程序的，裁定转为普通程序。为此，新法第84条规定，人民法院在审理过程中，发现案件不宜适用简易程序的，裁定转为普通程序。

1. 简易转普通程序的标准问题。即不符合简易程序的标准，有四种情形：一是不符合“事实清楚、权利义务关系明确、争议不大”的特点；二是在第82条所列举的行政案件范围内，即不属于“被诉行政行为是依法当场作出”、“案件涉及款额二千元以下”、“政府信息公开案件”；三是在当事人同意的条件中，发现有遗漏了某个当事人而该当事人并不同意简易程序的情形；四是发现属于发回重审的案件，或按照审判监督程序再审的案件等。

2. 简易程序转化的主体。由法院来发现而无须当事人启动；由法院依职权转化为普通程序，无须征求当事人的意见，无须获得当事人的同意。

3. 简易程序转化的时间。“人民法院在审理过程中”，表明转化的时间是在简

---

〔96〕 江伟：《民事诉讼法》（第5版），中国人民大学出版社2011年版，第263～264页。

易程序审结期限届满之前，如果审结期限已经届满，应当不能再转化为普通程序。

4. 转化所采用的形式：适用裁定的方式。由于在转化的过程中没有当事人的因素，因此，该裁定应当是终局裁定，对该裁定不存在不服而申诉或上诉的问题。

三、第二审程序

行政诉讼第二审程序，又称上诉审程序，是当事人对第一审人民法院作出的裁判不服，在法定期限内向一审法院的上一级人民法院提起上诉，上一级人民法院对第一审人民法院作出的尚未生效的判决或裁定重新进行审理，并作出裁判的程序。我国人民法院审理行政案件实行两审终审制，除了最高人民法院所作的第一审判决、裁定是终审判决与裁定外，当事人不服地方各级人民法院所作的第一审判决、裁定，均有权依法向上一级人民法院提起上诉，从而启动第二审程序。

（一）第二审程序的特点

1. 第二审程序由当事人上诉而引起

第二审程序是一种独立的审判程序，但并非是每一个行政诉讼案件都必须经过的程序。只有当事人不服一审判决、裁定，在法定期间内，以合法的形式提出上诉的案件，才经过第二审程序。无论是作为原告的公民、法人或者其他组织，还是作为被告的行政机关均可提出上诉，从而引起第二审程序；而且，一审程序中作为与被诉行政行为有直接利害关系的第三人，也可以上诉从而引起第二审程序。第二审程序的基础是行政诉讼法律关系中当事人的上诉权，这与第一审程序不同，第一审程序是基于公民、法人或者其他组织合法的起诉而发生，因而只有作为行政相对人及其他与行政行为有利害关系的公民、法人或者其他组织的起诉行为才可能引起第一审程序，而作为管理者的行政主体不能引发一审程序。此外，上诉必须是针对尚未发生法律效力的第一审判决、裁定，如果第一审判决、裁定已经生效，则当事人无权上诉，即使上诉也不会引发第二审程序。

2. 二审案件的审判机关是一审人民法院的上一级人民法院

对上诉案件适用第二审程序进行审判的，只能是第一审人民法院的上一级人民法院。上级人民法院适用第二审程序审判上诉案件，是上级人民法院对下级人民法院行使监督权的具体表现。

3. 二审判决、裁定是终审判决、裁定

第二审人民法院适用二审程序所作的判决、裁定，是终审判决、裁定，一经作出，即发生法律效力，当事人即应执行，否则将可能导致人民法院的强制执行。对二审判决与裁定尽管可以提起申诉，但不能停止执行。

（二）第二审程序的具体环节

1. 上诉的提起

新法第 85 条规定，当事人不服人民法院第一审判决的，有权在判决书送达之日起 15 日内向上一级人民法院提起上诉。当事人不服人民法院第一审裁定的，有权在裁定书送达之日起10日内向上一级人民法院提起上诉。逾期不提起上诉的，人民法院的第一审判决或者裁定发生法律效力。当事人均提起上诉的，上诉各方均为上诉人；诉讼当事人中的一部分人提出上诉，没有提出上诉的对方当事人为被上诉人，其他当事人依原审诉讼地位列明。当事人提出上诉，应当按照其他当事人或者诉讼代表人的人数提出上诉状副本。当事人上诉，可以直接向原审人民法院提出，也可以向第二审人民法院即原审法院的上一级法院提出。直接向二审法院提出的，二审法院应当在5日内将收到的上诉状交原审法院。

2. 上诉的受理和撤回

通过原审人民法院上诉的，原审人民法院收到上诉状，应当在5日内将上诉状副本送达其他当事人，对方当事人应当在收到上诉状副本之日起10日内提出答辩状。原审人民法院应当在收到答辩状之日起5日内将副本送达当事人。原审人民法院收到上诉状、答辩状，应当在5日内连同全部案卷和证据，报送第二审人民法院。已经预收诉讼费用的，一并报送。

二审法院自受理上诉案件至作出二审裁判之前，上诉人可以向二审法院申请撤回上诉。撤回上诉应提交撤诉状。撤回上诉是否准许，应由二审法院决定。经审查，法院认为上诉人撤回上诉没有规避法律和损害国家、社会、集体和他人利益，符合撤诉条件的，应当准许撤诉。

不准许撤回上诉的情形有：(1)发现行政机关对上诉人有胁迫的情况或者行政机关为了息事宁人，对上诉人做了违法让步的；(2)第二审程序中，行政机关改变原具体行政行为，而上诉人因行政机关改变原行政行为而申请撤回上诉的；(3)双方当事人都提出上诉，而只有一方当事人提出撤回上诉的；(4)原审人民法院的裁判确有错误，应予以纠正或发回重审的。

3. 上诉案件的审理方式

新法第86条规定，人民法院对上诉案件，应当组成合议庭，开庭审理。经过阅卷、调查和询问当事人，对没有提出新的事实、证据或者理由，合议庭认为不需要开庭审理的，也可以不开庭审理。这是对二审审理方式的规定，体现了以开庭审理为原则，以不开庭审理为例外的特点。

这里需注意的是，“开庭审理”与“公开审理”不是一回事。开庭审理包括公开开庭审理与不公开开庭审理。也就是说，开庭审理不一定就是公开审理。是否开庭审理涉及当事人相关利益，而是否公开审理主要涉及国家秘密、个人隐私或商业秘密问题。

4. 上诉的审查范围

新法第87条规定，人民法院审理上诉案件，应当对原审人民法院的判决、裁定和被诉行政行为进行全面审查。“全面”是指法院应当全面审查一审法院的判决或裁定认定的事实是否清楚，适用法律是否正确，诉讼程序是否合法；另外对被诉的行政行为的合法性作全面审查，不受上诉人在诉状中列举范围和上诉内容的限制。[97] 不仅要对原审法院的裁判是否合法进行审查，还要对被诉具体行政行为的合法性进行审查。

5. 上诉的审限

审限，是指人民法院审理各类案件的法定期限，具体是指从立案到结案的时间限制。对审限作出明确规定，有利于诉讼的快捷、有序运行，有利于及时、有效地保护当事人的合法权益。新法第 88 条规定，人民法院审理上诉案件，应当在收到上诉状之日起 3 个月内作出终审判决。有特殊情况需要延长的，由高级人民法院批准，高级人民法院审理上诉案件需要延长的，由最高人民法院批准。旧法中规定的二审审限是 2 个月，即从收到上诉状起的 2 个月内做出终审裁判，而新法却延长至 3 个月。

四、审判监督程序

审判监督程序，又称为再审程序，是人民法院认为已经发生法律效力的行政判决、裁定确有错误，而依法进行再次审理的程序。由于行政诉讼实行的是二审终审制，因而审判监督程序并不是每个行政案件的必经程序，只是对已经发生法律效力的裁判确有错误需要再审时所适用的一种特殊行政诉讼程序。

（一）当事人申请再审

1. 申请再审的提起

新法第 90 条规定，当事人对已经发生法律效力的判决、裁定，认为确有错误的，可以向上一级人民法院申请再审，但判决、裁定不停止执行。人民法院接到当事人的再审申请后，经审查，符合再审条件的，应当立案并及时通知各方当事人；不符合再审条件的，予以驳回。与旧法相比，新法有两处改动：

（1）申请再审替代了"申诉"。旧法中规定，当事人对生效的裁判即使认为"确有错误"的，也只能提出"申诉"，而与旧法不同的是，新法中当事人则可以提出再审申请，"申诉"和申请再审有着显著的不同。"申诉"属于政治权利、民主权利的范畴，而不是一个准确的法律概念，正因为如此，申诉后并不与司法程序有着密切的联系。而申请再审则是一个诉讼程序，更准确地体现诉讼法的特点，而且由此赋予当事人启动再审程序的权利，与旧法只给予当事人申诉权利、只是再审材料来源相比，新法更充分考虑了当事人的主体地位和合法权利的保护。

（2）申请再审仅限于向上一级法院。旧法中规定既可以向原审法院也可以向上一级法院申诉，实践中导致当事人既向原审法院申诉也向上一级法院申诉的多头申诉、重复申诉、重复审查现象；而且让原审法院对自己作出的裁定、判决进行自我纠错，较为困难，也在客观上造成了"申诉难"，造成了当事人对原审人民法院能

---

〔97〕 杨临宏：《行政诉讼法：原理与制度》，云南大学出版社 2011 年版，第 262 页。

否公正处理的不信任；此外，原审法院与上一级法院都有管辖权，也在客观上导致原审法院不愿再介入而将当事人推向上一级法院的现象，也出现上一级法院希望原审法院自我纠错而将案件再审转交给原审法院这样来回推诿扯皮、不能使再审案件得到及时处理的现象。实际上，案件再审启动本身表明了当事人对原审法院的裁判异常不信任，而让上一级法院再审，更能解开当事人内心的心结。为此，新法删除了当事人向原审人民法院申请再审的规定，规定的再审申请的法院是上一级法院，体现了对原审法院的监督，这也是对民事诉讼法的借鉴。

2. 申请再审事由

关于法院能够再审的条件，旧法中只是规定了“确有错误”，但何为“确有错误”，则语焉不详，未做明确的规定，实践中造成当事人和法院均对申诉再审的案件是否符合再审条件难以把握，出现了某些确有理由的申诉难以进入复查再审过程，而某些毫无道理的案件却无限申诉、无限再审从而浪费司法资源的矛盾局面。新法具体规定了当事人申请再审的条件，增强可操作性，减少随意性。一方面，避免应当再审的不予再审，疏通当事人申请再审的渠道，切实保障当事人申请再审的权利；另一方面，避免不应再审的予以再审，减少缠讼现象，防止权利滥用和司法资源浪费，为当事人申请再审权利的行使提供平等、公开、高效的程序保障。根据新法第91条的规定，符合以下条件其一的，法院应当再审：(1)不予立案或者驳回起诉确有错误的；(2)有新的证据，足以推翻原判决、裁定的；(3)原判决、裁定认定事实的主要证据不足、未经质证或者系伪造的；(4)原判决、裁定适用法律、法规确有错误的；(5)违反法律规定的诉讼程序，可能影响公正审判的；(6)原判决、裁定遗漏诉讼请求的；(7)据以作出原判决、裁定的法律文书被撤销或者变更的；(8)审判人员在审理该案件时有贪污受贿，徇私舞弊，枉法裁判行为的。只要符合新法所规定的再审条件，接受再审申请的法院就有义务再审。提起再审的事由和标准的明确，有利于当事人正确行使诉权，又便于法院审查决定是否对案件进行再审，同时也有利于阻止不符合法定事由的申请进入再审，从而维护生效裁判的稳定性。[98]

(二)人民法院提起再审

这是法院依职权启动再审的规定，是指法院在没有当事人申请或检察机关抗诉的情况下，发现生效裁判存在法律规定的再审情形而依法启动再审程序。根据新法第92条的规定，各级人民法院院长对本院已经发生法律效力的判决、裁定，发现有本法第91条规定情形之一，或者发现调解违反自愿原则或者调解书内容违法，认为需要再审的，应当提交审判委员会讨论决定。最高人民法院对地方各级人民法院已经发生法律效力的判决、裁定，上级人民法院对下级人民法院已经发生法律效力的判决、裁定，发现有本法第91条规定情形之一，或者发现调解违反自愿原

〔98〕 张传毅：“行政再审制度之完善”，载《人民司法》2014年第15期。

则或者调解书内容违法的，有权提审或者指令下级人民法院再审。与旧法相比，新法对法院的再审程序以下修改：

1. 法院再审事由有了变化。旧法中把判决、裁定“违反法律、法规规定”作为法院启动再审的标准。新法则做了具体规定，即有“有本法第九十一条规定情形之一”或“发现调解违反自愿原则或者调解书内容违法”，使得法院启动再审的标准更为明确。

2. 依职权启动主体进一步完善。依职权启动的主体可分为：各级法院院长及其审判委员会；最高人民法院；上级人民法院。新法在原来基础上加上了“最高人民法院对地方各级人民法院已经发生法律效力的判决、裁定”的监督和启动再审程序，使得依职权启动的主体，表述上更完整。

（三）检察机关提起再审

检察机关提起再审程序主要是通过抗诉方式来进行的。新法第93条规定，“最高人民检察院对各级人民法院已经发生法律效力的判决、裁定，上级人民检察院对下级人民法院已经发生法律效力的判决、裁定，发现有本法第91条规定情形之一，或者发现调解书损害国家利益、社会公共利益的，应当提出抗诉。地方各级人民检察院对同级人民法院已经发生法律效力的判决、裁定，发现有本法第91条规定情形之一，或者发现调解书损害国家利益、社会公共利益的，可以向同级人民法院提出检察建议，并报上级人民检察院备案；也可以提请上级人民检察院向同级人民法院提出抗诉。各级人民检察院对审判监督程序以外的其他审判程序中审判人员的违法行为，有权向同级人民法院提出检察建议”。与旧法相比，新法有以下方面的变化：

1. 对检察机关的启动再审的事由进行了规定。旧法对检察机关启动再审的标准是“发现违反法律、法规规定”，新法则进行了具体化。值得注意的是，检察机关启动再审的事由与当事人申请再审事由不完全同，与法院启动再审的标准也有差异。法院启动再审的事由是“有本法第九十一条规定情形之一，或者发现调解违反自愿原则或者调解书内容违法的”，检察机关的启动再审标准除了“有本法第九十一条规定情形之一”还使用了“调解书损害国家利益、社会公共利益”的情形，与法院的“调解违反自愿原则或者调解书内容违法”的情形不同。立法者的用意是清楚的，即检察机关要注重国家利益、社会公共利益的维护，但难道法院发现了“调解书损害国家利益、社会公共利益”的情形就不能启动再审了？同样，检察机关发现“调解违反自愿原则或者调解书内容违法”的情形就不能提起抗诉了？在逻辑上显然不通。尤其是检察机关作为法律实施的监督者，除了对损害国家利益和公共利益的行为进行监督外，对明显违反调解自愿原则和调解书内容违法情形的，也不能置若罔闻。同样，对于检察机关抗诉中的“调解书损害国家利益、社会公共利益的”的情形,法院能否启动再审,当事人能否以此为由申请再审?[99]可见,从新法对再审事由规定上看,“调解违反自愿原则或者调解书内容违法”的情形属于法院专属的启动再审标准,当事人和检察机关不能使用;而“调解书损害国家利益、社会公共利益的”的情形专属于检察机关的启动再审标准,法院与当事人不能使用。这显然有悖基本法理。

再审事由是法院对生效裁判进行重新审视的一个特殊程序,其针对的对象是裁判中存在的问题,其目的是及时纠正其中有严重错误的地方,因此,对不同的启动主体不能区别对待,不能实行不同的标准,而应该实行统一的再审事由。新的行政诉讼法采取区别对待的表述方式,显然是有悖常理的。

2. 明确了抗诉与被抗诉机关间的级别。抗诉权(除最高检对最高院可以同级抗诉外)发生在上级检察院和下级人民法院之间,属于“上级抗诉”,即是上一级的检察院对下一级的法院进行抗诉;且抗诉权的行使,只能针对已生效的裁判。具体为“最高人民检察院对各级人民法院已经发生法律效力的判决、裁定,上级人民检察院对下级人民法院已经发生法律效力的判决、裁定”。而旧法中没有明确抗诉时检察机关与法院间的级别问题,只是笼统地表述为检察院对法院的抗诉。

3. 对于同级之间,新法引进了检察建议或提请上级检察院抗诉的方式,而不是直接抗诉。检察建议权的行使是发生在“同级”的检察院和法院之间,是“同级”检察院对同级法院行使的,目的是督促法院依法启动审判监督程序。

4. 增加了检察建议这种更为便捷的监督形式。旧法中只有抗诉这一种监督形式。而新法还有检察建议这种便捷的监督形式。新法 93 条第 3 款规定:“各级人民检察院对审判监督程序以外的其他审判程序中审判人员的违法行为,有权向同级人民法院提出检察建议。”

检察建议虽非一项法定的法律监督职权或检察职权,但由于其柔性灵活简便,在检察业务部门得以广泛适用。[100]“检察建议作为一种柔性的、程序性的权力,能够及时便捷的运行,发挥提示督促的作用而不越权作出实体决定,恪守国家权力边界,更易为被监督者接受落实,具有更强的适应性和效率性,实现检察机关权力监督与监管机关专业判断之间的平衡”。[101]而且,检察建议具有多种作用。既可能是对生效的裁判启动再审程序,也可能针对审判人员的违法行为启动人民法院内部的问责机制。

---

〔99〕一般而言,从自身利益的角度,当事人不会主动以损害国家利益、社会公共利益之名来申请再审的,但当调解违反了一方当事人自愿,而以此为由申请再审时,往往会有举证上的困难。若以损害国家利益、社会公共利益为由,更具有直观性,更容易使再审程序得到启动。

〔100〕周彬彬:“检察建议简论”,载《人民检察》2013 年第 13 期。

〔101〕郭林将:“论检察建议对环境监管权的监督——基于浙江省环境检察建议的梳理与研究”,载《云南大学学报》(法学版)2013 年第 3 期。

（四）再审案件的审理程序

新法没有对再审程序作出明确规定，司法实践中，再审案件的审理应当遵循如下程序：

1. 人民法院审理再审案件，应当另行组成合议庭。按照审判监督程序决定再审的案件，应当裁定中止原判决的执行；裁定由院长署名，加盖人民法院印章。上级人民法院决定提审或者指令下级人民法院再审的，应当作出裁定，裁定应当写明中止原判决的执行；情况紧急的，可以将中止执行的裁定口头通知负责执行的人民法院或者作出生效判决、裁定的人民法院，但应当在口头通知后10日内发出裁定书。

2. 人民法院应根据不同案件分别适用不同的程序予以审理。人民法院按照审判监督程序再审的案件，发生法律效力的判决、裁定是由第一审人民法院作出的，按照第一审程序审理，所作的判决、裁定，当事人可以上诉；发生法律效力的判决、裁定是由第二审人民法院作出的，按照第二审程序审理，所作的判决、裁定是发生法律效力的判决、裁定；上级人民法院按照审判监督程序提审的，按照第二审程序审理，所作的判决、裁定是发生法律效力的判决、裁定。根据法律规定，凡原审人民法院审理再审案件，必须另行组成合议庭。

五、对妨碍行政诉讼行为的强制措施

妨害行政诉讼行为是当事人、其他诉讼参与人或案外人在诉讼过程中故意实施的扰乱行政诉讼秩序、阻挠行政诉讼进程的行为。对妨害行政诉讼行为的强制措施，是法院为了保障诉行政讼活动的顺利进行，对实施妨害行为的人或单位依法进行处理的行为，旨在对当事人起到督促、威慑作用，有效维护正常的诉讼秩序和法律尊严，保障人民法院正常行使审判权，保障当事人、其他诉讼参与人充分行使诉讼权利。

（一）妨害行政诉讼行为的构成

妨害行政诉讼行为的构成要件主要有：

1. 已经实施了客观上妨害行政诉讼的行为。这是构成妨害行政诉讼行为的客观要件。如果只是行为人主观上的一种打算而没有实际实施，或者尽管实施了但不足以妨害行政诉讼，都不是妨害行政诉讼的行为。妨害行政诉讼的行为，可以是作为，也可以是不作为，前者如伪造、隐藏、毁灭证据或者提供虚假证明材料等；后者如有义务协助调查、执行的人，无故推拖、拒绝或者妨碍调查、执行等。如果行为人所实施的妨害行政诉讼行为十分严重，构成了犯罪，则应当按照刑法的规定处以刑罚。

2. 在诉讼过程中实施的行为。这是构成妨害行政诉讼行为的时间要件。妨害行政诉讼的行为以扰乱、阻碍行政诉讼的正常进行为目的，因此，妨害行政诉讼行为也必须是在行政诉讼过程中实施的行为。这里指的行政诉讼过程不仅包括审判过程，而且包括执行过程。也就是说，只要是行为人在立案后执行结束之前实施了妨害行政诉讼的行为，不管该行为是在法庭上实施的，还是在法庭外实施的，都构成妨害行政诉讼的行为。

3. 行为人在主观上必须出于故意。这是妨害行政诉讼行为的主观要件。如果某一行为的实施不是出于行为人的故意，而是出于其过失，即使这一行为在客观上可能给行政诉讼的正常进行造成一定程度的不便，也不能将这一行为认定为妨害行政诉讼的行为。此处所谓“故意”，是指行为人明知自己实施的行为会妨害行政诉讼程序，而且希望或者放纵这种情形的发生。

（二）妨碍行政诉讼行为的情形

新法第59条规定了七种妨碍行政诉讼的情形，与旧法相比，不仅在数量上增加了，而且在内容上也进一步完善了：(1)有义务协助调查、执行的人，对人民法院的协助调查决定、协助执行通知书，无故推拖、拒绝或者妨碍调查、执行的；(2)伪造、隐藏、毁灭证据或者提供虚假证明材料，妨碍人民法院审理案件的；(3)指使、贿买、胁迫他人作伪证或者威胁、阻止证人作证的；(4)隐藏、转移、变卖、毁损已被查封、扣押、冻结的财产的；(5)以欺骗、胁迫等非法手段使原告撤诉的；(6)以暴力、威胁或者其他方法阻碍人民法院工作人员执行职务，或者以哄闹、冲击法庭等方法扰乱人民法院工作秩序的；(7)对人民法院审判人员或者其他工作人员、诉讼参与人、协助调查和执行的人员恐吓、侮辱、诽谤、诬陷、殴打、围攻或者打击报复的。

（三）对妨碍行政诉讼行为的强制措施

根据新法第59条的规定，诉讼参与人或者其他人有妨碍行政诉讼所行为的，人民法院可以根据情节轻重，予以训诫、责令具结悔过或者处1万元以下的罚款、15日以下的拘留；构成犯罪的，依法追究刑事责任。是单位的，可以对其主要负责人或者直接责任人员依照前款规定予以罚款、拘留；构成犯罪的，依法追究刑事责任。

与旧法相比，新法加大了对妨碍诉讼行为的处罚力度：(1)在罚款数量上。新法由以前的1000元以下改为1万元以下，提升了罚款额度，对妨碍行政诉讼的行为将起到惩罚和威慑作用。值得注意的是，由于行政案件有其自身的特殊性，不同于民事案件、刑事案件，所以新法并没有照搬民事诉讼法中将处罚数额规定为个人10万元以下，单位5万元以上100万元以下的做法，这是值得肯定的。(2)在处罚形式上。根据新法第59条第1款的第1段和第2款的规定，针对个人的强制措施方式有训诫、责令具结悔过、罚款、拘留、依法追究刑事责任；对单位有妨碍诉讼行为的，可以对其主要负责人或者直接责任人员处以罚款、拘留；构成犯罪的，还要追究刑事责任。这里的单位主要负责人应当是单位的第一把手，可能是正职，也可能是主持工作的副职；而直接责任人是指直接实施妨碍行政诉讼活动的行政机关工作人员。

值得注意的是，新法还规定了对妨碍行政诉讼行为采取强制措施后的救济。新法第59条第3款明确规定，被采取强制措施的当事人可以向上一级法院申请行政复议，但复议期间不停止强制措施的执行。

第七节 行政诉讼法律适用

一、行政诉讼法律适用概述

（一）行政诉讼法律适用的概念

行政诉讼的法律适用是人民法院审理行政案件，依据法律、法规，参照规章，对行政行为的合法性进行审查、评价和作出裁判的活动。

行政诉讼法律适用主要解决人民法院对被诉行政行为合法性进行审查的法律依据问题。我国没有统一的行政实体法，这就给行政审判法律适用带来了诸多困难，加之行政法律规范的制定主体呈现多元化的趋势，行政法律规范等级和效力不一样，所以，这些行政法律规范是否都属于人民法院行政诉讼法律适用对象，它们对人民法院行政审判的约束力和效力如何认定等，都是行政诉讼过程中应当首先解决的问题。

（二）行政诉讼法律适用的特征

与刑事诉讼、民事诉讼和行政机关在行政执法活动中的法律适用相比，行政诉讼法律适用具有以下特征：

1. 行政诉讼法律适用的主体只能是享有行政审判职权的人民法院。在行政诉讼中，人民法院依据行政法律、法规对行政案件作出裁判。而在行政管理活动中，行政主体根据管理需要，具体运用行政法规范对行政管理事务作出处理，行政主体是法律适用的主体。行政诉讼法律适用与民事诉讼、刑事诉讼法律适用不同，行政诉讼法律适用的主体只能是享有行政案件审判权的人民法院，而民事诉讼、刑事诉讼法律适用的主体既可以是普通人民法院，也可以是专门人民法院。

2. 行政诉讼法律适用是人民法院对行政案件的第二次法律适用。人民法院适用有关法律规范对行政行为的合法性进行审查，其实质是对行政机关适用法律、法规的情况进行监督。而民事诉讼和刑事诉讼的法律适用则不具有上述特点，人民法院直接适用民事法律规范或者刑事法律规范对当事人争议事项作出裁决。

3. 行政诉讼法律适用具有多样性。我国行政诉讼法律适用有“依据”和“参照”两种形式。关于“依据”，该法规定，人民法院审理行政案件，以法律、行政法规、地方性法规、自治条例和单行条例为依据；关于“参照”，该法第63条规定，人民法院审理行政案件，参照行政规章；根据新法第 101 条的规定，人民法院审理行政案件，关于期间、送达、财产保全、开庭审理、调解、中止诉讼、终结诉讼、简易程序、执行等，以及人民检察院对行政案件受理、审理、裁判、执行的监督，本法没有规定的，适用《民事诉讼法》的相关规定。

4. 行政诉讼法律适用具有最终的法律效力。根据司法最终解决的原则，行政诉讼法律适用是对法律规范的最终适用，具有最终的法律效力。行政诉讼法律适用的效力不仅高于行政主体在行政执法中的法律适用，而且也高于行政复议机关在审理行政复议案件中的法律适用，所以行政诉讼法律适用的效力体现了司法审判最终解决行政争议的精神。

二、行政诉讼法律适用规则

我国行政诉讼法律适用的依据是法律、法规，并参照规章。

（一）法律、法规及自治条例、单行条例是行政审判的依据

行政审判的依据是指人民法院审理行政案件，对行政行为合法性进行审查和裁判的标准和尺度。作为审理依据的规范，人民法院审理行政案件时“必须遵循”，即“必须直接适用”，人民法院无权拒绝适用。如果人民法院认为“待适用的审理依据”不合法的，则只能送请有权机关作出解释或者确认，而无权自行判断该依据的合法性。[102] 新法第 63 条第 1、2 款规定：“人民法院审理行政案件，以法律和行政法规、地方性法规为依据。地方性法规适用于本行政区域内发生的行政案件。人民法院审理民族自治地方的行政案件，并以该民族自治地方的自治条例和单行条例为依据。”因此，我国行政审判的依据是法律、法规，其中，法规包括行政法规、地方性法规；而自治条例、单行条例以及经济特区法规实际上也是一种特殊的地方性法规，都属于行政诉讼的审理依据。

人民法院审理行政案件必须以法律、法规为依据，这是由法律、法规的制定机关在我国国家机构体系中的地位决定的。除行政法规由国务院制定外，法律和其他法规都是由相应的人民代表大会或其常务委员会制定的。根据人民代表大会制度，国家审判机关由人民代表大会产生，对它负责，受它监督。因此，作为国家审判机关的人民法院不能自行否定由人民代表大会或者其常委会制定的法律、法规的效力。既然人民法院不能自行否定地方性法规的效力，自然也不能自行否定效力高于地方性法规的行政法规。

（二）司法解释的直接适用

最高人民法院司法解释，即审判解释，是最高人民法院根据法律和有关立法精神，结合审判工作实际需要，对人民法院在审判过程中如何具体应用法律的问题所进行的具有普遍约束力的解释，它是对法律的具体化。最高人民法院的审判解释

---

〔102〕　季宏：《行政法与行政诉讼法学》，知识产权出版社 2010 年版，第 249 页。

权,是根据1981年《全国人民代表大会常务委员会关于加强法律解释工作的决议》、《人民法院组织法》第33条获得的。在当前调整社会关系、指导我国各级人民法院审判工作中,司法解释是对我国法律具体条文的补充与扩展,对加强社会主义法制建设有着非常重要的作用。在法律存在漏洞的情况下,司法解释具有填补漏洞的作用。作为法律授予最高人民法院的一项权力,司法解释虽然不属于创制性立法,但具有执行性立法的性质。因此,自然成为各级人民法院行政审判的法律依据。人民法院审理行政案件,适用最高人民法院司法解释的,应当在裁判文书中援引。

(三)规章的参照适用

新法第63条第3款规定,人民法院审理行政案件,参照规章。人民法院审理行政案件,对被诉行政行为的合法性进行审查和裁判时,法律、法规是必须遵循的标准、尺度。作为审理参照的规章,人民法院并非无条件适用,而是有条件的适用。人民法院审理案件参照的行政规章包括部门规章和地方政府规章。部门规章,除国务院部委规章外,还包括国务院其他部门根据法律和国务院的行政法规、决定、命令制定、发布的规章;地方政府规章包括省、自治区、直辖市以及设区的市、自治州的人民政府制定的规章。

这里的"参照"与"依据"有着明显的不同:依据是指人民法院审理行政案件时,必须适用该规范,不能拒绝适用;参照则是指在某些情况下可以适用,在某些情况下也可以不予适用。如果行政机关的行政行为是根据不符合法律、行政法规的明确规定或原则精神的规章作出的,人民法院就可以不适用该规章。

规章不能作为审判依据而只能作为参照的原因:第一,行政机关制定规章并且执行规章,人民法院又将其作为行政审判法律适用的依据,实际上是人民法院在行政审判中以行政机关的抽象行政行为去判断其行政行为是否合法,结果导致行政机关为自己的行为制定人民法院进行司法审查的标准,这样行政机关既是"裁判员",又是"运动员",这是违背法理精神的。第二,制定规章主体的多层次性,必然导致规章质量的参差不齐。如果允许规章作为人民法院审理行政案件的依据,将不利于人民法院公正合法地行使审判权。

此外,行政审判还要对规章进行"参照",离开了对规章的参照,行政审判往往难以正常开展。原因在于:目前规章数量众多,在我国行政管理中起着非常重要的作用,不少行政管理行为是依据规章的规定作出的,适用频率很高,尤其在法律、法规对某一行政管理事项没有明确规定时,规章更是许多行政行为作出的主要依据。因此,人民法院离开规章审理行政案件是很难对行政行为的合法性进行审查的。而且,规章毕竟是法定的国家行政机关依法制定的,是我国法律体系的组成部分。所以,行政审判"参照"规章是适宜的。

（四）其他规范性文件的参考适用

其他规范性文件是规章以下的具有普遍约束力的行政决定、命令的总称。其他规范性文件不属于法的范畴，因此对法院没有强制约束力。但在实际中，很多规范性文件成为行政机关进行行政管理的重要依据，行政机关的大量行政行为是依照其他规范性文件作出的。因此，要审理上述行政行为的合法性，就必须以这些其他规范性文件为依据。所以，人民法院审理行政案件，可以在裁判文书中引用合法有效的规章及其他规范性文件。同时，新法 64 条还规定，人民法院在审理行政案件中，经审查认为本法第 53 条规定的规范性文件不合法的，不但不作为认定行政行为合法的依据，还要向制定机关提出处理建议。

三、行政诉讼法律适用冲突的解决规则

行政诉讼法律适用冲突是人民法院在审判行政案件的过程中，发现对同一法律事实或关系，有两个或两个以上的法律文件作出了不同的规定，法院适用不同的法律规定就会产生不同的裁判结果。

（一）行政诉讼法律适用冲突的主要形式

1. 特别冲突。特别冲突是特别法律规定与普通法律规定之间的冲突。如对港、澳、台同胞出入境管理的特别规定不同于对一般公民的普通规定。

2. 层级冲突。层级冲突是不同效力等级的行政法律规范就同一法律事项的规定不一致而产生的法律适用冲突，具体包括：法律与宪法的冲突；行政法规与宪法、法律的冲突；地方性法规与法律的冲突；自治条例、单行条例与法律的冲突；地方性法规与行政法规的冲突；规章与法律、行政法规、地方性法规的冲突；不同层级地方性法规之间的冲突；不同层级规章之间的冲突等。

3. 平级冲突。平级冲突是制定机关不同但效力等级相同的法律规范就同一法律事项规定不一致而产生的法律适用冲突。其具体包括：部门规章之间的冲突；部门规章与地方政府规章的冲突；同一层级地方政府规章之间的冲突；同一层级地方性法规之间的冲突；行政法规之间的冲突；法律之间的冲突等。

4. 新旧法冲突。新旧法冲突是新的行政法律规范与旧的行政法规范对同一法律事项的规定不一致而产生的法律适用冲突。新旧行政法律规范冲突常常发生在某一旧的行政法律规范被修订后的一段时间内。

5. 区际冲突。区际冲突是不同行政区域的法律规范对同一法律事项有不同的规定而产生的法律适用冲突。区际冲突有两种情况：一是大陆行政法律规范与港、澳、台地区行政法律规范的适用冲突，这类冲突是由历史的特殊性形成的。二是不同行政区域的法律适用冲突，如省与直辖市之间行政法律规范的适用冲突等。

（二）冲突解决规则

按照相关法律规范的规定，选择法律适用一般应遵循下列原则：

1. 区际冲突适用“属地管辖”原则。当我国不同行政区域的行政法律规范发生适用冲突时，适用“属地管辖”原则。即发生在我国港、澳、台地区的行政案件，适用在港、澳、台地区施行的法律规范；发生在大陆的行政案件，则适用当地施行的法律规范。

2. 高层级法律规范优于低层级法律规范。即在低层级法律规范与高层级法律规范发生冲突的情况下，人民法院一般优先适用高层级法律规范。

3. 新法律规范优于旧法律规范。在新旧法并存、新法与旧法不一致时，人民法院一般优先适用新法律规范。但如果特定事项发生在新法生效之前的，原则上适用旧法，当然，新法明确规定有溯及力的除外。

4. 特别法优于普通法。在特别法律规范与普通法律规范发生冲突时，人民法院适用法律的一般原则是特别法优于普通法，即优先适用特别法律规范。应当注意的是，冲突的特别法与普通法必须处于同一效力层级，如果特别法效力层级低于普通法，而特别法的特别规定又未经高层级法的授权，这种情况下，人民法院应适用普通法。

值得注意的是，新法中删除了对规章之间冲突处理的规定。旧法中曾规定，地方规章与部门规章不一致、部门规章之间不一致时，由最高法院送请国务院“解释”或“裁决”。其实，这一规定纯属多余。因为《立法法》第95条第1款第3项已经规定，“部门规章之间、部门规章与地方政府规章之间对同一事项的规定不一致时，由国务院裁决”。既然已有《立法法》等基础性法律作出了规定，在《行政诉讼法》中再次规定就不必要了。

第八节 行政诉讼裁判与执行

行政诉讼裁判是行政诉讼裁定与行政诉讼判决的统称。行政诉讼的裁定简称行政裁定，是人民法院在审理行政案件过程中就行政程序问题所作出的判定；行政诉讼判决简称行政判决，是人民法院对当事人之间行政争议的实体问题所作的决定，是人民法院行使国家审判权，对行政行为进行监督的集中体现，也是人民法院处理、解决行政争议的基本手段，更是人民法院审理行政案件和当事人参加行政诉讼的结果的表现方式。除了上述裁定、判决，行政诉讼中还存在“决定”的形式。行政诉讼决定是人民法院为了保证行政诉讼的顺利进行，依法对行政诉讼中发生的某些特殊事项所作的处理决定。

一、一审裁判形式

旧法中关于判决的形式有四种，分别是维持判决、撤销并可重作判决、判决履行、变更判决。新法根据司法实践的情况，增加了判决的形式，并对原有判决进行了完善。而且,旧法中只用一个条款来规定判决形式,而新法则用8个条款来规定,反映了新法对判决形式的高度重视。

（一）驳回诉讼请求判决

新法将维持判决改为驳回诉讼请求判决。新法第69条规定,“行政行为证据确凿,适用法律、法规正确,符合法定程序的,或者原告申请被告履行法定职责或者给付义务理由不成立的,人民法院判决驳回原告的诉讼请求”。

首先,这是对维持判决这种形式的反思后作出的修正。所谓维持判决,是指法院经审查,确认被告行政行为合法并维持其效力的一种判决形式。学术界对维持判决的诟病为时已久,主要理由是维持判决混淆了行政诉讼是对行政行为进行监督的主旨,未能适应司法被动性的要求,超越了当事人诉讼请求的范围等。[103] 特别是维持判决制度与原告诉讼请求相冲突,不符合诉讼法的一般原理。法院判决是对原告诉讼请求肯定或否定的回应,这是法院解决纠纷的题中应有之义,更是司法权被动性特征的内在要求。法院之所以成为法院的特征之一便是其处理纠纷方式的被动性,被动性特征要求法院的裁判只能在当事人诉求的范围内作出裁判。[104] 而且,根据行政法的一般原理,有效的行政行为一经作出,在被有权机关撤销或者变更之前,应当一直视为有效而有约束力,法院判决维持一个有效的具有约束力的行政行为实属没有必要,特别是新行政诉讼法在立法宗旨中已经删除了对行政权行使的“维护”的功能,对相应条款的修改也势在必行。此外,维持判决限制了行政机关根据条件的变化和行政管理的需要作出应变的主动性,使法院和行政机关处于尴尬的境地,容易导致法院裁判反复无常。正是由于维持判决存在的不合理性,大陆法系的国家都没有设定维持判决。[105] 可见,将维持判决改为驳回诉讼请求判决,符合行政审判的实际需要,有利于行政诉讼功能的发挥。

其次,驳回诉讼请求判决更适合新法所规定的情形。新法在旧法维持判决的“证据确凿,适用法律、法规正确,符合法定程序”理由的基础上,又增加了“原告要求被告履行职责或者给付义务理由不成立”的情形,扩大了驳回诉讼请求的适用范围,在此情形下,用驳回诉讼请求判决更为合适。当然,驳回了原告的诉讼请求并不意味着被告的行政行为就一定正确,比如,因法律法规的变更或废止,被诉行政行为虽然合法,但行政机关也要自行纠正;再如,行政行为合法但不合理的情形,法院虽然驳回了原告的诉讼请求,但行政机关也要适时对不合理的部分进行修正,而不能想当然地认为行政行为合法而一味坚持。

---

〔103〕 刘峰:“论行政诉讼判决形式的重构——从司法权与行政权关系的角度分析”,载《行政法学研究》2007年第4期。

〔104〕 张旭勇:“行政诉讼维持判决制度之检讨”,载《法学》2004年第1期。

〔105〕 马怀德:《行政诉讼原理》,法律出版社2003年版,第431页。

最后,驳回诉讼请求判决不同于驳回起诉。“驳回诉讼请求”是法院依照实体法的规定,在案件审理中认为原告的实体请求无正当理由或法律依据而对当事人实体请求权的一种否定。而“驳回起诉”是法院在案件审理过程中发现原告不符合法定的起诉条件而对其起诉行为的拒绝,它所解决的是具有程序性质的原告诉权问题。而且,驳回诉讼请求是一种判决形式,而驳回起诉是一种裁定形式。

(二)撤销及重作判决

旧法中本来就有撤销及重作判决,新法只是在其基础上进行适当的完善。根据新法第70条的规定,对于行政行为有“主要证据不足”、“适用法律、法规错误”、“违反法定程序”、“超越职权”、“滥用职权”、“明显不当”的情形,人民法院判决撤销或者部分撤销。

撤销及重作判决是法院经审查认为被诉行政行为全部或部分违法的,可予撤销并可责令被告重新作出行政行为的一种判决方式。撤销及重作判决是对行政行为的全部或部分效力的否定,一般针对具有可撤销内容的作为的行政行为,不适用于没有撤销内容或不作为的行政行为。对撤销并可重作判决的情形,除了保留了旧法中“主要证据不足的”、“适用法律、法规错误”、“超越职权”、“滥用职权”的情形外,新法增加了“明显不当”的情形。“明显不当”的情形一般发生在行政机关自由裁量权的行为之中。通常情况下,行政诉讼只审查行政行为的合法性,不审查其合理性,这是行政权与司法权的分工所致。但如果行政行为明显违反了合理性原则,例如行政机关对同样或类似情形之下的相对人作出了差别非常明显的处理结果,此时,就不再是单纯的合理性问题,而转化成了合法性问题。所以,新法增加了该项内容,将明显不当作为撤销判决的一种情况,有利于防止行政机关滥用行政权,并促进行政行为的公平、合理。当然,对“明显不当”行为的具体表现,可能需要在今后的立法或司法中作出明确解释。

根据新法第71条的规定,人民法院判决被告重新作出行政行为的,被告不得以同一的事实和理由作出与原行政行为基本相同的行政行为。

(三)履行判决

履行判决是人民法院对不履行法定职责的被告作出的责令其在一定期限内履行的判决。新法第72条规定,人民法院经过审理,查明被告不履行法定职责的,判决被告在一定期限内履行。适用履行判决必须具备以下条件:被告对行政相对人负有履行法定职责的义务;行政相对人向负有法定职责的行政机关提出了合法的申请;被告具有不履行法定职责的客观事实。

实际上,不履行包括拒绝履行、怠于履行、不予答复等情形,是一种行政不作为。目前行政法学界将“不履行法定职责”解释为行政不作为的违法是一种比较公认的观点。[106]

（四）给付判决

这是新法中增加的一种判决形式。根据新法第73条的规定，被告对原告负有给付义务的，法院将“判决被告履行给付义务”。行政给付是行政机关赋予某些特殊群体或个人以一定物质权益或与物质有关的权益，可使相对人获得一定数额的金钱或实物，或为相对人提供与财物有关的其他利益等，所适用的对象是特定的公民或组织，如丧失劳动能力、无生活来源、难以进行正常生活的公民。这一规定，解决了现实中给付现象的存在而行政诉讼法中缺乏相应依据的困境，也符合审判活动的现实需要。以往对涉及行政给付的案件，法院往往先将此类案件认定为违法，然后在此基础上产生违法的行政赔偿案件，再通过行政赔偿案件的执行予以兑现，浪费了司法资源。给付判决的确立，有利于相对人顺利启动执行程序获得国家补偿权，有利于节约诉讼成本，使行政诉讼的司法保障功能得以实现。

（五）确认违法判决

这是新法中增加的一条，新法第74条作了规定。在行政行为所具有的违法情形方面，确认违法判决与撤销判决、履行判决具有相似性，甚至事由都是相同的，但因具备某种特定情况，法院对该行政行为不判决撤销或不判决履行，改用确认违法判决的方式来对被诉行政行为进行判断和评价。换言之，如果能作出履行判决或撤销判决的，应当首先使用这两种判决，只有在出现应该用而无法用的时候，才使用确认违法判决，可见，确认违法的判决是撤销判决、履行判决的补充。但另一方面，确认违法判决的情形除了撤销判决、履行判决所具有的情形外，还有其他情形需要使用确认违法判决的形式，例如，“行政行为程序轻微违法，但对原告权利不产生实际影响”等。

新法第74条规定了两大类、五种可以采用确认违法判决的情形。

第一类，行政行为有下列情形之一的，人民法院判决确认违法，但不撤销行政行为：(1)行政行为应当依法被判决撤销，但撤销该行政行为会给国家利益、社会公共利益造成重大损害的。当然，这里必须以撤销后可能带来国家利益、社会公共利益的“重大”损害为前提，而不是一般利益。这一内容在旧法司法解释第58条中曾有类似的规定，[107]正如学者们早就指出的那样，该违法判决在承认行政行为违法性的同时，仍使“该行政行为的效力可以存续”，从而使违法行政行为的法律

---

[106] 吴振宇：“行政诉讼履行判决研究”，载章剑生主编：《行政诉讼判决研究》，浙江大学出版社2010年版，第246页。

[107] 旧法司法解释第58条规定，被诉具体行政行为违法，但撤销该具体行政行为将会给国家利益或者公共利益造成重大损失的，人民法院应当作出确认被诉具体行政行为违法的判决，并责令被诉行政机关采取相应的补救措施；造成损害的，依法判决承担赔偿责任。

效果得以保留。[108] 然而，无论是公益，还是国家利益、公共利益，其内涵模糊，伸缩性大，实践中法院拥有很大的自由裁量权，也使得该判决存在较大的不确定性，需要进一步作出解释。特别是，这种违法与有效共存的状态，会使连续性行政行为陷入确认违法的法治困境[109]。(2)行政行为程序轻微违法，但对原告权利不产生实际影响的。新法对程序违法情形有两种表述方式，一是违反“法定程序”，将之列为可撤销的判决；二是“程序轻微违法”，将之列为确认违法判决。相对而言，后者比前者要轻一点，也与不同违法程度相对应。当然，该“轻微违法”在后果上还必须不对原告的权利产生实际影响，体现了形式和内容的统一。

第二类，行政行为有下列情形之一，不需要撤销或者判决履行的，人民法院判决确认违法：(1)行政行为违法，但不具有可撤销内容的。违法的行政行为一般应该被撤销以恢复原状，倘若被诉行政行为违法，但不具有可撤销内容的，便只能适用确认违法判决。这类判决一般适用于行政事实行为，所谓行政事实行为是行政主体在实施行政管理、履行服务职能过程中作出的不以设定、变更或消灭行政法律关系为目的的行为。[110] 行政事实行为虽然不表达行政主体的主观意志，但在客观上给相对人权益造成了影响；虽然是违法的，但却不具有可撤销的内容。通过确认其违法，为行政赔偿提供前提条件。可见，撤销判决否定的是被诉具体行政行为的效力，确认违法判决否定了被诉行政行为的合法性却维持了被诉行政行为的效力。[111] (2)被告改变原违法行政行为，原告仍要求确认原行政行为违法的。此时，原行政行为虽然违法，但已经不存在了，无法变更，更无法撤销。在原告不撤诉的情况下，法院只能作出确认违法的判决。(3)被告不履行或者拖延履行法定职责，判决履行没有意义的。原告向行政机关提出的保护其合法权利的请求往往具有时效性，在行政机关不履行或者拖延履行情况下，由于时过境迁或损害已发生，再责令被告履行法定职责已不具有任何意义。例如，公民财产遭到抢劫时请求行政机关保护，行政机关没有及时采取保护措施致使公民财产受到损失，公民起诉时，法院只能采用确认违法判决形式，而无法要求行政机关再履行义务。此时的确认违法判决，可为原告进一步赔偿请求的提出奠定基础。

（六）确认无效判决

新法第75条规定，“行政行为有实施主体不具有行政主体资格或者没有依据

---

〔108〕 江必新：《中国行政诉讼制度之发展——行政诉讼司法解释解读》，金城出版社2001年版，第54页。

〔109〕 郑春燕：“论‘基于公益考量’的确认违法判决——以行政拆迁为例”，载《法商研究》2010年第4期。

〔110〕 闫尔宝：“行政事实行为之再阐释”，载《公法研究》2005年第1期。

〔111〕 叶平：“不可撤销具体行政行为研究——确认违法判决适用情形之局限及补正”，载《行政法学研究》2005年第3期。

等重大且明显违法情形，原告申请确认行政行为无效的，人民法院判决确认无效”。

确认无效判决与撤销判决有相似之处，通过判决，都可以使该行为自始无效。但不同的是，撤销判决在判决前，该行政行为是存在的，被撤销后才自始失去法律效力；[112]而确认无效判决，针对的行为自始就无效，该行政行为被视为不存在。关于无效判决，旧法中没有作出规定，新法第75条对此作了规定。无效判决的条件有两个：

1. 行政行为有重大且明显违法情形。这里的“重大且明显违法”的具体情形，一是实施主体不具有行政主体资格。这是对行为主体资格所做的要求，即实施主体必须具有行政主体资格。行政主体是指享有国家行政权，能以自己的名义行使行政权，并能独立承担因此产生的相应法律责任的组织。没有法律、法规或规章明确授权，任何组织都无权对外行使职权，当然不成其为行政主体，其实施的任何行为自然是无效的。这里的“不具有行政主体资格”是指完全没有资格的情形，不包括超越职权、滥用职权等情形。二是行政行为没有依据。法谚“法无禁止即可为、法无授权即禁止”准确地指明了行政主体与公民活动依据上的不同。“对于行政主体而言，只有法律有授权规定时才能为之。行政主体的各项活动都必须有明确的法律依据，依据法律规定而为之，凡法律没有规定的，行政主体都不得为之。”[113]因此，即使实施主体是行政主体，但其在实施行政行为时该行政行为本身缺乏法律依据，该行政行为是无效的，法院可作无效判决。而这两种情形后面的“等”字，表明不止这两种情形，为今后的司法解释留下空间。根据行政法的理论，无效的行政行为还包括：可能给人民生命财产造成重大的无法挽回损失的行为，限制公民寻求救济的行为，对其实施将可能导致犯罪的行为，客观上不具有实施可能的行为，受行政相对人胁迫或欺骗作出的行为，实施主体不明或明显超越职权的行为。当然，对无效的情形，需要以法律法规的形式进行明确，而不能依靠理论上的解释。

2. 原告有确认无效的申请。确认无效判决，必须以原告的申请为前提。与履行判决、撤销判决、确认违法判决不同的是，确认无效判决的申请不受行政诉讼时效的限制，对于无效行政行为，行政相对人可以在任何时候请求包括法院在内的有权国家机关宣布该行为无效。实际上，对于无效行政行为，行政相对人可以不受该行为拘束，可以不履行该行为所确定的任何义务，并且不履行该行为所确定的义务也不会引起任何法律责任。但之所以要提起确认无效判决的申请，往往与损害赔偿有关。行政行为被宣布无效后，行政相对人因无效行政行为而受到的一切损害

---

〔112〕 但根据社会公共利益的需要或行政相对人是否存在过错等情况，撤销也可仅使行政行为自撤销之日起向后失去效力。

〔113〕 周佑勇：《行政法原论》，中国方正出版社2000年版，第34页。

均应予以恢复。

(七)采取补救措施或赔偿补偿判决

尽管新法将此类判决分为两个条款,即第76条和第78条,但由于这两条内容都涉及责令被告采取补救措施或赔偿补偿判决,尽管所针对的原因有所区别,但判决形式几乎是相同的,为此,可以将这两条一并理解,都归于"采取补救措施或赔偿补偿判决"。

这种判决适用于以下情形:

1. 行政行为被法院判决确认违法或无效的。按照新法第76条的规定,人民法院判决确认违法或者无效的,可以同时判决责令被告采取补救措施;给原告造成损失的,依法判决被告承担赔偿责任。对于被确认违法或无效后,是否责令被告采取补救措施,新法使用了"可以"的表达方式,表明法院拥有裁量权,但何为"补救措施",则表述模糊,需要今后作出立法或司法解释。对是否要让被告承担赔偿责任,必须以有损害事实为基础,且一旦有损害事实,法院就必须责令被告承担赔偿责任。赔偿的标准按照国家赔偿法的规定执行。

2. 针对行政协议履行、变更和解除的情形。按照新法第78条的规定,政府特许经营协议、土地房屋征收补偿协议等协议,行政机关必须认真履行,如果被告有不依法履行、未按照约定履行或者违法变更、解除等情形的,法院可判决被告继续履行、采取补救措施或者赔偿损失等。如果被告对上述协议的变更、解除合法,但给原告造成了损失且未依法给予补偿的,人民法院应判决给予补偿。

(八)变更判决

变更判决是人民法院对于被告作出的明显不当的行政行为,运用国家审判权直接予以改变的判决。与旧法的变更判决相比,新法第77条有两个方面的变化:

1. 增加了可以作出变更判决的行政行为。旧法中只有行政处罚"显失公正"的情形,而新法第77条第1款,除了将"显失公正"改为似乎更为准确的"明显不当",还增加了"其他行政行为涉及对款额的确定、认定确有错误的"情形。"明显不当"与"显失公正"基本含义相同,一般是指行政机关的行政行为与相对人的违法行为明显不相称,[114]具体表现为行政决定畸轻畸重、处罚方式混用、不考虑法定的从轻从重减轻情节致明显过轻过重、相同情况不同处罚、不同情况相同处罚、不同情况责罚倒置等。至于"其他行政行为涉及对款额的确定、认定确有错误的"规定,其严重性虽然没有达到"明显不当"的程度,通常情况下法院可以不予考虑,但基于节约行政纠纷解决成本的考虑,法院也可以对之作出变更判决,可有效减少程序运作成本,符合诉讼经济原则。可见,旧法的变更判决仅仅适用于行政处罚的情

---

[114] 李燕:"中国行政判决种类制度的评价与检讨原因分析与制度考察",载中国法学网,http://www.iolaw.org.cn/showNews.asp? id=18884。

形,而新法对变更判决适用的范围更为广泛。

2. 对变更判决作出了原则性限制。由于“变更”本身既可能减轻也可能加重,为此,该条第 2 款明确规定,法院在作出对相关款额变更时“不得加重原告的义务或者减损原告的权益”。从立法上明确变更不加重原则,是对原告合法利益的保护。因为此条款的创设目的是保护原告合法利益的,如果因为变更而导致原告利益受损,则将违背立法初衷。同时,变更不加重原则也打消了相对人提起行政诉讼的顾虑,促进他们拿起法律的武器维护自身的合法权益。

当然,如果利害关系人“同为原告,且诉讼请求相反的除外”,这是为了在不同原告利益之间寻求一种平衡。“利害关系人同为原告”的情形包括:(1)受害人与被处罚人同时起诉。被处罚人认为行政机关的处罚决定过重,受侵害人则认为行政机关所作的处罚过轻,均向人民法院提起行政诉讼。由于受害人的起诉,法院可以变更行政机关的处罚决定,加重对被处罚人的处罚。(2)共同行为人同时起诉。例如,甲、乙二人共同殴打丙,公安机关对甲和乙分别作出治安管理处罚决定,对甲处以 7 日行政拘留,对乙处以 15 日行政拘留。甲、乙二人不服上述处罚决定,均向人民法院提起行政诉讼。法院经审查认为,公安机关将相对人的违法事实认定反了,可以判决变更处罚,判决拘留甲 15 日,拘留乙 7 日。[115]

值得注意的是,旧法的司法解释第 55 条第 2 款曾规定,“人民法院审理行政案件不得对行政机关未予处罚的人直接给予行政处罚”,这是为了防止法院在作出变更判决的过程中超越司法机关居中裁判的角色,僭越行政机关的权力,法院只能对于行政机关已经作出的行政行为进行判断,而对于行政机关未处罚的行政相对人,法院无权代替行政机关作出处罚决定。[116] 新法没有对这种情况进行规定,不知出于何种考虑。

二、二审裁判形式

新法第 89 条规定,人民法院审上诉案件,按照下列情形,分别处理:(1)原判决、裁定认定事实清楚,适用法律、法规正确的,判决或者裁定驳回上诉,维持原判决、裁定。(2)原判决、裁定认定事实错误或者适用法律、法规错误的,依法改判、撤销或者变更。(3)原判决认定基本事实不清、证据不足的,发回原审人民法院重审,或者查清事实后改判。(4)原判决遗漏当事人或者违法缺席判决等严重违反法定程序的,裁定撤销原判决,发回原审人民法院重审。原审人民法院对发回重审的案件作出判决后,当事人提起上诉的,第二审人民法院不得再次发回重审。人民法院审理上诉案件,需要改变原审判决的,应当同时对被诉行政行为作出判决。

---

[115] 甘文:《行政诉讼法司法解释之评论——理由、观点与问题》,中国法制出版社 2000 年版,第 155 页。

[116] 姜明安:《行政诉讼法教程》,中国法制出版社 2011 年版,第 224 页。

据此，新法规定的二审裁判形式如下。

（一）驳回上诉、维持原裁判

新法第89条第1款第1项基本上沿袭了旧法的规定。一审裁判决认定事实清楚，适用法律、法规正确，而提起上诉理由不当的，应当依法驳回上诉，维持原裁判。这是对原审人民法院裁判的正确性和合法性的肯定，是对上诉人所提的上诉理由的否定。这里，认定事实清楚，主要是指案件的证据充足、有说服力、没有相互矛盾，足以支持对事实的认定。适用法律、法规正确，是指一审法院在法律规范的适用上，符合《行政诉讼法》第63条关于审判依据和参照的规定；符合法律适用规则和冲突解决规则的要求；裁判文书符合最高院对法律法规等引用的规范性要求。[117] 值得注意的是，旧法中只提到"判决"，而没有包括"裁定"，难以满足一审中对裁定上诉情形的处理，而新法对此作了完善。

（二）依法改判

依法改判是二审法院直接改变原审法院对争议的行政行为合法性的判定，既意味着上级法院对下级法院裁判的全部否定，而且意味着对争议的行政行为合法性的重新判定。改判着重对一审裁判结论的改正。新法第89条第1款第2、3项中都有关于改判的情形：原判决、裁定认定事实错误或者适用法律、法规错误的，可依法改判；原判决认定基本事实不清、证据不足的，可查清事实后改判。对于后一种情形中的"基本事实"，主要是指当事人主体资格、行政法律关系的性质、法律责任等问题。改判意味着对事实的重新认定；意味着适用正确的法律、法规而不用错误的法律、法规；意味着对事实不清、证据不足的，要在查清事实的基础上进行改判；还意味着应当同时对被诉行政行为作出判决。

（三）撤销的裁判

撤销的裁判是指二审法院撤销一审的裁定、判决，使其所作的判断归于无效的一种裁决形式。新法第89条第1款第2、4项作了规定，适用的情况是：原判决、裁定认定事实错误或者适用法律、法规错误的；原判决遗漏当事人或者违法缺席判决等严重违反法定程序的。对于前一种情况，适合裁定与判决，一般是针对一审裁判结论虽然正确，但事实认定或法律法规适用其中之一是有错误的，或事实认定和法律法规适用都有错误的情形；而后一种情况只适合对一审判决，使用裁定的方式予以撤销，一般是针对一审的法定程序违法且可能影响案件公正判决的情形。值得注意的是，在旧法司法解释第68条中，撤销仅适用于裁定，而不适用于判决，且与

---

〔117〕 最高人民法院于2009年11月4日起施行的《关于裁判文书引用法律、法规等规范性法律文件的规定》对裁判文书引用法律、法规等规范性法律文件的要求作了较为详细的规定。

发回重审一起使用。[118] 而在新法中，撤销既可以适用于判决，也可以适用于裁定；既可以与发回重审合并使用，也可以单独使用。

（四）变更的裁判

新法第 89 条第 1 款第 2 项中的变更的裁判主要适用于“原判决、裁定认定事实错误或者适用法律、法规错误的”的情形，上述情形同样可以使用改判或撤销的裁判形式。对同样的情形，到底何时适用改判，何时适用撤销，何时适用变更的裁判，法院有决定权，法院将根据案件的具体情况作出判断。另外，改判是对一审裁判的直接改正，变更也是对一审裁判的直接改变，那么“改判”与“变更”之间的区别何在？我们的理解是，“改判”是对一审结论的改变，而“变更”往往是对结论正确而某些事实认定或某些法律法规引用错误，或裁判书中存在文字错误等的纠正。

（五）发回重审的裁判

对发回重审的裁判，新法第 89 条第 1 款第 3 项和第 4 项有规定，适用的情况是：原判决认定基本事实不清、证据不足的；原判决遗漏当事人或者违法缺席判决等严重违反法定程序的。对于后一种情形，遗漏的当事人主要是指原告、被告或第三人；违法缺席判决是指违反了新法对缺席判决适用的情形，即“被告无正当理由拒不到庭，或者未经法庭许可中途退庭的”情形；此外，还包括违反回避的要求、违反公开审理的规定等其他严重违反法定程序的情形。从新旧法的对比看，新法发回重审裁判适用的情形增加了，规定得也更细致了。值得肯定的是，新法第 89 条第 2 款对发回重审案件的发回次数作了限制，即原审人民法院对发回重审的案件作出判决后，当事人提起上诉的，第二审人民法院不得再次发回重审。对发回重审次数的限制，可以有效防止诉讼周期过长、当事人陷入反复诉讼的讼累现象。

三、裁定的其他运用与决定

（一）再审程序的裁判形式

新法没有对再审程序的裁判形式作出规定，根据司法实践，对再审程序的裁判通常分为以下几种情形：

1. 人民法院经过再审审理，认为原审判决认定事实清楚，适用法律、法规正确的，应当裁定撤销原中止执行的裁定，继续执行原判决。

2. 对原审法院受理、不予受理或者驳回起诉错误的处理。第一审人民法院作出实体判决后，第二审人民法院认为不应当受理的，在撤销第一审人民法院判决的同时，可以发回重审，也可以迳行驳回起诉；第二审人民法院维持第一审人民法院不予受理裁定错误的，再审法院应当撤销第一审、第二审人民法院裁定，指令第一

---

〔118〕 旧法司法解释第 68 条规定，第二审人民法院经审理认为原审人民法院不予受理或者驳回起诉的裁定确有错误，且起诉符合法定条件的，应当裁定撤销原审人民法院的裁定，指令原审人民法院依法立案受理或者继续审理。

审人民法院受理；第二审人民法院维持第一审人民法院驳回起诉裁定错误的，再审法院应当撤销第一审、第二审人民法院裁定，指令第一审人民法院审理。

3. 人民法院审理再审案件，发现生效裁判有下列情形之一的，应当裁定发回作出生效判决、裁定的人民法院重新审理：(1)审理本案的审判人员、书记员应当回避而未回避的；(2)依法应当开庭审理而未经开庭即作出判决的；(3)未经合法传唤当事人而缺席判决的；(4)遗漏必须参加诉讼的当事人的；(5)对与本案有关的诉讼请求未予裁判的；(6)其他违反法定程序可能影响案件正确裁判的。

4. 人民法院审理再审案件，认为原生效判决、裁定确有错误，在撤销原生效判决或者裁定的同时，可以对生效判决、裁定的内容作出相应裁判，也可以裁定撤销生效判决或者裁定，发回作出原生效判决、裁定的人民法院重新审判。

(二)行政诉讼其他裁定的运用

行政诉讼的裁定，除了在一审、二审和再审结案时使用外，在行政诉讼的其他程序中也有不少运用。根据新法规定，主要有：

1. 不予立案的裁定。根据新法第 51 条的规定，人民法院在接到起诉状时对符合本法规定的起诉条件的，应当登记立案。对当场不能判定是否符合本法规定的起诉条件的，应当接收起诉状，出具注明收到日期的书面凭证，并在 7 日内决定是否立案。不符合起诉条件的，作出不予立案的裁定。裁定书应当载明不予立案的理由。原告对裁定不服的，可以提起上诉。

2. 停止行政行为执行的裁定。新法第 56 条规定，诉讼期间，不停止行政行为的执行。但有下列情形之一的，裁定停止执行：(1)被告认为需要停止执行的；(2)原告或者利害关系人申请停止执行，人民法院认为该行政行为的执行会造成难以弥补的损失，并且停止执行不损害国家利益、社会公共利益的；(3)人民法院认为该行政行为的执行会给国家利益、社会公共利益造成重大损害的；(4)法律、法规规定停止执行的。当事人对停止执行或者不停止执行的裁定不服的，可以申请复议一次。

3. 先予执行的裁定。新法第 57 条规定，人民法院对起诉行政机关没有依法支付抚恤金、最低生活保障金和工伤、医疗社会保险金的案件，权利义务关系明确、不先予执行将严重影响原告生活的，可以根据原告的申请，裁定先予执行。

4. 中止行政诉讼的裁定。新法第 61 条规定，在涉及行政许可、登记、征收、征用和行政机关对民事争议所作的裁决的行政诉讼中，当事人申请一并解决相关民事争议的，人民法院可以一并审理。在行政诉讼中，人民法院认为行政案件的审理需以民事诉讼的裁判为依据的，可以裁定中止行政诉讼。

5. 原告撤诉的裁定。新法第 62 条规定，人民法院对行政案件宣告判决或者裁定前，原告申请撤诉的，或者被告改变其所作的行政行为，原告同意并申请撤诉的，是否准许，由人民法院裁定。

6. 简易程序转为普通程序的裁定。新法第 84 条规定，人民法院在审理过程中，发现案件不宜适用简易程序的，裁定转为普通程序。

以上是新法中对裁定形式的规定，此外，司法实践中还有：(1)管辖异议。被告有权在接到人民法院应诉通知之日起 10 日内以书面形式向人民法院提出管辖异议，经人民法院审查，认为为异议成立的，裁定将案件移送有管辖权的人民法院，异议不成立的，裁定驳回异议。当事人对管辖异议裁定不服，可以向上一级人民法院提出上诉。(2)中止或终结诉讼。由于中止或终结诉讼都涉及诉讼程序的进程问题，因而要以裁定的形式作出。(3)移送或指定管辖。对于移送管辖和指定管辖，人民法院均应采用裁定的形式作出。(4)财产保全。财产保全是人民法院为保障将来的行政诉讼判决得到执行，在诉讼过程中依当事人申请或者依职权采取的限制有关财产处分或者转移的强制措施。财产保全虽然与当事人的实体权益相关，但该行为本身并不是对行政行为合法性的判断，不影响行政诉讼实体问题的解决，因而不使用判决而使用裁定。(5)补正裁判文书中的笔误。裁判书中的笔误，是指裁判书内容中有错写、误算，或者正本与原本个别地方不符合，或者用词不当，致使裁判文书内容与其本意不符等情况，补正裁判文书的笔误是纠正文字上的失误，属于程序问题，也用裁定形式。(6)中止或者终结执行。中止或终结执行涉及的是执行程序，符合法律规定的中止或者终结执行条件的，人民法院应使用裁定中止执行或终结执行。(7)提审或者指令再审。根据新法第 92 条第 2 款的规定，最高人民法院对地方各级人民法院已经发生法律效力的判决、裁定，上级人民法院对下级人民法院已经发生法律效力的判决、裁定，发现有本法第 91 条规定情形之一，或者发现调解违反自愿原则或者调解书内容违法的，有权提审或者指令下级人民法院再审。上级人民法院提审或者指令再审时，应使用裁定，等等。

(三)行政诉讼决定的运用

根据新法的相关规定，决定主要有以下几种：

1. 管辖权移转的决定。新法第 24 条规定，上级人民法院有权审理下级人民法院管辖的第一审行政案件。下级人民法院对其管辖的第一审行政案件，认为需要由上级人民法院审理或者指定管辖的，可以报请上级人民法院决定。

2. 起诉期限延长的决定。新法第 48 条规定，公民、法人或者其他组织因不可抗力或者其他不属于自身的原因耽误起诉期限的，被耽误的时间不计算在起诉期限内。公民、法人或者其他组织因前款规定以外的其他特殊情况耽误起诉期限的，在障碍消除后 10 日内，可以申请延长期限，是否准许由人民法院决定。

3. 回避的决定。新法第 55 条规定，当事人认为审判人员、书记员、翻译人员、鉴定人、勘验人与本案有利害关系或者有其他关系可能影响公正审判，有权申请其回避。审判人员、书记员、翻译人员、鉴定人、勘验人认为自己与本案有利害关系或者有其他关系，应当申请回避。院长担任审判长时的回避，由审判委员会决定；审判人员的回避，由院长决定；其他人员的回避，由审判长决定。人民法院以口头或者书面方式作出是否回避的决定，申请人对决定不服，可以申请人民法院复议一次，但不停止执行。

4. 法院启动再审的决定。新法第92条规定，各级人民法院院长对本院已经发生法律效力的判决、裁定，发现有本法第91条规定情形之一，或者发现调解违反自愿原则或者调解书内容违法，认为需要再审的，应当提交审判委员会讨论决定。

此外，可以就如下事项做出决定：有关采取强制措施的决定；确定第三人的决定；指定法定代理人的决定；对重大、疑难行政案件的处理决定；对律师以外的当事人和其他诉讼代理人查阅庭审记录的决定；强制执行生效判决和裁定的决定；确定诉讼费用承担的决定；确定不公开审理的决定等。

四、行政诉讼执行

（一）行政诉讼执行的含义

行政诉讼执行是指法定有权机关对人民法院已经生效的行政判决、裁定或者调解书的执行。根据新法第94条的规定，我国行政诉讼执行制度具有如下特征：

1. 行政诉讼执行依据是发生法律效力的人民法院的判决、裁定或者调解书。这有两层意思，一方面，人民法院判决、裁定或调解书以外的有法律效力的决定，不是行政诉讼执行的依据；另一方面，人民法院的判决、裁定或调解书，只有在发生法律效力以后才能成为行政诉讼的执行依据。

2. 行政诉讼执行主体不仅包括人民法院，还包括具有行政强制执行权的相关行政机关。这一点与对未经行政诉讼却具有强制执行力的行政行为的执行相同。根据新法第95条的规定，公民、法人或者其他组织拒绝履行判决、裁定、调解书的，行政机关或者第三人可以向第一审人民法院申请强制执行，或者由行政机关依法强制执行。

3. 行政诉讼执行对象不仅包括公民、法人和其他组织，还包括行政机关。既然行政诉讼的执行依据是人民法院的行政判决、裁定或调解书，那就自然涉及行政机关败诉或承担责任的情形。这样的行政法律文书生效后，行政机关在规定的期限内不履行判决义务，法院执行机构应对其采取相应的强制执行措施，以促使行政机关履行判决义务。

4. 行政诉讼执行的目的是实现已经生效的行政判决、裁定、调解书所确定的义务。从根本上讲，行政诉讼执行本身并不具有对义务进行重新调整或者重新确定的功能，只不过是实现义务人本来应该自动履行的义务的方法。由此，行政诉讼执行只能以实现已经生效的行政判决、裁定、调解书所确定的义务为限度，绝不能也不允许超出这个限度。

（二）新法对行政诉讼执行文书范围的扩大

执行文书，是权利人依照法律规定据以申请执行的凭证，也是执行机关采取执行措施的根据。[119] 旧法只规定了执行判决书和裁定书，而新法在坚持行政诉讼不适用调解原则的前提下增加了例外情形，即可以调解，有一些行政案件将以调解方式结案。根据新法第 60 条的规定，法院可以就“行政赔偿、补偿以及行政机关行使法律、法规规定的自由裁量权的案件”进行调解，因此，这里的调解书应当包括该调解范围内的法律文书。此外，调解书还应当包括行政附带民事诉讼的调解书。调解书是行政诉讼当事人解决行政争议所达成的合意，生效的调解书具有以下法律效力：确定当事人间的法律关系的效力；结束诉讼的效力；具有强制执行的效力。一般而言，对行政诉讼调解书当事人都会自觉履行，不发生强制执行的问题，但实践中也有少数当事人不履行调解书的现象。将调解书纳入执行的范围，可以使得调解书内容的执行得到法律保障，维护当事人的合法权益，有利于法律秩序的稳定。

（三）对公民法人或其他组织不履行法律文书的执行

根据新法第 95 条的规定，公民、法人或者其他组织拒绝履行判决、裁定、调解书的，行政机关或者第三人可以向第一审人民法院申请强制执行，或者由行政机关依法强制执行。

与旧法相比，增加了第二人可以向法院申请执行的权利。即原告拒绝履行法律文书的，除了行政机关可以申请法院执行或依法强制执行外，第三人也可以向第一审法院申请强制执行。因为有些法律文书对原告可能不利，但对第三人有利，当原告拒绝履行判决、裁定、调解书时，由于不涉及到作为被告的行政机关自身的利益，往往不会申请法院执行或自己依法执行，由此，势必影响、侵犯到第三人的利益。增加第三人可以申请人民法院强制执行的规定，可以有效保护第三人的合法权益，并使司法确立的法律关系得到实现。

（四）行政机关不履行法律文书的执行

新法第 96 条规定了行政机关拒绝履行判决、裁定、调解书的，人民法院可以采取的执行措施，这也是新法的最大亮点之一。

由于行政诉讼执行涉及多元主体和复杂的社会关系，使得行政案件执行难问题更为严重，行政机关不执行法院判决是行政诉讼中较为突出的问题，尤其是对作为被告行政机关败诉案件的执行更是如此。[120] 新法加大了执行力度，除了原有措施外，还有新举措：

1. 将行政机关拒绝履行的情况予以公告。公告是一种公开，是向全社会和广大民众的公开。胡建淼教授认为，“从可操作性来讲，在目前司法公开开展得有声有色的情况下，公告制度具有较强的可行性。虽然看起来这种方式比罚款、拘留等

---

〔119〕 江必新、梁凤云：《行政诉讼法理论与实务》（下卷），北京大学出版社 2009 年版，第 1253 页。

〔120〕 王春业：“论行政诉讼法修改下的行政检察监督职能的强化”，载《社会科学家》2014 年第 2 期。

要温和很多,但却切中了要害。一旦法院将行政机关拒绝履行司法裁判的情况向社会公众予以公布,行政机关将面临很大的压力。在舆论监督的配合下,上级机关和人事部门也更容易掌握情况,督促行政机关履行裁判”。湛中乐教授也认为,“通过公告制度,可以让那些无视司法权威的行政机关及其负责人如‘过街老鼠’。这种方式,实质上是将对司法裁判的遵守与执行,与行政机关的政绩口碑紧密结合在一起,这样的效果值得期待”。[121]

2. 对行政机关负责人的罚款。这里的罚款是一种执行罚。旧法规定的只是对行政机关予以罚款,罚款数额是每日50元至100元。这对行政机关而言基本没有威慑力,也不利于法院法律文书的执行。新法将罚款对象换成了行政机关负责人,意义就大不相同了。实际上,法院生效的判决、裁定、调解书之所以没能按期履行,主要责任在于行政机关的负责人,而作为静态的行政机关的意思表示,基本取决于行政机关负责人的意志。对行政机关负责人的罚款,可谓抓住了执行难的“牛鼻子”,对解决执行难无疑会起到极大的推动作用。

3. 拒不履行判决、裁定、调解书,社会影响恶劣的,可以对该行政机关直接负责的主管人员和其他直接责任人员予以拘留;情节严重,构成犯罪的,依法追究刑事责任。这一措施非常具有威慑力。由于涉及对人身自由的限制,因此,必须达到一定的情节才可以使用,为此,该项规定的实施以“社会影响恶劣”、“情节严重,构成犯罪”为条件。而且仅适用于“该行政机关直接负责的主管人员和其他直接责任人员”,而不是单位负责人。这里所谓的“行政机关直接负责的主管人员和其他直接责任人员”,一般表现为对拒不履行法律文书起着决定、授意、指挥或直接参与、起较大作用等情形的人。这里的拘留,其性质是司法拘留,而不是行政拘留、刑事拘留。但由于这一规定在实践中还没有实例,该如何操作,仍有待于探索,而且对于“社会影响恶劣”的标准,也有待于细化。此外,由于行政机关领导的不断更替,还可能遇到是前任领导的过错而由后任领导承担责任的不公平现象。

(五)行政诉讼执行的其他问题

1. 行政诉讼执行管辖

行政诉讼执行管辖所要解决的问题是,已经发生法律效力的行政判决、裁定或调解书,根据法律由何地何级别哪个机关来执行。行政诉讼执行管辖与行政诉讼管辖密切相关。在我国,对行政诉讼判决、裁定的执行机关,原则上是行政案件的第一审人民法院。一审人民法院认为情况特殊需要由二审人民法院执行的,可以报请二审人民法院执行;二审人民法院可以决定由其执行,也可以决定由一审人民法院执行。

---

〔121〕 详见徐隽、杨子强:“专家谈政府拒不执行法院判决现象:应拘留责任人”,载新华网,http://news.xinhuanet.com/legal/2014-04/09/c_126368748.htm。

由于第一审人民法院与被告行政机关之间的复杂关系，这种以由第一审人民法院负责执行为原则的规定无疑增加了行政机关干预人民法院执行工作的可能性，因此，明确第二审人民法院的执行义务，规定在某些情况下行政诉讼执行当由第二审人民法院来完成，可以弥补这一可能发生的法律障碍。对于应当由第二审人民法院执行的案件，理论上而言，不能再返回一审人民法院执行，因为由第二审人民法院执行，在权威上和执行能力上都比第一审人民法院强，能更好地保障人民法院裁判的顺利和有效执行。〔122〕

2. 行政诉讼执行时间

新法第96条没有明确规定行政诉讼执行时间，仅规定："行政机关拒绝履行判决、裁定的，第一审人民法院可以采取以下措施……（二）在规定期限内不执行的，从期满之日起，对该行政机关按日处五十元至一百元的罚款。""规定期限"通常是人民法院在具体行政判决、裁定中确定的期限，且该执行措施仅适用于"行政机关拒绝履行判决、裁定"。旧法司法解释第84条曾补充规定指出，申请人是公民的，申请执行生效的行政判决书、行政裁定书、行政赔偿判决书和行政赔偿调解书的期限为1年；申请人是行政机关、法人或者其他组织的，申请执行的期限为180日。这个规定是否适用于新法，则需要新法的司法解释予以明确。

3. 非诉执行问题

新法第97条规定，公民、法人或者其他组织对行政行为在法定期间不提起诉讼又不履行的，行政机关可以申请人民法院强制执行，或者依法强制执行。这是对非诉执行的规定，新法沿用了旧法的规定。这种规定，实际上是存在问题的。对执行制度可分为两种情形：一是行政诉讼执行制度，即人民法院或相关有权行政机关对人民法院已经生效的法律文书的执行；二是对未经行政诉讼却具有强制执行力的行政行为的执行制度，即人民法院或相关有权行政机关对公民、法人或者其他组织拒不履行具有强制执行力的行政决定的执行。这是两种性质迥异的执行制度。旧法颁行时，人们对于行政诉讼执行的含义存在一些模糊认识，混淆了两种不同性质的执行尚有情可原，而在新法修改时，仍要沿用旧法的规定，就不应该了，对后者应从行政诉讼法中予以删除。非诉执行的规定应放在行政强制法、行政处罚法中予以规定。

此外，关于行政诉讼执行的具体程序问题，新法规定较少。而新法第101条规定，"人民法院审理行政案件，关于期间、送达、财产保全、开庭审理、调解、中止诉讼、终结诉讼、简易程序、执行等，以及人民检察院对行政案件受理、审理、裁判、执行的监督，本法没有规定的，适用《中华人民共和国民事诉讼法》的相关规定"。因此，有关执行的内容，《行政诉讼法》没有规定的，可以适用《民事诉讼法》的相关规定。

---

〔122〕 向忠诚、罗永琳："行政机关与行政诉讼执行"，载《广西社会科学》2006年第10期。

第十四章　行政赔偿

第一节　行政赔偿概述

一、行政赔偿的概念

行政赔偿是国家行政机关和行政机关工作人员在行使职权对公民、法人或其他组织的合法权益造成损害时,由国家承担向受害人赔偿责任的法律制度。

(一)行政赔偿的特征

行政赔偿与其他赔偿制度相比,具有以下特征:

1. 行政赔偿因行政主体的行政行为而引起。只有行政主体才享有行政职权,才能实施行政行为,才能产生行政侵权,从而引起行政赔偿。没有行政主体,就不存在行政侵权,也就不能构成行政赔偿。如立法机关的立法行为、司法机关的司法行为、行政机关的民事行为及行政人员的个人行为等,均不引起行政赔偿。

2. 行政赔偿是行政主体行使职权侵犯公民、法人和其他组织的合法权益。与旧法的第2条相比,新法删除了"违法"二字,可以看出新法在归责原则的选择中,放弃了旧有的违法归责原则模式,一定程度上弱化了是非评价功能,强化了纠纷化解功能。

3. 行政赔偿是由国家承担的赔偿。因为行政主体及其工作人员是以国家的名义行使行政职权,如果违法行使行政职权侵犯了公民、法人和其他组织的权益,理应由国家承担赔偿责任。虽然我国《国家赔偿法》规定的由行政主体作为行政赔偿的义务机关,但赔偿费用是由国家承担的,国家才是真正的行政赔偿义务主体。

(二)行政赔偿与相关概念的区别

1. 行政赔偿与国家赔偿。根据《国家赔偿法》的规定,我国国家赔偿包括行政赔偿和刑事赔偿两部分,行政赔偿是国家赔偿的一种形式,国家赔偿与行政赔偿是种属关系。

2. 行政赔偿与行政补偿。行政补偿是国家对行政机关及其工作人员的合法行政造成相对人合法权益的损害而给予的补偿。首先,二者的引发原因不同。行政赔偿是行使行政职权行为引起的,尤其是违法行为引起的;而行政补偿是合法行为引起的。其次,二者的性质不同。行政赔偿是因行政行为引起的法律责任;而行政补偿并不是对行政行为的责难。此外,行政赔偿与行政补偿在适用范围、标准、方式等方面也有不同。

3. 行政赔偿与民事赔偿。民事赔偿是发生在平等民事法律主体之间的侵权行为引起的民事责任。二者的责任主体、责任性质等均不相同,且适用的赔偿原则、标准和程序也有所不同。

4. 行政赔偿与刑事赔偿。行政赔偿与刑事赔偿同属于国家赔偿的一部分,但行政赔偿是行使行政职权引起的赔偿责任,而刑事赔偿是行使审判、检察、侦查、监狱管理职权引起的赔偿责任。二者在赔偿义务机关、赔偿范围、赔偿程序等方面都有所区别。

二、新中国行政赔偿制度的历史沿革

1949 年新中国成立后,即开始了社会主义国家赔偿法律制度的建设。1954 年 1 月的《海港管理暂行条例》第 20 条规定:"港务局如无任何法令根据,擅自下令禁止船舶离港,船舶得向港务局要求赔偿由于禁止离港所受之直接损失,并得保留对港务局之起诉权。"同年,1954 年《宪法》第 97 条规定:"由于国家机关工作人员侵犯公民权利而受到损失的人,有取得赔偿的权利。"

然而,1957 年后特别是"文革"期间,包括行政赔偿在内的国家赔偿制度被否定。1975 年和 1978 年宪法均没有规定公民、法人和其他组织有请求国家赔偿的权利内容。

1982 年宪法重申了包括行政赔偿在内的国家赔偿原则,第 41 条第 3 款规定:"由于国家机关和国家工作人员侵犯公民权利而受到损失的人,有依照法律规定取得赔偿的权利。"1986 年《民法通则》第 121 条规定:"国家机关或者国家工作人员在执行职务中,侵犯公民、法人的合法权益造成损害的,应当承担民事责任。"1989 年 4 月通过的《行政诉讼法》用专章即第九章规定了行政机关的侵权赔偿责任。

随着民主法治的进一步发展,1994 年通过《国家赔偿法》,对行政赔偿问题作了专门的规定。2010 年通过了《关于修改〈中华人民共和国国家赔偿法〉的决定》,对《国家赔偿法》进行了第一次修改,修改后的《国家赔偿法》自 2010 年 12 月 1 日起施行。2012 年进行了第二次修正,修正后的《国家赔偿法》自 2013 年 1 月 1 日起施行。[1]

三、行政赔偿责任的归责原则与构成要件

(一)行政赔偿责任的归责原则

行政赔偿责任的归责原则是国家承担行政赔偿责任的依据和标准。关于行政

---

〔1〕《国家赔偿法》于 1994 年 5 月 12 日第八届全国人民代表大会常务委员会第七次会议通过,并于 2010 年 4 月 29 日第十一届全国人民代表大会常务委员会第十四次会议修改,2012 年 10 月 26 日第十一届全国人民代表大会常务委员会第二十九次会议作了第二次修正。

侵权赔偿责任的归责原则有以下几种观点:(1)过错原则。即行政主体及其工作人员在行使行政职权时故意或过失侵犯公民、法人或其他组织合法权益造成损害时,国家承担行政赔偿责任。如果无过错,国家不予赔偿。(2)无过错原则。即不以行政主体及其工作人员在行使职权时是否存在过错为构成要件,只要侵犯公民、法人或其他组织的合法权益造成损害的,国家就得承担行政赔偿责任。(3)违法原则。即只要国家行政主体及其公务人员违法行使职权并造成损害,无论有无过错,国家都必须负责赔偿。此外,理论界还提出了"违法与明显不当原则"、"公平原则"、"违法与过错原则"等。

根据《国家赔偿法》第2条的规定:"国家机关和国家机关工作人员行使职权,有本法规定的侵犯公民、法人和其他组织合法权益的情形,造成损害的,受害人有依照本法取得国家赔偿的权利。"因此,我国行政赔偿制度在归责原则立法上确立了以违法责任原则为主,结果责任原则、过错责任原则等原则为辅的多元规则体系。

这里的"违法原则",应从以下几方面理解:(1)违法是指行为违法,而不是行为的结果违法,即行政行为违法。如果行政行为合法给公民、法人或者其他组织的合法权益造成损害,不存在国家赔偿问题,只存在依法"补偿"问题。(2)非职权性的行为由其他法律调整,所产生的损害后果不产生国家赔偿责任。如有关国有公共设施的管理、使用以及设置中的损害由民法调整,包括公务人员的个人行为所致损害也由民法调整。(3)"违法"行为不限于法律行为,也包括与行使职权有关的事实行为;行为违法既包括积极的作为,也包括消极的不作为。

(二)行政赔偿责任的构成要件

行政赔偿责任构成要件是国家承担行政赔偿责任应当具备的条件,所要解决的是国家在什么条件下承担行政赔偿的问题。行政赔偿责任的构成要件包括以下四个方面:

1. 主体必须是作出侵权行为的行政主体及其工作人员。包括经法律、法规授权组织或行政机关委托的组织行使职权造成的损害,国家也必须承担赔偿责任。行政赔偿责任是行政主体行使行政职权所引发的,只有行政主体及其工作人员才依法享有行政权,非行政主体,即使其实施侵权行为,也只能承担民事责任或刑事责任等其他法律责任。

2. 必须是行使职权时造成的。所谓行使职权,是行政主体或其工作人员行使职务上的权力所进行的活动。如果行政主体及其工作人员从事与职权无关的民事活动,或因个人行为造成的损害,国家不承担赔偿责任;因国有企业、事业单位对外的生产经营行为造成损害的,国家不负责赔偿;因道路、桥梁等公有设施致害的,国家也不负行政赔偿责任。

3. 损害必须实际产生。损害事实是构成行政赔偿责任的首要和前提条件,没有损害事实的发生，赔偿问题就无从谈起。行政侵权中的损害与民法上损害基本相同，是指行政侵害行为对公民、法人或其他组织合法权益造成的不利后果。这种不利后果，表现为受害人的死亡、身体伤害、财产损失、精神损害等。

4. 损害事实与侵权行为之间有因果关系。因果关系是行政主体及其工作人员与特定损害之间的关系，是连接责任主体与损害事实的纽带。也就是说，如果相对人所受损害与违法行为没有因果关系，那么行政主体及工作人员就没有义务对损害负责，国家也不承担行政赔偿责任。

四、行政赔偿的范围

行政赔偿的范围是国家承担行政赔偿责任的范围。根据我国《国家赔偿法》的规定，行政赔偿范围包括国家应予赔偿的范围和国家不予赔偿的范围。

（一）国家应予赔偿的范围

国家应予赔偿的范围所要界定的是国家在哪些情形下应当予以行政赔偿。根据《国家赔偿法》第3、4条的规定，国家应予赔偿的范围包括侵犯公民人身权和侵犯公民、法人和其他组织合法财产权两大类。

1. 对侵犯人身权的行政赔偿。人身权包括人身自由权、人格权和身份权。人格权指生命健康权、姓名权、肖像权、名誉权等；身份权指荣誉权和婚姻自主权等。但《国家赔偿法》只列举了人身自由权和生命健康权侵犯的情形，这就意味着侵犯其他公民人身权的行为被排除在行政赔偿范围之外，侵犯公民名誉、荣誉等人身权只能同通过赔礼道歉、恢复名誉、消除影响方式来承担侵权责任。

行政机关及其工作人员在行使行政职权时侵犯公民人身自由权和生命健康权的情形包括：(1)违法拘留或者违法采取限制公民人身自由的行政强制措施的；(2)非法拘禁或者以其他方法非法剥夺公民人身自由的；(3)以殴打、虐待等行为或者唆使、放纵他人以殴打、虐待等行为造成公民身体伤害或者死亡的；(4)违法使用武器、警械造成公民身体伤害或者死亡的；(5)造成公民身体伤害或者死亡的其他违法行为。

2. 侵犯财产权的行政赔偿。财产权包括公民个人财产所有权、继承权、债权、土地使用权和承包经营权、采矿权、宅基地使用权、担保权、租赁权、专利权和著作权等。对法人而言，财产权包括不动产和动产所有权、土地使用权、采矿权、专利权、商标权、租赁权等。但《国家赔偿法》只规定了四项侵犯财产权予以行政赔偿的情形：(1)违法实施罚款、吊销许可证和执照、责令停产停业、没收财物等行政处罚的；(2)违法对财产采取查封、扣押、冻结等行政强制措施的；(3)违法征收、征用财产的；(4)造成财产损害的其他违法行为。

（二）国家不予赔偿的范围

根据《国家赔偿法》第5条的规定，国家不承担赔偿责任的范围包括：

1. 行政机关工作人员与行使职权无关的个人行为。行政机关工作人员的行为包括职务行为和个人行为。个人行为是指行政机关工作人员实施的与职权无关的涉及个人感情、利益等因素的行为。因为这类行为不是行政行为,国家当然不承担赔偿责任。

2. 因公民、法人和其他组织自己的行为致使损害发生的。这类损害是由公民、法人和其他组织存在过错所导致的,与行政主体的行政行为没有因果关系,国家不承担行政赔偿责任。

3. 法律规定的其他情形。这是一个兜底条款,目前,该法律条款缺乏明确解释。这里所指的"法律"是狭义的法律,专指全国人大及其常委会的国家立法行为制定的法律规范,不包括法规和规章。

第二节 行政赔偿请求人与赔偿义务机关

在行政赔偿法律关系中有两方当事人,一方是行政赔偿请求人,另一方是行政赔偿义务机关。

一、行政赔偿请求人

行政赔偿请求人是因行政主体及其工作人员行使职权侵犯了其合法权益并造成损害,有权请求国家予以行政赔偿的公民、法人和其他组织。根据《国家赔偿法》的有关规定,行政赔偿请求人有以下几种情形:

1. 受害的公民、法人和其他组织。未成年人及不能辨认或不能完全辨认自己行为的精神病人属于无行为能力人或限制行为能力人,当他们权益遭到行政机关或其工作人员侵害时,他们的监护人(包括祖父母、外祖父母、父母、兄弟、姊妹、成年子女、配偶等)为法定代理人。但赔偿请求人仍为受到侵害的未成年人和精神病人。

2. 公民死亡,其继承人和其他有扶养关系的亲属有权要求赔偿。在通常情况下,行政赔偿请求人仅限于受害人本人,但受害的公民死亡的,请求人资格可发生转移。其继承人和其他有扶养关系的亲属取得行政赔偿请求人资格。需要指出,行政赔偿请求人资格转移制度不同于行政诉讼原告资格转移制度,具有行政诉讼原告资格的公民死亡的,其近亲属可以取得行政诉讼原告资格,近亲属的范围要比继承人和其他有扶养关系的亲属的范围广。

3. 受害的法人或者其他组织终止的,其权利承受人有权要求赔偿。但下列情形不发生赔偿请求权转移:(1)法人或其他组织被行政机关吊销许可证或执照,但该法人或组织仍有权以自己的名义提出赔偿请求,不发生请求权转移。(2)法人或其他组织破产,也不发生赔偿请求权转移,破产程序尚未终结时,破产企业仍有权就此前的行政侵权损害取得国家赔偿。(3)法人或其他组织被主管行政机关决定撤销,也不发生赔偿请求权转移。

二、行政赔偿义务机关

行政赔偿义务机关是指代表国家接受行政赔偿请求、支付行政赔偿费用、参与行政赔偿复议和行政赔偿诉讼的机关。根据《国家赔偿法》的规定,行政机关是行政赔偿的义务机关,分为一般情况下的行政赔偿义务机关和特殊情况下的行政赔偿义务机关。

(一)一般情况下的行政赔偿义务机关

《国家赔偿法》第7条第1款规定:“行政机关及其工作人员行使行政职权侵犯公民、法人和其他组织的合法权益造成损害的,该行政机关为赔偿义务机关。”该款表明:谁实施了损害行为,谁就承担行政赔偿义务。

(二)特殊情况下的行政赔偿义务机关

1. 共同侵权时的赔偿义务机关。《国家赔偿法》第7条第2款规定:“两个以上行政机关共同行使行政职权时侵犯公民、法人和其他组织的合法权益造成损害的,共同行使行政职权的行政机关为共同赔偿义务机关。”从此款规定来看,共同侵权行政机关之间承担连带责任,受害人有权向其中一个行政机关请求行政赔偿。先予以行政赔偿的行政机关,有权向其他行政机关进行追偿。

2. 被授权组织在行使所授予行政权力时的赔偿义务机关。《国家赔偿法》第7条第3款规定:“法律、法规授权的组织在行使授予的行政权力时侵犯公民、法人和其他组织的合法权益造成损害的,被授权的组织为赔偿义务机关。”

3. 受行政机关委托的组织或者个人在行使受委托的行政权力时的赔偿义务机关。《国家赔偿法》第7条第4款规定:“受行政机关委托的组织或者个人在行使受委托的行政权力时侵犯公民、法人和其他组织的合法权益造成损害的,委托的行政机关为赔偿义务机关。”因为受行政机关委托的组织或者个人与委托行政机关的关系是代理与被代理的关系,自然由委托行政机关承担行政赔偿责任。

4. 赔偿机关被撤销时的赔偿义务机关。《国家赔偿法》第7条第5款规定:“赔偿义务机关被撤销的,继续行使其职权的行政机关为赔偿义务机关;没有继续行使其职权的行政机关的,撤销该赔偿义务机关的行政机关为赔偿义务机关。”该款规定了两种情形:一种是行政机关被撤销后,有继续行使其职权的行政机关的,则由继续行使其职权的行政机关承担行政赔偿义务;另一种是行政机关被撤销后,没有继续行使其职权的行政机关的,则由撤销该赔偿义务机关的行政机关承担行政赔偿义务。

5. 经复议机关复议而造成侵权的赔偿义务机关。《国家赔偿法》第8条规定:“经复议机关复议的,最初造成侵权行为的行政机关为赔偿义务机关,但复议机关的复议决定加重损害的,复议机关对加重的部分履行赔偿义务。”该条规定两种情形:一种是经复议机关复议但复议机关的复议决定不加重损害的,最初造成侵权行为的行政机关承担行政赔偿义务;另一种是经复议机关复议但复议机关的复议决定加重损害的,最初造成侵权行为的行政机关和复议机关承担行政赔偿义务,其中复议机关只是对加重的部分承担赔偿义务。

第三节 行政赔偿程序

行政赔偿程序是行政赔偿请求人提起行政赔偿请求,有关国家机关处理行政赔偿事务所要遵守的步骤、方式、方法和期限的总和。从广义上讲,行政赔偿程序包括行政赔偿请求程序、国家机关处理行政赔偿事务的程序和行政赔偿的内部追偿程序。

一、行政赔偿请求程序

行政赔偿请求是行政赔偿程序的前提,没有行政赔偿请求就不会有行政赔偿程序的启动。根据《行政诉讼法》、《行政复议法》和《国家赔偿法》的规定,行政赔偿请求人提出行政赔偿请求的方式有两种:一种是单独式,另一种是附带式。单独式是单独就行政赔偿向行政赔偿义务机关提起行政赔偿请求;附带式是在申请行政复议或行政诉讼时一并提起行政赔偿的请求。

行政赔偿请求人提起行政赔偿请求必须具备一定的条件。概括地讲,主要有以下方面:

1. 请求人必须享有行政赔偿请求权。行政赔偿请求权是指因合法权益受到行政主体及其工作人员违法实施的行政职权行为侵犯并造成损害的公民、法人和其他组织依法享有的请求赔偿义务机关对其所遭受的损害予以赔偿的权利。没有行政赔偿请求权当然不能提起行政赔偿请求。

2. 赔偿请求必须在《国家赔偿法》规定的可以请求行政赔偿的范围内。这就意味着对法律没有规定的范围,请求人不能享有行政赔偿请求权,自然也就不能向行政赔偿义务机关提起行政赔偿请求。

3. 赔偿请求必须是在法定的期限范围内提出。法律对公民、法人和其他组织的合法权益的救济和保护不是永久的,而是有相应期限的,行政赔偿也不例外。所以,赔偿请求必须在法定期限内提出,超过了法定期限的赔偿请求就得不到法律的保护。我国《国家赔偿法》第 39 条规定,赔偿请求人请求国家赔偿的时效为两年,自其知道或者应当知道国家机关及其工作人员行使职权时的行为侵犯其人身权、财产权之日起计算,但被羁押等限制人身自由期间不计算在内。在申请行政复议或者提起行政诉讼时一并提出赔偿请求的,适用《行政复议法》、《行政诉讼法》有关时效的规定。赔偿请求人在赔偿请求时效的最后6个月内,因不可抗力或者其他障碍不能行使请求权的,时效中止。从中止时效的原因消除之日起,赔偿请求时效期间继续计算。

二、行政赔偿处理程序

行政赔偿处理程序是有关国家机关对行政相对人的赔偿请求进行处理的程序。国家机关处理行政赔偿事务的程序包括行政先行处理程序、行政赔偿复议程序和行政赔偿诉讼程序。

(一)行政先行处理程序

我国旧《行政诉讼法》第67条第2款规定:"公民、法人或者其他组织单独就损害赔偿提出请求,应当先由行政机关解决。"《国家赔偿法》也规定了,赔偿请求人要求赔偿,应当先向赔偿义务机关提出。行政赔偿义务机关先行处理的程序包括:

1. 赔偿请求的提出。赔偿请求人根据受到的不同损害,可以同时提出数项赔偿要求。要求赔偿应当递交申请书,申请书应当载明下列事项:受害人的姓名、性别、年龄、工作单位和住所,法人或者其他组织的名称、住所和法定代表人或者主要负责人的姓名、职务;具体的要求、事实根据和理由;申请的年、月、日。赔偿请求人书写申请书确有困难的,可以委托他人代书;也可以口头申请,由赔偿义务机关记入笔录。赔偿请求人不是受害人本人的,应当说明与受害人的关系,并提供相应证明。

2. 赔偿请求的受理。赔偿请求人当面递交申请书的,赔偿义务机关应当场出具加盖本行政机关专用印章并注明收讫日期的书面凭证。申请材料不齐全的,赔偿义务机关应当当场或者在5日内一次性告知赔偿请求人需要补正的全部内容。

3. 作出行政赔偿处理决定。赔偿义务机关应当自收到申请之日起2个月内,作出是否赔偿的决定。赔偿义务机关作出赔偿决定,应当充分听取赔偿请求人的意见,并可以与赔偿请求人就赔偿方式、赔偿项目和赔偿数额依法进行协商。赔偿义务机关决定赔偿的,应当制作赔偿决定书,并自作出决定之日起10日内送达赔偿请求人。赔偿义务机关决定不予赔偿的,应当自作出决定之日起10日内书面通知赔偿请求人,并说明不予赔偿的理由。

赔偿义务机关在规定期限内未作出是否赔偿的决定,赔偿请求人可以自期限届满之日起3个月内,向人民法院提起诉讼。赔偿请求人对赔偿的方式、项目、数额有异议的,或者赔偿义务机关作出不予赔偿决定的,赔偿请求人可以自赔偿义务机关作出赔偿或者不予赔偿决定之日起3个月内,向人民法院提起诉讼。

(二)行政赔偿复议程序

根据《国家赔偿法》第9条的规定,赔偿请求人要求赔偿,应当先向赔偿义务机关提出,也可以在申请行政复议或者提起行政诉讼时一并提出。对此,《行政复议法》规定,申请人在申请行政复议时可以一并提出行政赔偿请求,行政复议机关对符合《国家赔偿法》的有关规定应当给予赔偿的,在决定撤销、变更行政行为或者确认行政行为违法时,应当同时决定对被申请人依法给予赔偿。申请人在申请行政复议时没有提出行政赔偿请求的,行政复议机关在依法决定撤销或者变更罚款,撤销违法集资、没收财物、征收财物、摊派费用以及对财产的查封、扣押、冻结等行政行为时,应当同时责令被申请人返还财产,解除对财产的查封、扣押、冻结措施,或者赔偿相应的价款。

行政赔偿复议的程序和行政复议程序相同。

(三)行政赔偿诉讼程序

行政赔偿诉讼是相对人认为行政主体及其工作人员违法行使职权侵犯其合法权益,而以行政赔偿义务机关为被告,向人民法院提出行政赔偿诉讼请求,人民法院依照行政诉讼程序,依法审理并作出裁判的活动。

行政赔偿案件经过行政赔偿义务机关先行处理后,赔偿请求人可以单独提起行政赔偿诉讼。公民、法人或其他组织在提起行政诉讼的同时,也可以一并提出行政赔偿请求。

赔偿请求人单独提起行政赔偿诉讼,应当符合下列条件:(1)原告具有行政赔偿请求人资格。(2)有明确的被告。(3)有具体的赔偿请求和受损害的事实根据。(4)加害行为为行政行为的,该行为已被确认为违法。(5)赔偿义务机关已先行处理或超过法定期限不予处理。(6)属于人民法院行政赔偿诉讼的受案范围和受诉人民法院管辖。(7)符合法律规定的起诉期限。

赔偿请求人单独提起行政赔偿诉讼,可以在向赔偿义务机关递交赔偿申请书后的2个月期限届满之日起3个月内提出。但是,赔偿义务机关作出赔偿决定时,未告知赔偿请求人的诉权或起诉期限,致使赔偿请求人逾期向人民法院起诉的,其起诉期限从赔偿请求人实际知道诉权或者起诉期限时计算,但逾期的期间自赔偿请求人收到赔偿决定书之日起不得超过1年。人民法院收到原告单独提起的行政赔偿起诉状,应当进行审查,并在7日内立案或者作出不予受理的裁定。在7日内不能确定是否可以受理的应当先予受理。审理中发现不符合受理条件的,裁定驳回起诉。当事人对裁定不服的,可以在裁定书送达之日起10日内向上一级人民法院提起上诉。

公民、法人或其他组织在提起行政诉讼的同时,一并提出行政赔偿请求的,其起诉期限按照行政诉讼起诉期限的规定执行。行政诉讼案件的原告可以在提起行政诉讼后至人民法院一审庭审结束前,提出行政赔偿请求。人民法院对当事人在提起行政诉讼的同时一并提出的行政赔偿请求,应当分别立案,根据情况可以合并审理,也可以单独审理。

人民法院审理行政赔偿案件,也适用公开审理(涉及国家秘密、个人隐私和法律另有规定的除外)、合议制度、回避原则、两审终审制度等。人民法院审理行政赔偿案件在坚持合法、自愿的前提下,可以就赔偿范围、方式和数额进行调解。调解成立的，应当制作行政赔偿调解书。调解书与判决书具有同等的法律效力。在一审判决前，原告申请撤诉的，人民法院应当依法予以审查并裁定是否准许。

人民法院审理行政赔偿案件，赔偿请求人和赔偿义务机关对自己提出的主张，应当提供证据。赔偿义务机关采取行政拘留或者限制人身自由的强制措施期间，被限制人身自由的人死亡或者丧失行为能力的，对赔偿义务机关的行为与被限制人身自由的人的死亡或者丧失行为能力是否存在因果关系，赔偿义务机关应当提供证据。原告在行政赔偿诉讼中对自己的主张承担举证责任，被告有权提供不予赔偿或减少赔偿数额方面的证据。被告的行政行为违法，但尚未对原告的合法权益造成损害的，或者原告的请求没有事实根据或法律根据的，人民法院应当判决驳回原告的赔偿请求。

三、行政追偿程序

行政追偿是行政赔偿义务机关在向相对人支付了赔偿费用后，对因故意或重大过失而造成国家重大损失的工作人员或者受委托的组织或个人，责令其承担部分或全部赔偿费用的法律制度。《国家赔偿法》第16条第1款规定，赔偿义务机关赔偿损失后，应当责令有故意或者重大过失的工作人员或者受委托的组织或者个人承担部分或者全部赔偿费用。建立行政追偿制度有利于对在行使行政职权过程中存在故意或重大过失的工作人员进行惩戒，从而杜绝其违法侵权行为，以切实维护公民、法人和其他组织的合法权益。

行政追偿必须具备两个条件：

1. 行政赔偿义务机关已对受害人支付了赔偿费用。这是行政追偿的前提，即只有在行政赔偿义务机关支付了受害的行政赔偿费用，将请求人的行政赔偿请求权消灭后，才能对存在故意或重大过失的工作人员进行追偿。在行政赔偿义务机关履行赔偿义务之前，追偿权是一种抽象的权利，国家不能行使。

2. 直接实施行政职权行为的工作人员主观上有故意或重大过失。工作人员实施行政职权行为可能存在正当风险，只有在工作人员主观上故意或重大过失时国家才享有追偿权，是因为其违反了谨慎实施职权行为和一般的注意义务。

此外，《国家赔偿法》第16条第2款规定，对有故意或者重大过失的责任人员，有关机关应当依法给予处分；构成犯罪的，应当依法追究刑事责任。

第四节　行政赔偿的方式、标准与费用

一、行政赔偿的方式

行政赔偿的方式是法律规定的国家（行政机关）对自己的侵权行为承担赔偿

责任的各种形式。根据《国家赔偿法》的规定,行政赔偿方式分为财产赔偿方式和非财产赔偿方式两类。

(一)财产赔偿方式

财产赔偿方式是为弥补受害人遭受的财产方面的损失所设置的赔偿方法,分为金钱赔偿、返还财产和恢复原状三种形式。

1. 金钱赔偿。金钱赔偿是行政赔偿义务机关以支付货币的形式向受害人履行赔偿义务,弥补受害人财产损失的方法。根据《国家赔偿法》第 32 条第 1 款的规定,国家赔偿以支付赔偿金为主要方式。在人身损害赔偿中,金钱赔偿是唯一的财产赔偿方式。

2. 返还财产。返还财产是行政赔偿义务机关将违法取得的财产返还给受害人的方法。根据《国家赔偿法》第 32 条第 2 款的规定,能够返还财产的,予以返还财产。

3. 恢复原状。恢复原状是行政赔偿义务机关对受害人的财产进行修复,使之恢复到原有的形状和性能的方法。根据《国家赔偿法》第 32 条第 2 款的规定,能够恢复原状的,予以恢复原状。

(二)非财产赔偿方式

根据《国家赔偿法》的规定,非财产赔偿方式包括消除影响、恢复名誉和赔礼道歉三种形式。这是为了弥补受害人非财产损害而设立的,是行政赔偿中辅助适用的赔偿方式。

消除影响是行政赔偿义务机关在特定的范围内消除给受害人带来的不良影响。恢复名誉是行政赔偿义务机关恢复受害人受损的名誉和荣誉。消除影响和恢复名誉两者在实践中常常合并适用。赔礼道歉是行政赔偿义务机关通过公开的方式向受害人承认过错,表示悔改的方式。

二、行政赔偿的标准

行政赔偿的计算标准,是《国家赔偿法》所确立的根据损害程度确定赔偿金额的准则。没有行政赔偿的计算标准,行政赔偿执法活动失去了统一的尺度,很难保证行政赔偿工作的公平,行政赔偿制度也就流于形式,行政赔偿制度确立的保护受害人合法权益的价值目标就难以实现。根据《国家赔偿法》的规定,我国确定了人身自由权的赔偿计算标准、侵犯生命健康权的赔偿计算标准和财产损害的赔偿计算标准。

1. 人身自由权的赔偿计算标准。根据《国家赔偿法》的规定,行政主体对公民人身自由权的侵犯有两种情形:一是违法拘留或者违法采取限制公民人身自由的行政强制措施的;二是非法拘禁或者以其他方法非法剥夺公民人身自由的。对人身损害的赔偿方式是金钱赔偿方式,其计算标准是每日赔偿金按照国家上年度职工日平均工资计算。根据相关的司法解释,这里的"上年度",应为赔偿义务机关、复议机关或者人民法院赔偿委员会作出赔偿决定时的上年度；复议机关或者人民法院赔偿委员会决定维持原赔偿决定的，按作出原赔偿决定时的上年度执行。"国家上年度职工日平均工资"数额，应当以职工年平均工资除以全年法定工作日数的方法计算。年平均工资以国家统计局公布的数字为准。

2.侵犯生命健康权的赔偿计算标准。行政主体对公民生命健康权侵犯的情形主要有：以殴打、虐待等行为或者唆使、放纵他人以殴打、虐待等行为造成公民身体伤害或者死亡的；违法使用武器、警械造成公民身体伤害或者死亡的；造成公民身体伤害或者死亡的其他违法行为。根据《国家赔偿法》第34条的规定，行政主体侵犯公民生命健康权的赔偿金按照下列规定计算：(1)造成身体伤害的，应当支付医疗费、护理费，以及赔偿因误工减少的收入。减少的收入每日的赔偿金按照国家上年度职工日平均工资计算，最高额为国家上年度职工年平均工资的5倍。(2)造成部分或者全部丧失劳动能力的，应当支付医疗费、护理费、残疾生活辅助具费、康复费等因残疾而增加的必要支出和继续治疗所必需的费用，以及残疾赔偿金。残疾赔偿金根据丧失劳动能力的程度，按照国家规定的伤残等级确定，最高不超过国家上年度职工年平均工资的20倍。造成全部丧失劳动能力的，对其扶养的无劳动能力的人，还应当支付生活费。(3)造成死亡的，应当支付死亡赔偿金、丧葬费，总额为国家上年度职工年平均工资的20倍。对死者生前扶养的无劳动能力的人，还应当支付生活费。(4)被扶养的人是未成年人的，生活费给付至18周岁止；其他无劳动能力的人，生活费给付至死亡时止。生活费的发放标准，参照当地最低生活保障标准执行。

3.财产损害的赔偿计算标准。根据《国家赔偿法》第36条的规定，侵犯公民、法人和其他组织的财产权造成损害的，按照下列规定处理：(1)处罚款、罚金、追缴、没收财产或者违法征收、征用财产的，返还财产；(2)查封、扣押、冻结财产的，解除对财产的查封、扣押、冻结，造成财产损坏或者灭失的，根据财产的状况进行或恢复原状或给付相应的赔偿金；(3)应当返还的财产损坏的，能够恢复原状的恢复原状，不能恢复原状的，按照损害程度给付相应的赔偿金；(4)应当返还的财产灭失的，给付相应的赔偿金；(5)财产已经拍卖或者变卖的，给付拍卖或者变卖所得的价款；变卖的价款明显低于财产价值的，应当支付相应的赔偿金；(6)吊销许可证和执照、责令停产停业的，赔偿停产停业期间必要的经常性费用开支；(7)返还执行的罚款或者罚金、追缴或者没收的金钱，解除冻结的存款或者汇款的，应当支付银行同期存款利息；(8)对财产权造成其他损害的，按照直接损失给予赔偿。

4.其他的赔偿规定。根据《国家赔偿法》第35条的规定，具有《国家赔偿法》规定的侵犯人身权情形之一，致人精神损害的，应当在侵权行为影响的范围内，为受害人消除影响，恢复名誉，赔礼道歉；造成严重后果的，应当支付相应的精神损害抚慰金。

三、行政赔偿的费用

行政赔偿的费用是国家承担行政赔偿责任,用于支付行政赔偿金和恢复原状所支出的费用。根据《国家赔偿法》第37条的规定,赔偿费用列入各级财政预算。赔偿请求人凭生效的判决书、复议决定书、赔偿决定书或者调解书,向赔偿义务机关申请支付赔偿金。赔偿义务机关应当自收到支付赔偿金申请之日起7日内,依照预算管理权限向有关的财政部门提出支付申请。财政部门应当自收到支付申请之日起15日内支付赔偿金。赔偿费用预算与支付管理的具体办法由国务院规定。

2010年12月29日国务院第138次常务会议通过的《国家赔偿费用管理条例》[2]对如何支付行政赔偿费用作了明确的规定。

国家赔偿费用由各级人民政府按照财政管理体制分级负担。各级人民政府应当根据实际情况,安排一定数额的国家赔偿费用,列入本级年度财政预算。当年需要支付的国家赔偿费用超过本级年度财政预算安排的,应当按照规定及时安排资金。国家赔偿费用由各级人民政府财政部门统一管理。国家赔偿费用的管理应当依法接受监督。

赔偿义务机关应当自受理赔偿请求人支付申请之日起7日内,依照预算管理权限向有关财政部门提出书面支付申请,并提交下列材料:(1)赔偿请求人请求支付国家赔偿费用的申请;(2)生效的判决书、复议决定书、赔偿决定书或者调解书;(3)赔偿请求人的身份证明。财政部门收到赔偿义务机关申请材料后,应当根据下列情况分别作出处理:(1)申请的国家赔偿费用依照预算管理权限不属于本财政部门支付的,应当在3个工作日内退回申请材料并书面通知赔偿义务机关向有管理权限的财政部门申请;(2)申请材料符合要求的,收到申请即为受理,并书面通知赔偿义务机关;(3)申请材料不符合要求的,应当在3个工作日内一次告知赔偿义务机关需要补正的全部材料。赔偿义务机关应当在5个工作日内按照要求提交全部补正材料,财政部门收到补正材料即为受理。

财政部门应当自受理申请之日起15日内,按照预算和财政国库管理的有关规定支付国家赔偿费用。财政部门发现赔偿项目、计算标准违反国家赔偿法规定的,应当提交作出赔偿决定的机关或者其上级机关依法处理、追究有关人员的责任。财政部门自支付国家赔偿费用之日起3个工作日内告知赔偿义务机关、赔偿请求人。

赔偿义务机关、财政部门及其工作人员有下列行为之一,根据《财政违法行为处罚处分条例》的规定处理、处分;构成犯罪的,依法追究刑事责任:(1)以虚报、冒领等手段骗取国家赔偿费用的;(2)违反国家赔偿法规定的范围和计算标准实施

---

〔2〕 该条例于2010年12月29日国务院第138次常务会议通过,自公布之日起施行。1995年1月25日国务院发布的《国家赔偿费用管理办法》同时废止。

国家赔偿造成财政资金损失的；(3)不依法支付国家赔偿费用的；(4)截留、滞留、挪用、侵占国家赔偿费用的；(5)未依照规定责令有关工作人员、受委托的组织或者个人承担国家赔偿费用或者向有关工作人员追偿国家赔偿费用的；(6)未依照规定将应当承担或者被追偿的国家赔偿费用及时上缴财政的。

后　　记

编写一部“行政法学”的研究生教学用书是我的夙愿，但此项计划因诸多原因一直没有付诸实现。

2010年，由我主讲的硕士研究生课程“行政法学”获河海大学研究生精品课程建设项目立项资助，后又获河海大学第二批“研究生教学用书资助出版”建设项目立项资助。在此情形下，编写并出版《行政法专论》（研究生教学用书）成了一项硬性任务，我再也没有任何理由推拖了。

但由于杂务缠身，此项工作还是有所耽搁，好在我的同事王春业、吴志红、韩铁老师非常敬业、勤勉，他们承担了主要的初稿撰写任务。本书初稿撰写的具体分工如下：第一部分总论（邢鸿飞）、第二部分主体论（韩铁）、第三部分行为论（吴志红）、第四部分救济论（王春业）。王春业对全书作技术编排，我对全书进行统稿，我的硕士研究生侯玲也为我的初稿撰写提供了新素材。法律出版社的吴昉女士为本书的顺利出版劳神费力，给予了极大的支持和帮助。借此机会，我要代表全体作者向为本书出版付出辛勤劳动的所有单位和同志致以衷心的感谢！

邢鸿飞

2016年7月23日

图书在版编目(CIP)数据

行政法专论/邢鸿飞等著. —北京:法律出版社,2016.6
ISBN 978-7-5118-9437-3

Ⅰ.①行… Ⅱ.①邢… Ⅲ.①行政法—中国—研究生—教学参考资料 Ⅳ.①D922.1

中国版本图书馆CIP数据核字(2016)第087673号

ⓒ法律出版社·中国

责任编辑/吴　昉　　**装帧设计**/凌点工作室

出版/法律出版社　　**编辑统筹**/法律教育出版分社
总发行/中国法律图书有限公司　　**经销**/新华书店
印刷/三河市龙大印装有限公司　　**责任印制**/沙　磊

开本/720毫米×960毫米　1/16　　**印张**/29.5　　**字数**/568千
版本/2016年7月第1版　　**印次**/2016年7月第1次印刷

法律出版社/北京市丰台区莲花池西里7号(100073)
电子邮件/info@lawpress.com.cn　　**销售热线**/010-63939792/9779
网址/www.lawpress.com.cn　　**咨询电话**/010-63939796

中国法律图书有限公司/北京市丰台区莲花池西里7号(100073)
全国各地中法图分、子公司电话:
第一法律书店/010-63939781/9782　**西安分公司**/029-85388843　**重庆公司**/023-65382816/2908
上海公司/021-62071010/1636　**北京分公司**/010-62534456　**深圳公司**/0755-83072995

书号:ISBN 978-7-5118-9437-3　　**定价:**52.00元

(如有缺页或倒装,中国法律图书有限公司负责退换)